냉전분단시대 한반도의 역사 읽기

분단국가의 수립과 국제관계(1)

냉전분단시대 한반도의 역사 읽기 : 분단국가의 수립과 국제관계(1)

초판 1쇄 발행 2015년 8월 31일

엮은이 | 허 은
펴낸이 | 윤관백
펴낸곳 | 돌선 출판 선인

등 록 | 제5-77호(1998.11.4)
주 소 | 서울시 마포구 마포대로 4다길 4(마포동 324-1) 곶마루 B/D 1층
전 화 | 02) 718-6252 / 6257
팩 스 | 02) 718-6253
E-mail | sunin72@chol.com

정가 46,000원
ISBN 978-89-5933-913-6 93900

냉전분단시대 한반도의 역사 읽기

분단국가의 수립과 국제관계(1)

허 은 編

여는 말

2015년은 식민지 조선 민중이 '해방/분단'으로서 1945년을 맞이한 지 70년이 되는 해이다. 70년 동안 수많은 변화가 이루어졌지만, 미국과 소련의 분할점령으로 시작된 한반도 분단 상황은 냉전시대의 종식을 비웃기나 하듯이 유지되고 있다. 그러나 당대의 대중에게 영속될 것처럼 보였던 20세기 식민지 지배체제나 냉전체제가 결국 붕괴되었듯이 분단체제도 결국 해체의 수순을 밟고 있다. 이미 냉전 이념에 기반한 현실인식이 적실성을 상실한 지 오래이며, 탈냉전 이후 한반도 평화체제를 구축하기 위한 노력도 지속되고 있다. 남북관계가 갈등과 대립을 반복하고 냉전이념에 기반한 논리가 횡행하기도 하지만 한반도 역사전개는 냉전시대로 회귀할 수 없는 단계로 접어들었다. 6·15남북공동선언 이후 남북한이 '한반도의 평화적 통일'을 단지 구두선 차원에서 언급하는 데 그치지 않고 주체적으로—특히 대중적 수준에서—여러 방안들을 모색하고 실천했다는 사실은 냉전시대에는 상상할 수도 없었다는 점에서 커다란 역사적 전환이라 할 것이다.

그러나 여전히 지체와 퇴행을 반복하는 역사의 전개 앞에서 남북의 적대적 대립이 종식되는 시점이 언제일지, 또한 동아시아 및 한반도의 평화체제 구축의 결과물로서 통일이 이루질 지에 대해 어느 누구도 자신 있게 단언할 수 없는 상황이다. 하지만 다음 두 가지 점은 분명하다. 첫째, 평화와 번영을 위한 새로운 한반도 체제의 구축은 국민 또는 인민들이 동북아지역 열강들을 견인해 가며 구시대의 질곡을 해체해 나가는 실질적인 주체가 될 때 실현 가능하다는 것이다. 둘째, 분단체제의 해체는 한반도 평화체제를 이끌어 갈 세대의 형성과 분리될 수 없다는 사실이다. 신세대에게 냉전적 사고를 주입하며 상대방을 정확하게 이해할 수 있는 능력을 함양시켜 주지 않으면서 적대적 대립의 극복과 통일을 논한다는 것은 어불성설일 뿐이다. 당면 정치세력의 이해를 위해 미래를 이끌어갈 탈냉전 세대를 세계사적 격변에 대응할 수 없는 무능한 존재로 만들며 그들에게 다시 위기를 전가해서는 안 된다.

국내외 많은 연구자들이 냉전과 분단에 의해 왜곡된 사고를 불식하고 현실을 정확하게 인식할 수 있는 역사인식을 마련하는 데 힘을 쏟아왔다. 이 과정에서 남북한 전체를 시야에 넣고 냉전분단시대 동북아 질서의 재편과 한반도 관계를 치밀하게 다룬 주요한 연구 성과들이 상당히 축적되었으며, 새로운 통일방안을 모색하기 위한 학계의 노력도 꾸준히 이어지고 있다. 그럼에도 불구하고 냉전분단시대 분단선 이남과 이북에서 전개된 역사를 한반도 차원에서 통합적으로 정리하고 기술하기 위한 시도는 본격적으로 이루어지지 않고 있다. 분단체제가 극성했던 1970년대 후반 '분단시대의 역사인식'을 강조한 역사학자 강만길이 1990년대에 세계적 수준에서 냉전체제의 해체를 목도하며 통일시대를 위한 역사인식의 마련을 역설한 것에 비하면, 20세기 후반 냉전분단시대 한반도 역사의 정리는 지지부진한 편이라 하겠다.

20세기 냉전분단시대를 이해하기 위해서는 다초점과 같은 관점의 확보가 필요하다. 공간적으로 개인이 속한 지역사회, 국가, 한반도, 그리고 동(북)아시아라는 층위들의 '독자성과 연쇄성'을 이해할 때, 시간적으로는 일제하, 분할점령, 전쟁 그리고 재건과 개발 시대의 '개별성과 중첩성'을 이해할 때 냉전분단시대의 역사전개를 제대로 읽어낼 수 있기 때문이다. 한반도의 분단은 냉전진영 구축이 낳은 동아시아 분단의 일환이었으며, '베트남 전쟁'은 한국인의 삶에 상당한 영향을 미쳤다. 또한 일제식민지배가 낳은 부정적 유산은 청산되지 못한 채 분단국가와 근대화의 성격을 규정했고, 이는 다시 과거를 뒤틀어 버렸다.

이러한 공간적 · 시간적 요인들이 역동적으로 맞물리며 전개된 20세기 한반도의 역사를 정리하기 위해서는 남북한 두 국가의 역사에 대한 심층적인 이해와 함께 '한반도' 차원의 접근이 필요하다고 본다. 냉전분단시대 한반도의 역사 이해는 남북한 양측의 역사를 기계적으로 병치한다고 해서 이루어지지 않으며, 통일운동의 흐름을 정리한다고 되는 것도 아니다. 지금까지의 경험으로 볼 때 남북한 역사를 병치하는 방식은 남한이든 북한이든 자국사를 중심으로 놓고 상대방의 역사를 부수적으로 배치하는 수준을 벗어나지 못했다. 설령 동일한 분량의 서술을 한다하더라도 일국사의 틀을 벗어나지 못하는 역사의 병렬은 냉전분단시대 남북한 역사의 역동적인 전개를 제시하는 데 한계를 보일 수밖에 없다. 남북한의 역사를 모두 한반도사에 수렴시킬 수도 없고 그럴 필요도 없지만, 하나로 맞물린 냉전과 분단이 동시에 한반도 전체를 규정하며 개개인의 의식과 행위에까지 미친 영향이 너무나 컸기에 '한반도'라는 고찰 단위는 설정될 필요가 있다. 향후 냉전분단시대에서 더욱 멀어질수록, 또한 냉전분단시대에 대한 연구가 진전될수록 남 · 북한사를 종합적으로 아우르는 역사이해는 더욱 깊어질 것이고, 남 · 북한사와 별도의 '한반도사'의 서술도 체계적으로 시도될 것이다.

탈냉전시대, 기존의 가치관과 국제질서가 붕괴하고 한반도를 둘러싼 동아시아 질서의 변화가 모색되는 지금, 탈냉전 세대가 여전히 냉전분단시대의 역사인식 틀에 갇힌다면 21세기 동아시아 평화공동체 형성을 주도하기는 어렵다. 오히려 반민주적 국가주의를 명분 삼아 동북아 패권을 추구하는 세력들의 이해추구에 동원되거나 희생양이 될 가능성이 있다. 냉전분단시대를 경험한 역사학자에게 탈냉전 세대가 한반도의 '분단과 전쟁상태의 영속화'에 복무하거나 희생양이 되지 않도록 하는 것만큼 중요한 의무는 없다.

이 책은 이상의 문제의식을 공유한 고려대 한국사학과 현대사전공 대학원생의 공동작업 결과물이다. 집필의 목표는 탈냉전 이후 세대들에게 냉전분단시대 한반도의 역사를 이해하는 데 실질적인 도움을 주는 데 두고, 이를 위해 선행 연구들의 도움을 받아 시대를 개관하며 주요 자료들을 검토하는 방식을 취했다. 더불어 검토한 자료의 원문을 첨부하고, 연표를 부기했으니 도움이 되었으면 한다.

시기는 미소분할점령시기부터 냉전분단체제가 고착된 시점인 1954년 제네바 협정시기까지 한정하고, 한반도를 둘러싼 냉전분단질서의 구축을 살피는 데 주안점을 두었다. 이 책은 냉전분단시대 한반도사의 정리를 위한 '자료 해제집'의 첫 권일 뿐이다. 협정·조약을 중심으로 한 관계사 분야에 한정하더라도 2000년 6·15남북정상회담까지 다루어져야한다. 이러한 작업이 개인 및 지역사회 공동체의 경험과 기억에 관련된 자료까지 정리할 때 비로소 냉전분단시대 '한반도사'에 대한 본격적인 서술을 시도할 수 있을 것이다. "냉전분단시대 한반도의 역사 읽기" 제목에 굳이 '분단국가의 수립과 국제관계(1)'란 부제와 번호를 매긴 까닭도 여기에 있다.

공동연구이다 보니 필자 간에 견해차가 생기고, 이를 조정하기가 쉽지 않은 경우도 있었다. 특히 3년 동안 한반도를 찢어발긴 잔혹한 전쟁의 명칭을 어떻게 부를 것인가를 놓고 논의가 있었다. 전쟁의 용어는 전쟁의 성격을 이해하는 방식에 따라 달라질 수 있으며, 여전히 전문 연구자들 사이에서도 합의가 되지 않고 있다. 부언하면 편자의 경우 '6·25 한반도 통일전쟁'의 약어로서 '6·25전쟁'을 잠정적으로 사용해 왔다. 그 이유는 첫째, 대한민국의 약어와 겹치는 '한국'이란 용어보다 '한반도'라는 용어가 더 적절하고 둘째, 무력을 통한 전한반도 통일방식의 무모함과 그 극단적 폐해를 드러내는 명칭이 필요하며 셋째, '6·25'가 탈냉전 이후 전쟁의 기원과 복합적 성격을 가리는 용어가 아닌 남북협상을 통한 통일이 모색되었던 시기와 열강의 개입 속에 전쟁을 통한 통일이 추진된 이후 3년간의 시기를 구분하는 분기점으로서 중요하다고 보았기 때문이다.

이 책에서는 '한국전쟁' 또는 '6·25전쟁'이란 용어 중 택일하기보다 가급적 피하고자 했다. 전쟁 관련 전문 연구서가 아니고 본격적인 통사로서 '한반도사'가 아닌 이 책에서, 전쟁 명칭 논의는 자칫 소모적으로 흐를 가능성이 크다고 보았기 때문이다. 책의 취지에 부합하는 수준에서 '한반도의 전쟁'이라는 서술적 표현을 3부 제목으로 단 까닭도 여기에 있다. 냉전분단시대 자료의 정리와 함께 역사 용어의 선별과 정리 또한 중요한 작업임을 절감한다.

고려대 한국사학과 현대사 전공 석사과정 학생들은 기초자료 조사와 초고 정리에 참여했고, 박사과정 학생들이 최종 원고를 정리했다. 남한사와 북한사를 전공하는 대학원생들의 비율이 균형을 이루고, 이들 신세대 연구자들이 반쪽만의 역사가 아닌 전체를 보고자 하는 열망을 가지지 않았다면 이러한 구성의 책 발간은 시도조차 할 수 없었다. 박사과정생 이정은, 예대열, 이주봉, 이주호, 정유진, 김진혁, 금보운, 임광순, 서홍석은 각자 맡은 상당 분량의 원고를 집필하느라 특히 많은 수고를 했다. 기초 자료조사와 정리, 연표 작성, 교열에는 김재원, 문민기, 문수진, 김명선, 김성태, 윤정수, 이휘현, 김동주, 김소진 등 석사대학원생들이 많은 도움을 주었다. 공동연구에 다양한 방식으로 참여한 현대사팀 대학원생 모두에게 고마움을 표하고 싶다.

BK21한국사학교육연구단의 공동연구 지원이 책 발간의 계기가 되었다. 많은 시간을 기다려준 연구단에 감사드린다. 이번을 포함하여 여러 차례 시장성이 없는 책들의 발간을 흔쾌히 받아주신 선인출판사 윤관백 사장님께 감사드린다.

2010년부터 시작된 공동연구가 이제야 결과물을 내게 된 데는 전적으로 편집자의 게으름 때문이다. 팀세미나와 대학원 수업 등을 통해 조금씩 발간 준비를 해 왔지만 결과물을 놓고 보니 아쉽고 부족한 부분이 적지 않다. 선행연구에 대한 인용 및 자료 해석에서 나타나는 오류에 대한 책임은 전적으로 편집자에게 있다. 학계의 관심과 질책은 향후 책의 부족함을 보완하는 데 그리고 '한반도사'를 개관하려는 젊은 연구자들의 향후 행보에 큰 도움이 될 것이다.

끝으로 이 책이 21세기 한반도의 미래를 만들어 가기 위해 역사를 알고자 하는 젊은이들과 한국 근현대사 교육을 담당한 선생님들에게 작으나마 도움이 되길 바란다. 그렇다면 공동연구에 참여한 이들에게는 더할 나위 없는 기쁨이 될 것이다.

고려대 한국사대학원 현대사팀원을 대표하여 허 은 씀

차 례

2부 냉전진영의 형성과 한반도의 분단 확대

3부 동아시아의 열전과 냉전, 한반도의 전쟁

4부 전후처리 문제와 냉전분단의 고착화

원 문

부록 | 외교 연표

범 례

1 국제연합(United Nations)은 "유엔"으로 기술하였다. 국제기구, 국제조약은 한글로 표기하고 괄호 안에 영어를 병기하였다.

예) 유엔한국통일부흥위원단(United Nations Commission for the Unification and Rehabilitation of Korea), 북대서양조약기구(NATO, North Atlantic Treaty Organization)

2 "원문"은 협정 당사자 또는 정부에서 생산한 문서 가운데 가장 오래된 것을 말한다.

3 여러 언어로 존재하는 "원문"은 조약 체결 과정에서 저본(底本)이 된 문서를 우선적으로 수록하였다.

4 외국인명은 해당국 발음에 가까운 한글로 기입하고 괄호 안에 해당국 언어를 병기하였다.

예) 하지(John R. Hodge), 저우언라이(周恩来), 스탈린(Иосиф В. Сталин)

1부

한반도 해방과 분단정부의 수립

01_ 한반도 문제의 국제적 해결 방안
: 모스크바 3상회의 결정안

예대열

1. 해방 전후 국제정세와 미국의 신탁통치 구상

식민지 조선은 제2차 세계대전의 종전과 함께 일제의 억압으로부터 해방되었다. 하지만 조선은 전승국이었던 연합국에 의해 전후처리 대상으로 간주 되었다. 이것은 일차적으로 해방이 민족해방운동 세력의 독자적 역량에 의해 이루어지지 못한 점에서 비롯된 것이었다. 다른 한편으로 강대국들이 해방 이전부터 조선에 대해 나름의 의도를 가지고 정책적 목표를 추구한 결과이기도 하다. 이런 점에서 해방 이후 한반도 문제는 국내 정치세력의 주관적 의지와는 별개로 국제적인 타협의 노력이 함께 있어야 하는 사안이기도 했다.[1)]

한반도 문제의 처리는 제2차 세계대전과 더불어 복합적인 구도에서 전개 되었다. 전쟁 중 연합국들은 반파시즘에 대한 승리라는 궁극적인 목표를 위해 협조하면서도, 동시에 전후에 형성될 새로운 국제질서에서 자국의 이익을 극대화하기 위해 노력했다. 이 전쟁에서 승리한 연합국들은 제1차 세계대전 직후처럼 세력균형을 이룬 것이 아니라, 이데올로기적 대립이 내

1) 고정휴, 「8 · 15 전후 국제정세와 정치세력의 동향」, 『통일지향 우리 민족해방운동사』, 역사비평사, 2000, 279~280쪽.

재된 미국과 소련 주도의 전후체제를 형성했다. 한반도 문제는 이들 두 국가들이 직접 관여하게 되면서 범세계적 배경 아래 열강들의 동아시아 정책이라는 틀 속에서 전개되기 시작했다.

미국은 한반도 문제를 해결하기 위해 신탁통치 방식을 들고 나왔다. 신탁통치는 식민주의에 반대해왔던 미국의 정치 전통과 합치될 뿐만 아니라 경제적으로 자신들의 국가이익을 최대한 보장받을 수 있는 방식이었다. 아울러 한반도에서 자신들의 지배권을 확보하고 소련의 독점적 지배를 저지하는 전략적 수단이기도 했다. 이를 위해 미국은 중국과 영국을 끌어 들였다. 전쟁의 추이와 함께 소련의 팽창주의적 경향과 그 잠재력이 커지자, 미국은 소련을 포용하면서도 중국과 영국을 통해 견제하고자 했던 것이다. 물론 미국은 아시아 지역에서 중국이 가지고 있던 전통적 지배권과 영국의 제국 복귀에 대한 경계를 잊지 않았다. 미국은 주변 강대국들의 참여와 협력이라는 이름 아래 세력균형의 유지와 조정을 통해 한반도 문제에 접근했던 것이다.[2)]

이러한 배경하에 연합국 정상들은 미 · 영 · 중 정상 간의 '카이로 회담'(1943.11.22~26)과 미 · 영 · 소 정상 간의 '테헤란 회담'(1943.11.28~12.1)을 열었다. '카이로 회담'에서 한반도 문제는 연합국들이 처리해야 할 전후 문제로서 처음으로 다루어졌다. '테헤란 회담'에서 스탈린(Иосиф В. Сталин)은 '카이로 회담'의 한반도 문제 결정사항에 동감을 표시하며 "조선은 독립되어야 하는 것이 정당하다"라고 덧붙였다. 결국 연합국 정상들은 1943년 12월 1일 '카이로 선언'을 통해 "적절한 과정을 거쳐서(in due course)" 조선을 독립시키겠다고 공식 천명하였다.

이후 '얄타회담'(1945.2.4.~11)에서 루즈벨트(Franklin Roosevelt)는 스탈린과의 구두양해를 통해 한반도 신탁통치는 그 기간이 20~30년이 될 것이라고 하였다. 이에 스탈린은 그 기간이 짧으면 짧을수록 좋다고 답했다. 같은 해 '포츠담 회담'(1945.7.19~8.1)에서는 '카이로 선언'을 재확인하는 데 그쳤

2) 구대열, 『한국 국제관계사 연구』 2, 역사비평사, 1995, 285~286쪽.

을 뿐 한반도 문제에 대한 구체적 합의는 없었다. 결국 이렇게 미뤄진 문제는 해방 이후 모스크바 3상회의로 이어지게 되었다.

2. 모스크바 3상회의의 전개 과정

1945년 12월 16일 모스크바에서 미국 · 영국 · 소련 외상들 간에 모스크바 3상회의가 열렸다. 이 회의의 의제는 대개 얄타회담으로부터 이월된 전후 처리와 관련한 문제들이었다. 이탈리아 · 루마니아 · 헝가리 · 불가리아 · 핀란드 등과 평화조약을 맺는 문제, 일본 · 중국 · 한국에 관한 연합국협의회 설치 문제, 핵에너지 통제를 위한 국제협의체 설립 문제 등이 주로 논의되었다. 주된 회담의 의제는 유럽의 처리 문제였다.

▎모스크바 3상회의 회의 장면(『프라우다』 1945.12.28)

미국은 12월 17일 한반도 문제와 관련한 자신들의 입장인 '한국의 통일시정'(Unified Administration for Korea)을 소련에 전달했다. 이 서한의 주요 내용은 ① 통화, 무역, 교통, 통신, 전기, 귀환민 등 당면한 긴급 문제를 해결하기 위한 '통일시정기구'(a unified administration)의 설치, ② 미국 · 영국 · 중국 · 소련에 의한 신탁통치였다. 신탁통치안의 주요 내용은 4개국이 입법 · 사법 · 행정 기능을 수행하며 5년간 신탁통치를 진행하고, 필요하다면 그 기간을 최대 5년까지 더 연장할 수 있다는 것이었다.

소련은 미국의 제안을 검토한 뒤 신탁통치에 선행하는 '통일시정기구'의 설치를 거부하고 역제안을 하였다. 대신 소련은 선 정부수립, 후 신탁통치를 대안으로 제출하였고 기간에 대해서도 최소화할 것을 주장하였다. 소련은 해방 이전까지만 하더라도 미국의 신탁통치 주장에 대해 마지못해 동의하는 태도를 취했지만, 이 회의에 들어와서는 정부를 우선 수립할 것을 주장하여 미국의 계획에 제동을 걸었다. 소련은 한반도 내부 정세가 자신에게 유리하다고 판단하고 보다 본질적인 정부수립 문제를 의제로 삼으면서 자신의 주도권을 관철시키려고 했던 것이다.

미국과 소련은 기본적으로 한반도에서 4대국에 의한 신탁통치를 실시한다는 대전제에는 공감을 하고 있었지만 구체적인 방안에서는 차이를 보였다. 미국은 4대국이 주축이 되어 '통일시정기구'를 설립하고 그 조직이 통치의 주체가 되어야 한다고 상정한 반면, 소련은 한국인의 참여를 고려하는 방향에서 신탁통치를 구상하고 있었다. 미국과 소련 간 정부수립 방안의 차이는 한국의 독립에 대한 양국의 접근방법의 차이인 동시에 해방 이후 한반도 내부에 조성된 정치정세를 반영하는 것이기도 하였다.

12월 28일 최종적으로 협정문이 발표되었다. 최종 합의안은 소련 측의 안이 거의 그대로 반영된 것이었다. 미국이 제안했던 '통일시정기구' 안은 한국인들의 요구를 부분적으로 반영하는 선 임시정부 안으로 변경되었다. 임시정부 수립을 전제로 한 신탁통치의 실시는 통치권 행사라는 측면에서 미국이 제안했던 안과는 크게 차이가 난 것이었다. 미국이 소련의 제안을 받아들였던 이유는 한국 내 퍼져 있던 신탁통치에 대한 강한 거부감 때문이었다. 미국 스스로도 자신들의 제안이 한국인들을 납득시키기 어려울 것이라는 점을 알고 있었다. 아울러 협정의 운용 여하에 따라서는 자신의 이해관계를 관철시킬 수 있을 것이라는 생각도 물론 있었다. 미국은 4대국의 심의 과정과 미소공위의 활동 등의 다단계 절차를 통해 자신들의 정책기조

를 유지할 수 있을 것이라고 판단했다.[3)]

모스크바 3상회의 결정은 통일정부 수립을 제시했다는 점에서 주권문제 해결의 현실적 방법이었다. 자력에 의한 해방이 아니었던 데다가 현실적으로 미국과 소련이 분할점령하고 있는 상황에서, 두 나라의 공식적인 합의를 무시하고 통일된 국가를 수립하는 것은 사실 불가능에 가까웠기 때문이었다. 그러나 다른 한편으로 이 결정은 신탁통치를 상정했다는 점에서 당시 즉시 독립을 갈망하던 조선인들의 요구와는 상충되는 부분이 있었다. 이 점에서 모스크바 3상회의 결정은 대립과 갈등을 내포하고 있었다.

3. 모스크바 3상회의 결정서 비교분석

모스크바 3상회의 결정을 둘러싼 갈등은 1945년 12월 27일자 『동아일보』의 왜곡보도에서 비롯되었다. 모스크바 결정이 미국·영국·소련 세 나라에서 동시에 발표되기도 전에 이미 『동아일보』에는 소련이 신탁통치를 주장하고 미국은 즉시 독립을 주장했다는 기사가 실렸다. 12월 28일이 되자 『동아일보』는 「소련의 조선신탁 주장과 각 방면의 반대 봉화」라는 제목을 헤드라인으로 뽑고 「민족적 모독－신탁운운에 대하여 소련에 경고」라는 내용의 사설을 실었다.

중경임시정부 계열은 이날 오후 즉시 '신탁통치반대국민총동원위원회'를 설치하고 반탁운동을 거족적으로 진행할 것을 결의했다. 모스크바 3상회의 결정안의 전문을 확인하지도 않은 채, 국내에서는 반소적인 분위기가 만들어지면서 우익을 중심으로 신탁통치 반대운동이 벌어지게 된 것이다. 이틀 후인 12월 30일자 『동아일보』에 미육군성이 발표한 코뮤니

3) 정용욱, 『해방 전후 미국의 대한 정책』, 서울대학교출판부, 2003, 146~151쪽.

케 형식으로 모스크바 3상회의 전문이 실렸다. 하지만 이미 반탁의 열기로 흥분되어 있던 분위기 속에서 그 내용을 정확히 파악하는 데는 시간이 걸렸다.

좌파 세력은 우파와 마찬가지로 처음에는 모스크바 3상회의 결정에 대해 비판적이었다. 그러던 입장이 1945년 12월 31일 평양에서 개최된 조선공산당 중앙집행위원회 상무위원회를 거치면서 뒤집어졌다. 박헌영까지 참석한 이 회의에서 조선공산당은 3상회의 결정을 지지하기 위한 행동방침을 결정하였다.[4] 이 회의 직후인 1946년 1월 3일 북한은 조선공산당 북조선분국 기관지『정로』를 통해 결정서 원문을 공개하였다. 아울러 같은 날 신문기사를 통해 북한의 각 정당, 사회단체들은 대표자들의 명의로 모스크바 3상회의 결정을 지지한다는 성명서를 발표하였다. 3상회의와 관련하여 초기에 혼란이 빚어졌을 때는 협정 원문을 공개하지 않다가 내부적으로 지지방침이 결정되자 전격적으로 전문을 공개한 것이었다.

모스크바 3상회의를 둘러싼 좌우의 입장 차이는 그 협정의 원문을 해석한 번역에서도 그대로 드러났다. 기존 연구에서는 영어의 '트러스티쉽(trusteeship)'과 러시아어의 '오뻬까(опека)'가 각기 '신탁통치'와 '후견'으로 번역되었다는 차이점만 부각되었다. 하지만 남북에 각각 처음으로 소개되었던『동아일보』와『정로』의 기사를 비교해 보면 그밖에도 많은 차이점이 발견된다.[5]

4) 김광운,『북한 정치사 연구』Ⅰ, 선인, 2003, 234쪽.

5) 모스크바 3상회의 원문을 다룬 기존 연구에서는『FRUS』를 번역하거나 1947년 북조선민전서기국이 간행한『쏘米共同委員會에 關한 諸般資料集』을 저본으로 활용하였다. 그러나 원문의 내용이 국내에 들어오는 과정에서 왜곡되어 전달되었고 특히 좌우 그리고 남과 북에서 각기 다르게 번역·이해되었다는 점에서, 영어와 러시아어 원문은 물론 남과 북에서 각각 어떻게 번역되었는지 살펴보는 작업은 중요하다.『정로』의 원문은 기존 연구에서는 주목하지 않은 자료로서 북한이 사후에 간행한『쏘米共同委員會에 關한 諸般資料集』과도 번역과 한자표기에서 차이를 보인다. 구체적인 차이는 '부록'에 수록된 원문을 참고하기 바란다.

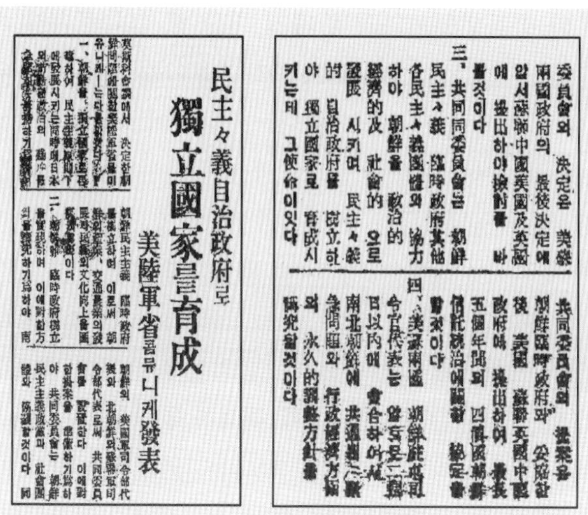

民主々義自治政府로
獨立國家를育成
美陸軍省콤뮤니케發表

▌모스크바 3상회의 원문(『동아일보』, 1945.12.30)

(三) 朝鮮에對하야

▌모스크바 3상회의 원문(『정로』, 1946.1.3)

첫째, 조선임시정부와 공동위원회와의 관계에 대한 해석의 차이가 존재한다. 『정로』는 양측의 관계를 동등하게 본 반면 『동아일보』는 공동위원회가 더 우위에 있는 뉘앙스로 번역을 하였다. 예를 들어 2조 원문에는 "In order to assist(Для оказания содействия)"라는 구절이 있다. 『정로』는 이 원문을 미소 양국 주둔군 사령부가 조선임시정부에 "협력"하며 라고 해석한 반면, 『동아일보』는 "실현"하며 라고 해석하여 연합국의 위상을 더 두드러지게 보이도록 만들었다. 또한 "shall(должна)" 대해 『정로』는 양국이 조선의 정당 · 사회단체들과 "반듯이" 협의해야 한다고 해석한 반면, 『동아일보』는 그에 해당하는 단어를 아예 해석하지 않았다. 그리고 "recommendations(Рекомендации)"에 대해 『정로』는 "권고문"이라고 번역하여 강제력이 없는 것으로 본 반면, 『동아일보』는 "결정"이라고 표현하여 규정력이 있는 뜻으로 읽히게 만들었다. 마찬가지로 3조에서도 "consultation(консультации)"에 대해서 『정로』는 "협의"라고 한 반면, 『동아일보』는 "타협"이라고 번역했다. 조선임시정부와 공동위원회의 관계를 대등하고 협조적으로 보았던 좌파와 대립적이고 종속적으로 보았던 우파의 인식 차가 반영된 해석이었다.

둘째, 신탁통치와 관련한 해석의 차이가 존재한다. 3조에는 신탁통치와 관련한 구절인 영어 원문 "helping and assisting(trusteeship)"과 러시아어 원문 "помощи и содействия(опека)"가 있다. 이에 대해 『정로』는 "원조협력(후견)"이라고 번역한 반면, 『동아일보』는 아예 이 구절을 해석하지 않았다. 『정로』의 경우 "trusteeship(опека)"이 기존에 인식되던 신탁통치 개념이 아니라 "helping and assisting", 즉 "원조 협력"이라는 것을 강조할 필요가 있었을 것이다. 반대로 『동아일보』는 "four-power trusteeship(опеке четырех держав)"에 대해 "4개국 조선신탁통치"라고 번역하였다. "helping and assisting"과 결합된 "trusteeship(опека)"에 대해서는 번역을 하지 않더니 그것이 "power"와 결합되자 "조선신탁통치"라고 번역된 것이다. 이에 대해 『정로』는 기존대로 "4개국 후견"이라고 번역하였다.

전체적으로 보면 『정로』의 기사가 『동아일보』보다 원문에 충실한 것을 확인할 수 있다. 하지만 그렇지 않은 구절도 있다. 원문의 "permanent coordination(постоянной координации)"에 대해 『동아일보』는 "영구적 조정방침"이라고 번역한 반면, 『정로』는 "일상적 조정"이라고 해석했다. 좌파 입장에서는 5개년 신탁통치 이후 명실상부한 조선정부가 세워져야 하는데 "permanent(постоя́нны)"라는 단어가 자신의 입장과는 맞지 않았을 것이다. 이렇듯 모스크바 3상회의 원문을 둘러싼 해석 안에는 당시 좌와 우, 그리고 남과 북의 '번역의 정치'가 숨어 있었다.

4. 찬 · 반탁 논쟁과 신탁통치 파동의 성격

모스크바 3상회의 결정이 국내에 알려진 이후 소위 탁치문제는 정국의 첨예한 정치쟁점으로 부각되었다. 우익진영의 반탁운동이 거세지면서 국내 정치세력은 좌우 양 진영으로 급속히 양분되어 갔다. 당시 우익진영은 신탁통치를 주창한 국가는 소련이며, 이를 지지하는 좌익은 소련의 앞잡이이자 매국노라고 공격했다. 특히 한국민주당은 반탁운동 과정에서 친일파라는 비난을 피하면서 자신들의 정치적 복권을 꾀하였다. 그렇다고 반탁운동이 모든 우익 내 분파에게 동일한 의미를 가졌던 것은 아니었다. 김구를 중심으로 한 중경임시정부 계열은 반탁운동을 '임정법통론'에 입각한 정부수립운동으로 연결시키고자 했다. 좌익에 비해 조직적 열세를 면치 못했던 우익은 반탁운동을 통해 좌익과의 세력 불균형을 일시적으로 만회하고자 했다. 반면 좌익은 1946년 1월 3일 기존의 반탁 입장을 철회하고 모스크바 3상안의 총체적 지지로 돌아섰다. 조선공산당은 신탁통치가 독립을 달성하기 위한 현실적 방편이며, 과도적 의미에서 충분히 진보적인 역할을 할 것이라고 주장했다.

신탁통치 파동을 거치면서 국내 각 정치세력들 간의 갈등과 대립은 증폭

되었다. 이 갈등이 있기 이전까지는 어느 세력이건 내면적인 경쟁에도 불구하고 모두 연합과 단결을 기치로 내걸었다. 하지만 모스크바 3상회의 결정을 둘러싼 찬 · 반탁 논쟁은 대내적으로 좌우 대립을 부추겼고, 결국 좌우 정치 세력은 민주주의민족전선과 남조선대표민주의원으로 양분되었다. 신탁통치 파동은 해방 직후 정치지형이 좌우의 이념적 구분으로 바뀌는 데 결정적 역할을 했다.

북한에서도 모스크바 3상회의와 관련한 갈등이 존재했다. 처음 신탁통치에 관한 소식이 알려지자 북한의 공산주의자들은 결코 우호적인 반응을 보이지 않았다. 김일성 자신도 1946년 신년사를 통해 이 결정이 "우리의 주관욕망과 다소 배치되는 점도 없지 않을 것"이라며 다소 유보적인 입장을 보였다.[6] 이러한 '혼란'을 바로 잡아 준 것은 소련군 당국이었다. 모스크바의 지시를 받은 소련군 당국은 3상회의 결정이 자신들의 제의에 기초해 만들어 졌으며, 미소 양군이 주둔해 있는 상황에서 독립국가를 건설할 현실적 방안이라고 설파하였다. 그러자 북한의 공산주의자들은 모스크바 결정 지지 쪽으로 신속하게 입장을 정리했다.

북한 내 우파세력을 대표하고 있던 조선민주당의 조만식(曺晩植)은 모스크바 3상회의 결정에 유보적인 입장을 취하였다. 소련군 당국은 조만식의 결심을 돌리려고 노력했으나 성공하지 못했다. 계속적인 설득이 실패로 돌아가자 조만식은 1946년 1월부터 연금 상태에 들어갔다. 이후 북한은 반탁운동의 지도자들에 대해 반공주의자, 반민주파시스트라고 비난하기 시작했다.

결국 북한에서도 신탁통치를 둘러싼 논쟁은 정치지형을 가르는 분수령이 되었다. 이 결정 직후 우익 민족주의자들은 공산당과의 연립정권을 이탈하기 시작했다. 그간 존재하던 양 진영 간의 통일전선은 폭과 범위가 협소해져 가기 시작했다. 결국 모스크바 3상회의 결정 이후 북한은 토지개혁

6) 金日成, 「新年을 마지하면서 우리人民에게 드림」, 『정로』 1946.1.1.

을 필두로 자신의 체제를 강화해 나가기 시작했다.

5. 미소공동위원회의 진행 과정과 결렬

모스크바 3상회의의 결정에 따라 1차 미소공동위원회가 1946년 3월 20일 덕수궁에서 개최되었다. 소련은 개막 연설부터 3상회의의 결정을 지지하는 정당·사회단체들에 한해서 임시정부 수립 문제를 협의할 수 있다고 천명하였다. 반면 미국은 우익이 집결한 민주의원을 '협의위원회'로 정하고, 이 조직에 임시정부 성원과 임시헌법 제정을 위임하자고 주장했다. 소련은 '협의위원회'라는 중간기관은 민주주의 정당·사회단체들과의 접촉을 막을 것이라며 미국의 제안을 거부하였다. 그러자 미국은 3상회의 결의를 반대하는 정당들과 협의를 거부하는 것은 민주주의적인 표현의 자유와 맞지 않는다며 소련의 주장에 반대하였다.

결국 난항을 겪던 회담은 소련의 양보로 돌파구가 마련되었다. 4월 5일 소련은 반탁운동을 했던 정당이나 단체가 앞으로 모스크바 결정을 지지한다는 의사를 밝히면, 과거 행위를 불문에 붙이고 협의대상으로 인정하겠다는 양보안을 제시했다. 이에 따라 4월 18일 모스크바 3상회의 결정을 지지하기로 선언한 모든 제 정당·사회단체들과 협의한다는 취지의 '미소공위 5호'가 공식 발표 되었다. 이 성명에 대해 좌익은 물론 환영을 나타냈고, 김규식(金奎植), 김병로(金炳魯) 등 우익 내 합작파도 찬성을 표시하였다. 반면 김구(金九), 조소앙(趙素昂), 조완구(趙琓九), 김창숙(金昌淑), 정인보(鄭寅普) 등 민주의원 원로들은 이 성명에 동의하지 않았다. 그러자 미군정 사령관 하지(John R. Hodge)는 '공동성명 5호'에 서명하기를 촉구하면서, 신탁은 4국이 동의만 하면 안 받을 수도 있고 받더라도 그 기한이 5년밖에 되지 않는다고 강조하였다. 아울러 이 성명에 서명한다고 해서 그 정당이나 사회단체가 신탁을 찬성하는 것은 아니라고 언명하였다. 결국 이승만과 김구를 포함하여 우익 내 정당 · 사회단체들은 5월 1일 '공동성명 5호'를 지지 · 찬성한다는 성명서를 발표 하였다.

그러나 공동위원회와 협의할 정당 · 사회단체에 관한 문제는 여전히 남아있었다. '공동성명 5호' 발표 직후 공동위원회는 자신들과 협의할 주요 정당 · 단체들의 명부 작성에 착수했다. 미국은 20개 정당 · 사회단체의 명부를 제출했는데, 그중에 17개가 우익이었고 나머지 3개가 좌익이었다. 그러자 소련은 좌우의 형평성 문제와 조선노동조합전국평의회 등 대중단체가 들어가 있지 않은 점을 문제 삼았다. 또한 소련은 우익이 '공동성명 5호'에 대한 서명과 신탁 찬성은 별개라는 입장을 포기하지 않는 한 그들과 협의할 수 없다고 주장했다.

반면 미국은 소련 대표가 제출한 북한지역 정당 · 사회단체에 우익세력이 포함되어 있지 않은 점을 문제 삼았다. 미국은 소련이 제외되었다고 주장하는 전평과 같은 대중단체는 실제보다 수를 과장한 폭력단체일 뿐이라고 맞섰다. 그러면서 임시정부 수립문제에 앞서 38선 철폐문제와 남북한 경제적 통일문제를 논의할 것을 제의했다. 소련은 38선 철폐문제는 앞으로 수립될 임시정부가 다룰 문제이며, 경제문제는 3상회의의 결정사항이 아니라며 반박했다. 결국 양쪽의 입장은 수렴되지 못한 채 1946년 5월 8일 1차 미소공동위원회는 무기휴회에 들어갔다.

1차 미소공동위원회가 휴회에 들어가자 미국과 소련은 자신의 영향력을 확대하고 향후 임시정부 수립에서 유리한 위치를 차지하고자 적극적인 점령정책을 추진하기 시작했다. 우선 미국은 새로운 입법기구를 구성하여 미군정의 통치기반을 강화하고자 했다. 기존에 미국이 내세웠던 민주의원은 군정의 자문기구에 불과한데다가 우익 세력으로만 구성되어 있어 대표성에도 문제가 있었다. 아울러 미국은 입법기구 구성을 위해 온건한 중간파 세력을 활용하고자 했다. 미국이 중간파를 주목한 이유는 이들이 대소 반공정책에 유용하다는 점과 이들을 통해 대중적 지지를 끌어낼 수 있다는 생각 때문이었다. 미국은 중간파의 견인을 통해 좌익 세력을 약화시키고

우익 블록을 강화하여 군정의 통치기반을 안정시키고자 했다.[7)]

반면 미국의 구상과는 달리 김규식과 여운형(呂運亨)은 남한의 좌우합작을 남북을 관통하는 좌우합작으로 연결시켜 임시정부 수립 문제를 해결하고자 했다. 그러나 좌우합작운동은 좌우 양 극단 세력의 공격과 이 운동을 입법의원 설치에 종속시키려는 미국의 의도로 인해 실패하고 말았다. 결국 여운형을 중심으로 한 중도좌파가 불참한 채 1946년 12월 20일 남조선과도 입법의원이 발족했다.

한편 북한에서는 1946년 2월 8일 북조선임시인민위원회가 발족했다. 이것은 미소공동위원회의 진행상황에 따라 통일된 임시정부의 기구로 수렴될 수도 있고, 반대로 분단국가 수립의 토대로 작용할 수도 있는 과도적 국가기구였다. 그런데 그해 5월 1차 미소공동위원회가 결렬되면서 북조선임시인민위원회는 '임시'적 성격에서 벗어나 실질적인 국가권력기구로 바뀌어 가기 시작했다. 이 기구의 주도 아래 1946년 토지개혁을 비롯한 일련의 '민주개혁'이 진행되었고, 결국 1947년 2월 21일 '임시' 자를 떼어내고 정식으로 북조선인민위원회가 발족 되었다. 1차 미소공동위원회의 결렬은 남북한 모두에서 분단국가 수립의 지향성을 더욱 강화시켰던 것이다.

1947년 5월 21일 2차 미소공동위원회가 휴회에 들어간 지 1년 만에 개최되었다. 이 회의는 1차 때와는 달리 처음에는 큰 대립 없이 진행되어, 6월 11일에 '공동성명 5호'를 상기시키는 '공동성명 11호'를 발표하였다. '공동성명 11호'는 미소공위에 참여하고자 하는 각 정당 · 단체들에게 모스크바 3상회의 선언문을 첨부한 청원서와 임시정부에 관한 답신서를 제출하도록 명시했다. 이에 따라 6월 11일 미소공위는 참여를 원하는 정당과 사회단체들로부터 청원서와 답신서를 접수 받았다.

접수 결과 남한에서는 425개, 북한에서는 38개의 정당 · 사회단체들이 접수를 신청하였다. 남북한을 합하여 신청단체의 정파별 숫자와 비율은 우익

7) 서중석, 『한국현대민족운동연구』, 역사비평사, 1991, 377~384쪽.

158개(51.3%), 좌익 108개(35.1%), 중간파 42개(13.6%)였고, 나머지는 정체불명의 군소단체들이었다. 미소공위는 신청서 접수가 끝나자 6월 말과 7월 초에 각각 서울과 평양에서 협의신청 단체들과 회합을 갖고 협의 목적과 절차에 관한 설명회를 개최하였다. 이때까지만 해도 2차 미소공동위원회는 순조롭게 진행되는 것처럼 보였다.

그러나 협의대상 정당·단체의 명부 작성 문제를 논의하는 단계에 접어들자 재차 미국과 소련의 입장이 팽팽히 맞서기 시작했다. 미국과 소련은 같은 명부를 놓고도 상대방 지지 세력이 더 많다며, 자신에게 우호적인 세력을 임시정부에 참여시켜 자신의 이해관계를 관철시키고자 했다. 소련은 정당·단체 중 친일파·민족반역자 혹은 유령단체를 협의대상에서 제외하자고 했고, 특히 '반탁투쟁위원회' 가입단체의 배제를 요구하였다. 미국은 이와 달리 접수한 단체 전부를 협의 대상으로 하자고 주장하였다.

미국은 반탁단체 포함여부를 놓고 소련과 부딪히자 상호 간 합의가 불가능할 것이라는 판단하에 새로운 대책을 마련하기 시작했다. 이미 미국은 회담 이전 남한의 우익과 중간파로부터 자신의 입장에 대한 전폭적인 지지를 끌어내는 데 실패하고 있었다. 협의에 참가한 단체의 숫자는 우익이 좌익보다 많았지만, 정작 우익의 핵심이었던 이승만과 김구는 여전히 반탁을 고수하고 있었다. 중간파 정당·단체가 제출한 답신서 내용도 미국이 구상하고 있던 임시정부의 조직 구상과 달리 오히려 좌익에 가까웠다. 미국은 회담을 지속해 보았자 한국 내 정치세력의 협조도 얻지 못하고 소련으로부터 양보도 확보하지 못할 것이라는 판단이 들었다. 결국 미국은 7월 중순부터 한반도 문제를 단독으로 처리하기 위한 준비에 들어갔다.

한편 미국 측 태도가 변화하게 된 이유는 비단 한반도 정세뿐만 아니라 전 세계적 차원에서 소련과의 대립이 격화되었던 데 더 큰 원인이 있었다. 이즈음 미국은 미해결된 국제문제에 대해 소련과 합의에 도달하려고 노력하기보다는, 자신이 우위를 차지한 지역에서 소련의 팽창을 저지하려는 방향으로 정책을 전환하고 있었다. 미국은 1947년 3월 트루먼독트린을 통해 소련의 팽창을 용납하지 않을 것을 천명하였고, 그 연장선에서 서유럽 자본주의 국가의 경제부흥을 지원하는 마셜플랜을 6월에 발표한 바 있었다. 동아시아 차원에서도 1947년 5월 중국공산당이 동북지역에서 반격을 개시하며 국공 양 진영의 우열이 역전되었다. 그러자 미국은 중국에 대한 개입정책을 버리고 일본을 중심으로 공산주의 외곽을 봉쇄하는 작전으로 전환하였다. 또한 미국은 그간 추구하던 한일 간 경제적 분리정책 대신 통합운영을 지향하는 경제정책으로 전환하기 시작했다. 일본을 동아시아 지역의 교두보로 삼기 위해서는 과거 일본 경제에 기여했던 조선경제를 다시금 일본에 편입시킬 필요가 있었기 때문이었다.

결국 미소공동위원회는 더 이상 지속이 무의미한 상태가 되었다. 9월 17일 마셜(George C. Marshall) 미 국무장관은 과거 2년 동안 모스크바 3상회의 결정이 조금도 진전된 바 없으므로 한반도 문제를 유엔으로 이관하자고 소련에 제의했다. 소련은 한반도 문제의 유엔이관은 미국과 소련의 합의를 위반하는 것이라고 비난하면서, 미소 양군이 철수한 후 조선의 독립 문제는 그들 스스로 해결하도록 해야 한다고 주장했다. 그러나 미국은 한반도 문제를 자신들이 주도권을 행사하고 있던 유엔으로 넘겼고, 결국 2차 미소공위는 1947년 10월 18일 공식적으로 결렬되었다.

【참고문헌】

〈단행본〉

구대열, 『한국 국제관계사 연구』 2, 역사비평사, 1995.
김광운, 『북한 정치사 연구』 Ⅰ, 선인, 2003.
서중석, 『한국현대민족운동연구』, 역사비평사, 1991.
송남헌, 『해방 3년사』 Ⅰ, 까치, 1985.
이완범, 「한반도 신탁통치 문제 1943~46」, 『해방전후사의 인식』 3, 한길사, 1990.
정용욱, 『해방 전후 미국의 대한 정책』, 서울대학교출판부, 2003.
최상룡, 『미군정과 한국민족주의』, 나남, 1988.

〈논문〉

기광서, 「해방 후 소련의 대한반도정책과 스티코프의 활동」, 『중소연구』 93호, 2002.
기광서, 「훈령으로 본 소련의 미소공동위원회 전략」, 『역사문제연구』 24, 2010.
안소영, 「태평양전쟁기 미국의 전후 대일·대한정책 및 점령통치 구상」, 『한국정치외교사논총』 31집 2호, 2010.
이완범, 「조선공산당의 탁치 노선 변화 과정(1945~1946)」, 『한국근현대사연구』 35호, 2005.
정용욱, 「1945년 말 1946년 초 신탁통치 파동과 미군정」, 『역사비평』 62호, 2003.

02_ 한반도 문제의 유엔이관과 분단의 고정화
: '유엔결의안'

금보운

1. 미국의 봉쇄정책과 한반도 문제의 유엔이관

모스크바 3상회의 결정에 따라 미소공동위원회(이하 미소공위)에서 논의되고 있던 한반도 문제는 1947년 미소공위가 공식적으로 결렬되기 전에 유엔으로 이관될 것으로 결정되었다. 이는 미국의 단독 결정으로서 사실상 모스크바 3상회의의 결정안인 4개국 신탁통치계획의 파기를 의미했다.

미국은 1946년 초 1차 미소공위가 결렬되기 이전부터 한반도 문제 해결을 위한 대안으로써 한반도 문제의 유엔이관을 고려하고 있었다.[1] 국내에도 미소공위가 진행되는 와중에 미소공위 이후의 단계로서 유엔에 한반도 문제를 이관하는 방안이 소개되었다.[2] 특히 1947년 미국의 대외정책이 전환되고, 2차 미소공위가 미진하게 전개되면서 한반도 문제 해결을 위한 방안으로 보다 구체화되었다. 그리고 1947년 7월 미소공위 결렬이 기정사실화되자 한반도 문제의 유엔이관은 본격적으로 추진되기 시

1) "The Secretary of War(Patterson) to the Acting Secretary of State", 1947.4.4, FRUS 1947 Vol.VI, pp.625~628.

2) 「조선문제의 해결은 미소 간 이해 성립 안되면 사상, UN에 상정」, 『동아일보』, 1947. 2.14.

작했다.[3] 구체적으로 7월 23일 미국의 점령지역 정책을 담당하고 있던 3부조정위원회(SWNCC, State-War-Navy Coordinating Committee)는 한반도 문제를 전담할 특별위원회를 구성했다. 7월 말 이 특별위원회가 제출한 비망록은 이후 미국의 대한정책 방향을 결정했던 'SWNCC 176/30(한국에 관한 특별위원회 보고서 : 한국에서 미국의 정책)'에 그대로 반영되었다. 이는 미소공위가 실패한다면 한반도 문제를 4대강국에 다시 회부하고, 소련이 이 제안을 받아들이지 않을 때에는 한반도 문제를 유엔에 이관한다는 것이다. 즉 미국정부는 미소공위를 주시하며 한반도 문제의 해결방향이 미국의 정책과 부합하지 않을 경우 이를 유엔으로 이관하여 결정주체를 변경할 것을 계획했던 것이다.

유엔을 통해 한반도 문제를 해결한다는 것은 미소 양자 간이 아닌 다자간의 합의를 통해 해결방안을 마련한다는 것을 의미했다. 이는 유엔이 미국의 전후 세계질서 구상 측면에서 갖는 의미를 통해 살펴볼 수 있다. 미국은 국제연합 창설을 계획하며 그 안에서 중심적인 위치를 차지하기를 희망하였다. 또한 미국이 실질적인 힘을 행사하는 안전보장이사회(이하 안보리)에서 강대국들 중에도 특별한 지위를 누림으로써 정치적 목표를 달성하고자 했다. 미국은 이와 같은 목표를 달성하기 위해 유엔에 회원국을 많이 가입시켰다. 다시 말해 미국은 '기계적 다수'가 확보되어 있는 국제기구의 의결을 통해 한반도 문제로 소련과 대립각을 세우고 있는 상황에서 벗어나 신속하게 해결하고자 한 것이다.[4]

이처럼 미국을 중심으로 조직된 유엔에 한국문제를 이관하는 것은 미국이 남한 또는 한반도 전체의 문제에 있어서 상대적으로 유리한 입장에 서게 된다는 것을 의미했다. 미국은 유엔을 통해 한반도 문제를 국제화하고자 했는데, 이는 미국의 봉쇄전략을 위한 필수적인 요소였기 때문이다. 미

3) "The Secretary of State to the Political Adviser in Korea(Jacobs)", 1947.7.14, FRUS 1947 Vol.VI., pp.701~703.

4) 릴랜드 구드리치, 「유엔에서의 한반도 문제 처리과정」, 브루스 커밍스 외, 『분단전후의 현대사』, 일월서각, 1983, 376쪽.

국은 대동아시아 정책에 있어 일본의 전략적 중요성을 인식하며 남한을 일본의 공산화를 방지하기 위한 봉쇄기지로 생각하고 있었다.[5] 또한 미국은 남한을 점령하며 내세운 '군사적 책임'을 이행하며 국제적 위신을 지켜야 했으며, 친미적인 민주주의이념에 입각한 정부를 수립해야 했다.[6] 유엔을 통한 해결은 이 같은 미국의 대한정책을 수행하는 데 보다 용이할 수 있었다.

트루먼 행정부는 소련뿐만 아니라 주한미군정과도 대한정책에 대한 대립을 보였다. 또한 미국의회로부터도 재정적 문제로 인해 남한으로부터 신속히 철군할 것을 요구받고 있었으며, 남한에 대한 원조제공안도 반대에 부딪혔다. 한반도 문제의 유엔이관은 미국이 직면한 이 같은 어려움을 탈피하는 데에도 용이할 수 있었다. 요컨대 미국정부는 유엔이라는 외피를 두르고 대소봉쇄 역할을 수행하고자 한 것이었다.[7] 트루먼 행정부가 국제결의를 근거로 자국의 대외정책을 추진하며, 원치 않는 책임을 국제기구에 계속 이양하려 한다는 비난을 받았던 것은 이와 무관하지 않다.[8]

2. 유엔소총회의 남한 단독선거 결정과 유엔총회의 정부 승인

1) 유엔총회의 한반도 문제 상정

3부조정위원회의 결정에 따라 미국은 1947년 8월 26일, 소련에 한반도

5) "The Secretary of War(Patterson) to the Acting Secretary of State", 1947.4.4, FRUS 1947 Vol.VI, pp.625~628.

6) 『국제연합과 한국문제(I)-한국문제를 둘러싼 미소의 대 유엔정책』(Leland M. Goodsieh, 1956, *Korea : A Study of U.S. Policy in the United Nations, Council on Foreign Relations*의 완역본), 국회도서관 입법조사국, 1969, 26쪽.

7) 미 상원의원 스미드는 "미국이 유엔이라는 외피를 걸치고 대소 봉쇄 역할을 실질적으로 대신해야 한다"고 언급한바 있다(J.B. Kotch, *United States Security Policy toward Korea 1945~1953*, Colombia Univ. ph.D. 1976, pp.198~99).

8) 『국제연합과 한국문제(I)-한국문제를 둘러싼 미소의 대 유엔정책』, 위의 책, 37쪽.

문제 해결을 위한 4개국 회담을 제의했다. 소련은 미소공위를 통해 합의점을 도출할 가능성이 있다며 9월 4일 서한을 통해 이를 거절했다. 이는 미국이 한반도 문제를 유엔에 이관하는 데 명분을 제공했다. 'SWNCC 176/30'에 따라 소련과 합의를 이루지 못할 경우 한반도 문제를 유엔총회에 이관하기로 했기 때문이다. 미국은 'SWNCC 176/30'에 따라 유엔 감시하 선거를 진행할 것을 공시하였고, 9월 16일 몰로토프(Вячеслав Михайлович Молотов)에게 한국 문제를 유엔의 의제로 상정할 것이라고 통고했다. 그리고 그 이튿날인 9월 17일, 미국대표는 '한반도 독립문제(The Problem of the Independence of Korea)'를 제목으로 한 안건을 제2차 유엔총회의 의사일정에 포함시킬 것을 요청했다.[9] 국내에서는 한반도 문제의 유엔이관이 한국의 독립을 확정해 줄 과정으로 인지되었다. 이에 대한독립촉성국민회의와 애국단체연합회 등의 공동주최로 "유엔총회에 조선의 실정을 정확히 반영할 수 있는" 국민대회가 개최되기도 하였다.

소련은 미국의 안건 상정요청에 대해 원칙적인 입장을 고수하며, 이미 모스크바 3상회의 결정안에 규정된 절차에 따라 처리하기로 합의한 문제를 총회에 상정하는 것은 위법이라고 주장하였다. 그러나 운영위원회의 투표결과 12대 2로 한반도 총회 정치위원회인 제1위원회의 안건으로 상정되었다. 미국대표는 10월 17일 자국의 대안을 구체화하는 결의안을 사무총장에게 전달하였는데, 이는 1948년 3월 31일까지 남북한 전 지역에서 유엔위원단의 감시하에 선거를 실시한 후 점령군을 철수할 것을 골자로 하고 있었다.[10]

이에 대해 소련은 점령군이 존재하는 이상 자유롭고 독립적인 선거는 불가능하다며 점령군의 즉각 철수와 남북한의 대표를 한반도 문제 토의에 참가시킬 것을 제안했다.[11] 소련 측의 대안은 유엔 회원국으로 하여금 원칙

9) *YEARBOOK of the UNITED NATIONS 1947-48*, 1949, Department of Public Information United Nations, Lake Success, New York, p.81.

10) "The Problem of the Independence of Korea", 미국대표가 유엔사무총장에게 보내는 편지와 결의초안, 1947.10.17, *United Nations General Assembly*, pp.57~61.

적으로 쉽게 반대할 수 없는 제안이었다. 한국인의 호응을 얻을 수 있는 내용이기도 하였으며,[12] 이미 팔레스타인의 장래문제를 논의할 때 총회에서 채택됐던 방식이었기 때문이다. 실제로 국내에서는 한국민주당(이하 한민당), 한국독립당, 조선민주당을 중심으로 한 애국단체연합회가 10월 15일 '민족대표 유엔파견촉진위원' 50여 명을 선출하기도 했다. 하지만 애초 미국이 한반도 문제를 유엔에 이관하고자 했던 이유가 미국이 의도한 바대로 대한정책을 전개하는 데 있었던 만큼 미국 측은 이를 무마하고자 했다. 이에 10월 29일 수정안을 제출하여 한국인 대표를 선출하는 대신 유엔조선임시위원단(UNTCOK, United Nations Temporary Commission on Korea, 이하 조선임시위원단)[13]을 설치하자고 제시하였다.

제1위원회는 35 대 6으로 수정안을 승인하는 반면 소련 측 원안을 반려했다. 이에 소련대표 그로미코(Андре́й Андре́евич Громы́ко)는 조선임시위원단에 참가하지 않겠다는 의사를 밝혔다.[14] 또한 한국문제 토의에 계속 참석하여 반대안을 제출할 의사를 표명하였다. 유엔총회에서의 한반도 문제는 1947년 11월 14일의 결의(The Problem of the Independence of Korea, Resolution 112(II))를 통해 일단락되었다. 이는 조선임시위원단의 감시하에 선거를 실시한다는 내용과 함께 위원단의 조직과 운영방식에 대해 규정하고 있다.

---

11) "First Committee the Problem of the Independence of Korea", 소련의 결의 수정안, 1947.10.28, *United Nations General Assembly*, p.72; *Ibid*, 1947.10.29, p.75.

12) 「김구 담화발표」, 『서울신문』, 1947.9.20.

13) 미국정부가 제안했던 위원단의 영어명칭은 'United Nations Temporary Commission on Korea'로 이는 전 한반도를 대상으로 상정한 것이었다. 또한 1948년 남북한 각각의 단독정부가 수립되기 전 남한에서는 일반적으로 '유엔조선임시위원단' 혹은 '조선위원단'이라고 칭해졌다. 심지어 이 명칭은 '유엔조선임시위원단'은 1948년 5.10선거 이후에도 언론에서 사용되었다. 물론 1948년 이전에도 '유엔한국위원단'이라는 지칭을 발견할 수 있지만, 본 글에서는 당시 보다 일반적으로 쓰였던 명칭이자 전 한반도를 대상으로 한 원칙적인 취지를 담고 있는 '유엔조선임시위원단'을 사용한다.

14) *YEARBOOK of the UNITED NATIONS 1947-48*, Department of Public Information United Nations, Lake Success, New York, 1949, p.84.

2) '유엔조선임시위원단'의 설치와 소총회의 결의

1947년 11월 14일의 결의에 의해 설치된 조선임시위원단은 오스트레일리아, 캐나다, 중국, 엘살바도르, 인도, 필리핀, 시리아 및 우크라이나 사회주의공화국으로 구성되었다. 이들 각국 정부는 위원단에서 활동할 대표들을 지명하였으나, 우크라이나만은 총회에서 그 대표파견에 관한 성명을 발표하며 대표파견을 거부하였다.

조선임시위원단은 1948년 1월 8일 이남지역에 입국하였고, 12일 서울에서 첫 회의를 가졌다. 조선임시위원단은 한반도에서 전개될 선거를 감시하고 이를 총회에 보고하는 의무를 갖고 있었다. 그런데 총회는 1년에 2번밖에 열리지 않게 되어 있었다. 이에 미국은 한반도 문제를 신속하게 해결하기 위해 정기 총회 외에 수시로 개회할 수 있도록 총회 중간에 개최되는 '중간위원회(Interim Committee)'를 조직할 것을 제의하였다. 중간위원회는 소총회(Little Assembly)라고 칭해지기도 했는데 이는 당시 일반적으로 사용되었던 명칭이기도 했다. 소련은 소총회 설치가 유엔헌장 침해라며 정당성을 부정하였지만,[15] 유엔 헌장 22조(총회의 보조기관을 설치할 수 있다는 규정)에 근거하여 설치되었다. 이에 따라 조선임시위원단은 한국에서의 활동사항을 총회 대신 소총회에 보고하며 활동을 전개할 수 있었다.

하지만 소련이 조선임시위원단의 이북지역 입국을 반대하면서 실제적인 활동에 한계를 갖게 되었다. 이미 소련은 한반도 문제가 총회에 상정되었던 1947년 11월 14일 결의 당시 조선임시위원단 활동을 거절한 바 있다. 미 AP통신은 이 같은 상황을 반영하여 조선임시위원단의 성공 가능성은 희박하다고 평가하기도 했다.[16] 조선임시위원단은 1948년 2월 6일 소련군 사령부와 접촉하여 이북지역에 접근하려던 것이 실패했음을 공식적으로 발표

---

15) 「소총회안보와 병행유엔기구신형태로진전」, 『동아일보』, 1948.1.6; 소련은 임시위원단을 "비합법위원회(소총회)로부터 지시를 받는 비합법위원단"이라 지칭했다(Peter calvocoressi ed., *Survey of International Affairs : 1947~48*(London, 1952), p.319).

16) 「소련의 '뽀이콧트'로 유엔조위성공희박」, 『동아일보』, 1947.11.25.

하였다. 이에 위원단에 새로운 문제가 제기되었는데, 이는 총회의 계획을 활동이 가능한 이남지역에서만 시행할 것인지, 아니면 한반도 전체에서 시행할 것인지를 심의하는 것이었다.

이에 대한 위원단 내부의 의견은 결의 112(II)에 언급된 중앙정부(National Government)에 대한 인식의 차이에 따라 다르게 발현되었다. 호주, 캐나다, 인도 및 시리아의 대표들은 한반도의 통일을 위해서는 전 지역에서의 선거를 실시해야 한다며 이남지역 단독선거에 반대했다. 단독선거로는 총회 결의에서 언급된 중앙정부를 수립할 수 없다는 것이었다. 반면 중국, 필리핀, 엘살바도르의 대표들은 전체 인구의 2/3가 거주하고 있는 38선 이남지역에서만 선거를 실시해도 '중앙정부'를 설립하는 데는 문제가 없다며 소총회 논의를 거칠 필요가 없다는 입장을 표명했던 것이다. 프랑스는 논의 초반에 기권의사를 밝혔다. 조선임시위원단의 활동은 투표를 거쳐 '조선임시위원단이 접근가능 한 지역에서의 선거실시'라는 미국의 제안에 따르기로 결의되었다. 궁극적으로 이는 이남에서만의 단독선거를 결정한 것이었다.

3) 이남지역 단정선거 실시와 정부의 승인

소총회가 결의를 채택한 이틀 후인 2월 28일 조선임시위원단의 위원들은 회의를 시작하여 3월 1일, 선거일을 1948년 5월 9일로 결정하였다. 이는 찬성 4(중국, 엘살바도르, 인도, 필리핀), 반대2(캐나다, 호주), 기권2(프랑스, 시리아)로 결의되었다. 캐나다 대표는 단정선거의 실시를 통일을 위한 논의의 실패로 보고 유엔이 선거에 참여할 토대가 사라지는 것이라며 반대했다. 선거일은 이후 5월 10일로 변경되었다.[17] 단독선거가 결정되자 이승만을 비롯하여 한민당은 소총회의 결의를 환영한다는 뜻을 밝혔다. 그러나 김구(金九), 김규식(金奎植)은 소총회의 결의가 통일을 가로막는다며 비판

17) 이에 대해서는 9일에 일식이 있어 불길한 징조가 보인다는 분위기 때문이라는 견해도 있지만, 일요일이라는 이유로 기독교계에서 강력하게 반발했기 때문으로 보기도 한다.

하였고, 민주통일당, 민주독립당, 조선민주당은 소총회의 결의를 수용하면서도 통일의 방향을 우려하였다.[18] 김일성은 유엔소총회의 결의는 "조국을 정치적으로 완전히 분열하려는 목적을 가진 것"이라고 비판하였다.[19] 미군정장관 존 하지(John R. Hodge)는 이 결정을 적극적으로 지지한다고 밝혔다.[20]

선거일이 정해진 후 조선임시위원단은 이남에서 전개되는 선거를 감시하는 역할을 했다. 그러나 불과 30명의 인원, 그것도 조선인이 한명도 포함되지 않은 위원단이 선거가 실시되는 전 지역을 감시한다는 것은 불가능에 가까웠다. 실제로 조선임시위원단은 2%에 불과한 투표소만을 방문했다. 조선임시위원단 내에서도 선거의 자유분위기에 대한 문제제기가 있었고, 이를 미군정에 보고하기도 했다.[21] 그럼에도 불구하고 이남지역 내에서 선거 감시를 전개한 조선임시위원단은 선거가 종료된 이후 1948년 6월 25일, "1948년 5월 10일 선거 결과는 전 한국인의 3분의 2를 점하는 지역의 선거민들이 그들의 자유의사를 합법적으로 표현한 것이다"는 내용의 보고서를 작성하고 만장일치로 제출하였다. 이러한 결론은 당시 조선임시위원단의 의장이었던 미구엘 베일(Miguel A. P. Valle)에 의해 6월 30일 제헌의회에 통고되었다.[22] 이남지역 단독정부로서 수립된 대한민국 정부는 이제 법률적 정당성을 획득하는 절차로서 유엔총회로부터의 국제적 승인만을 남겨두고 있었다.

대한민국 정부의 승인 문제는 9월 21일 파리에서 개최된 제3차 유엔총회의 안건으로 상정되었다. 한국문제는 결의안의 합의 문제로 상정되지 않다

---

18) 「소총회가결의 국내반향」, 『동아일보』, 1948.2.28.

19) 김일성, 「남조선 반동적 단독정부 선거를 반대하며 조선의 통일과 자주독립을 위하여」, 『근로자』, 1948, 3, 2쪽.

20) 「소총회가결을 환영 전면적으로 지지협력」, 『경향신문』, 1948.2.29.

21) "United Nations Temporary Commission on Korea 11th Information Report on the Work of the Commission", 1948.7.29, *United Nations General Assembly,* p.310.

22) '한국 의회 방문시 국제연합 임시한국위원단 의장 미겔 · 바에씨의 연설', 1948년 6월 30일, 「제1회 제21차 국회본회의회의록」, 27쪽, 국회회의록시스템(http://likms.assembly go.kr/record/index.html 이하 생략).

가 총회가 끝날 무렵인 12월 7일부터 제1위원회에서 논의되었다. 제1위원회는 중국, 호주, 미국의 합동안과 소련의 안을 상정하여 논의하였다. 또한 중국의 제안에 따라 한국 대표가 제1위원회 논의에 옵저버 자격으로 참석할 수 있게 되었고, 이에 따라 장면(張勉)이 참석하였다. 이날 제1위원회의 논의에서 논의되었던 주요사안은 중국, 호주, 미국의 합동결의안 중 '대한민국정부를 유엔조선임시위원단의 접근이 가능한 지역에서 수립된 합법정부로 인정한다'는 내용을 담고 있는 결의안 2조에 관한 것이었다. 2조에 대한 논의는 장면의 발언으로부터 시작되었다. 장면은 "대한민국이 1947년 11월 14일의 총회 결의에 의해 수립된 중앙정부이며 무력에 의해 한반도 전역에 대한 통치권 제한을 받고 있을 뿐, 전 한국 민족의 주권이 이 정부에 귀속된다"는 문구로 수정할 것을 제안했다.[23] 그러나 인도대표를 비롯하여 버마, 시리아, 네덜란드 대표 등은 대한민국을 인정한다는 것과 1947년의 총회 결의에 지시된 바대로 한반도 전역을 대표하는 중앙정부로 승인한다는 것은 다르다는 의견을 밝혔다. 이 사안은 다음 날 회의에서도 언급되었다. 이에 미국 대표 존 덜레스(John F. Dulles)는 결의안 2조의 문장은 사실상 이남지역에 수립된 정부를 전 한반도의 정부라고 주장한다든가, 한반도 내 다른 지역에 또 다른 정권이 존재함을 전적으로 부인한 것은 아니라고 결론지었고, 문구는 수정 없이 반영되었다.

제1위원회는 12월 8일 한국정부 정식승인과 유엔한국위원단 조직에 관한 중국, 호주, 미국의 공동결의안과 소련의 안을 함께 가결했다. 최종적으로 12월 12일 유엔총회에서 캐나다의 수정안을 반영한 중국, 호주, 미국의 결의안이 최종 승인되었다. 이는 찬성48, 반대6, 기권1로 결의(Establishment of the Republic of Korea and the Withdrawal of the Occupying Powers, Resolution 195(III))되었다.[24] 1947년 9월 시작된 유엔의 '한국독립문제'의

---

23) "…the Government envisaged in the Assembly's resolution of 14 November 1947, that it was prevented from exercising its jurisdiction over all Korea only by force, and that the sovereignty of the entire Korean nation resided in it…"(*U.N. Official Records of the Third Session of the General Assembly First Committee*, 1948년 12월 7일자 회의, p.966)

논의는 분단정부로 수립된 한국정부가 '유엔조선임시위원단이 접근 가능한 지역 내에 존재하는 유일한 합법정부'라는 국제적 승인을 받는 것으로 일단락 지어졌다. 이때 결의 195(III)에 대한 반대표 6개는 소련연방 국가들로부터 나온 것이었다. 소련안은 부결되었는데, 이때 소련안에 찬성표를 던진 6개국 역시 소련연방 국가였다. 이처럼 한국정부의 승인은 유엔 내부에도 흐르고 있던 냉전의 기류를 반영하여 이루어진 것이다.

3. 〈한반도 문제이관 관련 유엔결의안〉 분석

1) 한반도 문제의 유엔총회 상정(1947년 11월 14일자, 결의 제112(II)

결의 112(II)는 A와 B, 두 부분으로 구성되어 있다. A는 소련 측 제안에 미국의 수정을 가한 것이며, B는 미국 측 제안에 필리핀, 인도, 중국, 프랑스의 수정을 반영한 것이다.[25] A는 한반도의 자유와 독립을 성취하는 데에 유엔이 개입하며, 조선임시위원단를 파견하여 한반도의 현 상황과 선거 과정을 감시할 것을 규정하고 있다. B는 선거 및 조선임시위원단의 구성과 활동 등에 대한 구체적인 규정을 담고 있다. 이는 총 7개의 항목으로 1) 위원회의 구성국가(호주, 캐나다, 중국, 엘살바도르, 프랑스, 인도, 필리핀, 시리아, 우크라이나 소비에트 공화국), 2) 선거일자 및 방법(1948년 3월 31일 이전에 개최, 인구에 비례한 지역 대표자 선출과 조선임시위원단의 감시), 3) 가급적 속히 의회와 정부를 조직하여 위원단에 보고할 것, 4) 정부 수립 후 위원단과의 협의내용(군사 · 반(半)군사 단체 해산, 미소군정으로부터 정권인수, 점령군의 90일 이내 철퇴), 5) 위원단의 활동(한반도의 독립을 성

24) *YEARBOOK of the UNITED NATIONS 1948-1949,* Department of Public Information United Nations, Lake Success, New York, p.289.

25) 宮崎繁樹, 「UN과 한반도 문제」, 關寬治 외, 구천서 옮김, 『한반도 문제의 새로운 인식－분단체제의 형성과 전개』, 온누리, 1987, 60쪽.

취를 위한 권고 및 감시활동, 중간위원회에 보고), 6) 위원회 활동을 위한 편의제공, 7) 한반도 독립 과정에 간섭불가를 규정하고 있다.

위에서 설명한 바대로 유엔결의 112(II)는 한반도 문제의 유엔이관과 유엔 감시하의 선거실시를 결의했다. 그러나 선거를 누가 주관하고 계획할 것인지, 선거는 한반도 전역에서 실시되는지, 점령군의 정확한 철수일자는 언제인지를 명확하게 규정하고 있지는 않았다. 또한 이 결의는 유엔총회로 하여금 모스크바 3상회의의 결정의 이행을 위해 미소 간 의견 차이를 조정해 줄 것을 요청한 것이 아니며, 유엔총회에 모스크바 3상회의 결정안을 수행하는 방법에 대한 토의를 요청한 것도 아니었다. 다시 말하면 유엔총회 결의 제112(II)는 신탁통치안의 포기와 유엔을 통한 새로운 방식의 강구를 의미하는 것이다.

유엔총회의 결의를 통한 한반도 문제의 해결은 다수결을 통해서 미국이 추구하는 정책의 실행을 관철시킬 수 있다는 점에서 상당한 정치적 의미를 갖고 있었다. 사실 유엔총회의 결의는 권고, 조사 및 토의의 기능에 한정되어 있었기 때문에 한반도 상황에 대해 구속력 있는 결정을 내릴 권한은 없었다.[26] 그럼에도 불구하고 미국이 적극적으로 총회 의결을 추진했던 이유는 필요한 수의 찬성투표만 획득하면 반대가 있어도 안건을 가결시킬 수 있었던 총회의 규칙이 있었기 때문이었다.

이 결의에서 주목할 부분은 조선임시위원단의 설치이다. 이는 한반도 독립문제를 해결하기 위해 별도로 설치된 기구로서 미국이 제안한 것이었다. 미국은 한반도 문제에 대한 논의 시 한국대표를 참석시키자는 소련의 제안에 대한 대안으로서 조선임시위원단의 설치를 제안했다. 이는 두 가지 의미를 갖고 있는데, 첫째는 한반도 문제 토의 과정에서 이남지역 대표를 참석시킬 수 있는 모든 가능성을 배제한 것이며, 둘째는 유엔이 이북지역에서의 선거까지 감시할 수 있게 규정함으로써 1946년 12월에 실시된 이북의

26) *Charter of the United Nations, Chapter IV : The General Assembly, Article 10-17*, 유엔공식 웹사이트(www.un.org/en/documents/charter) 이하 생략.

제1차 인민위원회 선거의 적법성 여부를 문제시 한 것이다. 또한 조선임시위원단의 구성국가 역시 미국이 설정하였는데, 활동기간 친미적인 인사로 교체되는 등 미국에 유리한 활동을 했다. 물론 조선임시위원단 내에서 한반도 문제 해결방안에 대한 논의가 전개되기도 했지만, 결의 제112(II)가 그 기능을 권고와 감시에 한정하고 있다는 점에서 근본적인 한계를 갖고 있었던 것이 사실이다.

2) 소총회의 남한 단독선거 실시 결의(1948년 2월 26일자, 결의 583-A)

이 결의는 미국 대표 필립 제섭(Philip C. Jessup)이 제안한 내용으로서 조선임시위원단이 접근 가능한 지역에서의 선거실시를 승인하고 있다. 소총회는 결의문과 함께 세 가지 유의사항도 첨부하였는데, 첫째, 유엔 감시하에 선거를 진행하며 자유로운 분위기를 보장할 것, 둘째, 국회구성 및 운영은 한국인들 자율에 맡기되 조선임시위원단과 논의 및 협력을 할 수 있음, 셋째 조선임시위원단의 자유재량권을 보장한다는 것이다.[27] 이 중 두 번째 권고는 정부수립 이후 유엔총회에서 조선임시위원단이 설치되며 공식화되었다.

소총회의 결의 583-A는 이남지역 단독정부, 즉 한반도의 분단정부 수립을 공식화한 결정이었다. 이에 대해 미국은 '중앙정부론'을 제기하였는데, 유엔의 승인을 받은 이남지역에 수립된 정부를 중앙정부로 삼고 이후 이북지역에 수립될 정부를 흡수하여 궁극적으로 통일정부를 이룰 수 있다는 주장이었다. 이밖에 소총회 결의 583-A는 남북 대립이 확대되었을 때 유엔의 결의로 수립된 남한정부에 대한 원조 및 군사적 지원의 책임을 유엔이 져야 하는 근거가 될 수 있었다.[28]

---

27) *Reports of the Interim Committee of the General Assembly*, General Assembly, *Official Record : Third Session,* Supplement No.10, p.21.(국사편찬위원회 소장문서)

28) 호주대표 잭슨(Samuel H. Jackson)의 발언(릴랜드 구드리치, 앞의 책, 390쪽)

유엔 결의를 통한 이남지역 정부를 수립하는 과정에서 조선임시위원단의 감시활동은 단독정부의 정당성을 확보하기 위한 중요한 과정일 수밖에 없었다. 그러나 소총회의 결의 583-A는 선거 감시활동을 비롯한 조선임시위원단의 선거관련 권한을 구체적으로 명시하지 않고 있다는 한계를 갖고 있었다. 실제로 조선임시위원단의 임무는 선거를 감시하고 그 결과를 총회에 보고하는 것이었을 뿐 실권을 갖지 못했다.[29] 남한에서 선거를 주관하는 책임은 미군사령부에 있었으며 위원단은 주한 미군정으로부터 검열 및 감시를 받기도 했다. 또한 활동 중간에 미국에 비판적인 태도를 보인 위원이 친미성향의 위원으로 교체되는 등 점차 미군정의 영향하에 놓이게 되었다.

3) 유엔의 대한민국 정부 승인과 한국위원단 설치(1948년 12월 12일자, 결의 제195(III))

이 결의문은 1948년 5월 10일 이남지역 단독선거를 감시한 조선임시위원단의 보고서를 승인하고, 이 선거로 수립된 대한민국 정부의 합법성을 선언하고 있다. 이는 같은 해 9월 9일 정부수립을 선포한 조선민주주의인민공화국의 존재 및 그 정당성을 부인한 것은 아니었다. 또한 한반도 전역을 대표하는 정부로 인정한 것도 아니었지만 '한반도의 유일한 합법정부'로 승인한 것으로 해석되었다.[30] 결의문에서의 한국정부에 대한 규정은 다음과 같다.

> 2. 대한민국 정부가 유엔조선임시위원단이 감시 가능했으며, 한반도 전체의 대다수의 주민들이 거주하는 지역에서의 합법적인 정부로 수립되었

29) 이에 유엔조선임시위원단(UN Temporary Committee on Korea)은 유엔감시위원단으로 소개되기도 했다(「유엔감시위원단에」, 1947년 11월 8일자, 『동아일보』).

30) Ernst Fraenkel, 이영재 역, 「한국에 관한 국제법상의 제문제」(1951년 6월 1일 프랭켈이 독일정치대학에서진행한 강연 *KOREA-Ein Wendepunkt Völkerrecht?* 의 번역문), 50~52쪽.

> 음을 선언하다. 이 정부는 이 지역에서 선거인의 자유의지의 유효한 표현을 기반으로 수립되었으며, 유엔조선임시위원단의 감시를 받았다. 그리고 이 정부는 한반도에서 이 같은 과정을 거친 유일한 정부이다.

즉, 이는 조선임시위원단이 감시 가능했던 남한 지역에 한해서 수립된 정부이자 유엔이 결의한 절차를 거쳐 수립된 정부로서 승인을 한 것이다. 따라서 애초 '한국독립문제'에 관한 결의, 112(II)의 완수를 의미하는 것이 아니라 이를 수행하기 위한 한 절차를 일단락 지었을 뿐이었다. 이는 결의문 4조에 언급되는데, "1947년 11월 14일의 결의를 완전히 수행할 목적으로 한국위원단(UNCOK, United Nations Commission on Korea)[31]을 설치한다"는 문구가 그것이다. 한국위원단은 1948년 2월 26일 설치된 조선임시위원단을 전신으로 하며 그 업무도 인계받는다고 규정되었다. 구성국가도 캐나다를 제외한 조선임시위원단 구성국가로 이루어져 있다. 한국위원단의 역할은 유엔의 승인을 받은 신생정부의 활동을 후견하는 것으로 규정되었다. 구체적으로 '한반도의 분단에 의해 야기된 경제적, 사회적, 기타 우호적 교류의 장벽을 제거할 방안을 모색'(4조 a항) 등 한반도 통일 및 안보의 통합을 위해 활동할 것으로 제시되었다.(4조 b항) 이밖에 한국위원단은 대한민국 정부 대표의 더 나은 발전을 위해 감시와 조언을 하며(4조 c항), 점령군의 철수를 감시하고, 이를 확인할 의무를 부여받았다.(4조 d항) 한국위원단은 한국 전역을 여행하고, 조언 및 감시활동을 하며(5조 c항), 스스로 활동 절차를 결정할 수 있다(5조 d항)고 규정되었다. 그러나 한국위원단 역시 유엔조선임시위원단과 마찬가지로 업무를 수행하는 동안 한국의 통일과 대의정부의 기반을 확대하는 데에 아무런 실권을 갖지 못했다.

이처럼 유엔 결의 195(III)은 한반도의 통일정부 수립의 여지와 이를 위한 유엔의 지속적인 개입을 확인하고 있다. 그러나 이와 함께 유엔 회원국들

---

31) 유엔한국위원단은 '유엔조선임시위원단'의 감시하에 선거를 전개한 대한민국 정부에 한정된 활동을 전제하고 있었다. 또한 1948년 12월 이후에는 '유엔한국위원단'이 보다 일반적으로 사용되었다는 점에서 이 글에서는 '한국위원단'이라고 지칭한다.

로 하여금 유엔이 한반도 통일문제를 성취하지 못하더라도 비난하지 않도록 요청하며 문제해결에서 한 발 물러서는 태도를 보였다.(8조) 또한 유엔 회원국과 다른 국가들이 대한민국 정부와 국교를 수립할 때 이 결의안 2조를 염두에 둘 것을 권고한다는 조항(9조)를 둠으로써 사실상 한반도의 분단을 확인하는 역할을 했다.

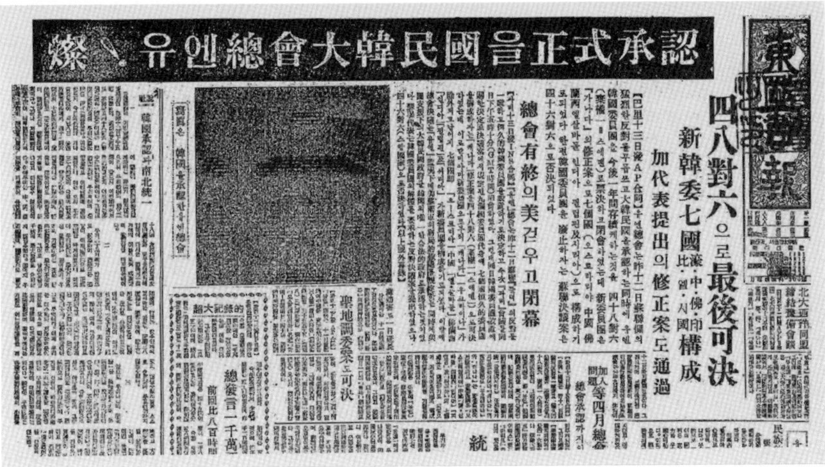
東亞日報

燦! 유엔總會大韓民國을正式承認

四八對六으로最後可決

新韓委七國 濠·中·佛·印 比·엘·시國構成

加代表提出의修正案도通過

【巴里十三日發AP合同】유엔總會는昨十二日蘇聯側의猛烈한反對를무릅쓰고大韓民國을承認하는同時에 유엔韓國委員團을 今後一年間存續케하는것을 四十八對六(棄權一 = 스에덴)로票決하고閉會하였는데 新委員團은「가나다」의修正案으로七個國(오스트라리아 中國 佛蘭西 엘살바돌 인디아 필립핀及시리아)으로 構成하기로되었다 한편韓國委員團을 廢止하자는 蘇聯決議案은 四十六對六으로否決되었다

總會有終의美걷우고閉幕

加入等四月總會 問題 總會承認까지

▌유엔의 남한단독정부 승인 소식을 알리는 1948년 12월 14일자 『동아일보』 1면(국사편찬위원회 소장)

4. 한반도 분단정부 수립과 분단체제의 고정화

미국이 한반도 문제를 유엔에 이관한 것은 소련의 의사를 무시한 일방적인 행동이었다는 점에서 미국이 내건 '한반도의 통일된 독립 국가'의 수립이라는 정책목표는 사실상 온전히 실현될 수 없는 것이었다. 1946년 초반부터 남한에서는 미군정에 의해 조선 국방경비대의 설립과 군정기구의 한인화를 추진하며 사실상 단정 수립을 위한 준비를 진행하고 있었기 때문이

다. 실제로 1948년 12월 12일 유엔총회 결의 195(III)는 실제로 기술된 내용과는 다르게 한국정부가 '한반도의 유일한 합법정부'로 인정받은 것으로 해석되었다.[32] 5 · 10선거 이후 이승만과 한민당은 유엔총회의 승인을 확보하기 위한 사전 움직임으로 국회와 정부에 대한 위원단의 승인을 받고자 했는데,[33] 이는 국회가 유엔총회 결의에 규정된 '중앙정부'의 성격을 담보하고 있음을 자임하기 위한 것이었다. '이남지역에 수립된 정부가 한반도의 유일한 합법정부'라고 해석하는 것은 이북지역에 수립된 조선민주주의인민공화국의 존재를 부정함으로써 정부 간 합의 또는 협의를 통한 통일정부 수립의 가능성을 배제하는 것이었다.[34] 결국 소련이 1948년 10월 13일 조선민주주의인민공화국 정부를 승인하고, 미국이 1949년 1월 1일 대한민국 정부를 승인하며 공식적으로 한반도 내 두 개의 정부가 출범하게 되었다. 사실상 동서 대립의 세계정세를 반영하여 한반도 분단이 고정되기 시작한 것이다.

물론 유엔의 개입이 한반도의 분단정부 수립에만 영향을 미친 것은 아니었다. 소총회의 이남지역 단독선거 결의(583-A)에 반대표를 던졌던 조선임시위원단의 호주와 캐나다 대표는 김규식과 김구에게 남북협상에 참석하도록 격려하면서 이 회의가 성공할 경우 단독 선거를 연기시킬 것을 약속하기도 했다. 그러나 조선임시위원단의 활동은 이남지역에만 한정되어 있었고, 이후 한국위원단으로 공식화된 이후에도 양 점령군 철수 및 국회조

---

32) 서울시는 '유엔승인경축문'을 작성하여 비행기로 10만부를 살포했는데, 이 경축문에는 "우리정부만이 모든 국가가 승인한 유일한 우리의 민족국가"라고 언급되어 있었다. 이는 유엔승인 당시에만 전개된 것이 아니었다. 1962년 외무부는 유엔의 승인을 소개하며 "한국에 있어서의 유일한 합법정부"라고 서술했다.(「유엔 승인경축문 비행기로 십만매 살포」, 『동아일보』, 1948.12.15; 외무부, 『유엔과 한국문제의 역사적 배경』, 1962, 8쪽)

33) 'Daily Report of UNTOK Activities', 1948.8.17, 국사편찬위원회, 『대한민국사자료집－UN 한국임시위원단관계문서』 7, 1989, 359쪽.

34) 미 국무부는 유엔을 통해 수립된 정부가 더 이상 과도정부가 아닌 "항구적 정부(Government of permanent character)"가 되어야 한다고 강조했는데 이는 소총회의 결의를 통해 수립되고, 유엔의 승인을 받은 남한단독정부가 북한정부와 통일되지 않고 분단상태를 유지하게 될 것임을 의미하는 것이라 볼 수 있다("The Political Adviser in Korea(JAcobs) to the Secretary of State", 1947.8.21, FRUS 1947 Vol.VI, p.760~761).

언 활동 등에 있어 한반도 통일을 위한 어떠한 실권도 갖지 못했다.

또한 1948년 12월의 결의 195(III)는 조선민주주의인민공화국 정부의 유엔가입 신청을 거부하는 근거로 작용하기도 했다. 남한정부는 1949년 2월 2일, 북한정부는 2월 10일 유엔 가입신청을 했다. 이때 안전보장이사회는 총회결의가 한국정부를 정통정부로 규정하고 있다며 북한의 신청을 의제로 채택하지 않았다. 안보리는 북한의 신청을 받아들이면 한국의 분단을 고정화한다는 의견을 내기도 했다. 이는 남한정부를 중앙정부로 하여 북한과의 통일을 추진해야 한다는 미국의 '중앙정부론'과 맥을 같이한다. 하지만 이미 한반도 문제가 유엔에 이관되었고, 남한정부가 유엔의 승인을 받은 후였기 때문에, 남북한 통일정부 수립 문제는 유엔의 권한하에 놓여져 있었다. 이 같은 상황에서 북한정부의 유엔가입 신청을 거부한 것은 한반도 통일 방안을 한정시킨 것과 같았다. 냉전 하 국제질서 속에서 한반도 문제는 점차 분단을 고정화하는 방향으로 전개되고 있었다.

【참고문헌】

〈단행본〉

가브리엘 콜코, 「국제정치적 역학관계와 전후처리문제」, 「한국의 해방과 미국정책」, 브루스 커밍스 외, 『분단전후의 현대사』, 일월서각, 1983.

『국제연합과 한국문제(I) – 한국문제를 둘러싼 미소의 대 유엔정책』(Leland M. Goodsieh, 1956, *Korea : A Study of U.S. Policy in the United Nations, Council on Foreign Relations*의 완역본), 국회도서관 입법조사국, 1969.

宮崎繁樹, 「UN과 한반도 문제」, 關寬治 외, 구천서 옮김, 『한반도 문제의 새로운 인식 – 분단체제의 형성과 전개』, 온누리, 1987.

릴랜드 구드리치, 「유엔에서의 한반도 문제 처리과정」, 브루스 커밍스 외, 브루스 커밍스 외, 『분단전후의 현대사』, 일월서각, 1983.

박찬표, 『한국의 국가형성과 민주주의』, 후마니타스, 2007.

박치영, 『유엔 정치와 한국문제』, 서울대학교출판부, 1995.

서중석, 『한국현대민족운동연구』, 역사비평사, 1996.

정용욱, 『해방 전후 미국의 대한정책』, 서울대학교출판부, 2003.

제임스 I. 매트레이, 구대열 역, 『한반도의 분단과 미국』, 을유문화사, 1989.

조순승, 『한국분단사』, 형성사, 1982.

조이스 콜코, 가브리엘 콜코, 백용섭 역, 「미국과 한국의 해방」, 김정원 외, 『한국현대사의 재조명』, 돌베개, 1982.

존 할리데이, 「유엔과 한국」, 프랭크 볼드윈 편, 편집부 역, 『한국현대사』, 사계절, 1984.

J.B. Kotch, *United States Security Policy toward Korea 1945~1953*, Colombia Univ. ph.D. Dissertation, 1976.

Leon Gordenker, *The United Nations and the Peaceful Unification of Korea*, Netherlands, 1959.

〈논문〉

강성천, 「1947~1948 'UN조선임시위원단'과 '통일정부' 논쟁」, 『한국사론』, 1996.

최봉대, 「전후 미국의 대한반도 정책과 분단 체제의 구축」, 『사회와 역사』 13, 1988.

최영웅, 「유엔소총회론」, 서울대학교 외교학과 석사학위논문, 1964.
하용운, 「UN한국임시위원단—5·10선거기의 역할과 성격을 중심으로」, 『한성사학』 6-7, 1994.

03_ 단선 · 단정 반대를 위한 남북 지도자 간 협상*

: 남북조선제정당사회단체 공동성명서

예대열

1. 남북협상의 배경과 추진 과정

1) 김구와 김규식의 남북협상 제안

1948년 동북아시아 정세는 냉전질서로 굳어져 가고 있었다. 중국에서는 1947년 5월 공산당이 동북지방에서부터 반격을 개시하더니 1948년에 접어들면서 국민당과의 전세를 역전시켰다. 그러자 미국은 중국에 대한 개입정책을 버리고 일본을 중심으로 공산주의 외곽을 봉쇄하는 방향으로 동아시아 정책을 전환하였다. 그 연장선상에서 2차 미소공동위원회가 결렬 되었고 한반도 정부수립 문제는 유엔으로 이관되었다. 결국 1947년 11월 14일 유엔총회에서는 유엔조선임시위원단 설치와 총선거에 관한 결의문이 통과되었다.

1948년 1월 7일 유엔조선임시위원단이 서울에 도착했다. 그들은 이승

* 본 글에서는 1948년 남북 정치지도자 간에 진행된 일련의 정치회담에 대해 '남북협상'이라고 통칭한다. 1차와 2차에 걸쳐 진행된 본 회담은 '남북연석회의'라고 칭한다. 김구 · 김규식 · 김일성 · 김두봉 간에 벌어진 회담은 '4김 회담'으로, 그 회담을 추인하기 위해 모인 15인 회담은 '남북지도자협의회'라고 칭한다. 그밖에 협상 준비 과정에서 논의되었던 협상방식에 대해서는 원문 그대로 따르기로 한다.

만, 김구(金九), 김규식(金奎植), 김성수(金性洙) 등과 선거 문제를 협의하였다. 이승만은 면담에서 남한만의 조기선거 실시와 단독정부 수립을 주장하였다. 김구는 미·소 양군철수, 남북 요인회담, 총선에 의한 통일정부 수립방안을 제시하였다. 김구는 1월 28일 유엔조선임시위원단에 피력했던 의견을 가다듬어 6개 항목의 '의견서'를 발표하였다. 이 '의견서'의 내용은 이전까지 김구가 주장해 왔던 것들과는 큰 차이가 있었다. '의견서'의 내용은 다음과 같다.

① 우리는 신속한 총선거에 의한 한국의 통일된 완전 자주적 정부만의 수립을 요구한다.
② 총선거는 인민의 절대자유의사에 의하여 실시할 수 있게 되기를 요구한다.
③ 북한에서 소련이 입경을 거부하였다는 구실로 유엔이 그 임무를 태만히 하지 아니할 것을 요구한다.
④ 현재 남북한에서 이미 구속되어 있으며 혹은 체포하려는 일체 정치범을 석방하기를 요구한다.
⑤ 미·소 양군은 한국에서 즉시 철퇴하되 소위 진공 상태로 인한 기간의 치안책임을 유엔에서 부담하기로 요구한다.
⑥ 남북요인 지도자회의를 소집함을 요구한다.[1)]

한편 중간파 세력은 오랜 통합 논의 끝에 1947년 12월 20일 김규식을 주석으로 하는 민족자주연맹을 결성하였다. 민족자주연맹은 내적 통합력과 대중적 기반이 부족하였지만 남북협상을 주도적으로 제기하며 통일정부 수립운동에 나섰다. 1948년 2월 4일 민족자주연맹은 김규식의 숙소였던 삼청장(三淸莊)에서 연석회의를 갖고 김일성과 김두봉 앞으로 남북협상을 제안하는 편지를 보낼 것을 결의하였다. 이들은 김규식 단독으로 보내는 것보다 김구와 연명으로 보내는 것이 효과적이라고 판단했다. 김구도 이에 호응했다. 편지의 초안은 양측에서 작성되었다. 김일성에게 보내는 편지는

1) 「撤兵後選擧實施 金九氏意見書提出」, 『동아일보』, 1948.1.30.

민족자주연맹의 신기언(申基彦)이, 김두봉(金枓奉)에게 보내는 편지는 한국독립당의 엄항섭(嚴恒燮)이 각각 초안을 작성하였다. 이 편지는 2월 16일 북한으로 발송되었다.

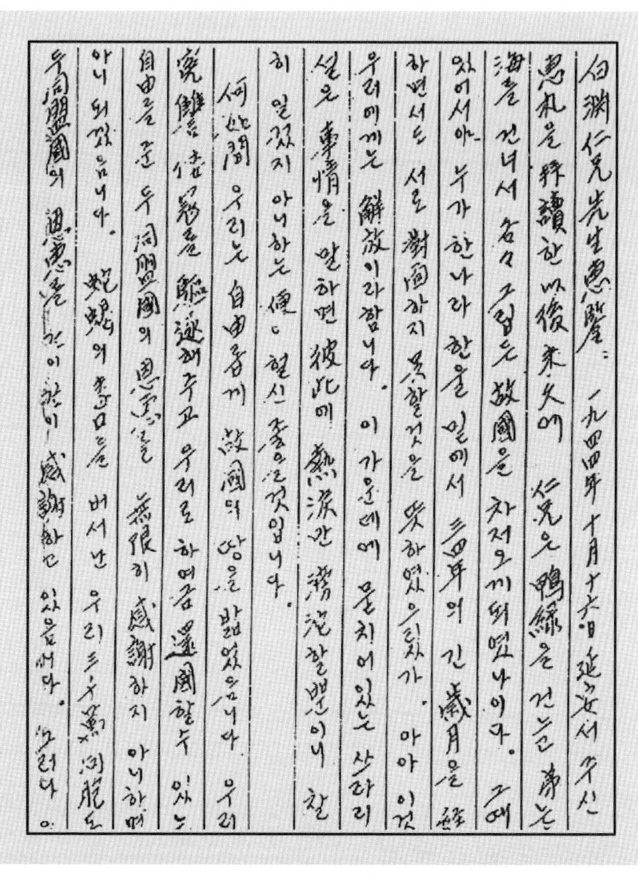
白淵 仁兄先生 惠鑒： 一九四四年 十月 十六日 延安서 주신
惠札을 拜讀한 以後 來久에 仁兄은 鴨綠을 건느고 나는
海를 건너서 各々 그립든 故國을 차저오게 되엿나이다. 그애
잇어서야 누가 한나라 한울 밑에서 三四年의 긴 歲月을 經
하면서도 서로 對面하지 못할것을 뜻하엿사오릿가. 아아 이것
우리에게는 解放이라 합니다. 이 가운데에 뭉치어 잇사는 사라리
실은 事情을 말하면 彼此에 熱淚간 滂沱할뿐이니 찰
히 일컷지 아니하는 便이 훨신 좋은것입니다.
何如間 우리는 自由롭게 故國의 땅을 밟엇사옵니다. 우리
寬饒한 倭寇를 驅逐해주고 우리로 하여금 還國할수 잇사는
自由를 준 두 同盟國의 恩惠를 無限히 感謝하지 아니하며
아니 되겟습니다. 蛇蝎의 쏘임을 버서난 우리 三千萬 同胞도
두 同盟國의 恩惠를 [illegible]이 感謝하고 잇사옵니다. 그러다

▎김구 · 김규식의 남북협상 제안 편지(백범기념관 소장)

편지는 세 가지 루트로 전달되었다. 첫 번째는 유엔조선임시위원단을 통해서였다. 김구와 김규식은 남북협상을 준비하면서 유엔조선임시위원단과 협력하여 문제를 풀어가고자 했다. 당시까지 그들의 통일정부 수립

방안은 유엔의 협조 아래 남북 총선거를 실시하는 것이었기 때문이다. 김구와 김규식은 편지를 발송하기 전인 2월 6일, 유엔조선임시위원단 의장 메논(Vengalil K. Menon)과 사무총장 후스저(胡世澤)와 면담을 가졌다. 유엔조선임시위원단 측은 남북협상 안을 유엔조선임시위원단 안건으로 정식 상정하고 유엔소총회에 반영하겠다고 약속했다. 아울러 편지는 유엔조선임시위원단 캐나다 대표로 하여금 주한 영국대사관에 의뢰하여 영국→소련→북한으로 이어지는 외교루트를 통해 공식 전달하겠다고 밝혔다.

편지의 두 번째 루트는 서울에 있던 소련군 대표부를 통해서였다. 당시까지만 해도 서울과 평양에는 미·소 양군의 대표부가 각각 설치되어 있었다. 민족자주연맹 비서처장 송남헌(宋南憲)은 소련군 대표부를 직접 찾아가 편지를 전달했다.[2] 소련 대표부를 통한 이유는 유엔조선임시위원단의 외교루트를 통할 경우 시간이 오래 걸린다는 점 외에도 소련의 지원을 얻어내기 위한 정치적 목적이 있었다. 남한에서 사전에 유엔조선임시위원단에 협조를 구했던 것처럼 소련의 동의와 지원 없이는 남북협상이 불가능했기 때문이었다.

편지의 세 번째 루트는 직접 전달하는 방식이었다. 한국독립당 당원이었던 신창균(申昌均)은 후일 회고를 통해 이 편지가 북한에 직접 전달되었다고 밝힌 바 있다. 사후에 북한에서 간행한 책에도 김일성이 김구와 김규식의 연락원을 직접 만났다고 되어 있다.[3] 유엔조선임시위원단이나 소련군 대표부를 통한 것이 아닌 만큼 김구와 김규식의 의중이 직접 전달되었을 것이다. 한편 북한은 김구와 김규식 측의 연락원 말고도 자신들의 비선라인인 성시백(成始伯)을 통해 편지 내용을 미리 확보해 놓고 있었다.[4]

항간에 구구한 억측이 나돌자 김구와 김규식은 편지의 내용을 공개했다. 편지는 사적으로 주고받는 형식을 취했기 때문에 전문이 아닌 요지만 공개

---

2) 宋南憲, 「金九·金奎植은 왜 38線을 넘었나」, 『신동아』 1983년 9월호, 동아일보사, 207쪽.

3) 정리근, 『력사적인 4월남북련석회의』, 과학백과사전출판사, 1988, 38쪽.

4) 중앙일보 특별취재반, 『秘錄 조선민주주의 인민공화국』 하, 중앙일보사, 1993, 326쪽.

되었다. 현재 김일성에게 보낸 편지의 원문은 확인할 수 없다. 간접적으로나마 당시 언론에 공개되었던 요지와 소련 정보당국이 작성해 외무성으로 보낸 번역본[5]을 통해 그 내용을 유추할 수밖에 없다. 편지의 내용은 ① 분열과 통일을 가르는 최후의 순간 애국적 양심은 수수방관을 허락하지 않는다, ② 외세의 제약을 받더라도 우리의 일은 우리가 하자, ③ 남북 지도자 간 협상을 통해 통일정부 수립에 관해 토의하자, ④ 남북협상에 찬성하는 남쪽 정당대표회의를 우선 소집하여 대표를 선출하려 한다는 것이었다.[6]

한편 김두봉에게 보낸 편지는 현재 원문을 확인할 수 있다. 백범기념관에 소장되어 있는 이 원문[7]은 발신일이 빈 칸으로 남아 있고 서명도 김구의 것만 되어 있다. 아마 김구 측에서 먼저 작성해 놓고 최종적으로 김규식 사인을 받기 위해 남겨둔 것의 사본일 것이다. 그렇다면 편지의 원문 분석을 통해 김구와 김규식의 남북협상에 임하는 자세와 생각을 확인해 보도록 하자.

첫째, 남북협상은 일제말기 연합전선운동의 연장으로서 사고되었다.[8] 편지의 첫 문장은 "1944년 10월 16일 연안서 주신 혜찰(惠札)을 배독(拜讀)한 이후"라는 구절로 시작한다. 이 '혜찰'은 1944년 10월 김두봉이 김구에게 쓴 편지를 말한다. 1944년 3월 조선의용대 간부 김학무(金學武)는 중경의 김구를 찾아가 자신들을 지도해 달라고 요청한 바가 있었다. 당시 중국 관내(關內)에서 벌어지고 있던 연합전선운동의 일환이었다. 그는 김구를 만난 후 김두봉에게 전하는 편지를 가지고 같은 해 10월 연안으로 다시 돌아왔다. '혜찰'은 그 편지에 대한 김두봉의 답장이었다. 김구는 남북협상을 제안하는 편지를 쓰면서 그때 김두봉이 보냈던 편지를 지금 다시 읽고 있다

5) 朴鍾涍 編譯, 『러시아 연방 외무성 대한정책 자료』 I, 선인, 2010, 282쪽.

6) 「北行하기로 決定 兩金氏 態度와 書翰內容 發表」, 『조선중앙일보』, 1948.4.1.

7) 백범김구선생전집편찬위원회, 「金九 · 金奎植이 金科奉에게 보낸 서신」, 『백범김구전집』 8, 대한매일신보사, 1999, 721~726쪽.

8) 姜萬吉, 「金九 · 金奎植의 南北協商」, 『현대사를 어떻게 볼 것인가』 1, 동아일보사, 1987, 202쪽.

며 그 편지의 구절을 옮겨 적었다.

> 今年三月先生給學武君的貴函 今十月初才收致 我們今日一切以民族利益爲基準 不應有此豪成見, 我們對先生來延一次的意向無任歡迎.
>
> 금년 3월 선생이 학무군 편에 보낸 편지는 10월 초에 받았습니다. 우리들은 오늘 모든 것을 민족의 이익을 기준으로 보고 조그마한 자기의 주견도 있을 수가 없습니다. 우리는 선생이 연안에 오신다는 의향을 환영해 마지않습니다.

> 我們不問地域南北, 派別異同, 誠心團結, 事實連絡, 始能促進會師鴨綠之實現, 諸位若能同意, 淵可以從中斡旋.
>
> 우리들은 지역의 남북과 파벌의 다름을 묻지 않습니다. 성심으로 단결하고 참되게 연락하면 능히 압록강에서 군대를 만날 수 있도록 실현하는 것을 촉진시킬 수 있습니다. 이 일에 여러분들이 동의하면 나는 중간에서 알선하겠습니다.

> 先生今次信中 '連絡과 統一을 爲하야 老身이 一次 赴延하면 中韓 兩方面이 歡迎할 可望이 있겠는지?' 여긔 對하여 우리가 誠心으로 歡迎할뿐 아니라, 中方面에서도 勿論 歡迎합니다.
>
> 선생의 이번 편지에 "연락과 통일을 위하여 늙은 몸이 한번 방문하면 중국과 한국 양측(의 공산주의자들－필자)이 환영해 줄 것입니까?" 여기에 대하여 우리가 성심으로 환영할 뿐 아니라 중국 측에서도 물론 환영할 것입니다.

김구는 일제말기 서로 주고받았던 편지 속에서 상호 간 단결과 연대의 기억을 끄집어냈다. 그 과제는 남북협상 시점에서도 여전히 유효했다. 시공간만 달라졌을 뿐 중국을 소련으로 대체하면 김구가 던졌던 질문은 그대로 살아 있었다. 그래서 김구는 김두봉을 향해 "금일 우리의 환경은 그때와 방불(彷佛)한 점이 많음니다"라고 했다. 김구는 "수십년 한 곧에서 공동분투한 구의(舊誼)"를 갖고서 "4년 전에 해결하지 못하고 둔 현안 해결의 연대책임"을 함께 지자고 했다.

둘째, 편지를 분석해 보면 당시 김구와 김규식의 정세인식을 확인할 수 있다. 편지에는 미국과 소련에 대해 "원수 왜구를 구축해 주고 우리로 하여금 환국할 수 있는 자유를 준 두 동맹국의 은혜를 무한히 감사"한다고 하였다. 그러면서도 "동시에 우리에게 은혜를 준 두 동맹국 자체 간의 모순으로 인하여 암담한 반면도 없지 아니함니다"라고 하였다. 자력에 의한 해방이 아니었고 분단이 가시화되던 시점이었기 때문에 위와 같은 언급은 당연하면서도 객관적으로 현실을 직시한 것처럼 보인다. 하지만 반공주의로 일관했던 김구의 행적을 생각해 본다면, 미국과 소련을 동렬에 놓고 "감사"와 "동맹국 자체 간의 모순"을 표하는 것은 진일보한 측면이 있었다. 게다가 편지에는 "아모리 우방 친우들이 호의로써 우리를 도와주려 한다 하여도 우리 자체가 지리멸렬하여 그 호의를 접수할 준비가 완료되지 못하면 엇지 그것을 접수할 수 있으릿가. 그리하여 미소공위도 성과를 보지 못한 것입니다"라고 했다. 해방 이후 김구의 정치이력을 생각하면 이 구절은 그가 완전히 새로운 노선으로 전환했다는 것을 의미했다. 김구의 노선전환은 북한이 의심을 가질 만큼 워낙 자기 모순적이었고 파격적이었다.

셋째, 김구와 김규식은 회담방식으로 "남북 지도자 회담"을 주창했다. 그들은 "북쪽에서 인형(仁兄)과 김일성 장군이 선두에 서고, 남쪽에서 우리 양인이 선두에 서서, 이것을 주창하면 절대다수의 민중이 이것을 옹호할 것이니 엇지 불성공(不成功)할 리가 잇겠나잇가"라고 했다. 그들은 북한이 남북협상의 범위를 확대하여 자신들이 들러리 서게 하는 것을 미연에 방지하면서도 명망 있는 남북 지도자들 간의 실질적인 정치협상을 통해 분단문제를 풀고자 했던 것이다. 아울러 자신들의 북행이 북한에 이용당할 수 있다는 것도 경계했다. 그래서 "지금 이곧에는 삼팔선 이남 이북을 별개국으로 생각하는 사람도 많습니다. 그렇게 맨들랴고 노력하는 사람도 많음니다"라며 남한 내 단정세력을 비판하면서도 "그쪽에도 그런 사람이 없지 아니하리라고 생각됩니다"라며 북한의 단독정부 수립 움직임에 대해서도 함께 반대했다.

2) 북한의 호응과 의도

김구와 김규식이 평양으로 편지를 보낸 사이 유엔에서 한반도 문제가 최종적으로 결정되었다. 1948년 2월 19일 유엔소총회에서는 한반도에서 가능한 지역에 한해 선거를 진행하겠다는 결의안이 통과되었다. 남북협상이 실질적 위력을 발휘하기 위해서는 유엔소총회가 열리기 전에 구체화되어야 했다. 하지만 북한에서는 아무런 호응이 없었다. 그러는 사이 3월 1일 미군정 사령관 하지(John R. Hodge)가 남한 단독선거에 관한 포고를 발표하였다. 선거일은 5월 10일로 정해졌다.

북한은 김구와 김규식의 편지를 받은 후 겉으로는 침묵을 지키면서도 내부적으로는 숙의에 들어갔다. 편지를 발송한 지 사흘만인 2월 18일 이 문제를 논의하기 위한 북조선로동당 정치위원회 확대회의가 개최되었다. 이 회의에서 허가이(許哥而) 등 소련계는 하지의 정치고문들이 여전히 김규식의 집을 드나들고 있다며 남북협상 제의를 미군정의 술수라고 비판했다. 반면에 김두봉 · 최창익(崔昌益) 등 조선독립동맹 계열은 그 제안을 받아들여야 한다고 주장했다. 김일성 · 김책(金策) 등 동북항일연군 계열도 그에 동조했다. 결국 결론에 이르지 못하자 대남 연락부장 임해(林海)를 서울로 파견하여 남한의 정치상황을 더 알아보자는 것으로 회의가 마무리 되었다. 임해는 서울을 잠행하며 백남운(白南雲), 홍명희(洪命熹), 김원봉(金元鳳) 등을 만나 남북협상 제안 배경을 묻고 뒷얘기들을 수소문 했다. 그리고 평양으로 다시 돌아가 김구와 김규식의 남북협상 제안은 그들의 애국적 결단에서 나온 것이라고 보고했다.

3월 20일, 24일 북로당 중앙위원회 특별전원회의가 개최되었다. 이 회의에서는 남북연석회의에 관한 구체적 방안과 남한에 보낼 편지 내용이 검토되었다. 이를 기초로 3월 25일 북조선민주주의민족통일전선은 제26차 중앙위원회를 개최하고 당일 저녁 평양방송을 통해 '남조선단독정부 수립을 반대하는 남조선 정당 · 사회단체에 고함'을 발표했다. 그리고 이와는 별도로

'김구 · 김규식 선생에게 보내는 답신'과 '남조선 정당 · 단체에 보내는 편지'를 개별적으로 전달하였다.

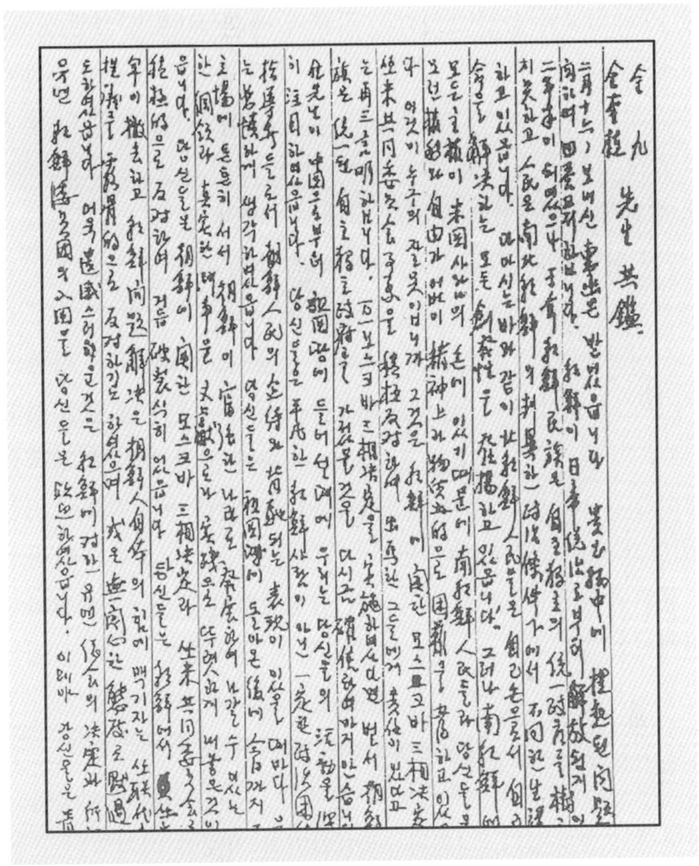

金九 金奎植 先生 共鑒

▎김일성 · 김두봉의 남북협상 호응 답장(백범기념관 소장)

김일성과 김두봉 연명의 서한은 대남 비선 라인을 통해 3월 27일 김구와 김규식 측에 전달되었다. 김규식의 부인 김순애(金淳愛)의 회고에 따르면 편지 전달자는 상해임시정부 시절 안면이 있던 성시백이었다. 편지는 국판 2/3 크기의 백색 인조견에 국한문 타이프로 '김구 · 김규식 양위(兩位) 선생

공감(共鑑)'이라고 쓰여 있었다. 현재 사료로 확인할 수 있는 편지는 두 가지 판본이 존재한다. 하나는 국사편찬위원회에서 간행한 『북한관계사료집』 17권에 수록되어 있는 초안이다.[9] 이 편지는 미군이 노획해 간 문서더미 중 '북조선로동당 문건'이라는 자료 안에 '모모(某某)선생 공감(共鑑)'이라는 제목으로 남아 있다. 다른 하나는 현재 백범기념관이 소장하고 있는 것으로 당시에 김구가 전달 받았던 편지의 필사본이다.[10] 이 두 판본을 가지고 편지의 내용을 확인해 보도록 하자.

첫째, 김일성과 김두봉의 편지는 상대방이 무례하다고 느낄 만큼 대단히 공격적이고 신랄했다. 편지는 모두(冒頭)에 "2월 16일 보내신 혜함(惠函)을 받었습니다. 귀 서한중에 제기된 문제에 관하여 회답코저 합니다"라며 사무적으로 시작한다. 그리고 바로 남북의 상황을 대비시킨다. 북한의 인민들은 "자기 손으로서 자기 운명을 해결하는 모든 창발성을 발휘"하고 있는 반면, "남조선에는 모든 주권이 미국사람의 손에 있기 때문에, 남조선 인민들과 당신들은 아모런 권리와 자유가 없이 정신상과 물질적으로 곤란을 당하고 있"다고 비판하였다. 그러면서 "이것이 누구의 잘못입니까"라고 직접적으로 물으며 "조선에 관한 모스크바 삼상결정과 쏘미공동위원회 사업을 적극 반대하여 출마한 그들에게 책임이 있다"고 자답했다. "그들"에는 당연히 김구와 김규식도 포함되었을 것이다.

김구와 김규식이 과거 연합전선운동을 상기시킨 것에 대해서는 "양위 선생이 중국으로부터 조국땅에 들어설 때에 우리는 당신들의 활동을 심심히 주목"하였다고 호응했다. 그러나 "조선인민의 기대와 배치되는 표현이 있을 때마다 우리는 의아하게 생각"했다며 해방 이후 주요 결절점마다 보인 김구와 김규식의 행동에 대해 비판을 가했다. 그것은 아래의 세 가지였다.

---

9) 「북조선 로동당 문건」, 『북한관계사료집』 17, 국사편찬위원회, 1994, 63~65쪽.

10) 백범김구선생전집편찬위원회, 「金九 · 金奎植이 金科奉에게 보낸 서신」, 『백범김구전집』 8, 대한매일신보사, 1999, 727~729쪽.

① 당신들은 조국땅에 돌아온 후에 금일까지 민족입장에 튼튼히 서서 조선이 부강한 나라로 발전하여 나갈 수 있는 정확한 강령과 진실한 투쟁을, 문헌으로나 실천으로 뚜렷하게 내놓은 것이 없습니다.

② 당신들은 조선에 관한 모스크바 삼상결정과 쏘미공동위원회를 적극적으로 반대하여 거듭 파열식히었습니다.

③ 당신들은 조선에서 쏘미 양군이 철거하고 조선문제 해결을 조선인 자체의 힘에 맥기자는 쏘련 대표의 제의를 노골적으로 반대하기도 하였으며, 혹은 무관심한 태도로 묵과하기도 하였읍니다. 더욱 유감스러운 것은 조선에 대한 유엔총회의 결정과 소위 유엔조선위원단의 입국을 당신들은 환영하였읍니다.

위와 같은 비판을 한 이후 "이제야 당신들은 청천백일하에서 조선국토의 양단, 조선민족의 분열을 책모(策謀)하는 유엔조선위원단과 미국사령관의 정치 음모를 간파한 듯 합니다"라고 했다. 그러면서도 "그러나 아직도 당신들의 애국적 항의는 미온적이고 당신들의 입장은 명백하지 못합니다"라고 못 박았다.

북한의 편지가 이처럼 신랄했던 이유는 무엇이었을까? 우선은 소련의 지시 때문이었다. 슈티코프(Терентий Ф. Штыков)는 1948년 3월 10일 김구·김규식의 편지에 대한 대응을 논하면서 "모스크바 결정에 대해 김구가 취했던 입장은 결국 통일정부가 수립되지 못하게 만드는 결과로 귀결됐다"며 이 점을 상기시키는 신문사설을 게재하라고 지시했다.[11] 또한 슈티코프는 3월 26일 김일성과의 회담에서 "남북대표자연석회의는 모스크바 결정을 바탕으로 한다. 누가 미소공위를 결렬시켰으며 어떤 결과를 초래했는가. 벌써 정부 없이 3년을 보냈다. 모스크바 결정이 시행됐더라면 상황은 달라졌을 것이다. 정부가 수립됐을 것이다"라고 말했다.[12] 이렇게 제시된 일종의 가이드라인은 전술한 김일성과 김두봉의 편지에 그대로 반영되어 나타났다.

11) 「레베데프 비망록」, 『부산일보』, 1995.3.3.
12) 「레베데프 비망록」, 『부산일보』, 1995.3.7.

편지가 공격적이었던 또 하나의 이유는 김구와 김규식에 대한 경계를 늦추지 않으면서도 남북협상이 개최되었을 때 이들이 과연 어떤 입장을 들고 나올지 미리 검증해보자는 차원도 있었을 것이다. 편지 내용 중에 "이제 우리는 양위 선생이 제의하신 남북 지도자연석회의의 소집을 본시는 반대하지 않읍니다. 그러나 당신들은 어떤 조선을 위하여 투쟁하시려는지 그 목적과 기도를 충분히 알 수 없기 때문에, 우리는 연석회의 성과에 대하여 완전한 확신을 가질 수 없읍니다"라고 한 구절에서도 이 점을 확인할 수 있다. 북한은 남한의 5·10선거를 단독정부 수립 시도로 비판하면서도 남북연석회의를 자신들의 정권수립 명분으로 활용하고자 했다. 그런 점에서 김구와 김규식의 북행은 자신들의 정통성 강화 차원에서도 큰 의미가 있었다. 북한은 이들의 연석회의 참여를 유도하면서도 자신들의 의도대로 회의가 진행될 수 있도록 김구와 김규식의 입장과 태도를 확인해 볼 필요가 있었을 것이다.

둘째, 이 편지에는 남북협상에 임하는 북한의 목적이 제시되어 있다. 북한은 남북연석회의를 개최하려는 이유에 대해 "국토를 양단하고 민족을 분열하는 남조선 반동적 단독선거를 실시하려는 유엔결정을 반대하는 대책을 이미 세우고, 그 투쟁방계를 토의하기 위하여"라고 밝혔다. 이 목적은 김구와 김규식이 제안했던 것과 유사한 것처럼 보인다. 하지만 북한은 그 목적을 실행하기 위해서는 "우리들이 벌서 내세운 강령과 목적을 끝까지 실현하려는 정치적 입장에서"라는 전제조건을 달았다. 이 주장은 자칫 정세여하에 따라서는 자신들도 단독정부 수립으로 나아갈 수 있다는 논리로 전화될 가능성이 있는 것이었다. 게다가 북한은 이 투쟁을 "쏘련제의를 실현하려는 거족적 항쟁"이라고 규정하였다. 이 논리구조에 따르면 남북협상은 "쏘련제의"를 실현하기 위한 항쟁의 하위 범주에 위치하게 된다. 이 점은 외세의 규정력을 현실적으로 인정하고 그들의 협조를 구하기 위해선 내부적 단결이 필요하다는 남측의 제안 취지와는 어긋나는 것이었다.

셋째, 이 편지에는 회담의 방식·시기·장소·범위·의제 등이 구체적으로 명시되어 있다. 김구와 김규식은 4인 중심의 "지도자회담" 외에 회담방식과 관련해 다른 구체적인 안을 제시하지 않았다. 이에 대해 북한은 "남북조선 소범위의 지도자연석회의에 관하여서는 1948년 4월 초에 북조선 평양에서 개최할 것을 동의합니다"라고 답했다. 북한이 역제안 한 방식은 김구와 김규식이 제안했던 4인 중심의 "지도자회담"이 아니라 "소범위의 지도자연석회의"였다. 협상의 범위를 최고위급으로 한정시켜 실질적인 성과를 얻어내고자 했던 김구와 김규식 입장에서는 회담의 격이 한 단계 떨어진 것이었다. 더욱 김구와 김규식을 당황스럽게 한 것은 북한의 남북협상 이원화 전략이었다. 북한은 같은 날 남한의 주요 정당 · 사회단체 앞으로 보낸 편지에서 '민주주의 정당 사회단체 대표자연석회의'를 4월 14일 평양에서 개최할 것을 제의했다. 북한은 남북협상을 '지도자연석회의'와 '대표자연석회의'로 이원화하고, 4월 초에 '지도자연석회의'를 먼저 개최하고 그 후인 4월 14일 '대표자연석회의'를 진행하고자 계획했던 것이다. 이 점을 김구와 김규식이 혼란스러워할 것으로 예상했는지, 북한은 편지의 초안에 "남북조선 지도자 연석회의"라고 했던 것을 실제 발송본에는 "남북조선 **소범위의**(강조 – 필자) 지도자연석회의"라고 수정해서 보냈다.

북한이 제안한 참가 범위는 남한에서는 "김구, 김규식, 조소앙(趙素昂), 홍명희, 백남운, 김붕준(金朋濬), 김일청(金一靑), 이극로(李克魯), 박헌영(朴憲永), 허헌(許憲), 김원봉, 허성택(許成澤), 유영준(劉英俊), 송을수(宋乙秀), 김창준(金昌俊) 등 15명"이었다. 북한에서는 "김일성, 김두봉, 최용건(崔庸健), 김달현(金達鉉), 박정애(朴正愛) 이외 5명"으로 예상한다고 명시했다. 편지의 초안에는 우익의 김구 · 김규식, 좌익의 박헌영 · 허헌 · 김원봉 외에 우익 대표 1~2명, 중간파 대표 3~4명, 좌익 대표 3~4명이 빈 칸으로 되어 있다. 우익 대표로는 조소앙(한국독립당) · 홍명희(민주독립당), 중간파 대표로는 백남운(근로인민당) · 김붕준(민족자주연맹) · 김일청(민주한독당) · 이극로(민족자주연맹), 좌익 대표로는 허성택(전국노동조합전국평의회) · 유영준(민주여성동맹) · 송을수(전국농민조합총동맹) · 김창준(기독교

민주동맹)이 추가로 선정된 것이다.

한편 북한은 회담 의제로 다음의 세 가지를 제시했다. 그 내용은 ① 조선의 정치현세(現勢)에 대한 의견교환, ② 남조선 단독정부 수립을 위한 반동선거 실시에 관한 유엔총회의 결정을 반대하며 투쟁할 대책 수립, ③ 조선통일과 민주주의 조선정부 수립에 관한 대책 연구 등이었다.

3) 김구와 김규식의 북행 결정

편지를 받은 다음 날인 1948년 3월 28일부터 김구와 김규식 측은 장고에 들어갔다. 양측의 입장은 격론 끝에 3월 31일 발표되었다. 이날 양측은 북에서 온 편지의 요지와 함께 그 편지에 대한 자신들의 입장을 발표했다. 발표의 형식은 북한으로부터 편지를 받은 데 대한 '감상(感想)'이었다. 공동성명이나 공동발표문 형식으로 발표하지 않은 이유는 그것에 양측이 구속되지 않겠다는 의미가 깔려 있었다. 그만큼 양측뿐만 아니라 그 내부에서도 의견 일치가 쉽게 이루어지지 않았다는 반증이었다.

이 '감상'에서 특징적인 것은 북한의 편지에 쓰여 있던 김구와 김규식에 대한 신랄한 비판이 언급되지 않았다는 점이다. 가뜩이나 남북협상에 대한 반대와 견제가 심한 상황에서 어떻게 해서든지 회담을 성사시키기 위한 생각이었다. 대신 두 사람이 걱정한 것은 "미리 다 준비한 잔치에 참례(參禮)만 하라는 것이 아닌가"하는 것이었다. 자신들이 제기했던 '지도자회담'은 무시된 채 일방적으로 회담의 방식 · 시기 · 장소 · 의제 등을 정해놓고 참석을 요망한다고 했기 때문이었다. 김구와 김규식은 명분을 세우기가 난처한 상황이었지만 회담을 제의했던 입장에서 북한의 제안을 완전히 거부하기도 어려웠다. 결국 두 사람은 "남북회담을 요구한 이상 좌우간 가는 것이 옳다고 생각한다"며 우선 남한 측 인사 및 단체의 회합과 연락원 선정을 준비하였다.

김구와 김규식 측은 4월 3일 민족주의 세력의 연합체로서 통일독립운동자협의회를 결성하고 미군정과 교섭하기 위한 연락원과 북한과 협의하기 위한 특사를 선정했다. 미군정과 교섭을 맡은 여운홍(呂運弘)은 4월 5일 하지를 찾아가 북한에 파견될 특사의 증명서 발급과 승인을 요청했다. 이에 대해 하지는 "지원도 방해도 하지 않을 것"이라고 했고, 딘(William F. Dean) 군정장관은 "책상의 지도나 제공하려 한다"며 냉소적인 반응을 보였다. 미군정은 남북협상에 대한 공식적 반대가 공산 측에 역선전의 빌미를 줄 수 있다는 판단하에 겉으로는 냉소적이면서 무관심한 태도를 취하고 있었다.

한편 북한의 답장이 만족스러운 것이 아니었기 때문에 통일독립운동자협의회는 북한과 사전 접촉을 통해 의견을 조율할 특사를 선정하였다. 특사에는 김구 측에서는 안경근(安敬根)이, 김규식 측에서는 권태양(權泰陽)이 각각 선정되었다. 안중근(安重根)의 사촌인 안경근은 중국에서 독립운동 할 때 김두봉·최용건과 잘 알고 지냈고, 특히 최용건은 운남육군강무학교(雲南陸軍講武學校) 1년 선배였다. 권태양은 김규식의 측근으로 당시 북한의 비선라인이었던 성시백과도 잘 알고 지내던 사이였다. 한편 특사로 김일성의 화성의숙(華成義塾) 시절 스승이었던 최동오(崔東旿)가 물망에 오르기도 했으나 선정되지는 않았다.

안경근과 권태양은 4월 7일 서울을 출발하여 다음 날 오후 평양에 도착하였다. 이들을 영접한 사람은 남북협상준비위원장인 주영하(朱寧河)였다. 양 특사는 4월 8일 김일성과 김두봉을 만나 김구·김규식의 제안사항을 전달하고 10일 서울에 도착했다. 권태양의 보고에 의하면 김일성은 "우리가 통일을 위해 만나 이야기하는 데 아무런 조건도 있을 수 없다. 두분 선생께서 무조건 이곳으로 오셔서 우리와 상의하면 모든 문제는 해결됩니다"라고 말했다고 한다.[13] 특사를 통한 예비접촉 결과는 4월 13일 언론에 공개되었다. 그 내용은 다음과 같다. ① 4·14회담을 연기할 것, ② 참가인원을 광범위로 할 것, ③ 금반(今般) 회담에서는 북의 제안을 백지로 환원

13) 송남헌, 앞의 글, 212쪽.

하여 남북통일문제에 한해서만 협의할 것 등이었다.[14] 전반적으로 특사를 통한 예비접촉 결과는 북한이 이전에 보냈던 편지에 비해 어느 정도 타협적인 것이었다.

특사가 돌아오자 통일독립운동자협의회 주요 인사들은 4월 12일 경교장(京橋莊)에 모였다. 이 자리에서 김구와 홍명희는 남북협상 참여를 주장한 반면, 김규식은 참여하지 않겠다고 선언했다. 대신 김규식은 평양 시내에 스탈린(ИосифВ. Сталин) 사진이 붙어 있다는 특사의 보고에 착안하여 6개항의 요구조건을 내걸었다. 김규식은 그것이 받아들여지지 않을 경우 남북협상에 불참하겠다고 선언했다. 그 내용은 다음과 같다.

> ① 북조선이 소련의 위성국가라는 인상을 줄이기 위하여 스탈린의 초상화를 공공기관에서 제거할 것.
> ② 평양회담을 예비회담으로 하고 첫 공식회담은 서울에서 열 것. 회담에는 관심 있는 모든 정당이 참여할 것.
> ③ 북조선지역에서는 100명의 대표를 선출하여서 200인의 대표를 선출한 남한의 대표들과 회합할 것.
> ④ 북조선은 유엔조선임시위원단의 최소한 1인 정도를 선거 감독을 위해 초청할 것.
> ⑤ 평양 혹은 서울회담은 독립실현의 방법만을 토의하며, 헌법의 채택, 국가의 명칭, 국기의 선정 등이 토의되어서는 안 됨.
> ⑥ 미 · 소 양군의 공동철병에 관한 선전이 중지되어야 함. 군대철수의 조건에 관하여 미 · 소 간에 회합을 갖도록 소련 측에 요구함.[15]

이 제안을 논의하기 위해 4월 14일 민족자주연맹 정치 · 상무위원회가 개최되었다. 홍명희가 이끌던 민족자주연맹 내 다수파는 남북협상을 지지하고 있었지만, 주석인 김규식이 협상의 전제조건을 내걸었기 때문에 내부적으로 조율이 필요했다. 민족자주연맹은 장시간의 논의 끝에 김규식의 6개

14) 「南北協商은 成功할까 蘇 支持態度 表明」, 『경향신문』, 1948.4.13.
15) 도진순, 『한국민족주의와 남북관계』, 서울대학교출판부, 1997, 243쪽.

항 전제조건을 다음의 4개항으로 수정하였다. 김규식은 이 결정에 자신이 가장 중요하게 생각했던 미·소 양군철수 문제를 5항에 추가하였다. 이것으로 남북협상에 임하는 김규식의 '협상 5원칙'이 성립되었다.

① 여하한 형태의 독재정치라도 이를 배격하고 진정한 민주주의국가를 건립할 것.
② 독점자본주의 경제제도를 배격하고 사유재산제도를 승인하는 국가를 건립할 것.
③ 전국적 총선거를 통하여 통일중앙정부를 수립할 것.
④ 여하한 외국에도 군사기지를 제공하지 말 것.
⑤ 미·소 양군 조속 철퇴에 관해서는 먼저 양군 당국이 철퇴조건, 방법, 기일을 협정하여 공포할 것.[16)]

4월 18일 민족자주연맹의 배성룡(裵成龍)과 권태양이 '협상 5원칙'을 들고 재차 특사로 파견되었다. 4월 19일 평양에 도착한 이들은 김일성을 만나 5개 항의 조건을 받아들이겠다는 답변을 얻어냈다. 당일 밤 10시 평양방송에서는 "모든 준비는 다 되었으니 빨리 오시기 바랍니다"라는 내용이 전파를 탔다. 김일성이 5개항의 조건을 수락했으니 방북해도 좋다는 특사들의 암호였다.

여기서 주목할 것은 4월 19일이라는 날짜다. 이 날은 북한이 주도적으로 준비한 남북연석회의의 예비회담이 진행된 날이었다. 김규식은 남북연석회의가 시작되었음에도 불구하고 참여를 결정하지 않고 있다가 5개 항의 조건을 수락하겠다는 확답을 들은 이후 방북을 결심했다. 자신의 방북이 북한에 이용될 수 있다는 점을 경계했던 김규식은 특사방북을 통해 남북연석회의 참여를 자연스럽게 묵살하면서 북한의 회담전략이었던 '소규모의 지도자연석회의'의 사전개최를 남북연석회의 이후로 미루어내는 성과를 얻어냈다. 북한에서 답장이 올 때까지만 해도 회담의 주도권이 북한에 있

16) 도진순, 위의 책, 246쪽.

는 것처럼 보였으나 이제 회담 진행은 다시금 균형을 이루게 되었다.

드디어 김구는 4월 19일 북행길에 올랐다. 경교장 일대는 그의 북행을 저지하려는 사람들로 아수라장이 되었다. 김구 일행은 당일 오후 2시경 경교장 뒷담을 넘어 빠져나갔다. 이날 6시 45분경 김구 일행은 38선 부근에 위치한 경기도 여현(礪峴)에 도착했다. 이들은 10시경까지 대기하다가 평양에서 보낸 승용차를 갈아타고 4월 20일 평양 상수리(上需里)에 있는 호텔로 안내 되었다.

김규식은 4월 21일 서울을 떠났다. 수도경찰철장 장택상(張澤相)은 종로경찰서장을 시켜 김규식을 안전하게 38선까지 에스코트 하도록 지시했다. 정오경에 여현에 도착한 김규식 일행은 38경비대원들의 협상 성공기원 만세 소리를 들으며 남북 100미터의 완충지대를 통과해 북으로 갔다. 김규식은 38선을 넘으면서 "이제 내가 짊고 있는 표말을 뽑아버려야만 하겠소. 그러나 그것은 나 혼자만으로의 힘만으로는 되는 것이 아니오. 온 겨레가 합심만 한다면 곧 뽑아버릴 수가 있을 줄 아오"라는 말을 남겼다. 김규식이 38선을 지나간 직후인 4월 21일 정오부터 남북협상에 참석하러 가는 사람들의 월경은 공식적으로 금지되었다.

2. 남북협상의 전개 과정

1) 남북연석회의

1948년 4월 19일 북한은 김구가 서울을 출발했다는 소식을 접하자마자 곧장 남북연석회의 일정에 들어갔다. 예비회담이 오전 11시에 열렸고 본회담은 오후 6시에 개회되었다. 그러나 개막식만 열렸을 뿐 본격적인 회의 일정에 들어가지는 않았다. 오히려 개막식 직후 다음 날 일정을 하루 휴회하여 김구 일행을 남북연석회의에 참여시키고자 했다. 휴회가 결정된 4월

20일 김구 일행이 평양에 도착했다. 김구는 김두봉의 내방을 받고 그의 안내로 인민위원회 사무실에서 김일성을 만났다. 이 만남에서 김구는 남북연석회의 주석단에 앉을 의사가 없다고 하면서 김일성과의 단독회담을 요구했다.

김 구	나는 김일성과 단독회담에 큰 의미를 부여한다.
김일성	근본과업은 독립에 대한 위협을 극복하는 것이다. 당수는 (남북연석)회의에 꼭 참가해야 한다.
김 구	나는 주석단에 들어가지 않겠다. 나는 이 (남북연석)회의에 큰 의미를 부여하지 않는다. 그러니 당신들 계획대로 회의를 계속하라. 나는 단지 김일성을 만나러 왔다. 단독회담에서 우리가 당면한 긴박한 문제를 해결해야 한다. 나는 김규식이 제안한 전제조건을 작성하는 데 참여하지 않았다. 그것은 김규식이 한 것이다.
김두봉	미군이 조선에서 철수할 가능성이 있는가.
김 구	그들은 내쫓기 전에 안 나간다고 생각한다. 북의 헌법은 단독정부 수립을 의미하는 것이 아닌가.
김두봉	당신은 그렇게 생각하는가.
김 구	남에서 북의 헌법에 대한 보도가 많아 그렇게 생각하게 됐다.
김두봉	뱃속에 있는 아이를 놓고 아들이다, 딸이다 하며 왈가왈부하는 것과 같다.[17]

3김 회동은 첫 날부터 긴장된 채 진행되었다. 이 대화를 지켜 본 소련당국은 내부적으로 김구 일행이 남북연석회의를 파탄시킬 경우 "그들을 미국간첩으로 몰자"는 계획까지도 세웠다. 그만큼 첫 회동은 만족스럽지 못했다. 따라서 4월 21일 2일차 회의가 속개되었지만 김구를 비롯한 남한의 민족주의자들은 참석하지 않았다. 이날 회의에서는 김일성이 '북조선 정치정세'를, 박헌영과 백남운이 '남조선 정치정세'를 각각 보고하였다. 세 사람

17) 「레베데프 비망록」, 『부산일보』, 1995.3.14.

의 보고는 한결같이 남한의 단선 · 단정을 파탄시키고 미 · 소 양군을 동시 철수시키기 위하여 공동의 투쟁을 결의해야 한다는 내용이었다.

이날 김구와 김일성은 다시 한 번 회동하였다. 같은 날 홍명희와 김두봉도 만났다. 남한의 민족주의자들이 남북연석회의에 참여하지 않는 상황에서 주요 지도자들 간의 회동이 다각도로 이루어진 것이다. 이 회동에서 김구는 여전히 북한이 남북연석회의를 통해 단독정부를 수립하려고 하는 것은 아닌가라는 의심을 하고 있었다. 홍명희는 북한이 범하고 있는 실수와 잘못에 대하여 날카롭게 지적하였다.

> 김일성　만일 당신이 (남북연석)회의에 참가하지 않는다면 여기에 온 목적이 무엇인가.
>
> 김　구　나는 정치범 석방, 38선 철폐 등의 문제를 해결하려고 왔다. 내가 어떻게 (북한의) 총선거를 실시하는 데 동의하는 서명을 할 수 있겠는가. 그렇게 되면 우리 당은 비합법적 처지에 처하게 될 것이다.
>
> 홍명희　① 당신들은 유엔에 조선 사람들의 참여가 없었다는 이유 하나만으로 불법이며 부당하다고 주장하고 있다. 모스크바 삼상회의에도 조선인의 참여가 없지 않았는가. 그럼에도 당신들은 모스크바회의에 대해서는 반대하지 않았다. ② 왜 소련정부의 철군 제안을 지지해야 한다고 강조함으로써 미국에 비해 소련을 더 유리한 입장에 놓으려 하는가.
>
> 김두봉　그것은 사실이 아니다. 주둔군 철수문제를 제의한 것은 미국이 아니라 소련이다.
>
> 홍명희　물론 그게 사실이다. 그러나 강조할 필요는 없다.[18)]

주요 인사들 간의 접촉이 명확한 합의를 이끌어 내지는 못했지만 이후 남한의 민족주의자들은 남북연석회의에 소극적으로나마 참석하였다. 4월

18) 「레베데프 비망록」, 『부산일보』, 1995.3.17.

22일 회의 3일차에는 김구 · 조소앙 · 조완구(趙琬九) · 홍명희 등 4명이 주석단에 보선되었고 김구는 간단한 축사를 하였다. 김구는 축사를 통해 남북협상의 목표를 단선 · 단정을 분쇄하는 데 있다고 밝혔다. 그러면서 "어느 지역에 있어서도 우리는 이것을 철저히 방지하지 않으면 아니 될 것"이라고 하여 남북한 모든 지역에서 벌어지고 있는 단독정부 수립 움직임에 대해 반대한다는 입장을 명확히 하였다. 축사의 요지는 다음과 같다.

> 조국 분열 위기를 만구(挽救)하기 위하야 남북의 열렬한 애국자들이 일당에 회집하여 민주 자주의 통일독립을 전취할 대계(大計)를 상토(相討)하게 된 것은 실로 우리 독립운동사의 위대한 발전이며, 이와 같은 성대한 회합에 본인이 참석하게 된 것을 큰 영광으로 생각합니다. 조국이 없으면 민족이 없고, 민족이 없으면 무슨 당, 무슨 주의, 무슨 단체는 존재할 수 있겠읍니까? 그러므로 현 계단에 있어서 우리 전민족의 유일 최대의 과업은 통일독립의 전취인 것입니다. 그런데 목하(目下)에 있어서 통일독립을 방해하는 최대의 장애는 소위 단선단정입니다. 그러므로 현하에 있어서 우리의 공동한 투쟁목표는 단선단정을 분쇄하는 것이 되지 않으면 아니 될 것입니다. 현하에 있어서만 조국을 분열하고 민족을 멸망케 하는 단선단정을 반대할 뿐 아니라 어느 시기, **어느 지역에 있어서도 우리는 이것을 철저히 방지하지 않으면 아니 될 것입니다.(강조-필자)**[19]

북조선국립영화촬영소 제작 『남북련석회의』(1948.5) 중 일부 장면

19) 백범사상연구소, 『백범어록』, 사상사, 1973, 263~264쪽.

한편 김규식 일행은 이날 새벽 평양에 도착했다. 김일성과 김두봉은 예방차 김규식을 맞이하기 위해 상수리 호텔로 찾아갔다. 김두봉은 연희전문학교 시절 김규식의 제자였고 독립운동 동지이기도 했다. 김일성은 초면이었기 때문에 김두봉이 그를 김규식에게 소개했다. 이 자리에서 김규식은 김일성에게 다음과 같은 불만을 토로 하였다.

> 우리들의 불참 아래 회의를 시작한 것에 대해 불만이 있다.
> 왜 미제국주의라고 부르는가. 미국이라고 불러야 한다.
> 소회의를 시작해야 한다.
> 왜 대표단이 월북할 때 무성의하게 마중했는가.[20]

4월 23일 회의 4일차, 회의를 종결하면서 각종 결정서가 채택되었다. 결정서는 총 세 가지로서, 「조선 정치정세에 관한 결정서」(이하 「결정서」), 「전 조선 동포에게 격(檄)함」(이하 「격문」), 「사회주의 쏘비에트연방공화국 정부와 북미합중국 정부에 보내는 전 조선 정당 · 사회단체 대표자연석회의 요청서」였다. 세 가지 결정서 내용은 남한 민족주의자들에게는 당혹스러운 것이었다. 김구와 김규식은 남북 양측의 단독정부 수립 움직임 모두를 반대하였고 미국과 소련에 대해서도 동렬에 놓고 비판하고 있었다. 하지만 각 결정서를 통해 "정치적 사태를 조성한 전체 책임"은 "미군정 당국에게 전적으로" 돌려졌고, 향후 대책으로 "쏘련의 제안을 반듯이 실현시키기 위하여 강력히 투쟁하여야 할 것"이 결의되었다.

그렇지만 김구와 김규식이 대표로 있는 정당과 단체들이 각 결정서에 서명을 한 것도 또한 사실이다. 북한과 이견을 보이고 있었던 것은 사실이지만 단선 · 단정 반대, 외국군 철수, 자주독립국가 실현 등의 근본적 취지에는 공감하고 있었기 때문이었다. 아울러 김구와 김규식은 남북연석회의 보다는 자신들이 줄곧 주장해왔던 4김 회담에 더 큰 기대를 걸고 있었다. 그

20) 「레베데프 비망록」, 『부산일보』, 1995.3.17.

들은 북한이 준비해 놓은 행사인 남북연석회의에는 소극적으로 참여해 기본적인 의사만 표시한 뒤, 북한의 실질적인 지도자들과 통일정부 수립을 위한 구체적 방안을 만들어 낼 생각을 하고 있었던 것이다.

2) 4김 회담

김구와 김규식을 포함한 남한 대표 200여 명은 남북연석회의가 끝난 다음 날인 4월 24일 황해제철소를 둘러보았다. 4월 25일에는 평양 김일성광장에서 평양시민 34만 명이 참석한 가운데 남북연석회의 경축대회가 열렸다. 김구와 김규식은 주석단 일원들과 함께 연단에서 이 행사를 지켜보았다. 김두봉은 이 대회에 소련 사람들이 참석하지 말 것을 요구하여 허가이와 마찰을 빚기도 하였다. 이처럼 남북의 주요 인사들은 시찰, 공연, 연회 등 다양한 접촉을 통해 사적 접촉과 유대를 쌓아갔다. 그렇지만 남북 요인 회담이 개최되지 않은 상황에서 김규식은 4월 25일 연회 자리에서 북한에 대한 비판을 쏟아냈다.

> 나는 항상 조선 문제는 조선사람 스스로 해결해야 한다고 주장해 왔다. 이번 (남북연석)회의에 실망했다. 이 만찬회에 참석하는 것이 양심에 거리낀다. 우리는 아직까지 아무것도 하지 않았는데 우리에게 전도금을 주는 형식이다. 북한은 돌이킬 수 없는 일들을 이미 벌여 놓았다. 나는 미국의 장단에 맞춰 춤을 추었지만 지금부터는 조선의 장단에 맞춰 춤을 추겠다.[21]

결국 김규식을 비롯한 남한 민족주의자들의 태도는 북한의 변화를 이끌어 냈다. 북한은 남북연석회의 개최를 통해 남한의 단선을 반대하고 자신의 정권 수립을 정당화하고자 했다. 하지만 김구와 김규식이 남북연석회의에 소극적으로 참여하거나 아예 불참함으로써 그 계획은 의도대로 성공하

---

21) 「레베데프 비망록」, 『부산일보』, 1995.3.17.

지 못했다. 그렇다고 김구와 김규식을 빈손으로 돌아가게 할 수는 없는 노릇이어서 그들의 요구인 4김 회담을 일정부분 수용하지 않을 수 없었다. 또한 남북연석회의에서는 남한의 단독정부 수립 반대와 미국에 대한 비판을 선언했지만 통일국가 수립에 관한 합의를 이끌어내지는 못했다. 북한은 설령 남북에 분단정부가 들어선다 하더라도 자신들이 정통성을 갖고 있다는 것을 표출하기 위해서라도 남한 민족주의자들과의 회담이 필요했을 것이다.

4월 26일 오후 7시 약 4시간에 걸쳐 김구 · 김규식 · 김일성 · 김두봉 간의 제1차 4김 회담이 개최되었다. 김일성은 김규식이 방북 전에 제안했던 '협상 5원칙'을 의제로 받아들이면서도 회담의 목표를 주로 남한의 단선 반대에 두고자 했다. 이에 대해 김구와 김규식은 ① 남북통일에 대한 남북 지도자의 공동성명, ② 남북통일을 위한 공동대책기관의 수립, ③ 남북통일운동을 위한 조직문제의 토의를 제기하였다.[22] 아울러 이 회담에서는 38선 이남에 있는 연백평야에 북한 수리조합의 물을 내려 보내는 문제, 남한에 전기를 송전하는 문제, 조만식(曺晩植)의 월남 허용 문제, 중국 여순(旅順)에 있는 안중근의 유골 이장 문제 등이 논의되었다. 김일성은 앞의 두 가지는 즉석에서 들어주겠다고 했고, 뒤의 두 가지에 대해서는 즉답을 피했다.

4월 28일에는 김규식과 김일성 간의 단독회담이 있었다. 이 자리에서 김규식은 남북연합기구 창설을 주장했다. 남북협상에서 단지 단선반대투쟁을 결의할 것이 아니라 "통일조선을 창조하는 미래의 초석이 될 남북연합기구"를 만들자는 것이었다. 그렇게 되면 남한에서 단선에 동참했던 정당들도 돌아설 것이고, 돌아서지 않는다면 그들은 고립될 것이라고 주장했다. 이러한 인식 차이는 공동성명서 작성 과정에서도 나타났다. 북측 초안은 단선 반대에 국한되어 있었던 반면, 남측 초안은 남북지도자 공동성명

22) 서중석, 『남 · 북 협상 김규식의 길, 김구의 길』, 한울, 2000, 218쪽.

과 함께 공동대책기관 수립 등 조직문제에 관한 것까지 포함되어 있었다.

공동성명서 초안 작성에는 권태양과 주영하가 나섰다. 공동성명서는 주영하가 마련한 북한 측 초안을 기초로 토론과 수정을 거쳐 완성되었다. 이에 따라 4월 30일 제2차 4김 회담에서 먼저 공동성명서가 승인되었고, 이어서 곧바로 열린 15인 남북지도자협의회에서 통과시킨 다음 각 정당·사회단체 대표자들이 공식적으로 서명하였다. 공동성명서는 「남북조선제정당사회단체 공동성명서」(이하 「공동성명서」)라는 이름으로 발표되었다.

3) 공동성명서 원문 분석

「공동성명서」는 서문과 4개 조항으로 구성되어 있다. 서문은 우선 남북지도자협의회가 남북연석회의의 뒤를 이어 개최되었다고 명시하였다. 남북연석회의가 "남조선 단독선거를 파탄시키는 문제"와 함께 "양국군대 철퇴문제"에 관해 토론했다면, 이 회의에서는 그 이후의 대책에 관해 토론했다고 적시했다. 그런 점에서 4개 조항은 미·소 양군 철수 이후 예상되는 과정이 단계적으로 정리되어 있다.

제1항은 미·소 양군 철수에 관한 내용이었다. 1항에서는 양국 모두에 철군을 요구하자는 남측 안과 "미국은 소련의 제안을 받아들여 남조선에서 군대를 철퇴시켜라"라는 표현을 쓰자는 북측의 안이 맞섰다. 이 부분은 권태양과 주영하 차원에서 결정을 짓지 못하였고 4월 30일 열린 지도자협의회에서도 결론을 내지 못하였다. 결국 제2차 4김 회담에서 북측의 안대로 하기로 결정을 지었다. 대신 미국을 제국주의라 규탄하던 연석회의의 「결정서」나 「격문」과 달리, 미국에게 "정당한 제의"를 수락하라고 촉구하는 문구로 비판의 톤을 낮췄다. 아울러 북한이 내놓았던 초안인 "북조선은 민주개혁을 통해 정치·경제 등 각 분야에서 인민이 완전한 주인이 됐다"는 문구를 빼기로 했다. 김구와 김규식 측은 양군 철수에 대한 미·소 대등원칙을 관철시키지는 못했지만, 미국에 대한 비판의 수준을 낮추고 북한에 이

용당하고 있다는 오해를 불식시키고자 했다.

제2항은 양국 군대 철수 이후 내전이 발생할 수 없으며 힘의 공백상태로 인한 무질서를 허용하지 않겠다는 내용이었다. 방북 이전까지만 해도 김구와 김규식은 힘의 진공상태를 관리하는 관리자로서 유엔조선임시위원단의 역할을 인정했다. 하지만 이제는 그 담보를 "민족 통일을 달성하려는 인민들의 불굴불요의 지망(志望)"과 "남북조선의 제 정당·사회단체들 간에 성취된 약속"으로 삼고자 했다. 한편 내전이 발생할 수 없다는 내용이 「결정서」나 「격문」에 없는 것을 봤을 때 이 조항은 북한이 양보한 것이었다. 이후 남북 간의 전쟁으로 이 합의가 깨졌다는 점에서 이 조항은 북한 입장에서도 큰 부담이 될 수밖에 없는 것이었다.

제3항은 양군 철수 이후 통일정부 수립절차에 관한 내용이었다. 그 과정은 조선정치회의 소집→민주주의 임시정부 수립→입법기관 선거→헌법 제정→통일적 민주정부 수립으로 규정되었다. 김구와 김규식의 북행 이유가 통일정부 수립방안을 논의하기 위해서였다는 점에서 이 조항은 「공동성명서」의 핵심에 해당한다. 1차 4김 회담과 김규식－김일성 간의 회담에서 남측이 제안했던 공동대책기관 수립 문제와 남북연합기구 창설 문제 등은 이 조항 안으로 수렴 되었다. 한편 남북협상 기간임에도 불구하고 북한은 4월 28일~29일 북조선인민회의 특별회의를 개최하여 임시헌법 초안을 토의하고 원안대로 찬동한다는 내용의 결정서를 채택하였다.[23] 이 점에서 「공동성명서」에 명시된 "조선헌법 제정" 문구는 북한에서 하루 전 결정한 헌법을 부정하는 의미를 갖고 있었다.

제4항은 남한의 단선·단정을 반대하는 내용이었다. 이 조항은 언뜻 보기에 남북연석회의부터 이어져 왔던 일반적 수준의 강조 같아 보인다. 하지만 이 내용이 서문이나 1항이 아닌 마지막 조항인 4항에 배치된 것이 중요하다. 이것은 4항의 내용이 3항을 실천하는 전제 위에서 나왔다는 것을

---

23) 윤경섭, 「1947~1948년 북한의 정부수립 문제와 남북연석회의」, 『史林』 21, 수선사학회, 2004, 54쪽.

의미한다. 내용적으로는 남한의 단선·단정 움직임에 대해 반대한다고 명시되어 있지만, 북한이 단독정부 수립의 움직임을 보일 경우 "천만여 명 이상을 망라한 남조선 제정당 사회단체들"이 반대하겠다는 의미도 내포되어 있었다. 이와 같은 점은 후일 북한이 선거를 치르려고 할 때 김구와 김규식이 명백하게 지적한 바 있다.

3. 2차 남북연석회의 개최와 분단정부 수립

서울 귀환 다음 날인 1948년 5월 6일 김구와 김규식은 남북협상의 성과를 알리는 공동성명을 발표하였다. 공동성명의 요지는 다음과 같다.

> 이 회의는 자주적 민주적 통일조국을 재건하기 위하여서 남조선 단선·단정을 반대하여 미·소 양군철퇴를 요구하는 데 의견이 일치하였다. 북조선 당국자도 단정은 절대 수립하지 않겠다고 확언하였다. 이것은 우리 독립운동의 역사적 신발전이며 우리에게 큰 서광을 주는 바이다. 더욱이 남북제정당사회단체들의 공동성명서는 양군철퇴 후 전국정치회의를 소집하여 통일적 임시정부를 수립하고, 전국 총선거를 통하여 헌법을 제정하고 정식 통일정부를 수립할 것을 약속함으로써 우리 민족통일의 기초를 전정(奠定)할 수 있게 하였으며, 자주적 민주적 통일조국을 건설할 방향을 명시하였으며, 외력의 간섭만 없으면 우리도 평화로운 국가생활을 할 수 있다는 것을 확증하였다. 그러므로 우리는 앞으로 여하한 험악한 정세에 빠지더라도 공동성명서에 명시된 바와 같이 동족상잔에 빠지지 아니할 것을 확신한다. (…) 상술한 연석회의에서 국제협조와 및 기타 수개 문제에 대하여 우리의 종래 주장이 관철되지 못한 것은 우리로서는 유감으로 생각하는 바이다. (…) 앞으로 북조선 당국자는 단전(斷電)도 하지 아니하며 저수지도 원활히 개방할 것을 쾌락하였다. 그리고 조만식 선생과 동반하여 남행하겠다는 우리의 요구에 대하여 북조선 당국자는 금차에 실행시킬 수는 없으나, 미구에 그리 되도록 노력하겠다고 약속하였다.[24]

24) 「平壤會談에 다녀와서 兩金氏가 말하는 "協商"의 成果」, 『경향신문』, 1948.5.7.

남북협상에 참여한 대표들이 귀환하자마자 미군정 당국은 민감하게 반응하였다. 사실 우익 세력 중 독립운동을 한 주력이 5·10선거를 거부하고 북행을 택한 것은 미군정 입장에서도 정치적으로 큰 타격이었다. 미군정은 남북협상 참가자들이 소련과 공산당의 모략에 빠진 것이라며 생각을 바꿔 남한의 선거와 정부수립에 적극적으로 참여하라고 종용하였다. 미군정은 특히 김규식을 설득하려고 노력했지만 그의 태도는 단호했다. 미군정에 가장 우호적인 인사에 속했던 김규식이었지만, 이 시점에서 와서 그는 가장 격렬한 목소리로 미국과 유엔의 분단정부 수립정책에 대해서 비판하고 있었다.

그렇지만 남북의 정치상황은 「공동성명서」의 성과가 현실화되는 방향과 반대로 흐르고 있었다. 통일정부 수립의 전제조건이었던 미·소 양군 철수는 논의조차 되지 못했고, 비록 제주도에서는 선거를 반대하는 항쟁이 일어났지만 그 외의 지역에서는 정부수립을 위한 절차가 순조롭게 진행되고 있었다. 남한이 단독정부 수립을 위한 과정을 하나씩 밟아가자 북한도 정부수립 준비에 박차를 가하기 시작했다. 북한은 남북합작의 명분을 쌓으면서도 여차하면 그것을 자신들의 정부수립을 위한 정당성의 근거로 활용하겠다는 전략을 폈다.

1948년 6월 23일 북한은 김일성과 김두봉 명의의 편지를 보내 해주에서 2차 남북연석회의를 갖자고 제안했다. 김구는 회담의 구체적인 내용과 방법을 협의하기 위해 평양에 있던 홍명희를 연락위원으로 파견하라고 답장을 보냈다. 김규식은 북한의 제의를 거부하면서, 4김이 서울에서 만나 이승만·남한 국회·유엔조선임시위원단과 회담을 하는 것이 어떠냐며 역제안을 하였다. 아울러 북한지역 할당으로 비워 놓은 100석의 국회의원을 뽑아 통일정부 구성을 위한 논의를 서울에서 갖자는 제안도 함께 내놓았다. 북한은 이 제안을 받아들이지 않았고 결국 김구와 김규식도 방북을 하지 않았다.

김구와 김규식이 불참한 가운데 6월 29일부터 7월 5일까지 평양에서 제2

차 남북연석회의가 개최되었다. 이 회의에는 북한의 15개 정당 · 사회단체 대표 16명, 남한 대표 17명이 참가하였다. 북한에서는 1차 회담에 참석했던 정당과 사회단체가 그대로 참여했고, 남한에서는 김구와 김규식의 자리를 좌익 세력과 중간파가 차지했다. 남한의 참가 세력 중 우익으로 분류된 인물은 민주독립당의 홍명희, 근로대중당의 강순(姜舜), 건민회의 이극로 단 세 명뿐이었다.

회의 마지막 날, 참석자들은 「남북 정당 · 사회단체 지도자협의회 결정서」를 채택하였다. 이 결정서는 남한에서 벌어진 선거의 결과를 부정하고 조선최고인민회의 창설과 조선중앙정부 수립을 결의하였다. 그 결정을 실현하기 위한 구체적 방안으로 「조선최고인민회의 대의원선거 절차에 관한 협정」도 채택하였다. 이 협정은 북한에서는 자신들의 헌법에 기초한 직접선거를, 남한에서는 간접선거를 실시하기로 규정하였다.

이 소식을 접한 김구와 김규식은 즉각 반발 하였다. 이들은 7월 19일 공동성명을 발표하여 자신들이 평양에서 합의한 대로 미 · 소 양군 철수 후 전조선정치회의를 소집해 임시정부를 수립하라고 촉구하였다. 또한 제2차 남북연석회의 결과에 대해 "시기와 지역과 수단 방법에 있어서 차이가 있을지언정 반 조각 국토 위에 국가를 세우려는 의도는 일반"[25]이라면서 단호하게 반대입장을 피력하였다.

4. 남북협상의 현재적 의미

남북협상은 미 · 소의 대립에 편승해 분단국가를 수립하려는 움직임에 반대하여 민족문제를 스스로 해결하고자 했던 통일운동이었다. 이 운동은 사상과 이념의 차이에도 불구하고 남북 간 단결을 시도했다는 점에서 지금

25) 「本然의 姿態로 도라간 兩金氏(共同聲明)」, 『경향신문』, 1948.7.20.

시대에도 큰 의미를 되새겨 준다. 남북협상이 앞으로 분단문제의 해결을 위해 주는 시사점은 다음과 같다.

첫째, 남북협상은 분단문제의 해결이 단지 남북한 당사자들만의 의지로는 성사되기 어렵다는 점을 일깨워준다. 남북협상은 역사적으로 큰 자산을 남겼지만 현실 정치적으로 보면 실패한 운동이었다. 물론 그 운동이 현상적으로 실패했다고 해서 역사적 의미가 퇴색되는 것은 아니다. 실패의 원인을 냉정히 따져보고 거기서 교훈을 찾아야 역사적 의미도 더욱 풍부해진다. 그런 점에서 김구와 김규식이 남북협상을 제안하면서 유엔조선임시위원단과 소련군 당국에 협조를 받으려고 했던 의도, 미·소 양군철수에 동의하면서도 양 국가를 동등한 입장에서 대하려고 했던 생각 등은 지금 시점에서 그 의미를 새롭게 해석할 필요가 있다.

둘째, 남과 북의 극단적 대립인 전쟁을 막기 위해 남북협상이 열렸다는 점이 강조될 필요가 있다. 김구와 김규식은 미·소 양군이 철수한 이후 내전이 벌어질 가능성을 우려하여 북한으로부터 전쟁을 일으키지 않겠다는 약속을 받아냈다. 그 합의는 국가 정상 간에 맺어진 불가침선언이나 불가침조약은 아니었지만 약속 파기에 대한 책임을 물을 수 있었다는 점에서 나름의 전쟁 억지력을 갖고 있었다. 물론 남북협상 이후 2년 만에 전쟁은 벌어졌고 그 후과는 여전히 크다. 하지만 오히려 그 점에서 내전을 막기 위한 조항을 「공동성명서」에 넣으려고 했던 문제의식은 여전히 재조명될 필요가 있다.

셋째, 남북협상은 남과 북이 만나서 대화하면 극단적인 대립을 약화시킬 수 있다는 점을 일깨워줬다. 「공동성명서」 합의사항에 포함되지는 않았지만 김구와 김규식은 김일성으로부터 연백평야의 송수(送水)문제와 남한으로의 송전(送電)문제에 대한 합의를 이끌어 냈다. 이것은 당시 현안문제의 해결로서도 의미가 있었지만, 보다 근본적으로는 남과 북이 경제적 이익으로 얽히게 되면 정치·군사적 대립은 저절로 약화된다는 패러다임의 변화를 일깨워주는 대목이기도 하다.

【참고문헌】

〈단행본〉

姜萬吉, 「金九 · 金奎植의 南北協商」, 『현대사를 어떻게 볼 것인가』 1, 동아일보사, 1987.

도진순, 『한국민족주의와 남북관계』, 서울대학교출판부, 1997.

朴鍾涍 編譯, 『러시아 연방 외무성 대한정책 자료』 Ⅰ, 선인, 2010.

백범김구선생전집편찬위원회, 『백범김구전집』 8, 대한매일신보사, 1999.

백범사상연구소, 『백범어록』, 사상사, 1973.

서중석, 『남 · 북 협상 김규식의 길, 김구의 길』, 한울, 2000.

宋南憲, 「金九 · 金奎植은 왜 38線을 넘었나」, 『신동아』 1983년 9월호, 동아일보사, 1983.

이신철, 『북한 민족주의운동 연구』, 역사비평사, 2008.

정리근, 『력사적인 4월남북련석회의』, 과학백과사전출판사, 1988.

중앙일보 특별취재반, 『秘錄 조선민주주의 인민공화국』 하, 중앙일보사, 1993.

〈논문〉

예대열, 「'세기와 더불어'에 서술된 북한 민족해방운동사 인식의 변화상과 함의」, 『한국근현대사연구』 제55집, 2010.

윤경섭, 「1947~1948년 북한의 정부수립 문제와 남북연석회의」, 『史林』 21, 2004.

04_ 외국군 철수와 군사고문단의 활동
: '군사고문단 설치협정'

김진혁

1. 1947년 이후 미국의 대한정책과 외국군 철수의 쟁점화

1946년 이후 소련의 대외팽창정책의 기조 아래 소련에게 유리한 구도가 조성되었다. 유럽 동구권 유고슬라비아, 불가리아, 알바니아에서 사회주의 정권이 수립되기 시작하였고 그리스와 터키는 물론 중동지역에서도 공산주의 세력이 진출하기 시작했다. 공산주의의 약진은 소련과의 합의를 중시했던 미국의 대외정책이 대소봉쇄노선으로 전환하는 계기가 되었다.

1947년 3월 12일 트루먼(Harry S. Truman)은 미 의회에서 이후 트루먼독트린(Truman Doctrine)으로 불리는 연설을 통해 그리스, 터키의 공산화 방지를 위한 군사원조계획을 발표했다. 이 연설은 미국이 소련과 공산주의에 대해 적극적으로 봉쇄할 뿐만 아니라 민족주의와 사회주의에 기초한 혁명에 대해 개입할 것을 천명한 것이었다. 같은 해 6월 유럽부흥계획, 즉 마셜플랜(Marshall Plan)이 발표되었고 미국과 소련의 냉전 대결구도는 공식화되었다.

미국의 정책 변화는 전 세계적으로 적용되었지만 미국의 38선 이남지역 원조에 대한 논의는 유럽에 대한 전폭적인 원조 결정과 대조적이었다. 1947년 2월 25일 미 국무부와 전쟁부의 관료로 구성된 합동특별위원회는 이남에 대한 원조계획을 제출하였으나 미 의회는 유럽에 원조를 집중해야 한다는 입장에서 대한원조에 대해 부정적이었다. 미국 정책입안자들은 공산주의의 위협에 노출된 정도와 지원의 시급성을 기준으로 한반도 문제를 재검토하였는데,[1] 이것은 원조문제에서 나아가 주한미군의 철수사안까지 포함했다. 미 육군성은 4월 초 이남에서 미군의 철수를 결정했지만, 미 국무성은 철수에 대해 동의하면서도 3년 내 철수라는 입장을 밝힘으로써 철수시기를 달리했다. 미군의 조기 철수 여부는 미소공동위원회(이하 미소공위)의 활동에 따라 좌우될 여지가 아직 남아있었다.

한편, 소련은 유럽과 중동에서와 달리 동아시아에서 공세적이지 않았다. 소련은 제2차 세계대전 이후 극동지역에서 쿠릴열도와 사할린 점령, 중국 여순·대련 조차권과 동북지역 철도관할권 등 이 지역에서의 이권을 확보한 상태였다. 소련의 동아시아정책은 현상유지양상을 보이는 가운데 1946년부터 시작된 제2차 국공내전에서 중국공산당의 국민당에 대한 우세를 오히려 경계하기도 했다. 아울러 미소의 협의를 통해 한국문제를 해결할 수 있었던 가능성이 남아있던 한반도에서는 38선 이북지역에서 사회주의 정책이 과도하게 진행되지 않도록 했다.

미국과 소련은 각각 한반도에서 미소공동위원회를 통한 우호적 정권 수립에 대해 주의를 기울이고 있었다. 이남과 이북의 각 정치세력 또한 미소협의를 통한 임시정부 수립의 향방에 대응하여 움직였다. 1947년 5월 21일 미소공위 미국대표단과 소련대표단은 미소공위에 참석대상을 모스크바삼상회의 결정 지지단체로 제한했고 6월 25일 제35차 미소공위를 개최했다. 하지만 6월 27일 소련대표단은 기존 반탁위원회에 참여했던 단체들의 회의 참여자격을 재차 문제시하였고 미소공위는 이내 교착되었다. 참여단체의 정치적 성향은 향후 임시정부의 구성방향을 결정하는 데 직결되어 미국도 양보할 수 없었다.

1) 박동찬, 「주한미군사고문단(KMAG)의 조직과 활동(1948~53)」, 한양대학교 대학원 박사학위논문, 2011, 20쪽.

1947년 7월 미소 협상을 통한 한반도 문제 해결이 어렵게 되자, 미국은 미소공위 실패가 한반도정책 실패로 이어지지 않도록 정책 수정을 검토했다. 7월 23일 동북아시아국 부국장 겸 국무성·육군성·해군성의 3부조정위원회(SWNCC, State-War-Navy Coordinating Committee) 산하 한국문제담당 특별위원회 위원 존 앨리슨(John M. Allison)은 한반도 문제의 유엔이관을 제안했다. 7월 29일 앨리슨은 8월 초까지 소련이 미소 간 협상을 지체시키거나 혹은 파기할 경우, 미국은 한국의 독립과 통일을 촉진하기 위해 미·소·영·중 4대국회의 개최를 요구하는 방안과 만약 소련과 4대국 회담 개최가 합의되지 않을 경우 한반도 문제의 유엔이관을 제시했다. 8월 4일 앨리슨의 초안은 한국에 관한 특별위원회 보고서, '한국에서 미국의 정책(SWNCC 176/30)'[2)]로 채택되었다.

이에 따라 8월 26일 미국무장관 대리 로버트 러베트(Robert A. Lovett)는 모스크바삼상회의 결의 실천을 위한 4대국 회담을 몰로토프(Вячесла́в М. Мо́лотов)에게 제안했다. 하지만 몰로토프는 미소공위에서의 합의 가능성을 근거로 이를 거부하였고 9월 17일 마셜(George C. Marshall) 미 국무장관은 유엔총회에서 한국의 독립문제 토의를 요청하여 남한에서 미국의 '명예로운' 철수가 가능하도록 했다. 이로서 한반도 문제에 대해 미소 양국의 합의는 불가능해졌고 한반도 주둔 외국군의 철군이 본격적으로 공론화되기 시작했다.

2. 미소공동위원회 소련대표단의 외국군 철퇴 성명과 외국군 철수 과정

1947년 9월 26일 미소공위 소련 측 대표 슈티코프(Терентий Ф. Штыков)는 1948년 초까지 미소 양군이 한국에서 철퇴할 것을 제안했다. 아래는

2) "SWNCC 176/30 report by the Ad Hoc Committee on Korea", 1947.8.4., FRUS Vol.6, pp.738~741.

미소공위에서 발표된 소련대표단의 외국군 철퇴 성명의 일부이다.[3)]

> … 朝鮮地域內에 쏘米兩軍隊가 駐屯하고 있는限 後見이 없어도 關係치않다는것은 朝鮮人民을 欺滿하는것에 不過하다고 쏘聯代表團은 認定하는 바이다
>
> 朝鮮은 人民의 支持를 받는 自己의 民主政府를 가지게되는때 朝鮮地域으로부터 쏘米兩國軍隊가 撤去하는때라야만 自主獨立國家가 될수있는것이다
>
> 쏘聯은 恒常 弱小人民을 尊重視하였으며 또는 尊重視하고있으며 그들의 獨立과 自主權을 爲하여 鬪爭하였으며 鬪爭하고 있다 때문에 쏘聯代表團은 朝鮮에서 쏘米兩國軍을 撤去하는 條件에서만 同盟國의 援助와 參加없이 朝鮮人自体로써 政府를 樹立할 可能性을 朝鮮人民들에게 줄수있다고 認定한다
>
> 萬若 米國代表團이 1948年初에 모든 外國軍隊를 撤去할데對한 提議에 贊同한다면 쏘聯軍隊는 米國軍隊와 同時에 朝鮮에서 撤去할 準備를 갖추고있다는 것을 쏘聯代表團은 聲明하는바이다(인용자 밑줄) …

성명 발표 이후 미소 외국군의 동시철군 논의가 국내외적으로 본격화되었다. 소련대표단의 성명은 모스크바삼상회의의 결정의 준수를 원칙적으로 전제하며, 미국의 한반도 문제 유엔이관 시도를 비판했다. 소련은 신탁통치(후견)가 모스크바삼상회의의 결정사항 중 하나였음에도 불구하고 미국대표단의 신탁통치 거부와 함께 반탁세력에 대한 지원을 납득할 수 없다고 밝혔다. 나아가 미국이 모스크바삼상회의의 결정을 따르지 않고 한반도 문제를 유엔으로 이관하려는 상황에서 미소 외국군이 한반도 주둔하는 것은 한국인을 기만하는 것이라고 지적했다.

결론적으로 소련은 1948년 초까지 미소 양군의 동시철수를 제안했다. 소련의 새로운 제안은 한국을 신탁통치 없이 한국인에게 돌려준다는 소련 측

---

3) 朝鮮中央通信社,『朝鮮中央年鑑』, 朝鮮中央通信社, 1950, 35~37쪽. 이 성명서는 경향신문에도 게재되었는데 소련대표단 성명서 일부가 전략되어 실려 있다(「同時撤兵을 提言」,『경향신문』, 1947년 9월 27일자). 소련에서는 이즈베스치야(Изве́стия) 1947년 9월 27일자에 수록되었고 이 원문은 국토통일원의『蘇聯과 北韓과의 關係(1945-1980)』(1988)에 번역되어 실려 있다.『경향신문』과『조선중앙연감』,『蘇聯과 北韓과의 關係(1945-1980)』의 성명서의 의미상 차이는 없다.

의 의사를 제시한 것이었지만, 중요한 목적 중 하나는 미국이 유엔에서 한반도문제를 결정하지 못하게 막는 것이었다. 이를 통해 과다한 해외경비지출에 반대하는 미 국민과 의회가 미소 양국의 동시 철수를 지지하도록 유도하는 것이었다.[4] 소련의 제안은 모스크바삼상회의 결정에 따른 한반도 문제 해결이 더 이상 불가능함을 자인한 것이기도 했다.

미군정 사령관 하지(John R. Hodge)는 소련이 정세변화에 따라 미소동시 철수를 제안할 수 있다고 이전부터 예상하고 있었다.[5] 그는 소련의 제안을 한반도의 공산화 완성을 위한 책동으로 보면서도 미국이 한반도에서 체면을 손상시키지 않고 철수할 수 있는 길을 열어주고 있다고 보았다. 1947년 9월 29일 미 각료회의에서 마셜 국무장관, 러베트 차관, 캐넌(George F. Kennan) 정책기획국장 등은 새로운 대한정책을 논의한 후 한반도 문제의 유엔이관과 주한미군 철수에 합의했다. 국무부도 주한미군 철수에 동의함으로써 남은 문제는 철군에 따른 보완조치를 마련하는 것이었다.

이승만과 김규식(金奎植)은 소련대표단의 동시철군 제의가 이남에서의 내란 기도와 공산화를 목표로 한 것이라고 비판하며, 미국이 이남의 무력을 훈련시키고 무장할 것을 요청했다. 김구는 이남의 무력이 이북의 무력과 동등할 때 외국군 철수가 가능하다며 이승만과 김규식의 제안에 찬성했다.[6] 대한독립촉성국민회는 외국군 철수를 원칙적으로 찬성하였으나 철수 이후 상황을 우려했고 한국민주당은 미국의 유엔 감시하 총선거 후 철병 지지를 보다 분명하게 명시했다. 반면, 김약수(金若水)의 조선공화당과 근로인민당은 소련의 제안을 환영하며 조속한 실현을 희망한다고 밝혔다.[7] 미소공위가 최종 결렬된 10월 18일 근로인민당은 사회민주당 · 민주한독

4) 차상철, 『해방전후 미국의 한반도정책』, 지식산업사, 1989, 173쪽.

5) 1946년 10월 초 소련군 정치고문 바라사노프(G. M. Balasanov)와 하지의 경제고문관 아서 번스(Arthur C. Bunce)의 회담에서 소련 측은 미소양군 철퇴의 비공식적 제안 이후 미국은 소련의 제안을 염두에 두고 대비해왔다.

6) 「南朝鮮의武裝化가必要」, 『경향신문』, 1947년 9월 29일자.

7) 「原則的으론贊成」, 『경향신문』, 1947년 9월 28일자.

당 · 민중동맹 · 청우당과 함께 "조선독립과 양군 동시철병"을 주장하는 '5당 공동성명'을 발표했다.[8)]

1947년 10월 17일 소련의 제안에 대응하여 미국은 유엔총회에서 유엔 감시하 총선거를 통한 정식정부 수립안을 제출하였다. 결의안 초안에는 독립을 위해 모든 점령군이 '현실적으로 빠른 시일' 내 한반도에서 철수해야 한다는 것을 강조하였고 선거를 통한 정부 수립 이후 외국군이 90일 이내 철수할 것을 명확히 적시하였다. 11월 14일 유엔총회에서 한반도 문제 결의안은 가결되었다.

한반도 문제가 유엔으로 이관되자 미군 철수에 대한 실질적 준비가 진행되었다. 미국은 신속한 철군을 완수하기 위한 구체적 절차, 방법, 철군 후의 안전보장조치를 협의하고 1948년 3/4분기를 철군시한으로 정했다. 다만, 소련의 대외정세와 북한군의 조직 전망, 한국인의 반발을 최소화하는 방안을 고려할 것이라고 공시했다. 또한 사후대비책으로 적절한 규모의 군대창설과 대한군사원조 제공을 구상했다.

1948년 1월 14일 4부조정위원회(SANACC, State-Army-Navy-Air Force Coordinating Committee) 극동소위원회는 '한국에서의 미국정책(SANACC 176/35)'보고서에서 소련이 이북지역에서 유엔 감시하 선거를 허용하지 않을 것이라 보며, 그럴 경우 3월 31일 이남 단독선거를 진행하도록 건의했다. 또한 가능한 예산, 인력, 장비의 지원을 통해 국방경비대를 증강하고 신정부에 군사 및 경제 원조를 제공해야 한다고 밝혔다. SANACC 176/35는 극동소위원회의 수정을 거쳐 SANACC 176/39로 확정되었고 2월 21일 합참에서 승인되었다. 이후 이 문건은 일부 수정되어 1948년 4월 2일 미 국가안전보장회의(NSC, National Security Council)에서 '한국에 관한 미국의 입장'(NSC 8)[9)]으로 채택되었다. 이를 통해 유엔회원국 자격을 갖춘 정부수립

8) 「美蘇撤兵案에 五黨共同聲明」, 『경향신문』, 1947년 10월 19일자.

9) "Note by the Executive Secretary of the National Security Council (Souers) to President Truman" 1948.4.2., FRUS vol 6, pp.1163~1169.

이라는 총괄적 목표 아래 주한미군의 철수계획이 배치되었고 철수기한은 1948년 12월 31일까지로 결정되었다. 구체적인 방안으로는 국방경비대의 증강 및 훈련, 무기와 장비 지원계획, 1949년 회계연도에 포함된 원조계획 등을 비롯해서 군사고문단 설치안이 포함되었다.

정부 수립 이전부터 주한미군 철수를 반대했던 이승만은 1948년 8월 20일 남한정부가 국방군을 편성해서 치안을 확보할 때까지 미군이 주둔해야 한다고 기자회견을 통해 발표했다.[10] 그는 조병옥(趙炳玉)을 미국특사로 파견하여 철군 연기와 군사사절단 설치를 요구했다. 반면, 같은 해 10월 12일 국회 소장파들은 유엔총회에 요청하는 양군철퇴 긴급동의안을 국회에 제출하였고 1949년 2월 초에는 유엔한국위원단에 요청하는 동의안을 제출하였으나 부결되었다. 이처럼 주한 미군의 철수문제는 남한정계에서 논란이 되고 있었다.[11]

1948년 9월 15일부터 주한미군은 비밀리에 철수하기 시작했으나 여순사건, 중국공산당의 만주 점령 등 정세 불안으로 1948년 말까지 철군 완료는 불가능하게 되었다. 남한정세 악화와 북한의 군사력 강화는 NSC 8의 재검토로 이어졌고 1949년 1월 17일 국가안전보장회의에서 주한미군 철수가 다시 논의되었다. 이 시기 미 제7사단, 제24군단 사령부가 철수한 상황이었고 7,500명의 병력이 잔류하고 있었다.

한편, 1948년 10월 북한에서 소련군은 38선상에서 철수하기 시작했으며 38경비여단이 대체투입되었다. 12월 말 소련군사령부 일행은 함북 홍의역에서 환송대회를 받은 후 마지막으로 국경을 넘었고 소련군의 공식적인 철수 완료가 발표되었다.[12]

하지만 미군의 철군 기한은 1949년 6월 말로 연기되었다. 1949년 3월

10) 「李大統領談 蘇와도 友好接近」, 『동아일보』, 1948년 8월 20일자.
11) 曺二鉉, 「1948~1949年 駐韓美軍의 철수와 駐韓美軍事顧問團(KMAG)의 활동」, 『韓國史論』 35, 1996, 286~287쪽.
12) 김석형, 『나는 조선노동당원이오!』, 선인, 2001, 262쪽; 조선중앙통신사, 『해방후 10년 일지(1945~1955)』, 평양 : 조선중앙통신사, 1955, 16쪽.

23일 미 국가안전보장회의에서 NSC 8의 '한국에 관한 미국의 입장(NSC 8/2)'[13]으로의 수정에 따른 것이었다. 최종철수에 앞서 보완책으로 육군, 해안경비대, 경찰에게 미군 무기를 이양할 것과 이들을 훈련시킬 정식군사고문단 설치를 결정했다. 아울러 군사고문단은 군사원조의 효율적 사용, 군 편성, 각종 군사시설 관리 등도 책임졌다.

3. 주한미군사고문단의 설치와 활동

미국은 주한미군 철수를 결정한 후 남한의 안전을 확보하기 위한 방법으로 기존 국방경비대[14]를 확대 · 강화하는 작업을 진행했다. 이승만 정부도 미군 철수 후 안보를 위해 미국의 경제 · 군사원조를 요구하는 한편, 군대를 강화시키는 문제에 역점을 두었다. 주한미군 철수가 결정된 이후 군사고문(단)의 역할이 중요해졌다.

1946년 1월 국방경비대 창설 이후 정식 고문단이 아닌 군사고문의 활동이 있었지만 '경찰예비대'의 위상인 경비대에 대한 최소 기본훈련에 그쳤다. 1947년 중반 이후 주한미군 철수논의가 진행되면서 미육군부에서 군사고문단 설치가 검토되기 시작했고 1948년 4월 2일 NSC 8을 통해 군사고문단 설치가 결정되었다. 미 육군부는 국방경비대의 증강, 훈련에 대한 지도 및 군사원조 범위와 방법에 대한 현지조사를 군사고문단의 임무로 규정하고 있었다.

5 · 10선거를 통해 남한정부가 수립되자 군사고문은 1948년 8월 24일 체결된 '대한민국 대통령과 주한미군사령관간에 체결된 과도기에 시행할 잠정적 군사안전에 관한 행정협정'(이하 한미군사잠정협정, 1948.8.24 발효)

13) "Report by the National Security Council to the President", 1949.3.22, FRUS Vol.7, pp.969~978.

14) 미군정은 1946년 1월 8개도 각 1개 연대 규모의 경비대를 창설하는 뱀부(BAMBOO)계획을 실시했다. 같은 해 4월까지 계획은 완료되었고 국방경비대는 이후 계속 확대되었다.

에 의해 그들의 지위를 유지했다.[15] 한미군사잠정협정은 주한미군이 완전 철수할 때까지 한국군의 조직, 훈련, 무장을 미군에서 담당하도록 규정하고 주한미군 사령관이 국방경비대, 해안경비대 및 비상지역에 주둔하는 국립경찰파견대를 포함하여 한국군의 작전권을 보유하도록 한 것이었다. 이에 의거하여 로버츠(William L. Roberts) 준장을 단장으로 하는 임시군사고문단(The Provisional Military Advisory Group : PMAG)이 고문단 업무를 위한 단일조직으로서 주한미외교사절단 산하에 설치되었다. 임시군사고문단의 규모는 241명의 병력으로 인가되었고 한국군 조직화와 훈련임무와 더불어 정식군사고문단 창설을 위한 기반조성 책임이 부여되었다.

1949년 6월 28일 미 육군부는 군사고문단 설립과 편성에 대한 최종 명령을 하달하였고 규모는 479명 병력으로 결정되었다. 다음 날 29일 제5연대전투단 잔류병력이 떠나면서 주한미군 철수는 최종 완료되어 1949년 6월 30일 24시 미 점령조직은 해체되었다. 1949년 7월 1일 주한미군사고문단(KMAG, U.S. Military Advisory Group to the Republic of Korea)은 '제8668부대' 명칭으로 정식 창설되었다.

군사고문단은 기본적으로 미 대사관 소속으로 무쵸(John J. Muccio) 대사가 통제권을 보유하였으나, 고문단 내부 통제는 로버츠 단장이 보유했다. 군사고문단은 행정적 차원에서 육군성 산하 해외 업무부(Foreign Assignment Activity)에 관할했지만, 극동사령부는 고문단의 병참지원과 유사시의 소개작전을 지원하는 권한을 갖고 있었다. 이와 같은 지휘체계의 이중성은 고문단 업무가 효율적으로 처리되지 못하는 원인이 되기도 했다.

군사고문단의 역할이 보다 중요했던 이유는 한국군이 1949년 5~6월에 걸쳐 약 10만 명 규모의 8개 사단을 편성하여 단기간의 양적 증가를 하였지만 질적 수준을 담보하지 못했기 때문이다. 군사고문단의 훈련지도는 한국군

15) 「대한민국 대통령과 주한미군사령관간에 체결된 과도기에 시행할 잠정적 군사안전에 관한 행정협정」(1948.8.24), 國防部 戰史編纂委員會, 『國防條約集』 1, 國防部 戰史編纂委員會, 1981, 34~39쪽.

각 사단에 대한 체계적인 훈련계획의 수립과 시행, 각종 군사학교 설치를 통한 지도, 장교들의 해외유학 등을 통해 이뤄졌다. 즉 부대의 전술훈련 강화, 지휘관 양성교육이었다. 이뿐만 아니라 군사고문단의 남한지역 내 게릴라 토벌작전 지원과 남파 유격대 토벌작전에도 관여했다.

그런데 한미군사잠정협정에서 주한미군 잔류를 전제로 군사고문단의 지위를 규정했기 때문에 1949년 6월 29일 주한미군이 최종철수 이후 점령조직이 해체되면서 군사고문단의 지위문제가 발생했다. 이를 해결하기 위해 1950년 1월 26일 '대한민국 정부와 미합중국 정부 간의 협정'(이하 미군사고문단 설치협정)을 체결하였다. 이 협정은 1949년 7월 1일까지 소급적용되어 군사고문단의 법적 지위문제를 해소했다.

미군사고문단 설치협정문 1조에서는 군사고문단의 목적을 한국의 국방조직 및 훈련을 위해 조언, 원조하는 것과 미국의 군사원조를 효율적으로 이용하도록 하는 것으로 명시하며, "대한민국의 국방군을 한국의 경제력 범위내에서 발전"시키는 데 있다고 하였다. 미국은 미군사고문단 설치협정과 함께 체결된 '대한민국 정부와 미합중국 정부 간의 상호방위원조협정'(1950.1.26. 발효)을 통해 군사고문단의 한국군 조직화과 훈련업무와 1949년 미국의 상호방위원조법(Mutual Defence Assistance Agreement)에 근거한 원조계획업무를 분리하고자 하였다. 하지만 군사고문단은 이전부터 군수원조의 효율적 활용을 위한 역할을 맡고 있었다. 협정문 1조에도 명시된 바와 같이 군사고문단은 상호방위원조계획 운영업무를 수행하게 되었고 이와 관련해 주한미대사를 보좌하는 역할을 담당하기도 했다. 따라서 군사고문단의 한국군 양성에 대한 임무는 상대적으로 축소되었다.

아울러 "한국의 경제력 범위 내에서 발전"을 언급한 것은 미국의 대한정책이 소극적이라고 판단한 이승만이 1949년 7월 11일 유엔한국대표 조병옥과 주미대사 장면(張勉)을 미 국무장관 딘 애치슨(Dean G. Acheson)에게 보내 40만 방위부대 양성계획에 대한 지원을 요청[16] 등을 염두에 둔 것으로 보인다. 이에 대해 트루먼은 남한경제가 지탱할 수 없는 군대를

보유하는 것보다 효율적이고 경제적인 한국군을 발전시키는 것이 중요하다고 밝혔다.[17]

협정문 4, 6, 7, 8, 10조에서는 군사고문단원의 지위와 수당지급, 관세, 생활편의, 의료 등을 규정했다. 군사고문단원은 대사관 관원과 동일한 특권을 가지고 보수 이외의 특별수당을 받도록 했다. 단원과 그 가족이 사용하는 물품에 대해 관세는 면제되었고 생활을 위한 한국통화 공급과 주거 등에 대한 지원을 받았다. 군사고문단원의 특권과 지원에 대한 규정은 군사고문단에 대한 단원들의 불만과 관계가 있었을 것이다. 미군 장교들에게 한국은 경제적 조건 및 환경 등에서 좋은 근무지가 아니었고 전투부대가 아닌 행정부대였기 때문에 승진에 유리한 이력이 되지 못했다. 이런 측면에서 군사고문단 장교진의 교체가 잦았고 인원충원도 어려웠다.

한편 소련군사고문단은 주한미군사고문단과 달리 1946년 9월부터 창설되었다. 소련군사고문단은 정규 조선인민군 창설에 대비하여 초급장교 양성, 부대 신설 및 운영을 지원하기 위해서 만들어졌다. 이미 주둔 중이었던 소련 제25군에서 장성 3명, 장교 343명을 차출하여 고문단을 구성했다. 1948년 2월 8일, 소련군사고문단 조직은 법제화되었다. 1950년 2월 제3대 군사고문단장 바실리예프(Николай А. Васильев)가 부임했는데, 그는 북한인민군의 남침 작전계획을 수립하고 전쟁 준비태세를 완비하여 초기 전쟁을 수행하는 일을 맡았다. 소련군사고문단은 조선인민군 창설, 인민군의 조직 및 지휘계통의 훈련과 더불어 직접적인 전쟁준비, 전쟁 진행에 따른 소련의 지원업무 등 다방면에 걸친 업무를 수행하였고 고문단 장교 일부는 정치장교로도 역할했다.

16) 「40萬防衛軍設置 李大統領멧세-지 「애」 長官에傳達」, 『경향신문』, 1949년 7월 14일자.

17) "President Truman to the President of the Republic of Korea", 1949.9.26., FRUS vol 7, pp.969~978.

4. 주한미군사고문단이 한국군 형성에 미친 영향

주한미군사고문단의 군사훈련은 남한에서 비정규전의 발생과 38선에서의 국지적 충돌 가운데 예상한 성과를 내지는 못했다. 하지만 이들을 통해서 한국군에 대한 최초의 체계적 미국식 훈련이 진행될 수 있었다. 군사훈련과 함께 진행된 한국군 장교의 도미유학과 시찰은 미국식 군사제도를 전파시키는 통로가 되었고 한국군 장교에게 우호적인 미국관을 형성할 수 있는 경험을 제공했다.

특히 군사고문단은 상대역제도(Counterpart System)을 적용하여 국방부장관부터 각급 부대장, 참모까지 고문단을 붙여 상호 토의하고 조언을 받도록 했다. 이것은 한국군 지휘관과의 관계 유지를 통해 작전지휘의 효율성을 높였지만 한국군 확장에 비해 고문관 수가 부족하여 대대급 전체에 고문관을 파견된 경우는 없었다. 그러나 6·25전쟁시기 고문단 규모가 확장되는 가운데 실질적인 효과를 낳게 되었다. 아울러 군사고문단은 여순사건, 제주4·3사건 등이 발생한 정부수립 초기 혼란한 정세 속에서 치안유지활동에도 적극적으로 역할하여 이승만 정권의 공고화에 기여했다.

【참고문헌】

〈단행본〉

김광운, 『북한 정치사 연구 1 : 건당 · 건국 · 건군의 역사』, 선인, 2003.

김석형, 『나는 조선노동당원이오!』, 선인, 2001.

제이슨 메트레이 저, 구대열 역, 『한반도의 분단과 미국』, 을유문화사, 1989.

朝鮮中央通信社, 『朝鮮中央年鑑』, 朝鮮中央通信社, 1950.

조선중앙통신사, 『해방후 10년 일지(1945~1955)』, 평양 : 조선중앙통신사, 1955.

차상철, 『해방전후 미국의 한반도정책』, 지식산업사, 1989.

〈논문〉

노영기, 「1945-50년 한국군의 형성과 성격」, 성균관대학교 대학원 박사학위논문, 2009.

박동찬, 「주한미군사고문단(KMAG)의 조직과 활동(1948~53)」, 한양대학교 대학원 박사학위논문, 2011.

신범식, 「소련의 북한 군사지원」, 『한국전쟁의 새로운 연구』 1, 국방부 군사편찬연구소, 2001.

신복룡, 「미군 철수와 한국 문제의 UN 이관, 1948~1949」, 『한국정치외교사논총』 21, 1999.

심헌용, 「주북한 소련 군사고문단 연구」, 『동북아연구』 29-2, 2014.

안승환, 「주북한 소련군사고문단의 북한군 지원활동(1946~1953년)」, 『한국전쟁의 새로운 연구』 2, 국방부 군사편찬연구소, 2002.

안정애, 「주한미군사고문단에 관한 연구 : 한국군 창군이후(1948-1950)의 역할 및 기능을 중심으로」, 『한국정치외교사논총』 21-1, 1999.

이지수, 「소련군 철군 과정 연구」, 『社會科學論叢』 26, 2006.

이현경, 「해방후 남한 정치세력의 외국군에 대한 인식과 양군철퇴논쟁」, 『韓國政治外交史論叢』 27-1, 한국정치외교사학회, 2005.

정용욱, 「1947년의 철군논의와 미국의 남한 점령정책」, 『역사와 현실』 14, 1994.

曺二鉉, 「1948~1949年 駐韓美軍의 철수와 駐韓美軍事顧問團(KMAG)의 활동」, 『韓國史論』 35, 1996.

2부

냉전진영의 형성과 한반도의 분단 확대

01_ 대한민국 정부수립과 행정권 이양
: '한미 간 행정권 이양협정'

금보운

1. 미군정 행정기능 이양 절차와 한국정부의 수립

'대한민국정부 및 미국정부 간의 재정 및 재산에 관한 최초협정'(이하 '재정이양협정')은 표면적으로는 미군정이 운영했던 재정 및 재산을 이양하는 협정이었지만, 실질적으로는 미군정 점령기간 미군정이 보유했던 행정권을 이양하는 협정이었다. 미군정의 행정권 이양은 미국의 점령역사에 있어서도 이례적인 절차였다. 이는 식민지로부터의 해방과 함께 시작된 점령이었기 때문에 점령지역의 정치적 · 행정적 장악하여 전개되었다는 점에 기인한다. 제2차 세계대전 이후 미국은 패전국과 피식민지역을 대상으로 점령정책을 전개했고, 이는 미국이 전후 세계질서를 재편하는 데 있어 중심적인 정책이 되었다.

미국의 한반도 점령은 1945년 9월 11일, 38선 이남지역을 대상으로 시작되었다. 미군이 한반도에 진주할 당시 군사점령에 관한 유일한 성문법규는 헤이그규약이었다. 헤이그규약은 "점령지의 현존 법률을 존중하면서" 점령통치를 할 것을 규정하고 있었다. 이는 점령의 주요목적이 민정(民政)에 있지 않다는 것을 의미하며, 점령국의 역할을 소극적으로 규정하는 것이었다. 하지만 미군정은 남한 내 어떠한 정치조직도 인정하지 않는다고 발표하였고, 남한에서의 행정권한을 장악했다. 점령 3년 동안 미군정은 남한에서 '사실상의 정부'로서 활동하였다. 그리고 1947년 한반도 문제가 유엔에 이관된 후 미군정 종식을 위한 공식적 절차로서 미소 양군의 철수 및 행정권 이양이 규정되었다.[1] 이로써 미군정이 장악하고 있던 남한에 대한 행정권이 한국정부에 이양될 수 있었다.

1948년 5월 10일 선거로 대한민국 정부는 수립되었지만, 미군정으로부터 행정권을 이양 받지 못해 한동안 정부로서의 권한을 발휘할 수 없었다. 한국정부가 행정권한을 확보하기 위해서는 미군정으로부터 재정 및 재산 일체를 이양 받는다는 내용의 '재정이양협정'을 체결해야 했다. '재정이양협정'은 미군정의 철수 및 새 정부 수립을 완수할 수 있는 마지막 절차였다.[2]

한국정부가 행정권한을 이양 받는다는 것은 정부로서 갖추어야 할 권한을 갖는 것을 의미했고, 이는 유엔으로부터 국제적 승인을 받을 준비가 되었음을 의미한다는 점에서 중요했다. 분단정부로서 수립된 한국정부에게 북한정부 보다 먼저 국제적 승인을 받는 것은 정부수립의 정당성을 확보하는 데에 중요한 과정으로 인식되었기 때문이다.[3] 이에 이승만은 8월 9일 하지(John R. Hodge) 중장에게 행정권 이양을 위한 준비가 되었음을 표명하는 통첩을 전달했다.[4] 이에 대한 하지의 답신이 8월 11일 전달되면서 한

---

1) 관련 내용은 유엔결의안(Resolution 112(II)) 4조의 (다)항에 해당되며 '조선으로부터 가급적 속히 또는 가능하다면 90일 이내에 점령군의 완전철퇴에 관하여 점령국과 타합함'이라고 되어있다(「유엔결의안원문」, 『동아일보』, 1947.11.21)

2) 미군정은 과도정부의 자본, 재산, 기능과 책임의 이전을 행정권 이양의 완수를 위한 종합적이고도 기본적인 과정이라고 언급하였다(Transfer to Government Function from South Korea Interim Government to Government of the Republic of Korea, 1948.8.10, Box26, Records of United States Theaters of War, World War II, RG332).

3) 조선사회과학연구소, 「군정과 인민정권」, 『신세대』, 1946.5, 18쪽.

4) 'Letter from Syngman Rhee to J.R.Hodge', 1949.8.9, Entry 11070, Box68, Records of United States Army Force in Korea, RG338, p.122.

미 양국 정부 대표자들은 재정이양을 위한 회의를 갖게 되었다.[5] 재정이양을 위한 한미 대표 간의 협상은 한국의 '정부수립 기념식' 다음 날부터 시작될 것이라고 알려졌다.[6]

2. 협정을 둘러싼 한미 간 입장 차이와 체결

미국정부는 1947년 11월의 유엔결의안으로 미군정의 행정권 이양이 공식화되기 이전인 4월경부터 이에 대한 논의를 전개해오고 있었다.[7] 1948년 8월 이승만과 하지의 서한이 교환된 이후 8월 16일부터 '재정이양협정' 체결을 위한 한미 간 회담이 시작되었다. 회담에 참석한 미국 측 대표는 주한미군 민사처장 찰스 헬믹(Charles G. Helmick)과 드럼라이트(Everett F. Drumright)였으며, 이들과 함께 회의에 참석한 인물들로 협상 조정가인 존슨(Edgar A. J. Johnson), 미군정 경제고문단인 번즈 사절단의 일원인 존스(Owen T. Jones)와 스트럼(Paul J. Strum), 미 재무부의 고문관인 로런(Allan Loren), 미군정 중앙경제위원회(National Economic Board)의 앤더슨(Wilhelm Anderson), 법률 고문관 프랑켈(Ernest Frankel) 등 재정 · 경제 · 법률 · 협정 전문가들이 있었다. 한국 측 대표는 국무총리 이범석(李範奭), 내무부장관 윤치영(尹致暎), 외무부장관 장택상(張澤相)이었는데, 미국 측과는 달리 참관인으로서 기획처장 이순탁(李順鐸)과 법제처장 유진오(兪鎭午)가 참석했을 뿐이었다. 즉 한국 측 참석인들 중 경제 및 재정 업무를 담당했거나 관련 전문가들은 없었던 것이다. 이에 대해 회의 첫날 헬믹이 남한 측의 재정

---

5) Box68, Records of United States Army Force in Korea, RG338, 앞의 문서, p.121.

6) 「미제이십사군공보실, 이승만대통령의 정권이양협상 요청에 회답하다」, 『서울신문』, 1948.8.13.

7) 1948년 4월 6일부터 5월 17일까지 약 6주간 워싱턴에서 '재정이양협정'의 내용을 논의하기 위한 회의가 개최되었다(E.A.J. Johnson, 1950, "The Dynamics of Democracy", *American Imperialism in the Image of Peer Gynt,* 1971, p.170).

전문가를 추천하였고, 이에 따라 미군정기 사계국장(司計局長)을 역임했던 홍헌표(洪憲杓)가 참석하게 되었다.

'재정이양협정'의 체결을 위한 회의는 8월 16일 1차 회의를 시작으로 조인식이 진행된 9월 11일까지 총 10차례 진행되었다.[8] 회의는 영어로 진행되었고, 한국인 통역자가 참석하여 상호 이해를 도왔다. 미국은 회의의 규모도 축소하고 한미 간 회의 자체를 이슈화시키지 않은 상태에서 빠르게 진행시키기를 원했다.[9] 회의 내용 및 조항에 대한 언론 보도 역시 극도로 자제하고, 언론 보도가 필요할 때에는 보도 내용을 한미 간 합의에 의해 결정할 것에 합의하였다. 회의 속기록 역시 영어로만 작성되어야 한다고 제한되었다.

우선 회의 첫날에는 미국 측이 작성한 협정문의 초안을 통해 각 조항이 대략적으로 어떠한 내용을 담고 있는지 소개되었다. 그런데 이날 작성된 초안은 완성본이 아니었고, 조항도 최종안보다 하나 적은 13개로 구성되어 있었다. 각 조항에 대한 세부설명은 2차회의(8월 17일)부터 4차회의(8월 20일)까지 총 3회에 걸쳐 진행되었다. 이는 미국 측이 조항을 읽고 설명한 후 남한정부의 문제제기 및 질문에 답하는 형식으로 진행되었다. 미국 측이 준비해 온 협정문 초안은 회의 당일 전달되었다. 이 협정문은 회의실 옆에 마련된 공간에서 한국어로 번역된 후 인쇄된 문서가 한국정부 측 대표들에게 전해졌다. 이때 번역 작업이 지체되고, 인쇄가

---

8) 회의가 정확히 몇차례 진행되었는지는 사료마다 다르게 발견된다. 1948년 9월 3일 주한미군 24군단 미사절단이 국무부에 보낸 서한에는 8월 26일에 7차회의가 진행되었다고 서술되어 있다.('Summation of Financial&Property Settelments with the Republic of Korea', 『대한민국사자료집』 25권, 218쪽) 반면 1948년 8월 27일자 『서울신문』, 1948년 8월 28일자 『경향신문』에는 '8월 26일 10차 한미회담이 열렸다'고 보도되었다. 본고에서는 영어로 작성된 '재정이양협정'을 위한 회의록 Minutes Prepared by the United States Negotiating Committee, Subject : Proposed Initial Financial and Property Settlement Between the Government of the United States of America and the Government of the Republic of Korea, Box6, Entry80, RG469(이하 '재정이양협정회의록')에 근거하여 서술하였다.

9) 특히 헬믹은 정부인사들 중에서도 "꼭 필요한 소수"의 인물들과만 논의할 것을 강조하기도 했다(1948.8.16(1차회의), '재정이양협정회의록', p.7).

충분히 되지 않아 한국정부 측 인사들에게 고루 배분되지 못하는 해프닝이 발생하기도 했다.[10]

그럼에도 불구하고 한국정부는 '재정이양협정' 체결을 위한 한미 간의 회담에서 신속하게 협정을 체결하기 위해 미국의 제안에 우호적으로 응대했다.[11] 한국정부가 '재정이양협정'을 신속하게 체결해야 했던 이유는 크게 두 가지 측면에서 살펴볼 수 있다. 첫째, '절차적 정당성'의 승인을 위한 것이다. 즉 앞에서 언급했듯이 북한정부에 앞서 국제적 승인을 받음으로써 신생정부로서의 정당성을 확보하고자 한 것이었다. 둘째, 북한정부를 의식하며 정부수립에 대한 비판을 피하고자 하는 것이었다. 한미 간 회담이 진행되는 동안 언론에서는 협정의 진행이 부진하다고 지적하며 한국정부를 '약체내각'이라 평가했다.[12] 또한, 행정권 이양이 지연되는 과정에서 각 관청 업무기강이 해이해지고 있다는 비판이 제기되기도 했다.[13] 이 같은 국내적 비판은 분단정부로 수립된 한국정부로 하여금 위기감을 갖게 하였던 것으로 보인다.[14] 이에 한국정부는 '재정회담'에서 제시된 '재정이양협정'의 내용에 대해 전반적으로 수용하는 입장을 취하였다. 물론 한국정부가 모든 조항을 아무런 문제제기 없이 긍정하였던 것은 아니었다. 그러나 이 역시 국회의 반발로 인한 '재정이양협정' 승인의 지연을 우려한 것이었지, 이양되는 재정의 경제적 파급력 및 실질적인 영향에 대한 문제제기는 아니었다.

이는 한국정부가 다른 재정요소보다도 '해외청산위원회 차관(Office of

---

10) 1948.8.17(2차회의), '재정이양협정회의록', p.13.

11) 두 번째 회의에서 미국정부 대표로 참석한 헬믹이 1조부터 13개조의 조항과 그 내용에 대해 대략적으로 설명하자 한국정부 측 대표로 나온 장택상은 "이 위대한 협정의 의미(the spirit of this great agreement)에 매우 만족하며, 미군정에 감사한다"고 말했다(위의 문서).

12) 「한미행정이양협정 관련 회담 성과 부진」, 『서울신문』, 1948.8.21.

13) 「문란해진 미 이양관청」, 『동아일보』, 1948.8.26.

14) 한국정부 대표 측은 정부기능 이양이 지연되면 "공산주의자 및 반정부 인사들의 선전전에 이용될 것"이라고 우려하였다(1948.8.20(4차회의), '재정이양협정회의록', p.55).

Foreign Liquidation Debt)'의 이양을 담고 있는 9조에 대한 수정요구를 중점적으로 제기했다는 점을 통해서도 알 수 있다. '해외청산위원회 차관'에 대한 문제제기는 최종 서명일인 9월 11일을 제외하고 거의 매 회마다 제기되었을 정도로 쟁점을 형성했다. 9조는 미군정이 도입했던 2,500만 달러 상당의 차관을 한국정부가 상환해야 한다는 내용으로, 이자, 상환방식 등이 담겨있다. 2,500만 달러라는 규모는 미군정이 이양하는 전체 재정 규모에서 미미했지만 한국정부는 유독 '해외청산위원회 차관'에 대해 집중적으로 이견을 제기했다. 이는 '해외청산위원회 차관'을 한국정부의 재정에서 상환해야 한다는 것과 그 상환방식 때문이었다. '해외청산위원회 차관'의 상환방식은 한국에 있는 부동산을 취득하고, 미국의 교육교환계획을 시행하는 것으로 미국의 대한정책 시행을 위한 기반을 마련하는 것이었다.

한국정부가 이에 대해 문제제기를 했던 것은 '해외청산위원회 차관'의 상환의무를 갖게 되고, 이를 미국의 요구대로 활용하게 된다는 점이 알려지면 부정적 여론을 발생시킬 가능성이 클 것으로 인지했기 때문이었다. 특히 한국정부는 국회에서의 승인이 지연되어 행정권 이양이 늦어질 것을 우려하였다. 이에 한국정부는 '해외청산위원회 차관'의 존재를 최대한 국내에 알리지 않으려는 방안을 모색하였다. 구체적으로는 '해외청산위원회 차관'을 별도의 협정으로 체결하거나 삭감 혹은 상환방식을 변경하는 등의 방안을 미국정부에 요구하였다. 그러나 미국정부는 이를 받아들이지 않았다. 한국정부는 회담에서 자신의 제안을 관철시킬 수 없었지만 더 이상 '재정이양협정'의 체결을 미룰 수도 없었다. 최종적으로 '재정이양협정'은 1948년 9월 11일 미 대통령 특사로 파견된 존 무초(John J. Muccio)와 한국정부 대표 이범석, 장택상의 서명으로 체결되었다.

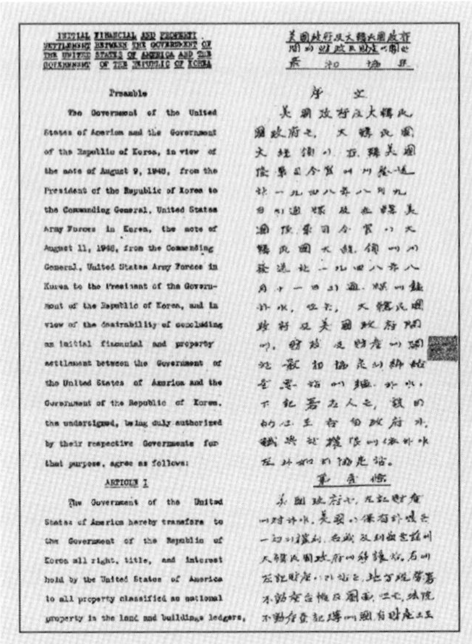

INITIAL FINANCIAL AND PROPERTY SETTLEMENT BETWEEN THE GOVERNMENT OF THE UNITED STATES OF AMERICA AND THE GOVERNMENT OF THE REPUBLIC OF KOREA

Preamble

The Government of the United States of America and the Government of the Republic of Korea, in view of the note of August 9, 1948, from the President of the Republic of Korea to the Commanding General, United States Army Forces in Korea, the note of August 11, 1948, from the Commanding General, United States Army Forces in Korea to the President of the Government of the Republic of Korea, and in view of the desirability of concluding an initial financial and property settlement between the Government of the United States of America and the Government of the Republic of Korea, the undersigned, being duly authorized by their respective Governments for that purpose, agree as follows:

ARTICLE I

The Government of the United States of America hereby transfers to the Government of the Republic of Korea all right, title, and interest held by the United States of America to all property classified as national property in the land and buildings ledgers,

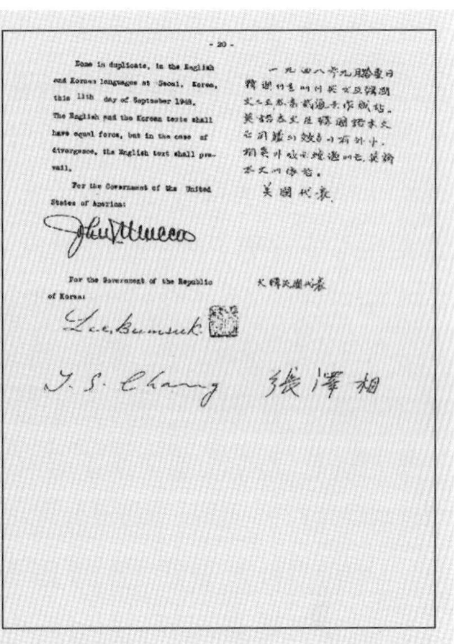

\- 20 -

Done in duplicate, in the English and Korean languages at Seoul, Korea, this 11th day of September 1948. The English and the Korean texts shall have equal force, but in the case of divergence, the English text shall prevail.

For the Government of the United States of America:

For the Government of the Republic of Korea:

▍[좌측] '대한민국정부 및 미국정부 간의 재정 및 재산에 관한 최초협정'의 첫페이지

▍[우측] '대한민국정부 및 미국정부 간의 재정 및 재산에 관한 최초협정'의 마지막 페이지 서명란. 왼쪽 상단부터 John J. Muccio, 이범석, 장택상의 서명((Entry 11070, Box68, Records of United States Army Force in Korea, RG338, NARA소장, 국사편찬위원회 수집)

3. 〈대한민국정부 및 미국정부 간의 재정 및 재산에 관한 최초협정〉 분석

'재정이양협정'은 단순히 재정운영에 한정된 권한뿐만 아니라 전반적인 정부운영 규정을 직접적으로 명시하고 있었다. 또한, '재정이양협정'의 체결과 그 발효는 행정권한을 실질적으로 발휘하게 했던 계기였다. 실제로 한국정부는 정부수립을 선포했던 1948년 8월 15일까지도 행정권을 이양 받지 못하였다가 9월 11일 '재정이양협정'을 체결한 이후에야 비로소 이를 확보할 수 있었다. 미군정이 재정이양을 통해서 행정권을 이양했던 것은 재정이 갖는 특성에서 찾을 수 있다. 재정은 정책을 시행할 수 있는 재원일

뿐만 아니라 예산기획 및 조달에 대한 권한을 포함하고 있어 정부운영방향을 반영하였다. 따라서 '재정이양협정'에 담긴 조항들은 한국정부 수립 이후 재정뿐만 아니라 정부 운영 방향까지 규정할 수 있는 내용이었다. 또한 미국이 점령을 종식하면서 한국에 대한 영향력을 지속시킬 수 있는 방안 및 한국정부 수립 이후 대한정책의 시행, 철수 비용을 절감할 수 있는 방안들이 함께 반영된 조항이기도 했다.

구체적으로 살펴보면, 첫째, '재정이양협정'은 한국정부 수립 이후 재정 및 정부운영 방향을 규정하고 있었다. 우선 미국이 군정기간 동안 한국정부에 제공한 물자의 재수출을 금지하면서 한국정부의 재정운영 및 정책을 제한했다(10조). 보다 직접적인 규정은 한국정부가 군정기에 실시된 귀속재산 처분 결과를 승인해야 함을 규정한 것이었다(5조). 귀속재산은 국가재정 및 생산력 확보 수단이었으며, 귀속기업체의 처리 및 활용방식은 국가가 생산기반을 확보하고 운영하는 방향을 결정하는 주요한 요소였다.[15] 즉 귀속재산은 한국경제에 대한 지배력을 지속적으로 행사할 수 있는 요소로서 경제적 · 정치적 의미를 갖고 있었다.[16] 이에 '재정이양협정'에는 한국정부가 귀속재산을 관리할 정부기관을 수립해야 한다는 조항이 담기기도 했다. 이밖에 한국정부는 미군정기에 설정된 법률, 법령 및 규칙을 유지해야하며(11조), 군정기간 동안 연합국 소속 국가가 한국에 대해 갖고 있던 권리 및 특권 역시 인정해야 했다(12조). 이와 같이 '재정이양협정'은 한국정부의 운영 방향을 직 · 간접적으로 규정하고 있다.

둘째, '재정이양협정'은 점령 이후를 염두에 두고 미국의 대한정책의 시행을 뒷받침했다. 이는 미국의 대한원조정책과 관련이 있었다. 미국은 군정기간 미국이 제공한 원조물자 및 그 판매대금을 특별계정에 입금하도록

15) 귀속재산의 가치는 미군정이 이양할 당시의 가치(약 1,630억 원)로 환산하였으며, 세입은 조선은행조사부, 『경제연감』, 1949, IV~130쪽을 참조하였다. 물론 이 귀속재산의 가치는 1944년을 기준으로 작성한 것이므로 정확하다고 볼 수 없으며, 물가상승률을 반영했을 시 그 가치는 더욱 높아질 것으로 추정된다.

16) 조동필, 「적산불하에 대하여」, 『새한민보』, 1947.7, 5쪽.

하고, 그 사용을 제한하였다(1조). 정부수립 이후 한미 간 '경제원조협정'을 체결한 후 미국의 통제하에 이 물자 및 자금을 사용할 수 있도록 한국정부에 관리권한만을 이양한 것이었다. 또한, 군정기간 동안 무역 등을 통해 도입 된 외환을 관리했던 조선환금은행(現 한국외환은행)의 외환 역시 한미 간 협정에 의해서만 사용할 수 있도록 제한하였다(4조). 이와 더불어 한국정부에 미군정의 부채를 이전한 후 이를 미국정부가 상환 받아 미국의 대외정책에 활용하고자 했다(9조). 이 부채는 미군정기 미국의 전시잉여물자를 구입하는 데 사용되었으며, 2,500만 달러에 달했다. '재정이양협정'으로 이 부채를 이전받은 한국정부는 20년 동안 이를 미국정부에 상환해야 했다. 이에 해당하는 이자는 미국의 냉전정책인 교육교환정책, '풀브라이트 프로그램'을 시행하는 데에 사용될 것으로 규정되었다. 또한 상환금의 일부는 한국 내 부동산을 취득하는 데 사용되었으며, 이 건물은 원조사절단 및 외교사절단의 사무실로 사용하였다. 즉 미국정부는 미군정이 도입한 차관을 한국정부가 상환하게 함으로써 미국의 대외정책을 지원하는 데 사용하고자 한 것이었다.

셋째, 미군 철수시 소요되는 미국의 비용을 최소화하였다. 미군은 철수하는 기간 남한에서 필요한 건물 및 기기 등을 무상으로 사용할 수 있었다(1조). 미국은 자신들이 사용할 재산을 설정하여 부록(갑)에 기록하였다. 뿐만 아니라 군수, 통신, 기타 설비에 대해서도 미군정 및 미군이 체결한 협정에 따라 무상으로 이용할 수 있도록 규정하였다(14조). 이로써 한국정부는 미군 철수에 소요되는 비용을 부담하게 되었고, 미국정부는 그 만큼 부담을 덜게 되었다.

넷째, 미군정의 주둔비 청산방식을 규정하였다(8조). 주둔비는 미군정의 주둔에 소요되는 비용을 말한다. 미국정부는 '현금지불방식'(pay-as-you-go) 정책에 따라 미군정이 주둔비를 점령지역에서 조달하여 사용할 경우 철수할 때 이를 상환해야 했다. 미군정은 점령 기간 조선은행에서 주둔비를 차입하여 사용했다. 이는 미군정기 극심한 인플레이션의 원인이기도 했다.

미군정이 사용한 주둔비는 1948년 6월 30일 '주둔비청산협정'을 통해 약 2,300만 달러로 상정되었다. 이때 주목할 점은 '주둔비청산협정'의 주체가 미군정과 미국정부였다는 것이다. 1948년 5월 10일 선거로 한국정부가 수립되어 있었지만, 행정권을 확보하지 못했다는 이유로 협정 주체가 될 수 없었다. 애초 미군정기에도 주둔비 산정 과정에서 한국인들의 의견 및 참여는 제한되어 있었다.[17] 한국정부는 '재정이양협정'을 통해 미군정과 미국정부가 합의한 주둔비 규모 및 지불방식을 승인하는 권한 밖에는 갖지 못했다.

그 외에 '재정이양협정'은 미군정 시기 한일 간 무역에서 발생한 한국의 적자를 미국이 청산한다고 규정하였다(3조). 이는 일본을 중심으로 한 미국의 對동아시아 정책 속에서 한일 간의 무역관계를 재정립하기 위해 정리하는 작업이었다. 또한 미국이 소련과의 협정을 통해 북한으로부터 이용한 전력대금을 지불하겠다는 내용을 담고 있다(7조). 이때 주목할 점은 미국이 점령을 종료할 때까지 소련과 전력대금 합의를 보지 못하면, 그 책임은 한국정부에 이전될 것이라는 규정이다. 이는 협정에는 명기되지 않았고, 1948년 8월 16일부터 진행된 한미 간 회의에서 언급되었다.[18] 이밖에 회계, 재산 및 운영설비의 행정적 관리 기능을 30일 내에 한국정부에 이전한다는 조항이 있다(13조). 원래 '재정이양협정' 체결 전 열린 한미 간 회담에서 이 조항은 30일이 아니라 90일로 규정되어 있었다. 그러나 한국 정부 측이 행정권 이양이 늦어지면 공산세력 및 반정부인사들이 비판할 것이라는 우려로 인해 30일로 단축되었다.[19] 한국정부는 귀속재산 및 원조물자와 관련된 행정관리 기능을 포함하여 30일 내 이전할 것을 규정하기를 원하였

[17] The History of Accounting Breau, Box15, Records of United Sates Theaters of War, WWⅡ, RG332; 미국정부는 이 같은 권한을 이용하여 1947년 한국에 지불할 주둔비에 관해 논의하며 미국의 부담을 최소한으로 할 수 있는 방안을 강구하였다(Proposed "Pay-As-You-Go" Program for U.S. Force in Korea, 1947.6.23, US & U.S.R.R. Policy on Korea, RG59).

[18] 1948.8.18(3차회의), '재정이양협정회의록', p.33.

[19] 1948.8.20(4차회의), '재정이양협정회의록', p.55.

다. 하지만 미국정부 측에서 불가능하다는 이유로 반대하여 이 부문만 90일 내에 처리된다고 명기되었다.

4. 한국정부의 유엔승인과 행정운영의 제한

1948년 9월 11일 '재정이양협정'이 체결된 이후 13일부터 정부의 행정기능이 이양되기 시작했다.[20] 다만 재무관련 업무는 협정이 발효된 이후 이전될 수 있었기 때문에 이양이 완료되기 위해서는 협정의 발효를 위한 국회승인이 요구되었다. 이를 위한 의회는 9월 13일 개최되었다. 그러나 의원들조차 내용을 숙지하지 못한 상황에서 협정 승인을 결정한다는 것에 대한 비판이 제기되면서 승인은 난항을 겪어야 했다. 이에 9월 16일과 17일 양일에 걸쳐 이승만 대통령도 동석한 전원위원회가 개최되었다. 결국 9월 18일 협정 승인을 위한 의회가 개최되었지만 충분한 토론을 거친 것은 아니었다. 그러나 행정권 이양을 더 이상 미룰 수 없다는 정부 측 의견에 따라 표결에 부쳐졌고, 소장파 의원들을 중심으로 한 26명의 퇴장에도 불구하고 협정승인은 가결되었다.[21] 국회의 승인을 받은 '재정이양협정'은 미국 본국에 전달되어 9월 23일부터 발표되었다. 즉 한국정부가 행정권을 확보하게 된 것이다. 한국정부는 곧 유엔으로부터 정부승인을 받기 위한 준비를 시작했고, 1948년 12월 12일 유엔으로부터 승인을 받았다. 이 결의안은 대한민국을 한반도 전역에 걸쳐 통치권을 갖는 정부라고 명시한 것은 아니었음에도 한국이 유일한 합법정부라는 주장을 뒷받침하게 되었다. 이는 1948년 9월 9일 수립된 북한정부를 부정하는 것이었으며, 공식적으로 행정권을 확

20) 'Initial Financial and Property Settlement entered into by the Government of the United States of America and the Government of the Republic of Korea', 무초가 국무부에 보내는 비망록, 1948.10.1.

21) '제1회 69차 국회본회의 회의록', 1948.9.18. 국회회의록 시스템, http://likms.assembly.go.kr

보하고 정부활동을 시작함으로써 분단정부의 수립이 공식화되었음을 의미한다.

'재정이양협정' 발효로 인해 행정권한을 갖춘 이승만 정부는 당면한 사회경제적 과제를 해결하기 위한 정책논의를 시작하였다. 특히 대중들의 삶과 직결되는 경제문제를 해결하기 위한 식량 및 물자수급에 대한 대책이 적극적으로 논의되었다. 당시 국회에서는 '계획경제' 및 '통제경제'에 대한 구상이 제기되는 등 경제운영 방향의 논의범위가 확장되어 있었다.[22] 이는 신생정부로서 직면한 사회적 요구에 따른 것이기도 했다.[23] 이승만 역시도 행정권 확보 이후 적용할 경제정책에 대하여 "사회주의나 공산주의를 막론하고 대중인민의 생활정도를 발전 향상시키는 데 노력할 것"이라고 밝힌 바 있었다.[24]

그러나 애초에 국가 중심의 경제계획을 추진할 정부의 권한은 제한되어 있었다. 이는 정부정책을 시행할 재정의 운영과 연관되어 있었으며, 그 근간에는 '재정이양협정'의 조항들이 있었다. '재정이양협정' 중 물자, 외환운영, 무역에 관한 규정들은 '한미원조협정' 체결을 염두에 두고 예비적으로 마련된 것이었다. 이에 원조협정이 체결되기 전까지 '재정이양협정'에 따라 관련 정책운영에 제한이 가해졌던 것이다.

또한 '재정이양협정'이 '한미원조협정'의 체결을 전제하며 예비적으로 만들어졌던 만큼 '재정이양협정' 조항 중 원조물자와 관련한 조항들은 이후 '한미원조협정'의 조항들로 대체되어 정부운영에 영향을 미쳤다. 원조와 관련된 조항 외에도 '재정이양협정'은 한국정부의 운영을 직접적으로 지시하며 정부운영을 규정하였다. 귀속재산에 대한 처분 역시 '재정이양협정'에서 규정 된 바대로 독립적인 정부기구를 수립하여 관리해야 했던 것이다. 애

22) 정부수립 초기 국회에서는 기획처 · 농림부를 중심으로 한 계획경제정책과 재무부 · 상공부를 중심으로 한 자유경제정책이 논의되었다. 또한 제헌헌법의 경제조항을 주목하여 분단정부 수립 이후에도 남북 간 체제의 동질성을 확보할 가능성을 보이기도 했다.

23) 「신용통제와 금리정책」, 조선은행조사부, 『조선은행조사월보』, 1948. 5~7, 112쪽.

24) 「친일파 등용은 극력기피, 이 대통령 당면 문제 답변」, 『동아일보』, 1948.8.22.

초 한국정부는 귀속재산의 접수·관리 업무를 기획처에 이관하였다. 그러나 귀속재산 업무만 관할하는 독립기구를 창설해야 한다는 '재정이양협정'의 규정에 따라 그 기능은 곧 정지되었다. 그리고 1948년 12월 29일 대통령령 제4호로 '임시관재총국'이 설치되었다. '임시관재총국'은 귀속농지를 제외한 재산을 관리하였는데, 미군정하에서 준수되었던 원칙에 따라 운영되었다. 미국은 '임시관재총국' 설치 이후에도 귀속재산과 관련한 한국정부의 부서개편을 주시하였다. 다시 언급하면, 귀속기업체의 처리 문제는 근대화·산업화의 전체적인 구도 및 경제재건, 체제운영의 방향을 결정할 정도로 주요했다. 그러나 이승만 정부는 귀속재산 관리를 위임할 부서에 대한 결정권한을 가질 수 없었다.

이처럼 정부의 국가운영이 '재정이양협정'에 의해 제한되자 국회 내 소장파 뿐 아니라 지식인 및 언론 역시 '주권을 침해하는 협정'이라며 '재정이양협정'을 비판하였다.[25] 특히 '해외청산위원회 차관'의 상환규정이 집중적으로 분석되며 '미군정의 정책을 존속하고, 미국의 이득을 채우는 것'이라는 비판이 제기되기도 했다.[26] '재정이양협정'을 통해 한국정부는 행정권을 확보하고 이를 기반으로 유엔으로부터 승인을 받을 수 있었지만, 동시에 미국의 대한정책을 뒷받침하며 제한된 행정권한 만을 확보하게 되었다.

---

25) 이동훈, 「한미협정과 우리의 주권」, 『개벽』, 1948.12, 23~26쪽; 이건주, 「한미협정의 경위」, 『신천지』, 1948.10, 20~25쪽.

26) 오기영, 「독립과 자주독립」, 『신천지』, 1948.10, 10~19쪽.

【참고문헌】

〈단행본〉

김기원, 『미군정기의 경제구조－귀속기업체의 처리와 노동자 자주관리운동을 중심으로』, 푸른산, 1990.

〈논문〉

고지훈, 「주한미군정의 점령행정과 법률심의국 활동」, 『한국사론』 44, 2000.

금보운, 「미국의 해외청산위원회 차관 운용과 한미관계(1945~1960)」, 『사학연구』 116, 2014.

금보운, 「한국정부 수립 시기 한미 간 행정권 이양과정과 성격－'재정 및 재산에 관한 최초협정'을 중심으로」, 『한국사연구』 166, 2014.

신용옥, 『대한민국 헌법상 경제질서의 기원과 전개(1945~54년)－헌법 제·개정과 국가자본 운영을 중심으로』, 고려대학교 사학과 박사학위논문, 2006.

정진아, 『제1공화국 초기(1948~1950)의 경제정책 연구』, 연세대학교 사학과 석사학위논문, 1998.

정태헌, 「해방 전후 경제계획론의 수렴과 전쟁 후 남북에서의 적대적 분화」, 『한국사학보』 17, 2004.

한모니까, 「1948년 대한민국 정부 수립과 주한미군의 정권 이양 과정 및 의미」, 『동방학지』 164, 2013.

Kim Jeom Sook, "Occupational Costs Incurred by the United States Forces in Korea and their Impact on the Korean Economy during the U.S. Military Occupation Period," *Seoul journal of Korean studies* 24, 2011.

02_ 조선민주주의인민공화국 수립과 북 · 소 관계의 공식화*
: '조소경제문화협정'

이주호 · 서홍석

1. 신생국 북한의 외교 관계와 소련의 동아시아 정책

제2차 세계대전이 끝나고 냉전이 전개되기 시작한 1940년대 후반, 전 세계 대외관계의 새로운 틀이 구축되고 있었다. 신생국뿐만 아니라 기존의 국가들까지 외교정책의 원칙, 외교의 대상설정, 외교 대상과의 관계 설정 등에서 양 진영으로 '편가르기'가 이루어졌다. '사회주의 국가' 소련을 모델로 동유럽과 동아시아에서 사회주의자들이 정권을 장악한 신생국들이 출현한 상황에서, 사회주의 외교의 '일반적 원칙'이 모습을 드러내기 시작하였다. 1948년 9월에 건국된 조선민주주의인민공화국 역시 사회주의 진영을 중심으로 대외 관계의 기본적인 틀을 형성하였다.[1)]

* 1949년 3월 모스크바에 방문한 북한 대표단은 소련정부와의 협의를 통해 3월 17일 '소련과 조선민주주의인민공화국 간의 경제적 및 문화적 협조에 관한 협정' 및 관련 부속 협정들을 체결하였다. 엄밀히 말해 "조소경제문화협정"은 양국 전권대표가 서명한 기본 협정만 뜻하지만, 일반적으로는 당시 체결된 협정 전체를 지칭하는 용어로 사용된다. 이 글도 용례에 따라 당시 체결된 협정 전체를 "조소경제문화협정"이라 칭하고, 김일성이 서명한 기본 협정만 언급할 경우에는 "소련과 조선민주주의인민공화국 간의 경제적 및 문화적 협조에 관한 협정"을 사용하기로 한다.

1) 서구의 사회주의 국가 연구에서 대외 정책에 대한 역사적 접근은 최고지도자 또는 정책결정자들의 개인적인 신념이나 인식체계에 대한 분석이 중심이었다. 그러나 이러한 관점을 초기의 북한에 적용하기는 어렵다. 김일성을 중심으로 북한 사회주의자들 전체가 공유하고 있었던 대외관계 인식에 대한 역사적 접근을 시도할 필요가 있다.

'당-국가체제'를 기본 구조로 하는 사회주의 국가의 외교는 사회주의 정당의 '프롤레타리아 국제연대'와, 인민이 선출한 주권기관이 절차에 따라 진행 및 결정하는 일반적인 외교 관계 수립의 두 축으로 구성된다고 알려져 있다.[2] 그러나 조선민주주의인민공화국의 헌법이 '프롤레타리아 국제연대'의 대외관계 원칙을 명시한 것은 1972년의 일이었다. 그보다 앞서, 1948년 건국과 함께 만들어진 헌법은 최고인민회의가 "국내 국외정책에 관한 기본원칙의 수립"(제37조 2항)의 책임을 지고, 실무기관인 최고인민회의 상임위원회가 "외국과의 조약의 비준 및 폐기, 외국에 주재하는 대사 공사의 임명 및 외국사신에 신임장 및 해임장의 접수"(제49조 8 · 9 · 10항)를 맡도록 하였다.

최고인민회의 제1차 회의가 결정한 대외정책 '제1보'는 미국과 소련에 대한 양군 동시 철거 요청서였다. 이는 건국 이후 대외관계의 첫 번째 과제가 독립국으로의 지위를 인정받는 것이었음을 보여준다. "대외정책에 있어서는 민주주의인민공화국정부는 우리 민족이 전 세계 자유애호 민족들의 대렬에서 동등한 한 성원으로 되며 또한 우리 민족의 평등적 지위와 자유를 존중하는 여러 자유 애호 국가와 민족들과의 견실한 친선 관계를 도모할 것이다"(정부 정강 7번째 항목)

외무상 박헌영은 1948년 10월 7일, 유엔(UN)에 한반도 문제를 토의할 때 반드시 자국의 대표가 참석해야 함을 요구하였다. 비록 유엔은 1948년 12월의 총회 결정을 통해 자신의 비호 아래 수립된 대한민국만을 한반도의 유일한 국가로 인정하였지만, 조선민주주의인민공화국은 자국이 '자주적 · 민주적인' 절차를 통해 수립된 '정당한' 국가임을 계속해서 호소하였다.

아울러 김일성 정부는 10월 8일, 다른 국가들과 공식적인 외교관계의 수립을 원한다고 밝혔다. "조선민주주의인민공화국과 정상적 관계를 갖기를

2) "북괴의 외교정책은 흔히 말하는 '내정(內政)의 연장으로서의 외교'라는 국가실리적인 측면과 '당의 전략 수행을 위한 전술'로서 보는 공산주의 혁명의 측면이라는 이중성을 띠고 있다." 國土統一院, 『北韓의 對外關係』, 1972.9, 2쪽.

원하는 모든 민주주의국가정부들에게 조선민주주의인민공화국과의 외교적 및 경제적 관계를 설정할 것을 제의한다."[3]

첫 번째 외교 관계 설정의 대상국은 당연히 소련이었다. 10월 8일 내각 수상 김일성의 명의로, 스탈린(Иосиф В. Сталин)에게 외교적 및 경제적 관계를 설정하며 대사를 교환할 것과 또한 양 국가 사이에 긴밀한 경제적 연계를 맺을 것을 요청하는 서한이 발송되었다. 외무상 박헌영은 10월 9일부로 같은 내용의 서한을 폴란드 · 체코슬로바키아 · 헝가리 · 루마니아 · 불가리아 · 유고슬라비아 · 몽고에 발송하였다. 이에 상대방 국가들이 신속히 호응하여 외교관계를 수립한다는 데 동의하였다. 다음의 표는 북한의 정부 수립 이후 6 · 25전쟁 이전까지 외교관계수립에 동의한 국가들이다.

▎정부 수립 이후 6 · 25전쟁 이전까지 외교관계 수립에 동의한 국가들[4]

No	나라이름	일시
1	소비에트사회주의공화국연맹	1948.10.12
2	몽골인민공화국	1948.10.15
3	폴란드인민공화국	1948.10.16
4	체코슬로바키아사회주의공화국	1948.10.21
5	루마니아사회주의공화국	1948.11.03
6	헝가리인민공화국	1948.11.11
7	불가리아인민공화국	1948.11.29
8	알바니아사회주의인민공화국	1949.05.17
9	중화인민공화국	1949.10.06
10	독일민주주의공화국	1949.11.07
11	월남사회주의공화국	1950.01.31

※ '일시'는 외교관계 수립에 대한 양국의 합의가 이뤄진 날짜이다. 먼저 한 국가가(보통은 신생국) 요청 서한을 먼저 보내면, 상대방이 그에 대한 답변을 발표하는 것이 양국간 외교관계 수립의 공식화 절차였다.

※ 유고슬라비아와도 외교관계 수립에 관한 원칙적 합의가 있었지만, 양국의 본격적인 교류가 시작된 것은 1970년대 이후였다. 1949년 당시 유고슬라비아의 '독자노선' 때문이었다.

3) 박헌영, 「조선민주주의인민공화국 정부의 대외정책에 관하여」, 『인민』 1949년 2월호(국사편찬위원회 편, 『북한관계사료집』 37, 2002, 580쪽, 이하 국사편찬위원회에서 출간한 『북한관계사료집』은 『사료집』으로 약칭).

4) 박태호, 『조선민주주의인민공화국 대외관계사』 1, 평양 : 사회과학출판사, 1985, 60쪽; 조선중앙통신사 편, 『해방후 10년 일지 1945-1955』, 1955.

김일성 정부는 "모든 민주주의국가정부"와 외교관계를 수립할 의사를 표현하였지만, 실제로 6·25전쟁 이전까지 북한의 수교국은 사회주의 진영 국가들에 한정되었음을 알 수 있다. 기본적으로 여타 사회주의 국가들과의 교류도 소련을 매개로 진행되었음을 감안하면, 그 중심에는 소련이 있었다.

북한과 소련이 외교 관계를 맺고 공개적으로 협조의 의사를 밝힌 것은 당시 소련의 대외정책 전반과 동아시아 정책 속에서 이해할 필요가 있다. 북한이 '국토완정'의 과제를 남겨놓은 동아시아 신생 독립국의 입장에서 외교 관계를 구상하였다면, 소련은 유럽과 아시아에 걸쳐 세계적인 구도의 전략을 고민하는 국가였다. 제2차 세계대전 이후 소련은 미국과 전 세계적인 대립구도를 형성하고 있었고, 동아시아 지역 역시 예외는 아니었다.[5]

혁명을 통해 탄생한 소련정부의 대외정책은 1920년대부터 '세계혁명'과 '일국사회주의'의 이중적 규범하에서 운용되었다. 혁명을 위한 전쟁은 불가피한 것이었지만, 언제 시기가 도래할 것인지는 알 수 없었다. 1930년대부터 소련의 대외정책 기조에는 '두 개의 진영'론과 '연합전선론'이 공존하였다. 유럽의 파시즘이 강화되는 상황에서 '연합전선론'이 우위에 나섰고, 강대국 간 협력에 대한 기대가 제2차 세계대전 종전 이후까지 이어졌다. 스탈린은 꾸준하게 평화적 공존이 세계혁명과 공존할 수 있기를 희망하였다. 그가 바라는 것은 서구자본주의 국가들과의 평화공존을 유지하면서 소련의 안전을 보장하는 가운데, 자본주의의 총체적 위기와 그에 따른 필연적인 폭력혁명이 발생하는 것이었다.

그러나 얄타·포츠담 회담으로 대표되는 강대국들의 평화가 생각보다 빨리 무산되고, 1947년부터 소련과 다른 연합국 간에 대립 구도가 등장하

---

5) 이하의 설명은 조세프 노지 저, 김의곤 역, 『소련외교정책론 1945-1991』, 인하대학교출판부, 1994, 29~38쪽; Geoffrey Roberts, *The Soviet Union in World Politics : Coexistence, Revolution, and Cold War, 1945-1991*, London and New York : Routledge, 1999, pp.3~16 참조.

였다. '트루먼독트린'과 '마셜플랜'이 등장하여 서구 국가들의 공세적인 반공 정책이 시작되었다. 소련은 그에 대항하여 동유럽 국가들을 자신의 영향력 아래 공고히 두고자 하였다. 1947년 7~8월간에 소련은 동유럽 6개 국가와 개별적으로 상호 무역협정을 체결하고 '공산당 정보국 회의' 형식의 국가 간 당 협조기구를 설립하였다. '두 개의 진영'론이 다시 강조되기 시작하였다.

소련이 서구의 반공 정책 심화에 공격적인 대응을 했다고 보기는 어려웠다. 중국 혁명에 대한 대응은 소련의 방어적인 자세를 여실히 보여준다. 소련의 아시아 정책은 얄타체제를 유지하는 것이 목표였으며, 대립과 충돌을 제한적인 범위 내에서 통제하고자 하였다. 1945년 8월에 이미 중국 국민당과 중소동맹조약을 체결하였던 소련은 중국의 국공내전에도 그다지 개입하지 않았다.

따라서 중국 국공내전에서 중국공산당의 승리는 소련의 입장에서 의외의 성과였다. 중국공산당이 승세를 타게 됨에 따라, 소련의 중국 정책에서 중공이 차지하는 비중도 늘어났다. 1948년 하반기부터 중공에 대한 소련의 군사적 지원이 강화되었다. 소련의 대외정책 중심이 원래 유럽과 서구 지역에 있기도 했지만, 중국 혁명의 성공적인 진행은 동아시아 지역에서 미국이 문제를 크게 일으키지 않을 수도 있다는 전망을 낳았다. 소련은 자국의 안보를 보장하고 미 · 소의 대립 전체에 영향을 미치지 않는 한에서 세계의 사회주의자들을 지원하고 있었다.

1945년 이후 소련군의 한반도 분할 점령, 그리고 조선민주주의인민공화국의 건설은 제2차 세계대전 이후 소련의 대외 정책 기조의 변화, 그리고 동아시아 정책(주로 중국)이 변화하는 가운데 전개되었다. 소련이 한반도의 통일 문제에 전혀 관심이 없었다거나, '부동항' 획득의 전략적 가치에만 관심을 보였다는 선행 연구의 분석도 있었지만, 중요한 사실은 소련이 이미 한국의 단일국가 수립 문제에 이미 깊이 관여되어 있었다는 점이다. 이러한 상황에서 북한이 소련에 요구한 외교 관계의 수립과 경제적 협조가 이루어질 수 있었다.

실무 협의차 소련을 방문한 북한지도부는 한반도의 무력 통일에 대한 '의사타진'의 목적도 가지고 있었다. 군사력을 사용하기 위해서는 소련의 지원이 반드시 필요했기 때문이었다. 또한 북한의 경제재건과 성공적인 국가 건설은 한반도 단일 국가 수립을 위한 핵심 과제였다.

2. 1949년 3월 북한 대표단의 모스크바 방문과 협정 체결 과정

김일성 정부가 소련에 발송한 외교관계 수립 요청 서한은 양국 간 대사의 교환과 "긴밀한 경제적 관계의 설정"을 요구하였다. 소련의 동의가 이루어지고, 대사 교환이 이루어졌다. 초대 북한 주재 소련 대사는 소련의 한반도 전문가 슈티코프(Терентий Ф. Штыков)[6]였다. 그는 1949년 1월 11일 평양에 도착하여 14일에 북한 지도부에게 신임장을 제출하였다. 또한 북한의 초대 소련 주재 특명전권대사 주영하[7]가 1949년 1월 17일에 부임하였다.

"긴밀한 경제적 관계의 설정", 즉 양국 교류의 구체적인 내용을 확정하기 위한 공식적인 회담이 필요하였다. 1948년 말부터 양국 간 협정 체결을 위한 정부 대표단 파견이 준비되었다. 1948년 12월 소련 공산당 중앙위원회 정치국에서 결정한 조선과의 협의 주제는 첫째, 소비에트사회주의공화국연방과 조선민주주의인민공화국 간의 무역의 증대, 둘째, 조선민주주의인민공화국에 대한 소련의 기술적 원조(고문들, 기술자들)의 제공, 셋째, 두

6) 슈티코프는 1946~1947년에 열린 미소공동위원회의 소련 측 대표자이기도 했다.

7) 주영하(朱寧河, 1908~?)는 1930년대 함흥에서 혁명적노동조합 운동에 참여하였으며, 모스크바 동방노력자대학에서도 잠시 공부하였던 것으로 알려져 있다. 1945년 9월 원산시 인민위원장, 1946년 8월 북조선노동당 중앙위원회 상무위원, 1948년 최고인민회의 대의원 등을 역임하였다. 주영하가 주소 초대 대사로 선정된 특별한 이유는 발견되지 않는다.

나라 사이의 문화교류 강화에 관한 것이었다.[8)]

북한정부가 내부적인 협의를 통해 보다 구체화시켜 1949년 2월 3일 소련 정부에 요청한 회담 의제는 다음과 같다.[9)]

1. 경제협력, 문화교류 확대 및 기술지원에 대한 협정 체결
2. 1949~1950년 무역협정 체결
3. 기술원조 : 소련 전문가의 북조선 파견 / 국가 기간산업 시설에 대한 설계 및 건설 기술 지도 / 지하자원의 탐사 및 발굴 조사단 구성 / 조선 전문가의 소련 연수
4. 문화 및 교육분야 협력 : 소련 학자의 조선 파견 / 조선 대학생의 소련 유학 / 소련 출판물의 제공, 문화인과 교육자의 상호 교류, 조선 문화교육기관에 대한 지원
5. 차관 제공
6. 아오지–크라스키노 간 철도 건설
7. 조선과 소련 간 항공기 운항을 위한 항공회사 설립

김일성 정부는 최종적으로 2월 19일 내각 회의에서 소련과 토의할 전체 의제를 '조쏘 량국 간의 경제 및 문화적 협조에 관한 협정'으로 정리하고 대표단 구성을 결정하였다. 수상 김일성이 직접 대표단이 되고, 부수상 겸 외무상 박헌영, 부수상 홍명희, 국가계획위원회 위원장 정준택, 상업상 장시우, 교육상 백남운, 체신상 김정주로 구성된 7명이었다.[10)] 김일성과 박헌영이라는 북한지도부 핵심이 직접 소련을 방문하는 동안, 정부의 운영은 최고인민회의 상임위원장 김두봉과 부수상 김책을 중심으로

8) 「1948년 12월 22일 전연방공산당 중앙위원회 정치국 결정, 조선민주주의인민공화국과의 상호관계 관련 문서들의 초안들을 승인하는 데 대하여 : 슈티코프 동지를 위한 전연방공산당 중앙위원회 훈령 초안」, 안드레이 란코프 엮음, 전현수 옮김, 『소련공산당과 북한문제 : 소련공산당 정치국 결정서(1945~1952)』, 경북대학교출판부, 2014, 78~79쪽 (이하 '『소련공산당과 북한문제』'로 표기).

9) 전현수, 「한국전쟁과 소련의 역할–1949년 3월 조소 양국 정부의 협상을 중심으로」, 『대구사학』 100, 2010, 224~225쪽에서 재인용

10) 공식 대표단 7인 이외에 재정성 부상 김찬이 수행인원으로 모스크바에 함께 갔다.

이루어졌다.

북한 대표단의 소련 방문기간은 1949년 2월 22일부터 4월 7일까지 총 한 달 반이 소요되었으나, 이동 기간을 제외하면 모스크바에 도착해 머무른 시간은 17일이었으며, 레닌그라드에 5일간 체류한 후 3월 25일 귀국길에 올랐다. 모스크바와 레닌그라드에 체류하는 동안 북한 대표단은 꽉 짜인 일정에 따라 상당히 바쁜 일정을 보냈다. 스탈린 등 소련 지도부와의 협정 체결을 위한 회담과는 별도로, 도시 공공시설, 크레믈린 궁전을 비롯한 각종 박물관 · 미술관 · 극장공연, 자동차공장을 비롯한 여러 공장 시설, 소호즈 농업 시설, 국립도서관과 모스크바대학 등 교육기관, 최고인민회의와 10월 혁명 유적지 등, 이들은 소련 사회주의의 정치 · 경제 · 사회 · 교육 · 문화 각 방면의 시설들을 참관하였다.[11]

Отъезд из Москвы Корейской Правительственной Делегации. На снимке: Заместитель Председателя Совета Министров СССР А. И. Микоян, глава Делегации Председатель Кабинета Министров Корейской Народно-Демократической Республики г-н Ким Ир Сен (у микрофона), Министр Иностранных Дел СССР А. Я. Вышинский и сопровождающие их лица на Ленинградском вокзале.
Фото В. Ковригина (Фотохроника ТАСС).

▌ 1949년 3월 3일 모스크바에 도착한 북한

11) 북한 대표단의 공식적인 소련 방문기로 백남운, 『쏘련인상』, 선인, 1950(2005); 장시우, 『쏘련참관기』, 평양 : 상업성 민주상업사, 1950 참조.

▍백남운이 기록한 소련 방문 대표단의 주요 일정

날짜	주요 내용(방문지)	비고
2월 22일	평양 출발. 비행기로 이동 후, 보로시로프에서 기차 탑승	
3월 3일	모스크바 야로슬라브스크역 도착. 환영행사	
3월 4일	레닌묘 참배	
	외무상 몰로토프와 회담	크레믈린
3월 5일	최고소비에트 위원장 스웨르니크 회견	
	스탈린 면담	
3월 6일	소련 국립미술관, 자동차극장, 모스크바 대극장	
3월 7일	몰로토프 등과 예비회담	크레믈린
3월 8일	국영농장 견학, '여성의 날' 대회 참관	
3월 10일	소련 최고인민회의 방청	소련정부의 예산 보고 청취
3월 11일	(백남운 단독) 모스크바 종합대학, 레닌박물관 견학. 고등교육상 까프타노프와 회담	대표단 분야에 따른 개인 일정
3월 12일	소련국립민족무용단 공연 관람	박비비안나(박헌영의 딸) 무용
3월 17일	소련 외무성에서 협정 조인식 후 스탈린 주최 만찬	
3월 20일	레닌그라드로 출발. 기차역에서 환송식	
3월 21~24일	레닌그라드 체류	
3월 25일	레닌그라드 출발	귀국길
4월 7일	평양 비행장 도착	

북한 대표단의 공식일정에서 가장 중요한 것은 소련정부와의 협의를 통해 협정을 체결하는 원 목적을 달성하는 것이었다. 3월 4일에 처음으로 몰로토프 부수상(Вячеслав М. Молотов)과의 예비회담을 가진 뒤, 3월 5일에는 스탈린과 접견하였다.

이날 회의에는 북한 대표단 전원과 소련 주재 북한대사 주영하가 참석하였으며 소련정부에서는 스탈린과 외무상 비쉰스키(Андрéй Я. Вышúнский), 북한 주재 소련대사 슈티코프가 배석하였다. 김일성과 스탈린의 일대일 대화 내용은 토의 주제에 대한 양측의 사전 협의가 충분히 진행된 상태에서 면담이 이루어졌음을 보여준다. 우선 경제 · 문화 교류에 대한 김일성의 요구에 대하여 스탈린은 부정적 반응이 거의 없이 동의하였다. 그리고 남한에 주둔하고 있는 미군의 규모 및 남한군의 병력, 38선에서의 충돌 문제 등에 대한 의견 교환이 있었다.

1949년 3월 5일 스탈린 – 김일성 회담의 주요 안건 및 논의 내용[12)]

제안	내용	안건
김일성	"조선 정부는 앞으로도 소련의 경제적, 문화적 지원 없이는 조선민주주의인민공화국 재건과 민족 경제, 문화의 발전이 어렵다는 것을 깊이 인식하고 있다. 향후 조선의 경제적, 문화적 진보에는 소련의 원조가 필수 불가결하다."	협정의 성격 규정
김일성	1. 기계, 설비, 부품이 필요하다. 동시에 소련 기술자를 파견하여 기술적 지원도 해달라. 2. 소련에서 기관차, 전기기관차, 방직공업 설비 및 부품을 수입해야 하나, 조선의 수출 부족으로 인해 차관을 받고 싶다. 4천~5천만 달러 정도 3. 아오지 – 크라스키노 간 철도 부설이 필요하다 4. 조선과 소련 간의 항공로를 개설해야 한다. 5. 문화교류로 학자 파견, 소련 유학, 기술인력 연수, 교육 프로그램 지원 등등	사전 합의된 북한의 요구사항
김일성	5천만 달러를 받고 싶다. 받을 수 있다면, 1949년 1년간 전액을 받고 싶다, 불가능하다면 1950년 상반기까지 받고 싶다.	스탈린, 차관에 대하여 질문
스탈린	설비 공급을 1년 안에 끝내는 것은 불가능하다 (차관에 대한 역제안) 기계 및 장비를 3년간 1/3씩 차관으로 제공할 것이며, 3년 이후 1/3식 매년 상환한다. 차관에 대한 이자는 (북한의) 국가 운영이 정상 궤도에 오르면 연 2%, 그렇지 못하면 연 1%로 한다. 1달러 = 5루블로 하여 4천만 달러, 즉 2억 루블의 차관을 설정하기로 한다.	
김일성	남한에는 아직 미군이 있고 북한에 대한 반동이 있다. 북한에 해상 방위대가 없으니 소련의 원조가 필요하다	
스탈린	(스탈린의 연이은 질문) 1. 남한의 미군 · 국방군 병력 규모는 어느 정도인가 2. 38선 인근에서 남 · 북 충돌이 있었다고 들었는데, 북한군이 남한군을 물리친 것이 맞는가 3. 북한에 군사학교 · 비행학교가 있는가 - 소련 사관학교에 북한 유학생을 받기로 한다 4. 북한의 교역 상황은 어떠한가 - 개인 상인의 무역을 장려할 것을 권고한다.	한반도 현황 파악

3월 7일 몰로토프 부수상을 대표로 하는 소련정부 대표단과 실무 협상 및 이후 각 분과위원회 회의가 열렸다. "(몰로토프) 쓰딸린 동지와의 회담 내용을 원칙으로 삼아 상의하는 것입니다." 백남운의 소련방문기는 스탈린과의 면담이 이루어진 3월 5일부터 협정이 체결된 3월 17일까지 소련의 여러 시설 관람 일정만을 다루고 있지만, 약 12일 간 양측 대표단은 협정의 구체적인 내용에 대한 실무적인 회담을 계속하였을 것이다. 소련공산당 중앙위원회 정치국 자료에 따르면, 3월 17일의 협정 조인 전후에 연달아 실무적인 내용을 담은 협정 초안들의 검토 및 승인이 있었다.

▌당시 체결된 일부 부속협정

날짜	협정 제목
1949.3.12	소비에트사회주의공화국연방과 조선민주주의인민공화국 간의 경제문화협력에 대한 협정 초안을 승인하는 데 대하여
1949.3.12	조선민주주의인민공화국에 대한 소비에트사회주의공화국연방의 차관 제공 협정 초안을 승인하는 데 대하여
1949.3.13	조선민주주의인민공화국에 대한 소비에트사회주의공화국연방의 기술원조 제공 관련 문서 초안을 승인하는 데 대하여
1949.3.16	지불에 대한 조·소 의정서를 승인하는 데 대하여
1949.3.18	조선민주주의인민공화국과의 상호관계에 대한 문서들을 승인하는 데 대하여
1949.3.22	조선에서 소련 과학 일꾼들의 복무에 대한 의정서 문안을 승인하는 데 대하여

※ 출처 : 『소련공산당과 북한문제』 89~122쪽.

최종적으로 3월 17일 조소경제문화협정 조인식이 열렸다. 북한과 소련의 양국 전권대표(김일성, 비신스키)가 상호 서명한 기본 협정과 개별적 협정 6개였다. 경제적 및 문화적 협조에 관한 원칙적 협정, 그리고 차관에 관한 의정서, 기술자 대우에 관한 의정서, 기술 원조에 관한 의정서, 쏘련과 조선간의 무역에 관한 의정서, 쏘련 과학자 초빙에 관한 의정서, 통신에 관한 의정서 총 7개였다. 북한 대표단이 7명인 것을 고려하여

12) 「소련 내각회의 의장과 조선민주주의인민공화국 내각수상의 조소 양국관계의 발전 전망에 관한 회담 기록, 1949년 3월 5일」(국사편찬위원회 편, 『한국전쟁, 문서와 자료, 1950~53년』, 2006, 19~26쪽).

전원이 한 건씩 서명할 수 있도록 고려한 협정의 숫자였다. 실제로는 이보다 더 많은 협정과 합의가 이루어졌을 것이다. 최종적으로 협정은 1949년 4월 26일 북한 최고인민회의 상임위원회에서 비준됨으로써 발효되었다.

3. 양국 외교관계 합의와 경제문화협정의 체결

1) 서한

북한과 소련의 외교관계 수립을 위한 서한 왕복은 내각수상 김일성이 1948년 10월 8일에 먼저 요청을 발송하고, 이에 소련의 스탈린이 10월 12일에 동의의 답변을 보내는 것으로 이루어졌다.

김일성의 서한은 크게 두 부분으로 구성된다. 우선 '조선이 일본제국주의의 식민지적 억압으로 해방된 지 3년을 경과'했다는 점, 그 결과 현재는 '전 조선에서의 선거를 통하여 조선최고인민회의와 조선민주주의인민공화국 정부가 조직'하는 데 성공했다는 사실이 언급된다. 북한이 정당한 절차를 통해 수립된 정부임을 강조하는 것이었다. 후반부에 언급된 구체적인 요청사항은 외교관계의 설정, 대사의 교환, 그리고 경제적 관계의 설정이다. 여기서 외교 · 경제 관계의 "설정"은 정부 대 정부의 관계로 향후 상호교류와 무역 관계를 구체적으로 진행해나간다는 뜻으로 보인다.

스탈린의 답신은 북한 측의 요청 서한을 받았다는 것, 그에 동의한다는 의사 표시로 간략하다. 다만 "통일적 독립국가 건설에 대한 조선인민의 권리를 옹호"한다는 표현을 넣은 것은 당시 한반도에 두 개의 단독 정부가 수립된 상황에서 김일성 정부를 지지한다는 뜻을 명확히 한 것으로 볼 수 있다.

2) 본 협정 및 부속 협정의 체결

본래 북한이 소련과 체결하기로 원한 조약의 형태는 포괄적 차원의 '우호 및 상호원조에 관한 조약'이었다. 북한이 원한 우호 · 상호원조 조약이란 무엇이었을까? 중화인민공화국과 소련이 1950년 2월 14일에 체결한 '소비에트사회주의공화국연방과 중화인민공화국 간의 우호 · 동맹 및 상호원조 조약'(이하 "중 · 소조약")의 내용을 보면, 북한이 원했던 협정의 윤곽을 짐작할 수 있다.

중 · 소 조약은 한 쪽 국가가 일본 또는 일본과 동맹을 맺고 있는 다른 국가와 전쟁 상태에 들어갈 경우 상대방 국가도 군사 및 기타의 원조를 제공한다는 것, 상대방 국가에 반대하는 어떠한 동맹에도 참여하지 않을 것 등의 규정을 담고 있다.[13] 이러한 형태의 우호 · 상호원조 조약은 소련 · 중국이 각가 유럽 또는 동아시아 지역에서 분쟁에 돌입할 경우 상대방 국가도 자동으로 개입하게 됨을 뜻했다.

그러나 소련은 북한과의 우호 · 상호원조 조약의 체결을 거절하였다. 북한 주재 소련 외교관이자 소련 내 최고의 북한 · 한반도 전문가인 슈티코프는 '우호 및 상호 원조'를 다룬 조약의 체결이 남한의 분단 책동에 이용될 수 있으며 소련과 미국의 관계를 복잡하게 만들 것이라고 반대의 이유를 제시하였다.[14] 보다 정확한 소련정부 내 협의 내용은 아직 알 수 없지만, 이러한 의견이 그대로 소련 최고 지도층까지 반영된 것으로 보인다. 소련은 아직 '미완성된' 독립국이었던 북한과 '우호 및 상호원조에 관한 조약'의 체결로 정치적 부담을 지는 것을 꺼려했을 것이다.

북한대표단과 소련정부와의 협정 체결 과정이 끝난 1949년 3월 21일, '소 · 조 양국정부 공동 코뮤니케'가 발표되었다. 코뮤니케는 '소련과 조선

13) 「자료 : 중소 조약(소비에트사회주의 공화국연방과 중화인민공화국 간의 우호, 동맹 및 상호원조 조약」, 『안보연구』(동국대학교 안보연구소) 2, 1972.

14) 예프게니 바자노프 · 나딸리아 바자노바 저, 김광린 역, 『소련의 자료로 본 한국전쟁의 전말』, 열림, 1998, 10쪽.

민주주의인민공화국 간의 경제적 및 문화적 협조에 관한 협정'을 포함하여 여러 협정이 조인되었음을 알렸다.[15)]

우선 기본 협정인 '소련과 조선민주주의인민공화국 간의 경제적 및 문화적 협조에 관한 협정'은 전문(前文)과 5개 조문(條文)으로 구성되어 있다. 전문은 이 협정을 통하여 양국 연결의 강화가 "양국 인민의 절실한 이익에 부합"될 것임을 밝혔다. 이어서 제1조는 양국이 "동등 및 호상이익의 기초 위에서 양국 간의 통상 관계를 백방으로 발전, 강화"할 것이며, 상품교류를 위한 협정을 수시로 체결할 수 있음을 밝혔다. 이 협정은 큰 원칙에 대한 합의 수준임을 알 수 있다. 제2조는 양국이 통상 · 항해의 관련한 영역에서 서로 최혜국 대우를 할 것임을 규정하였다. 제3조는 '문화 · 과학 및 예술' 분야에서 양국의 교류를 "백방으로 발전강화"하기로 양국이 합의하였다는 내용이다. 제4조는 산업 · 농업 분야에서 전문가 파견, 기술적 원조 등으로 양국의 '경험 교환'을 촉진한다는 내용이다. 제5조는 협정이 10년 기한임을 밝혔다.

'소련과 조선민주주의인민공화국 간의 경제적 및 문화적 협조에 관한 협정'은 전체적인 원칙 합의를 담고 있다. 구체적인 실무에 관한 합의는 부속협정의 형태로, 또는 향후 체결할 개별 협정으로 구체화될 것이었다. 경제문화협정의 체결과 동시에 무역 · 차관 · 기술 원조에 관한 부속협정이 체결되었다. 조 · 소 공동코뮤니케에 언급되지 않은 다른 부속협정들도 다수 있었을 것으로 보인다.

우선 백남운이 "무역에 관한 의정서"라고 언급한 북한－소련의 상품교류, 즉 무역에 관한 협정은 아직 그 원문이 아직 공개되지 않아 정확한 내용은 알 수 없다. 김일성은 귀국 보고에서 조소경제문화협정의 체결을 통해 북한 내 여러 산업시설을 가동하기 위해 필요한 원자재 및 기계 설비, 그리고 원료의 수입, 그리고 북한이 당시 생산능력을 산출할 수 있는 일부

---

15) 「朝鮮政府代表團이 모쓰크바에 滯在하는 동안에 發表한 쏘 · 朝 兩國政府 共同콤뮤니케」, 朝鮮中央通信社 編, 『朝鮮中央年鑑 1950年』, 1950, 69~70쪽.

공업 제품들을 수출할 수 있게 되었다고 밝혔다.[16)]

상품교류 협정의 서명자인 상업상 장시우의 기록은 보다 더 상세하다. 구체적인 수입품목으로 방직공장에 필요한 설비, 원유, 청진제철공장의 복구자재, 기관차, 기타 기계 등과 생필품인 다량의 면포 및 면화가 있었다. 흥미로운 것은 수출 부문이다. 장시우에 따르면 소련은 북한의 수출물품에 대하여 시가보다 12.2% 높은 가격으로 산정하였다고 한다. 정상 가격보다 높은 가격으로 사들였다는 뜻이다.[17)]

상품교류 협정 체결은 기존의 양국 무역 관계에 대한 일종의 '재정리' 또는 '갱신'의 의미도 있었다. 소련과의 교역은 이미 1945년 소련이 한반도 38선 이북 지역을 점령한 이후부터 전개되어 왔기 때문이었다. 부속협정의 하나로 체결된 '지불에 대한 조 · 소 의정서'는 1949년 3월 이전에 소련정부가 북한에 제공한 물품, 북한정부의 상업국이 소련 '극동무역회사'로부터 수입한 물품에 대한 대금 결제 방식을 규정하고 있다.[18)]

지불 능력이 없는 북한을 위한 차관 협정도 체결되었다.[19)] 김일성과 스탈린의 3월 5일 회담에서 차관에 대하여 나눈 대화 내용이 거의 그대로 반영되었다. 차관 총액은 2억 1,200만 루블이었다. 1949년 7월 1일부터 1952년 7월 1일까지 총 3년간 매년 같은 금액을 제공하는 것으로 하고, 1952년 7월 1일부터 3년에 걸쳐 매년 동일한 액수로 분할하여 반납하기로 하였다. 차관에 대한 이자는 연 2%씩 6개월마다 정산하여 지불하기로 하

16) 김일성, 「조선민주주의인민공화국정부 대표단의 쏘베트사회주의공화국련맹 방문사업 경과보고」, 『인민』 1949년 4월호(『사료집』 38, 7~8쪽).

17) 장시우, 『쏘련참관기』, 평양 : 상업성 민주상업사, 1950, 15~17쪽.

18) 「1949년 3월 16일 전연방공산당 중앙위원회 정치국 결정, 지불에 대한 조 · 소 의정서를 승인하는 데 대하여」, 『소련공산당과 북한문제』, 101~103쪽. 의정서는 북한이 소련에 지불해야할 금액 약 1억 2천만 루블에 대하여, 금 · 은 · 쌀로 상환 후, 잔액 2천만 루블을 소련이 제공하는 차관에 산입하도록 하였다. 이 의정서에 의하여 북한은 소련 측에 쌀 50,000톤을 전달하기로 하였다.

19) 「조선에 납품되는 설비와 기타 상품의 대금 결제를 위해 소련이 조선민주주의인민공화국에 차관을 제공하는 데 대한 소비에트사회주의공화국연방 정부와 조선민주주의인민공화국 정부 간의 협정」, 『소련공산당과 북한문제』, 90~92쪽.

였다. 차관 제공의 조건과 이자에 관하여 "이런 원칙으로 인민민주주의국가들을 원조"했다는 스탈린의 언급은 동유럽 국가들에 대한 원조와 동일한 기준을 적용하였다는 것으로 이해된다. 다만 앞서의 상품교류 협정에서 북한의 수출품을 높은 가격으로 쳐준 것과 달리, 차관으로 제공하는 소련 물품의 가격은 "국제 시세"에 따른다고 명시하였다. 특별한 '가격 인하'는 없었던 셈이다.

차관에 관한 협정에서 흥미로운 것은 협정문 초안[20]과 실제 협정문의 문구에 변화가 있다는 사실이다. 소련정부 내 '조선문제위원회'에서 작성한 초안 제목은 "설비, 자재, 군사 장비 등의 대금 결제를 위해 소련이 북조선에 제공하는 차관"이었지만, 실제 협정문은 "조선에 납품되는 설비와 기타 상품의 대금 결제를 위해 소련이 조선민주주의인민공화국에 차관을 제공"한다는 것으로 되어 있다. 군사 장비에 대한 언급은 사라졌다. 차관 협정문 초안을 고려해볼 때, 협정 체결의 성과로, 북한과 소련의 군사적 교류, 즉 소련의 북한 군사력 지원이 일정 부분 진행된 것은 사실로 보인다. 모스크바를 방문한 북한 대표단과 소련정부의 한반도 무력 통일에 대한 협의 결론이 북한의 개전 의지를 만류하는 쪽이었다고 하더라도, 양국의 경제적 교류의 한 부문으로 군사적인 교류(또는 지원)가 있었던 것이다.[21]

기술 원조에 관한 협정은 주로 여러 종류의 공장 설계 도면의 작성, 그리고 광물의 발굴과 탐사를 위한 지질탐사 학술조사반의 파견에 관한 내용으로 구성되어 있다. 설계도면 제공의 대상 중 첫 번째로 언급되어 있는 "(코크스 제조, 용광로, 강철 정련, 압연 생산 등) 완성된 전 공정을 갖춘 청진 금속 공장"은 청진제철소를 뜻하는 것으로 보인다.[22] 제4조는 관리비 및

20) 「소련 내각회의 제1부의장이 소련 내각회의 의장에게 보낸 첨부 메모와 조선민주주의인민공화국에 공급되는 설비와 자재 대금 지불을 위한 소·조간 협정(안), 1949년 3월 11일」(국사편찬위원회 편, 『한국전쟁, 문서와 자료, 1950-53년』, 2006, 27~29쪽.

21) 협정 문구의 변화가 군사적 지원의 '은폐'를 기도한 것이라는 해석도 있다.

기타 잡비, 탐사 및 연구 사업 경비, 설계작성 경비 등 실무에 드는 비용을 '기술 원조의 가격'으로 북한이 지불해야 하며, 인 · 허가, 특허, 발명 등 '산업적 활용'의 내용은 무상으로 제공한다고 규정하였다.[23]

그 외에 소련의 조선에 대한 과학자 파견, 북한의 유학생 파견, 그리고 포괄적인 문화교류에 관한 각기 별도의 의정서가 있었을 것으로 보인다. 하나의 예로, 소련이 파견한 과학자의 북한에서의 업무 내용을 규정한 의정서에 따르면 그들은 강의, 실습 조직 및 논문 지도, 교육계획의 구상, 대학원 조직에 대한 조언, 강좌장과의 협의, 시험 참여, 교과요강 · 교수법의 작성, 대학원생에 대한 학문적 지도 등을 하도록 되어 있었다.[24]

그 외에 김일성과 스탈린의 대화록에서 직접 언급된 철도 건설, 항공로 개설, 기술자 연수 등의 문제에 대한 협정 초안과 소련 해군 함정의 청진항 주둔, 조소해운 주식회사 및 석유정련회사의 기존 협정 수정, 조선 주재 소련 무역대표부 설치에 관한 협정 초안의 존재가 확인된다.[25]

---

22) 청진제철소는 일본의 니혼제철(日本製鐵)이 1939년부터 건설을 시작하여 1942년에 1단계 공사만 완료된 상태에서 해방을 맞은 공장이었다. 북한이 소련으로부터 기술 지원을 받아 청진제철소의 설비 공사 완료를 꾀했음을 알 수 있다.

23) 「조선에 제공하는 기술적 원조에 대한 소비에트사회주의공화국연방과 조선민주주의인민공화국 간의 협정」, 『소련공산당과 북한문제』, 96~101쪽.

24) 「조선에서 소련 과학 일꾼들의 복무에 대한 의정서」, 『소련공산당과 북한문제』, 121~122쪽.

25) ① 소비에트사회주의공화국연방 해군 부대의 청진항 임시 주둔에 대한 조 · 소 간의 의정서 / ② 보로실로프 시와 평양시 사이에 정기적인 항공편을 개설하는 데 대한 소비에트사회주의공화국연방 민간항공총국과 조선민주주의인민공화국 교통성 간의 협정 / ③ 연해주 철도의 크라스키노역에서 북조선 철도의 홍의역까지 철도 노선을 건설하는 데 대한 소비에트사회주의공화국연방 정부와 조선민주주의인민공화국 정부 간의 협정 / ④ 조 · 소 해상운수회사 "МОРТРАНС"와 석유정련회사 "ВНО"의 설립에 대한 협정의 부분적인 수정과 재체결에 대한 소비에트사회주의공화국연방 내각 회의 결정 / ⑤ 소비에트사회주의공화국연방에서 조선 기술자들의 생산기술 연수 조건에 대한 소비에트사회주의공화국연방 정부와 조선민주주의인민공화국 정부 간의 협정 / ⑥ 조선 주재 소비에트사회주의공화국연방 무역대표부 설치에 대한 각서. 「1949년 3월 18일 전연방공산당 중앙위원회 정치국 결정, 조선민주주의인민공화국과의 상호관계에 대한 문서들을 승인하는 데 대하여」, 『소련공산당과 북한문제』 103~120쪽.

4. 협정 이후 소련의 지원 내용과 김일성 정부의 선전

냉전의 심화, 즉 진영 간 갈등이 구조화되고 있었던 당시 국제 관계에서 개별 국가들의 외교 범위는 한정될 수밖에 없었다. 북한이 본격적으로 '제3세계' 국가와의 교류를 확대하고자 했던 1970년대가 되기 이전까지 북한의 대외 관계는 소련과 동유럽 인민민주주의 국가들, 즉 사회주의 진영에 집중되었다.[26]

> ① "조선민주주의인민공화국과 헝가리 간에 대사교환이 시의적절한 일인지를 문의하는 조선민주주의인민공화국 정부의 질의에 모스크바는 양국 사이의 대사교환을 긍정적으로 평가하고 있다고 답변하자는 소비에트사회주의공화국연방 외무성의 제안을 승인한다."
> -「1949년 9월 24일 전연방공산당 중앙위원회 정치국 결정, 조선민주주의인민공화국과 헝가리인민공화국 간의 외교관계수립을 지지하는 데 대하여」[27]
>
> ② "모스크바는 조선민주주의인민공화국 정부가 중화인민공화국과 마땅히 외교관계를 수립하여야 한다는 의견에 관하여 동의함. 외교 관계 수립의 시기 문제에서, 모스크바는 빠르면 빠를수록 좋다고 판단함"
> -「소련 내각회의 의장이 조선민주주의인민공화국 주재 소련대사에게 보낸 전문, 조선민주주의인민공화국과 중화인민공화국 간의 외교관계의 필요성. 1949년 10월 3일」[28]

위의 자료들은 소련이 북한 대외 관계의 '결정자'처럼 보이는 자료이다. 1949년 9월에 북한과 헝가리가 처음으로 대사를 직접 파견할 때, 김일성 정부가 소련에 그것이 "시의적절한지 문의"하였다는 내용이다. 두 번째 자료

---

26) 같은 시기 남한 역시 "건국외교 · 승인외교"에 주력하고 있었다. 북한이 미 · 소 양군 철수를 요구한데 반해, 남한은 미군의 철수를 저지하고자 했다는 것만 제외하면 기본적인 외교의 방침은 남 · 북이 동일했다. 국제적으로 신생정부의 지지세력을 확보하고, 국내적으로 정부의 정통성을 확보하려는 대결외교였다.

27) 『소련공산당과 북한문제』, 138쪽.

28) 국사편찬위원회 편, 『한국전쟁, 문서와 자료, 1950~53년』, 2006, 26쪽.

역시 중화인민공화국이 수립된 이후 북·중 외교관계에 대한 소련 측의 '승인'이 있었음을 보여준다.

그러나 북한이 소련에 '종속된' 형태의 외교를 펼쳤다고 평가하는 것은 무리이다. 소련에 대한 외교 의존은 북한이 당시 언어장벽과 훈련된 외교관의 부족으로 대사관조차 설치하지 못하였던 상황[29]에서 불가피하게 소련의 협조를 얻을 수밖에 없었기 때문이라고 볼 수 있다. 또한 북–중 관계의 경우 소련의 역할은 '자문' 정도에 그쳤다고 봐야 한다. 1949년 중국혁명이 성공할 때까지 북한이 압록강 너머의 중국공산당과 깊은 연관을 가지고 있었다는 것은 잘 알려진 사실이다. 아직 국공내전이 끝나기 전, 북–중 교류는 북조선로동당과 중국공산당의 '국제연대'로 존재하였다. 김일성 정부는 중국공산당의 동북 지역 점령에 많은 도움을 주었다. 중국공산당 중앙위원회는 1946년 7월, 평양에 '조선주재 동북국판사처'를 설치하여, 사실상의 중공 대표부 역할을 맡도록 하였다. 이후 동북국판사처는 1949년 3월 '동북행정위원회 주조상업대표단'으로 개칭되었으며, 중화인민공화국이 평양에 중국대사관을 설립하는 1950년 8월까지 유지되었다.[30]

남북협상과 전 조선 선거를 통해 수립된 '인민정권'임을 자부하였던 김일성 정부가 소련에 대하여 공공연하게 긍정적인 의미를 부여한 것은 당대의 현실적 조건과 관련이 있었다. 한반도 정세의 급진화, 그리고 인민경제 발전을 위한 외부적 지원의 필요성 때문이었다. 유엔의 남한 승인, 그리고 아직 중국 대륙의 향방이 정해지지 않은 상황에서 북한이 기댈 수

---

29) "공화국이 짧은 기간에 국제적 무대에서 그 위신을 일층 높이고 있으며 공화국 외교사업이 그 범위에 있어서나 내용에 있어서 확장 발전됨에 따라 긴급히 수많이 요구되는 유능한 외교간부를 준비하며 양성하기 위하여 다음과 같은 외교간부 양성의 제대책을 실시할 것을 결정한다." 「외교간부 양성사업에 대하여(1950.2.15)」, 『조선로동당 중앙조직위원회 결정집』(『사료집』 29, 443~444쪽).

30) 중화인민공화국은 전쟁에 대한 사전 협의를 위하여 1950년 5월 베이징을 방문한 김일성과 한반도의 통일이 완료된 이후 북·중 우호동맹상호원조조약을 체결하기로 합의하였던 것으로 알려져 있다.

있는 곳은 소련뿐이었다. 원칙 확인 수준의 외교관계 수립의 수준을 넘어 양국 관계를 공고히 하기 위한 협정의 체결이 이루어진 이유였다. 북한은 협정 체결로 소련과 체계적이고 지속적인 상호 관계의 과정에 진입할 수 있었다.

김일성 정부가 얻어낸 또 다른 성과는 경제 재건을 위한 소련의 구체적인 지원 약속을 확보한 것이었다. 조선민주주의인민공화국 수립 이후 최초로 실시한 인민경제계획, 즉 '1949~1950년 북조선 인민경제부흥발전에 관한 2개년 계획'(이하 '2개년 인민경제계획')은 김일성 정부가 '민주기지' 노선 강화와 '국토완정' 완수의 관건으로 설정한 중심 과업이었다. 그러나 분단 상황하의 신생독립국가가 인민경제계획을 원활히 추진하는 데에는 적지 않은 장애가 놓여 있었고, 여러 조건의 해결이 요구되었다. 2개년 인민경제계획을 원활하게 추진하기 위해서는 방대한 자금과 물자가 요구되었고, 더불어 과학과 기술적 문제가 해결되지 않으면 안 되었다. 2개년 인민경제계획의 원활한 수행을 위해서는 소련과 단순한 친선 · 협조의 외교관계가 아니라 보다 직접적이고도 구체적인 원조관계가 절실하게 요구되었던 것이다.[31]

협정에 의한 직접적인 원조는 원료 · 자재 · 설비의 직접적인 물자와 전문 인력의 파견으로 나누어진다. 소련으로부터 수입한 물자는 군사적인 용도를 포함하여 생산 부문에 큰 도움이 되었다. 또한 협정에 의한 기술인력 지원을 통하여 북한은 산업의 여러 방면에서 많은 성과를 올릴 수 있었다. 황해제철소의 용광로와 해탄로가 복구되었으며, 강선 제강소, 성진 제강소, 흥남 비료공장 등의 대규모 공장에도 생산 부문의 시설 확충과 기술적 개선 문제가 해결되었다. 북한의 중요 전력 원천인 수풍발전소가 붕괴될 위험에 처했을 때도, 소련 기술자들의 역할이 컸다고 전해진다. 북한은 소련의 지원을 통해 '2개년 인민경제계획'의 추진과 실행에 큰

31) 방기중 · Suzy Kim, 「정부 수립기 북한의 국가 자주성 인식」, 『동방학지』 143, 2008.

힘을 받을 수 있었다.[32)]

김일성 정부가 소련과의 교류를 통해 추구한 경제적·문화적 지향점도 주목할 필요가 있다. 북한의 문화정책은 '선진국' 소련의 사회주의 제도에 대한 선전과 사회주의 정권의 당위성을 설득하고 어디에서나 소련문화를 접할 수 있도록 보급 사업을 조직하고자 하였다. 예를 들어, 문화 부문에 포함되는 영화 분야에서 소련이 360여 종의 영화 필름을 공급하여 1949년 한 해 북한 전체에 5만여 회의 상영이 있었다고 한다. 소련의 지원을 통해 평양국립영화촬영소가 설비를 갖추고 자체적인 영화 제작에 나설 수 있게 되었다.

김일성 정부는 협정의 체결 사실과 그 의의를 인민들에게 적극적으로 알리고자 하였다. 협정 체결 이후 북한의 선전은 이 협정이 평등한 것이고 호혜적인 것임을 강조하면서, 소련의 위상을 제국주의 국가들과 '다른' 선진국으로 제시하였다.

> "방쏘사절단의 임무는 조선의 해방자이며 진정한 우호적 원조자인 쏘련 정부와 경제 및 문화협조에 관한 협정을 체결하는 것이었다. 이 협정은 조선민주주의인민공화국의 민주 독립을 보장하는 유일의 길이며 경제 정치 및 문화 부문의 민주적 통일 발전을 촉진시키는 물질적 조건을 새로히 조성하는 것이며 조쏘 양국 인민의 영구적인 친선 관계를 더욱 공고화하는 길이였다. 또한 그 협정은 세계 민주진영의 새로운 승리를 선양하는 것이며 동양평화와 안전을 보장하는 데 큰 기여를 예견한 것이다. 이와 같이 큰 정치적 의의를 가진 조쏘 양국 간의 협정을 실로 조선 역사상에서 최초의 유일한 우호적 인민적 협정인 것이다."[33)]

"조쏘 양국 간의 친선관계만이 독립을 보장하는 기본조건"(백남운)이라

32) 위의 내용들은 김일성, 「조쏘 량국 간의 경제적 및 문화적 협조에 관한 협정체결 1주년에 제하여」, 『근로자』 1950년 5호(3월 15일); 태성수, 「조쏘 량국 간의 경제 및 문화협조에 대한 협정과 우리공화국의 번영발전의 길 一년」, 『인민』 1950년 3월호 참고.
33) 백남운 저, 방기중 해제, 『쏘련인상』, 선인, 2005, 207쪽.

는 표현에서 볼 수 있듯, 당시 북한 지도부는 소련과의 관계 강화야말로 국가적 주체성과 자주독립을 보장하는 유일한 기본 조건으로 간주하고 있었다.[34] 아울러 북한은 '선진국' 소련의 사회주의 계획경제와 문화를 선전함으로써 이데올로기로써 사회주의의 의의를 공공연하게 외칠 수 있었다.

다만 북한의 소련에 대한 의미 부여와 '소련학습론'의 유행이 냉전이 심화되는 가운데 남북의 분단이 진행되던 당대의 상황을 충분히 고민하고 '소화'한 결과물인지는 재고의 여지가 있다. 김일성을 비롯한 북한 지도부들이 취한 '선택'에 반영된 전제, 즉 '새로운 인민국가의 발전 경로가 되어야할 자주적인 길'은 1950년대 이후 북한식 맑스 · 레닌주의의 '주체노선'으로 나가는 여러 단서들을 내면화하고 있었다.

---

34) 1950년 1월 소련과 우호조약을 체결한 중국도 중소동맹의 성립이 단순한 외교적 절차가 아니며, 어떤 국제관계보다 우월한 관계를 보장한다고 강조하였다.

【참고문헌】

〈단행본〉

박명림, 『한국전쟁의 발발과 기원』 Ⅰ, 나남출판, 1996.

박영실, 『중국인민지원군과 북 · 중관계』, 선인, 2012.

박태호, 『조선민주주의인민공화국 대외관계사』 1, 평양 : 사회과학출판사, 1985.

방기중, 「해제: 백남운의 『쏘련印象』과 정부수립기 북한사연구」, 백남운, 『쏘련인상』, 선인, 2005.

션즈화 지음, 최만원 역, 『마오쩌뚱 스탈린과 조선전쟁』, 선인, 2010.

예프게니 바자노프 · 나딸리아 바자노바 저, 김광린 역, 『소련의 자료로 본 한국 전쟁의 전말』, 도서출판 열림, 1998.

조세프 노지 저, 김의곤 역, 『소련외교정책론 1945-1991』, 인하대학교출판부, 1994.

허지시엔(何吉賢), 「"중국"의 재발견－50년대초 "신애국주의"운동과 신중국의 "국제관"을 통해 형성된 중국의 "자기" 이해」, 성공회대 동아시아연구소 기획, 『'냉전'아시아의 탄생 : 신중국과 한국전쟁』, 문화과학사, 2013.

Geoffrey Roberts, *The Soviet Union in World Politics : Coexistence, Revolution, and Cold War, 1945-1991*, London and New York : Routledge, 1999.

〈논문〉

방기중 · Suzy Kim, 「정부 수립기 북한의 국가 자주성 인식」, 『동방학지』 143, 2008.

전현수, 「한국전쟁과 소련의 역할－1949년 3월 조소 양국 정부의 협상을 중심으로」, 『대구사학』 100, 2010.

03_ 한일 무역관계의 재개
: '통상협정'과 '재정협정'

이정은 · 임광순

1. 한일통상협상의 시행배경

해방 이후 한국의 경제구조 형성과 성장은 분단과 냉전질서의 틀 안에서 이루어졌다. 이 가운데 남한의 경제운용과 깊은 관련을 맺은 국가는 단연 미국과 일본이었다. 미국의 거액 원조 제공, 일본의 청구권 자금 공여, 양국에의 높은 무역의존도 등 한국 경제성장을 설명하는 데 있어 이들 두 국가와의 관계는 빼놓을 수 없는 요소인 것이다. 하지만 그 관계를 살피는 데 있어 한국－미국, 한국－일본의 양 축을 단순히 분리할 수 없는 어려움이 존재한다. 특히 1945년 8월 15일자로 식민지배가 종식된 한국과 일본이 이후 다시 긴밀한 경제교류를 맺게 되는 시작부터가 그러하다. 해방 이후의 한일관계 전개는 미국－한국－일본이라는 중층적인 경제구조 틀 속에서 미국의 동아시아 지역경제 통합정책과 관련지었을 때 뚜렷이 드러날 수 있다.[1)]

제2차 세계대전에서 승리하기 이전부터 미국은 '군국주의적'인 일본의 전시경제를 약화시키기 위한 방안으로 일본과 식민지 조선의 행정 · 정치

1) 이와 관련한 선구적 연구는 李鍾元, 『東アジア冷戰と韓美日關係』, 東京大出版會, 1996.

적 분리는 물론 경제적 분리를 구상하고 있었다. 이러한 방침은 1945년 7월 25일 포츠담 선언에서도 확인된 이후, 일본과 조선에 대한 미국의 기본점령정책으로 확정되었다.[2] 하지만 이는 조선의 즉시독립과 경제자립을 목적에 둔 것이 아니었다. 미국은 정치적으로는 물론, 경제면에서의 조선의 자립능력을 불신하고 있었다. 이에 따라 조선경제의 자립을 위해서는 일시적으로 일본경제로부터 분리한 후 연합국이 통제할 필요가 있다는 인식 아래 신탁통치를 구상하였다.

하지만 점령통치가 실제 현실화되면서는 행정적·재정적 편의상 일본과 조선 양 지역은 연합군 최고사령관(Supreme Commander Allied Power, 이하 SCAP)의 관할하에 잠정적으로 통합 운영되는 방식을 취하였다. 이후 1947년 초반 제2차 미소공동위원회의 교섭결렬은 조선에 신탁통치기구를 수립하겠다는 미국의 대한 정책을 수포로 만들었다. 이에 따라 당초 어디까지나 잠정적으로 운영될 예정이었던 한일 점령정책의 통합적 운영은 그대로 한·일 간의 경제통합구상으로 이어지는 바탕이 되었다.[3]

한편 35년여의 일제 식민지배의 기간을 거치며 조선경제는 기계부품 및 화학 등 핵심 물품에 대한 일본에의 의존이 심화된 상태였다. 38선 분단 또한 전력·비료 등의 공장이 중점 위치했던 이북과의 단절을 초래하며 경제사정을 악화시켰다. 남한의 생필품 부족은 해방 직후의 정치적 혼란과 결합해 미군정에 위협적 요소로 부상했다. 미군정은 상황타개를 위해 긴급물자수급계획을 작성하고 점령구역 행정구호(Government and Relief in Occupied Areas, GARIOA) 원조물자를 도입해야만 했다. 대부분의 물자는

---

2) 일본에 대해서는 SWNCC 150/4/A(1945.9.21)와 JCS 1380/15(1945.11.3)가, 조선에 대해서는 SWNCC 176/8(1945.10.13)이 해당 내용을 담고 있다. 이 중 조선에 대한 SWNCC 176/8의 지침은 미군정 점령목적의 우선순위를 '신속하고도 경제적으로' 조선에서 일본의 영향력을 제거하는 것에 두고, 점령군 사령관에게 일본에 대한 경제적 의존으로부터 조선을 분리시키는 조치를 취할 것을 지시하고 있다.

3) 미국의 한국과 일본에 대한 초기 경제적 점령정책 구상과 실행에 대해서는 송병권, 「미국의 전후 한일 간 경제분리정책의 형성과 변용」, 『한국근현대사연구』 53, 2010; 이현진, 「해방 이후 미국의 한일경제관계 구상」, 『이화사학연구』 47, 2013 참고.

미국을 비롯한 여타 지역에서 조달되었지만, 재정 부족에 따른 자금 부담을 덜기 위한 방안으로 지리적으로 가깝고 과거 조선 경제와 관련 깊은 일본물자의 도입도 모색되기 시작했다. 이에 따라 1948년 6월까지 미군정기 전체 수입물자보급량의 15%가 일본에서 수입되었다. 대부분 일제시대 조선이 일본에 강하게 의존했던 품목(석탄, 기계류, 화학제품) 위주였다.[4] 하지만 이러한 미군정기 한일무역은 SCAP의 명령에 의한 철저한 통제 아래 수행되는 것이었다. 민간무역은 경제재종속 방지라는 명분으로 완전히 중단되었고, 1947년부터 마카오나 홍콩을 경유한 중계무역이 조금씩 행해졌을 뿐이었다.

변화는 1947년 이후 냉전의 본격화에 따른 미국의 일본점령정책 전환에서 찾아왔다. 제2차 세계대전 이후 일본을 점령한 미국의 초기 정책은 일본의 비군사화, 민주화 달성이었다. 일본의 산업 역시 평화산업으로 전환한다는 목표였다. 하지만 1947년 들어 '공산주의 봉쇄'를 목표로 하는 3월 트루먼독트린 발표와 일본과 독일을 '생산공장'으로 전환할 것을 요구한 5월 애치슨(Dean G. Acheson)의 제안으로 미국의 일본 점령정책은 급선회하였다. 일본의 비군사화 및 민주화를 위한 경제력 수준 억제였던 초기 점령목표는 일본의 경제부흥으로 전환했고, 특히 중공업 중심으로의 경제구조 전환과 이에 어울리는 무역구조 변화가 요구되었다.

SCAP과 무역청(1945.12.14 설립)이 직접 관리하였던 점령 초기 일본의 무역은 1947년부터 민간무역이 점차 허용되는 등 통제가 완화되어갔다. 1948년 3월부터는 해외 무역상인의 일본 입국이 전면 허용되고, 8월 15일 '수출신수속'의 발표로 수출 업무는 무역업자에게 맡겨졌다. 1949년 2월 1일부터는 SCAP의 무역승인 권한이 일본에 위양되었다. 일본 경제를 재건하는 과정은 곧 일본 무역통제의 해제와 맞물려갔다. 이와 동시에 미국은 일본의 무역확대를 위한 국제간 통상협상을 주도했다. 1948년 1월 관세 및 무역에

4) 미군정기 한일무역의 추이에 대해서는 차철욱, 「미군정기 한일무역의 성격」, 『부대사학』 22, 1998 참고.

관한 일반협정(General Agreement on Tariffs and Trade, 이하 GATT)이 만들어지자 미국은 일본을 GATT에 가입시키려 했다. 하지만 일본의 섬유산업 재건에 불안을 느낀 유럽국가들의 반대로 GATT 가입이 좌절되자, 미국은 일본의 2국 간 경제협상을 추진했다. 1948년 5월부터 1949년까지 SCAP이 주도한 일본과의 협상 체결국은 동남아시아 및 유럽, 남미지역 등 20개국에 달했다. 한국과의 무역거래가 논의되는 시기에는 한국과 일본 모두 경제협조처(Economic Cooperation Administration, 이하 ECA)원조가 준비되고 있었다. 한국 경제원조가 1949년 1월 1일 ECA로 이관되자, ECA원조 자금으로 대일구매를 추진하기 위해 미국 측과 SCAP은 한일 간의 무역협상을 종용했다.5)

미국은 일본의 부흥을 위한 선결문제로 식량 부족을 해결하려 했다. 이는 곧 제2차 세계대전 이전의 조선을 포함한 일본 원료공급지와의 관계가 재개될 필요를 의미했다. 거의 같은 시기 미군정 관료들 역시 한국의 식량수출 가능성을 고려하기 시작했다. 당장의 수출은 어렵지만, 한국 경제의 장기적 안정을 위해서는 농업활성화를 통한 식량자급과 생산성증대를 통한 식량수출이 필요하다는 구상이었다. 분단정권 수립 이후 한국에서 미국의 대한경제원조와 부흥계획을 담당하는 주한 ECA 역시 같은 구상이었다. 주한 ECA는 남한의 경제발전 구도에서 미곡 수출을 핵심 고리로 파악하는 한편, 남한과 일본 간의 무역 극대화를 추구했다. 이는 극동의 반공보루인 일본의 안정적 경제발전을 위해 요구되는 일본 상품의 수출시장에 남한을 포함시키려는 시도였다. 특히 ECA는 일본경제와 동아시아 경제의 수직적 연결보다는, '블록경제 해체-다자간 무역체제 구축'이라는 전후 세계경제의 재편 방안을 구상하면서 남한의 '다자간 무역협정'(multilateral agreement) 편입을 추진했다. 미국에게 한일통상회담은 한일무역극대화와 다자간 무

5) 이하의 한일통상협상이 재개되기까지의 미국의 구상과 한국정부 측 입장에 대해서는 차철욱, 「이승만정권기 한일통상협상과 무역구조」, 『역사와 경계』 50, 2004, 35~38쪽; 허은, 「제1공화국 초기 대일 미곡수출의 역사적 배경과 성격」, 『한국사학보』 제8호, 2000, 198~201, 205~206쪽 참고.

역체제 편입이란 두 목적을 달성시키기 위한 자리였다.

새로 수립된 이승만 정부도 대일통상협정에 적극적이었다. 이승만은 1948년 10월 20일 도쿄에서 더글라스 맥아더(Douglas MacArthur) 사령관과 회담한 뒤, 양국 무역재개 의사를 공식적으로 밝히기도 했다.[6] 경제재건을 달성하기 위해서는 생산자재의 수입이 필요했고, 긴 식민지배 기간의 유산으로 일본 기계류와 자재 등에 대한 의존 등 일본과의 경제연관이 여전히 강했기 때문이다.[7] 반면 홍콩을 통한 일본제품 수입이라는 중개무역 방식은 큰 비용 손실을 초래했다. 달러가 부족한 상황에서 필요 물자를 원활히 수입하기 위해 정치적 타결이 필요한 시점이었다.

2. 1949년 4월 최초의 협정체결과 교역 부진의 타개방안 모색

1948년 대한민국 정부 수립 후 한일 간의 통상 및 재정협정을 위한 협상은 1949년부터 1951년까지 총 4차례에 걸쳐 진행되었다. 회담의 주체는 한국 측과 SCAP이었고, 일본 측은 1949년 10월부터 참관 자격으로 참석하다가, 1951년부터는 정식 참가자가 되었다. 결제 방식 및 무역계획의 결정이 회담에서 주로 논의되었고, 해운협정은 별도로 진행되었다. 협상은 1년마다 새롭게 하도록 규정되었으나, 1951년 이후 더 이상 개최하지 않고, 1952년과 1953년에 각각 1년 연장을 문서로 합의하며 이전에 협의된 내용을 이어나갔다.

본고에서는 1949년 3월부터 시작한 한일통상협상 과정 전반을 살펴보되,

6) 「대일통상을 요망 소철되면 한국은 통일」, 『경향신문』, 1948.10.22.

7) "모든 산업시설이 일본의 기계류와 자재를 소요하는 부분이 대단히 많다. 그러므로 한일통상을 협정하여 한국정부의 계획과 지도하에 일본의 기계류와 원자재 및 석탄 등을 수입함과 동시에 한국생산제품 해산물 및 광물 등을 일본시장에 판로를 구하여야 할 필요성을 느끼는 바…"(손봉조(기획처경제계획국장), 「신년도경제정책의 지향」, 『경향신문』, 1949.1.1).

1950년에 체결된 협정을 주되게 분석할 것이다. 물론 1949년 제1차년도 한일통상협상에서도 두 개의 관련 협정을 1949년 4월에 체결하였다. 하지만 체결 후에도 양국 무역은 큰 진전 없이 정체 상태를 이어갔다. 이 속에서 매년 갱신되어야 하는 통상협정의 속성 상, 제2차년도 한일통상협상이 1950년 3월에 개최되었고, 여기서 맺어진 협정으로 무역대금 결제 방식의 합의와 더불어 민간무역을 비롯한 실질적인 무역증대가 가능케 되었다. 이에 본 글에서는 한일무역 재개에 관한 '완성본' 형식의 협정을 2차 한일통상협상의 결과물인 두 협정(1950년 4월 1일 발효)으로 삼고 글을 구성하였다. 1949년부터 전개된 한일통상협상 일정은 다음 표와 같다.

한일 통상협상 경과

	한일통상 1차년도 (1949.4~1950.3) 협상	1차년도 중간회담	한일통상 2차년도 (1950.4~1951.3) 협상	한일통상 3차년도 (1951.4~1952.3) 협상
일정	1949.3.10~3.22	1949.10.5~10.14	1950.3.27~4.10	1951.3.22~3.31
참가	한국, ECA, SCAP	한국, ECA, SCAP, 일본 참관	한국, ECA, SCAP, 일본 참관	한국, ECA, SCAP, 일본
회담 결과	〈대한민국과 점령하 일본 간의 교역조정〉, 〈대한민국과 점령하 일본 간의 교역에 관한 재정조정〉과 무역계획	〈대한민국과 점령하 일본 간 교역조정회담 결의문〉	〈대한민국과 점령하 일본 간의 통상협정〉, 〈대한민국과 점령하 일본 간의 통상에 관한 재정협정〉 외 두 개의 관련 각서 및 무역계획	관련 각서 및 무역계획
무역 계획액	수출 29,294,000달러 수입 48,687,000달러		수출 9,355,000달러 수입 25,500,000달러	수출 16,000,000달러 수입 32,000,000달러

1948년 11월부터 한국정부는 일본과의 무역재개에 대한 준비를 시작했다. 11월 23일 무역관계 부처 첫 회의를 시작으로 대일무역방침에 대한 한국 측 방침이 구상되었다.[8] 그 과정에서 언론을 통해 노출된 상공부 초안은 ① 무역대행기관을 설치하여 담당케 함, ② 수출품으로 마련한 일본엔

8) 「대일무역개시결정」, 『경향신문』, 1948.11.25.

을 일본 내 거래은행에 예치해두고 이것으로 180일 내에 수입품을 구입함, ③ 수출 및 수입품을 3개의 급으로 나눔, ④ 양국의 선박은 지정 항구에 자유로이 출입한다는 것 등을 담고 있었다.[9] 즉 무역을 국가통제하에 둔다는 제헌헌법의 기조하에 민간무역의 통제를 위한 대행기관 설치와 더불어, 결제수단으로는 180일 이내의 수출품 및 수입품의 물물교환방식[10] 등을 고려하고 있었다.

정부 수립 이후 첫 번째 대외협상인 제1차 한일통상협상은 SCAP 측과 1949년 3월 10일부터 22일까지 일본 도쿄에서 진행되었다. 한국 측 인사로는 김훈 기획처차장을 필두로 ECA 당국 담당자 5인까지 총 10명이 일본으로 건너갔다. 한국정부가 준비한 대일통상 요강의 구체안은 공개되지 않았으나, ① 국내자본의 도피방지, ② 국내산업을 저해할 물자수입 방지, ③ 수출입균형방침의 확립, ④ 밀무역의 방지, ⑤ 수출입품 검사제 실시 등이 정부의 협상 기본대책이라고 전해졌다.[11]

10여 일 간의 한국 측과 SCAP 측 협상 결과는 1949년 2월 23일 '대한민국과 점령하 일본 간의 교역조정'과 그 결제방식을 다룬 '대한민국과 점령하 일본 간의 교역에 관한 재정조정'으로 성안되었다.[12] 우선 〈교역조정〉은 1949년 4월 1일부터 1950년 3월 31일을 대상기간으로 삼고, 한일 간 교역의 기초를 설정한다는 목적 아래 그에 관한 원칙적인 내용을 담았다. 교역은 정부계통의 교역과 양 정부가 각각 승인한 민간계통 교역 양자를 통하여 시행될 수 있으며(4조), 결국에는 정상적인 민간무역 수립이 협정의 목표이며 쌍방은 이를 위해 조치를 취해야 한다는 것이 주요 내용이었

9) 「무역정책의 종합성」, 『동아일보』, 1948.12.18.

10) 일명 에스크로우(escrow) 결제방식이다. 물물교환의 일환으로 수출대금을 수출지역에서 수입하는 방식이다.

11) 「한일통상회의 명일개막 호혜협상의 시금석」, 『경향신문』, 1949.3.9; 「대일통상회담진보 내주말 정식협정서명 자본도피방지 등 대책을 확립」, 『동아일보』, 1949.3.19.

12) '교역조정', '재정조정'이라는 용어는 1949년 당시 통용되던 용어에 의거하였다. 영문으로는 모두 Ageement지만 1950년 협상결과부터는 이를 '조정'이 아닌 '협정'으로 고쳐 불렀다. 이 역시 당시의 기준에 따랐다.

다(9조).[13] 1949년 9월 15일 이전에 다시금 회의를 개최하여 교역조정의 운영을 재심해야 한다고도 규정했다(11항).

협상 과정에서 쟁점이 되었다고 알려진 것은 양측 수출입 품목의 결정과 결제방안이었다.[14] 한국정부는 산업재건에 필요한 일본 물품 수입이 중요했던 만큼, 수출 40,043,000달러, 수입 72,558,000달러를 요구했다. 특히 한국 측은 식료품, 광산물, 수산물, 과실류 등 40개 품목을 수출가능상품으로 내건 반면, 일본 측이 한국으로부터 들여오길 원하는 것은 미곡과 광산물뿐이었다. 한국 측 수출품을 둘러싼 이견으로 인해, 각자의 교역계획안을 작성 · 교환하기는 했으나, 〈교역조정〉에서는 이 교역계획안이 "구속적인 것이 아니"며 "교역을 최고 실제 가능량까지 발전시키려고 하는 요망" 속에서 나온 "타당한 추산"이라고 명시할 수밖에 없었다(5조).[15] 교역계획안에 명시된 교역액은 수출 29,294,000달러, 수입 48,687,000달러로 1년간의 교역 총액은 약 8천만 달러였다.[16]

한편 한국 측은 수출로 얻는 외환으로 우선 수입품의 결제를 하고 나머지 지불금은 ECA원조 자금으로 충당코자 했다. 특히 일본이 원하지 않는 한국 상품도 구매하게 만들기 위해, 수출한 만큼의 금액을 같은 지역에서

---

13) 4항과 9항은 다음과 같다. 四. 交易은 政府系統 및 雙方이 各各 承認한 民間系統의 兩者를 通하여 施行될 수 있다…. 九. 雙方은 結局에 있어서는 民間系統을 通한 貿易을 樹立함이 重要함을 認定하고 또한 結局에 있어서는 正常的인 民間貿易을 樹立함을 容易케 하기 爲하여 大韓民國과 占領下日本과의 關係에 包含된 特別 事情에 一致한 모든 措置를 取할 것이다.(「대한민국과 점령하일본 교역조정」, 『경향신문』(1949.4.24); 공보처, 『周報』 제5호(1949.5.4) 7~8쪽).

14) 이에 대해서는 차철욱, 앞의 글(2004), 41~42쪽 참고.

15) 五. 別途 添附 交易計劃案은 何等의 拘束的인 것이 아니고 本調定의 雙方이 現在 가장 有用한 情報에 비추어 本調定期間中 韓國과 占領下日本間에 去來될 것으로 期待할 수 있는 交易量과 가장 나타나기 쉬운 交易의 性格을 表示한다… 本計劃案은 오히려 本調定의 雙方이 相互間의 交易을 最高 實際 可能量에까지 發展시키려고 하는 要望에서 結果할 것으로 보이는 賣買量에 關하여 誠實하게 作成된 妥當한 推算을 表示한다. 此等의 考慮下에 雙方은 別途 添附 交易計劃案 中에 許諾된 物品과 役務의 賣買에 關한 便宜를 모든 方法으로 圖謀할 것이다(「대한민국과 점령하일본 교역조정」, 『경향신문』(1949.4.24); 공보처, 『周報』 제5호(1949.5.4) 7~8쪽).

16) 공보처, 『주보』 제5호(1949.5.4), 9~11쪽 참조.

수입해야하는 물물교환 방식을 결제방식으로 제안했다. 반면 SCAP은 한국에서 수입하는 물품으로 결제하는 것보다 ECA 자금으로 결제받기를 원했다. 결제방식에 대한 이견은 〈재정조정〉을 통해 미국 달러를 기준으로 한 현금지출을 결제수단으로 하되, 적당한 경우에는 양도 가능한 보통 상업은행 증서에 의하여 행해지기로 하며(3조)[17] 일단 봉합되었다.

위 조정안은 국내에서 1949년 3월 30일 국무회의에서 의결통과된 이후, 4월 23일 정식조인되었다. 정부 수립 후 외국과 맺는 최초의 통상협정이었다. 그만큼 국회에서 인준 받아야 할 필요성이 제기되었고 국회에서도 논란되었으나, 이승만 정부는 이것이 국가와 국가 간의 정식 조약이 아닌 SCAP과의 조정(agreement 혹은 '협정')이며 그 내용도 잠정적이라는 이유로 국회 상정을 거부했다. 대일 수출계획에서 한국의 주요 수출품으로 쌀 1,600만 달러를 계상한데 대해서는, 국내 식량부족에 따른 쌀 수출 불가능의 경우 야기될 심각한 수입 초과 문제가 지적되었지만, 정부는 상황에 따라 대처하겠다며 이의를 무마시켰다.[18]

논란을 뒤로 한 채 협정은 1949년 4월 1일부터 소급되어 발효되었다. 하지만 통상협정 체결 이후의 실제 한일 교역량은 크게 부진했다. 교역실적이 부진했던 이유는, 첫째 이승만 정부와 SCAP이 체결했던 교역조정에서 교역의 강제성이 없었다는 점, 둘째 양측의 무역관리 통제가 엄격하여 민간무역은 제한되었다는 점, 셋째 보다 근본적으로 교역이 가져올 득실에 대한 양국 간의 입장 차이 때문이었다. 교역체결 직후인 1949년 5월 세계경기가 악화되자, 일본은 당장 필요하지 않은 물자수입을 제한했고, 대일 수출품의 가격인하를 요구했다. 일본이 가장 원했던 미곡수출이 순조롭지 않

17) 三. 決算은 個別的 去來를 基礎로 現金支出에 依하여 實施하되 適當한 境遇에는 讓渡할 수 있는 信用狀 或은 銀行手票를 包含한 普通 商業銀行 證書에 依하여 完了될 것이다(「동재정조정서」, 『경향신문』(1949.4.24); 공보처, 『周報』 제5호(1949.5.4) 8~9쪽).

18) 「한일통상가조약 국무회통과국회회송」, 『경향신문』, 1949.3.31; 「대통령과 일문일답」, 『경향신문』, 1949.4.9; 「한일통상협정 정식 조인」, 『동아일보』, 1949.4.24; 「대일교역조정에 관한 질문」, 『제2회 제86차 국회본회의 국회속기록』(1949.4.27).

자,[19] 일본 역시 남한 경제재건에 필요한 물자의 수출을 기피했다. 한국 측 역시 결제수단인 정부 보유외환이 부족했고, ECA원조 자금 역시 승인되지 않았기 때문에 중요 물자를 수입할 수 없었다.

이러한 교착 상황을 해결하기 위해 〈교역조정〉 11항의 교역실적을 심사하는 '재심' 규정에 의거하여 1949년 10월 5일부터 서울에서 SCAP과 한국정부 간의 한일통상중간회담이 개최되었다. 10월 회담은 양국 무역이 제대로 이뤄지지 못한 원인인 수입용 달러 부족문제를 해결하는 데 초점을 두었다. 이를 위해 SCAP은 민간무역 확대를 요구했고, 일본 공산품 수출을 위한 한국의 수입용 달러 방출을 요구하였다.[20]

중간회담 결과는 〈대한민국과 점령하일본 간 교역조정회담 결의문〉 형식으로 12월 25일부터 발효되었다. 결제자금 부족문제에 대한 특별한 해법은 담지 못했지만, 교역증대를 위한 민간무역 확대 원칙이 강화되었다. 결의문 1조 1항은 "교역조정을 가장 유효실효 적절하게 운영하는 방법은 개인무역을 조성하는 것… 대한민국정부는 정부소유 외국환 우는 경제협조처에서 대한민국에 배정될 외국환에 의한 구입은 가능한 한도로 개인무역계통을 통하여 수입하도록 장려한다"라고 못 박았다.[21] 이후 양국의 정황도 이에 발맞추어 변화했다. 일본은 1950년 1월부터 수입의 경우 완전히 민간무역으로 이행하였고, 한국정부도 1949년 10월부터 민간무역의 폭을 확대시켰다.

한일 양국의 민간무역이 점차 증대하기 시작할 무렵, 1950년 3월 27일부

---

19) 한국정부와 주한 ECA는 1949년 10월부터 1950년 2월까지 10만 톤의 대일 미곡수출을 시도했다. 그러나 실제 미곡수출은 1950년 3월말부터 5월 사이에 이루어져 계획보다 지연되었다. 그 배경에는 양국 간의 수출미 가격절충 문제가 있었다. 한국정부는 국내미와 수출미의 가격 차이를 통해 최대한의 재원을 확보하고자 했기 때문에 대일 수출미의 가격 결정이 쉽게 이루어질 수 없었다. 이에 대해서는 허은, 앞의 글 참고.

20) 차철욱, 앞의 글(2004), 43~44쪽; 허은, 앞의 글, 206~207쪽.

21) 「大韓民國 及 占領下日本間 交易調定會談決議文」(「한일통상결의문과 품목」, 『경향신문』(1949.12.22)에 실린 원문과 한국무역협회, 『무역연감 1950년』, 1951, 557~559쪽에 실린 원문 참조).

터 도쿄에서 한일통상 2차년도(1950.4.1~1951.3.31 기간 대상) 협상이 개최되었다. 한국 측은 한국경제의 대일의존성은 문제될 것이 없다고 자신감을 피력하며 회담에 나섰다.[22] 협상은 역시 결제수단인 달러부족 문제를 해결하고자 새로운 결제방식을 모색하는 데 중점이 두어졌다. 4월 10일 들어 협상은 원칙적인 타결을 이루었고, 1950년도 한일통상협정으로서 6월 들어 '대한민국과 점령하 일본 간의 통상협정'[23]과 '대한민국과 점령하 일본 간의 통상에 관한 재정협정'[24] 외 두 개의 관련 각서가 체결(4월 1일 소급 발효)되었다.

3. 1950년 4월자 한일통상협정과 재정협정 내용 분석

1950년도 〈통상협정〉의 전체적 내용은 1949년도에 체결한 〈통상조정〉의 합의사항과 큰 차이 없이 양국 무역의 기본원칙을 천명하고 있다. 협정의 중요 사항은 제1조에 담겨 있다. 제1조의 주요 조항을 보면 다음과 같다.[25]

> 제1조 (……) 다음과 같은 기초에서 무역을 행하기로 동의함.
> 1. 1년을 기간으로 하는 물품의 구입 및 매각에 관한 모든 거래와 역무의 제공에 관한 무역 계획을 채택함
> 2. 별도 지정하는 바를 제외하고는 모든 무역은 본협정과 동시에 체결되는 한국과 일본 간의 통상에 관한 재정협정의 조건 및 규정에 의하여 행함

22) 「일의 대한의존은 필연 협정전면갱신」, 『경향신문』, 1950.3.25.

23) 국가법령정보센터(www.law.go.kr)에는 이 협정에 대해 '대한민국과 점령하 일본 간의 무역협정'으로 게재되어있으나, 협정이 체결된 당시 쓰였던 용어대로 '통상협정'으로 사용하였음.

24) 『경제연감』 1955년판에서는 재정협정의 명칭을 "大韓民國과 占領下日本間의 通商에 關한 金融協定"이라 하고 있음. 실제 '재정협정'과 '금융협정' 두 가지 명칭이 모두 사용되었으나 '재정협정'이 당시 통상적으로 사용되었기 때문에 본 글에서도 '재정협정'으로 지칭함.

25) 한국무역협회, 『무역연감』 1951-1952 합본호, 1952, 291~293쪽.

3. 무역은 정부계통 및 민간계통의 양자를 통하여 행함
4. 통상계획 범위 내에서 한국은 일본에 대한 수출입과 일본은 한국에 대한 수출입을 최소한 무역계획에 표시된 금액까지 허가함을 동의함 (……) 채택된 무역계획은 제한적인 것이 아니고 언제든지 상호합의에 의하여 확장 또는 수정할 수 있음
5. 무역계획은 결코 제한적인 것이 아니고 (……) 도리어 본 협정의 양 당사국 간의 무역을 실행할 수 있는 최고의 수준까지 발전코자하는 쌍방의 희망의 결과로써 나타나리라고 보는 판매와 구입의 양에 대하여 선의로써 행하여진 타당한 산정을 표시하는 것임 (……).
6. (……) 관계 양 당사국은 당사국 일방이 중요시하는 이익을 보호함에 필요하다고 인정되는 무역계획의 변경을 달성하기 위하여 협의할 것임
7. 본 협정의 운영에 관하여 양 당사국은 정확하고 최신의 정보를 입수할 수 있도록 하고 일반적으로 무역계획의 실행을 확보하기 위하여 양 당사국의 합의로 특수한 기구를 설치함 (……)
10. 한국, 일본 및 제3국과의 무역을 촉진하기 위하여 본 협정의 당사국은 정세에 따라 다각적 무역을 발전시키는 가능성에 관하여 협의할 것임

우선 제1조 1항에서는 한국과 일본 양국은 1년을 기간으로 무역계획을 작성한다는 기존의 원칙을 재확인했다. 제1조 2항에서는 모든 한일 무역이 아래 상술하게 될, 새로 작성한 〈재정협정〉의 규정에 따른다고 규정하였다. 이어서 3항은 정부계통 및 민간계통 양자를 통해 한일 간 무역이 행하여지게 됨을 밝혔다. 그러나 위 협정에 뒤따른 각서 〈대한민국과 점령하 일본과의 상품, 재정협정의 해설〉이 "통상협정의 본질은 가능한 최고한도의 개인무역을 추진하는 것"이라고 규정한 데서 알 수 있듯이,[26] 민간무역 확대에 더 큰 무게가 두어져 있었다.

제1조 4항부터 6항은 1950년도(1950.4.1~1951.3.31) 무역계획에 관련한 내용이다. 4항에서는 양국의 통상에 대해 "최소한" 무역계획에 표시된 금액까

26) 〈覺書. 大韓民國 및 占領下 日本間의 商品, 財政協定의 解說〉 제1조 4항(한국무역협회, 『무역연감(1951-1952합본호)』, 1952, 296~298쪽).

지 허가한다고 했다. 다만 연이은 6항까지의 조항을 통해 이 무역계획이 구속적인 것은 아니며, 양국 간에 무역을 실행할 수 있는 "최고 수준"까지 발전하고자 하는 "희망의 예정"을 표시한 것으로서, 그 변경을 원할 경우 협의할 수 있다고 하고 있다. 즉 무역계획은 한 · 일 간에 수출입 할 수 있는 최대 희망하는 양을 정한 것일 뿐, 실제 달성해야 할 의무를 지닌 것은 아니었다. 이와 관련하여 당시 작성된 1950년도 무역계획에서는 광산물 · 농산물 · 수산물 등으로 구성된 대일수출을 953만 5천 달러, 기계 및 화학 · 금속제품 · 석탄 등을 중심으로 한 대일 수입을 2,550만 달러로 책정하고 있었다.[27) 이 계획부터는 이전과 달리 한국의 미곡수출이 포함되어 있지 않았다.[28)]

제1조 7항에서는 무역계획의 실행을 확보하기 위한 특수한 기구를 설치할 것을 규정했다. 이는 무역통제기관이 아닌 월 단위 수출입 물자 통계 등 양국 교역의 조속한 정보 교환을 위한 기구로 설정되었다.[29)] 그러나 이는 곧이어 발발한 6 · 25전쟁으로 현실화되지 못했다.

무엇보다 〈통상협정〉은 한일 양당사국이 무역계획에 표시된 상품 및 역무의 판매와 구입을 위해 "모든 방법으로써 용이하게"해야 함을(제1조 5항) 강조하였다. 제3국과의 다각적 무역을 촉진시키기 위해 양국이 협력해야 한다고도 했다.(제1조 10항) 이는 모두 전후 미국이 수립하고자 했던 자유무역 중심의 세계무역 체제에 일본과 한국이 편입되었고, 양국이 이를 공고히 하기 위한 노력에 앞장서야 함을 규정하는 것이었다.

한편 2차년도 한일통상협상의 주요 목적 중의 하나는 한 · 일 양국의 달

27) 1951년도 무역계획에서는 수출 1,600만 달러, 수입 3,200만 달러로 확대 · 개정되었다. 1952년도부터 이 계획은 답습되었다.

28) 〈覺書. 韓國 및 占領下日本間의 特定商品의 交易〉 제2조 "韓國의 米穀輸出과 日本의 食糧輸出은 前記 協定의 範圍에 屬하지 않으며 兩國 權威者의 相談에 依하여 個別的으로 交涉될 것임"(한국무역협회, 『무역연감(1951-1952합본호)』, 1952, 298쪽.

29) 〈覺書. 大韓民國 및 占領下 日本間의 商品, 財政協定의 解說〉 제1조 4항 "특별기구라 함은 양국 간에 무역에 관한 정보가 조속히 교환될 수단과 방법을 의미하는 것이며 무역계획을 실행하기 위하여 정부독점기관을 승인하거나 필요로 한다는 의미는 아님"(한국무역협회, 『무역연감(1951-1952합본호)』, 1952, 296~298쪽).

러부족 상황에서 초래된 수입 결제수단의 해결 강구였다. 그 결과로서 체결된 것이 〈재정협정〉이었다. 〈재정협정〉의 중심 사안인 새로운 결제방안에 대한 내용은 제2조부터 제5조에 걸쳐 담겨졌다.[30)]

> 제2조 미합중국 화폐로 표시되는 하나의 계정을 일본 동경소재 일본은행에 유지하고 이를 한일상호청산계정(이하 계정이라 칭함)이라 호칭함 (……)
>
> 제3조 별도규정이 없는 한 한일 간의 무역에 관한 모든 상거래와 역무제공은 본 계정에 기록됨. 한국의 일본에 대한 모든 수출품의 가격은 본 계정의 대방(貸方)에 기록되고 일본으로부터 한국에의 모든 수입품의 가격은 본 계정의 차방(借方)에 기록됨. 단 본 계정에 기록된 금액에 대하여는 무이자로 함.
>
> 제4조 일본은행은 매월 월말 현재의 계정보고를 연합국 최고사령관 총사령부가 지정하는 기관에 송부하고 사본을 일본동경소재의 한국대표에 전달함.
>
> 제5조 본조 제2항 및 제3항에 규정한 경우를 제외하고 차방(借方)과 대방(貸方)은 상호청산하고 지불은 본 계정의 순 잔액에 관해서만 행함. 지불은 미합중국통화인 미화, 또는 지불일에 양 당사국 간에 상호 합의되는 기타통화로서 하되 다음과 같은 조항에 의하여 행함.
>
> 一. 본조 제2항 제3항 및 제4항의 조항의 제약하에 순 잔액 이백만불을 초과하는 금액은 초과와 동시에 부채가 되고 채권국요청에 의하여 지불되어야 함.
>
> 二. 전항규정에 의하여 일본에 지불될 순 잔액 이백만불을 초과하는 금액은 전항규정에 불구하고 일본은행에 접수된 신용보증서에 표시된 일본의 한국으로부터의 초기 수입금액총액이 이백오십만불에 도달하기까지는 지불되지 않음.
>
> 三. 전항규정에 불구하고 언제든지 신용보증서에 표시된 한국의 구입총액과 일본의 구입총액의 차액이 오백만불을 초과할 때는 한국은 채권국요청에 의하여 전기차액 오백만불을 초과하는 금액은 「계정」에 현금으로서 불입함을 요함 (……)

30) 한국무역협회, 『무역연감(1951-1952합본호)』, 1952, 293~296쪽.

이를 정리하면 다음과 같다. 한국과 일본 측은 일본 도쿄 내 일본은행에 상호 청산계정(장부(open account))을 두고 국가 대 국가 관계로 수출품과 수출액을 기재한다. 매월 말이 되면 순잔액(무역계획상 한국 측은 수출보다 수입액이 많으므로, 이는 한국 측 부채에 해당) 중 2백만 달러를 초과한 부분만 청산한다. 그런데 이 초과분 지불은 일본이 한국으로부터 250만 달러를 수입하기 전까지는 지불하지 않아도 관계없다. 다만 일본의 수입이 250만 달러를 초과하지 않더라도 한국 측 부채가 500만 달러를 초과하면 채권국인 일본의 요청에 따라 5백만 달러 초과분은 달러 현금으로 청산해야 한다는 것 등이다. 이는 곧 일본이 한국에서 전혀 수입하지 않더라도 한국은 5백만 달러까지 외상수입이 가능함을 의미하는, 한국 측에 유리한 것이기도 했다.

사실 이러한 청산계정으로 결제수단이 확정되기까지 그 협상 과정에서는 상당한 갈등이 있었다. 일본은 ECA원조의 구매품, 한국은 미곡의 경우가 각각 상대국에 수출할 수 있는 확실한 달러 획득의 원천이었고, 양국 모두 달러가 부족했던 만큼 이에 따른 수출대금을 청산계정에 입금하길 원하지 않았다. 반면 상대방에게는 청산계정 입금을 요구하였다. 청산계정 입금은 외상수입 결제자금으로 사용한다는 의미이기 때문에 상대방 국가에게 수입을 강제할 수 있었기 때문이었다. 즉 어떤 결제 방법이 되어야 수입국은 달러를 적게 소비하고, 수출국은 달러 현금을 많이 확보할 수 있을까가 협상의 요점이었다.

하지만 이 때문에 협상이 난항을 거듭하자, 결국 ECA 구매와 미곡 두 가지 항목 모두가 아예 무역계획에서 제외되었다.[31] 그리고 그 외의 모두 무역은 청산계정 결제로 결정하였다. 미곡은 작황의 불안정이, ECA원조

31) 한국 측 ECA 구매가 동 재정협정과 통상협정에서 제외됨은 부속 각서 〈韓國 및 占領下日本間의 特定商品의 交易〉 3조에도 등장한다. "美國經濟協調處 又는 美國政府機關 其他機關이 資金을 全部 又는 一部를 支出하여 支出處의 規則에 依하여 購入되는 韓國의 輸入은 上記協定의 條件의 制約을 받지 않음."(한국무역협회, 『무역연감(1951-1952합본호)』, 1952, 298쪽).

구매는 자금 배정의 불확실 등이 무역계획에서 제외된 또 다른 이유였다. 결과적으로 청산계정으로의 결정은 미곡 수출을 제외한 광·수산물 수출을 확대하려고 한 한국의 목적과 더불어 한국에서 수입보다 수출 증대에 더 관심이 많았던 일본의 의도를 절충한 타협점이었다. 특히 청산계정은 ECA원조 구매보다 민간무역을 복구 유지하기 위한 수단으로 선택된 것이기도 했다.

이후 청산계정은 1951년 이래 한일무역의 기본 결제방식으로 작동했다. 다만 한국전쟁 특수로 일본의 달러 보유액이 증가하자, 일본은 1952년부터 청산계정이 한국에만 유리한 것이라며 현금결제로 바꿀 것을 요구하기도 했다. 하지만 한국정부의 반대로 청산계정 방식은 지속되었고, 이는 1966년 3월 19일에야 폐지될 수 있었다.

한편 〈통상협정〉 제2조와 〈재정협정〉 제7조는 공통적으로 각각의 해당 협정에 대해 일본이 연합국과 강화조약을 맺거나 혹은 '협정'보다 위상이 높은 한국과의 '우호통상조약'을 맺고 공포하면 종결될 것임을 규정했다. 실제 이는 1951년 샌프란시스코 회담으로 연합국과 일본이 강화조약을 맺고, 1952년 4월 28일 강화조약 발효가 예정되면서 현실적 사안이 된다. 이를 위해 한일 간 통상협정 및 재정협정의 조인 주체가 한국정부의 동의하에 1951년 12월부로 일본정부로 변경되었다.[32] 아울러 한일 양국은 1952년 3월 27일 각서 교환으로 전년 무역계획을 샌프란시스코조약 발효일 또는 한일 간에 동의되는 신무역계획의 발효일까지 연장하기로 합의하였고, 1952년 4월 28일 샌프란시스코조약 발효 후에는 양국의 서신교환으로 적용기간을 연장하였다. 1953년 4월 27일 위 협정의 연장이 다시 합의되었으나,

---

32) 청산계정의 양도를 위해서는 〈大韓民國과 占領下 日本間의 貿易을 爲한 金融協定에 依하여 設定된 相互清算計定中의 諸權利와 利害關係의 移讓과 引受를 爲한 聯合軍最高司令官, 日本政府 및 大韓民國政府間의 協定〉이 체결되었다. 핵심적 조항은 다음이다. "日本銀行帳簿上에 韓日清算計定으로 指定된 計定內에 聯合軍最高司令官이 保有하고 있는 또는 保有할 수 있는 權利와 利害關係는 무엇이나 檀紀 4284年12月1日의 業務開始現在로 日本政府에게 移讓, 讓渡하며 (…중략…) 大韓民國政府 (…중략…) 移讓, 讓渡함을 合意하고 承諾한다"(조선은행 조사부, 『경제연감(1955년판)』, 1956, 553쪽 참고).

다음 해부터는 한일 간의 무역 결제방식과 무역계획은 적당한 절차 없이 기존 통상 협상 내용이 계속 적용되었다.[33]

4. 협정 체결 이후 한일무역의 추이와 귀결

해방 이후 한국은 언제나 수입이 수출을 크게 초과하는 무역적자를 감당해야 했다. 본고에서 다루는 1950년 한일통상협정 및 재정협정 체결 이후 본격화한 대일무역의 경우도 전체 무역 양상과 비슷했다. 1950년대 대일무역의 추이를 보면, 대일수출(일본의 대한수입)의 경우 2천만 달러를 달성한 1952년을 예외로 하면, 1959년까지 1천만 달러 전후에 머물렀다. 반면 대일수입(일본의 대한수출)은 6 · 25전쟁 특수 속에 1953년의 1억 달러 이상을 기록한 것과 1955년의 대일 단교[34]로 3천9백만 달러로의 큰 하락을 예외로 하면 1959년까지 대체로 5~6천만 달러의 수준을 유지했다.

즉 1950년대 대일 수출 액수는 대일수입의 약 20% 전후에 불과한 수준이었다. 그럼에도 일본은 1960년대 전반까지 한국의 최대 수출시장이었다. 이승만 정부가 6 · 25전쟁 이후 반일을 공공연히 내세우며 두 차례의 단교 조치를 취했음에도, 대일수출의 비중은 한국 전체 수출의 적게는 30%부터 많게는 70%를 차지했다.[35] 반면 일본의 무역에서 한국의 위치는 그렇게 크지 않았다. 대체로 대한수입은 일본 수입의 0.5% 미만이었고, 대한수출은

33) 청산계정의 지속 및 한일통상협정 연장에 대해서는 차철욱, 앞의 글(2004) 참고.

34) 이는 일본이 중화인민공화국과 무역협정을 체결한 데 대한 반발 조치였다. 1955년 8월부터 이뤄진 단교조치는 1956년 들어 해제된다. 대일무역중단은 1959년 6월 일본의 재일교포 북송에 대한 항의 차원에서 한 번 더 취해졌다. 이는 1959년 10월과 1960년 2월의 두 번의 예외조치를 거쳐, 1960년 4월 7일 해제되었다.

35) 물론 미국을 통한 원조수입이 압도적인 상황에서 한국의 전체 수입 중 대일수입의 비중은 수출만큼 의존도가 높지는 않았다. 1958년의 경우, 원조수입을 포함한 대일수입의 비중은 13.2%였다.

전체 일본수입의 2~4%대였다. 물론 이 비중은 1960년대 들어 완만히 상승하였다.

무역 물품은 일제시기와 비슷하게 농수산물 내지 광물 등의 원료를 수출하고, 공업제품을 수입하는 구조였다. 1955년부터 1959년까지의 경우를 보면, 주요 대일수출은 수산물을 중심으로 한 식료품, 광물(금속 · 비금속)과 같은 1차 산업품과 섬유품으로, 이들 품종만으로 전체 대일수출의 80% 이상을 차지했다. 반면 대일수입품은 섬유품, 기계, 비료, 화공약품 등이었고, 특히 기계류가 30% 전후로 큰 비중을 차지했다.[36)]

1960년 4 · 19 이후 이승만 정권이 물러나고, 민주당 정부가 들어서면서 한일관계는 새 국면을 맞았다. 경제성장을 위한 일본과의 관계 개선이 본격 추진되면서 일본 상사회사 직원의 한국입국이 허용되는 것은 물론 상호교류가 급증했다. 이는 1961년 5 · 16쿠데타로 집권한 군사정부 이후 역시 마찬가지였다. 단적으로 1960년부터 대일수출은 2천만 달러 이상으로, 대일수입은 1억 달러 이상으로 증가했다. 한국의 대일 무역 적자 폭은 더욱 확대되었다.

단순한 무역교류를 넘어 한일 국교 자체의 정상화를 강조하는 미국의 입김도 강해졌다. 미국은 한국의 빠른 경제성장을 위해 일본 수출시장의 확대는 물론, 일본의 경제지원 증대를 원했다. 아시아 냉전대립 진영의 단합과 남북대결에서의 한국의 우위가 필요했던 정치적 목적이 강하게 작용하고 있었다.

경제성장을 국가적 목표로 내세웠던 한국정부는 미국의 동아시아전략에 호응하였고, 1960년대 한일협상은 재개되었다. 이 속에서 1950년대 이승만 정부가 남겨놓은 문제들도 하나씩 타협을 이뤄갔다. 1950년도 '한일재정협정'에 의해 개설된 청산계정 상의 한국 측 채무 문제가 대표적이었다. 한국 정부 측은 일본 측의 수차례 요구에도 불구하고 약 4,700만 달러에 달하는

36) 이상과 같이 1950년대를 중심으로 한일무역 수치를 분석한 연구로는 정진성, 「1950년대의 한일경제관계-한일무역을 중심으로」, 『한일역사공동연구보고서』 6권, 2005 참조.

1954년도 대일채무를 이행하지 않았고, 이는 1960년대에 들어서까지 대일채무로 남겨져 있었다.

한일관계 개선 분위기가 무르익으면서 이는 1961년 초 도쿄 한일 관계자 교섭과 그 결과인 '청산계정 잔고에 관한 서한'(1961.4.22)을 통해 중간 해결이 이뤄졌다. 그 내용은 ① 한국정부는 1961년 1월 말일 현재 청산계정 잔고 45,729천 달러를 확인하고, 그 조기결제에 타당한 고려를 지불한다, ② 한국정부는, 동년 2월 1일 이후 신규로 발생하는 채무를 현금에 의해 결제한다, ③ 양국정부는 가능한 한 빠른 기회에 청산계정을 폐지하고, 전면적으로 현금결제방식으로 이행하기 위해 협의한다, ④ 일본정부는 한국산품의 수입증대를 위해 적당한 조치를 강구한다는 등의 내용이었다.[37]

그 후 청산계정 상의 대일 부채 4천6백여 달라는 1965년도에 들어서 해결된다. 한일협정 체결과 함께 일본이 한국에 지불하기로 한 대일청구권 무상자금 3억 불 내에서 이를 상쇄하는 데 합의가 이뤄졌기 때문이다.[38] 아울러 양국 간의 청산계정 결제방식은 한일협정 체결 이후인 1966년 9월 15일부로 폐지되고 새로운 무역협정과 금융협정 체결 속에서 현금결제로 전환되었다.

이상에서 살펴본 1950년 한일통상협정과 재정협정 체결은 한일 무역관계의 새로운 출발을 알리는 시작점으로 평가할 수 있다. 1945년 해방 이전 일본의 식민지로서 식량 및 원료를 수출하고 공업제품을 수입했던 종속적 구조에서, 미국 주도 세계 다자무역 시스템 속 '국가 대 국가'의 한일 무역관계로 진입하는 계기였던 셈이다. 하지만 무역이 재개된 이후 한동안은 식민지 이전과 무역품목의 차이는 크지 않았다. 오히려 경제교류가 활발해질수록 한·일 간 수직적 분업구조가 정착되고 대일 무역적자는 확대되었다. 1950년대 후반부터 본격화한 농수산품·경공업제품의 수출과 중공업

---

37) 外務省 経済局 アジア科,「第2次 韓国経済視察団報告書(1962.5)」; 日本外務省,『E'2158 本邦経済使節視察団韓国派遣関係』.
38)「15일로 폐지 한일청산계정」,『매일경제』1966.9.14.

제품의 수입 구도는 1960년대 이후에도 지속되었다. 이에 따라 한·일 간 경제적 종속에 대한 우려가 한때 크게 높아지기도 했다. 하지만 1950년 통상·재정협정으로 재개된 한일 경제관계는 동아시아 냉전체제 수호의 파트너이자, 한·미·일 3각의 정치경제적 이해의 합치 속에서 강고한 결합을 이어 나가게 된다.

【참고문헌】

〈논문〉

송병권, 「미국의 전후 한일 간 경제분리정책의 형성과 변용」, 『한국근현대사연구』 53, 2010.

이현진, 「해방 이후 미국의 한일경제관계 구상」, 『이화사학연구』 47, 2013.

정진성, 「1950년대의 한일경제관계－한일무역을 중심으로」, 『한일역사공동연구보고서』 6권, 2005.

차철욱, 「미군정기 한일무역의 성격」, 『부대사학』 22, 1998.

차철욱, 「이승만정권기 한일통상협상과 무역구조」, 『역사와 경계』 50, 2004.

허 은, 「제1공화국 초기 대일 미곡수출의 역사적 배경과 성격」, 『한국사학보』 제8호, 2000.

04_ 미국 중심 경제질서로의 편입
: '한미 원조협정'

금보운

1. 해방 이후 경제붕괴와 미국의 대한 원조

해방직후 일제식민자본이 철수하면서 한반도의 경제상황은 사회적 대혼란을 야기할 정도로 심각했다. 1945년 말의 물가상승 폭이 1936년을 기준으로 16배를 기록하며 사람들의 생계를 위협하였고, 숙련공의 부족, 관리기구의 부재와 같은 문제와 더불어 정치적 불안으로 이어질 수 있다는 우려가 제기되었다. 이에 한국 정치세력은 물론 점령군으로서의 위신을 지켜야 했던 미군정, 그리고 미국무부도 한국에 대한 대외원조의 필요성을 인식하고 있었다.

대외원조는 대외정책의 맥락에서 해석되어야 하는 정치적 수단으로서 "다른 나라로 하여금 원하는 방향으로 행동하게 하는 도구"이다.[1] 이때 2차대전 이후 미국의 대외원조는 1941년 입안된 '무기대여법(Land Lease Act)'에 근거하여 시행되었는데, 전쟁의 재정적 · 경제적 측면을 고려하기 시작하였다는 점에서 이전의 원조와 성격을 달리한다.[2] 즉 2차대전 이

1) David A. Baldwin, 1966, *Foreign Aid and American Foreign Policy : A Documentary Analysis'*, Fredrick A. Praeger, New York, p.3.

2) Legislative Refernce Service, Library of Congress, *'U.S. Foreign Aid'*, Greenwood Press, New York, 1968, p.1.

후 미국의 대외원조는 안보강화를 목적으로 한 경제적 지원의 성격을 갖게 된 것이다. 한국에 대한 미국의 원조 역시 냉전체제하 미국을 중심으로 하는 자본주의 진영의 강화와 대소봉쇄를 위한 친미적인 정부를 수립한다는 목적을 갖고 있었다. 이에 따라 1945년 미군이 한국에 주둔한 이후 시행된 미국의 대한원조 역시 당시의 경제적 불안요소를 일시적으로 안정시킬 수 있는 긴급구호원조로부터 시작되었다. 구체적으로는 점령구역 행정구호원조(GARIOA, Government and Relief in Occupied Area)와 미국이 자금의 73%를 지원한 유엔구호부흥기관(UNRRA, United Nations Relief Rehabilitation Administration)으로부터의 원조가 있었다. 이 같은 구호원조는 2차대전 이후 미국의 정책결정자들이 전후 처리의 경제적 과제를 구호(relief), 재건(reconstruction), 그리고 장기적 관점에서의 성장과 안정(long-term growth and stability)으로 보았던 것에 기인한다.

긴급구호를 목적으로 한 대한원조의 성격은 1947년 미국의 대한정책이 전환되는 과정에서 재검토되었다. 특히 1947년 초, '트루먼독트린'으로 시작된 그리스 · 터키에 대한 원조는 유럽 중심으로 운영된 미국의 원조운영 방향이 동아시아로 확장된 계기가 되었다. 미국은 남한 단독정부 수립 계획을 구체화하며 대소봉쇄 정책을 강화하는 방안으로서 대한원조방안을 고려하였다. 이와 함께 미국의 대한원조는 주한미군철군 논의에 따라 철군 이후 발생될 문제를 극복할 현실적인 대비책을 마련하기 위한 방안이기도 했다. 구체적으로는 일본을 중심으로 한 지역통합전략에 의거하여 동아시아의 안정을 위해 남한과 일본에 원조를 해야 한다는 것이었다. 이는 3부조정위원회(SWNCC)가 설립한 한국문제에 관한 특별위원회에서 결정되었고, 'SWNCC 176/30'(한국에 관한 특별위원회 보고서 : 한국에서 미국의 정책)로 발표되었다. 이 보고서는 한반도 문제의 유엔이관 성사 여부와 상관없이 미국이 한국에 무상원조(Grant-in-Aid)를 제공해야 한다고 제시하고 있다. 또한 미국의회의 다음 회기에서 대한원조법안을 통과시켜 이를 구체적으로 논의해야 한다

고 제언하였다.[3)]

미 국무부는 대한원조를 추진하면서 그 내용을 담은 법안이 미 의회에서 원만히 통과될 수 있도록 1947년 8월과 9월 각각 웨드마이어(Albert C. Wedemeyer) 사절단과 드레이퍼(William H. Draper) 사절단을 파견하여 남한 경제문제에 대한 보고서를 작성케 했다. 이와 같은 미국의 상황분석 보고서들은 대중들의 태도를 결정짓는 요소로서 정치적 동기보다 경제적 궁핍이 보다 결정적이라는 점을 제시하였다. 즉 한국의 경제적 상황이 정치적 위기를 야기하고 있는 상황을 극복하기 위해 적극적인 경제원조가 필요함을 강조한 것이다.

미국의 대한원조 방향은 1947년 11월 한반도 문제가 유엔으로 이관되면서 남한의 단독정부 수립이 가시화되자 보다 구체적으로 논의되기 시작하였다. 미군정의 경제고문 아서 번스(Arthur C. Bunce)는 1948년 1월, 경제전문가들과 함께 대한 원조방안을 작성하여 미 국무부에 제출하였다. 이때 미군정은 원료산업을 기반으로 한 경제부흥을 목표로 제시하였던 반면, 미 국무부는 단기적 안정을 추구한 한 원조를 제기하며 의견대립이 발생하였다.

국무부와 미군정이 원조방향에 대해 논의하는 가운데 1948년 4월 2일, 미국의 대한원조를 포함한 총괄적인 대한정책의 목표가 '국가안전보장회의 정책문서'(NSC 8)를 통해 제시되었다. 이는 남한에서의 부정적 영향을 최소화하며 미국의 의무를 점차 감소시킬 실제적인 지원방안을 담고 있었으며, 경제붕괴를 막기 위한 경제원조 계획을 수립한다는 방안을 포함하고 있었다.[4)] 이처럼 해방 이후 미국의 대한원조는 긴급구호를 목적으로 시작되었다가 1947년 남한 단독정부 수립이 가시화되는 과정에서 반

3) "SWNCC 176/30 report by the Ad Hoc Committee on Korea", 1947.8.4, FRUS 1947 Vol.VI, pp.740~741.

4) "Note by the Executive Secretary of the National Security Council(Souers) to President Truman", 1948.4.2, FRUS 1948 Vol.VI, pp.1163~1169.

공기지로서의 남한정권을 유지하기 위한 경제적 보완제로 고려되기 시작했다.

2. 남한 단독정부 수립과 경제원조협정의 체결

경제적 수단을 매개로 한국의 대내안보를 강화하고, 미국의 국제적 위신을 강화하기 위해 수립된 미국의 대한원조계획은 1948년 8월 15일 대한민국정부 수립 선포식 이후 본격적인 실행 준비에 착수되었다. 이는 8월 15일, 미국 대통령 트루먼(Harry S. Truman)이 정부 내 각 부처에 한국에 대한 미국 경제원조 기관을 결정하도록 지시하는 것으로 시작되었다. 트루먼의 지시에 따라 8월 25일, 대한경제원조에 대한 책임은 종전에 이를 담당하던 육군부로부터 유럽부흥계획을 실시하고 있던 경제협조처(ECA, Economic Cooperation Administration)로 이관되었다. 이와 함께 미 점령지역 국무부 차관보 찰스 숄츠만(Charles E. Saltzman)은 NSC 8에 따른 구체적인 원조운영안을 제시하였다.[5] 숄츠만의 비망록은 한미 간 경제원조협정의 큰 골자를 담고 있는 문서인데, 미국의 대한원조가 정치·경제적 의미를 갖고 있음을 명시하며 대소봉쇄와 미국의 영향력하에 수립된 정권의 유지를 목적으로 한다는 내용을 담고 있었다. 이 비망록에서 주목해야 하는 점은 대한원조프로그램의 운영목표로서 미국의 재정적 책임 최소화를 지적하였다는 점이다. 이와 함께 미국이 대한원조제공에 대한 의무나 책임을 갖고 있는 것이 아님을 명백히 하였으며, 미국의 "자유의지"에 따라 언제든 중단할 수 있음을 강조하였다. 이는 원조협정 체결을 위한 한미 간 회담이 진행되기 전인 10월 1일에도 경제협조처장 폴 호프만(Paul G. Hoffman)에 의해 재차 확인되었다.

5) "Memorandum by the Assistant Secretary of State for Occupied Areas(Saltzman) : Future Economic Assistant to Korea", 1948.9.7, FRUS 1948 Vol.VI, pp.1292~1298.

미국 내에서 대한원조를 위한 계획과 구체적인 방안이 논의되는 가운데 9월 2일, 이승만이 미국정부에 원조협정체결을 위한 회담을 제의했고, 21일 주한미국특사 무초(John J. Muccio)의 답신서가 전달됨으로써 회담이 준비되기 시작했다. 한미 경제원조협정 체결을 위한 회담(이하 한미원조회담)[6]은 1948년 10월 4일 이래 총 13차의 정식회합을 거쳐 11월 27일 최종 합의를 보게 되었다. 한미원조회담의 한국정부 측 대표는 재무부장관 김도연(金度演)이었으며, 미국정부 측 대표는 미군사령관 헬믹(Charles G. Helmick)이었다. 대표 외에 한국 측은 국무위원 이윤영(李允榮), 기획처장 이순탁(李順鐸), 재정경제위원장 정해준(鄭海駿)을 비롯하여 고문으로서 법제처장 유진오(俞鎭午), 외무차관 고창일(高昌一), 재무부 이재국장 김경진(金慶鎭)이 참석하였으며, 미국 측은 경제협조처 사무관 존스(Owen T. Jones)를 비롯한 고문단이 참석하였다. 미국 측 대표는 10월 1일과 2일 이틀 간 중앙청 별관 민사처에서 회합하여 한국 측에 제시할 원조안의 예비회담을 개최하였다. 이들은 '對한국 경제사절단'이라 알려졌으며, 반도호텔 510호실에 사무실을 설치하고 제반 사무를 처리하였다.

한미원조회담 개최 시 국내 여론은 1948년 9월 11일에 체결된 '한미 간 재정 및 재산에 관한 최초협정' 때와는 달리 한국정부가 주체적인 태도를 보일 것에 대한 기대가 컸었다.[7] 그러나 한국정부는 회담에 앞서 구체적

---

6) 김도연 재무부장관은 이 회담을 '대한민국 정부에 대하여 미합중국이 제공하고저 하는 물질적 급 기술적원조에 관한 한미회담'이라 지칭하였다. 또한 당시 언론에 의해 '한미 재정 및 재산에 관한 최초협정'체결을 위해 개최되었던 '한미회담'이 '휴회' 된 이후 '재개'된 것으로 인식되어 '제2차 한미회담'이라 일컬어지기도 했다. 공식명칭으로서 정부 관계자가 지칭한 용어를 사용하는 것이 타당할 것으로 보이나 '한미 간 재정 및 재산에 관한 최초협정'과의 구분을 위하여 '한미원조회담'을 사용하고자 한다.

7) "경제원조에 관한 한미회담은 내주 초부터 개시되리라고 하는 데 앞서 행한 행정권 이양에 관한 회담은 한국 측으로서는 미군정으로부터 정권을 일방적으로 이수하는 회담이었든 만큼 한국 측의 발언권이 강할 수 없었을 것이나 이번 회담은 쌍방이 대등한 입장에서 협정을 체결하게 되어야 할것이매 한국 측 대표단의 책임은 중구대하다 할 것이다"(「한국경제원조를 위한 미국 측 대표 입국」, 『서울신문』, 1948.10.2)

방안을 갖고 있지 않았다.[8] 한미원조회담은 1948년 10월 4일 제 2차회의에서 미국 측 안이 제시되면서 본격적으로 전개되었다. 미국 측 안을 전해 받은 한국정부 측 대표들은 10월 7일 이에 대한 토의를 진행했다. 당시 이 회의결과 물자원조에 대한 미국 측 제안은 무난히 통과될 것으로 예상되었다.[9] 그러나 비공개 회담이었음에도 불구하고 개회 직후 미국 측의 제안을 그대로 용납하는 것인가에 대한 우려가 제기되었으며[10], 조약 내용에 주권침해에 대한 우려가 있다거나 경제적 예속을 경계해야 한다는 주장이 등장하였다.[11] 김구(金九)는 기자들 앞에서 '불평등 조약'이라고 평가하기도 했다.

이 같은 여론에 대해 한국 측 대표들은 미국 측이 제안한 협정안을 분석하며 따로 토의를 거친 후 내정 간섭의 우려가 있는 부분에서는 적극 반대하는 입장을 취하고 있다고 발표했다.[12] 또한 한국 측이 자신들의 문제제기에 대한 대안을 제시하며 미국 측이 제시한 원안과 대조하는 과정을 거쳤다.[13] 그러나 10월 20일, 김도연 재무부장관이 일련의 회담을 통해 양측 대표단이 대체로 합의를 보았고, 문구사용 및 표현방법 등에서만 수정을 가했다고 발표한 것으로 보아[14] 사실상 미국 측 제안이 거의 원안 그대로 반영되었다고 볼 수 있다.

한국정부 대표와 미국정부 대표 간 합의를 거친 협정안은 최종적으로 2회의 독회 과정을 거쳤다. 한국정부 측은 제1차 독회 과정에서 해결하지 못한 구절을 재차 심의하고, 2차 독회에서 지적된 국무회의의 수정안 역시 다시 토의할 것을 제안하였다. 그러나 이 제안이 미국당국에 의해 전

8) 「한미회담 내주재개 원조문제 등을 상정」, 『동아일보』, 1948.9.25.
9) 「한미회담 내주초에 미대한원조안 대개 용납될 듯」, 『경향신문』, 1948.10.9.
10) 「미안 용납 의문시」, 『경향신문』, 1948.10.7.
11) 「미 대한경제원조안에 주권침해가 우려」, 『경향신문』, 1948.10.12; 「한국의 일체 경제운영을 한미 간의 협의하에 두나」, 『경향신문』, 1948.10.14.
12) 「미측 제안 육조까지 번의 한미회담 연일계속」, 『동아일보』, 1948.10.15.
13) 「한미회담 속개 한국 측 대안제출」, 『동아일보』, 1948.10.9.
14) 「한미회담 순조로 진행」, 『경향신문』, 1948.10.23.

면 거부되며 11월 15일까지 미국정부에 한국국회의 인준을 받은 협정안을 전달하기로 했던 예정이 점점 미뤄지게 되었다. 수정안을 둘러싼 한미 의견대립의 논점은 1)미국의 대한원조에 관한 일체 경리를 미국정부에 보고(3조 4항에 내용 반영), 2)한국에서 생산되는 희귀금속 중 한국자체가 원료로 소비할 수 없는 물자는 미국에 이송(8조에 내용반영), 3)원조물자의 용도 및 교역에 관해서는 미국정부의 동의를 얻어야 함(5조 3항에 반영)의 세 가지였다.[15] 미국정부 대표 측은 한국정부 측의 수정안에 대해 '한국정부가 극도의 신중성을 보이고 있다'며 불만을 나타냈고, 자신들이 처음 제안한 안을 전폭적으로 수락할 것을 재차 요청하였다. 국내에서는 한미 의견의 차이가 좁혀지지 않는다면 유엔이 한국정부를 승인하기 전까지 원조협정이 체결되지 않을 것이라는 우려도 등장했다.[16] 한미 간 의견차는 한국 측이 세 차례나 회견서를 회송한 후인 11월 27일에야 최후적 합의단계에 들어가며 좁혀지게 되었다. 이는 당초 예정보다 2주일가량 늦춰진 것이다. 당시 보도를 살펴보면 한국 측에서 자주경제운영에 지장되는 조항 및 문구에 대해 수정을 요구했고, 이를 미 정부에서 받아들였다고 한다.[17] 그러나 역시 본질적인 내용은 미국 측의 초안과 다르지 않았다.

한미원조회담은 11월 27일, 한국 측 대표가 미국 측으로부터 회시되어 온 협정안을 받아 문구수정안을 중심으로 재심하고, 완전합의를 결정함으로써 마무리 되었다. 한국정부 측의 수정사항은 '재산의 무형유형'과 같은 모호하고 추상적인 부분의 삭제와 한국 내에서의 미국인 상사(商事)행위는 한국헌법 법률 한계 내에서 영위된다는 문구의 삽입 등이었다.

15) 「經援회담난항? 미국정부의 지령도착」, 『동아일보』, 1948.11.20.
16) 「한미회담암초?」, 『경향신문』, 1948.11.21.
17) 「경원 협정 합의 성립, 미정부 한국 요구 승인, 내주 중 한미대표 간 정식 조인」, 『동아일보』, 1948.11.28.

▎한미원조회담에서 수정된 조항과 문구 내용[18]

미국 측 초안	수정 후 문구	수정 내용
전문(-)	미합중국정부 및 대한민국정부는 대한민국정부의 독립과 안전보장에 조건에 의한 그 원조의 제공이 국제연합헌장의 근본목적과 1947년 11월 14일의 국제연합총회의결의의 근본목적을 달성함에 유효하고 미국국민 및 한국국민 간의 친선적 결합을 일층 강화할 것을 확신하므로 …(후략)	「한미원조협정」이 조인되기 전 마지막으로 가진 회담자리에서 미국당국이 한국 측의 수정안을 받아들이면서 삽입된 부분. 한국 측은 협정 주문(主文)에 "미국의 대한경제원조는 한국주권을 침해치 않는 운운(云云)"의 내용을 가진 문구 삽입을 제기했음. 이 부분은 당시 미 측 대표 단독으로 결정하기 어려운 상황이었기 때문에 미국본국에 승인요청을 한 후 11월 26일 승인을 받으면서 문구수정안이 첨부되어 입전됨.
2조(바) (미국상인이 한국에 입국할 때 적극원조 환영해야 한다)	대한민국의 헌법 및 법률에 규정된 제 제한 내에서 한국에 대한 외국인의 사적투자 및 사적외국 무역상이 한국에 입국하여 영업에 종사함을 용이케 한다.	「한미원조협정」이 조인되기 전 마지막으로 가진 회담자리에서 수정된 부분. 내정간섭의 우려가 있어 법적제한을 두는 문장을 첨가함.

한미 대표는 당초 12월 3일 협정 조인을 예정하였으나 한국 측의 준비지연을 이유로 12월 10일로 연기되었다. 협정에는 미국 측의 무초, 한국 측의 이범석(李範奭), 김도연이 조인하였다.

3. 〈대한민국 및 미합중국 간의 원조협정〉 분석

'한미원조협정'은 전문과 총 12조로 구성되어 있으며, 첫째, 대소봉쇄와 미국의 영향력하에 수립된 정권의 유지, 둘째, 미국의 재정적 책임을 최소

18) 「주권을 침해않는 등 한국 측 수정안 채용코 한미회담완전합의」, 『경향신문』, 1948. 11.28.

화한다는 것을 목적으로 하고 있었다. 이는 미국의 대한정책의 전반적인 목적을 제시하고 있는 NSC 8과 대한원조계획의 구체적인 방안을 담고 있는 슐츠만 비망록의 내용을 반영한 것이었다.

이 같은 목적을 시행하기 위해 '한미원조협정'이 담고 있는 규정은 기본적으로 '경제안정'을 도모하기 위한 것이었다. 물론 협정의 전문에서는 대한원조의 목적에 대해 "국력 부흥을 촉진하고, 국내 안정을 확보하기 위하여"라고 제시되었다. 그러나 이는 수립초기 한국정부가 목표로 했던 생산기반 구축 및 경제부흥정책과 상응하는 것은 아니었다.[19] '한미원조협정'은 어디까지나 부흥을 위한 기본적인 전제로서 경제안정을 강조하였다. 실제 미국의 원조 운영에 있어서도 경제부흥에 필요한 산업재는 거의 도입되지 않았다. 세계적인 무역구조 속에서 한 국가가 생산기반을 갖춘다는 것은 자립적으로 물건을 생산하고 판매하여 교역할 수 있다는 것을 의미했다. 이 같은 점에서 경제안정에 중점을 둔 규정과 원조운영은 자연스럽게 한국정부의 시장의존도를 확대시키는 결과로 이어질 수 있었다.

'한미원조협정'에서 한국정부가 경제안정을 위한 경제정책을 운영하도록 마련한 규정은 2조를 통해 확인할 수 있다. 총 8항으로 구성된 2조는 각각 지출절감과 세입증가, 신용통제, 외국환관리 및 외국무역 통제, 대미환율 설정, 양곡의 배급제 실시, 외국인의 사적투자 및 외국 무역상 허용, 수출산업 증진, 생산증가를 규정하는 내용으로 구성되어 있었다. 이들은 기본적으로 국가의 투자 및 소비를 최소화하고, 외부에서 유입되는 물자를 통해 국내 수요를 충족하여 품귀현상으로 인한 인플레이션을 완화하려는 목적을 갖고 있었다. 이때 수출산업 증진 및 생산증가는 산업재 시설이 아닌 쌀, 비료 등 1차산업에 중점을 둔 것이었다. 또한, 이 조항은 한국정부의 적극적인 경제안정 노력이 수반될 경우에만 원조가 지속될 수 있다는 미국

---

19) 이승만 정권하 기획처와 농림부를 중심으로 한 중간파 세력들은 산업부흥5개년계획을 추진하며 산업구조를 재편하고, 농업국에서 공업국으로 전환하여 경제규모를 확대하고자 했다.

정부의 압박과 더불어 미국 원조의 주목적이 다름 아닌 한국의 경제안정에 있다는 점을 각인시켜 주는 성격을 갖고 있었다.

'한미원조협정'은 보다 적극적으로 한국정부의 경제운영을 규정하고, 통제하고 있었다. '한미원조협정'에 따라 한국정부는 수출입계획도 미국원조대표의 허가하에 시행할 수 있었다. 뿐만 아니라 수입계획에 의해 도입된 물자도 '유효한 이용을 보장'한다는 이유로 외국인 상담역 및 기술자를 고용하여 이들의 지도하에 이용하도록 했는데, 이들 역시도 미국원조대표와의 상의 후에 고용할 수 있었다(4조). 미국정부는 한국정부가 이 같은 규정을 따를 수밖에 없도록 하는 압박수단으로서 '한미원조협정'에 한국정부의 경제정책 방향을 규제하는 조항과 함께 미국의 의지에 따라 언제든 협정을 폐지할 수 있다는 조항(10조)을 설정하기도 했다.

이는 궁극적으로 원조의 운영권한 및 방향도 미국의 통제하에 둠으로써 미국 원조당국이 원하는 방향으로 원조물자를 운영하기 위한 기반이었다. 구체적으로 '한미원조협정'은 우선 외교사절의 특전을 가진 미국의 원조대표를 한국에 파견하였으며, 한국정부가 이들의 활동을 지원할 것을 규정하였다. 이들은 한국에서 자유로이 여행하고 원조에 관한 회계와 기록을 시찰할 수 있었다. 이때 미국 원조대표는 한국인 직원을 고용할 수 있었는데, 그들의 보수는 한국정부가 지불해야 했다. 뿐만 아니라 미국정부는 '한미원조협정'을 통해 원조물자의 가격을 책정하는 등 회계에 관한 업무를 맡을 정부기관을 설치할 것을 명시하였는데, 이 기관 역시 미국 원조대표와의 협의하에 운영하도록 규정되었다.(3조)

원조물자의 운영 역시 '한미원조협정'하에 통제되었다. 5조 2항은 원조물자가 국내에 판매되었을 때 그 대금을 특별계정에 예금하도록 규정되었다. 이를 대충자금이라 하였는데, 원조물자가 들어오면 국내시장에 판매되어 수요를 충족시키고, 그 판매대금은 국가재정으로 충당하여 인플레이션을 완화하려는 목적에서 설치한 것이었다. 미국은 대충자금의 사용처 역시 미국원조대표와의 상의하에 결정할 수 있도록 규제되었다. 대충자금은 1950

년대 한국재정에서 주요한 비중을 차지하고 있었다. 1950년도 예산을 보면 당시 대충자금은 전체 세입예산의 24.1%를 차지하고 있었는데, 이는 조세수입 9.1%에 비해 약 3배가량 많은 규모였고, 세 번째로 많은 규모를 차지하고 있는 농지대가상환금(10.7%)보다 약 2배가량 많았다. 즉 대충자금은 인플레이션을 야기했던 조선은행 차입금(47.5%)을 제외하고 국가재정에서 가장 많은 부분을 차지하고 있을 정도로 주요재원이었다. 따라서 '한미원조협정'의 대충자금 조항은 사실상 미국정부의 한국 재정운영에 대한 통제 조항이었다고 할 수 있다.

'한미원조협정'에서 주목할 점은 미국의 원조가 대외적 관계뿐만 아니라 미국 내 상황과도 맞물리며 전개되었다는 것이다. 특히 미국정부는 장기적인 관점에서 원조 중단 이후를 염두에 두고 있었는데, 이는 원조에 대한 경제적 부담과 이에 대한 미국 내의 비판을 의식한 결과이기도 했다. 미국정부는 기술원조를 통해 대외원조의 부담을 줄이고자했다. 즉 원조가 없이도 한국인 스스로 경제활동을 할 수 있는 기술을 교육하는 것이다. 실제로 ECA의 조직에서도 기술프로그램을 수행하는 기술훈련부는 중요한 핵심을 이루는 부서였다. ECA의 대한원조계획에서는 한국인의 기술훈련에 대한 부분이 강조되었으며, 그 일환으로 1950년 3월 기술연구생 65명이 미국과 일본에 파견되기도 했다. 한편으로 이러한 기술교육은 미국이 제공한 원조물자를 잘 활용할 수 있게 함으로써 미국의 대한원조의 효율성을 높이고자 하는 의도 역시 반영하고 있었다.

또한 미국정부는 '한미원조협정'에 한국에 도입된 원조물자를 미국에 재수출하지 못하도록 하였다(5조 3항). 사실 대외원조조차도 전쟁으로 인해 과잉된 미국 내 상품을 반출하여 물가를 조정하고 국내산업을 보호하려는 의도를 반영하고 있었다.[20] 제2차 세계대전 이후 미국경제는 팽창된 상품

20) "Additional Report of the Special Committee Investigating the National Defense Program", 1945, Box7, Entry404, Investigation of the National Defense Program for Economic Affairs, RG59, p.4.

공급으로 인한 생산저하 및 실업이 사회적 혼란을 야기했다. 이는 냉전시기 안보적 위기상황으로 확대될 수 있다고 지적되기도 했다. 다시 말하면 원조물자의 재수출 금지 조항은 국내 경제를 보호하기 위해 시행한 원조물자가 다시 국내로 유입되는 것을 방지하기 위한 것으로서 자국의 경제안정을 목적으로 한 조치였던 것이다.

이와 같이 미국의 대한원조는 원조의 시혜자였던 미국정부의 정책적 목표와 이익을 보장하는 가운데 전개되었다. '한미원조협정'은 미국의 상업, 산업, 해운 및 기타 영업행위, 상품교역에 있어 미국에 대한 최혜국 대우를 보장하도록 하였고(6조 5항, 7조), 이 같은 활동에 장애가 되는 요소를 방지할 것을 의무로 규정하였다(6조 7항). 뿐만 아니라 미국이 필요로 하는 원료를 한국으로부터 수입할 수 있도록 원료증산을 도모하며, 이송에 편의를 도모할 것을 규정하기도 했다(8조).

뿐만 아니라 미국은 '한미원조협정'을 통해 한국에 도입되는 물자에 항구적인 표식을 찍어 미국이 제공한 것임을 한국인에게 표시하도록 규정(5조4항)함으로써 한국인들에게 시혜자로서의 인식을 구축하고자 했다. 또한 미국이 제공하는 원조의 규모와 성격 등 세부적인 내용을 라디오나 신문을 통해 보도할 것을 규정하였다(9조).

마지막으로 '한미원조협정'에서 남북교역관계 중단을 초래할 수 있는 조항을 담고 있었다는 점 역시 주목할 필요가 있다. 협정의 제2조 (다)항에 규정된 외국무역통제제도에 의해 북한이 제3국으로 취급되어 무역이 통제될 것이며, 10조 (다)항의 원조중단의 규정과 관련하여 사회주의 국가 북한과의 무역을 지속하는 것이 원조수여의 조건을 충족시키지 못할 수 있었기 때문이다. 이 조항과 관련하여 이미 한국 내에서는 '한미원조협정'이 체결될 즈음부터 협정을 계기로 남북교역이 더욱 제한될 것이라는 우려가 제기되기도 했다. 당시 한국 측 관계자들은 향후 대북관계에 대해 북한이 제3국이 될 수밖에 없으며 남북관계는 과도정부 시기보다 더욱 멀어질 것이 확실하다고 지적했다.[21]

‘한미원조협정’은 경제정책, 원조물자 및 재정의 운영, 그리고 미국과의 경제관계 전반을 규정하고 통제하는 조항을 담고 있었으며, 국제적 조약으로서 보장받게 된 미국의 영향력은 단순히 경제면에 국한되지 않고 정치적인 측면까지 확대될 수 있었다. 즉 ‘한미원조협정’은 단순히 한국의 경제안정을 위해 물자를 무상으로 제공하는 것이 아니라 한국이 자유진영의 한 시장으로서 미국의 경제적 이익을 보장하는 한에서 제공되었던 일종의 교환계약이었다고 할 수 있다.

4. 한미일 경제관계의 재편과 남북교역 중단

12월 10일 조인된 ‘한미원조협정’은 국회승인 과정을 남겨두고 있었고, 12월 11일, 제1회 127차 국회본회의에 상정되었다. 이날 본회의는 김도연이 협정문 전문을 낭독한 후 이에 대한 의원들의 의견이 개진되며 진행되었다. 그러나 충분한 토론이 전개되지 못한 채 13일, 128차 본회의에서 재개하기로 한 후 종료되었다.[22] 이에 따라 ‘한미원조협정’에 관한 논의는 제1회 128차 국회본회의에서 이어졌지만, 충분한 토론이 진행된 것은 아니었다.[23] 회의 초반에 정해진 발언자들이 비평을 하면 김도연 장관이 해명을 하는 식으로 넘어갔으며, 그마저도 정해진 발언자들이 모두 발언하지 못한 채 표결에 부쳐졌다. 128차 회의에서 발언한 의원들은 전반적으로 원조협정이 미국의 내정간섭이자 외국자본의 시장독점의 가능성을 내포하고 있다고 비판했다. 구체적으로는 예산균형, 외국환통제, 외국상인의 활동, 식량배급 등 경제정책을 규정하고 있는 2조와 대충자금의 사용처 규제를 내용으로 하는 5조와 관련된 내용들이었다. 2조와 5조뿐만 아니라 협정 전반

---

21) 「한미경제원조협정으로 남북교역 더욱 제한될 예상」, 『자유신문』, 1948.10.13.

22) 제1회 127차 국회본회의 회의록, 1948.12.11, 국회회의록시스템(http://likms.assembly.go.kr/record/index.html이하 생략), 2~12쪽.

23) 제1회 128차 국회본회의 회의록, 1948.12.13, 25~38쪽.

적인 측면에서 미국 일방의 입장만 담고 있다는 지적이 제기되었다. 미국이 원조협정을 통해 경제정책을 규제함으로써 정치적 자주성을 억압한다는 것이었다. 이에 대해 김도연은 헌법의 경제조항에서 통제경제를 규정하고 있으므로 원조물자의 재수출 금지조항, 예산균형 규정, 외국환 통제 등은 합법적인 조항이라고 해명하였다. 의원들의 발언과 김도연 장관의 해명이 오고가는 가운데 협정승인을 더 이상 지연시킬 수 없다는 장내의 의견이 수용되었고, 토론 중단을 위한 표결이 결의되었다. 이에 대해 노일환(盧鎰煥, 한국민주당), 황윤호(黃潤鎬, 무소속), 김옥주(金沃周, 무소속), 서용길(徐容吉, 무소속) 등 소장파 의원 10여 명은 표결을 반대하며 퇴장하였다. 이들은 대부분 '한미 간 재정 및 재산에 관한 최초협정' 국회승인 과정에서도 이에 반대를 하며 퇴장한 바 있다. 하지만 재석 159 중 찬성 78, 반대 17로 '한미원조협정'의 승인을 위한 표결이 진행되었다.

'한미 간 재정 및 재산에 관한 최초협정'의 승인 과정과 비교하면 '한미원조협정'에 대한 논의는 거의 없었다고 해도 과언이 아니었다. 여기에는 미국의 대한원조 계획에 따라 1949년 1월 1일부터 예산안이 작성되어야 하는 시간상의 촉박함과 함께 신생정부로서 외국의 원조 안을 시급히 승인해야 할 만큼 경제적 곤란을 위기로 인식하고 있었던 것이 이유로 작용하였다고 볼 수 있다. '한미원조협정'의 국회승인 안은 재석 109명 중 찬성 84명, 반대 0명으로 가결되었다. 이때 재석의원의 수의 변화에 주목할 필요가 있다. '한미원조협정'에 대한 토론을 중단하고 표결에 부치자는 안을 표결할 때에는 재석이 159명이었는데, 곧이어 이뤄진 표결 시에는 그보다 50명이 줄어든 109명이 된 것이다. 즉 토론의 중단을 반대하며 퇴장한 10여 명 외에도 추가의원이 더 퇴장하여 총 50여 명이 표결을 거부한 것이라 볼 수 있다. 이는 '한미원조협정'이 국회 다수의 우려와 수정요구에도 불구하고 충분한 토론을 거치지 않은 채 승인되었다는 것을 의미한다. 그러나 이 같은 절차상 한계와는 상관없이 '한미원조협정'은 국회의 승인을 받았다는 사실이 미국당국에 통보된 이후 1948년 12월 14일부터 효력이 발생되기 시작했다.

1948년 12월 10일 '한미원조협정'이 체결된 이후 미국의 대한원조는 경제협조처의 관할하에 운영되었고, 협정에 따라 주한 경제협조처가 설립되었다. 주한 경제협조처는 3년간의 원조계획 실행을 목표로 1949년 1월 1일부터 활동을 시작하였다. 이들은 '한미원조협정'에 따라 1949년 1월 17일 한국정부기관으로 설치된 '임시외자총국'과 원조물자의 수송, 배정, 보관, 판매대금의 징수 등의 업무를 처리하였다. 하지만 1949년 6월 말까지는 미군정이 관리하던 물자를 운용하였기 때문에 실질적인 활동은 1949년 7월 1일부터 시작되었다고 할 수 있다.

'한미원조협정'을 기반으로 도입된 ECA원조는 '부흥'을 목적으로 하는 '경제적'원조라는 점에서 미군정 하 긴급구호원조와 그 성격을 달리한다. 부흥계획의 주요 내용은 한국 경제가 3년의 원조기간 종료 이후 자립경제를 이룩할 수 있도록 이에 절대적으로 필요한 기반시설을 갖추는 것을 목표로 활동하는 것이다. 하지만 ECA의 예산안은 미 의회의 승인을 얻지 못하였고, 실제로 배당된 금액은 같은 해 6월 30일까지 배당된 금액은 예산안보다 적었다.

ECA원조 계획하에 도입된 물자도 계획과는 달랐다. 또한 초기 ECA원조물자는 한국 경제사정에 부합하여 계획적으로 도입되었다기보다는 미국의 사정에 따라 임의적으로 부과되기도 하였다.[24]

특히 비료의 경우 대일수출을 위한 미곡을 증산하기 위한 목적으로 제공되었다. 미국은 극동의 반공보루인 일본의 안정적 경제발전을 위해 요구되는 상품시장에 한국을 포함시키려 하였다.[25] 이는 구매력이 없는 한국에 달러를 공여하고, 그것을 통해 일본의 상품을 구매하도록 하는 정책, 소위 '원조의 조정' 혹은 '달라의 이중 작용' 정책으로 구체화되었다. 한국

24) 1949년에는 3천 5백 톤, 180만 달러의 면사(綿絲)가 ECA물자로 한국에 도입되었는데, 이는 당시 한국의 물동계획 및 ECA대한경제원조의 물자 배정표에도 없는 것이었다. 이 면사는 중화민국에 대한 ECA사업의 일환으로 적출되었으며, 중화민국이 대만으로 천도하면서 중국경제협력처에서 수하할 수 없게 되어 한국으로 회송한 것이었다.

25) 조선은행조사부, 『조선은행조사월보』 28, 1949.11. 122~123쪽.

정부는 '한미원조협정'의 규정과 같이 양곡관리법을 제정하여 정부가 민간의 쌀을 구입함으로써 수출을 위한 미곡을 확보하고자 했다. 그러나 정부 매상가격은 보상물자를 포함하여도 시가에 미달되었고, 보상물자 또한 제대로 지급되지 않았다.[26] 한국정부는 농민들로부터 낮은 가격에 양곡을 구매하였고, 미국은 이를 일본에 수출하도록 하였다. 즉 미곡의 대일수출은 국민 대다수를 차지하는 농민들의 희생을 전제로 한 것이었다. 이처럼 국내 농가경제의 희생을 바탕으로 시행된 미곡 대일수출은 미국의 지역통합전략과 관련이 있었다. ECA원조를 통해 일본 경제를 부흥시키고, 동아시아를 일본을 중심으로 운영하고자 한 것이다. 이와 관련하여 주한 ECA 내 동경연락사무소가 설치되기도 했으며, 미국정부와 일본의 연합군 최고사령관(SCAP, Supreme Commander Allied Powers)은 ECA 자금을 통한 일본물자 구입을 추진하기 위한 한일 무역협상을 추진했다. ECA 자금을 통한 한일 무역관계는 1949년 3월 '한일교역조정전문'의 협정을 통해 공식적으로 성사되었다.

무엇보다 '한미원조협정'은 분단정부 수립 이후에도 전력 및 주요원료 등을 교환하며 지속되고 있던 남북무역관계를 중단시키는 계기가 되었다. 우선 '한미원조협정'의 체결은 남북 간 갈등을 심화시켰다. 북한은 '한미원조협정'을 "매국적"이고 "망국적"이라고 규정하며, "리승만 괴뢰정부"와 "미제국주의자"들이 조선의 귀중한 자연과 조선인의 고혈 등 모든 자원을 미국에 예속시켰다고 비판하였다. 특히 "이 조약에는 미국이 부담할 의무조항이 하나도 규정되어 있지 않은 반면 남조선정부는 의무를 승인하게 되어있다"고 지적하였고, "일방적이고 편면적인 협정"이라 비판했다.[27] 또한 "미제국주의자의 독점무역"이 '한미원조협정'의 주요내용을 이루고 있다고 지적하기도 했다.[28] 김일성 역시 '한미원조협정'이 미제국주의자들의 침략도

26) 한국산업은행조사부, 『한국산업경제10년사』, 1953, 85쪽.

27) 「한미원조협정의 매국적인 체결」, 『민주상업』, 1949.2, 79~80쪽.

28) 고경흠, 「祖國의 南半部에서의 米帝國主義의 軍事植民地化政策」, 『인민』 4, 1949, 국사편찬위원회 편, 『북한관계사료집』 37, 466~480쪽.

구로 이용될 뿐이라고 비판하였다.[29] 보다 직접적으로 조항 내에서 외국무역통제제도에 의해 북한이 제3국으로 취급되거나, 사회주의 국가와 교역할 시 중단될 수 있다는 조항으로 인해 북한과의 무역을 지속하는 것이 원조 수여의 조건을 충족시키지 못할 수 있었다. 실제로 남북교역은 1949년 4월 2일 '남북한교역정지에 관한 건'이 발표되며 공식적으로 중단되었다. 남북교역의 중단은 남북분단을 확인하는 계기로서 그 이전까지 북한으로부터 반입하던 물품들이 외국의 원조 및 차관으로 대체될 수밖에 없다는 것을 의미했다. 미국 재무장관 스나이더(John W. Snyder)의 발언처럼 남북한 통신교통 통상은 한국의 경제회복에 있어 주요한 역할을 할 수 있었다.[30] 그러나 '한미원조협정'이 남북교역의 중단에 영향을 미치면서 한국경제의 대미원조 의존도는 더욱 심화되었다.

'한미원조협정'으로 시행되었던 ECA원조는 미국의 대한정책을 전개하는데 있어 재정부담을 줄이기 위한 수단이자 정치적 영향력을 확보하는 매개로서 추진되었다. 그러나 미국 의회의 승인이 지연되는 가운데 예산안대로 운영되지 못하다가 1950년 6월 25일 전쟁이 발발하며 중단되었다. 결과적으로 '한미원조협정'을 기반으로 수립된 원조계획하에서 물자가 도입된 기간은 1949년 7월부터 1950년 6월까지 약 1년에 불과하였다. 하지만 이 협정은 정부수립 초기 미국의 대한정책 운용 방식 및 기반을 담고 있으며, 정부수립 이후 한국이 미국 중심의 경제질서로 편입되는 공식적인 계기로서의 의의를 갖고 있다. 주한 경제협조처는 1951년 1월 7일 철수를 시작하여 같은 해 4월 해소되었으며, 그 기능은 1950년 전쟁 이후 한국 원조를 담당한 유엔남한재건단(UNKRA, United Nations Korean Reconstruction Agency) 및 유엔민사처(UNCACK, United Nations Civil Assistance Command in Korea)로 이관되었다.

---

29) 김일성, 「一九四九년을 맞이하면서 전국 인민에게 보내는 신년사」, 『조국의 통일독립과 민주화를 위하여』 2, 1949.

30) 「북통상절단계속이면 경제회복은 지난」, 『동아일보』, 1948.10.30.

【참고문헌】

〈단행본〉

백두진, 『백두진 회고록』, 대한공론사, 1975.

이현진, 『미국의 대한경제원조정책 1948~1960』, 혜안, 2009.

정용욱, 『해방 전후 미국의 대한정책』, 서울대학교 출판부, 2003.

한국재정40년사편찬위원회 편, 『한국재정40년사』 1, 한국개발연구원, 1990.

한국재정40년사편찬위원회 편, 『한국재정40년사』 3, 한국개발연구원, 1991.

홍성유, 『한국경제와 미국원조』, 박영사, 1962.

David A. Baldwin, *Foreign Aid and American Foreign Policy : A Documentary Analysis'*, Fredrick A. Praeger, New York, 1966.

Ronald McGlothlen, *Controlling the Wars,* W · W · Norton New York, 1993.

〈논문〉

김보영, 「8 · 15직후 남북한 경제교류에 관한 연구 : 남북한 분단의 경제적 귀결」, 『경제사학』 2, 1997.

김성보, 「이승만정권기(1948.8~1960.4) 양곡유통정책의 추이와 농가경제 변화」, 『한국사연구』 108, 2000.

김점숙, 『미군정과 대한민국 초기(1945~50년) 물자수급정책연구』, 이화여자대학교 사학과 박사학위논문, 2000.

백운선, 「제헌국회내 '소장파'에 관한 연구」, 서울대학교 정치학 박사학위논문, 1992.

신용옥, 「1950년대 대충자금 및 미국 대한원조의 경제적 성격」, 『한국민족운동사연구』 31, 2002.

이철순, 『이승만정권기 미국의 대한정책 연구(1948-1960)』, 서울대학교 정치학 박사학위논문, 1999.

정진아, 『제1공화국기(1948~1960) 이승만 정권의 경제정책론 연구－국가 주도의 산업화정책과 경제개발계획을 중심으로』, 연세대학교 사학과 박사학위논문, 2007.

차철욱, 『이승만정권기 무역정책과 대일 민간무역구조』, 부산대학교 사학과 박사학위논문, 2002.

3부

동아시아의 열전과 냉전,
한반도의 전쟁

01_ 유엔의 전쟁 개입과 동아시아 국제전으로의 승화

이주호

1. 동아시아 냉전 구도와 북한의 전쟁 결정 과정

전쟁이 북한의 한반도 통일에 대한 의지로 시작되었음은 분명하다. 김일성을 비롯한 북한지도부가 본래 생각했던 전쟁의 형태는, 38선 이남에 수립된 정부를 무력으로 제압하고 단일 국가를 수립하고자 하는 '내전'이었다. 그러나 형식적이고 실질적인 면 모두에서 남·북에 제각기 배타적인 주권을 주장하는 정부가 들어선 상황은 이미 '내전'의 범위를 벗어나 있었다.

뿐만 아니라 남·북의 대립과 충돌은 1940년대 후반들어 시작된 냉전의 일부가 되었다. 미국과 소련에게 한반도의 전쟁은 단지 '관심'의 대상이 아니라, 세계 정세에 대한 자기 이해관계에 따라 '개입'할 수밖에 없는 문제였다. 김일성을 비롯한 북한지도부가 무력에 의한 한반도 통일에 대한 소련·중국의 동의를 구했다는 점에서, 한반도의 전쟁은 이미 한국인들만의 것이 아니었다.

북한의 전쟁 결정이 당시 '사회주의 진영'이라 할 수 있는 소련·중국과의 긴밀한 협의하에 이루어진 것은 외부로부터의 군사적 지원이 없이는 전쟁 수행이 불가능했기 때문이었다. 1948년 9월 조선민주주의인민공화국 수립 이후부터, 북한지도부는 소련 측과 한반도 단일 국가 건설의 문제를 협의하기 시작하였다. 김일성을 포함한 7명의 북한 대표단이 1949년 3월 '조소경제문화협정'을 체결하기 위하여 소련을 방문하였을 때, 김일성과 스탈린이 직접 만난 자리에서 한반도의 정세에 대한 토론이 있었음은 잘 알려져 있다. 모스크바에서 돌아온 이후에도 김일성 정부는 주북한 소련 대사에게 의견을 타진하는 경로를 통하여 거듭 한반도 통일의 당위성과 가능성을 강조하면서 소련의 지원을 이끌어내고자 하였다.

그러나 1949년이 지날 때까지 소련은 북한의 전투 개시 의지에 분명한 반대 의사를 표시했다. 소련은 기본적으로 북한의 '국토 완정'에 대한 열망에는 동의하였지만, 현실적 조건에서 성공할 수 있다고 보지 않았다. 그 이유는 첫째, 북한군이 남한군을 압도할 수 있으리란 보장이 없었다. 둘째, 전쟁에 필요한 '명분'이 마땅치 않았다. "북에서 무력 도발을 개시하여 장기전에 돌입할 경우 이것은 미국으로 하여금 조선 문제에 사사건건 개입할 구실을 제공할 수도 있다는 점을 간과해서는 안될 것이다."[1)]

특히 소련이 북한의 성공 가능성을 낮게 본 것은 미국의 개입 가능성 때문이었다. 미국이 패전국 일본을 단독 점령하였을 뿐만 아니라, 중국의 국공내전에 국민당을 적극적으로 후원하고 있었던 동아시아 지역이었다. 1947년부터 냉전 대립이 가속화되는 상황에서, 소련은 미국을 자극하기를 원하지 않았다.

소련의 '조건부 반대'는 상황이 변화한다면 북한의 행동에 언제든지 동의해줄 수 있음을 뜻하였다. 그런데 1949년 하반기, 소련의 판단에 변화를 초래한 동아시아 정세의 변화가 등장하였다. 중국의 국공내전이 공산당 측의 승리로 끝나 중국대륙이 통일된 것이었다. 1949년 10월 중화인민공화국이 정식으로 수립되고, 중공의 지도자 마오쩌둥(毛澤東)은 직접 모스크바를

1) 「1949년 9월 24일 전연방공산당(볼셰비키) 중앙위원회 정치국 결정, 조선 주재 소비에트사회주의공화국연방 대사에게 하달하는 훈령」(안드레이 란코프 엮음, 전현수 옮김, 『소련공산당과 북한 문제 : 소련공산당 정치국 결정서(1945~1952)』, 경북대학교출판부, 2014, 138쪽).

방문하여 1950년 2월 중소 우호·동맹 및 상호원조 조약을 체결하였다. 국민당은 대만으로 밀려나고, 미국의 교두보는 일본으로 후퇴하였다. 중국혁명의 성공은 한반도와 베트남 등의 사회주의자들 역시 승리의 가능성을 가질 수 있다는 긍정적인 신호였다.

1949년 내내 북한지도부에 대하여 거듭 만류하는 입장을 취했던 소련은 1950년 1월부터 북한 측과 다시금 무력 통일에 대한 논의를 시작하였다. 김일성·박헌영(朴憲永)은 1950년 3월 30일에 모스크바를 비밀 방문하였다. 스탈린(Иосиф В. Сталин)은 한반도의 통일 문제에 대하여 보다 적극적인 자세를 취할 수 있도록 국제정세가 변화하였다는 입장을 밝혔다. 중국의 혁명이 성공하고 중소조약의 체결이 이루어짐으로 인해, 미국이 아시아에서 주춤거리고 있다는 정세 판단이었다. 미국이 한반도 문제에 개입하지 않을 수도 있다는 희망이 보이자, 소련은 북한의 남침 계획에 동의를 표시하였다.

다만 스탈린은 북한의 무력 통일 시도에 앞서 중국의 동의가 있어야 한다는 입장을 취하였다. 중소우호동맹조약 체결로 소련과 중국이 파트너 관계를 공식화한 이후였기 때문에, 예상되는 전쟁에 대하여 소련보다 근접하여 위치할 수밖에 없는 중국의 의사 타진은 반드시 필요하였다. 이에 1950년 5월 김일성은 베이징을 방문하여 마오쩌둥과 전쟁을 협의하였다. 중국 역시 한반도의 전쟁에 미국이 참전하지 않을 것이라는 견해에 동의하며, 북한의 전쟁 수행에 중국이 지원할 것임을 약속하였다.

거듭해서 강조되는 것은 한반도의 전쟁에 미국이 개입하지 않을 것이라는 예측이었다. 북한의 선제공격을 가능케 한 국제적 환경이 조성되었다는 판단은 어디에서 온 것일까? 이 지점에 당시부터 논란의 대상이었던 1950년 1월 12일 미 국무장관 애치슨(Dean G. Acheson)의 프레스클럽 연설이 있었다. 중국혁명의 성공으로 미국이 중국 대륙에서 이미 후퇴한 상황에서, 필리핀－대만－오키나와－일본으로 이어지는 방어선 언급은 미국이 남한 역시 '포기'할 수 있다는 입장 표명처럼 보였기 때문이었다.

하지만 애치슨 연설의 도서방위선 언급은 이중적인 성격을 가지고 있었다. 미국이 설정한 방어선 너머에 있는 지역이 공격을 받을 경우, 첫 단계에서는 공격받은 사람이 스스로 저항하지만, 다음 단계에서는 유엔(United Nations) 헌장이 규정한 대로 전 문명세계가 개입할 것이라고 명시하였다. 한반도에 대한 '발빼기'처럼 보일 수도 있었지만, 실제로는 한국에 대한 적극적인 개입 의지를 뒷받침해줄 수 있는 내용이었다.

1949년 12월에 제출된 미국 국가안전보장회의 정책문서(NSC 48/2)[2)]는 '서구에서의 전략적 공격'과 '아시아에서의 전략적 방어'를 기본개념으로 하여 경제적 지원 등으로 아시아에서 성장하고 있는 민족주의를 유도·이용하여 소련의 팽창주의에 맞선다는 개념으로 유지되고 있었다. 미국의 동아시아 정책에서 유엔의 역할을 적극적으로 활용한다는 것도 함께 명시되었다. 전쟁이 일어나자마자 미국정부는 미리 준비한 정책 방침에 따라 '반(半)자동적으로' 유엔에 한반도 문제를 회부하였다.

한반도 문제에 있어서 유엔의 역할은 단지 대한민국(Republic of Korea)의 탄생을 공인한 것에서 끝난 것이 아니었다. 우선 유엔은 유엔한국위원단(United Nations Commissions on Korea)을 통해 한국 문제에 여전히 개입하고 있었다. 유엔한국위원단은 "한국에서 군사 갈등으로 이끌 소지가 있거나 군사 갈등을 포함하는 어떠한 사건이라도 관찰하고 보고하는 책임"을[3)] 가지고 있었기 때문에, 역시 개전 이후 유엔 결의 진행의 밑바탕이 되었다.

한반도 문제와 더불어 국공내전에서 승리한 중화인민공화국의 유엔 가입 문제도 1950년 전반기 당시 미국과 소련이 이견 대립을 보인 주제였다. 새로이 수립된 중화인민공화국은 현재 유엔의 안보리 의석을 대만의 국민당 정부가 차지하고 있는 것은 부당하다는 뜻을 표현하였고, 공식적으로

---

2) "A Report to the President by the National Security Council" Washington, December 30, 1949. (TOP SECRET) NSC 48/2.

3) "293(Ⅳ). The Problem of the Independence of Korea" Resolutions adopted by the General Assembly at its 4th session, October 21, 1949.

중국 외무상 저우언라이(周恩来)가 유엔 사무총장에게 새로운 중국의 정부가 유엔의 의석을 (대만 정부를 대신하여) 받아야 한다는 전문을 발송하였다. 소련은 1949년 12월 29일에 유엔 안전보장이사회(The Security Council, 이하 '안보리') 내에서 중국 대표성의 문제를 제기하였다가, 1950년 1월 13일의 안보리 결정으로 그 제안이 거부되자 이후의 안보리 회의에 불참하기 시작하였다.

6월 25일 북한군의 남침 개시 이후에도 소련이 유엔 안보리 회의에 불참한 것은 미국의 주도하에 유엔의 전쟁 개입을 보다 수월하게 만들었다. 적어도 이 시점에 유엔의 존재는 북한에 불리하게 작동하였다. 그러나 1950년 전반기 유엔 내부에서 중공의 유엔 가입 문제를 놓고 중공에 우호적인 여론이 커지기 시작한 것은, 장기적으로는 유엔이 미국의 '거수기' 역할에서 벗어나는 방향으로 갈 것임을 예견하였다.

요컨대, 무력 통일을 주장한 김일성의 북한지도부, 그리고 그에 찬성하는 마오쩌둥의 중국공산당이 모두 1930~40년대 만주와 중국 본토에서 전개된 아시아 민족해방운동의 경험선상에서 한반도의 통일 문제를 바라보고 있었음은 분명하다. 하지만 '중국이 했으니 다음 차례는 한반도'라는 구상은 일본이 패전한 이후 동아시아 지역에 새로이 등장한 냉전의 구도에서 다르게 작동하였다. 한반도의 '내전'에 대하여 미국이 개입하지 않을 것이라 보았던 북한지도부의 판단은 전쟁이 터지자마자 어긋난 것으로 밝혀졌다.

2. 유엔 안전보장이사회의 신속한 결의와 각국의 대응

1950년 6월 25일 새벽 북한군의 대대적인 침공이 시작되었다는 서울의 연락을 받은 미국 관료들은 재빠르게 움직이기 시작하였다. 유엔의 미국대표는 한국 문제 논의를 위한 유엔 안보리 소집을 요구하였다. 주한 미 대사

무초(John Muccio)의 전문을 접수한 지 약 5시간 만에 안보리 회원국들의 소집 요청이 완료되었다.

미국 동부 시간으로 6월 25일 당일에 열린 안보리 회의에서 미국 대표 그로스(Ernest Gross)는 북한의 공격이 '침략행위'라고 주장하였다. 남한을 향한 전면적인 공격은 유엔이 감독한 선거를 통해 수립된 정부에 대한 공격이므로, 이는 곧 "유엔헌장의 근본적 목적에 대한 공격"이라는 해석이었다. 미국의 협조 아래 남한 대표의 유엔 안보리 연설이 이루어졌다. 주미한국대사이자 유엔주재 한국 옵서버인 장면(張勉)은 유엔의 보호 아래 있는 대한민국이 현재 공격을 받고 있으며, 공산 진영의 무력행사는 인류애와 인도주의에 대한 죄악이라고 규정하였다. 북한 대표도 참석시켜야 한다는 유고슬라비아 대표의 주장은 거부되었다.

유엔 안보리는 미국이 제출한 결의안에 대하여 '무력침략(armed invasion)'을 '무력공격(armed attack)'으로 수정한 안을, 찬성 9표에 기권 1표로 가결하였다(S/1501).[4] 북한의 행위가 평화를 파괴하는 것임을 규정하고, 전투행위를 중지하고 38선 이북으로 철수할 것을 요구하는 내용이었다.[5]

유엔 안전보장이사회의 결의문 토의(NARA RG306, 기록영화 "President Truman Reports on Korea"의 일부)

다음 날인 6월 26일, 뉴욕으로 전달된 유엔한국위원회의 보고서는 북한의 공격이 사전에 치밀하게 계획

4) 당일의 유엔 안보리 회의록에서는 수정 이유가 남아 있지 않다. 하지만 용어의 측면에서 볼 때, 미국이 'Invasion'을 '대한민국 수립을 후원한 유엔에 대한 전면적 공격'하였다는 의미로 사용한 것을 축소한 것으로 볼 수 있다.

5) 『United Nations Security Council Official Records』, 473rd Meeting : 25 June 1950, p.8.

되고 조정되었으며, 비밀리에 개시된 기습이었음을 지적하였다. 유엔 안보리의 결의에도 불구하고 북한은 진공을 멈추지 않았고, 남한은 빠른 속도로 패퇴하고 있었다.

6월 27일에는 미국이 유엔을 통해 남한을 지원하는 것에 대한 확실한 정책을 취하고 있음을 보여주는 움직임들이 있었다. 우선 미국은 미군의 참전과 관련하여 한반도에서 전개되고 있는 북한군의 전투 행위에 대한 자국의 입장을 트루먼(Harry S. Truman) 대통령의 성명으로 발표하였다.[6]

아울러 미국이 이미 군사력을 움직이고 있는 상황을 뒷받침하기 위한 결의안이 6월 27일에 유엔 안보리에서 가결되었다. 한반도에서 무력공격을 격퇴하고 평화를 확보하기 위한 원조를 제공할 것을 '권고'하는 내용이었다(S/1511).

또한 소련정부에 따르면, 미대통령의 성명서가 발표된 것과 같은 날에 소련 주재 미국 대사 커크(Alan Kirk)는 한반도에서 시작된 북한군의 38선 이남 공격에 대하여 미국정부가 소련에 원하는 바의 요구사항을 전달하였다. "쏘련과 북한 량국 간의 긴밀한 제 관계"를 고려하여 북한군이 철수하도록 영향력을 행사해달라는 내용이었다.[7] 미국 관료들은 재빨리 6·25전쟁을 처음부터 단지 지역에서의 분쟁이 아니라 전지구적 대결을 하고 있는 상황에서 소련의 위협이 실제로 가시화된 사례로 보고 있었다.

유엔이 정식으로 남한에 대한 원조를 결의하고 그와 함께 미국이 본격적으로 참전한 이후, 전쟁 당사자인 북한과 함께 한반도의 인접국이자 동아시아 냉전의 다른 한 축인 소련과 중국이 반발의 의견을 표시하였다.

먼저 한반도의 전쟁에 대한 소련정부의 공식적인 의견 표명은 1950년 6월 29일에 공개되었다. 소련 외무성 부상 그로미코(Андрéй А. Громыко)는 미국정부의 요구에 대답하는 형식으로 한반도의 전쟁에 대한 자국의 견해,

---

6) "Statement Issued by the President, June 27, 1950", *Foreign Relations of the United States, 1950, Korea* Vol.Ⅶ, U.S. Government Printing Office, pp.202~203.

7) 원문(영어)을 찾지 못하여, 북한이 발표한 한국어 번역문(조선중앙통신사, 1952, 『조선중앙년감(1951-1952)』, 182쪽)을 참고함.

그리고 유엔 안보리 결의에 대한 반대 의사를 표시하였다.[8)]

> 1. 소련정부가 확인한 바에 의하면, 한국에서 발생하고 있는 사건들(events)은 북한의 경계선 지역에 대한 남한 당국의 침공에 의하여 도발되었다. 그렇기 때문에 이 사건들에 대한 책임은 남한 당국과 또 그들의 배후에서 있는 자들에게 있다.
> 2. 다 아는바와 같이 소련정부는 미국정부보다 먼저 한국으로부터 자기 군대를 철수시켰으며 또 그렇게 함으로써 타국의 내정에 대한 자기의 전통적 불간섭 원칙을 확증하였다.
>   소련정부는 지금에 있어서도 한국 내정에 대한 외국의 간섭을 허용하지 않는 원칙을 견지하고 있다.
> 3. 소련대표가 안전보장리사회 회의에 참가하는 것을 거부하였다고 하는 것은 옳지 않다. 소련정부는 온갖 희망에도 불구하고 안전보장리사회 회의에 참가할 수 없었던 것이다. 왜 그러냐 하면 미국정부의 립장으로 말미암아 안전보장리사회의 상임위원국인 중국이 안전보장 리사회에 참가하지 못하게 되었으며 이것은 안전보장리사회로 하여금 합법적 노력을 가지는 결정을 채택할 수 없게 하였기 때문인 것이다.

소련은 우선 남한정부의 '북침'으로 전투가 시작되었다는 북한정부의 주장에 동조함을 밝혔다. 이어서 유엔의 개입은 부당한 '내정 간섭'이라고 주장하였다. 마지막으로 유엔 안보리 결의는 소련이 불참하였다는 이유에서, 그리고 안보리 상임이사국으로 베이징의 새로운 중국 정부가 참가해야 함에도 불구하고 미국이 그것을 반대하고 있는 상황에서 현재의 안보리는 '합법적인 결정'을 내릴 수 없다고 주장하였다.

소련정부의 입장은 7월 4일에 그로미코가 다시 한번 발표한 성명에서 보다 분명히 표현되었다. 7월 13일 유엔 주재 소련 대표에 의하여 유엔에 전

8) 원문(러시아어)을 찾지 못하여, 당시 북한이 발표한 한국어 번역문(조선중앙통신사, 1952, 『조선중앙년감(1951-1952)』, 182쪽)을 게재함. 영문 번역문("The Ambassador in the Soviet Union (Kirk) to the Secretary of State", *Foreign relations of the United States, 1950, Korea* Vol.Ⅶ, U.S. Government Printing Office, pp.229~230)을 참고하여 일부 수정하였음.

달된 그로미코의 성명은 미국의 한국에 대한 군사적 개입에 대한 소련의 의견을 정리한 것이었다.[9)]

미국이 앞서 6월 27일의 대통령 성명에서 한반도의 개전을 공산진영 전체의 협력에 의한 움직임으로 보고 또한 대만 문제를 언급한 것에 대하여 중국 역시 공개적으로 반발하였다. 중국 외무상 저우언라이는 남한이 먼저 '북침'했다는 북한의 주장에 동조하면서 남한의 군사 행동과 미 7함대의 타이완 연해 출동은 미국의 예정된 행동이라고 주장하였다. 그리고 7월 6일에는 공식적으로 유엔 안보리에 보내는 성명을 통해 유엔의 한국 문제 관련 결의문들이 모두 불법이며, 트루먼의 성명이야말로 '침략행위'라고 규정하였다.[10)]

한반도의 통일을 기도하였던 북한의 선제공격이었지만, 전쟁은 빠른 속도로 국제전으로 부상하였다. 전쟁 당사자인 남한과 북한 외에 미국만이 참전하였지만, 유엔이라는 세계기구의 존재와 더불어 소련과 중국 역시 전쟁의 명분을 둘러싸고 대립하게 되었다. 북한의 선제공격이 유엔헌장 위반이라는 미국의 주장을 반영한 유엔 안보리의 결의안에 대하여, 전쟁 당사자 북한과 소련 · 중국이 결의문의 불법성을 지적하는 상황이었다.

3. 열전(熱戰)이 드러낸 동아시아 냉전

1) 유엔의 결의, 그리고 유엔을 지원하는 미국의 입장

제2차 세계대전의 비극적인 기억이 생생히 살아 있던 1950년 당시, 전쟁

---

9) General Assembly, *Report of The Security Council to The General Assembly, from 16 July 1949 to 15 July 1950 - Official Records : Fifth Session Supplement No.2(A/1361)*, Lake Success : New York, 1950, pp.28~29.

10) 「유 · 엔 사무총장에게 보낸 중화인민공화국 주은래 외교부장의 성명」(조선중앙통신사, 『조선중앙년감(1951-1952)』, 1952, 186~187쪽).

을 일으킨다는 것은 이유를 불문하고 비판의 대상이 되었다. 개전 직후부터 남과 북, 그리고 미국과 소련이 공격이 어느 쪽에서 먼저 이루어졌는가를 놓고 치열하게 논쟁을 벌인 이유는 전쟁 책임에 대한 도덕적 · 윤리적 판단이 결부되어 있었다. 소련이 북한의 개전 의지를 만류한 것도 결국 '명분' 때문이었다.

교전 당사자의 '명분' 획득에 있어서 한반도의 분쟁이 곧바로 유엔으로 연결되었다는 점은 북한에 다소 치명적이었다. 1950년 6월 25일 당일의 유엔 안보리 결의(S/1501)가 이례적일 정도로 빠른 속도로 등장할 수 있었던 것은 미국의 준비 때문만은 아니었다. 결의문은 북한(North Korea)의 공격을 받고 있는 대한민국(ROK)은 유엔의 결의와 승인을 통해 탄생한 국가이므로, 유엔은 대한민국에 대한 공격을 중단하라고 요청할 권리가 있다는 내용이었다.

결의문의 주된 요구 사항은 북한에게 전투 행위를 중지하고 본래의 경계선으로 철수할 것을 촉구하는 데 있었다. 전쟁의 방지는 그간 유엔이 창설 이후 세계 여러 지역의 분쟁에 대하여 가장 중점을 두었던 요구사항이었다.

앞서 존재했던 국제연맹(League of Nations)의 경험을 바탕으로 제2차 세계대전 이후 보다 안정적인 국제질서를 이룩하려는 노력으로 등장하였던 유엔은 모든 국가의 안녕을 위한다는 목적하에 지구상의 모든 전쟁에 관여하고자 하였다. 안전보장이사회는 분쟁상황에 대하여 평화에 대한 위협, 위반, 침략 행위로 규정해 군사적 · 비군사적 제제조치를 결정할 수 있었고, 침략받은 국가를 지원할 수 있었다. 유엔의 기본적인 지역 분쟁 개입 방식은 우선 현지에 대표단을 파견함과 함께 유엔 차원의 중재를 시도하여 전쟁 행위 자체를 멈추는 데 초점이 있었다.

북한군 철군에 대한 요청은 유엔이 1946년부터 여러 지역 분쟁을 다뤄왔던 바, 통상적으로 전투행위를 중지할 것을 먼저 요청했던 것과 같았다. 군사 지원에 관한 내용은 없었다. 그러나 '비개입'의 원칙과 어긋나는 '남한

편들기' 역시 분명히 반영되어 있었다. 남한을 정식 국호명(ROK)으로 호칭한 것에 반해, 남한에 대한 공격의 주체를 "North Korea"라고 부른 것은 차별적이었다. 또한 '북한에 대한 원조를 삼갈 것'을 모든 유엔 회원국들에게 요청하였다.

다만 일개 주권국가의 정당한 주권 행사에 대하여 '비개입'의 원칙이 우선한다고 할 때, 국제 집단안보를 확보한다는 유엔의 개입에 대한 이견(異見) 역시 공존하였다. 미국 뉴욕의 유엔본부에서 6월 25일 아침 안보리 회원국들이 모였을 때, 이집트 · 노르웨이 · 인도네시아 · 프랑스 등이 북한에 대하여 '침략행위'라 규정하는 것에 회의적인 반응을 보였던 이유였다. 6월 25일의 결의(S/1501)는 전투 행위의 중지에 초점이 있었다.

그러나 미국은 1950년 6월 27일 한국에 대한 군사 원조를 유엔 회원국들에게 '권고'하는 내용의 안보리 결의문이 있기 이전부터 직접적인 군사적 개입을 행동으로 옮기고 있었다. 미국정부는 6월 27일의 대통령 성명을 통해 한반도 교전에 대한 성격 규정, 그리고 유엔 안보리 결의안을 뒷받침하기 위한 자국의 군사력 이동 등을 담은 자국의 방침을 공개하였다.

미대통령 성명에서 가장 먼저 제시되는 내용은 6 · 25전쟁에 대한 성격 규정이다. 북한군의 침략은 '공산주의(Communism)'가 국제 평화와 안보를 위협하는 것의 일부였다. 다시 말해, 이 전쟁은 한반도의 지리적 구역을 넘어 독립국을 위협하는 세계적 공산주의 국가들의 집합적인 움직임이었다. 세계 냉전 대립 구도가 심화되는 가운데, 중국공산당의 혁명 성공으로 동아시아 정세가 크게 변화한 상황이었다. 미국은 한반도에서 남 · 북 분단이 이루어질 때부터, 38선 이북이 '공산 진영'의 하나가 되었다고 생각하였다. 미국에게 북한군의 선제공격은 당연히 공산 진영의 합작물이자 소련이 진두지휘한 결과물이었다.

북한군의 공격이 공산주의 진영의 집단 행동이라면, 미국은 유엔 헌장에 따라 동아시아 지역을 지키기 위해 나설 것이었다. 한반도에서의 교전 행위가 갖는 파장은 동아시아 지역 전체에 미칠 수 있었다. 한국이 위험하다면, 대만도 마찬가지였다. 다시 말해, 트루먼 대통령은 미국이 대만을 반드시 사수할 것이라는 강력한 의지를 표현하였다. 또한 필리핀에 이어 인도차이나에 주둔하고 있는 프랑스군에 대한 강화를 언급한 것은 공산주의와의 대결 과제에 있어서 동아시아 전체의 협력이 필요함을 공공연히 피력하는 것이었다.

그런데 이 성명은 흥미롭게도 국민당 정권의 대만이 본토를 공략하는 것을 중단해야 한다고 규정하였다. 한반도의 전쟁이 갖는 의미를 동아시아 차원으로 확장한 성명 전반부와 달리, 직접적인 전투 행위가 지리적으로 확산되는 것은 피하고자 했음을 알 수 있다. "대만의 미래 위상은 (중공과의 전투가 아니라) 태평양 지역의 안보 확보, 일본과의 평화 협상, 또는 유엔의 조치에 의하여 결정되어야 했다." 다시 말해, 대만의 '미래'는 중국 본토와의 관계(본토 침공)에 있는 것이 아니라 태평양 지역과의 관계(일본 · 유엔)에 있었다.

마지막으로 '힘을 통한 지배'로 돌아가려는 시도에 대하여 미국은 유엔을 통한 '법의 통치'를 지키고자 노력할 것이라는 언급하였다. 이러한 표현은 유엔을 통해 한반도 참전에 대한 국제적인 정당성을 확보하고자 하는 미국의 입장을 반영함과 동시에, 군사 행위에 대한 미국 국내 여론의 반발을 잠재우고자 하는 명분이었다. 제2차 세계대전이 끝난 이후, 미국의 '전쟁 선포권'은 대통령이 아니라 의회에 주어져 있었기 때문에 유엔결의에 따른 미군의 이동과 참전은 바로 논란의 대상이 되었기 때문이었다. 이에 미국정부는 '미국은 전쟁을 하는 것이 아니라 유엔하에서의 질서유지 행위'를 하고 있다고 해명하였다. '유엔을 지원한다'는 형식을 빌려 군대를 파병함으로써, 미국은 실용적 차원에서 기존의 19세기적 선전포고나 미국의 국내법에 따른 전쟁의 권리 문제를 회피하였다.

2) 유엔의 개입에 대한 사회주의 진영의 반발 : 소련과 중국의 대응

사회주의 진영 국가들에게 유엔은 적대적인 존재가 아니었다. 정부 수립 이후 남·북한이 각기 미국과 소련의 지원을 받으면서 국제사회로부터 합법성에 대한 지지를 획득하기 위한 경쟁에 돌입하였을 때, 북한도 유엔 가입을 신청하였다. 1948년 12월의 유엔총회(United Nations General Assembly)가 대한민국 정부만을 승인하였지만, 이에 북한은 유엔의 취지에 동의하면서도 그것이 '제국주의 국가들'에 의하여 오용되고 있다고 주장하였다. "국제련합기구의 헌장을 변경 파기하여 그 기초를 파괴하려고 백방으로 책동하는 제국주의 국가들의 악독한 정책과는 정반대로 쏘베트 동맹의 정책은 국제련합기구를 어데까지나 강화하려는 정책이며 제국가간의 호상친선과 협조를 공고화하려는 정책인 것이다."[11] 1940년대 후반 세계적인 냉전 구도가 형성되는 가운데 유엔은 비록 대결의 장(場)일지라도, 대화의 창구로 열릴 가능성을 가지고 있었다.

그러나 북한은 개전하자마자 유엔에 의하여 '불법적인' 침공의 주인공이 되었다. 베이징의 신(新) 중국정부의 유엔 안보리 상임이사국 선출 문제와 관련하여 소련이 안보리 회의에 계속 불참하였던 것이 '전략적 오류'라 여겨질 정도였다.

당사자인 북한의 기본적인 대응은 유엔의 존재를 인정함과 동시에 결의의 내용을 부정하는 것이었다. 북한의 반박 성명은 한반도의 전투가 남한측에 의하여 도발된 '내란'임을 강조하였다. 유엔 결의 역시 자국대표가 참석하지 않은 상태에서 결의된 것이며, 결의 현장에 소련·중국의 대표가 부재하였기 때문에 '불법'이라고 답하였다.

11) 박동초, 「조선민주주의인민공화국 장래 발전에 있어서 제민주주의 국가와의 외교관계설정의 의의」, 『근로자』 1949년 3호(2월 15일) (국사편찬위원회 편, 『북한관계사료집』 47, 2006, 488~489쪽).

조선민주주의인민공화국 정부 성명[12]

입수된 정보에 의하면 금년 6월 25일 국련 안전보장 리사회는 리승만 역도로 말미암아 도발된 내란과 관련하여 조성된 조선정세를 미국정부의 강요에 의하여 토의하였다 한다.

조선 문제에 대한 안전보장 리사회 회의에서의 토의와 결정은 첫째로 조선민주주의인민공화국을 이 문제에 관여시키지 않고 조선민주주의인민공화국 정부의 참가없이 조선문제가 토의 결정되였으며 둘째로 안전보장리사회 회의에는 쏘련과 같은 국가가 결석하였으며 중국과 같은 큰 나라의 대표를 참가시키지 않고 토의 결정되였기 때문에 조선민주주의인민공화국 정부는 이 토의 결정을 불법적이라고 인정한다는 것을 성명하는 바이다.

1950년 6월 27일

개전 초기, 미국의 '영향력 행사' 요구에 대하여 한반도의 전쟁은 '내전'이라는 입장을 표명했던 소련이었다. 소련은 한반도의 전쟁이 갖는 성격, 그리고 유엔과 미국의 개입에 대한 자신의 견해를 보다 더 정리하여 발표함으로써 유엔군 참전의 부당성을 알리고자 하였다.

소련 외무성 부상 그로미코의 1950년 7월 4일 성명은 6·25전쟁에 대하여 '불간섭' 원칙을 취하는 것에서 더 나아가, 유엔·미국의 참전에 대한 '적극적인 반대 의사'를 표시하고 있었다. 그 내용에는 여러 가지가 복합되어 있었다. 첫째로 이 성명은 기본적으로 전쟁이 남한의 선제공격으로 일어났다는 북한의 주장에 동참한다는 분명한 입장을 보여주었다. 이후 오랫동안 지속된 '북침·남침' 논쟁의 시작이었다. 둘째 소련은 남한의 선제공격의 배후에 미국이 있었을 뿐만 아니라, 미국이 직접 전쟁 당사자로 나서고 있다고 비판하였다. 유엔 안보리가 내린 여러 결의안들은 미국에 기만당한 것에 불과하다는 주장이었다. 더 나아가 소련은 유엔 헌장에 비추어 볼 때, 미국의 군사적인 개입이야말로 한국에 대한 침략행위라고 재규정하였다. 또한 소련은 유엔 안보리 결의뿐만 아니라 6월 27일에 발표된 미국 트루먼 대통령의 성명을 문제 삼았다. 미국은 유엔 결의문을 통하여 자신의 행동

12) 조선중앙통신사, 『조선중앙년감(1951-1952)』, 1952, 91쪽.

을 정당화하고자 하였지만, 사회주의 진영은 결의문을 넘어 미국을 바로 비판하였다.[13]

요컨대, 그로미코의 성명은 한반도의 (내부) 분쟁에 유엔, 즉 미국이 관여할 수 없다는 것을 주된 내용으로 하였다. 안보리의 개입은 국제간 · 국제질서에서 발생한 사건에 대해 이루어질 수 있다는 인식이 바탕에 있었다. 흥미롭게도 그는 약 100년 전의 미국 내전, 즉 '남북전쟁'의 경우를 비교의 예로 들면서 하나의 국가를 만들기 위한 내부적 충돌에 외부의 국가들이 관여하는 것은 옳지 못하다고 지적하였다. 또한 미국이 대만 근해에 함대를 배치한 것이 과거의 카이로 · 포츠담 협약에 대한 위반이며 곧 국제평화에 대한 침략이라고 비판하였다. 이 모든 내용을 근거로, 전쟁을 준비하고 직접 침략도 한 미국이 '평화의 위반자'라는 것이 소련의 주장이었다.

또한 미국의 군사적 개입이 한반도에 한정된 것이 아니라 대만을 포함한 동아시아 지역 전체로 전개된 것은 중국을 자극하였다. 국민당에 대한 미국의 지원, 더 나아가 중국 대륙에 대한 미국의 영향력을 제거하고 혁명에 성공한 중국공산당의 입장에서 한반도의 전쟁과 미국의 참전은 그 자체로도 매우 민감한 문제였다. 6월 27일의 미대통령 성명 이후 미국이 대만에 대한 방어령을 내린 것에도 격한 반응을 보일 수밖에 없었다. 중국 정부는 미 7함대의 대만 연해 출동과 남한의 이승만이 '북침'한 것은 미국의 예정된 행동이라고 주장하였다.

중국 정부는 서구 진영과의 대화를 중재한 베이징 주재 인도 대사에게 중국이 대만 정부를 대신하여 유엔에 가입해야 한다는 의견을 전달하였다. 한반도 문제에 대한 유엔 안보리의 결정이 무효화되어야 한다는 방침은 북한 · 소련과 같았다. 7월 6일의 저우언라이 성명은 유엔결의문은 모두 불법이며, 유엔헌장의 중요 원칙을 유린하였다는 것, 그리고 미 해군의 행동은 중국의 영토인 대만에 대한 노골적인 침략행위라고 주장하였다. "미국정부

13) 조선중앙통신사, 『조선중앙년감(1951-1952)』, 1952, 182~185쪽.

가 취하는 어떠한 군사적 방해조치에도 불구하고 중국인민은 대만을 해방할 것을 굳게 결심"한다는 성명의 마무리는 미국의 행동에 중국은 적극적으로 대응할 것이라는 의미를 담고 있었다. 1950년 10월 중국이 '미국에 대항하고 조선을 돕는다는(抗米援朝)' 기치 아래 북한의 군사적 지원에 나선 것은 전쟁 발발 직후부터 이어진 '외교전'의 연장선에 있었다.

4. 전쟁의 확산을 막기 위한 유엔의 논의 지형 변화

전쟁 초기, 한반도를 둘러싸고 미국 · 소련 · 중국은 '성명'을 통하여 서로를 비난하기 시작하였다. 유엔의 전쟁 개입은 각국의 대립을 불러왔으며, 유엔은 그 자체가 갈등의 장(場)이 되었다. 미국이 재빠르게 유엔을 통한 참전의 정당성을 찾은 것에 대하여, 북한과 소련은 그 부당성을 지적하면서도 유엔이라는 '틀' 자체를 이탈하지는 않았다.

북한의 주장과 결을 같이 하는 소련의 대응 논리는 미국의 참전이 기대고 있는 유엔의 권위는 흔들지 않으면서도 미국의 전쟁 행위를 비난하는 것이었다. 소련도 결국 여러 국가들이 참석하는 국제무대를 통하여 非공산권 국가들과의 접촉을 유지하는 것이 이익이 된다고 인식하였다. 그리하여 8월 1일부로 소련은 유엔에 복귀하였다. 안보리로 복귀해야 미국의 견해가 관철되는 결의안이 더 이상 나오는 것을 막을 수 있었다. 8월 4일 소련 대표 말리크(Яков Александрович Малик)는 유엔의 한반도 문제 논의에 남 · 북한 당사자의 참석이 있어야 한다는 결의안을 내놓았다.

또한 소련은 국민당 정부의 중화민국 대신 베이징의 중화인민공화국 정부가 유엔 안보리 상임이사국에 참여해야 한다는 주장을 계속 이어나갔다. 중국 정부 역시 전쟁으로 인해 동아시아 정세 변화가 세계의 주목을 받은 상황을 공세적으로 활용하고자 하였다. 7월 12일 저우언라이가 밝힌 한반도 문제 해결책은 모든 외국군대의 철수, 미군의 대만 철수, 한국 문제는 한국인에게 맡기는 방침, 중국 정부의 유엔출석, 일본과의 평화 조약 체결 등이었다. 즉, 중국은 한반도 문제의 해결선상에서 자국의 위상을 포함한 1945년 이후 동아시아 전후 질서의 재조정이 이루어지기를 원하였다. 유엔에 복귀한 소련이 중국의 유엔참여를 다시 강조하자, 1950년 8월 20일 저우언라이는 한반도가 중국의 이웃이기 때문에 중국은 관심을 갖지 않을 수 없다는 것, 그리고 안보리가 한반도 문제를 다루는 한 중국의 출석이 반드시 필요하다는 의견을 발표하였다.

그러나 소련의 안보리 복귀 이후, 미국과 소련이 각기 상대방의 결의문 채택 노력에 대하여 거부권 행사를 거듭함에 따라 유엔의 집단안보 원칙에 따른 결의문 채택은 더 이상 불가능하게 되었고, 사실상 안보리 기능의 마비가 초래되었다. 미국은 안보리 대신에 유엔총회를 미국의 견해를 밀어붙일 기구로 활용한다는 방침을 실천에 옮겼다. 총회가 집단안보를 직접 다루는 것은 원래 유엔헌장에 명시되어 있는 바의 안보리 권한에서 벗어난 것이었다. 그러나 유엔총회가 직접 집단안보 문제를 다루게 되면, '다수결'의 논리가 통할 수 있다는 점에서 미국에 유리하였다. 1950년 11월 3일 총회에서 결의된 '평화단결결의(The Uniting for Peace Resolution)'는 총회가 집단안보의 주도적 역할을 할 수 있도록 권한을 부여한 것이었다.

당시는 아직 '제3세계'나 '비동맹그룹'이 출현하기 전이어서 미국은 손쉽게 2/3의 지지를 확보할 수 있었다. 그리고 유엔군 참전으로 한반도의 전황이 역전되고 이후 북한군이 후퇴하면서 한반도의 통일이 가시화되고 있었다. 유엔을 통한 집단안보의 성공 가능성이 눈앞에 있었고, 그에 대한 낙관론은 인천상륙작전 이후 11월 첫 주까지 최고조에 달하였다.

그러나 중국의 참전과 전세의 재역전은 유엔에서 미국이 소련에 대하여 '우위'를 유지하는 상황과 전혀 관계없이 진행되었다. 미국이 주도하는 유엔(안보리)의 권능과 활동에 대하여 소련은 정치적·외교적으로 도전했다면, 중국은 유엔군에게 군사적으로 도전한 셈이었다. 한반도의 운명 뿐만 아니라 유엔 내부의 논의 지형도 바뀌기 시작했다.

이는 미국과 소련 이외의 다른 국가들이 자기 목소리를 내기 시작한 시점과 맞물렸다. 특히 영국을 중심으로 하는 서유럽 국가들은 유엔이 미국의 대외정책을 '다수결'의 원리로 승인하는 데 일조했었다. 비토권을 행사할 수 있었던 소련이 부재함에 따라 그러한 행동 양식은 더욱 강화되었다. 그러나 미국의 유럽 동맹국들은 한국 문제에 대한 빠른 개입을 환영하면서도 점차 그 위험성을 알게 되었다. 소련의 도발을 유발하여 한반도의 군사적 충돌이 세계로 번질 수 있다는 우려, 또는 미국의 관심과 자원이 동아시아에 편중될 수 있다는 생각 때문이었다. 유럽의 입장에서 6 · 25전쟁에 유엔과 미국이 몰입하는 것도 바람직하지 않았다.

유엔 회원국들은 그간 미국이 유엔의 이름으로 국제적 행동을 합법화하였다면, 그 반대로 유엔을 통하여 미국의 행동을 제한할 수 있음을 깨닫게 되었다. 그에 따라 유엔 내부에서 미국의 동아시아 지역 확전에 대한 이의제기가 등장하였다. 총회의 집단안보 권한이 부여된 11월 이후 미국은 중국을 침략자로 규탄하는 결의안을 통과시키고자 했으나, 영국 · 인도 등이 반대에 나섰던 것이 최초였다.

또한 전쟁을 멈추기 위한 노력도 시작되었다. 영국과 인도 등이 나서서 미 · 소 사이, 그리고 중국 문제에 대한 협의를 유도하기도 했다. 유엔의 틀 안에서도 1950년 12월 5일 인도를 중심으로 아시아 및 아랍 13개 국가가 즉각적인 정전에 대한 요구를 제기하였다. 점차 유럽을 중심으로 한 유엔 안에서 여러 나라들의 활동은 미국에 점차 압력이 되고 있었다.

미국의 유도에 의한 것이기는 하였지만 유엔이 재빨리 한반도의 전쟁 문제에 개입한 것은 냉전의 역사뿐만 아니라 유엔의 차후 위상에도 중요한 변화점이 되었다. 제2차 세계대전에 대한 반성을 바탕으로 조직된 유엔은 처음부터 세계의 안녕을 바라는 집단안보의 가능성을 가지고 있었다. 물론 그 한계는 분명했다. 강대국에 의한 자의적인 규정 해석의 가능성은 이미 초기부터 드러나고 있었다. 한반도 문제에 대해서도 유엔 회원국들은 대부분 미국의 입장을 지지하는 편이었다. 소련은 안보리에서 비토권을 행사할 수 있었을 뿐이며, 총회의 논의에서는 다수의 의견이 토론 없이 관철되는 양상을 보여주었다.

그러한 한계에도 불구하고 유엔이라는 틀은 냉전과 열전의 적나라한 무력 충돌을 대신하여, '다수결의 횡포'와 여론동원, 정치적 주도권 싸움 등이 벌어진, 상대적으로 안정된 정치적 논쟁의 장이 되었다. 한반도의 전쟁 발발이 국제적 긴장을 고조시켜 가속화되는 과정에 유엔이 깊숙이 개입해 있었다 해도, 유엔이라는 기구의 틀은 그 반대의 가능성도 보여주고 있었다.

1950년 6월 말에 급박하게 진행된 유엔의 한반도 문제 결정들은 1990년 걸프전 이전까지 유엔의 집단안보 원칙이 발동된 유일한 경험이었다. 냉전이 진행되는 시기에는 처음이자 마지막이었다. 이후 유엔은 강대국 간의 직접 충돌의 완충지대로 작동했을 뿐만 아니라, 강대국 특히 미국이 강경하게 밀고 나가지 못하도록 하는 기제가 되었다.

〈별표〉 6 · 25전쟁기 유엔의 한국 문제 관련 결의안들[14)]

	날짜	결의기관	제목
1	1950/6/25	안전보장이사회	한국 정전명령에 관한 결의
2	1950/6/27	안전보장이사회	한국군 원조에 관한 결의
3	1950/7/7	안전보장이사회	통합군사령부(Unified Command) 설치에 관한 결의
4	1950/7/31	안전보장이사회	한국 구호와 부흥에 관한 결의
5	1950/8/14	경제사회이사회	한국민간인 원조에 관한 결의
6	1950/10/7	총회	국제연합한국통일부흥위원단설치 및 경제사회이사회에 대한 구호계획 요청에 관한 결의
7	1950/10/12	소총회	한국가능지역 총선거에 관한 결의
8	1950/10/16	경제사회이사회	한국의 잠정적 구호계획 수립을 위한 임시 7인위원회 임명에 관한 결의
9	1950/10/23	총회	한국에 대한 기술원조에 관한 결의
10	1950/11/7	소총회	북한 국경문제에의 원조부여에 관한 결의
11	1950/11/7	경제사회이사회	한국의 구호와 부흥계획에 관한 결의
12	1950/11/8	안전보장이사회	한국내표 초청에 관한 결의
13	1950/11/10	안전보장이사회	한국 침략에 대한 항의에 관한 쿠바 · 에쿠아도르 · 프랑스 · 노르웨이 · 영국과 미국의 공동제안 결의
14	1950/12/1	총회	한국의 구호와 부흥에 관한 결의
15	1950/12/12	총회	한국참전자에 대한 훈장부여에 관한 결의
16	1950/12/13	경제사회이사회	한국의 경제발전과 사회진보 촉진을 위한 장기계획수립에 위한 결의
17	1950/12/14	총회	휴전삼인위원회 설치에 관한 결의
18	1951/2/1	총회	중공 탄핵에 관한 결의
19	1951/3/20	경제사회이사회	한국 구호 및 부흥계획에의 재정적 의연에 관한 결의
20	1951/5/18	총회	대 중공 전략물자 금수에 관한 결의
21	1951/9/20	경제사회이사회	한국 구호와 부흥계획에의 기여에 관한 결의
22	1951/9/20	경제사회이사회	한국재건단 단장의 보고에 대한 감사 결의
23	1951/12/7	총회	국제연합한국재건단 재정보고에 대한 결의
24	1952/2/7	총회	한국문제 심의를 위한 특별총회 소집에 관한 결의
25	1952/6/19	경제사회이사회	세계보건기구의 보고에 관한 결의
26	1952/11/25	총회	국제연합한국재건단의 1952년 6월 30일말 회계연도의 재정과 회계보고 및 회계감사국 보고에 관한 결의
27	1952/12/3	총회	한국 포로문제에 관한 결의
28	1953/3/11	총회	한국민의 구호와 부흥에 대한 원조에 관한 결의
29	1953/4/18	총회	한국문제 토의를 위한 총회 재개에 관한 결의

14) 유엔 결의안은 본래 제목에 그 내용이 표현되어 있지 않다. 위의 제목들은 정일형이 임의로 붙인 것을 인용하였다. 鄭一亨 編, 『韓國問題유엔決議文集』, 國際聯合韓國協會, 1954 참고.

【참고문헌】

〈단행본〉

강성학 편, 『유엔과 한국전쟁』, 리북, 2004.

김태우, 「사회주의 진영의 평화론과 북한」, 서울대학교 평화인문학연구단 편, 『평화인문학이란 무엇인가』, 아카넷, 2013.

박명림, 『한국전쟁의 발발과 기원』 Ⅰ, 나남출판, 1996.

박영실, 『중국인민지원군과 북·중관계』, 선인, 2012.

션즈화 저, 최만원 역, 『마오쩌뚱 스탈린과 조선전쟁』, 선인, 2010.

윌리엄 스툭 저, 김형인 역, 『한국전쟁의 국제사』, 푸른역사, 2001.

정병준, 『한국전쟁 : 38선 충돌과 전쟁의 형성』, 돌베개, 2006.

Ilya V. Gaiduk, *Divided Together : The United States and the Soviet Union in the United Nations, 1945-1965*, Stanford : Stanford University Press, 2012.

〈논문〉

김학재, 『한국전쟁과 자유주의 평화기획』, 서울대학교 사회학과 박사학위논문, 2013.

도진순, 「1950년 1월 애치슨의 프레스클럽 연설과 하나의 전쟁 논리」, 『한국사연구』 119, 2002.

02_ '유엔군사령부'의 설치와 한국군의 작전지휘권 이양

임광순 · 이주봉

1. '유엔군사령부' 설치 논의와 유엔 결의문 통과

1950년 6월 전쟁이 발발하자 이승만 대통령은 재빠르게 미국에 군사지원을 요청하였다. 또한 전쟁 발발 한 달이 채 되지 않아 한국군의 작전지휘권[1]은 형식상 유엔군, 사실상 미군으로 이양되었다. 하지만 한국군의 작전지휘권 이양 문제는 단순하게 한국군의 군사적 열세만으로 설명할 수 없다. 왜냐하면 당시 미국은 군사고문단과 미8군을 활용한 단독 군사행동만이 아니라 유엔 외교전을 통한 다국적군의 편성까지 추진했기 때문이다. 따라서 한국군의 작전지휘권 이양을 잘 이해하기 위해서는 1950년 6~7월 국면에서

---

1) 통제권은 지휘관이 특수한 임무(예를 들어 전투 · 비전투를 포함하는 일체의 전쟁 행위)를 수행하기 위하여 지휘권을 일시적으로 부여받고 행사하는 것을 의미한다. 반면 지휘권은 작전통제 뿐 아니라 인사, 군수, 예산편성, 작전을 위한 훈련연습 및 소요편성 등 권한이 포함된다. 따라서 통제권보다 지휘권이 더 포괄적인 의미를 갖는다. 1950년 이승만 대통령은 지휘권(command authority)을 맥아더 사령관에게 이양한다고 밝혔으나 맥아더 사령관은 작전지휘권(operational command authority)을 인수했다고 밝혔다. 1954년 이후에는 한미 합의에 의하여 작전통제(operational control)로 변화했다(송재익, 「한국군의 작전통제권 변동요인에 관한 연구 : 국제정치와 국내정치의 연계를 중심으로」, 한양대학교 정치외교학과 박사학위논문, 2007, 13~16쪽). 본 글에서는 용어를 '작전지휘권'으로 사용한다. 1950년 작전권 이양 과정에서 실제 사용된 말이며, 그 내용도 작전통제권만으로 보기 어렵기 때문이다.

미국의 유엔과 한반도에 대한 개입 과정을 모두 고려해야하며, 그 개입방법에 있어서도 외교적 · 군사적 수단을 통합적으로 살펴보아야 한다.

미국은 6 · 25 한반도 통일전쟁 발발 직후 유엔을 통해 자신들의 전쟁 개입을 정당화하였다. 6월 27일 트루먼(Harry S. Truman) 대통령의 성명서가 유엔 안전보장이사회(이하 안보리)에 전달되었고, 이 제안이 유엔 안보리 결의안으로 통과되면서 군사적 개입이 본격화되었다.[2] 물론 안보리 결의안이 만장일치로 통과된 것은 아니었다. 공산권뿐만 아니라 유고슬라비아, 인도, 이집트도 미국과 서구제국의 결의안에 동의하지 않았다. 이들은 유엔이 군사개입을 곧장 결정하기보다 북한정부의 입장을 들어보거나 중재를 해야 한다고 주장하였다.[3]

그럼에도 미국은 7월 5일 유엔군을 결성하고 맥아더(Douglas MacArthur)를 최고사령관으로 임명하는 결의안 초안을 각국에 송부하였다. 그 결과 7월 7일 안보리 제476차 회의에서는 미국의 의도가 반영된 영국과 프랑스의 제안이 수용되었다. 그 내용은 '유엔군사령부'[4]를 설치하고 미국 측에 유엔군 사령관 임명을 요청한다는 것이었다. 그 구체적인 내용은 다음과 같다.[5]

> (1) 국제연합의 각 정부와 각국민이 1950년 6월 25일과 6월 27일 결의에 따라 무력공격에 대하여 자위하고 있는 대한민국을 원조함으로써 이 지역에 국제적 평화와 안전을 회복함에 신속 강력한 지지를 표명하였음에 대하여 이를 환영하며,

---

2) 국방군사연구소, 『한국전쟁 자료총서』 39, 1999, 448쪽; UN Documentation database 홈페이지 http://documents.un.org/ (UN doc S/1511).

3) 유고슬라비아(반대)와 인도, 이집트(기권)의 입장에 대해서는 김철민, 『한국전쟁과 동유럽』, 아카넷, 2008 참조.

4) UN이 제시한 공식명칭은 '유엔군사령부'가 아니라 '통합군사령부'(Unified Command)였다. 하지만 본 글에서는 UN 및 한미관계에서 사후 관행적으로 사용된 명칭인 '유엔군사령부'를 사용하도록 한다.

5) 「미국, 유엔군을 결성하고 맥아더를 최고사령관으로 임명하는 결의안 초안을 각국에 송부」, 『민주신보』, 1950년 7월 7일; 정일형 박사 編, 『韓國問題유엔決議文集』, 國際聯合韓國協會, 1954.

(2) 국제연합 가맹 제국이 대한민국에 대한 원조 제공을 국제연합에게 통달하였음을 인정하며,

(3) 전기 안전보장이사회 제 결의에 의거하여 병력 기타 원조를 제공하는 전 가맹국은 여사한 병력 기타 원조를 미국 주도하에 통합군사령부로 하여금 사용케 하도록 권고하며,

(4) 여사한 제 병력의 사령관을 임명할 것을 미국에게 요청하며,

(5) 북한군에 대한 작전 중 참전 각국의 국기와 함께 국제연합을 임의로 병용할 권한을 통합군사령부에게 부여하며,

(6) 통합군사령부 지휘하에 행하여지는 활동사태에 관하여 적당한 시기마다 안전보장이사회에 보고서를 제출하도록 미국에게 요청한다.

미국은 안보리 결의안이 통과되자 7월 10일 트루먼 대통령의 성명으로 맥아더 사령관을 유엔군 총사령관으로 임명하였다. 미군을 중심으로 하는 유엔군사령부 조직이 공식화된 것이다.

2. 한미 연합작전의 전개와 유엔군사령부로의 작전지휘권 이양

7월 7일 유엔군사령부 창설을 골자로 하는 유엔 안보리 결의안이 통과되었지만 미국과 대한민국 정부는 그 이전부터 군사적 협력을 도모하였다. 한국군은 6월 26일부터 미국의 강력한 군사적 지원 요청을 건의했다. 그러나 미국은 곧장 지상군 파병을 결정하지 못하였다. 1950년 5월까지 미중앙정보국을 비롯한 트루먼 행정부는 소련의 전면전을 회의적으로 판단하였다. 소련이 전면전 보다 기존의 기본전략(공산주의 선전, 외교압력, 혁명지원)을 활용할 것이라 보았기 때문이다.[6] 전쟁이 발발하자 무초(John J.

6) 트루먼 행정부의 이러한 인식과 달리 니쩨는 소련의 군사적 공격을 강조하는 NSC 68을 작성하였다. 이 문서는 1950년 1월 트루먼이 소련의 원자폭탄, 수소폭탄 개발 가능성을 고려하여 새로운 국가안보정책문서를 작성하라는 지시에 따라 만들어졌다. 문서는 최종적으로 4월 7일 트루먼에게 전달되었다. The President to the Secretary of State, January 31, 1950, FRUS 1950 Vol.1, pp.141~142.

Muccio) 주한미국대사는 북한군의 공격을 "대한민국에 대한 전면적 공격 행위(all out offensive)"라고 워싱턴에 전달하였다. 트루먼 대통령과 애치슨(Dean G. Acheson) 국무장관은 미국이 한반도에서 제대로 대응하지 못할 경우, 미국의 힘과 위신(power and prestige)이 파괴되어 미국의 세계 공산주의 억지전략에 악영향을 끼칠 것이라 우려하였다. 그럼에도 6월 26일까지 이들은 소련의 공격이 전면전인지, 국지전인지 인지하지 못하였으며 전황정보도 부족했기 때문에 지상군 투입을 쉽게 결정하지 못하였다. 따라서 6월 26일 열린 '제2차 블레어하우스 회의'에서는 38선 이남 지역에 대한 미 공군과 해군의 투입이 결정되었다. 육군은 아니었으나 미국은 6월 27일 해군과 공군 지원파견을 명령하는 성명을 발표하여 전쟁개입을 공식화하였다. 트루먼 대통령은 성명을 통해 조선민주주의인민공화국이 6월 25일과 26일에 있었던 유엔 안보리 결의안을 이행하지 않는다고 발표했고, 이에 대해서 한국군에 대한 지원을 명령하였다. 구체적으로 미 합동참모본부는 맥아더에게 한반도에서의 극동 미 해군과 공군을 비롯하여 제한된 지상군을 동원할 수 있는 권한을 부여하였다. 또한 미 제7함대의 작전통제권을 맡기면서 미육군 태평양사령관과 태평양함대사령관이 필요한 모든 실질적인 지원을 제공할 것을 약속했다. 6월 28일 서울 함락이 워싱턴에 전달되자 6월 29일 긴급 국가안전보장회의에서는 38선 이북지역으로 공격권 확대와 진해−부산 확보를 위한 지상군 투입이 결정되었다. 이어서 6월 30일 트루먼 대통령은 북한지역 폭격과 해안봉쇄 허가를 발표하기에 이르렀으며, 맥아더에게 주일 미24사단 사용 권한을 부여함과 동시에 38선 이북에 대한 미 공군의 공격권을 부여하였다. 결국 전술한 미국정부의 명령과 맥아더의 결정에 따라 미군은 7월 7일 유엔군사령부 창설 이전부터 전쟁에 실질적으로 참전하게 되었던 것이다.

미국의 전쟁개입은 한반도 뿐 아니라 동아시아를 시야에 넣은 판단이기도 했다. 한반도에서의 전쟁으로 일본의 군사적 중요성이 부상되면 미국의 일본 점령이 지연되고, 그러면 일본 국민의 미국에 대한 적대의식이 성장할 것으로 판단했기 때문이다.[7] 전쟁기간 동안 미국의 전쟁지도부는 국가안전보장회의에서 결정된 내용을 대통령으로부터 재가를 받아 이를 합동참모본부에 지시하면, 합동참모본부는 극동군사령관에게 지시를 내려 이를 수행하도록 하였다. 극동군사령관은 워싱턴의 지침에 따라 한반도에서의 군사작전을 수행한 것이다.[8]

이처럼 유엔군사령부 창설 이전부터 미국은 군사적 지원을 전개하였으나 한국군의 작전지휘권은 극동사령부가 아니라 한국군에게 있었다. 맥아더 장군이 유엔군사령관으로 임명된 7월 10일까지도 한국군의 작전지휘권은 유엔군으로 이양되지 않고, 작전은 각 군별로 한미협동작전의 형식으로 진행되었다. 이러한 형식의 작전은 당시 총참모장이었던 정일권(丁一權) 소장이 각 군으로 하달한 7월 10일 훈령에서도 잘 드러난다. 그 내용은 다음과 같다.[9]

> 한미협동작전에 관하여
>
> 예하 각 부대장은 한미협동작전에 관하여 좌기 諸點에 각별한 유의를 요하니 각급 지휘관에게 철저한 반성과 엄격한 각오를 요구할 것임.
>
> 전선에 참가하고 있는 미군은 연합국 군대의 1선으로서 출동하고 있으며 인류공존의 대원칙을 파괴하려는 괴뢰군의 무자비한 행위를 저지시킴에 있음은 물론이거니와 현실에 있어서 연합군은 我 대한민국 국토 내에서 상당한 인원과 장비의 손실을 보고 있음. 고귀한 생명의 희생은 何人을 위한 것인 바 투쟁은 何故로 계속될 것인가는 상상할 때마다 一意 감사의 念 이외는 何物도 존재치 못할 것임.

7) 이처럼 미국의 전쟁개입은 일본 점령정책과 연관되면서 전개되었다. GHQ는 전쟁으로 주일미군이 다수 한반도로 이동하자 '일본의 치안 확보를 위해서'라는 명목으로 7만 5,000명 규모의 경찰예비대 창설을 지시했다. 경찰예비대는 평화헌법에 따라 '군'(軍) 명칭을 붙이지 않았으나 미국정부나 GHQ 모두 경찰예비대를 자위군이라고 인식하였다.

8) 미국의 한국전쟁 지도체제와 한미연합 전쟁지도체제에 대해서는 다음의 책을 참조. 남정옥, 『미국은 왜 한국전쟁에서 휴전할 수밖에 없었을까』, 한국학술정보, 2010; 김정기, 『패전이냐, 승전이냐?』, 선인, 2012.

9) 「육군본부 작전훈령, 제4호」, 『한국전쟁사료 제65권』, 12~13쪽(『자료대한민국사』 18, p.198 재인용).

하지만 유엔군과 한국군 간의 독립된 명령체계는 7월 12일 「재한 미국군대의 관할권에 관한 대한민국과 미합중국 간의 협정」이 체결되면서 점차 변화하였다. '대전협정'으로 더 많이 알려진 이 협정은 임시수도 대전에서 대한민국 외무부와 주한미국대사관 사이에 체결되었다. 주요 내용은 미국군대의 배타적 형사 관할권을 보장하는 것이었다. 미군은 구성원에 대한 독립적인 재판권을 부여받았고, 대한민국 정부는 북한군의 침략하에서 미군 이외에 어떠한 기관에도 복종하거나 복종을 지시할 수 없다는 사실이 명시되었다. 같은 날 맥아더 사령관은 상세한 작전지침을 하달하여 "미국의 작전임무는 국제정치상 어디까지나 유엔 안전보장이사회의 지원하에 이루어진다"는 내용을 강조하였다. 또한 미8군 워커(Harris W. Walker) 사령관에게 "13일부로 주한 미 지상군의 작전지휘권을 행사하라"는 명령을 하달하였다. 이로써 워커 사령관은 7월 13일부터 참전하는 유엔 지상군들을 통합지휘하게 되었다. 대한민국 육군본부도 미8군 사령부와 합동회의를 개최하여 통합작전의 시작을 알렸다.

일본 동경의 UN사령부 옥상에서 美 육군참모총장 콜린스장군으로부터 UN기를 전달받는 맥아더 사령관(1950.7.14) (출처 : 국가기록원, 관리번호 CET 0047916)

7월 14일에는 대한민국 정부 차원에서 한국군의 작전지휘권 이양이 이뤄졌다. 이승만 대통령은 다음과 같은 내용의 서한을 맥아더 사령관에게 보내면서 한국군의 작전지휘권을 유엔군에 이양한다고 선언하였다.[10)]

친애하는 맥아더 장군에게.

대한민국을 대신해 합동군사작전을 전개 중인 유엔 참전국의 전 군대가 유엔군 사령관으로 임명된 귀하의 지휘하에 있음에 비추어, 본인은 현재의 적대행위가 계속되는 한 대한민국 육·해·공군의 작전지휘권을 이양하는 데 대하여 기쁘게 생각하는 바이며, 귀하의 지휘권은 개인적으로 또는 군사령관으로서 대한민국 영토와 영해에서 행사될 것이다.

한국군은 귀하의 지휘하에 복무하게 됨을 자랑스럽게 생각하며, 한국민과 정부 또한 귀하와 같이 유명하고 탁월한 군인의 지시를 받게 됨을 자랑스러워 할 것이다. 귀하는 유엔군의 군사지휘권을 보유한 사람으로 우리 조국의 독립과 영토보전에 대한 악명높은 공산주의자의 침략에 대한 저항에 동참해 왔다.

최상의 애정과 경의를 표하며, 이승만

이 서한에서 보이듯 한국군의 작전지휘권 이양은 강압적 분위기에서 이뤄진 것이 아니라, 이승만 정부의 자발적 요청에 의해 이뤄졌다. 같은 날 이승만 대통령은 맥아더 사령관에게 작전권 이양을 요청하면서 동시에 정일권 참모총장에게 한국군 작전지휘권을 맥아더 사령관에게 이양하라고 명령했다. 이에 맥아더는 무초를 통하여 16일 작전권이양에 대한 감사의 메시지를 전달하였고, 21일에는 다음과 같은 메시지를 이승만에게 전달하였다.[11]

7월 15일자 공한에 의하여 이대통령이 취하신 조치에 대하여 본관의 사의와 충의로부터의 찬의를 그에게 표하여 주심을 바라나이다. 한국 내에서 작전 중인 국제연합군의 통솔력은 반드시 증강될 것입니다. 용감무쌍한 대한민국군을 본관 지휘하에 두게 된 것을 영광으로 생각하나이다. 이대통령의 본관에 대한 개인적 찬사에 대한 사의와 그에 대하여 본관이 또한 가지고 있는 존경의 뜻도 아울러 전달하여 주시기 바라나이다. 우리들의 장래가 고난하고 요원할지도 모르겠으나 종국적인 결과는 반드시 승리할 것이므로 실망하지 마시도록 전언해 주시기 바라나이다.

10) 국방군사연구소, 『한국전쟁 자료총서』 43, 1999, 340쪽.

11) 국회도서관입법조사국, 『韓國外交關係資料集－〈立法參考資料 第』 193號〉』, 국회도서관, 1976.

맥아더 사령관은 7월 24일 정식으로 유엔군사령부를 설치하였다. 서한 형태의 작전지휘권 이양은 25일이 되어서야 유엔 주재 미국대사를 통해서 미국에 전달되었다. 이로써 한국군의 작전지휘권 이양이 공식화되었다. 이 같은 과정을 거쳐 한국군은 유엔군 산하에 배속되었다.

3. 참전군의 지휘체계와 16개국의 참전 규모

맥아더 사령관은 제2차 세계대전의 종결과 함께 일본을 점령한 연합국 최고사령부 GHQ의 총사령관이었다. GHQ(General Headquarters)는 미국 태평양육군 총사령부와 연합국 최고사령관 총사령부라는 이중구조를 가지고 있었다. 따라서 맥아더는 미군 총사령관이면서 동시에 연합국 총사령관이기도 했다.[12)]

미국이 전쟁에 개입하고 유엔군이 구성되자 맥아더 사령관은 유엔군사령관을, GHQ는 유엔군 총사령부까지 겸하게 되었다. 즉 맥아더 유엔군사령관은 파병 16개국과 대한민국 육군을 포함하는 미8군을 지휘하였을 뿐만 아니라 미 극동지역공군 및 기타 국가의 해군 작전권을 포함하는 미 7함대의 지휘권까지 갖게 되었다. 유엔군사령부는 미군이 주도하였으나 형식적으로는 국제연합군의 성격을 가졌다. 따라서 유엔군사령관은 2주마다 안보리에 군사작전수행에 관한 공식보고서를 제출해야 했다. 이를 바탕으로 미국은 주요 동맹국, 파병 국가들과 유엔 내에서 회의를 진행했으며, 1950년 11월 말부터는 미 국무부에서 참전 국가들을 상대로 전쟁 상황에 대한 주간 브리핑을 실시하였다.

그러나 실질적인 군사작전의 수행과 보고는 미국 군사령관과 육군참모총장, 합참의장, 국방부장관을 거쳐 미국 대통령으로 이어지는 지휘체제,

---

12) GHQ(General Headquarters)의 조직과 활동에 대해서는 다음의 책 참조. 타케마에 에이지(송병권 옮김), 『GHQ－연합국 최고사령관 총사령부』, 평사리, 2011.

즉 전술한 국가안전보장회의를 통해 결정되었다. 맥아더 사령관의 보고서는 미국정부로 먼저 보내졌고, 그곳에서 검토와 수정을 거쳐 안보리와 유엔 사무총장에게 전달되었다. 요컨대 전쟁의 공식 지휘체계는 유엔 내에서 보고 및 회의를 거쳤지만 실질적으로는 유엔군이 미국의 정책결정 과정 안에서 통제되었다.

▌유엔군사령부의 지휘체계[13)]

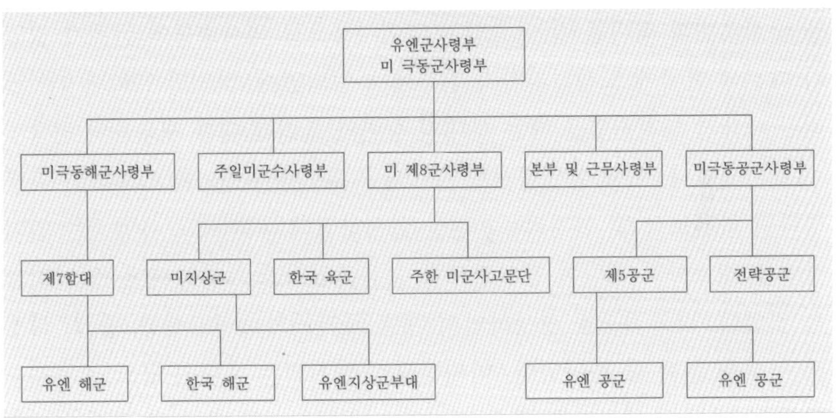

전쟁기간 동안 미8군 사령관은 한국군 작전부대에 대하여 두 가지 방법으로 작전을 통제하였다. 하나는 통상적인 경우로서 제8군 사령관이 한국 육군 총참모장에게 한국 육군의 운용에 관해 필요한 통제사항을 전달하여 육군 참모총장이 이를 한국군 지휘계통에 따라 조치하는 것이었다. 다른 하나는 한국군이 미군의 군단이나 사단에 배속될 경우로서 이때는 미군의 지휘계통에 따라 작전이 이루어졌다.

전투부대를 파병한 대부분의 유엔 회원국은 그들 국가 주변에서 점증하는 공산주의 위협에 불안함을 느꼈으며, 조선민주주의인민공화국의 대한민국 침략을 미래에 있을지 모를 자국에 대한 공산주의자들의 공격이나 전

13) 국방군사연구소, 『한국전쟁』(상), 1995, 237쪽.

복활동의 시발점으로 보았다. 이 같은 입장이 반영되어 미국을 비롯한 총 16개국이 전투부대를 파병하였다. 5개국은 의료지원을 하였고 39개국이 물자를 지원하였으며, 3개국이 지원의사를 표명하였다. 전투부대를 파견한 16개국과 의료지원부대를 파견한 5개국의 군대를 하나의 유엔군으로 통솔하는 것은 쉬운 일이 아니었다. 이들 국가의 군대들은 자국의 사정, 한반도로의 이동거리 등이 상이하여 여러 단계에 걸쳐 전장에 도착하였다. 이 때문에 통합적인 부대 운용에 큰 어려움을 겪었다. 일부 영연방 국가들은 기초 군사훈련과 장비를 잘 갖추었고 영어사용으로 의사소통에 문제가 없었기 때문에 한국에 도착하자마자 전투에 투입되었다. 하지만 1950년 9월 필리핀 대대가 도착하였을 때는 부대의 장비와 훈련에 대한 재교육의 필요성이 제기되었다. 이에 유엔군사령부는 대구 유엔군수용소를 개소하여 파병병력의 화기조작 및 현지적응훈련을 실시하였다. 이외에도 유엔군은 언어장벽을 해소하기 위하여 통역장교를 운용하였지만 지휘통제에 큰 어려움을 겪었다. 다국적군을 형성하면서 개별 국가들의 풍속, 전통, 종교, 식성도 어려운 문제 중 하나였다. 마지막으로 파견되는 부대의 규모도 문제가 되었다. 맥아더 사령관은 최초 장비와 지원포병대를 갖춘 1,000명 정도의 파병을 요청하였으나, 미국과 영국을 제외한 대부분 국가들은 대대급을 파견하였다.

▎유엔군 전투부대 참전 현황[14)]

국명	참전 연인원(명)	참전 규모		
		육군	해군	공군
미국	1,789,000	야전군 : 1 군단 : 3 보병사단 : 8 해병사단 : 1 연대전투단 : 2 병력 : 302,483명	극동 해군 미 제7함대	극동 공군

14) 박동찬, 『통계로 본 6·25전쟁』, 국방부 군사편찬연구소, 2014, 282쪽.

영국	56,000	보병여단 : 2 해병특공대 : 1 병력 : 14,198명	함정 17척 (항모 1척 포함)	-
오스트레일리아	17,164	보병대대 : 2 병력 : 2,282명	항공모함 : 1척 구축함 : 2척 프리깃함 : 1척	전투비행대대 수송기편대
네덜란드	5,322	보병대대 : 1 병력 : 819명	구축함 : 1척	-
캐나다	26,791	보병여단 : 1 병력 : 6,146명	구축함 : 3척	수송기대대
뉴질랜드	3,794	포병대대 : 1 병력 : 1,389명	프리깃함 : 1척	-
프랑스	3,421	보병대대 : 1 병력 : 1,185명	구축함 : 1척	-
필리핀	7,420	보병대대 : 1 병력 : 1,496명	-	-
터키	21,212	보병여단 : 1 병력 : 5,455명	-	-
태국	6,326	보병대대 : 1 병력 : 2,274명	프리깃함 : 7척 수송선 : 1척	수송기편대
남아프리카 공화국	826	-	-	전투비행대대
그리스	4,992	보병대대 : 1 병력 : 1,263명	-	수송기편대
벨기에	3,498	보병대대 : 1 병력 : 900명	-	-
룩셈부르크	100	보병소대 : 1 병력 : 48명	-	-
에티오피아	3,158	보병대대 : 1 병력 : 1,271명	-	-
콜롬비아	5,100	보병대대 : 1 병력 : 1,068명	프리깃함 : 1척	-

* 참전규모의 병력은 전쟁기간 중 최대수준을 유지한 시기의 병력임.

4. 한국군 작전지휘권 이양의 결과

한국군의 작전지휘권은 유엔군사령부로 넘어갔으며, 유엔군사령부는 미군이 주도하고 있었다. 그럼에도 유엔군사령부는 중요한 사안에 대해서 유엔의 결정을 따라야 했다. 1950년 9월 유엔총회에서 논의된 38선 이북 진격의 문제가 그것이다. 미국은 내부 논쟁을 거친 뒤 9월 11일 NSC-81을 승인, 소련과 중국의 개입이 없는 경우 38선 이북으로 진격하도록 했다. 9월 15일 인천상륙작전이 성공하자 전쟁은 점점 유엔군에 유리한 상황으로 전개되었다. 하지만 유엔군은 쉽게 38도선 이북으로 진격을 결정할 수 없었다. 전쟁 초기 안보리 결의들은 전쟁의 목적을 전전 현상유지(status quo ante bellum)로 이해했기 때문이다. 미국은 38선 이북 진격의 문제를 유엔이 결정해야 한다고 입장을 표명하였다. 9월 20일 애치슨 미 국무장관은 유엔총회 연설에서 독립된 민주한국 달성을 위한 군사작전 수행을 시사했다. 결국 한반도 문제는 유엔총회 제1위원회에서 토의되면서 미국 주도의 8개국안이 수정되어 채택되었다. 이 안은 한반도 전 지역의 안정과 통일, 독립, 민주적 정부 수립 등을 주요한 내용으로 하였다. 8개국안은 명시적으로 38도선 이북 진격을 승인하지 않았지만 한반도 전 지역의 안정 확보를 위한 적절한 모든 조치라는 암묵적 표현을 사용하였다. 이처럼 유엔에서는 10월 7일에야 새로운 결의안이 채택되었다. 그러나 이 과정에서 이승만 대통령은 빠른 38선 이북 진격을 원하였다. 10월 1일 이승만 대통령은 유엔과 유엔군사령부의 허가 없이 북진을 명령하였다. 이러한 결정은 뒤늦게 유엔과 미국의 승인을 받았지만, 그 과정에서 논란이 생길 수밖에 없었다.

이승만 정부의 작전지휘권 이양 문제는 1954년 이후 현재에 이르기까지 작전통제권 문제로 이어졌다. 1954년 한미상호방위조약 규정에 의거 합의된 '한미합의의사록'은 2항에서 "유엔군사령부가 대한민국의 방어를 위한 책임을 부담하는 동안 대한민국 국군을 유엔군사령부의 작전통제 아래 둔다"라고 규정하였다. 이 조항으로 작전지휘권(operational command authority) 명칭이 작전통제권(operational control)으로 변경되었고, 그 주체도 유엔군사령부로 명시되었다. 1978년에는 한미연합사령부가 창설되면서 작전통제권이 유엔군사령관에서 한미연합사령관으로 이전되었다. 이를 계기로 전쟁수행은 연합사령관이, 정전관리는 유엔사령관이 맡는 분담체제가 성립되었다. 다만 주한미군사령관이 두 사령관을 겸임하면서 실제적 연계가 보장되었다.

이후 작전통제권 환수는 노태우(盧泰愚) 대통령의 대선공약으로도 제시되었으며 1994년 김영삼(金泳三) 정부에서 미국과 협의를 통해 평시 작전통제권을 환수하였다. 당시 김영삼 대통령은 평시 작전통제권 환수를 "자주국방의 기틀을 확고히 하는 역사적 사실이며 제2의 창군"이라고 평가하였다. 전시 작전통제권 환수는 노무현(盧武鉉) 대통령 시기에 강력하게 추진되었다. 2006년 노무현－부시(George W. Bush) 대통령 정상회담에서 전시 작전통제권 전환에 공감대가 형성되었으며 2007년 한미 국방장관 회담에서 2012년 4월 전시 작전통제권 반환을 합의하였다. 그러나 2010년 이명박(李明博) 대통령은 천안함 사건이 터진 이후 이명박－오바마(Barack H. Obama) 대통령 정상회담에서 전시 작전통제권 전환시기를 2015년 12월로 연기하였다. 박근혜(朴槿惠) 정부에 들어서는 한미 국방장관이 한미연례안보협의회에서 전시 작전통제권 무기한 연기를 합의하면서 전시 작전통제권 환수는 기약 없이 무산되었다.

전시 작전통제권 문제가 한미관계, 한반도 내 정치상황에 따라 크게 변화하는 까닭은 작전통제권이 대한민국의 국방주권 문제에 머무르지 않고 한미연합사령부와 정전체제의 방향에 큰 영향을 주기 때문이다. 이처럼 1950년 전쟁 상황에서 급박하게 이뤄진 작전지휘권 이양은 한국 현대사를 관통하면서 한미군사동맹, 6·25 한반도 통일전쟁과 후속처리, 더 나아가 동북아시아와 한반도의 미래 모습에까지 큰 영향을 미치고 있다.

【참고문헌】

〈단행본〉

강성학 편,『유엔과 한국전쟁』, 리북, 2004.

국방군사연구소,『한국전쟁 자료총서』16, 1997

국방군사연구소,『한국전쟁 자료총서』39, 1999.

국방군사연구소,『한국전쟁 자료총서』43, 1999.

국방군사연구소,『한국전쟁』(상), 1995.

국방군사연구소,『UN군 지원사』, 1998.

김정기,『패전이냐, 승전이냐?』, 선인, 2012.

김철민,『한국전쟁과 동유럽』, 아카넷, 2008.

남정옥,『미국은 왜 한국전쟁에서 휴전할 수밖에 없었을까』, 한국학술정보, 2010.

박동찬,『통계로 본 6·25전쟁』, 국방부 군사편찬연구소, 2014.

박두복 편저,『한국전쟁과 중국』, 백산서당, 2001.

육군본부 군사연구실,『한국전쟁사료 제65권』, 1988.

정일형,『한국문제 유엔결의문집』, 국제연합한국협회, 1954.

竹前榮治(송병권 옮김),『GHQ-연합국 최고사령관 총사령부』, 평사리, 2011.

〈논문〉

송재익,「한국군의 작전통제권 변동요인에 관한 연구 : 국제정치와 국내정치의 연계를 중심으로」, 한양대학교 정치외교학과 박사학위논문, 2007.

이철순,「이승만정권기 미국의 대한정책 연구(1948-1960)」, 서울대학교 정치학과 박사학위논문, 2000.

03_ 중국인민지원군의 참전과 조중연합사령부 설치

김진혁

1. 6 · 25전쟁 이전 중국의 전쟁 인식

6 · 25 한반도 통일전쟁은 1950년 이전 남북군사충돌과 북한과 중소 간 전쟁계획이 협의되는 가운데 예고되고 있었다. 1949년 이후 38선에서 군사충돌은 증가했고 이는 북소 간 논의의 대상이 되었다.[1] 이 시기 남북지도부 모두 상대에 대한 침공 후 격퇴전략을 가지고 있었다. 김일성, 박헌영(朴憲永)은 스탈린(Иосиф В. Сталин)에게 1949년 3월과 8월 두 차례 전쟁을 제안했으나, 이에 대한 반대의사를 확인했고 1949년 9월 24일 소련지도부는 한반도에서 북한의 대남군사작전 금지 결의로 개전 반대의사를 분명히 했다. 이 결정은 남한 내 좌익세력의 역량과 남한대중의 인민군 지지 여부, 북한의 군사력을 감안한 것이었다. 마오쩌둥(毛澤東)도 북한지도부에게 유리한 상황이 조성될 때까지 기다릴 것을 요구했다.

그러나 1950년 3월에서 4월초에 걸친 김일성의 모스크바 방문 시기 김일

---

1) 「소련 내각회의 의장과 조선민주주의인민공화국 내각수상의 조소 양국관계의 발전 전망에 관한 회담 기록, 1949년 3월 5일 20시 00분」, 『한국전쟁, 문서와 자료, 1950~53년』(이하 『문서와 자료』, 기관명 생략), 국사편찬위원회, 23~24쪽.

성의 스탈린 접견 이후 한반도에서의 개전이 확정되었다.[2] 중국공산당의 승리에 따른 1949년 10월 1일 중화인민공화국(이하 중국) 건국, 1950년 1월 10일 한반도와 타이완을 미국의 도서방위선에서 제외한 애치슨선언, 2월 14일 중소우호동맹 상호원조조약(1950.4.11. 발효) 체결이 정책 변화의 계기가 되었는데, 이는 미국이 한반도에서의 전쟁에 개입하지 않을 것이라는 판단에 따른 것이었다.[3] 중국은 남침계획에 대해서 기본적인 합의를 가지고 있었지만, 전쟁에 대한 세부책임이 자신의 몫이 되는 것을 경계했다. 신생국가 중국은 경제를 안정시켜야 할 과제와 국민당 잔여세력 토벌, 타이완 문제 등으로 어려운 조건에 놓여있었다.[4]

2. 개전 직후 전황과 북한의 중소지원 요청

1950년 6월 25일, 북한은 38선 전 지역에서 남침을 개시했다. 인민군은 빠르게 남진했고 8월 말 전선은 낙동강 유역에 형성되었으나 전황은 북한에 유리하게 전개되지 않았다. 미국이 전쟁에 개입하지 않을 것이라는 예상과 달리 유엔 안전보장이사회의 참전 결의를 통해 개전 일주일 후인 7월 1일, 유엔군이 부산에 상륙했고 전쟁 개입과 함께 타이완해협은 봉쇄되었다.[5]

2) 러시아『역사문서보관소(Исторический Архив)』의 1998년 4월 특집호에서 다뤄진 1924~1953년간 스탈린 집무실 방문자 일지를 통해 1950년 김일성의 방소기간 중 스탈린 접견일은 4월 10일로 확인된다(안승환, 「주북한 소련군사고문단의 북한군 지원활동(1946~1953년)」,『한국전쟁의 새로운 연구』 2, 국방부 군사편찬연구소, 2002, 365쪽).

3) 스탈린이 미국의 참전을 예상하고 미중소모전을 기대했다고 지적되기도 한다(Donggil, Kim, Stalin's Korean U-Turn : The USSR's Evolving Security Strategy and the Origins of the Korean War, *Seoul journal of Korean studies* Vol.24 No.1, 2011).

4) 20여 년간 대외전쟁과 국내전쟁을 치른 중국은 경제적 어려움에 직면하고 있었다. 통화팽창, 실업 급증, 기업생산 감소가 나타나 공업생산량은 전쟁 전 최고 수준의 30%에 달했으며 경공업과 농업 생산량 역시 70%를 넘지 못했다. 아울러 1949년 전국 대부분에서 홍수가 발생해서 12,795만 헥타르의 면적이 피해를 입었고, 농민 700만 명이 구제에 의존해야 했다. 미국과 장제스의 공작원들은 인민을 선동하고 유언비어를 퍼뜨렸다(션즈화,『마오쩌둥, 스탈린과 조선전쟁』, 선인, 2010, 276쪽).

참전 직후 유엔군은 미 공군기의 공습을 통해 제공권을 장악했다. 공중폭격은 북한인민과 인민군에게 큰 피해를 주었고 사기를 저하시켰다. 7월 1일 전쟁에서 북한의 승리를 의심하는 사람들과 해방지구에서 전쟁관망자의 출현이 보고되었고, 김일성은 7월 8일 미 공군폭격과 대규모 파괴소식을 들으며 당혹감을 감추지 못했다.[6] 공습에 대한 우려가 북한최고지도부까지 퍼져나감에 따라, 지도부는 점차 독자적인 능력으로 전쟁에서 승리하기 어렵다고 보기 시작했다.[7] 이미 지도부는 중국의 병력지원을 요청하기 위해 소련의 동의를 구하고 있었다.

9월 15일 인천상륙작전 이후 전세는 역전되었고 9월 28일 유엔군은 서울을 수복했다. 부산지역을 방어했던 미 제8사단도 38선으로 북진하였고, 인민군 주력부대는 적의 후방에 고립되었다. 이들 인민군 주력은 퇴각 도중 보급로가 차단되었고 군지도부와 통신연락이 두절되었다. 결국 38선 이북으로 퇴각한 부대는 2개 사단 병력도 되지 못했고 재편된 인민군 독자적으로는 유엔군의 진격을 막을 수 없었다. 9월 28일 김일성은 조선노동당 중앙정치국 긴급회의를 개최하고 소련과 중국에 군사원조를 요청하기로 결정하고 9월 29일 스탈린에게 구원요청 서한을 발신했다.[8]

5) 중국은 타이완 침공을 잠정 보류하여, 1950년 5월~7월 사이 하이난다오(海南島)를 비롯한 남부지역의 제4야전군 6만 명의 병력을 동북지역에 배치시켰다. 기존 부대와 함께 18만 명 정예부대가 1개월 이내 한반도에 출동할 수 있도록 준비시켰고 7월 중순부터 8월 중순까지 20여만 병력이 확충되어 동북변방군을 구성했다(주지안룽, 『모택동은 왜 한국전쟁에 개입했을까』, 역사넷, 2005, 126~127, 184, 190쪽).

6) 「조선민주주의인민공화국 주재 소련대사가 소련 내각회의의장에게 보낸 전문, 미합중국의 참전과 관련하여 북조선의 정치적 동향에 대하여, No.423, 1950년 7월 1일」, 『문서와 자료』, 68~69쪽; 「조선민주주의인민공화국 주재 소련대사가 소련 내각회의 의장에게 보낸 전문, 조선의 상황에 대하여, No.477, 1950년 7월 8일」, 『문서와 자료』, 77~78쪽.

7) 북한이 낙동강 전선에서 최종공세를 시도한 8월 31일~9월 1일 양측의 병력을 비교하면, 인민군은 97,850명, 남한군은 91,696명으로 대등했으나, 유엔군을 더하면 총 179,929명으로 1 : 2의 병력차를 보였다(박명림, 『한국 1950 - 전쟁과 평화』, 나남출판, 2002, 134쪽).

8) 「조선로동당 중앙위원회가 소련 내각회의 의장에게 보낸 서한, 전선 상황에 대한 보고 및 소련이나 국제의용부대가 직접 조선 인민에게 군사적 원조를 제공해주는 데 대한 요청, 1950년 9월 29일」, 『문서와 자료』, 152~154쪽; 이 원문은 『중국군의 한국전쟁사①』의 220쪽, 「史蒂可夫致葛羅米柯電(스티코프가 그로미코에게 보낸 전문)」(1950년 9월 30일)이라는 제목으로 실려 있지만 일부 생략되어 있다.

9월 30일, 박헌영은 이 서한을 북한 주재 소련대사 슈티코프(Терентий Ф. Штыков)에게 전달했다. 이 서한을 당일 러시아어로 번역된 후 모스크바 소련 외교부로 발송되었고 외무장관 그로미코(Андрéй А. Громыко)가 이 서한을 접수하여 소련 공산당 지도부에게 전달했다.[9] 소련 무장부대 총참모부 제8국은 군사원조를 요청하는 서한을 받아 암호해독 절차를 거쳐 10월 1일 2시 50분 최종적으로 스탈린에게 발송하였다. 서한을 검토한 소련공산당 지도부는 북한의 군사지원 요청을 거부했고 북한 주재 소련기관과 소련인 전문인력을 철수하도록 했다. 소련지도부는 국제적인 '지원부대'의 결성이 북한에 대한 적합한 군사원조라고 보며, 중국이 지원부대를 조직할 것이기 때문에 중국과 논의해야 한다고 전했다.

한편, 중국지도부에도 같은 내용의 서한이 발송되었다. 10월 1일 밤, 김일성은 북한 주재 중국대사 니즈량(倪志亮)과 정무 참사관 차이쥔우(柴軍武)를 불러 중국이 속히 북한에 대해 출병하여 군사적 원조를 해줄 것을 중국에 정식으로 요청했다.[10]

3. 중소 간 참전 논의

중소 양국 모두 전쟁에 직접 개입하는 것을 꺼렸다. 소련은 미국과의 전면전을 회피하려고 했고 개전 이후에도 미국에게 개입의 구실을 주지 않기

9) 슈티코프는 구원요청 서한을 전달하면서, 주북한 소련 전문가와 소련기관 및 인원들을 철수할 것을 건의했다(「소련 외무성 제1부상이 소련 내각회의 의장에게 보낸 보고서, 조선민주주의인민공화국에서 소련 전문가들과 소련 기관 직원들의 소환 절차에 대한 결정 초안, No.182-Ⅲ, 1950년 9월 30일」, 『문서와 자료』, 157~158쪽).

10) 『중국군의 한국전쟁사①』에서는 노동당 중앙상무위원 겸 내무상인 박일우(朴一禹)가 김일성, 박헌영의 군사원조 요청서한을 갖고 10월 3일 베이징에 도착, 마오쩌둥에게 직접 서한을 전달하였다고 한다. 하지만 훙쉐즈(洪學智)는 『抗美援朝戰爭回憶』를 근거로 박헌영이 직접 베이징에 와서 친서를 전달하고 중국의 지원을 요청하였다고 하나, 박명림에 따르면 이 내용은 다른 자료에서 확인되지 않는다.

위해 신중하게 행동했다. 중국공산당도 중국 내부 불안정과 타이완, 베트남 문제로 출격을 부담스러워 했다. 1950년 6월 6일~9일 중국 제7기 제3차 중앙위원회 전체회의에서는 국민경제회복시기 전략방침을 '사방으로 출격하지 않는 것(不要四面出擊)'으로 확정했다.

하지만 인천상륙작전 이후 중국 참전은 현실적으로 가시화되기 시작했다. 1950년 9월 21일~10월 3일 저우언라이(周恩来)는 주중인도대사 파니카(Sadar K. M. Panikkar)와 회견에서 유엔군이 38선을 넘지 않으면 중국이 전쟁에 개입하지 않는 국지전을 유지할 의사를 전달하며 제3차 세계대전으로의 확전을 경계했다. 따라서 직접 참전을 피했던 중소는 군사개입을 요청한 북한의 서한(9월 29일 소련 발송, 10월 1일 중국 발송)에 쉽게 답변하지 못했다. 10월 1일 스탈린은 중국공산당에게 최소 5~6개 사단을 38선으로 출동시켜, 인민군이 예비부대를 조직할 수 있도록 군사원조를 종용하는 전문을 보냈다.[11] 이에 마오쩌둥은 몇 개의 사단병력으로 문제를 해결하기 어려우며, 이것이 미국과 직접 충돌을 야기할 것이기 때문에 중국공산당 중앙위원회는 요청에 반대하는 서신을 소련대사 로신(Николай В. Рощин)을 경유해 발송했다.[12]

소련은 중국이 참전결정을 내리지 않자 10월 5일 소련기구, 전문가를 북한에서 소개(疏開)할 것을 명령했다. 중국에게 소련이 북한을 포기했다는 것을 보여주고 중국의 참전 결단을 촉구하게 한 결정이었다. 중국 공산당

11) 「소련 내각회의 의장이 중화인민공화국 주재 소련대사에게 보낸 전문, 중국 정부에 조선민주주의인민공화국에 군대 원조를 제공하도록 권고하는 데 대하여, 1950년 10월 1일」, 『문서와 자료』, 163쪽.

12) 「중화인민공화국 주재 소련대사가 소련 내각회의 의장에게 보낸 전문, 중화인민공화국 중앙인민정부 주석의 서한, 중국군 부대들의 조선 영토 진출 문제에 대한 중국공산당 중앙위원회의 입장에 대하여, No.2270, 1950년 10월 3일 12시 15분」, 『문서와 자료』, 163~164쪽; 1995년 이후 1950년 10월 15일 남만주 12개 사단을 출격시키겠다는 또 다른 1950년 10월 3일자 서한이 발견되면서 기존 출격 반대 서한에 대한 날조 논란이 불거졌으나, 새롭게 발견된 서한은 10월 2일 회의에서 마오쩌둥의 출격 주장이 이견에 부딪쳐 발송되지 못한 것으로 확인되었다(이완범, 「중국인민지원군의 한국전쟁 참전 결정과정」, 『한국전쟁과 중국』, 백산서당, 2001, 214~225쪽; 션즈화, 위의 책, 272~275쪽; 주지안룽, 위의 책, 220~221쪽).

내부에서는 출병에 대한 입장으로 논의가 계속되고 있었지만[13] 10월 5일 마오쩌둥의 확고한 출병의지로 회의는 결국 즉시 출병이 필요하다는 쪽으로 모아졌고, 10월 8일 마오쩌둥은 '중국인민의용군 설립에 관한 명령'을 발표하며 출격명령을 내렸다.[14]

중국지도부는 출격준비와 동시에 소련과의 협의를 진행했다. 10월 8일 저우언라이는 스탈린, 몰로토프(Вячеслáв М. Мóлотов)와 소련 무기·장비 지원, 특히 공군 지원에 대한 협의를 위해 모스크바로 출발했다.[15] 10월 11일 스탈린은 기대와 달리 마오쩌둥에게 군수물자 지원은 6개월 후에 가능하고 소련공군 엄호에 대한 답변을 주지 않았다. 이에 중국은 잠시 파병을 하지 않는 것으로 결론을 내렸으나, 10월 13일 유엔군이 함흥지역으로 재차 상륙작전을 감행할 것이라는 첩보와 이에 따른 중국과 소련으로 인민군을 철수시키라는 스탈린의 결정은 중국 공산당이 공중엄호 없이도 최종적인 출격을 결정하도록 했다. 이날 중국공산당의 회의는 "우리는 마땅히 참전해야 하고, 반드시 참전해야 한다고 여기며, 참전하면 이익이 막대하나, 참전하지 않으면 손실이 막대하다"로 결론지어졌다.

---

13) 주지안룽은 10월 4일 회의에서는 즉시 출병론자가 마오쩌둥, 저우언라이였고 여기에 동조하는 잠재적 지지자가 주더(朱德), 덩샤오핑(鄧小平), 펑더화이(彭德懷)였으며, 소극론자가 류사오치(劉少奇), 천윈(陳雲), 장원톈(長聞天), 리푸춘(李富春), 반대론자가 가오강(高崗), 린바오(林彪)(회의 결석)이었으나, 10월 5일 회의에서는 참석자 전원이 잠재적 지지자가 되어 류사오치가 즉시 출병론자나 지지자가 되었고 천윈·리푸춘 등이 소극파였다고 보고 있다. 반대론자였던 가오강은 10월 5일 회의에 참석하지 않았다[朱建榮, 『毛澤東の韓國戰爭－中國が鴨綠江を渡るまで』, 東京 : 岩波書店, 1992, 202쪽(이종석, 『북한－중국관계』, 중심, 2000, 141쪽 재인용)].

14) 주지안룽은 10월 7일 유엔총회에서 전 한반도 선거 실시를 비롯한 제헌행위에 대한 찬조 결의 채택에 따라 베이징 수뇌부가 유엔군 북상이 임박했다고 판단하고 마오쩌둥이 출격명령을 발포하였다고 본다. 차이청원(柴成文)의 증언은 유엔군이 7일 38도선을 넘어 북상했다는 보고가 배경이 되었다고 본다(주지안룽, 위의 책, 256쪽).

15) 중소협상에서 저우언라이가 스탈린에게 출병하지 않겠다고 전달했다는 설과 출병을 위해 공군지원을 해달라고 했다는 설이 있다. 전자는 러시아 측 자료와 중국 통역 스저(師哲)의 증언에, 후자는 그 외 대부분의 기록과 증언에 기반한다. 이종석은 소련에 중국의 파병결정을 미통지하여, 스탈린과의 협상력을 높이려고 했다고 보고 있으나 션즈화와 주지안룽은 스탈린에게 파병을 알리고 협상했다고 본다(주지안룽, 위의 책, 259, 292~294쪽; 이종석, 앞의 책, 146~147쪽; 션즈화, 위의 책, 287쪽).

10월 14일 중국지도부는 중국으로 전쟁의 확대 · 중국과 인접한 한반도 북부의 유엔군 점령 방지, 북한정권의 생존을 위해, 중공군의 진입 이후 최대한 이익이 되는 남쪽까지 방어선을 구축하고 공격적인 작전을 자제할 것을 결정했다.

4. 중국인민지원군 참전과 군사작전권 이양

10월 15일 마오쩌둥은 10월 18일 또는 19일 압록강 도하를 결정했다. 이날 펑더화이는 베이징에서 단둥(丹東)으로 돌아와 사단장급 이상 지휘관 회의를 열었고, '지원군' 명칭으로 참전을 자원한다는 결의식을 했다. 중공군은 모표와 흉장을 떼어냈고, 간부들은 조선인민군의 군복으로 갈아입고 선서의식을 거행했다. 이는 중공군의 참전을 비밀에 부치고 미국에게 중국과의 전면전이라는 선전구실을 주지 않기 위해서였다.

1950년 10월 19일 중공군 38 · 39 · 40 · 42군과 3개 포병사단이 단둥, 창띠엔(長甸) 하구, 지안(集安) 방면에서 북한으로 진입했다. 지원군은 11월 1일 대규모 조직적인 전투를 시작하였고 1차 전역(戰役)이 개시되었다. 11월 5일까지 계속된 전투에서 중공군은 남한군 6사단을 타격하여 괴멸에 가까운 손실을 입혔고 1사단, 8사단, 미 기병 1사단에도 타격을 가했다. 이 전투로 중공군은 유엔군을 청천강 이남으로 격퇴시켰다. 11월 13일 중공군은 총 38만여 명의 병력으로 6개 군, 30사단이 북한에 들어와 있었다.

11월 25일 중공군 사령부는 2차 전역을 개시했다. 중공군의 총공세에 밀린 맥아더(Douglas MacArthur)는 11월 29일 철수명령을 내렸으며 12월 3일 유엔군은 38선으로 총퇴각하기 시작했다. 중공군은 12월 6일 평양으로 진출했고, 16일에는 서부전선에서 유엔군을 38선 이남으로 밀어냈다. 중공군은 2차 전역을 승리로 이끌었지만 이 전역은 미 공군기의 폭격의 위력이 과시된 전투였다. 미군은 1차 공세 이후 대규모 중공군 참전을 인지했다.

이에 따라 공군기를 동원해 후속 부대 추가도강을 방해하고 전투장소로 이동하는 중공군에 대해 무차별적으로 공습했다. 당시 중공군의 인명피해와 더불어 동상으로 인한 전투력 상실은 전 병력이 30%에 달했다.

중국 인민지원군 참전 초기에는 인민군이 괴멸상태였고 중공군 단독으로 전투를 진행한 것과 다름없어 북중 간 작전지휘권은 문제되지 않았다. 하지만 지리산에 고립되었던 방호산(方虎山) 제6사단의 철수와 김창덕(金昌德) 제5사단의 복귀 이후 공동지도부 구성이 시급해졌다. 1차 전역에서는 작전지휘의 혼선으로 조중부대 사이에 오해가 생겨, 심지어 서로 교전을 한 경우도 발생했다. 펑더화이는 작전수행에 통일성을 보다 높이고 상호협조를 기하기 위해, 김일성과 슈티코프 사이 협의가 필요하다고 피력했다.

1950년 11월부터 조중연합사령부(朝中聯合司令部) 구성에 대한 논의가 구체적으로 시작되었다. 11월 7일 펑더화이는 중국과 소통을 위해 베이징에 파견되어있던 박일우(朴一禹)를 만포(滿浦)에 보내 김일성과 협의하도록 했다. 북중 공동작전 문제와 포로정책 등에 대해 협의하기 위해서였다. 의견에 합치를 보지 못하자 펑더화이는 11월 11일 김일성, 북한 주재 소련대사 슈티코프, 펑더화이 3인위원회를 조직하여 작전과 관계된 지휘협조와 군사정책 등을 문제를 결정하겠다고 했다. 11월 13일 저우언라이는 마오쩌둥이 스탈린에게 3인위원회 구성에 대한 협조를 구하는 전보를 보냈고 스탈린도 이 의견에 찬성하는 답신을 보냈다. 서부전선 제2차 전역이 끝난 12월 3일, 김일성은 북경에 도착하여 마오쩌둥, 저우언라이, 류사오치와 중요문제를 협의했다.[16]

여기에서 조중연합사령부 구성과 포진 등이 결정되었다. 우선, 모든 작전, 전선활동을 지휘할 권한을 조중연합사령부에 부여하고, 조중연합사령

16) 12월 8일 저우언라이가 작성한 조중연합사령부 설치에 관한 전문의 번역본은『중국군의 한국전쟁②』의 259쪽에 실려 있다. 이것은 1950년 12월 4일 가오강에게 보낸 전문과 일치한다. 12월 3일 김일성이 베이징을 방문해서 협의했을 때 조중연합사령부 설치에 관한 세부내용이 결정되었고 12월 8일 같은 내용이 결정되었다고 볼 수 있다.

부 내 중국 인민지원군 사령부와 북한 인민군 참모부를 배속시켰다. 북한 정부는 후방동원, 훈련, 군정, 경비 등을 관할하고 조중연합사령부는 필요한 사항을 북한정부에 요구하고 건의하도록 했고 별도로 철도수송 및 수리를 맡았다. 한편, 조중연합사령부의 명의는 대외공개하지 않고 내부문서로만 사용하도록 했다. 베이징에서 돌아온 김일성은 12월 7일 펑더화이와 조중연합사령부 구성에 대한 구체적인 사항을 협의했다. 조중연합사령부는 12월 상순 정식 창설되었고 3차 전역부터 통일적으로 작전을 지휘할 수 있었으나, 북한의 전 병력은 마오쩌둥과 중국지휘부의 명령을 받게 되었다.[17]

5. 중국인민지원군 참전의 영향

중국인민지원군의 참전은 위기에 처한 북한지도부를 구했지만, 이들의 참전 과정은 냉전시대 사회주의 진영 내 현실주의적 역관계가 직접적으로 표출되었던 초기 사례가 되었다. 중국과 소련의 공군지원에 대한 '밀고 당기기'는 '스탈린이 중국을 배신했다'는 실망감을 남겼다. 이후 소련의 공군지원은 1950년 11월 말이 되어서야 이뤄졌지만 이들의 작전범위는 국경지대를 넘지 않았다. 아울러 1951년 중반 이후 전투는 주로 38도 선상에서 발생했음에도 불구하고 소련공군의 최남단 작전범위는 평양－원산선(39도선 부근)으로 제한되었다.

아울러 조중연합사령부 구성 과정에서 작전지휘권으로 인한 지도부 간 감정적 문제는 공식적으로 명확하게 드러나지 않았지만 이후 많은 연구자들의 추측을 낳았다. 북한과 중국지도부 사이 문제는 중공군이 정전협정을 주도하면서 타결이 지연되었던 상황에서 다시 불거졌다. 1951년 7월 8일

17) 와다 하루키는 이후 김일성이 최고사령관이라는 이름을 가질 뿐 군사적으로 완전히 소외되었고 평가한다.

시작된 연락 장교 회의에서 1953년 7월 27일까지 정전협정은 25개월이 소요되었다. 정전협정 과정에서 군사정전위원회 구성, 군사분계선 설정, 중립국감시위원단 설치 등이 논란이 되었지만 무엇보다 문제가 되었던 것은 포로 송환 문제였다. 포로송환 방식에 대한 유엔군 측과 공산 측의 입장 차이는 정전회담을 지연시켰는데, 중국인민지원군이 군사통수권을 가지고 있는 상황에서 1951년 정전회담이 시작된 이후 포로문제를 빠르게 처리하고자 하였던 북한지도부의 입장은 반영되기 어려웠다.

【참고문헌】

〈단행본〉

국사편찬위원회, 『한국전쟁, 문서와 자료, 1950~53년』, 국사편찬위원회, 2006.

군사과학원 군사역사학부, 『중국군의 한국전쟁사①』, 국방부 군사편찬연구소, 2002.

군사과학원 군사역사학부, 『중국군의 한국전쟁사②』, 국방부 군사편찬연구소, 2005.

김태우, 『폭격－미공군의 공중폭격 기록으로 읽는 한국전쟁』, 창비, 2013.

바자노프, 예프게니, 『(소련의 자료로 본) 한국 전쟁의 전말』, 열림, 1998.

박명림, 『한국 1950－전쟁과 평화』, 나남출판, 2002.

박영실, 『중국인민지원군과 북 · 중관계』, 선인, 2012.

서동만, 『북조선 사회주의체제 성립사 : 1945-1961』, 선인, 2005.

션즈화, 『마오쩌둥, 스탈린과 조선전쟁』, 선인, 2010.

안승환, 「주북한 소련군사고문단의 북한군 지원활동(1946~1953년)」, 『한국전쟁의 새로운 연구』 2, 국방부 군사편찬연구소, 2002.

양쿠이숭, 「중국군의 정전협상전략」, 『한국전쟁사의 새로운 연구』 1, 국방부 군사편찬연구소, 2001.

와다 하루키 저, 서동만 역, 『한국전쟁』, 창작과 비평사, 1999.

이완범, 「중국군의 참전 이전 미 · 중관계」, 『한국전쟁사의 새로운 연구』 1, 국방부 군사편찬연구소, 2001.

이완범, 「중국인민지원군의 한국전쟁 참전 결정과정」, 『한국전쟁과 중국』, 백산서당, 2001.

이종석, 『북한－중국관계』, 중심, 2000.

정병준, 『한국전쟁－38선 충돌과 전쟁의 형성』, 돌베개, 2006.

주지안룽, 『모택동은 왜 한국전쟁에 개입했을까』, 역사넷, 2005.

行政自治部 政府記錄保存所, 『韓國戰爭과 中國』 Ⅱ, 行政自治部 政府記錄保存所 2002.

홍학지, 『중국이 본 한국전쟁』, 한국학술정보, 2008.

Leffler, P. Melvyn, *The Cambridge history of the Cold War Vol.1 Origins*, New York : Cambridge University Press, 2010.

Torkunov, Anatolii Vasilievich, 『한국전쟁의 진실과 수수께끼』, 에디터, 2003.

〈논문〉

박영실,「정전회담을 둘러싼 북한 · 중국 갈등과 소련의 역할」,『현대북한연구』14-3, 2011.

이완범,「한국전쟁과 항미원조전쟁 : 한중학술회의의 쟁점」,『정신문화연구』23-3, 2000.

조성훈,「미국 자료를 통해 본 휴전 협상의 지연 요인 연구 : 포로 문제를 중심으로」,『정신문화연구』23-2, 2000.

Donggil Kim, *Stalin's Korean U-Turn : The USSR's Evolving Security Strategy and the Origins of the Korean War*, *Seoul journal of Korean studies* Vol.24 No.1, 2011.

04_ 사회주의 진영의 북한 지원과 원조 제공

이주호 · 서홍석

1. 사회주의 국가들이 본 한반도의 전쟁

'6 · 25 한반도 통일전쟁'은 1947년 이후 미 · 소를 중심축으로 하여 세계가 대결 구도로 들어선 가운데, 병력과 무기를 동원한 첫 번째 군사적 충돌이었다. 전장(戰場)은 한반도에 한정되었지만, 전 세계가 이 전쟁을 주목하고 있었다.

한반도가 냉전 대결의 최전선이 되었지만, 역설적이게도 전쟁 피해는 온전히 남 · 북한의 것이 되었다. 한반도의 제공권을 장악한 미국의 공군력에 막대한 폭격 피해를 입은 북한은 상황이 더욱 어려웠다. 개전 직후인 1950년 7~8월에 이미 북한의 산업은 약 80%가 파괴되었고, 8월에 들어서면 생산수준은 전쟁 전의 25% 수준으로 떨어졌다. 중국인민지원군의 참전으로 북한은 절체절명의 위기에서 벗어날 수 있었지만, 북한의 독자적인 전쟁 수행 능력은 이미 1950년 하반기에 사라졌다고 해도 과언이 아니었다.

냉전 구도의 진영 간 대결은 전쟁을 수행하고 있는 양측에 대한 지원으로 표현되었다. 남 · 북한의 단독 정권으로는 독자적인 전쟁 수행이 불가능하였다. 남한에 유엔(United Nations)과 미국의 원조가 있었다면, 북한에는 전 세계 사회주의 국가들이 원조를 제공하였다. 북한을 외교적으로 지원했을 뿐, 전쟁에 대한 직접 개입은 없었던 소련도 북한에 구호물자와 기술원조를 제공하였다.

전투행위가 벌어지고 있는 지역에 투입되는 지원은 기본적으로 '군사원조'의 성격을 갖지만, 전쟁 수행을 뒷받침한다는 큰 맥락에서 볼 때, 원조는 '후방'에 있는 민간인들의 생존을 위한 것이기도 했다. 따라서 외부 원조가 북한으로 공급되어 분배되는 과정은 당시 북한정부의 전시 사회 정책의 일부가 된다. 전쟁 초기부터 시작된 외부로부터의 원조는 북한의 전쟁 뿐만 아니라, 국가의 운영 및 유지에 일조하였다.

북한이 받은 원조 중에서 군사적인 부분을 제외한 경제적 측면의 원조는 유·무상의 산업시설·설비 및 원자재 지원과 재정적 지원 등의 직접적 원조와, 과학기술의 이전과 같은 간접적 원조, 그리고 무역관계에서의 혜택 등이 있었다.[1)]

북한에 원조를 제공하였던 사회주의 진영의 선두에는 당연히 소련과 중국이 있었고, 동유럽 국가들과 몽고·북베트남 등이 북한을 지원하였다. 그러나 소련의 진두지휘 아래 전 세계의 사회주의 진영이 하나처럼 움직인다는 냉전 시기의 사고방식에서 벗어날 필요가 있다. 또한 북한에게 외부로부터의 원조가 매우 중요하였다는 사실이 원조 제공의 당위성을 설명하는 것도 아니다.

특히 소련·중국 이외의 동유럽 국가들이 한반도의 전쟁과 동아시아 냉전에 대한 인식은 매우 흥미로운 주제이다. 남한의 선제 공격으로 인하여 전쟁이 일어났으며, 유엔의 개입을 부당하다고 보는 북한·소련의 관점을 그대로 공유하긴 했지만, 1950년 7월부터 동유럽 국가들이 동아시아의 한쪽 끝 한반도의 전황을 주목한 것은 사실이었다.[2)]

---

1) 원조는 형태상으로 크게 자금원조와 일반원조로 구분할 수 있다. 자금 원조는 무상원조, 무이자 차관, 우대 차관 등이 해당하며, 일반 원조는 건설 원조(인프라·공장 건설), 물자 제공(각종 장비 및 기계설비, 원료 등), 기술합작(협력), 인력자원 개발, 의료진 파견, 긴급인도주의 물자 공급, 자원봉사자 파견, 채무탕감 등이 있다.

'북침'에 대하여 북한이 방어적 입장을 취한다는 것, 유엔군의 참전으로 북한이 유엔, 즉 미국과 대치하고 있다는 점은 제2차 세계대전 이후 전쟁에 대한 혐오 분위기가 팽배한 유럽의 여론을 자극하였다. 다시 말해, 동유럽 사회주의 국가들의 북한 원조는 단순히 진영 논리에서 기인하는 것이 아니라, 제2차 세계대전의 고통을 겪은 유럽인들의 공감이라는 측면에서 출발한 것이었다.

1951년 4~5월에 걸쳐 북한을 방문한 폴란드 평화옹호위원회 대표단의 기록은 과거 세계대전의 기억이 어떻게 북한에 대한 원조로 연결되는지를 보여준다. 폴란드 대표단은 중국에 들러 환대를 받은 후 북한으로 향했는데, 한반도에 들어서자마자 폭격의 무서움, 그리고 끝없는 병참 수송 대열을 목격하였다. "북한에는 전쟁이 난 상태였고, 우리는 전쟁이 끝난지 얼마 안 되었기 때문에, 전쟁이 무엇인지를 이해하고 있었다. 북한인들로부터 알게 된 것은 그들이 우리와 같고, 우리처럼 싸우고 있었다는 사실이었다."[3]

소련과 중국이라는 '이해 당사자'에 해당하지 않는 동유럽 사회주의 국가들의 북한 원조가 이루어졌던 배경에 '평화운동'이 있었다. 1949년부터 유럽 지역 전반에서 전개된 평화운동에는 소련을 비롯한 사회주의 진영 국가들이 적극적으로 참여하고 있었다. 평화운동은 개전 이후 동유럽 지역을 중심으로 북한에 대한 지원으로 확장되었다. 유럽의 평화운동 진영은 한반도의 전쟁을 단순한 지역전이 아니라 전 지구적 차원의 반제국주의 · 민주

2) 개전 초기에 "사회주의와 민주주의 진영 제국가들과의 우호친선관계를 일층 강화"했다는 북한의 설명을 주목할 만하다. 이는 구체적으로 양국 간의 외교관 파견, 사절단 · 대표단의 교환 등이 이제야 구체적으로 진행되었던 양상을 뜻한다. 1948년 9월 건국 이후 사회주의 진영 국가들과 외교관계를 수립하기로 합의했음에도 불구하고, 상호 간에 실제 외교관 파견이 이루어진 것은 소련과 헝가리밖에 없었다. 그런데 개전 이후 1950년 하반기, 북한은 당시 사회주의 진영에 속했던 국가들 거의 모두와 외교관을 교환하였다. 불가리아 · 루마니아 · 폴란드 · 체코슬로바키아가 긴급히 북한에 외교관을 보냈으며, 중국도 1950년 8월 1일에 첫 북한 주재 대사를 임명하였다. 이러한 상황은 동유럽 국가들이 사회주의 '우방국'으로의 북한의 존재를 인식하게 되었다는 점, 6 · 25전쟁의 의미를 세계사적인 것으로 받아들인 상황을 간접적으로 보여주는 것이었다.

3) Margaret K. Gnoinska, *Poland and the Cold War in East and Southeast Asia 1949-1965*, The George Washington University, Ph.D Dissertation Paper, 2010, 75 · 79쪽에서 재인용.

주의 투쟁으로 규정하고 미국와 유엔의 개입을 비판하였다. 이는 북한이 '평화를 수호하는' 국가이자, 사회주의 '형제국가'의 하나로 받아들여질 수 있는 계기가 되었다.

> "김일성 동지는 간섭자들과의 전쟁에서 지속적인 성공이 없다고 해서, 또 성공이 가끔 지체되거나 심지어 몇몇 부분에서 국지적으로 실패했다고 하더라도 당황하지 말아야 합니다. … 조선이 지금 세계에서 가장 알려진 나라가 되었고, 제국주의의 압박에 저항하는 아시아 해방운동의 상징이 되었다는 사실이 조선 인민의 가장 커다란 성공입니다. 이제는 모든 피압박 인민들의 군대가 미국과 다른 제국주의자들에게 결정적인 타격을 가하는 기술을 조선인민군에게서 배우게 될 것입니다."[4)]

스탈린이 1950년 8월 김일성에게 보낸 전문은 사회주의 진영 국가들의 이 전쟁에 대한 인식을 잘 보여준다. 한반도의 전쟁은 그 자체가 전 세계로 전쟁이 확대되는 것을 막기 위한 전쟁이었다. 이러한 인식의 연장선상에서 북한에 대한 원조가 대대적으로 이루어질 수 있었다.

북한은 유럽 지역에서 전개되던 반전평화운동의 기치를 공유하면서 남한과 미국을 '제국주의세력'으로, 북한과 중국을 '그에 맞서 싸우는 평화 세력'으로 묘사하였다. 이는 내부적으로 북한 인민들에게 전쟁의 의의와 당위성, 그리고 자국이 외부로부터 원조를 제공받는 사실에 대한 설명이기도 했다.

2. 북한의 원조 교섭 과정과 상대국들의 호응

원조 제공의 약속은 당사국 간의 직접적인 협의를 통해 구체화되었다.

---

4) 「소련 내각회의 의장이 조선민주주의인민공화국 주재 소련대사에게 보낸 전문. 조선의 해방 투쟁에 대한 지원과 소련 비행기들을 통한 원조 제공을 북조선 지도부에 통보하는데 대하여. 1950년 8월 28일」(국사편찬위원회 편, 『한국전쟁, 문서와 자료, 1950~53년』, 2006, 94쪽).

유엔의 이름으로 전 세계 유엔 회원국들의 원조가 통합되어 제공된 남한과 달리, 북한은 원조 제공 국가들과 개별적인 협의를 진행하고 협정 · 조약을 체결하는 형식을 취하였다.

북한은 개전 직후부터 소련과 중국에 군사적 지원을 요청한 것으로 알려져 있다. 소련은 이미 1950년 초 북한의 전쟁 의사에 동의한 이후부터 무기 · 탄약 등의 군사적 지원을 계속해 오고 있었던 바였다. 개전 이후에도 지원이 계속 되었는지 혹은 변화가 있었는지의 여부는 아직 알 수 없다. 다만 1950년 10월의 참전 결정 이전부터 한반도의 전황을 주시하고 있었던 중국이 북한을 이미 지원하고 있었던 것은 분명히 확인된다.

중국 정부는 1950년 7월 평양에 위치한 자국의 대표부를 통해 북한이 필요로 하는 모든 것을 도울 준비가 되어 있다는 의사를 전달하였다.[5] 그리고 낙동강 전선에서 북한군과 유엔군이 지구전을 전개하고 있던 시점인 1950년 8월에 북한과 중국이 최초의 무역협정을 체결한 것이 확인된다. '북 · 중 간 물물교환에 관한 무역협정'은 전쟁에 관한 어떠한 언급도 하지 않았지만, 그 체결 시기상 북한이 자국에 필요한 물자를 중국에서 구하고자 했던 의도를 담고 있는 것으로 보인다. 협정에 따르면 중국이 북한에 제공하는 물품의 총액은 북한이 제공하는 것의 정확히 두 배였다.

흥미로운 것은 "불가항력의 힘으로 인해 일어난 상황의 변화로 그 영향이 협정부문 혹은 전부에 미쳐 완성을 이룰 수 없을 때 쌍방은 그 미완성에 대한 어떠한 책임도 지지 않는다."는 제19조 조항이다. 이 협정은 기본적으로 무역의 형태를 취하되, 유사시에는 물자의 일방적인 제공을 가능케 함으로써 이후 중국의 북한 지원을 매개하였을 것으로 추측된다.[6]

---

5) 「조선민주주의인민공화국 주재 소련대사가 소련 내각회의 의장에게 보낸 전문, 중국이 북조선에 군사원조를 제공할 준비가 되어 있다는 북조선 정부의 정보보고와 인민민주주의 국가들로부터의 지원 요청에 대하여, 1950/7/15」(국사편찬위원회 편, 『한국전쟁, 문서와 자료, 1950~53년』, 2006, 86쪽).

6) 「조선민주주의인민공화국정부와 중화인민공화국정부 간의 물물교환에 관한 무역협정, 1950년 8월 18일」(國會圖書館, 『北韓의 條約集(1949~1982)』, 1982, 230~236쪽).

중국인민지원군의 참전 이후에 중국의 북한 지원 및 원조의 내용은 보다 광범위하게 확대되었다. 북한의 전쟁 수행 능력이 사실상 무력화된 상태에서 참전한 중국인민지원군에 대한 병참은 중국 측에서 준비해야 하는 상황에서, 북한에 대한 원조 제공 역시 함께 이루어졌다. 우선 중국은 중국이 북한정부와 군으로 하여금 만주 지역에서 재정비를 할 수 있도록 체류를 허용함과 동시에, 생활에 필요한 비용을 유·무상으로 제공하였다. 또한 앞서 체결한 물물교환 협정의 틀 안에서 중국의 물자 공급이 지속적으로 이루어졌다.

그렇다면 소련의 북한 지원은 어떻게 전개되었을까? 6·25전쟁의 개전 결정 과정 및 군사적 지원에서 소련의 역할이 크다는 것은 분명하지만, 공식적으로 소련은 전쟁에 개입하지 않았다. 소련의 지원은 북한의 부족한 전시 생산력을 보충하는 형태였다. 북한에 대한 직접적인 군사적 지원 이외에도, 중국인민지원군의 참전 이후 소련이 다량의 군사 원조를 중국에 제공하여 전쟁을 뒷받침했다는 점에서도 그러했다.

1949년 3월에 체결된 소련과 북한의 경제문화협정에 의한 양국 무역 및 교류가 전쟁기에도 계속 유지되고 있었다. 전황이 안정화 단계에 들어간 1951년 초에 북한이 기존의 유학생 파견 및 기술자 연수 계획 등을 그대로 추진하였던 사실이 확인된다. 기술원조의 형식으로 기술관련 서류와 장비들의 전달, 해당 분야 기술전문가들의 파견이 이루어졌다.

북한이 전쟁 상태에 있다는 점을 감안한 추가의 차관도 제공되었다. 1951년 11월 14일 북한과 소련이 새로이 체결한 협정은 북한이 반입한 상품·용역과 제반 경비의 지불을 위해 6천만 루블의 차관을 약속하는 내용이었다.[7] 협정 체결 이후에도 소련은 1952년에만 1만 톤의 화학비료, 다수의 트랙터·농기계·자동차, 그리고 생필품들을 북한에 무상으로 제공하였다고

---

7) 「소련 대외무역성 부상과 외무상이 소련 내각회의 의장에게 보낸 보고서, 조선에서 전투행동의 종결까지 조선민주주의인민공화국에 제공된 차관 지불 유예에 관한 결정 채택 문제에 대하여, 1953/2/10」(국사편찬위원회 편, 『한국전쟁, 문서와 자료, 1950~53년』, 2006, 289쪽).

한다. 1952년 4월에 결정된 소련의 밀가루 5만 톤 무상 제공은 전쟁이 진행되는 시기, 소련이 제공한 원조가 공개적인 논의의 장으로 올라온 대표적인 사례였다.

또한 소련은 동유럽 국가들이 제공한 원조를 북한에 수송하는 데 편의를 봐주었다. 동유럽 국가들이 동아시아 끄트머리에 있는 북한에 대한 원조를 제공하는 과정부터 모스크바 · 베이징의 중재가 있었다. 폴란드 기록에 따르면 1950년 8월 초에 모스크바 주재 북한 대사가 모스크바 주재 폴란드 대사에게 물자 지원을 요청하였다. 또한 1951년 2월, 베이징에서 중공의 저우언라이(周恩來)는 직접 동유럽 국가들의 외교관들을 모아놓고 북한 대사의 지원 요청을 듣게 하였다. 대다수 동유럽 국가들의 주중 외교관이 주북한 외교관을 겸직하고 있었기 때문에, 베이징에서의 회합은 북한 현지의 원조 요청만큼이나 중요하였다. 이 회합 이후에도 북경 주재 동유럽 국가 외교부와 북한 대표들의 교섭이 계속 이루어졌다.

전선이 상대적으로 안정기에 들어간 1951년 초반부터 북한은 직접 대표단을 파견하여 원조의 내용을 교섭하였다. 그 첫 번째 사례로 1951년 3월, 중국으로 상업상 장시우가 파견되어 베이징에서 새로운 차관 도입을 위한 교섭을 진행하였다. 중국은 7,000억 위안의 차관을 제공하기로 결정하고, 그중에 3/4는 상품으로 공급하기로 하였다. 이 협상을 통해 북한은 제복 30만 벌, 속옷 60만 벌, 면포 2,000만 미터, 면 1,000톤, 신문용지 1,000톤, 곡물 40,000톤 등을 받을 수 있었다. 주로 의복과 식량이었다. 같은 시기, 재정상 최창익(崔昌益)이 북한 대표로 동유럽 국가들을 순방하였다. 그 결과, 1951년 5월 폴란드와 무역 및 차관에 관한 협정을 체결되었다는 사실이 알려져 있다.

1952년 1월, 장시우는 다시 베이징을 방문하여 7,000억 위안의 차관을 추가로 제공받기로 합의하였다. 1952년 2월 10일에 체결된 북 · 중 간 협정은 차관의 형식을 취할 것인지 아니면 물물교환으로 할 것인지를 차후 협의하기로 정하였다. 이어서 장시우가 이끄는 정부 대표단이 4월부터 8월까지

체코, 폴란드, 헝가리, 루마니아, 불가리아, 동독을 돌면서 지원 요청을 전개하였다. 그 결과 1952년 4월에는 불가리아와 지원 협정을, 6월 2일 폴란드와 무역협정을, 6월 25일에는 동독과 차관협정을 체결할 수 있었다. 동독과의 3천만 루블 규모의 상품 공급 협정은 본래 차관으로 설정되었으나, 1952년 11월 14일의 협정 갱신을 통해 무상 원조로 전환되었다.

▎국립조선사진보도사 제작 대형 화보 〈승리를 향하여〉 1951년 10호의 일부. 우측 상단 중간 사진부터 시계방향으로 소련의료단, 소련인 기술자, 불가리아인민대표단, 월남인민대표단, 폴란드 인민대표단의 사진(상단 좌측 사진은 불명). (출처 : RG 242, Records of Korean, Chinese, and Russian Language Docments Captured in Korea, ca.9/1953–1/1958, Container 161, 205780)

앞서 언급한 폴란드 정부 대표단의 북한 방문 사례처럼, 사회주의 진영 국가들도 대표단·사절단을 북한에 파견하였다. 북한의 대표단 파견에 사회주의 진영 국가들에 원조를 요청하는 북한 측의 의지가 반영되어 있다면, 역방향으로 사회주의 국가들이 북한에 파견한 대표단은 도의적이고 정치적 차원에서 북한에 대한 지지를 상징하였다.

북한에 대한 지지는 대외적인 것일 뿐만 아니라, 내부적인 목적을 가지고 있는 것이었다. 중국 정부가 전개한 '항미원조운동(抗米援朝戰爭)'은 당시 사회주의 국가들이 북한에 대한 지원과 원조를 제공함과 동시에, 북한이 수행하고 있는 전쟁을 내부적인 선전의 대상으로 삼았음을 보여준다.

북·중·소의 아슬아슬한 협의를 통하긴 했지만 중국인민지원군이 결국 한반도의 전쟁에 참여하게 된 것은, 본국의 '안녕'에 이 전쟁이 결코 무관하지 않다고 보았기 때문이었다. 1950년 10월 24일 중국 인민정치협상회의에서 저우언라이 총리는 "조선문제는 대만 문제와 연관되어 있으며, 미국의 방어선은 대만해협까지 구축되어 있다. 이러한 미국에 대항하기 위하여 국내적으로 미국의 스파이들의 활동을 진압하고, 국민 내부의 단결을 공고히 하여 경제건설을 지속해야 한다"는 방침을 밝혔다.

이러한 인식 아래, 중국 정부는 전쟁 수행을 뒷받침하기 위하여 자국 내에서 인민들을 동원하고 체제를 공고히 하는 과정을 밟고 있었다. 중국 정부가 전개한 항미원조운동은 '애국주의운동', '무기헌납운동', 애국증산절약운동과 참전군인들의 가족 생계를 돕는 지원운동 등으로 정전이 이루어질 때까지 계속되었다. 지원 인력의 모집, 헌금 및 물자 헌납, 위문단 구성 등이었다. 아울러 중국에서도 '세계평화운동'에 동참하는 서명운동이 전개되었다.

> "위문품과 구제품을 모집하는 운동은 중국 인민지원군과 조선인민군에게 주로 정신상의 의의가 있는 것이며 다수의 조선 난민들에게는 물질상의 의의가 있는 것이다. 편안한 생활을 하고 있는 중국 인민들은 다음의 사실을 반드시 기억하여야 한다. 미 제국주의의 조선에 있어서의 파괴는 역사상 전례를 찾을 수 없는 야만적이고 잔혹한 것이다. 수많은 도시와 촌락이 폐허가 되었으며, 수 백만의 조선 인민들이 굶주림과 추위와 유랑의 비참한 처지에 빠져 있다. 당연하게도 용감한 조선 인민들은 이 같은 처지로 인해 위축되지는 않는다. 조선 전선으로부터 오는 소식은 눈물겹고도 반가운 소식들을 계속 보도하고 있다. 그러나 그들은 대량의 원조를 필요로 하고 있다. 이 원조를 통해 그들은 겨울과 봄 두 계절 동안의 추위와 기아와 싸워야 하고 나아가 가옥을 보수하고 교통과 생산을 회복하여야 한다. 전쟁에서 승리할수록 더 많은 난민들이 원조를 필요로 할 것이고 그 지역 또한 더욱 넓어질 것이다. 따라서 조선의 대부분 지역이 해방되고 기후가 제일 추운 이 시기에 세계평화를 보위하고 미국침략을 반대하는 중국인민위원회가 전국적으로 양식과 면화 그리고 옷감과 현금을 모금하는 운동을 전개하는 것은 당연히 필요한 것이다. …"[8]

이 사설은 중국의 참전과 북한 지원은 “세계평화를 보위하고 미국침략을 반대”하기 위한 것임을 명시하였다. 미국이 ‘침략국’이라는 점에서 전쟁은 결코 중국과 무관하지 않다는 인식이었다. 다만, 위문품 모집이 중국인민지원군에게 “주로 정신상의 의의가 있는 것”이라고만 언급하였지만, 중국이 내부적으로 전개한 모금 운동은 중국인민지원군의 전투 참여와 현지 활동을 뒷받침하는 것이었다.

동유럽 국가들 역시 북한에 구호물품과 의료 지원 등을 제공하면서, 북한을 도와야 한다는 캠페인을 내부적으로 크게 전개하였다. 다른 한편으로, 북한에 공급하기 위한 경제적 여유를 내부적으로 끌어내기 위한 목적을 가진 북한 돕기 운동으로 사회주의 진영 국가들은 군비를 증강하고 체제의 급진화를 꾀할 수 있었다. “1950년 여름과 가을, 폴란드의 국가선전은 극동에서의 전쟁에 대한 단순 보도에 그치지 않았다. 당 지도부의 결정에 따라 광범한 캠페인이 시작되었고, 국민들도 공산주의 북한을 지지하도록 강요받았다. 절정기 스탈린주의에서 의무화되었던 대로 소비에트연방이 모범으로 상정되었고, 미국개입에 대한 ‘저항의 물결’이 넘쳐흘렀다.”[9] 한 지역의 갈등·분쟁이 지구상의 다른 지역에 사회적 변화를 불러일으키는 전 세계적 냉전의 전형적인 양상이었다.

3. 원조와 전시 북한의 사회 정책

전쟁기 북한이 받은 원조 중의 ‘하이라이트’는 1952년 4월 소련이 제공한

---

8) 「위문품과 구제품을 모집하는 것은 중요한 정치임무이다(募集慰勞品救濟品是重要的政治任務)」『人民日報』 1951/1/15(行政自治部 政府記錄保存所, 『(韓國戰爭關聯 中國資料選集) 韓國戰爭과 中國』 Ⅰ, 2002, 133~134쪽).

9) 아르파드 폰 클리모·얀 베렌즈, 「‘평화투쟁’과 전쟁공포－폴란드와 헝가리에 미친 한국전쟁의 영향」, 역사문제연구소·포츠담현대사연구센터 편, 『한국전쟁에 대한 11가지 시선』, 역사비평사, 2010, 73쪽.

밀가루 5만 톤이었다. 북한정부 기관지인 『인민』 1952년 5월호는 소련이 제공한 밀가루 5만 톤에 대한 스탈린의 서한과 김일성의 답신을 공개하였다. 1948년 10월에 양국이 외교 관계를 수립할 때처럼 최고지도자가 공개 서한을 주고받았다는 사실 자체가 대대적인 선전의 대상이 되었다.

스탈린의 서한이 발송된 4월 14일은 한반도의 봄, 다시 말해 춘궁기에 해당하였다. 전쟁이 일어난 이후 두 번째 봄을 맞은 북한의 식량 사정은 열악했을 것이다. 이러한 조건에서 북한과 소련이 식량 위기에 대한 대화를 나누었을 것이고, 그 결과가 (비록 쌀은 아니었지만) 밀가루의 다량 공급으로 구체화되었을 것으로 생각된다. 밀가루 5만 톤은 20톤 화차로 2,500 차량, 50kg 포대로 100만 포대이나 되는 막대한 분량이었다.

북한정부는 그 의의를 널리 선전함과 함께, 밀가루를 곧바로 인민들에게 분배하기로 결정하였다. 스탈린의 서한이 발송된 지 1주일 이후 로동당이 결정한 분배 조치의 구체적인 내용은 다음과 같다.

> ▲식량이 부족한 재해농민들과 전재 이주민·소개민들에게 무상으로 공급한다.
> ▲5·1절 기념으로 전체 로동자·사무원들에게 1인당 2kg씩 무상배급한다.
> ▲1950년 이전 및 1950년 농업현물세 미납분을 말소한다.
> ▲그동안 로동자·사무원·군무원의 배급미 중 매월 1일치를 절약했던 것을 5월부터 중지한다.
> ▲상기 무상배급량 중 잔여분은 모두 국가양곡으로 보관한다.[10)]

국가가 양곡 생산량의 상당 부분을 현물세로 흡수하여 다시 공급하도록 되어 있었던 북한의 식량 공급 시스템에서 밀가루 5만 톤의 '여유'는 큰 도움이 되었을 것으로 보인다. 소련의 밀가루는 전재민·이주민·소개민, 그리고 전체 로동자·사무원 등 농민을 제외한 거의 모든 인민들에게 무상으

10) 「쓰딸린 대원수로부터 조선인민에게 기증하여 온 량곡 배정에 대하여. 1952/4/21」 『조선로동당중앙정치위원회 결정집』(국사편찬위원회 편, 『북한관계사료집』 29, 1998, 176~177쪽).

로 분배되었다. 농민들에게는 기존의 현물세 미납분 말소 조치가 시행되었다. 이때, 소련이 제공한 밀가루 외에도 북한은 중국으로부터 양곡을 공급받음으로써 식량 문제 해결의 부담을 줄일 수 있었다. 1952년 봄과 가을 두 차례에 걸쳐 농민들의 현물세를 일부 감면해 줄 수 있을 정도였다.

그렇다면 밀가루 5만 톤을 포함한 전시 북한에 제공된 원조의 분배 과정은 어떻게 구성되어 있었을까? 전쟁기 북한의 '후방' 사회에 대한 연구는 거의 이루어져 있지 않은 형편이지만,[11] 편린을 '더듬어 찾는' 수준으로 모은 사실들을 여기에서 조합해 본다.

첫째, 1951년 초에 이미 북한에는 외부로부터 제공받은 원조 물자를 국내에 분배하는 조직이 만들어졌다. 1951년 1월에 '구호물품 접수 및 분배위원회'가 최초로 만들어진 후, 5월에 이것을 보다 강화하여 '전재민구호위원회'가 조직되었다. 전재민구호위원회의 중앙 조직은 반입된 물자의 수송, 취급과 보관, 그리고 경비 업무를 관련 정부 부처와 협의하도록 되어 있었다. 또한 도·시·군 단위로 각급 전재민구호위원회가 조직되어 구호물품 분배의 기본 업무를 맡았다. 원조물자접수위원회, 상업성 무역국, 전재민구호위원회가 물품의 접수와 분배, 대금 처리 등을 분담하였다.[12]

둘째, 사회주의 진영 국가가 전달한 물품은 무상의 구호물품과 원조물자, 그리고 차관으로 제공된 물자("크레딧트")로 구분하여 배분되었다. 무상의 구호 물품 이외의 물자들은 시중에 판매되었으며, 그 대금은 국고에 입금되었다. 원조 물자의 시중 판매 및 국가 재정 수입화는 외부의 원조가 북한 국가경제 운영의 중요한 재원이 되었던 측면을 보여준다. 또한 원조 물자의 판매를 통한 화폐의 흡수는 곧 전시 통화 팽창을 억제할 수 있는 대책이기도 했다. 국가계획위원장이 전재민구호위원회의 부위원장을 맡도

11) 북한이 받은 구체적인 품목과 물량에 대한 언급은 다수 존재하지만(북한 문헌에 등장하는 구체적인 물품 목록은 정규섭, 『북한외교의 어제와 오늘』, 일신사, 1997, 35쪽), 원조의 정확한 내역이나 총량·화폐적 가치에 대한 분석을 시도하는 것은 쉽지 않다.

12) 「내각결정 제277호. 구호물품 접수 및 분배위원회 사업을 강화 발전시킬데 관하여 1951/5/6」(국사편찬위원회 편, 『북한관계사료집』 24, 1996, 151~152쪽).

록 했음을 주목할 만하다.[13)]

셋째, 북한정부는 원조를 바탕으로 하여 전쟁 피해 복구와 인민들의 일상생활에 필요한 구호 및 사회 정책을 펼칠 수 있었다. 대표적인 예로, 1951년 몽고가 제공한 가축 7천 마리는 당시 북한의 농업용 가축 부족 문제에 대한 해결 방안이 되었다.[14)]

비군사적인 원조 물품 중에서 식량 이외에 가장 큰 비중을 차지한 것이 의류와 의약품이었다. 즉, 생필품 중에는 의류 문제 해결을 위한 면화와 면직물 공급에 초점이 두어졌다. 식량도 중요하지만, 의류 문제도 북한 자체적으로는 해결이 불가능하였기 때문이었다. 특히 본래 부족했던 면화의 생산은 전쟁기에 완전히 타격을 입은 상태였다. 1951년 9월 박헌영 외무상이 사회주의 국가 외교관들을 모아놓고 북한의 의류 부족 문제를 직접 호소하면서 원료인 면화 또는 면직물을 공급해달라고 요청하기도 했다.

의약품 역시 다량으로 북한에 전달되었다. 부족하지 않은 것이 없었던 전시 상황에서 의약품만은 예외였다는 증언도 있을 정도였다.[15)] 또한 소련 적십자 및 불가리아 · 체코슬로바키아 · 헝가리 · 루마니아 · 중국 등 거의 모든 원조 제공 국가들이 의료지원단을 파견하였다. 북한이 1953년 1월 1일부터 무상치료 제도를 실시할 수 있었던 것은 외부로부터의 의료지원의 존재 없이는 이해하기 어렵다.

넷째, 원조 물자 분배 과정에 대한 원조제공자 측의 직접적인 개입이나 간섭의 유무는 확인되지 않는다. 남한에서 미8군 산하의 유엔민사처(UNCACK)가 미 경제협조처 원조(ECA), 유엔의 긴급구호원조(CRIK) 등의 관리와 분배 과정에 실질적인 주체로 나섰던 상황[16)]과 비교하여 볼 때, 북한에 소

---

13) 「전재민구호위원회 사업 강화에 대하여, 1951/11/10」『조선로동당중앙위원회 결정집』(국사편찬위원회 편, 『북한관계사료집』 29, 1998, 153~157쪽).

14) 농사에 필요한 역우(役牛)의 부족은 심각했다. 평남에서는 1950년 9월에 비해 1951년 1월 사이에 역우가 60.9%로 감소하였고, 황해도 재령군에서는 19.7%로 격감하였다. 박경수, 「전시하 춘경 파종 사업의 성과적 보장을 위한 농촌 당 단체들의 전투적 과업」, 『근로자』 1951년 2월호, 107~108쪽.

15) 김진계 · 김응교, 『어느 '북조선 인민'의 수기 – 조국(상)』, 현장문학사, 1990, 200쪽.

련 · 중국 그리고 동유럽 국가에서 파견된 원조 관리기관의 존재나 그 활동이 확인된 바는 없다.[17)]

그러나 후방 사회의 관리라는 측면에서 유엔군이 적극적으로 남한의 사회 정책에 개입하였듯이, 참전한 중국인민지원군은 북한 현지에 주둔하여 있다는 점에서, 어떠한 형태로든 북한의 정책 수행에 관여할 수밖에 없었을 것으로 보인다.[18)] 중국인민지원군이 본국에서 공급받은 식량을 아껴 북한 인민들에게 분배하였다거나, 본국의 생필품을 북한 인민들에게 직접 판매하였던 사실이 이에 해당한다.

중국인민지원군 후방근무사령관(1951년 6월 창설) 홍쉐즈(洪學智)는 1951년 9월 김일성을 만나 북한 현지에서 식량을 임대 형식으로 공급받기로 함과 함께, 중국에서 공급된 생필품을 북한에서 판매하여 군사비로 필요한 북한 화폐를 마련하기로 합의하였다.[19)] 중국인민지원군이 판매한 생필품 역시 일조의 '원조 물자'라고 한다면, 그것의 직접 판매는 원조를 중국군이 직접 취급한 것이라 할 수 있다. 또한 판매 대금으로 현지 통화를 전비(戰費)로 확보함과 동시에, 전시기에 과잉 배출된 북한 화폐를 흡수하는 기능을 수행하였다.

사실, 중국은 직접 참전하였다는 점에서, 그리고 국경이 맞닿아 있는 인접국이라는 점에서 원조의 내용은 소련이나 동유럽 국가의 북한 지원이 북한 당국에 의하여 매개되는 것과는 차원이 다를 수밖에 없었다. 중국인민지원군의 목표는 북한군을 도와 유엔군에 승리를 거두어야 하는 것인 바, '군사적' 관점에서 필요한 방법들이 모두 동원되었다.

---

16) 남한정부도 형식상으로는 중앙구호위원회와 산하의 도 · 시 · 군 구호위원회가 구호 물품의 분배 업무를 맡도록 하였다.

17) 중국은 1952년 8월 '중앙인민정부기구 조정에 관한 결의'를 통하여 대외원조 전담기구로 '대외무역부'를 설치하였다. 해외 현지의 원조업무 관리기구로는 1956년 5월 베트남에 설립한 '경제대표처'가 최초였다. 평양에도 '경제대표처'와 유사한 조직이 있었을 것으로 보이지만 아직 알려진 바는 없다.

18) 중국인민지원군이 현지 북한 주민들의 생활 실태를 직접 파악하고, 북한의 현물세 정책을 강력하게 비판하였다는 증언이 있다(구체적인 시기는 미상). 박길용 · 김국후, 『김일성 외교 비사』, 중앙일보사, 1994, 45~46쪽.

19) 洪學智 지음, 홍인표 옮김, 『중국이 본 한국전쟁』, 고려원, 1992, 290쪽.

전쟁 수행을 위한 북한 지원의 다양한 사례 중 하나가 철도 운영이었다. 미공군의 폭격 때문에 철도를 통한 병참 수송의 가능성은 이론적으로 보면 극히 낮았다. 제공권을 제압당한 측의 대응 방법은 하나였다. 주간의 폭격으로 파괴된 철도(폭격은 주로 정거장과 다리에 집중되었다)를 야간에 긴급히 보수하여 재빨리 사용하고 다시 아침을 맞는 것이었다. 폭격의 효과를 상쇄시키고 지속적인 복구 작업을 통해 철도 수송을 유지하기 위해 필요한 인력과 물자를 공급한 것은 중국이었다. 중국은 북한 철도의 운영권 자체를 넘겨받았다. 중국인민지원군과 조선인민군(북한군)의 군사적 협력을 위한 '연합사령부'가 창설된 이후, 1951년 5월 4일 중 · 북 정부 간의 '조선철로의 전시군사관리제도에 관한 협의' 서명으로, 8월 중국 심양에서 '중 · 조연합철도운송사령부'가 창설되었다. 중국은 한반도에 참전하면서 사용한 총비용의 1/3을 철도에 투입하였다.

또한 북한 현지의 중국인민지원군은 지역의 각종 대민 지원 활동에 참여하였다. 농촌지역의 노동력 부족현상을 완화하고자 직접 농사일에 참여하는 것이 대표적이었다. 전쟁 기간 북한이 입은 막대한 인명 피해와 남성 노동력의 전장 차출은 농촌 사회의 노동력 부족을 유발하였고, 이러한 맥락에서 중국인민지원군의 노동력 지원은 긴요하였다.[20] 군인 외에도 중국은 의료인력, 단순노무자, 철도원 등의 다수 민간인들을 북한 지역으로 파견하였다. 수만 명의 운수노동자들이 수송 인력으로 동원되었고, 의료지원단도 있었다. '사람을 매개로 하는 원조'였다.

전쟁기 사회주의 국가들이 북한에 제공한 원조 중에 가장 흥미로운 케이스가 북한 고아의 '위탁 양육'이었다. 모든 전시 상황에서 등장하는 사회문

20) "중국 인민 지원군 장병들 … 그들이 전투의 여가에 우리 농민들의 로력 부족을 원조하기 위하여 밭을 갈아 준 것은 근 만여 정보에 해당한다. 그들은 십여만 메터의 관개수로와 만여 메터의 동뚝을 수리하여 주었다. 또한 그들은 우리 조국 땅에 오백여만 주의 나무를 심어주었고 근 일천여 정보의 황무지를 새로 개간하여 주었다." 김일성, 「우리의 정의의 공동 투쟁은 승리한다—중국 인민 지원군 조선 전선 참전 二주년에 제하여」, 『근로자』 1952년 10호, 19~20쪽.

제로써의 고아 발생은 북한 역시 마찬가지였다. 이는 단지 보호자를 잃은 미성년들의 존재뿐만 아니라, 10대 이하를 위한 제대로 된 양육과 교육 환경을 제대로 보장하지 못하는 문제였을 것이다. 북한은 이 문제를 해결하기 위한 방법의 하나로 당시 사회주의 진영에 속하는 거의 모든 나라에 고아를 '파견'하는 방법을 선택하였다.

원조 제공국의 관점에서 볼 때, 고아 양육은 물질적 형태의 원조라기보다는 '고아'라는 범주의 비생산 인구를 떠맡음으로써, 북한정부의 사회문제에 대한 부담을 덜어주는 형태의 원조였다. 폴란드 기록에 따르면 북한정부가 고아의 해외 양육과 교육을 처음으로 부탁한 것은 1951년 5월, 재정상 최창익이 원조를 요청하기 위한 목적으로 동유럽 지역을 직접 순방했을 때였다. 폴란드 정부와의 합의를 바탕으로 북한정부는 내부적으로 고아 400명(폴란드와 헝가리에 각각 200명씩)을 선발하는 작업에 들어갔다.[21] 선발된 200명의 아이들이 폴란드에 도착한 것은 1951년 11월이었다. 다른 동유럽 국가들도 북한의 고아를 양육하기로 결정하였다. 체코슬로바키아는 초기에 북한의 유학생만 받았다가 1952년 5월에 처음으로 고아 200명을 수용하였다. 폴란드 · 루마니아는 1953년 6 · 7월에 고아를 추가로 수용하였으며, 소련도 1953년 6월에 1,000명을 데려갈 계획을 세웠다. 가장 많은 고아를 수용한 나라는 중국으로 그 숫자가 무려 20,000명 규모였다.

4. 전후 재건 지원과 동아시아 냉전의 심화

일반적인 식량 · 생필품의 제공에서부터 의료단 · 기술진의 파견, 그리고

21) 「조선민주주의인민공화국 내각 지시 제772호. 파란 및 웽그리야에 전재고아를 파견할데 관하여. 1951/8/26」(국사편찬위원회 편, 『북한관계사료집』 24, 1996, 310쪽). 다만 북한정부의 고아 문제 자구책이 아예 없었던 것은 아니었다. 「내각 지시 제773호. 함남도에 애육원을 증설할데 관하여. 1951/8/27」(국사편찬위원회 편, 『북한관계사료집』 24, 1996, 311쪽).

중국 정부의 북한 철도 운영, 북한 고아의 해외 '파견' 등은 북한이 사회주의 진영으로부터 제공받은 원조의 내용이 대단히 다양했음을 보여준다. 소련과 중국, 그리고 동유럽 국가들이 전쟁기에 북한에 공여한 원조는 북한의 전쟁 수행을 직·간접적으로 뒷받침하면서 북한 체제의 유지가 가능하도록 돕는 역할을 하였다.

또한 북한이 제공받은 원조의 대략적인 진행 양상을 통해 전쟁기간 동안 북한의 대외관계 범주 자체가 확대되었음을 알 수 있다. 밀가루 5만 톤에 대한 양국 서신이 실린『인민』1952년 5월호에는 김일성의「프롤레타리아 국제주의와 조선 인민의 투쟁」이 함께 실려 있다. 제목이 보여주듯, 소련의 밀가루 원조가 상징하는 외부 원조에 대한 북한정부의 인식, 그리고 그것에 대한 선전의 내용을 담고 있다. 소련으로부터 식량을 대량 제공받는 것을 기화로, 북한지도부는 전쟁기에 북한이 사회주의 진영 국가들로부터 제공받은 원조가 갖는 의미를 정리하여 제시하였다.

> "프로레타리아 국제주의에 관한 레닌-쓰딸린 학설의 영향으로 과거 력사에서 일찍이 보지 못한 국제 관계의 새로운 형태, 즉 공산주의적 미래의 국제 관계의 원형이 형성되고 있다. 이것은 호상 존경과 형제적 협조에 기초한 민주 진영 제 국가 간의 관계이다. 이 새로운 형태의 국제 관계의 위력은 자본주의 세계의 전혀 다른 국제 관계와 대비할 때에 더욱 명백하여 진다."[22)]

김일성은 북한이 받은 '원조'가 "미국 간섭자들과 그들의 주구 리승만 도당"이 통치하는 남한에 제공되는 원조와는 성격이 다르다고 강조하였다.[23)] 북한에 제공되는 원조는 "보상 없는 원조"이며, "평화 애호 인민"들이 자발적으로 제공하는 원조라고 하였다. 이러한 논리는 북한이 성공적으로 적의

22) 김일성,「프로레타리아 국제주의와 조선 인민의 투쟁」,『인민』1952년 5월호, 10쪽.
23) 북한정부는 남한이 외부로부터 제공받은 원조가 "진정으로 곤난한 사람을 도와주기 위한 것이 아니라 자기들의 썩은 밀가루와 강냉이 기타의 잉여 곡물을 고가로 팔아먹기 위한 것"에 불과하다고 선전하였다. 정준택,「전시하 인민 생활 안정을 위한 당과 정부의 배려」,『근로자』1953년 2호, 69쪽.

침략 의도를 저지하는 데 성공한 것은 '형제국가들의 친선' 때문이라는 결론으로 이어진다.

북한은 전쟁을 통해 본래 목적했던 한반도 통일을 달성하는 데는 실패하였지만, 사회주의 진영과의 관계를 돈독히 하는 데는 성공하였다. 정전을 위한 협의가 1951년 7월 이후 2년여를 끄는 동안, 북한은 사회주의 진영으로부터 군사적 용도를 위한 물자와, 양곡 · 생필품 · 의약품 등을 계속해서 지원받았다. 북한은 전쟁으로 인한 자국의 피해를 강조하면서[24], 사회주의 진영의 원조를 수용하면서도 당당하게 더 많은 원조를 요구하였다. 1953년 들어서서 정전 협상의 타결이 가시화되자, 북한은 그간의 원조를 전후 재건을 위한 것으로 전환하고자 하였다.

1953년 7월 정전 협상이 타결된 이후, 북한은 거의 모든 사회주의권 국가들과 공식적인 원조 협정 체결에 나섰다. 정부 대표인 김일성이 1953년 9월에는 소련, 11월에는 중국을 방문하여 각기 원조 협정, 경제 및 문화합작에 관한 협정을 체결하였다. 또한 새로이 상업상이 된 이주연(李周淵)이 이끄는 대표단이 1953년 9월부터 11월까지 동유럽 국가들을 순회하였다.[25] 이는 전쟁 중의 대표단 파견, 그리고 협의 과정과 협정 체결의 연장선상에 있었다.

전쟁기에 공여된 물자들이 긴급 구호품의 성격이 강했다면, 종전 이후의 협정들은 재건을 위한 경제계획을 뒷받침해주는 내용이 되어야 했다. 또한 전쟁 중의 원조가 북한과의 협력 관계유지에 초점이 있었다면, 전쟁 이후에는 냉전이 더 심화되는 가운데 체제 경쟁의 '쇼윈도우'를 장식하는 '사회주의 형제국'에 대한 체계적인 원조였다. 전쟁 당사국에 대한 우방국들의 원조는 1950년대 북한의 전후 재건과 경제 개발의 기초로 연결되었다.

---

24) 북한은 1950년 7월 14일 조국전선중앙위원회 산하에 조사위원회를 조직하였다. 아래로부터 철저하게 폭격피해를 조사하여, 이를 상급단위에서 체계적으로 종합한 조사보고서가 8월부터 발표되기 시작하였다.

25) 협정 체결 일자는 다음과 같다. 폴란드(1953/9/4), 헝가리(1953/9/7), 체코슬로바키아(1953/9/15), 소련(1953/9/19), 동독(1953/10/6), 루마니아(1953/10/23), 불가리아(1953/11/3), 중국(1953/11/23)

소련정부는 1953년 8월, 예산에서 10억 루블을 북한에 대한 차관 금액으로 책정했음을 북한 측에 미리 통보한 후, 모스크바를 방문한 북한 대표단과 전후 복구건설 방향에 대하여 논의하였다. 또한 소련이 북한에 제공한 차관의 50%를 삭감하고, 보상 개시 기한을 연기하기로 결정하였다.

중국 역시 새로이 체결한 북한과의 협정을 통해 전쟁 기간 북한에 제공한 물자와 미용 총 72,000억 위안(14.5억 루블, 당시 500위안 = 1루블)의 전부 탕감 및 80,000억 위안(16억 루블)을 1954년부터 1957년까지 차관 형식으로 제공함을 약속하였다.

또한 북한 현지에 남아 있는 중국인민지원군 병력 자체가 북한정부의 재건 사업에 실질적인 '원조'로 작동하였다. 정전 당시 34개 사단이 있었고, 1958년 철수 시점까지 15개 사단이 북한에 주둔하였다. "조선인민을 도와 재건활동을 진행"하라는 지시에 따라 중국인민지원군 병력들은 농업 지원과 더불어, 공공건물 개수, 민가 개축, 교량 복구 및 신축, 제방 · 수로 보수 등을 도왔다.

1950년대 북한 재건 과정, 특히 1954~56년의 인민경제복구발전 3개년 계획이 이루어지던 시기에 외부로부터의 원조는 국가 예산 총수입의 23.6%를 차지하였다. 소련정부가 제시한 북한 재건 계획은 소련과 동유럽 국가들의 구체적인 원조 계획을 동반하였다. 산업부문별, 단위 공장별, 도시별로 해당 국가들이 건설 과제를 분담하였다. 국가경제의 총 투자액의 80%를 주요 건설 사업에 할당하는 상황에서 원조가 차지하는 실질적인 위상은 훨씬 높았다.

그러나 전쟁의 수행과 긴급 구호를 위한 전쟁기의 원조와 전후 재건에 큰 역할을 했던 전후의 원조에 대하여 기존 북한사 연구는 군사와 경제적인 부문 전체에서 김일성 중심의 북한 지도부가 외부로부터의 원조 제공을 '불편하게' 여기기 시작했다는 사실만 강조하는 측면이 있다. 이러한 판단은 1960년대 초반 북한이 대외 정책의 '자주 노선'을 찾기 시작하면서, 전쟁기 소련의 경제원조가 북한에 유익하지 않았다고 공개적으로 비판한 것

등에서 기인한다.

하지만 북한의 대외 관계를 북·중·소의 삼각 관계 중심으로 놓고, 북한이 '독자성'을 구축해 나가는 구도로 설정하는 것은 오히려 훗날 북한의 '자주 외교'에 대한 설명을 그대로 추수하는 감이 있다. 소련의 (명목상의) 불개입과 대조적으로 중국의 전면적 참전이 중국의 발언권을 키워주기는 했으나, 소련은 여전히 1950년대 북한의 전후 복구·재건 과정에 대한 막대한 지원을 통해 북한과 교류 관계를 유지하고 있었다. 북한은 전쟁을 통해 전 세계 냉전의 '최전방'에 서게 되었으며, 많은 외부 원조를 지원받아 국가 재건과 사회주의 단계로의 이행에 힘쓸 수 있었다는 것이 당대의 역사적 맥락에 더 부합한다.

아울러 동아시아 북·중·소 관계는 전쟁 과정에서 변화를 겪게 되었다. 북한으로 출진한 이후, 중국은 자국의 재정을 부담해가면서 전투에 힘을 기울이는 상태였다. 1950년 중국 정부 총 지출 중 43.3%가 막대한 군사비 지출을 반영한 국방비였다. 1951년 11월 통계에 따르면 항미원조 전쟁 때문에 1951년 중앙 재정이 예산보다 50% 이상 늘어났고, 1950년에 비해 75%나 증가하였다. 그중에서 군비 지출은 재정 예산 총지출의 55%를 차지했고 1950년의 2배가 넘었다. 재정 지출의 32%는 한반도 전장에 직접 사용되었다. 원래 1950년 5월 군인 150만 명을 감축하여 400만으로 만들려 했던 계획은 무산되고, 1951년 말 전체 중국군의 수는 627만 명에 달했다. 오히려 늘어난 셈이었다.

미국과의 대결을 진행하고 있는 상황에서 재정은 긴축되었지만, 공산당의 정치적 공세는 한결 강화될 수 있었다. 중국지도부는 1951년 말부터 대대적인 증산절약운동 및 이른바 '삼반(三反)' 운동(반독직, 반낭비, 반관료주의 투쟁), 그리고 '오반(五反)' 운동(뇌물공여, 탈세, 국가재산 편취, 부실시공, 경제정보 절도에 대한 반대)도 일어났다. 특히 한반도의 전장으로 보내는 군수품의 생산과 유통 과정에서 발생한 민간 기업인들의 부패가 주요 투쟁 대상이었다.

중 · 소 관계에도 일정한 진전이 있었다. 중국의 전쟁 수행 및 국가 운영에는 소련의 원조가 뒷받침되었다. 우선 중국인민지원군 참전 이후, 소련은 막대한 군사 장비 및 군사용품을 중국에 지원하였다. 아직 중국 경제가 완전한 자립을 이룰 수 없는 상황에서 서방 국가들과의 교역 감소, 전비의 과다 지출 등 어려운 조건이 속출하는 가운데, 소련의 중국 경제적 지원이 큰 역할을 하였다. 중요한 산업 생산 설비의 지원 및 건설의 제공이 약속되었다. 1951년에 중국정부가 처음으로 입안한 최초의 5개년 경제개발계획 수립에도 소련의 자문이 있었다.

북 · 중 · 소의 동아시아 북방삼각관계를 포함하여 사회주의권 내부의 대외관계 역할에 대한 보다 구체적인 연구가 진행되어야 한다. 동유럽 국가들의 북한 원조가 제공국의 내정에 비추어 '무리'라고 할 수 있는 규모였다는 사실, 동독과 중국이 그들 스스로가 다방면의 원조를 받고 있는 형편에 북한에 원조를 제공한 것은 그만큼 전 세계적 현상으로써의 냉전이 낳은 효과일 것이다. 북한 · 중국의 동아시아 사회주의 국가들이 향후 소련과 동유럽 사회주의 국가들과의 협력 관계를 이 시기부터 본격화하였음을 기억할 필요가 있다.

【참고문헌】

〈단행본〉

강석희, 『조선인민의 정의의 조국해방전쟁사』 2, 평양 : 사회과학출판사, 1983.

박영실, 『중국인민지원군과 북·중관계』, 선인, 2012.

백준기, 「소련의 북한 전후 복구지원」, 국방부 군사편찬연구소 편, 『한국전쟁사의 새로운 연구』 1, 2001.

야로슬라브 올샤, 「체코슬로바키아와 한국의 관계 : 2차 세계대전부터 6·25 전쟁까지」, 서울역사박물관, 『체코슬로바키아 중립국감독위원단이 본 정전 후 남과 북』, 2013.

역사문제연구소·포츠담현대사연구센터 편, 『한국전쟁에 대한 11가지 시선』, 역사비평사, 2010.

중국군사과학원 군사역사연구부 저, 국방부 군사편찬연구소 역, 『중국군의 한국전쟁사 ③』, 2005.

Avram Agov, *North Korea in the Socialist World : Integration and Divergence, 1945-1970*, The University of British Columbia, Ph.D Dissertation Paper, 2010.

Charles Armstrong, *Tyranny of the Weak : North Korea and the World, 1950-1992*, Ithaca : Cornell University Press, 2013.

Margaret K. Gnoinska, *Poland and the Cold War in East and Southeast Asia 1949-1965*, The George Washington University, Ph.D Dissertation Paper, 2010.

〈논문〉

임방순, 『중국의 대북한 원조에 관한 연구 : 중－소 관계 변화의 영향』, 북한대학원대학교 박사학위논문, 2014.

정용욱, 「6·25전쟁~1950년대 후반 북한의 평화운동」, 『역사와 현실』 91, 2014.

조수룡, 「한국전쟁 시기 북한의 전시생산과 중·소의 지원」, 『軍史』 88, 2013.

왕원주, 「한국전쟁기간 중국의 군비지출과 대북지원」, 『통일인문학논총』 52, 2011.

05_ 유엔의 남한 원조와 전시 원조 기구

이주호

1. 전시 유엔 원조의 종류와 배경

한국은 1970년대 초반까지 외부로부터 경제 원조[1)]를 제공받은 국가였다. 한국에 대한 원조 제공은 1945년 미군이 38선 이남을 점령했을 때부터 시작되었다. 전쟁 이전 미국이 단독으로 제공하던 원조는 유엔의 이름으로 전환되었다. 전쟁 기간 내내 제공된 유엔의 원조는 전쟁 당사자인 한국 사회의 생존을 가능케 하였다. 냉전이라는 조건에서 한국 원조의 군사적 성격은 전후 1950년대까지 오랫동안 유지되었다.

전쟁 기간 동안 한국에 공여된 원조의 종류는 계획의 명칭, 주체, 그리고 재원(財源)에 따라 다양하다. 대표적인 원조 계획으로 '한국민간구호계획(Civil Relief in Korea, 이하 'CRIK')', '경제협조처(Economic Cooperation Administration, 이하 'ECA')', '유엔한국재건단(United Nations Korean Reconstruction Agency)' 등이 있었다.

모든 원조는 유엔의 결의를 통하여 대한 원조의 관리자로 지명된 '통합

---

1) 이 글에서 다루는 '원조'는 식량 · 생필품 등의 물자 공급, 의약품과 의료 서비스의 제공, 비료와 건축 자재 등 생산 활동을 위한 자원 공급, 수원국(受援國)의 필요에 따른 용역의 제공 등 대단히 넓은 범주를 뜻한다.

사령부'(Unified Command), 즉 미국이 주도하고 관리하였다. 이와 같은 규정은 유엔의 공식적인 결의문에 의하여 구체화되었다.

그 첫 번째 걸음은 유엔 안전보장이사회(UN Security Council)가 1950년 6월 27일에 남한에 대한 포괄적인 범주의 '원조'를 약속한 것이었다. 이어서 1950년 7월 31일의 유엔 안보리 결의는 한국에 대한 경제원조, 특히 후방의 민간인들을 위한 원조를 '통합사령부'가 책임지고 보다 구체적으로 진행하라고 규정하였다. 유엔경제사회이사회(UN Economic and Social Council)는 1950년 8월 14일에 '한국 민간인 원조에 관한 결의문'을 내놓는다. 그 내용은 유엔군사령부로 하여금 한국에 대한 민간 구호 및 지원을 위한 소요액을 결정하고 원조 공여를 위해 필요한 모든 절차의 수립·실시를 담당할 것을 권고하는 내용이었다.

전쟁 초기 유엔군의 직접 참전과 낙동강 전선에서의 치열한 대치 상황이 이어지고, 전 세계적으로 동아시아 지역을 둘러싼 치열한 외교전이 전개되었던 것을 감안한다면, 전쟁으로 고통받는 한국 민간인들을 위한 유엔 원조 결의는 다소 늦은 편이었다. CRIK로 명명된 전시긴급구호 원조 물품이 한국에 최초로 도착한 것은 1950년 9월말이었다.

먼저 CRIK 원조는 주로 식량과 생필품 위주의 '구호물자' 위주였으며, 도입물품은 이후 한국의 생필품 자급을 위한 비료·면화·양모·고무 등의 원료까지 확대되었다. 기본적으로 유엔 회원국과 민간기구가 제공하는 물자가 중심이 되어야 했지만, 실질적으로는 미육군 예산에서 군(軍) 작전에 수반되는 민간구호를 위해 지출되는 자금이 90% 이상을 차지하였다. 그런 점에서 볼 때, CRIK의 사실상의 주체는 미국이었다.

미국이 '한미원조협정'(1948년)에 따라 한국에 공급하고 있었던 기존의 ECA원조 역시 1953년까지 공급되었다. 개전 이후에는 전쟁 구호 위주로 전환되었는데, 1950년 10월부터 주한 경제협조처(ECA Mission in Korea)가 유엔군사령부(CINCUNC)의 지휘 계통에 들어가게 됨에 따라 ECA원조 역시 유엔군사령부의 일원적 관리 대상이 되었다(주한 경제협조처는 1951년 4월 폐지되었다).

1950년 하반기 급박하게 돌아간 전황은 전쟁의 향배와 한반도의 운명을 결정지은 중요한 요소였다. 1950년 9월 인천상륙작전의 성공과 그에 뒤이은 38선 이북 진출은 북한 지역 점령으로 이어졌다. 북한군의 연이은 패주는 곧 한반도의 통일이 이루어지리라는 기대를 낳았다.

38선 북진과 관련하여 미국의 입장은 이승만 정부가 이대로 종결이 종결되면 한반도 전체가 당연히 대한민국 영토가 된다고 생각했던 것과 달랐다. 미국과 유엔은 38선 이북 지역은 대한민국과 무관한 지역으로 유엔의 관리 지역이 된다는 구상을 가지고 있었다. 유엔은 1947년 11월 유엔한국임시위원단(UNTCOK), 1948년 12월의 유엔한국위원단(UNCOK) 조직으로 신생국 한국의 건국을 지원하였지만, 결의에 따라 1948년 8월 15일 이승만을 대통령으로 수립된 대한민국의 영역은 한반도 38선 이남에 한정되었기 때문이었다.

통일이 '예정된' 한국의 재건 문제를 놓고 유엔 차원의 협의가 계속 이어졌다. 이승만 정부의 38선 이북 지역 통합에 대한 달콤한 구상과는 무관한 새로운 결의안이 만들어졌다. 1950년 10월 7일 총회결의로 통과된 유엔한국통일부흥위원단(United Nations Committee for the Unification and Rehabilitation on Korea)이 조직되었다. 유엔한국통일부흥위원단은 유엔한국위원단의 역할을 물려받아, 전체 한국의 통일·독립 및 민주정부 수립함에 있어 재건과 부흥에 대한 책임을 행사하게 되어 있었다.

통일이 된다는 전제하에 유엔의 한국 원조에도 새로운 틀이 만들어졌다. 1950년 12월 1일 총회 결의는 유엔이 제공하는 원조에 관한 일반적인 방침, 그리고 유엔한국재건단의 조직을 규정하였다. 유엔한국재건단은 전쟁 피해국인 한국에 대한 구호와 재건 임무를 맡은 특수기구였다. '재건'보다는 사회 안정을 위한 '구호'에 중점을 둔 유엔군사령부의 방침 때문에 최소한의 활동만 펼쳤던 유엔한국재건단의 활동이 본격적으로 개시한 것은 1952년 들어서부터였다.

2. 현지 원조 기구의 조직 과정

유엔 안보리는 한반도의 군사적 분쟁에 대한 개입과 유엔군의 참전을 결정하면서, 아울러 전시 상황의 민간인들을 돕기 위한 원조를 제공하기로 결의하였다. 군사적 책임을 진 통합사령부, 즉 유엔군사령부는 후방 사회의 안정을 목표로 하는 군사작전의 형태로 피난민 대책과 위생·방역 정책, 구호물자 공급 등을 수행하였다.

1950년 7월 31일의 유엔 안보리 결의에 의하여 유엔군사령부에 한국 민간인을 위한 구호 원조의 제공 책임이 주어졌지만, 전쟁 초기 북한군의 진격에 유엔군이 낙동강 전선까지 밀리는 상황에서 민간인에 대한 구호 방침이 곧바로 구체화된 것은 아니었다. 그 사이 한국정부는 '피난민수용에 관한 임시조치법'(1950년 7월 31일), '피난민 구호대책 요강'(국무회의 결정, 1950년 8월 24일) 등을 공포하여, 개전 이후 발생한 피난민의 이동과 민간인 구호 문제 등에 대하여 전시행정을 펼치고자 하였다.[2)]

전쟁에 뒤따르게 마련인 전염병·기아 문제 등이 한국 사회의 불안을 야기할 수 있음을 유엔군사령부가 인지한 것은 전선이 낙동강 일대에서 고착되어 유엔군이 전열을 가다듬은 8월 이후였다. 유엔군사령부는 1950년 9월 3일 '유엔군의 최종 목표에 합당한 공중복지와 보건 상태를 만들 것'을 주요 임무로 하는 '보건복지부'(Public Health and Welfare Section)를 조직하였다. 유엔군사령부가 위치한 일본 도쿄에서 보건복지부는 바로 5일에 한국 현지로 조사단을 파견하였다. 조사단은 한국의 상황이 당장의 조치가 필요한 긴급한 위기가 발생한 것은 아니지만, 수많은 피난민이 낙동강 이남 지역에 몰려있어 전염병이 유행할 염려가 있음을 알렸다. 또한 유엔군이 방

2) 전쟁 당사자인 한국정부도 피난민 구호 등의 문제에 대하여 완전히 손을 놓고 있었던 것은 아니었다. 중앙구호위원회와 산하 각급 구호위원회가 유엔군 민사 조직의 도착 이전부터 활동하고 있었으며, 한국군 역시 계엄령의 선포를 통해 민사 영역에 개입하고 있었다.

어하고 있는 현재의 작은 지역으로는 생필품의 자급이 불가능하다는 결론을 내렸다. 이에 9월 13일 유엔군사령부 보건복지부는 한국 현지 파견대(Public Health and Welfare Detachment)를 조직하여, 유엔군 부대와 한국정부에 민간 지원 영역에 대한 자문 기능을 맡도록 하였다. ECA원조의 관리권한도 이관되었다.[3)]

그런데 전황이 역전되어 10월 7일 유엔군이 38선 이북으로 북상하자, 유엔군사령부 소속의 민간 지원 조직의 역할에도 변화가 생긴다. 1950년 10월 유엔군이 잇따라 승전하면서 한반도 통일이 가시화되었을 때, 유엔은 종전 이후의 한반도에 대한 결의를 내놓고 있었다면, 한반도 현지의 미군은 신규 점령지역의 통치 문제를 고민하고 있었다. 38선 이북 지역에 대한 사전 합의가 없는 상태에서, 유엔군사령부는 먼저 '민간인에 대한 구호'라는 관점에서 민사 조직을 구성하였다.

유엔군사령부 산하 미극동군사령부(CINCFE)는 10월 17일, 한국인들의 질병과 기아, 혼란을 예방하기 위해 필요한 물자와 장비의 보급을 담당할 조직을 설치하라는 명령을 내렸다. 근거는 유엔 안보리 결의였다. 이에 미8군은 10월 30일, 한반도 전체의 민간인 원조를 담당할 '민사처(Civil Assistance Command)'를 조직하였다.[4)] 전쟁으로 발생한 피난민 · 전재민에 대한 구호 물품의 분배 및 의료 시설의 제공, 혹시 발생할지 모를 전염병에 대비하는 방역 조치 등을 실시하는 것이 민사처의 업무였다.

---

3) United Nations Command Civilian Relief and Economic Aid - Korea, 7 July 1950 - 30 September 1951, p.1 · 9 · 12.

4) 이때 조직된 민사처는 1950년 11월, '유엔군사령부 보건복지 파견대(Public Health and Welfare United Nations Command, Field Organization, Korea)'로 명칭을 바꿨다가, 다시 1951년 1월에 UNCACK(United Nations Civil Assistance Command, Korea)이 되었다. UNCACK의 공식 한국어 명칭은 정해져 있지 않으며, 당시에는 "유엔민사처", "유엔민사원조처", "민간원조사령부" 등의 다양한 용어로 번역되어 사용되거나, "CAC", "언캑" 등의 용어로 그대로 불리기도 했다.

주한 미8군 사령부 사령관실(1950년 11월 2일)

〈민간인 지원(Civil Assistance)에 관한 명령 제1호〉[5]

1. 민사처는 미8군 산하에서 그 지휘를 받도록 창설되었다.
2. 이 기구는 미8군 소속 다른 부대에 대하여 어떤 지휘기능도 갖지 않는다. 민사(Civil Affairs)의 목적으로 필요하다고 판단되는 명령은 미8군 사령부를 거쳐 전달될 것이다. 민사처는 아래의 할당 지역에 따라 민사 업무를 수행할 것이다. 38선 이북의 경우에 민사처는 군단(Corps) · 사단(Divisions) · 병참본부(Logistical Commands)에 적용되는 미8군 사령부 민사관리 규정 #27-A에 따라 운용된다. 38선 이남에서 민사처는 극동군사령부(CINCFE) 무전 C-66612(1950년 10월 17일)의 2항에 따른 기능을 수행한다. 이러한 견지에서 민사처는 조사 · 토의 후 사령부에 요구사항을 전달하고, 공급된 물자와 설비를 질병 · 기근 · 사회불안을 방지하는 데 이용하고 분배하는 것을 감독하는 업무를 수행할 것이다.
3. 민사처는 (유엔군) 총사령부 보건복지부(General Headquarters, Public Health and Welfare Section) 한국 파견대에 근무하였던 인원, 미8군의 병참 관리에 종사했던 인원, 그리고 '국제적으로 모집(International Recruits)'된 인원을 고용할 수 있다.
4. 민사처 지휘관은 경제협조처(ECA)의 현재 활동 계획이 유지되는 동안, 그 지원을 활용할 권한을 갖는다.
5. 미8군 사령부의 동의가 없는 한, 한국정부(ROK Government), 주한 미대사관(The American Embassy)을 포함하여, 민사처와 관련이 없는 그 어떤 일반적 조직도 민사처에 대한 권한을 갖지 않는다.
6. 질병 · 기근 · 불안의 방지, 그리고 다른 민간 원조에 필요한 군사용 · 민간인용 물품의 조달은 기본적으로 미8군을 통해 이루어질 것이다. 민사처는 미8군 사령부의 지시 없이는 조달기구로 운용하지 않는다.
7. 민사처는 (지역) 민사팀(Civil Assistance Teams)의 할당과 파견에 앞서, 미8군 사령부 민간인 지원 부서(Civil Assistance Section)와 협의해야 한다.

---

5) "Letter of Instructions, Civil Assistance, Number One", 'Command Report CSGPO-28 for Period 3 November 1950 to 31 August 1951', RG 338, UN Civil Assistance Command, Korea(UNCACK), 1951, Unit History, File No.314.7, Box 17, pp.59~60.

민사처의 조직상 최대의 특징은 한국의 행정 단위인 도(道)와 주요 도시까지 현지 민사팀을 파견하여 관련 민사 업무를 수행케 한 것이었다. 다만 지역을 구분하여, 38선 이남에는 주한 경제협조처의 도움을 받아 독자적인 구호 활동을 펼치되, 38선 이북에서는 전투부대에 배속되어 민사 업무에 나서도록 되어 있었다. 초대 지휘관 챔페니(Arthur S. Champeny)가 부임하였을 때, 총 5개의 민사팀(38선 이북 지역에 2개, 이남 지역에 3개)이 이미 파견되어 있는 상태였다.

그러나 민사팀 파견이 제대로 정비되기도 이전에, 중공군의 참전으로 전황이 역전되었다. 유엔군의 후퇴와 함께, 현지 민사팀들의 업무는 38선 이북 점령 지역의 민사 업무에서 남쪽으로 향하는 민간인들의 철수를 지휘하는 것으로 바뀌었다. 함흥과 흥남에서의 철수작전, 소위 '1·4후퇴'의 총괄적 기획과 피난 대상인들의 선정과 수송 과정에 민사팀들이 개입하였다. 이후에도 피난민의 유도와 지역별 수용·관리 등을 한국정부가 맡았다면, 필요한 물자 원조와 의료 지원 등은 유엔민사처의 책임이었다.

본래 1950년 가을의 유엔군의 민사 조직 정비가 갖는 의미는 새로운 점령 지역에 대한 '준비'였지만, 기존의 대한민국 점유 지역에 대한 위상도 '강력하였다.' 유엔민사처의 업무는 피난민 구호뿐만 아니라 유엔 원조 물자의 관리 및 분배, 피난민들을 비롯한 한국 민간인들의 위생 방역, 한강 일대 민간인들에 대한 도강증·통행증 발행, 한국의 정치·사회·경제 전반에 대한 실태 조사 등으로 확대되었다. 1951년 1월 이후, 총 10개의 지역 민사팀(강원, 경기, 충북, 충남, 전북, 전남, 경북, 경남, 제주, 거제)이 유지되었다. 유엔군사령부의 실무기관으로 ECA원조의 관리의 책임도 유엔민사처에 있었다. 미8군 관리하에 부산항을 통해 반입된 ECA·CRIK 원조 물자를 전국으로 분배하는 과정에서 유엔민사처는 반입 물자와 용역의 제공 과정 전반을 감독하였다.

한편, 1950년 12월 1일의 유엔총회 결의에 의한 유엔한국재건단이 1951년 2월부터 한국에서 활동을 시작하였다. 그러나 유엔한국통일부흥위원단과의 협의를 통해 보다 구체적인 한국 재건·부흥 업무를 담당하기로 설정된 유엔한국재건단의 실제 역할은 한정되었다. '유엔－통합사령부－유엔군사령부－미8군－유엔민사처(UNCACK)'로 이어지는 유엔 원조의 구체적인 경로가 이미 있었기 때문이었다. 유엔한국재건단은 유엔군사령부·한국정부와 연락을 유지하고 유엔 가맹국들에게 구호물자 기증을 호소하는 역할 정도만 할 수 있었다. CRIK 이름으로 한국에 제공되는 원조는 유엔민사처에 의하여 관리되고 있었다.

유엔한국재건단의 창설을 규정한 유엔총회 결의는 '활동 시기'에 대하여 유엔군사령부 측과 협의할 것을 규정하였다. 유엔민사처와 유엔한국재건단의 관계를 명확히 하기 위한 협의가 1951년 3월부터 시작되었다. 그 결과, 1951년 7월 11일 미국정부이자 통합사령부를 대표하여 미국무성 차관 히커슨(John Hickerson)이 유엔한국재건단 단장 도날드 킹슬리(Donald Kingsley)에게 발송한 서한에 킹슬리가 답장하는 것으로 '유엔한국재건단－통합사령부 간의 합의(Agreement Between UNKRA and the Unified Command)'[6]가 이루어졌다. 전투가 끝나고 난 이후, 유엔민사처의 업무를 유엔한국재건단에 이양한다는 조건 아래 현재의 구호 원조를 기존의 유엔민사처가 관리한다는 내용으로 양측의 '교통정리'가 이루어졌다.

▌유엔민사처 소속의 트럭에서 구호물자를 내리는 장면 (NARA RG 111, 기록영화 "Rebirth of Seoul"의 일부)

다시 말해, 현재의 한국 구호 활동과 원조를 유엔

6) Gene M. Lyons, *Military Policy and Economic Aid The Korean Case, 1950-1953*, Columbus : Ohio State University Press, 1961, pp.239~241.

민사처가 관리하되, 전투 행위 종료 이후에는 유엔한국재건단이 총책임을 이관받는다는 양측의 합의를 통해, 비로소 유엔한국재건단의 역할과 위상이 정리되었다. 원조에 대한 관리와 통제를 기반으로 한국 사회 전반에 영향력을 행사하고 있었던 유엔민사처의 위상은 계속해서 유지되었다.

또한 양측의 관계 정리는 1951년 당시, 정전협상이 시작되고 한국정부 측에서 전후 재건을 준비해야 한다는 목소리들이 나오기 시작한 시점과 맞물렸다. 한국정부는 통합사령부이자, 전쟁 이전 한국에 이미 원조를 제공하고 있었던 미국정부와 새로운 원조 협정 체결을 위한 회담을 시작하였다.

3. 유엔 결의문, 그리고 유엔한국재건단 각서

1) 유엔 안전보장이사회 결의 S/1657(1950년 7월 31일)

유엔이 한국 민간인들에 대한 구호 · 지원을 통합사령부에게 전담시킨 결정은 이중적인 의미를 가지고 있다. 첫째, 통합사령부는 유엔에 의하여 침략자로 규정된 북한군을 격퇴하는 것이 목표인 군사 편제상의 조직이었다. 결의는 전투 행위의 주체자인 군(軍)이 非전투요원, 즉 민간인에 대한 지원 업무까지 통합적으로 수행하는 것을 공인하였다. 통합사령부 산하의 유엔군사령부는 이 결의를 근거로 삼아 후방의 민간인들을 위한 구호물자의 관리 및 분배, 전시 상황에서 발생하기 쉬운 질병 치료와 방역의 주체로 나설 수 있었다.

둘째, 통합사령부는 곧 미국정부였다. 미국은 전쟁이 일어나기 전에도 한국에 이미 원조를 제공하던 국가였지만, 이제 유엔의 이름으로 '냉전의 최전선 국가'인 한국에 대한 경제적 지원에 '명분'을 얻을 수 있었다. 아울러 미국은 유엔의 이름으로 공여되는 전 세계 유엔 가맹국들의 대한원조를 단독으로 관리할 수 있게 되었다.

7월 31일의 유엔 안보리 결의를 반영하여 통합사령부에서 유엔군사령부를 거쳐 현지의 미8군에 이르는 군 계통을 통해 이후 민사처로 이어지는 조직이 탄생하였다. 미8군의 1950년 10월 30일 민사처 조직 명령은 업무 및 활동 지역을 규정한 것 외에도 미8군 사령부의 명령만 준수해야 한다는 것을 강조하고 있다. 이후 한국정부나 주한 미대사관조차도 미8군을 통하지 않고서는 유엔민사처의 현지 활동에 개입할 수 없었다.

또한 38선 이북의 점령이라는 과제가 등장했을 때, 한반도 전체를 민사처라는 기구 하나로 총괄 관리하는 시스템이 만들어졌다는 것도 주목할 만하다. 당초 통합사령부를 거쳐 미8군에게 주어진 과제는 한국인들에게 구호를 제공할 군사기구의 조직이었지만, 이북으로 진격 중이던 유엔군사령부는 새로운 점령 지역의 통치 문제를 민간인 지원 조직을 통하여 우선 해결하고자 하였다.[7] 전쟁 중에 이루어진 유엔민사처의 남한 사회에 대한 전방위적인 '침투'는 초기 유엔군사령부 산하의 민간인 지원 조직이 갖는 '점령기구' 성격과 무관하지 않았다.

2) 유엔총회 결의 410(V) : 한국의 구호와 부흥(1950년 12월 1일)

유엔총회는 유엔군이 38선 이북을 점령하여 한국의 통일이 거의 이루어졌다는 판단 아래, 통일된 이후의 한국의 재건 · 부흥 사업에 대한 방침을 새로 정하여 결의하였다. 이 결의문은 목적을 담은 전문(前文), 유엔한국재건단의 설치 규정(A), 그리고 한국 구호 · 부흥의 일반적 방침(B)으로 구성되어 있다. 이 결의는 일반적으로 유엔한국재건단의 조직을 결정한 것으로만 알려져 있지만, 그보다 많은 내용을 담고 있다.

우선 전문과 (A)에서 중점적인 내용은 유엔한국통일부흥위원단의 업무

[7] 초대 민사처장 챔페니 대령은 1946년 미군정의 초대 국방부장, 민정장관을 역임하면서 남한의 경찰 · 국방군 창설 과정을 주도한 인물이었다.

를 분담할 특수기관으로 유엔한국재건단이 창설된다는 사실이다. 업무 내용, 그리고 그 위치를 둘러싼 여러 권한이 명시된다. 그러나 양자(兩者)가 상-하 관계로 설정된 것은 아니었다. 유엔한국재건단은 유엔한국통일부흥위원단의 과업 수행을 지원하도록 되어 있지만(A-4), 유엔한국통일부흥위원단 단장은 유엔한국재건단에 대하여 '권고(recommendation)' 또는 '요청(call)'할 권한을 가질 뿐이었다(A-2).

그런 점에서 볼 때, 결의문 상으로 유엔한국재건단의 위치가 명확히 제시되어 있는 것은 아니었다. 유엔한국재건단의 활동 시작 시기에 대하여 통합사령부, 유엔한국통일부흥위원단, 유엔한국재건단이 합의를 보아야 한다고 규정되었다(A-4). 또한 유엔한국재건단은 한국정부과 구호 · 부흥에 관한 내용을 담은 협정을 체결하도록 되어 있었다(A-10).

유엔한국재건단의 주요 업무로 '구호와 부흥을 위하여 어떠한 물품과 용역이 요구되는가', '물품 · 용역의 조달과 수송, 그리고 한국 내에서의 효과적인 분배와 이용에 대하여 규정'하라는 것(A-5)도 넓은 해석의 여지를 남겨 놓았다. 이는 유엔한국재건단이 한국 구호 원조의 주체로 나설 수 있는가의 문제로 이어진다. 명확하게 원조 관리의 독자적인 주체로 나서야 함이 규정되어 있는 것은 아니지만, 해석하기에 따라서는 유엔군사령부 산하의 원조 관리 기구인 유엔민사처와 업무 영역이 겹칠 여지도 있었다.

1950년 7월 31일의 결의가 통합사령부에서 한국 민간인에 대한 지원을 전담시켰다는 사실을 돌이켜 볼 때, 12월 1일 유엔총회 결의는 통합사령부의 한국 지원에 대한 통합의 원칙을 희석하는 효과를 가지고 있었다. 곧 전투행위가 종료되고, 통일된 한국의 재건 사업이 본격적으로 전개될 것이라는 전망이 담겨 있었기 때문이었다.[8] 유엔한국재건단 자문위원회의 결성을 정의하여, 이후 1950년 12월 15일 캐나다, 인도, 영국, 아일랜드, 미국,

8) 'Strengthening the Korean Economy, Report to President', RG 84, Korea, Seoul Mission and Embassy, Classified General Records 1953~1955, Box 16, (타스카 보고서) 1953.6.15(국사편찬위원회 편, 『1950년대 한국경제 관련 미국 문서』, 2011, 46~47쪽).

우루과이로 구성된 자문위원회가 실제로 구성된 것 역시 그러했다(A-6).

또한 유엔 차원에서 제공할 수 있는 원조의 원천으로 각 특별기구와 비정부기구를 결의문 상으로 지목한 것은 이후 유엔특별기구들의 내한 활동, 그리고 종교단체를 중심으로 전개된 민간 차원의 원조 제공의 매개체가 되었다(A-12 · 14). 한국에 도움을 제공하고자 하는 민간 기구들은 우선 유엔한국재건단에 접촉을 시도하게 되었다.

유엔한국재건단의 결성과 함께 한국 구호 · 부흥에 관한 '일반적 방침'이 발표되었다. 주된 내용은 크게 두 가지로 나눌 수 있다. 첫 번째는 한국에 평화를 회복하고 통일된 독립 민주주의 국가를 세우는 데 필요한 경제적 기반을 조성한다는 것을 목적(B-1 · 2)으로 하되, 구호 · 부흥 사업의 주체는 한국이 되어야 한다고 규정한 것이다. 유엔이 제공하는 원조는 '한국 국민들이 전개할 일반적 부흥 사업을 보충하는 것'(B-4)이 되어야 하며, 그 과정에서 한국에 대한 '내정 간섭'이 되어서는 안 됨을 명시하였다(B-3 · 8). 이러한 규정들은 독립국인 한국의 주권을 존중한다는 제2차 세계대전 이후의 분위기를 반영한 것이었다.

그러나 후반부 항목들은 앞서의 규정과 모순적인 면모를 보여준다. 우선 원조물품의 판매대금을 특별계정에 입금하고, 그것의 사용은 유엔한국통일부흥위원단과 유엔한국재건단 자문위원회와 협의해야 한다는 내용이 포함되었다(B-9). 1948년 12월에 체결된 한미원조협정처럼 원조의 사용권한이 한국정부에 있는 것이 아니었다. 또한 한국정부는 유엔의 원조가 한국경제에 유익할 수 있도록 관련 조치들을 취해야 했다. 통화팽창의 억제, 가격조정이나 물품 분배의 통제, 그리고 외환의 적절한 사용 등 매우 구체적이었다(B-10). 군사적인 맥락에서 적극적인 재건이나 개발 추진보다, 한국경제의 '안정화'를 우선시했던 유엔군사령부의 입장과 같았다. 원조 물품의 분배와 관련하여 그 최종 수령자에게 기부자와 기부의 목적을 분명히 주지시켜야 한다는 것(B-15)은 유엔민사처의 현지 활동에서 실제로 진행된 것이었다.

1950년 12월 1일의 유엔총회 결의의 내용은 이후 실제로 진행된 대한원조의 양상과 상당히 일치한다. 원조의 제공과 관련하여 한국의 자급이 강조되고, 내정 간섭이 되어서는 안된다는 의지 표현에도 불구하고, 실제 과정에서는 원조의 사용과 분배 과정까지 유엔이 한국 사회 깊숙이 개입할 가능성은 이미 이 결의문에 표현되어 있었다.

3) 유엔한국재건단－통합사령부 협정(1951년 7월 11일)

중국인민지원군 참전으로 인한 전세의 역전은 한반도 통일 이후를 대비한 유엔한국재건단의 위치를 모호하게 만들어버렸다. 유엔한국재건단이 한국에 도착했을 때, 그들이 당장 할 일이 없어진 셈이었다. 한국에 제공되는 원조의 관리 및 분배는 유엔민사처를 통하여 실행되고 있었다. 양자(兩者)의 관계를 정리할 필요성이 양측 기구의 최상층까지 합의를 얻게 된 결과, 최종적으로 1951년 7월 11일 워싱턴에서 미국무성 차관과 유엔한국재건단 단장 간에 합의가 이루어졌다.

우선 1조에서 양측은 한국에 대한 유엔 원조 제공의 책임은 현재의 전황이 그대로 유지되는 한, 유엔군사령부의 책임임을 명시하였다. 자연스럽게 한국에 대한 지원 계획은 2단계로 나뉘어 진행하는 것으로 설정이 되었다(2·3·4조). 현재는 유엔군사령부가 책임을 지되, 전투행위가 종료된 다음 단계에 들어가면 유엔한국재건단이 맡는 것이었다. 다만 유엔군사령부가 허용하는 한에서 유엔한국재건단 역시 지금의 원조 프로그램에 일부 참여할 수 있었다(3조).

또한 유엔한국재건단이 고용한 전문가들을 유엔군사령부 산하의 민사기관에 파견하도록 하였다(5조). 이 조항은 유엔민사처가 조직 초기부터 전문가의 부족을 계속 호소하고 있는 상태였던 것과 관련이 있었다. 유엔한국재건단는 장기적인 계획 수립에 필요한 인원만 남긴 채 명목을 유지하고, 현장에 필요한 인력들은 유엔민사처가 활용할 수 있도록 하였다.

이 합의는 현존하는 대한 원조 공여 체제를 그대로 유지하되, 유엔한국재건단의 활동 영역과 시기를 조정하는 것으로 공존 상태를 만들고자 한 것이었다. 1950년 12월 1일의 결의가 유엔한국재건단의 활동 방향을 구체적으로 지적한 것은 아니었지만, 유엔군사령부와의 합의 이후, 유엔한국재건단이 장기적인 전망을 갖는 재건 계획의 수립 업무를 맡는다는 이해가 널리 공유되기 시작하였다. 즉, 유엔한국재건단이 이후 한국의 장기적인 재건 과제를 상징하는 존재처럼 된 것은, 유엔군사령부와의 지속적인 협의 과정에서 확보된 것이었다.

유엔한국재건단이 가진 이러한 전망은 한국인들의 기대를 낳았다. 1951년 5월에 처음으로 열린 유엔한국재건단–한국정부 회담에서 비료와 구호식량, 전재민 주택 건설 지원 등을 요청했던 한국정부의 입장은 1951년 하반기 들어 크게 변화하였다. 한국정부는 '구호'에 집중되어 있는 유엔민사처의 사업 방식에 대한 불만과 본격적인 재건 추진의 의지를 유엔한국재건단을 통하여 표현하기 시작하였다. 유엔한국재건단 역시 재건과 부흥의 과제를 남한에서라도 수행하고자 하였다.[9)]

하지만 유엔군사령부는 전투행위가 계속되는 동안에는 민간의 재건 계획을 허용할 수 없다는 입장을 보였다. 유엔한국재건단 소속 인원들에게 기존 유엔민사처의 활동에 장애가 되지 않는 한에서 최대의 자유를 허용하라고 했던 유엔군사령부의 지시에 대하여, 유엔민사처는 1951년 10월, 군의 지휘에 통일되지 않는 재건단의 활동이 바람직하지 않다는 보고를 올렸다.[10)]

1951년 12월 21일에 체결된 '유엔군사령부–유엔한국재건단 양해각서(Memorandum of Understanding Between the United Nations Command and

9) 한국정부가 유엔한국재건단을 통하여 이러한 계획을 표명한 것은 1951년 11월부터 한–미 간의 새로운 원조협정 협의가 시작된 것과 관련이 있었다.

10) 'UNKRA Pers, 210.41', RG 554, Records of General Headquarters, Far East Command, Supreme Commander Allied Powers, and United Nations Command, UNCACK Adjutant General Section, 1951 Series.

the United Nations Korean Reconstruction Agency)'는 양측의 한국 활동에 대한 기존 합의 내용의 큰 틀을 유지한 공식 각서였다. 그러나 중요한 변화가 있었다. 우선 유엔한국재건단이 유엔군사령부의 민간 지원 책임을 전달받는 시기를 전투행위 종료 이후 6개월로 확정하였다. 이것은 유엔한국재건단이 언제 활동을 시작할 수 있는가에 대해 해석의 여지를 남겨준 것을 차단하고자 함이었다.[11] 그리고 유엔군사령부가 위치한 일본 도쿄, 그리고 한국의 부산에 양측의 합동위원회(Joint Committee)와 연락팀(Liaison Team)을 유지하여 양측의 정보 공유와 활동 영역에 대한 합의를 보도록 하였다. 공식적으로 양측의 대화 통로가 개설되었다.

▌부산에 위치한 유엔한국재건단 본부(1951년 7월 촬영) ("UNKRA Headquarters" #191609 United Nations Photo)

1952년 3월 24일에 체결된 '통합사령부-유엔한국재건단 추가 양해각서(Supplemental Memorandum of Understanding Between the Unified Command and the United Nations Korean Reconstruction Agency)'[12]는 협상 주체를 유엔군사령부에서 통합사령부, 즉 미국

11) "1951년 7월 UNKRA와 UN군사령관 간에 체결되고 … 본 위원단이 관계된 협정은 동협정을 실행할 때에 많은 해석에 대한 문제가 일어났다." 國會圖書館 立法調査局, 「國際聯合韓國統一復興委員團報告書(A/2187), 1952年」, 『國際聯合韓國統一復興委員團報告書(1951 · 1952 · 1953)』, 1965, 232쪽.

12) 'Korea, UNC-UNKRA Memorandum of Understanding', U.S. Army Staff, 1952. RG 319, Records of the U.S. Army Staff, Box 22.

으로 상향 조정하면서, 워싱턴에도 합동위원회 · 연락팀을 두도록 한다는 내용을 추가하였다. 1951년 말부터 시작된 한 · 미 간의 경제원조 협정 논의에서 다양한 원조 기구의 통일적 유지 문제가 제기되고 있는 중이었다는 맥락에서 볼 때, 미국정부의 한국 지원 방침 아래에서 유엔한국재건단의 운영이 이루어져야 한다는 의미로 볼 수 있다.

상호 이해 각서의 체결 사실은 유엔한국재건단의 한국 현지 활동이 서서히 진행되기 시작했음을 보여준다. 그러나 유엔민사처가 지역 단위의 현지팀을 통해 원조의 실제 집행 과정에까지 관여했던 것과 비교한다면, 아직 유엔한국재건단은 장기 계획을 준비한다는 기치를 세운 상황에서 직원 파견 등으로 유엔민사처를 지원하는 수준이었다. 1950년 12월 1일 결의에 의하여 유엔가맹국들이 총 2억 5천만 달러 상당을 유엔한국재건단의 원조 자금으로 모으기로 했지만, 그것이 언제 구체화될 수 있을지는 미지수였다. 그렇지만, 부산과 도쿄, 그리고 워싱턴으로까지 확장된 양측의 대화 통로는 이후 지속적으로 유엔한국재건단이 자신의 의견을 전달할 수 있는 창구가 되었다.

4. 전시에서 전후로 이어진 원조 기구의 활동

유엔의 한국 민간인 지원 결의는 전쟁 기간 동안 유엔민사처와 유엔한국재건단을 통하여 구체화되었다. 유엔군이 38선 북진 이후 새로운 점령 지역에 대한 민사기구로 준비했던 유엔민사처는 전선이 다시 급변한 이후 남한의 원조 관리 기구가 되었다. 막대한 규모의 피난민 · 전재민 발생, 전염병 창궐에 대한 염려, 기본적인 의식주의 부족 등 전쟁이 낳은 피해에 대하여 미국은 군사작전처럼 적극적으로 대응하였다.

한국 민간인들을 위한 구호가 필요하다는 유엔 결의의 실제 집행은 기본적으로 통합사령부－유엔군사령부－미군으로 이어지는 계통을 통해 이루어졌다. 전투 행위가 지속되는 한, 군은 최종적인 군사적 승리의 달성에 모든 힘을 집중할 수밖에 없다. 군사작전의 범위는 전방과 후방을 가리지 않는다. 원조의 공여를 통해 한국 경제 운영에 깊숙이 개입하게 된 유엔군사령부가 한국의 '사회적 안정'을 유지하기 위한 경제정책 기조를 고집하였던 것 역시 군사적 관점에서 기인한 것이었다.

1951년 중반, 최전방 전선이 더 이상 급격하게 변화하지 않는 단계에 들어서자, 유엔민사처의 활동은 더욱 확대되었다. 식량과 의류, 의약품뿐만이 아니라, 농업 진흥을 위한 비료, 전재민 방역과 전염병 방지를 위한 의료 서비스, 주택과 학교 재건을 위한 건축 자재 등이 도입되었다. 유엔민사처는 단순히 '배달'만 하는 것이 아니라, 한국 현지에 필요한 것이 무엇인가를 조사하여 보고하고 다시 그것이 도입 및 분배되는 과정을 주관하였다.

한국정부와의 협의기구로는 중앙구호위원회 산하의 전국의 도 · 시 · 군 구호위원회가 있었다. 중앙구호위원회는 한국정부의 사회부 장관을 의장으로, 각 부처장, 유엔민사처 지휘관, 주한미대사관 경제자문관이 함께 구호물자의 내역 확인과 수송 및 분배 계획을 협의하는 자리였다.[13] 그러나 민사처의 현지팀들은 한국정부 기존 행정조직에 대하여 단순한 파트너 이상의 위상을 가지고 있었다. 한국정부의 지방 행정조직들은 홍수 대책, 고아원 · 상이군인 문제 등 사회정책에 필요한 물질적 재원을 민사처와 협의하여 구하고자 했다.

한국인들을 돕는다는 목적으로 제공된 해외 민간기구들의 원조 물품 역시 유엔민사처의 관리를 통과해야 했다. 해외 민간기구들은 본래 유엔총회에 의하여 탄생한 유엔한국재건단에 물자 수송과 분배를 부탁하거나, 혹은 종교단체의 경우 한국에 있는 선교 단체를 통하여 구호품을 전달하고자 하고 싶어 하는 경우가 많았다. 그러나 유엔민사처는 항만과 운송 시설의 부

13) 중앙구호위원회는 '마이어 협정'(1952년 5월)에 따라, 1952년 7월 2일에 해체된 이후 합동경제위원회(Combined Economic Board) 산하의 구호분과위원회(Relief and Aid Goods Committee)로 계승되었다. 지역의 구호위원회 조직은 그대로 유지되었다.

족 등을 이유로 직접 활동은 금하였다. 유엔민사처와 한국정부의 승인하에 민간기관들이 직접 구호물자의 수송과 분배를 할 수 있게 된 것은 1952년 8월 이후였다.[14] 한국을 방문한 세계교회협의회 대표단은 유엔민사처의 군인들이 민사처를 단지 전투 현장보다 수월한 곳으로 여길 뿐, 업무 내용에 대한 이해도가 떨어진다는 평가를 남겼다.[15]

미군이 창설한 유엔민사처는 이제 대한민국의 전쟁 수행을 위한 후방의 제반 정책들을 사실상 진두지휘하는 조직으로 자리매김하였다. 유엔민사처의 연간보고서들은 자신들의 업무가 기술적 정보 및 조언을 제공하는 것, 그것을 위해 한국인 관리자와 밀접한 관계를 유지하는 정도라고 보고[16]하였지만, 실상은 그 이상이었다. 마치 낙동강 전선에 머물러 있던 유엔군이 전선이 북상하는 과정에서 대한민국 영토를 '점령'한 것처럼 보였다.

미국은 원조의 집행 과정을 단순한 구호물자의 전달로 끝나는 것으로 보지 않았다. 안정적인 후방의 유지가 전쟁 수행을 위하여 필수적이라는 군사적 목적과 더불어, 한국인들로 하여금 자유진영과 미국에 대한 긍정적인 인식을 확보하고자 하는 노력이 진행되었다. 미국은 외부적으로는 유엔의 명분과 지지를 얻어내었을 뿐만 아니라, 한국에 대해서도 한국민들의 내부적인 지지를 이끌어내고자 하였다. 전쟁기 남한 사회에 깊숙이 침투한 원조는 이후 한미 관계의 중요한 매개물이 되었다.

이승만 정부는 원조의 사용 목적과 분야를 놓고 유엔군사령부 측과 치열한 대화를 계속하였다. 사실 한국의 입장에서 유엔의 원조는 전쟁 이전에

14) United Nations Command Civil Assistance and Economic Affairs-Korea, 1 July 1952-30 June 1953, p.6.

15) 'Report of Elfan Rees to the Department of Inter-Church Aid and Service to Refugees of the World Council of Churches, 1953.3.6.' 김흥수 편, 『WCC 도서관 소장 한국교회사 자료집 ―한국전쟁 편』, 한국기독교역사연구소, 2003, 337쪽.

16) 'Command Report CSGPO-28 for Period 3 November 1950 to 31 August 1951', RG 338, UN Civil Assistance Command, Korea (UNCACK), 1951, Unit History, File No.314.7, Box 17, p.43.

미국으로부터 제공받은 원조의 연장선상에 있었다. 그러나 전쟁의 발발로 인해 제공된 원조는 이전보다 군사적 성격이 훨씬 강화되었기에 한국인들이 원하는 경제 복구는 2차적인 과제가 되었다. 이는 전쟁기 유엔의 대한 원조에 대한, 즉 미국의 원조 정책에 대한 한국인들의 불만을 낳는 배경이 되었다.

유엔한국재건단은 이러한 측면에서 한-미 관계의 '제3자'로 등장하였다. 유엔한국재건단이 현지 활동을 시작한 후에도, 전쟁이 끝날 때까지 미군이 주도하는 민간인 지원 체제 자체에 큰 변화는 없었다. 유엔한국재건단이 전투행위 종료 이후 원조에 관한 책임을 이관받기로 한 것은 현재의 원조 관리 주도성을 확보하고자 한 유엔군사령부의 뜻이 관철된 결과였다.

그럼에도 불구하고 유엔한국재건단은 국방비 소모를 보충하려는 미국의 전략적인 판단, 그리고 본격적인 재건 사업의 진행을 원하는 한국인들의 목소리를 적극적으로 반영하면서 그 활동폭을 점차 확대해 나가기 시작하였다. 유엔한국재건단과의 용역계약에 의하여 1952년 9월부터 한국경제 실태 조사 및 계획 수립에 임했던 '네이산 협회'의 방한은 그 대표적인 예였다. 유엔총회 결의가 본래 의도했던 '통일된 한국'의 재건 · 부흥 과제는 여전히 분단국가로 유지되고 있는 대한민국의 전후 재건 문제로 치환되었다.

1952년 5월 '마이어 협정'이 체결될 즈음부터 미국정부의 고민 중 하나는 유엔한국재건단의 활동이 미국의 원조 정책 기조를 벗어날 우려였다.[17] 1953년 4월, 미국정부의 특사로 내한한 타스카 사절단(Taska Mission)은 유엔의 명분을 그대로 유지한 채, 구호 · 재건 · 방위지원에 걸친 모든 원조를

17) "우리는 한편으로는 유엔한국재건단이 경제조정협정의 원칙을 위반할 만큼 태평스럽게 자유분방한 것과, 다른 한편으로는 군사 당국이나 심지어는 합동경제위원회에 좌우될 만큼 어리석음을 드러내는 양 극단을 어떻게든 피해야 합니다." 'Letter from John J. Muccio to Keneth T. Young, 1952.7.28' RG 84, Seoul Mission and Embassy, Classified General Records 1953~1955, Box 15(국사편찬위원회 편, 『1950년대 한국경제 관련 미국문서』, 2011, 8쪽).

하나의 지휘 체계 안으로 통합관리해야 한다고 권고하였다. 휴전회담이 마무리되어 전투행위가 종결되는 시점에 미국정부는 한국에 대한 원조 공여 체제를 일원화하는 방향으로 개편하였다.

정전협정 마무리를 앞두고 유엔군사령부 단독의 원조 관리 체제가 만들어졌다. 유엔민사처는 1953년 7월 1일(1954년 미국회계년도의 시작에 맞추어)로 '주한민사처(Korea Civil Assistance Command)'로 조직을 개편하였다. 아울러 유엔군사령부－미극동군사령부－한국병참관구(Korean Communications Zone) 계통에 속해있었던 유엔민사처의 위치는 유엔군사령부 직속의 주한민사처로 전환되었다. 그리고 1953년 8월 7일의 미대통령 명령으로 경제조정관실(Office of Economic Coordinator for Korea)이 설치되어 유엔군사령관의 경제고문격으로 한국에 대한 경제원조 계획의 전반적 책임이 집중되었다. 유엔한국재건단 역시 경제조정관의 통합 관리에 동의하였다. 초대 경제조정관으로 부임한 타일러 우드(Tyler Wood)는 1953년 12월 14일 '대한민국과 미합중국 간의 경제재건 및 재정안정계획에 관한 합동경제위원회 협약'을 체결하여 전후 새로운 한미원조의 원칙에 합의하였다. 주한민사처와 유엔한국재건단은 경제조정관실의 수행기구로 배치되었다.

그러나 주한민사처의 조직은 명칭의 변경만이 아니라, 원조의 관리 방침이 전시 긴급구호에서 한국의 장기적인 국가 발전을 위한 지원으로 전환되었음을 의미하였다.[18] 유엔군의 점진적 철수에 맞추어 주한민사처 자체도 한시적으로 운영되었다. 유엔군사령부로 귀속되었던 한국 경제원조의 총책임은 미국정부의 대외원조 부문으로 되돌려졌다. 순차적으로 기획 및 사업 책임, 물자의 조달 업무가 경제조정관실로 이관되었으며, 10개의 지역민사팀 역시 경제조정관실 소속의 5개 지역팀으로 통합 · 편입되었다. 주한민사처의 대민공보 업무는 미공보원으로, 정부 · 정치 분과는 주한미대사관으로 각각 이관되었다. 최종적으로 1955년 11월에 주한민사처는 업무를

18) United Nations Command Civil Assistance and Economic Affairs-Korea, 1 July 1953-30 June 1954, p.9 · 31~32.

종료하였다.

주요 산업 부문에 대한 장기 원조 부분을 맡은 유엔한국재건단은 1954년 5월 31일, 한국정부와 '한국경제원조계획에 관한 대한민국과 국제연합한국재건단과의 협약(Agreement for a Program of Economic Assistance to Korea Between the Government of the Republic of Korea and The United Nations Korean Reconstruction Agency)'을 체결하고 활동을 본격화하였다. 하지만 1955년 이후 경제조정관실과 합동경제위원회가 전체적인 경제 조정 기능을 전담하기로 결정됨에 따라, 유엔한국재건단의 역할은 축소되었다. 1957년 11월 26일 유엔총회에서 유엔한국재건단의 폐지에 대한 동의가 이루어져, 유엔한국재건단는 공식적으로 1958년 6월 30일을 기하여 해체되었다. 최종적으로 유엔한국재건단 청산위원회가 해체된 것은 1960년 6월 4일이었다.

【참고문헌】

〈단행본〉

김점숙, 「6 · 25전쟁과 유엔의 역할－운크라 원조를 중심으로」, 국가보훈처 편, 『나라사랑 국가수호정신』, 2005.

서중석 외, 『전장과 사람들－주한유엔민간원조사령부(UNCACK) 자료로 본 한국전쟁의 일상』, 선인, 2010.

홍성유, 『한국경제와 미국원조』, 박영사, 1962.

Steven Hugh Lee, "The United Nations Korean Reconstruction Agency in War and Peace : An Economic and Social History of Korea in the 1950s", 유영익 · 이채진 편, 『한국과 6 · 25전쟁』, 연세대학교출판부, 2002.

〈논문〉

최원규, 「한국 전쟁기 가톨릭 外援 기관의 원조 활동과 그 영향」, 『교회사연구』 26, 2006.

최원규, 「한국전쟁중 국제연합민간원조사령부(UNCAC)의 전재민 구호정책에 관한 연구」, 『전략논총』 8, 1996.

허 은, 「1950년대 전반 미국의 '생체정치'와 한국사회 헤게모니 구축－주한미군민사기구의 활동과 성격」, 『한국사연구』 133, 2006.

4부

전후처리 문제와 냉전분단의 고착화

01_ 전후 '원조경제'의 초석
: '마이어 협정'

이정은

1. 유엔 대여금 상환문제 대두와 ECA원조 종료

'6·25 한반도 통일전쟁'으로 산업시설 대부분은 파괴되었다. 심각한 물자부족현상과 더불어 전쟁비용을 위한 막대한 통화의 증발은 국내 인플레이션을 격화시켰다. 특히 유엔군에 대한 한화 대여금은 통화량 증가의 주요 원인이었다.[1)]

해당 대여금은 유엔군의 전쟁 참전 직후인 1950년 7월 28일, 한미 양측에 의해 체결된 유엔군 경비지출에 관한 협정에서 비롯하였다.[2)] 협정의 주요 항목인 제1항과 제2항의 내용은 아래와 같다.

1) 1952년 초 당시, 통화증발의 70%가 유엔군 대여금 때문이라고 지적되고 있었다(「부흥과 국민저축 좌담회」, 『경향신문』, 1952.3.17, 1면; 유기영, 「사설 한국경제의 당면과제」, 『경향신문』, 1952.3.24, 1면).

2) 이 협정의 정식명칭은 「대한민국정부와 미합중국정부 간의 국제연합가맹국연합군총사령관 휘하부대에 의한 경비지출에 관한 협정(Agreement between the Government of the Republic of Korea and the Government of the United States of America regarding Expenditures by Forces under Command of the Commanding General of the Armed Forces of the Member States of the United Nations)」(1950.7.8. 대구에서 서명·효력발생)이다. 해당 원문은 『대한민국조약집』 제1권, 외무부, 1957, 113~120쪽 참고.

제1항. 대한민국이 공여하는 한국통화

대한민국정부는 국제연합 가맹국군사령관에 대하여 동사령관 지휘하의 군대가 참가하는 한국 및 한국 영해내의 작전 및 활동에서 발생하는 경비지출을 위하여, 그가 요구하는 금액 종류 시일 장소에 따라 대한민국통화와 해당통화로서의 신용을 공여한다.

제2항. 한국통화의 상환과 신용의 해약

사령관은 하시(何時)든지 대한민국정부에 대하여 상기 제1항의 규정에 의하여 공여된 한국통화의 전부 또는 일부를 상환할 수 있으며 또한 그를 위하여 설정된 한국통화로서의 신용의 전부 또는 일부의 해약을 요구할 수 있다 (…)

위 협정 제1항에 따라 한국정부는 전쟁 중 유엔군이 전시 수행 상 필요로 하는 비용에 대해 그 요구하는 금액, 종류, 시일, 장소에 맞춰 대한민국통화 및 신용을 공여하게 되었다. 그러나 자금조달 능력이 없는 한국정부는 한국은행의 발권력에 의존하여 대여금을 지급할 수밖에 없었고, 이는 대부분 유엔군의 소비자금으로 즉각 시중에 풀리며 급격한 인플레이션 요인이 되었다.

재무부를 주축으로 한 정부는 전시 인플레이션 문제를 해결하기 위해 재정·금융의 초긴축정책을 단행하는 한편, 유엔대여금의 상환을 촉구하기 시작했다.[3] 그러나 그 상환을 규정한 유엔군경비지출에 관한 협정 2항은 구체적인 상환시기와 방법 등을 담고 있지 않았기에, 상환을 둘러싼 논란은 예고된 것이었다.

미국은 한국정부의 지속적 상환요구와 반 인플레이션 정책에 호응하는 입장을 취하며 1951년 10월 14일 당시 유엔군 대여금액 중 1/5에 해당하는 12,155,714불(원화 환산액 약 630억 원)을 부분상환하기도 했다. 그러나 그

3) 백두진 재무부장관(1951년 3월 부임)과 산하 재무관료의 전시 하 재정안정정책의 수행과 정책목표, 그 일환으로서의 마이어협정에 대해서는 정진아, 「6·25전쟁기 '백재정'의 성립과 전개」, 『역사와 현실』 51호, 2004 참고.

이후 추가적 상환은 이어지지 않았다. 한국 측은 물가인상의 주범으로 유엔군 대여금을 지목하며, 그 조속 상환을 재차 요구했다. 아울러 한국경제를 뒷받침하기 위한 '재건을 위한 원조' 요구도 더해갔다.

> "정부에서 필사적으로 그 통화면에 주력했는데도 불구하고 물가가 올랐다고 하는 것은 (…) 유엔군이 일선에서 쓰는 경비가 가속도로 늘었다는 사실을 지적하지 않을 수 없는 것입니다. 그렇기 때문에 금년 4월부터 이 유엔대여금 문제를 해결하기 위하여 지나간 8개월간에 거기에 집중했습니다만은 금년 10월 1일에 그 대여금의 일부 (…) 상환을 받고 그 이외에는 해결을 못 본 것입니다 (…) 그러나 시기는 왔어요 (…) 이제는 재정면에 있어서의 수요로 인해 통화를 증발한 것을 회피할 뿐만 아니라, 유엔경비에 의해가지고 통화를 증발하는 현상을 다시 재연시키지 않아야 될 것이고 (…) 그렇기 때문에 우리는 원조를 요청하는 것 (…) 더 많은 물자를 갖다가 유엔대여금을 통화팽창을 일으키지 않는 방면으로 사용한다는 것을 추진하고 있고 이것이 어떠한 협정의 형태로다가 낙착을 질 것을 저는 확신하는 바이올시다" (「제11회 제112차 국회 본회의회의록(1951.12.7)」, 71쪽, 백두진 재무부장관 발언 中)

6·25전쟁 발발 이후 한국에 대한 모든 군사·경제 원조가 미국이 관리하는 유엔군총사령부를 통해 제공되고 있는 상황에서, 1951년 4월 이후 주한 경제협조처(Economic Cooperation Administration, 이하 ECA)는 해소되었고 곧이어 ECA원조 프로그램도 종료되었다.[4] 1951년 7월부터 휴전회담을 개시하자 한국정부는 휴전 후의 경제복구를 위한 더 많은 원조를 미국 측에 요구하기 시작했다.

한편 미국 측은 5월부터 ECA원조 프로그램을 대신할 원조계획의 초안 작업에 착수해 있었다. 새로운 원조안은 정부 간 협상이 아닌 유엔군 사령관 측과 한국정부 간의 협상으로 예정되었다. 또한 외환통제에 있어서 유

[4] 1948년 12월 10일 「대한민국과 미합중국 간의 원조협정」 체결로 들여오게 된 ECA원조는 6·25 발발로 중단되고, ECA원조사업 자체도 1951년 6월 30일로 종료되었다. 미사용 금액은 국제연합민사처(UNCACK)에 이관되어 SEC(Supplies, Economic Cooperation) 원조로 1953년 5월까지 계속되었다.

엔군 사령부의 권한을 강화한다는 방침과 아울러, 협상의 원활한 진행을 위해 한국 측이 요구하는 유엔군 대여금 상환 문제에 대한 대처방안의 필요성도 거론되었다.[5)]

2. 새로운 대한원조계획안을 둘러싼 협상 과정

새로운 대한원조 계획안에 대한 본격적인 협상은 1951년 11월부터 전개되었다. 백두진(白斗鎭) 재무부장관을 필두로 한 경제관료 중심의 한국 측과 GHQ(General Headquarters) 담당인사를 주축으로 구성한 유엔 측이 협상 주체였다. 회의는 11월 2일부터 13일 사이에 9회나 개최되었다. 하지만 유엔 측이 내놓은 외환통제 규정에 대해 한국 측이 강한 이의를 제기하면서 회의는 성과 없이 끝났다. 해를 넘겨 1952년 2월 4일부터 18일 사이에 개최된 협상 역시 상호합의를 이끌어 내지 못했다. 협상의 가장 큰 논쟁점은 한국 내 무역과 외환에 대한 유엔군 사령관 측의 통제 및 이를 위한 조정위원회의 설립 여부였다.

대표적으로 1952년 2월 8일 회의를 살펴보면, 무역에 대한 유엔군 사령관 측의 통제와 이를 위한 조정위원회 설립 사안[6)]을 놓고, 한국 측은 한국의 주권을 제한하는 조치라며 반발했고, 유엔 측은 한국과 유엔 사이의 협조를 위한 합동조처라고 주장하며 대립하였다. 한국 측 대표들은 외국무역

5) 이 시기 미국 원조안의 초안 내용과 한미 간 회담 과정의 이견, 그 결과로서의 마이어 사절단의 방한과 '마이어협정'의 체결에 대해서는 이현진, 『미국의 대한원조정책 1948~1960』, 혜안, 2009, 125~145쪽 참고.

6) "Article 6 for Section Ⅱ : To ensure that the foreign trade of the Republic of Korea, both visible and invisible, will be conducted in coordination with the program of the United Nations Command to provide relief and support of the civilian population in Korea, and with the planning and implementation of the United Nations economic aid program. For this purpose a coordination committee shall be established" ('Memorandum of conversation : Resumption of UNC-ROK Aid agreement negotiation, 1952.2.8', RG84, Korea, Seoul Embassy, Classified General Records 1953~1955, Box16)

과 원조 관리에 대한 합동조정위원회의 역할을 명시하는 문구에 있어서도 외국의 간섭으로 비춰지지 않도록 하기 위해 "to carry out"이란 표현 대신, "to accomplish"로 바꾸어 달라고 제안하기도 했다.[7)]

1952년 2월 13일 회의에는 이승만 대통령이 갑작스레 참석하기도 했다. 그는 한국의 헌법은 무역이나 자원으로부터 획득된 외환을 정부가 통제한다고 규정하고 있는데, 외국 정부가 한국 외환을 통제한다는 내용이 협정에 들어가면, 한국정부의 정치적 적들이 이를 주권 침해라고 공격할 것이라고 주장하며 외환통제 조항을 반대했다.[8)]

그런데 무역과 외환 통제에 대해 반발하며 협상 타결을 미룬 한국정부의 주된 의도 속에는 유엔군 대여금 상환문제가 자리 잡고 있었다. 2월 13일 회의에 참석했던 이승만 대통령 역시 유엔군 대여금 문제를 중심적으로 제기하며 그 상환 필요를 강조했다.[9)] 한국 측은 상환 받지 못한 원화 대여금을 달러로 청산해 달라고 요구했고, 미국과 유엔 측은 달러 결제가 아닌 원조물자를 통한 차감 방식의 상환을 주장하며 대립했다. 2월 18일까지 이어진 회의는 유엔 측에 의해 다음과 같이 정리됐다.[10)]

> (1) 한국은 1950년 7월 28일에 맺은 재정 협정을 일방적으로 무효화하지 않음에 동의했다.
>
> (2) 대표단은 앞으로의 원조협정 기간 동안의 한국 외환에 대한 합동본부(의 관리 – 역자 주)나 유엔군이 사용한 한국은행의 원화계정의 합동 조정에 대해 합의할 수 없었다. 이러한 측면에서 한국과 유엔사령부 각각의 태도는 1951년 11월과 달라진 게 없었다.

---

7) 'Resumption of UNC-ROK Aid agreement negotiations, 1952.2.8', RG84, Korea, Seoul Embassy, Classified General Records 1953~1955, Box16.

8) Resumption of UNC-ROK Aid agreement negotiations, 1952.2.13', RG84, Korea, Seoul Embassy, Classified General Records 1953~1955, Box16.

9) 'Resumption of UNC-ROK Aid agreement negotiations, 1952.2.13', RG84, Korea, Seoul Embassy, Classified General Records 1953~1955, Box16.

10) 'Resumption of UNC-ROK Aid agreement negotiations, 1952.2.20', RG84, Korea, Seoul Embassy, Classified General Records 1953~1955, Box16. (한글번역은 필자가 하였음)

(……)

(4) 한국은 유엔사령부 혹은 미국에게 선지급되었던 원화를 달러로서 정기적으로 상환할 것을 요청하였다. 유엔사령부는 미래의 원화 대불금에 대해서는 이러한 방식의 지급보다, 오직 논의를 위해, 미결산 계정으로부터 산정된 추가 원조물자를 유엔사령부나 미국이 제공하는 형식 속에서의 주기적 타결을 제안했다. 이러한 공급은 1950년 7월 28일의 협정이 예견했던 상황 속에서의 효과적인 최종 결제방법으로 간주될 것이다.

유엔 측은 자신들이 제공하는 민간 구호물자가 유엔군 대여금보다 훨씬 많기 때문에 그 판매대금으로 대여금 상환을 대체하고자 했다. 이 과정에서 한국정부와 유엔군사령관 협상 대표 측의 관계는 급속히 악화되어, 한국정부의 자세가 바뀌지 않는 한 협상이 타결될 희망은 없다는 관측이 유엔 측에서 나오기도 했다.[11]

결국 미국정부는 유엔군 대여금 상환문제와 더불어 협상을 진척시킬 방안으로 새로운 협상단의 모색에 나섰다. 미 국무부 애치슨(Dean G. Acheson)은 1952년 3월 유엔군 사령관에게 이에 대한 편지를 발송했다. 편지에서는 한국과의 협상을 위해 한국에 파견될 사절단은 1950년 7월 28일의 유엔군 경비지출에 대한 협정조항을 계속 준수하면서 한국 외환자원 이용 협조를 위한 적절한 협정의 마련, 인플레 통제를 위한 합동기구를 설치해야 한다고 지시했다. 아울러 유엔군 대여금과 관련해 미군이 개인적으로 사용했던 한국통화의 신속한 상환을 실시하고, 1951년 12월 31일 이후에 대여된 한국통화는 실질환율로 상환하는 것으로 협정을 마련할 것 등을 권고했다.[12] 이와 같이 새로운 사절단의 임무는 미국의 이익을 지키며 유엔 관할하에 한국의 경제와 사회를 안정시킬 조치에 관한 협상을 이끌어 내는

11) 'Letter from M. B. Ridgway to J. J. Muccio', 1952.3.15, RG84, Korea, Seoul Embassy, Classified General Records 1953~1955, Box16.

12) 'Telegram from Acheson to CINCUNC Tokyo', 1952.3.27, RG84, Korea, Seoul Embassy, Classified General Records 1953~1955, Box16.

것이었다.

새로운 사절단은 곧 모습을 갖췄다. 주한 미대사와 유엔군사령부 총사령관의 추천으로 클레어런스 E. 마이어(Clarence E. Meyer)를 단장으로 하는 대통령 특별사절단이 구성되었고, 이들은 1952년 4월 13일 표류중인 협상을 재개하기 위해 한국에 도착했다.

마이어를 단장으로 하는 사절단은 4월 15일부터 한국정부와의 논의에 들어갔다. 회담의 한국 측 대표는 다시금 백두진 재무부장관이었다.

회담 재개는 국내 각계의 주목을 이끌었고, 그 초점은 유엔대여금 상환 문제에 맞춰졌다.

> "우리는 이 회담의 진행과 성과에 대하여 중대한 관심과 기대를 갖지 않을 수 없으며 (…) 첫째로 우리가 말하고 싶은 것은 유엔군 대여금 문제의 해결 방도다. 이번의 회담이 개최되지 않을 수 없는 이유로서 여러 가지를 들 수 있겠지만 그중에서 가장 중요한 것은 유엔군 대여금의 상환에 관한 문제라고 생각한다. 왜 그런고 하니 이 인플레의 주천(主泉)이 유엔군에 대한 대여원화라는 점에 취론의 여지는 없기 때문이다. 물론 이 대여금으로 방출된 원화를 환수하는 데 필요한 재정적 금융적 기능이 십분 발휘되지 못한 것도 사실이요, 이 점에 대해서는 우리 정부와 국민들은 노력에 노력을 경주해야 하겠지만, 그러나 한국 경제의 유지와 강화를 위해서는 이 대여금의 상환은 절대불가결이 요건이라 하지 않을 수 없다. 한국경제를 부흥시키기 위하여 '운크라'는 지금 여러 가지 계획을 짜고 있는 것이 사실이요, 이의 성과에 대한 우리의 기대도 적지 않은 것도 사실이지만, 그러나 한국 경제의 부흥을 더욱더 빨리하는 동시에 더욱더 능률적으로 하기 위해서는 대여금의 상환은 시급한 과제가 아닐 수 없다"(「사설. 한미회담에 기대함(상)－대여금 문제는 대국적 견지에서」, 『동아일보』, 1952.4.18).

회담의 진행은 일체 공식 발표 없이 이어졌다. 이에 따라 사회 일각에서는 회담에 대한 불안감이 떠돌기도 했다.[13] 하지만 마침내 1952년 5월 24일

13) 「트루먼 대통령 특별경제사절단과 한국 측과의 회담 전망」, 『민주신보』 1952.4.27(국사편찬위원회, 『한국경제정책자료』 5, 483쪽 재인용).

회담의 결과 한미 양측은 합의에 도달했고 '대한민국과 국제연합 통합사령부 간의 경제조정에 관한 협정'(이하 마이어 협정)이 부산에서 조인되었음을 공표했다. 쟁점이 되었던 유엔대여금 상환 문제 역시 각서의 교환을 통해 합의에 도달했다. 협정 조인을 알리며 양측의 대표인 백두진 재무부장관과 마이어 공사는 회담의 결과에 극히 만족하였음을 표명하였다. 백장관은 "양국 간의 금반 협정은 경제전선에서의 혁혁한 승리를 재래(齎來)하고야 말 것이다"라 언명했고, 마이어 공사는 "이 새로운 협정에 규정된 경제적 금융적 조치로써 한국의 인프레이숀 진행은 반드시 저지할 수 있다고 미국정부는 확신하는 바이다."라며 소감을 알렸다.[14]

3. 협정의 주요내용 분석

조약에 합의한 한·미의 공식적 입장은 마이어의 보고서 내용에서 잘 드러나고 있다.

> "주한 통합사령부 사절단의 위임사항은 한국 경제안정을 향상시키고 한국에서의 유엔사령부의 군사작전을 돕기 위한 조치들에 대해 한국정부와의 협정을 협상하는 것이 사절단의 목적임을 확고히 했다. 이러한 위임사항에 따라 한국정부와 유엔사령부 간의 경제조정협정에 관한 협상이 52년 5월 24일 부산에서 이루어졌다. 덧붙여 밀접하게 연관된 한국과 유엔사령부 간의 재정협정은 같은 날 부산에서 발효된 각서의 교환으로 이루어졌다. 확대된 범위의 교전, 전쟁행위가 다시 발생하지 않는다는 것을 전제한다면 협정은 한국에 있어 인플레 증가 지속을 방지할 효과적인 합동조치이자, 장차 한국경제의 안정을 향상시킬 수 있는 토대를 제공한다고 사절단은 믿는다. (…) 유엔 민간구호 프로그램을 통해 기대되는 수입프로그램의 잠재적인 양과 미국의 군대와 부대의 원 대여금 청산을 통해 획득되는 외환을 한국정부가 지출함으

14) 「한미회담 공동발표 전문」, 한국은행조사부, 『한국은행조사월보』 제47호(1952년 6월호), 별3~5쪽 참고.

로써 기대되는 수입프로그램의 잠재적인 양에 비추어 볼 때, 사절단은 경제에서의 인플레이션적 추세는 상당부분 억제될 것이라고 믿으며, 이와 더불어 재정회계 안정도 도모할 수 있을 것으로 기대한다. (…) 모든 이용할 수 있는 자원들을 상호 관심을 갖는 주요 문제들에 집중하기 위해서, 합동경제위원회로 알려진 단일한 합동위원회가 설립되는 것이 가장 바람직하다는 것이 한국정부와 사절단의 생각이다. 경제조정협정에서 특화된 대로 그 위원회의 기능은 운영적인 것이라기보다는 우선적으로 정책 형성과 자문이 될 것이다"[15]

'마이어 협정' 자체를 살펴보자. 협정의 목표는 "대한민국의 주권을 침해함이 없이 국제연합군총사령부의 군사병력의 유효한 지원을 보장하고 한국국민의 고난을 구제하며 대한민국의 건전한 경제를 수립 유지"하기 위한 것이라고 전문에서 언명하고 있다. 이어서 협정 제1조는 합동경제위원회(이하 합경위) 신설을 규정하고 있고, 제2조는 통합사령부의 위원회에 대한 지원 원칙과 더불어 한국정부와의 협의하에 원조사업을 실시한다는 기본 원칙을 적시하고 있다. 제3조에는 대한민국 정부는 경제안정을 최우선으로 하는 정책기조를 펼칠 것이며 합경위와 통합사령부 등에 대한 철저한 협조와 통제를 받아들인다는 내용이 담겨있다.

마이어 협정의 핵심은 통합사령부와 한국정부 사이의 경제문제를 조정할 기구로서 합경위의 신설이다. 협정문 제1조에서 합경위는 "대한민국대표 1인과 국제연합군총사령관대표 1인으로써 구성"되며 "경제문제에 관한 쌍방의 주요 협의체"로 위치 지어졌다. "공산군침범에 대한 군사행동의 유효적 수행을 우선적으로 고려"하면서 "재정 및 금융안정의 달성에 합치되는 한 대한민국의 경제적 자립능력 증진을 쌍방의 목적"으로 하게 될 합경위는 "대한민국에 대한 통합사령부의 원조계획의 경제면 전반과 이와 관련되는 대한민국의 경제와 계획의 모든 사항을 검토"하게 된다고 했다,

특히 합경위의 주요한 역할은 대한민국의 책임을 명시한 협정 제3조 전

15) 「Report of United Command Mission to Republic of Korea(마이어 보고서)」, 1952.7.15(국사편찬위원회, 『1950년대 한국경제 관련 미국 문서』, 2011, 8~13쪽 재인용).

반에 잘 드러나 있다. 우선 협정 제3조 5항에 의거, 합경위는 본 협정에 의해 공여되는 원조물자에 대한 무상분배 · 유상판매 여부 및 판매가격을 건의한다. 반면 대한민국은 협정 제3조 7항에 따라 원조물자의 판매대금(대충자금)을 예치하기 위해 한국은행에 특별계정을 설치해야 하는데, 이 특별계정에 예치 할 대충자금의 사용 및 처리 방안 역시 정해진 우선순위에 따라 합경위의 건의에 의해 좌우된다. 원조물자는 물론 대충자금의 사용 자체가 합경위의 관리하에 놓이는 것이다.

협정 제3조 9항과 10항에서는 한국의 외환 통제에 대한 합경위의 절대적 영향력을 규정하였다. 즉 수출에 의하여 획득한 외환 외에 한국이 보유한 외환과 유엔 상환으로 취득될 모든 외국환은 합경위의 건의에 의해서만 사용할 수 있게 했다. 예외적으로 대한민국 정부가 단독 통제할 수 있다고 규정된 수출로 취득한 외환 역시, 원조계획과의 종합을 위하여 합경위에 의해 사용이 협의되고 조정되어야 했다. 더 나아가 이를 위해 수출입에 관한 정기적 계획에 있어서도 합경위의 건의를 '존중'해야 한다고 규정했다.

이러한 조항 모두는 한국정부의 경제주권이 심각히 침해받는 것으로 해석할 수 있는 내용이었다. 건의와 협의 수준이라고는 하지만 합경위의 심의가 이루어지지 않는 한 원조물자의 공급, 판매 및 외환 사용은 제약을 받을 수밖에 없고, 경제 전반의 원조 의존이 높은 상태에서 합경위에 의한 한국 경제정책에의 간섭은 불가피한 것이었다.

그런데 초기 협상 과정에서 쟁점이 되었던 외환 통제 문제에 대해 한국정부가 이토록 쉽게 주도권을 넘겨 준 것은 무엇 때문일까? 이는 유엔군 대여금 상환문제가 한국 측에 만족스럽게 합의된 사실과 맞닿아 있었다. 협상에 있어 한국 측의 가장 큰 목적은 유엔군 대여금을 달러로 상환보장받는 것이었고, 미국 측은 유엔군총사령부의 경제적 권한을 한국정부가 받아들이도록 하는 것이었다. 각자의 더 중요한 목표 달성을 위해 상대가 원하는 사안을 받아들여 합의를 본 결과였던 셈이다.

한국 측의 최대 관심사였던 유엔군 대여금 상환은 개별 각서 '대한민국과 국제연합군총사령부 간의 경제조정에 관한 협정통첩 전문'에서 다뤄졌다. 그 주요 내용을 살펴보면, 상환은 다음과 같이 사용대상 및 날짜별로 구분된다. 우선 제3조 ㄱ항은 한국정부로부터 대여한 한국통화 중, 유엔군총사령부가 1952년 5월 1일 이전에 미군 관계자에게 매도한 금액 관련 규정이다. 이에 대해서는 매도 당시의 환율로 청산할 것을 약속하였다. 나아가 1952년 5월 1일 이후 판매된 같은 목적의 원화에 대해서는 제3조 ㄷ항 (2)를 통해 매도 당시의 환율로 매달 60일 이내에 상환하기로 하였다.

유엔군 대여금 중 미국이 군사비 지출로 사용한 금액에 대해서는 제3조 ㄴ항과 ㄷ항 (1)과 (3)에서 다루었다. 1951년 12월 31일부터 1952년 6월 1일 이전의 해당 분은 불당 6,000환의 환율로 청산한다고 밝혔고, 그 이후 미국군이 군사 목적으로의 사용을 위해 1952년 5월 31일부터 1953년 4월 1일까지 대여 받은 한국통화에 대해서는 매월 4백만 불을 대한민국정부에 지불한다고 했다. 매달 4백만 불을 넘는 차액은 "실시 가능한 한 급속히" 1953년 4월 1일까지 완전히 청산키로 했다. 끝으로 1953년 3월 31일 이후 대여 받는 군사비 지출금은 매년 다음해인 3월 31일 이후에 행하기로 했다. 다만 1952년 5월 31일부터 대여된 한국통화의 상환은 "제반 관계요인의 변동"에 따라 미국과 한국의 협의로서 "현실적 환율을 정한다"고 하여 적용 환율을 명시하지 못했다. 이는 앞으로 전개될 환율 책정을 둘러싼 한미 간 갈등을 예고케 하는 것이기도 했다.

사실상 한국 측이 유엔에 대여한 전체 금액을 돌려받는 것도 아니었다. 대여금의 70%이상을 차지하는 군사비 지출액의 경우, 협정통첩 제4조의 규정에 의거하여, 한국 측의 공동 노력에 대한 부담금 명목으로 10%를 공제한 액수만을 달러상환의 대상으로 못 박았다. 1951년 12월 31일까지 군사비 명목으로 대여하였던 환화통화 금액의 경우는 아예 각서 상에 언급조차 되지 못하며, 상환대상에서 제외되고 말았다.

무엇보다 이 모든 대여금의 달러 상환은 대한민국 정부가 마이어 협정을 준수하면서 경제적 · 금융적 안정을 달성하기 위한 적절한 노력을 계속한다는 내용을 전제조건으로 하고 있었다. 이후 한국 측의 가시적인 경제안정 노력이 미국 측의 인정을 받을 만큼 수행되느냐가 관건이 될 수밖에 없었다.

4. 한미합동경제위원회의 설치와 '원조경제'의 본격화

1952년 5월 24일 '마이어 협정' 체결 이후 유엔대여금 상환에 대한 높아진 기대와 별개로 한국에서는 이승만 대통령과 국회의원들 간의 충돌로 야기된 정치위기가 가중되었다. 이는 7월 초에 들어 대통령과 부통령 직선제, 양원제의 채택에 대한 헌법 개정으로까지 이어졌다. 이러한 상황에서 미국은 한국의 정치위기가 누그러질 때까지 유엔대여금을 상환하지 않는 것이 좋겠다고 결정했다. 1952년 6월 17일이 되어서야 유엔군 총사령관이 '마이어 협정' 이행을 인가하였다는 전보가 미 육군부에 전해졌고, 유엔군 사령관 측은 협정에 따른 부록의 교환을 연기함으로써 한국에 지불해야 했던 유엔군 대여금을 연기시켰다.

기대했던 만큼 유엔군 대여금의 청산이 신속히 이루어지지 못하자 다급해진 측은 한국이었다. 1952년 당시 한국은 전쟁수행을 위한 경비예산은 크게 늘어났지만 조세와 국채의 소화가 한계에 달했고, 흉작까지 겹쳐 미곡 수입이 불가피한 상황이었다.

해결의 기미는 3개월이 지난 이후, 합경위 외환분과위원회에서 한국경제의 안정을 위한 외환사용과 통화긴축 원칙을 담은 외환통제 규정이 만들어진 후에야 드러났다. 한국 측이 보여준 규정 제정 노력에 힘입어, 우선 유엔군이 미군 관계자에게 매도했던 원화 비용 금액이 마이어 협정에 의거하여 1952년 8월 31일 3천 5백만 달러로 정식 상환되었다.

이후 재무부는 1952년 말 현재 1조원을 초과하던 통화량을 수축하기 위해 100원을 1환으로 하는 통화개혁을 시행했다. 공식 목적은 편재된 과잉

구매력을 봉쇄하여 산업자금으로 전환한다는 것이었지만, 실제 관심은 유엔군 대여금 회수에 더 맞춰져 있었다. 유엔군대여금은 한국정부가 인플레이션을 극복하려는 확고한 정책이 단행될 때 상환된다는 각서 조항의 규정 속에서, 통화개혁이야말로 한국정부의 이러한 의지를 드러내는 강력한 수단일 수 있었다.

실제 1953년 2월 25일 개최된 한미합동경제위원회에서 미국 측 대표 핸론(B. Hall Hanlon)은 한국 측 대표 백두진과의 회합에서 한국정부의 통화개혁을 높이 평가하며 유엔군대여금의 미결제분 청산을 약속하였고, 그 후 총액 8,580만 달러의 유엔군대여금이 청산되었다.16)

한편 '마이어 협정'의 주된 골자였던 합경위 설립은 협정 이후 2개월 이후인 1952년 7월 3일 '합동경제위원회 상설운영절차'의 확정 이후 본격화되었다. 합경위 미국 측 대표는 전쟁이라는 상황을 고려해 군인인 핸론이 맡았고, 한국 측 대표는 백두진 재무부 장관이 맡았다. 이후 원조물자의 효율적 운용을 위해 한미 간 합의에 필요한 부서들을 중심으로 1952년 당시 3개의 상임위원회(기획위원회, 구호위원회, 재정위원회)가 구성되었다. 하지만 이들 상임위원회는 1953년까지 그리 활발한 활동을 보여주지 못했다. 외환사용에 대한 구체적 절차, 재정안정계획 수립을 위한 합경위의 역할 등에서 한국정부와의 구체적 합의가 이루어지지 못했기 때문이었다. 합경위 활동의 바탕이 될 구체적인 원조프로그램이 전시상황에서 구체화 될 수 없었던 객관적 조건도 작용했다.

합경위의 활동은 결국 FOA원조 개시와 아울러 1953년 8월 21일 드와이트 아이젠하워(Dwight D. Eisenhower) 대통령의 특사인 타일러 우드(Tyler Wood)가 내한하여 12월 14일에 '경제재건 및 재정안정계획에 관한 합동경제위원회협약(백 · 우드 협약)'이 체결된 이후 본격화될 수 있었다. 협의 과정에서 '마이어 협정'에서 규정된 합경위의 직 · 간접적 외환의 통제 및

16) 이현진, 앞의 책, 142~143쪽; 정진아, 앞의 글, 276~278쪽 참고.

대충자금 사용 관리는 확인 · 강화되었고, 미국은 원조를 매개로 한국의 국가재정운영에 관여할 수 있는 수단을 확보하였다.[17] 대한원조의 본격화라는 물질적 기반의 진척 속에서 합경위를 비롯한 '마이어 협정'의 규정 내용은 탄력을 받으며 실질적 힘을 발휘하는 단계에 진입한 것이다.

이와 같이 '마이어 협정'은 유엔군 대여금의 달러로의 상환에 방점을 두었던 한국 측과 향후 한국경제 운영 전반의 안정과 통제라는 더 큰 목표에 초점을 두었던 유엔을 앞세운 미국 측과의 타협의 산물로서 마련되었다. 하지만 그 결과 전후 1950년대 대한원조를 앞세운 위계적인 한미 경제관계의 제도적 틀이 합동경제위원회의 설치와 그 제반 통제조항을 통해 구비될 수 있었다. 이를 바탕으로 한국경제 전반 운영에 미국 측의 이해와 입김이 강하게 작용할 수 있는 전후 '원조경제' 시스템이 본격 작동하게 되는 것이다.

17) 이에 대해서는 이현진, 앞의 책, 173~178, 186~193쪽 참고.

【참고문헌】

〈단행본〉

이현진, 『미국의 대한원조정책 1948~1960』, 혜안, 2009.

〈논문〉

정진아, 「6 · 25전쟁기 '백재정'의 성립과 전개」, 『역사와 현실』 51호, 2004.

02_ 적대적 대립의 지속
: '정전협정'

정유진

1. '정전협정'의 체결 배경

1951년 1월 25일 유엔군이 본격적으로 대항공세를 시작했다. 중공군은 전세 역전을 시도했지만 전선은 5월경 38선 부근에서 고착되었다. 이 과정에서 양 군은 상당한 군사적인 피해를 입게 된다. 유엔군과 공산군은 군사적으로 더 이상 결정적 승리를 얻기 힘들 것이라는 판단을 내렸으며, 다른 방식의 교섭이 필요한 시점임을 인식하기 시작했다. 1951년 5월 마오쩌둥(毛澤東)은 중국의 전략에 전면적 검토가 필요하다는 것을 공식적으로 인정했다. 미국 역시 NSC 48/5를 통해 한국에 통일정부를 수립하기 위한 군사적인 지원은 계속할 것이지만, 협정체결이라는 정치적인 해결방법에 대해서도 모색할 것이라는 입장을 밝혔다.[1)]

미국은 직접 소련과의 협상에 나섰다. 모스크바 주재 미국대사 조지 케넌(George Kennan)은 1951년 5월 31일과 6월 5일 두 차례에 걸쳐 유엔 소련대표 말리크(Яков Александрович Малик)를 찾아가 정전회담 개최를

1) 미국 국가안전보장회의(NSC, National Security Council)에서 정전회담의 개최 가능성을 밝힌 문서 NSC 48/5는 전문 모두 국립중앙도서관(www.dibrary.net)에서 제공하고 있음.

제안했다. 스탈린(ИосифВ. Сталин) 6월 10일 소련을 방문한 중국과 북한 대표와의 대담 끝에 정전 회담을 시작할 것을 결정했고, 공산진영의 결정은 6월 23일 말리크의 라디오 방송으로 유엔군에 공식적으로 알려졌다. 유엔총회 의장도 공산진영의 발표에 긍정적인 입장임을 표명했다.

이처럼 1951년 6월 국제사회 여론이 정전회담 개최로 모아지는 무렵, 한국정부만은 정전에 반대하는 입장을 고수하고 있었다. 그러나 한국정부에게는 협정에 주도적으로 참여할 수 있는 권한이 없었다. 1950년 7월 유엔군 총사령관에게 한국군 통수권을 유엔군에게 이양한 상황이었기 때문이었다.[2] 결국 전쟁 당사국인 남한의 입장은 묵살되었고, 정전회담의 개최는 유엔군 사령관, 그리고 공산 측의 김일성과 펑더화이(彭德懷) 합의에 의해 결정된다.[3]

---

2) 한국군은 유엔군 대표단의 이름으로 협정에 참여하였다. 그러나 전쟁 당사국가로서의 대표성을 온전히 인정받은 것은 아니었다. 유엔군 수석대표는 미국 해군제독이었고, 나머지 세 명은 미국 육군, 해군, 공군소장으로 안배되었으며, 한국군 대표는 단 한명이 포함되었을 뿐이었다. 이승만 정부는 정전에 대한 불만을 표명하며, 회담 과정 내내 '북진통일'을 주장했고, 미국과 마찰을 빚었다. 또한 이러한 대표단 구성은 정전협정에서 한국군이 배제되는 결과를 초래했고, 결국 현재 불안정한 정전체제와 한국의 애매한 지위를 형성하는 기원이 되었다.

3) '정전'은 '전투행위를 완전히 멈추는 것'을 의미하며, '휴전'은 '적대행위는 일시적으로 정지되나 전쟁은 계속되는 상태'를 의미한다. 한국 사회에서 정전협정을 지칭할 때에는 '휴전'과 '정전'이라는 두 가지 용례를 혼용하고 있다. 예컨대 6·25전쟁 당시 북진통일을 주장했던 이승만의 경우, 전쟁이 완전히 종료되지 않았다는 뜻을 포함하고 있는 '휴전'이라는 용어를 빈번하게 사용하였다. 반면, 회담의 주체였던 유엔군과 공산군의 경우 정전회담을 정치적인 문제와 분리된 군사문제만을 다루는 것에 합의를 하고 있었기 때문에 '정전' 혹은 'Military Armistice' 이라는 용어를 사용하였다. 본 글에서는 정전협정 자체가 군사문제에 국한된 제한된 협상이었다는 점에 주목한다. 그리고 협정의 제한적인 성격으로 인해, 협정의 이행 과정에서 발생한 정치적인 문제들이 발생했고, 한반도의 분단을 고착시켰다는 점을 강조하기 위해 '정전협정'이라는 용어를 사용하고자 한다. 다만 당시 시대 상황을 설명하기 위해 필요한 경우에는 '휴전'이라는 용어를 사용할 것이다. '정전'과 '휴전'에 대한 논의는 김보영, 「정전협정과 전쟁의 유산」, 『역사와 현실』 88호, 2013과 박태균, 「정전협정인가 휴전협정인가」, 『역사비평』 73, 2005 등을 참조할 것.

2. 정전회담 전개 과정[4)]

1) 본회담의 개최 및 의제 설정

1951년 7월 10일 개성에서 첫 번째 본회담이 시작되었다. 이 회담은 향후 논의해야 할 주요 의제를 결정하는 자리였다. 회담에는 찰스 조이(Charles T. Joy) 해군중장을 수석대표로 한 유엔군 대표단과 북한군 총참모장인 남일(南日)을 수석대표로 한 공산군 대표단이 참석하였다. 양측은 서로의 기본입장을 밝히고 각자 준비해온 회담의제를 제시하였다.[5)]

조이 중장이 밝힌 유엔군의 기본입장은 중립지역 이외에 적대적 행위 지속과 논의는 한반도의 군사문제에 국한한다는 것이었다. 이것은 6·25전쟁과 관련된 모든 정치적 쟁점은 정전협상 시작 전에 분리 시켜 놓겠다는 의지를 보여준 동시에 협상 자체를 양군 사령관 사이의 군사적인 실무 문제로 제한시키려는 것이었다. 한편 북한대표 남일은 유엔의 발언과 상관없이 모든 적대군사행동의 정지, 38도선을 군사적 경계선을 확정, 양측이 38도선에서 10km씩 철수하여 비무장지대로 설정할 것, 포로교환, 외국군 철수 등을 제안하였다. 중공군 대표로 참석한 펑더화이 역시 이 기조에 전적으로 동의하였다.

유엔군과 공산군은 서로의 기본 입장을 밝힌 뒤, 회담 의제를 공개하였

4) 정전회담에 관련된 대표 연구로는 김보영의 『한국전쟁 휴전회담 연구』가 있다. 이 연구는 2년이 넘은 기간 동안 진행된 정전회담의 각 국면을 설명하며, 회담에 참여한 주체들이 주요의제를 설정하고 합의하는 과정에 대해서 치밀하게 분석하고 있다. 본 장에서는 선행 연구에 기대어 정전회담의 주요 항목과 쟁점들을 정리하고, 독자들에게 소개하고자 한다.

5) 정전회담의 협상계통은 쌍방의 대표 5명이 참여하는 본회담회의, 5명의 대표 중 2명이 참여하는 분과위원회외의, 일반 행정사무를 취급하는 연락장교회의, 협상문과 안건을 실무적으로 조정하는 참모장교회의로 이루어져 있었다. 정전회담 과정에서 작성되었던 영문 회의록은 1994년 국사편찬위원회에서 『남북한관계사료집』의 「휴전회담회의록」(총10권)으로 엮어 놓았으며, 현재 국사편찬위원회의 한국사데이터베이스 서비스를 통해 전문을 확인할 수 있다(db. history.go.kr).

다. 유엔군은 9개의 항목을, 그리고 공산군은 5개의 항목을 발표하였으며,[6] 양측은 회담 시작 이후 17일이 지난 뒤인 7월 26일 5개 항목의 의사일정에 합의하였다. 합의된 5개 의제는 ① 의제 선택과 의사일정 채택, ② 전투행위를 정지한다는 기본조건 아래 양군 사이에 비무장 지대를 설치하기 위해 군사분계선을 설정하는 문제, ③ 정화 및 정전을 실천하기 위한 구체적 조치로서 정화 및 정전감시조항, 실시기구의 구성, 권한 및 직책 문제, ④ 전쟁포로에 관한 처리문제, ⑤ 외국군대의 철수와 한반도 문제의 평화적 해결에 관한 쌍방 관련 국가들의 정부에 권고 하는 문제였다. 각각의 의제들은 회담의 주요 쟁점이 되었다.[7]

2) 군사분계선 및 비무장지대 설정

제2 의제인 군사분계선 협상은 1951년 7월 26일부터 시작되어, 1951년 11월 27일 잠정 군사분계선 설정을 합의할 때까지 계속되었다. 군사분계선 설정은 군사행위중단과 한반도 '재분단'에 직접 영향을 줄 수 있는 핵심적인 사안으로 대두되었다. 당시 군사분계선 문제에 대해서 양측은 서로 다른 입장을 고수하며 대립하고 있었다. 공산군은 38도선을 기준으로 해야 한다고 주장했다. 반면 유엔군은 전투상황에 의거하여 결정해야 한다는 입장이었다. 전투상황의 현실은 지상군과 공군, 해군 3개 군의 총체적인 힘의 반영되어 나타난 결과이기 때문에, 이미 유엔군이 공중과 해상을 통제하고 있는 상황에서 정전이 된다면, 그에 대한 대가를 지상에서 보상받아야 한다는 논리였다. 이와 같은 입장을 근거로 하여 유엔군 측은 당시 점령하고

---

6) Meetings on the Armistice Proposal in Korea : Record of Event, 10 july 1951, 「휴접협정회의록」 1권, 국사편찬위원회, 1994.

7) Transcript of Proceedings, Tenth Session, Conference at Kaesong, Korea, on the Armistice Proposal, 26 July 1951, p.3, 「휴접협정회의록」 1권 , 국사편찬위원회, 1994 참조. 유엔군과 공산군이 각각의 의제를 합의하는 과정은 류상영, 「휴전협정의 성립과정과 성격」, 『한국전쟁의 이해』, 역사비평사, 1990에서 참조.

있던 전선의 위치보다 30~50km 북쪽에 분계선이 표시된 군사지도를 공산 측에 제시했다.

공산 측은 미국이 제시한 보상 논의에 대해 크게 반발하였고, 유엔군 측이 협상을 의도적으로 지연시키고 있다고 주장하며 국제여론에 호소하였다. 그러나 회담이 지연되고 있던 8월 중반 유엔군을 38도선 이남으로 밀어내고자 했던 중공군의 계획에 차질이 생기면서, 공산 측은 8월 18일 38도선에 가까운 군사분계선을 긋는다는 조정방안을 제시한다. 이렇게 양측의 의견이 모아지는 듯 했으나, 정작 군사분계선이 잠정적으로 결정되는 데에는 3개월이라는 시간이 더 소모되었다. 회담장소인 개성이 문제가 되었던 것이다.

개성은 회담 초기 공산군 측에 의해 제시되었던 장소였다. 원래 개성은 전쟁 이전 남한 지역이었으나, 회담이 추진되었을 당시에는 공산군이 점령하고 있었다. 유엔군 사령부는 공산군이 점령하고 있는 지역인 개성에서 정전회담을 개최하는 데 합의했고, 이후 개성을 중심으로 반경 5마일의 원형지대가 중립지대로 설정되었다. 그러나 회담이 진행되는 동안 개성에서 군사충돌과 폭격과 같이 합의를 위반하는 사건들이 지속적으로 발생하며 문제가 생겼다. 유엔군과 공산군은 각각 상대측이 협상 결렬을 위해 의도적으로 개성에서의 문제를 유발했다며 비난을 했고, 8월 23일 정전회담도 중단되었다.

회담이 중단된 기간 동안 양측의 전투는 치열하게 진행되었다. 전황의 우세함을 앞세워 협상에서 유리한 고지를 차지하고자 하는 양측의 의도 때문이었다. 1951년 7월부터 11월까지 기간 중 유엔군은 약 60,000여 명의 사상자를 냈으며, 유엔군 측이 추산한 공산군 측의 사상자는 약 23만 4천여 명에 달했다. 이 과정에서 유엔군은 공산군에 막대한 피해를 입히면서 방어에 유리한 진지를 확보하고 전선을 밀어 올리는 데 성공을 거두었고, 회담 장소를 개성이 아닌 판문점으로 옮기도록 공산군을 압박할 수 있었다. 하지만 완벽한 성공은 아니었다. 공군과 해군력을 바탕으로 한 유엔군의 공세는 공산군의 반격을 초래했다. 이에 따라 유엔군도 상당한 인명피해를 입었고, 미국 내에서는 전쟁에 회의적인 사회 분위기가 고조되었다.

1951년 10월 25일 판문점에서 정전회담이 재개되었고, 합동분과위원회에서는 약 1달간의 회담을 통해, 11월 23일 군사분계선과 비무장지대 설치 안건에 대한 합의를 이끌어냈다. 11월 25일에는 양측 참모장교들이 지도에 지상접촉선을 그리는 작업을 완료했고, 27일에는 군사분계선 설정과 관련된 회담이 마무리된다. 결정된 내용은 다음과 같다.

> ① 상호 실제접촉선을 군사분계선으로 설정하고 양측으로 2Km씩 후퇴하여 비무장지대로 한다.
> ② 협정에 서명할 때까지 적대행위가 계속된다.
> ③ 군사분계선에 관한 협정이 정식으로 채택된 이후 30일 이내에 협정이 성립되면 이 군사분계선은 유효할 것이다.[8)]

3) 비행장 건설 및 복구, 중립국감시위원회 구성국 문제

군사분계선 협상이 타결된 1951년 11월 27일부터 전투가 30일간 중지되었고, 양측은 정전을 하기 위한 구체적인 조치들을 논의한다. 1951년 11월 27일부터 시작된 회담에서 양측은 정전협정 효력이 발생하는 순간부터 24시간 이내 모든 적대행위 중지, 72시간 이내 비무장지대에서의 철수, 외부로부터 병력 및 무기 도입의 금지, 군사정전위원회와 중립국감시위원회의 구성 등에 합의했다. 그렇지만, 이 기간의 회담이 순탄했던 것은 아니다. 공산군 측은 '모든 외국군의 철군'을, 유엔군 측은 '군사력 증강 금지 및 이를 감시하는 권한'을 각각 강조하며 서로 양보하지 않겠다는 강경한 태도

8) Transcript of Proceedings, 28th Session, 2nd Meeting at Pan Mun Jom, on the Armistice Proposal, 27 November 1951, 「휴접협정회의록」 1권 , 국사편찬위원회, 1994, 22쪽.

를 보이고 있었기 때문이다.

가장 쟁점이 되었던 문제는 북한 내 비행장 건설과 관련된 부분이었다. 공산군은 정전 기간 중 그들의 군사력을 증강 시킬 권한이 있으며, 비행장을 증설하는 것이 타당하다고 주장했고, 아울러 남한에서의 유엔군 철군을 강력히 요구하였다. 반면 유엔군은 정전을 확실하게 보장하기 위해서 양측의 비행장을 현 상태로 유지해야 한다는 입장이었다. 비행장 증설에 대한 입장 차이는 쉽게 좁혀지지 않았고, 1952년이 되어서도 계속 이어졌다. 1월 25일 제 3의제의 다른 세부사항들에 대한 합의가 이루어지고, 1952년 1월 27일 정전협정 문안의 초안을 작성하기 시작했지만, 비행장 문제는 미해결 상태로 남아 있었다.

이 기간 동안 비행장 재건문제 만큼이나 쟁점이 된 사항은 중립국감시위원회 구성국 문제였다. 유엔군은 중립국 구성으로 스웨덴, 스위스, 노르웨이를 포함하여야 한다는 입장이었고 공산 측은 체코, 폴란드, 소련을 포함시키고자 했다. 원칙적으로 중립국은 한반도에서의 적대행위에 직접 참여한 적이 없었던 국가를 선정하기로 되어 있었다. 공산 측은 소련이 직접 전쟁에 참여하지 않았기 때문에 중립국으로 선정될 수 있다고 주장했다. 하지만, 잘 알려져 있듯, 소련은 공산군의 배후에서 '은밀히' 참전하고 있었다. 미국 역시 이 사실을 인지하고 있었지만, 소련을 공식 전쟁 무대로 끌어 올려 문제를 복잡하게 만들 생각은 전혀 없었다. 공산 측은 이러한 미국의 입장을 간파하고 있었으며, 비행장 건설 문제를 해결하기 위한 방안으로 소련의 중립국 구성국 참여를 밝혀 유엔군의 입지를 위협하고자 했다.

유엔군은 결국 일괄타결이라는 방안을 제안하며 문제를 풀어나갔다. 유엔군은 비행장 문제를 양보하는 대신 공산 측이 소련중립국안을 취소하는 것과 포로협상에 있어 자원송환원칙에 입각하여 약 7만 명의 포로를 송환할 것을 제안했다. 비행장 문제를 양보함으로써 포로협상과 중립국 구성안에 있어 유리한 위치를 얻어내려고 했던 것이다. 공산군 측 역시 자신들의 입장을 반영한 일괄타결안을 제안했다. 공산 측은 일단 비행장 건설문제에 유엔군이 간섭하는 것을 포기하는 조건으로 중립국 안에 소련을 포함시키지 않겠다는 내용을 제시하면, 미국 측과 서로 양보를 하는 것에는 동의했다. 그렇지만, 포로문제에 있어서는 자원송환이 아닌 전체 포로송환의 원칙을 세울 것을 주장하였다. 결국 1952년 5월 7일 유엔군과 공산군은 포로문제만을 남겨둔 채 다른 의제에 합의했다.

4) 포로송환 문제

포로송환에 대한 회담은 1951년 12월 11일부터 1953년 6월 8일에 이르기까지 약 1년 5개월 동안 이루어졌다. 사실 포로송환 문제는 정전의 성립과 함께 쉽게 타결 될 것으로 예상되고 있었다. 원칙적으로 포로송환은 제네바 협정 제118조의 "포로는 종전 후 지체 없이 석방되고 송환되어야 한다"는 규정을 따라야 했다. 하지만 정전회담의 과정에서 이 원칙은 지켜지지 않았다. 1952년 당시 유엔군과 공산군은 6·25전쟁에서 군사적인 충돌로는 어느 쪽도 승리하지 못한다는 판단을 내리고 있었다. 그렇기 때문에 전쟁을 마무리하기 위해 시작한 정전회담으로 정치적, 심리적, 이념적 승리를 이끌어내고자 했다.

포로협상에서 유엔군 측이 제네바 협정의 규정을 따르지 않고 자원송환의 원칙을 고수했던 것도 이와 같은 맥락에서 이해할 수 있다. 유엔군 측은 1952년 1월 2일 협상에서 1 : 1교환과 자원송환원칙을 제기하였다. 미국이 수용하고 있는 공산군 포로의 수가 유엔군 포로의 수보다 훨씬 많았기 때문이다. 실제 당시 공산군 포로는 132,474명인데 비해, 유엔군 포로는 11,559명으로 집계되었는데, 거의 10배 이상의 격차였다. 미국 내에서는 만약 제네바 협정에 따라 이들을 전원 송환 할 경우 13만 명에 육박하는 포로가 공산군의 병력으로 증원될 수 있다는 가능성도 제기되고 있었다. 유엔군은 송환할 포로의 수를 최대한 줄여야 했다.

아울러, 자원송환은 유엔군이 공산군과의 심리전에서 더 유리한 위치를 차지할 수 있는 정책으로서도 주목받았다. 송환거부포로의 수가 의외로 많았던 것이다. 유엔군 측은 포로들의 송환거부 선택이 자신들의 체제 우월성을 상징하는 것이라고 주장했다. 반면 공산군 측은 포로들의 선택이 유엔군에 의한 강압에 의한 결과라고 주장했다. 특히 6·25전쟁에 많은 지원군을 파견하였던 중국은 자발적 송환 과정에서 중국 국적의 포로들이 대만을 선택하는 것을 원치 않았다. 공산 측은 제네바 협정의 위반을 근거로 유엔과 미국이 공산포로를 강제로 억류하기 위한 것이라 비난하기 시작하였다. 이렇게 포로송환 문제는 1년이 넘는 기간 동안 지리멸렬한 논쟁을 이어가고 있었다. 이 기간 동안 유엔군에 의해 붙잡힌 포로들은 거제도 포로수용소에 수감되어 있었다. 거제도 포로수용소의 환경은 13만이 넘는 포로를 수용하기에는 열악했다. 또한 포로들은 이 안에서 반공포로와, 친공포로로 분열되어 유혈충돌을 일으켰다.[9)]

포로수용소 외부에서도 문제가 발생했다. 당시 북한의 지도부는 포로문제의 조기타결을 원하고 있었다. 북한 지역에 대한 미공군의 폭격피해가 감당할 수 없는 수준이었기 때문이었다. 특히 1952년 7월부터 그 다음해 7월까지 진행되었던 항공압력전략은 북한주민들에게 고통을 안겼다. 미군이 공군력을 정치적 압력수단으로 이용하고자 새롭게 추진했던 이 전략은 광범위한 지역의 민간인 거주 지역에 대한 폭격을 자행하며 수많은 민간인 피해자들을 양산했다.[10)]

---

9) 유엔군과 공산군 대표의 협상 과정에서 포로 송환문제로 회담이 지연되는 과정과 그로 인해 발생한 문제들에 대해서는 조성훈, 「한국전쟁 중 공산측의 유엔군 포로정책에 대한 연구」, 『한국근현대사연구』 6, 1997과 조성훈, 『미국자료를 통해 본 휴전협상의 지연요인 연구 : 포로문제를 중심으로』, 『정신문화연구원』 51, 2000을 참조.

10) 정전회담이 진행되고 있었던 1952-1953년 국면의 미공군의 북한지역 폭격에 대한 것은 김태우, 『폭격 : 미공군의 공중폭격 기록으로 읽는 한국전쟁』, 창비, 2013 참조.

끝이 보이지 않는 암담한 상황에서 포로문제의 해결을 모색했던 것은 인도였다. 1952년 12월 1일 인도는 '포로의 석방과 송환은 제네바 협정을 준수하여 처리하되, 포로의 송환을 방해하거나 송환에 영향을 미칠 강제력을 사용해서는 안 된다는 기초위에 전쟁에 참가하지 않은 4개국 중립국 송환위원회로 이관하여 처리'하는 안을 유엔 제출하였고, 이후 유엔에서는 이 결의안을 채택하였다.

당시 인도의 결의안은 공산군 측으로서는 쉽게 받아들일 수 없는 내용이었다. 그러나 1953년 1월 미국 내 반전 여론이 확대 되는 가운데 6·25전쟁 종결을 공약으로 내세웠던 아이젠하워(Dwight D. Eisenhower)가 대통령으로 당선되고, 같은 해 3월 5일 스탈린(이 갑자기 사망하면서 분위기가 전환되었다. 1953년 2월 부상당한 포로를 교환하자는 유엔군 측의 제안에 공산 측이 동의를 하면서 협상이 재개된다. 1953년 4월 26일에는 1952년 10월 8일을 끝으로 중단되었던 본회담이 다시 시작되었다. 이 과정에서 6월 18일 정전을 원치 않았던 한국정부가 일방적으로 반공포로를 석방하며 물의를 일으키지만,[11] 유엔군과 공산군은 독자행동을 한 이승만을 비난하며 인도 결의안 노선을 대체로 수용한 포로 협정을 체결하였다.[12]

---

11) 이승만 반공포로 석방은 정전회담 과정에서 배제되었던 한국정부의 불만이 반영된 결과였으며, 더 나아가 한미상호방위조약 체결과 군사원조를 확보하는 데 필요한 정치적 계산에서 이루어진 일이었다. 한국정부의 반공포로 석방 문제가 가지는 중층적 의미는 김보영, 「한국전쟁 시기 이승만의 반공포로석방과 한미교섭」, 『이화사학연구』 38, 2009 참조.

12) 6·25전쟁의 정전 논의는 1950년부터 유엔에서 다뤄진 적이 있었다. 유엔에서는 인도를 주축으로 하는 아시아 및 아랍 13개국이 1950년 12월 5일 중공군이 38선에서 정지하고 정전할 것을 요구하고, 12월 12일 유엔 정전 3인 위원회를 설치한다. 하지만 공산 측은 정전 안에 거부의사를 표명했고, 미국 역시 정전을 최우선의 목표로 생각하고 있지 않았다. 결국 제3세계의 주도 아래 시작 된 유엔을 통한 정전안 제안은 실패하였지만, 당시 구상안이 1951년 6월 이후 시작된 정전회담에서 초안이 되고 있다는 점에서 의의가 있다. 이 부분은 김학재, 『판문점 체제의 기원 : 한국전쟁과 자유주의 평화기획』, 후마니타스, 2015를 참조.

3. 정전협정 주요 쟁점 분석

'정전협정'의 공식 명칭은 '국제련합군 총사령관을 일방으로 하고 조선인민군 최고사령관 및 중국인민지원군 사령원을 다른 일방으로 하는 한국 군사정전에 관한 협정'이다. 협정의 원문[13]은 여섯 부분으로 구성되어 있으며, 전체 5조 63항으로 이루어져 있다. 제1조는 군사분계선을 확정하고 분계선으로부터 2km씩 후퇴하여 완충지대를 설정하는 내용으로, 이 부분과 관련하여 2개의 지도가 첨부되어 있다. 여기에서는 비무장지대에 민사행정 및 구제사업의 집행과 관련하여 해당 지역 사령관의 허가를 받은 인원과 군사정전위원회의 특정한 허가를 얻은 인원만이 출입할 수 있음을 규정한다. 또한 한강 하구 수역에서의 민간선박의 항행에 대한 규정도 명시되어 있다.

'정화' 및 '정전'의 구체적 조치를 규정하는 제2조는 정전협정의 유지와 기능에 가장 핵심적인 내용이다. 이 부분에서는 어떻게 정전을 유지하고 관리하느냐는 문제를 다루고 있다. 특히 군사정전위원회 설치와 운영방침, 군사정전위원회에 협조해 줄 공동감시소조의 설치와 운영, 중립국감시위원회와 중립국사찰소조의 설치와 운영, 그리고 각 기관에 대한 직책과 권한에 대해 상세히 기술하고 있다.

정전협정 제3조는 전쟁포로와 관련된 규정을 제시하고 있으며, 송환을 원하는 포로는 정전과 동시에 상호교환하고, 송환을 원하지 않는 포로는

13) 현재 정전협정 원문은 1953년 영문으로 작성된 (사본) 문서를 정부기록보존소에서 보존하고 있고, 체결 당시 부록으로 제작된 지도는 전쟁기념관과 대한민국 역사박물관에서 소장하고 있다. 또한 협정이 체결된 직후, 『동아일보』에서 1953년 7월 30일부터 8월 7일까지 총 10회에 걸쳐 「휴전협정전문」을 보도하고 있어 참고할 만하다. 현재 국문본 정전협정은 외교부에서 문서화하여 일반에 공개한 문서와, 군사편찬연구소에서 정리하여 『한국전쟁 휴전사』의 부록으로 발간한 정전협정 전문이 널리 이용되고 있다. 정전협정 중국어 원본은 현재 단둥(丹東)항미원조기념관에서 소장하고 있다. 중국 역시도 협정이 체결된 직후인 1953년 7월 28일 『인민일보』에 협정 전문을 보도하고 있어 참고할 만하다.

자유의사를 확인하여 처리도록 명시되어 있다. 제4조는 한반도 문제의 평화적 해결을 위해 정전협정 조인 뒤 3개월 이내 정치회의를 소집을 건의하는 내용을 담고 있다. 제5조는 부칙으로 정전협정의 수정과 증보를 위한 절차와, 협정의 효력유지의 문제를 다룬다.

원문의 구성을 통해서 확인할 수 있듯이 각각의 세부조항들은 회담의 진행되는 과정에서 논의된 주요 의제와 관련된 것들이며, 향후 정전협정의 유지와 작동에 대한 내용들이 포함되어 있다. 하지만 협정의 이행은 순조롭게 이루어지지 못했다. 본 장에서는 정전협정의 실행 과정에서 발생한 몇 가지 쟁점들을 소개하고자 한다.

1) 쟁점 1 : 군사분계선의 설정

▌군사분계선 관련 조항

조목	항목	각 조항의 주요 내용 요약
1조	1항	군사분계선을 확정하면서 쌍방이 이를 기준으로 각기 2KM씩 후퇴 하면서 비무장지대를 설정한다. 이를 완충지대로 함으로써 적대행위의 재발을 초래하는 사건의 발생을 방지한다.
	7항	군사정전위원회의 특별한 허가 없이 민간인과 군인의 통행이 불가능하다.

정전 회담 과정에서 군사분계선 획정은 주요한 사안으로서 다루어졌다. 1951년 11월 27일 군사분계선 관계 협상을 하면서, 유엔군과 공산군은 정전협정 체결까지의 군사접촉선을 군사분계선으로 한다는 것에 합의하였고, 1953년 7월 27일 정전이 최종적으로 이루어질 때까지 전투가 지속되는 결과를 초래하기도 했다. 그러나 오랜 소모전을 초래했음에도 불구하고, 군사분계선은 협정을 실행하는 과정에서 문제가 발생했으며, 이로 인해 남북의 군사적 충돌은 끊임없이 이어지고 있다.

(1) 군사분계선과 NLL

연해제도(沿海諸島) 관련 조항

조목	항목	각 조항의 주요 내용 요약
2조	13항 (ㄴ)	정전협정이 효력을 발생한 후 10일 이내 상대방의 한국에 있어서의 후방과 연해제도 및 해면으로부터 그들의 모든 군사력, 보급 물자 및 장비를 철거한다. 상기한 "연해제도"이라는 용어는 본 정전협정이 효력을 발생할 때에 비록 일방이 점령하고 있더라도 1950년 6월 24일에 상대방이 통제하고 있던 섬들을 말하는 것이다. 황해도와 경기도의 도계선 북쪽과 서쪽에 있는 도서군들은 조선인민군 최고사령관과 중국인민지원군 사령원의 군사통제하에 둔다. 한국 서해안에 있어서 상기 경계선 이남에 있는 모든 섬들은 국제연합군 총사령관의 군사통제하에 남겨 둔다. 다만 상기 경계의 이북 지역의 5개 도서는 국제연합군 총사령관의 군사통제하에 남겨둔다. 5개의 섬은 다음과 같다. - 백령도(북위 37도58분, 동경 124도40분) - 대청도(북위 37도50분, 동경 124도42분) - 소청도(북위 37도46분, 동경 124도46분) - 연평도(북위 37도38분, 동경 125도40분) - 우　도(북위 37도36분, 동경 125도58분)

서해 5도 문제는 군사분계선을 설정하는 과정에서 발생하였다. 지상 분계선의 경우 지형지물이 있어 비교적 명확한 경계를 그을 수 있었지만, 해상 분계선을 긋는 과정은 단순하지 않았기 때문이다. 지상 분계선을 해상으로 연결했을 경우, 이북지역에 있는 섬이지만, 전쟁 이전부터 남쪽에 속해 있었고, 전시에는 유엔군의 활동 근거지로 활동되었던 섬들이 있었기 때문이다. 양군은 회담의 과정에서 서해에 있던 백령도, 대청도, 소청도, 연평도, 우도 5개의 섬을 예외지역으로 설정하기로 합의했다. 협정문에도 서해 5도 지역을 2조 13항 (ㄴ)의 규정에 따라 특수한 지역으로 설명하고 있다.

그렇지만, 문제는 이 지역에 대한 정확한 해상 분계선이 명시되지 않은 것으로부터 발생했다. 전쟁 이후 유엔군은 한국 해군의 북상을 막기 위해서 서해 5도를 잇는 서해 북방한계선(NLL)을 설정했다. NLL 5개의 섬들을 직선으로 이은 것이기 때문에, 지상 군사분계선을 해상으로 연결한 것 보다 훨씬 북쪽의 영역을 침범하고 있었다. 시간이 지나면서 남한에서는 자연스럽게 NLL을 해상분계선이라고 인식하게 되었다. 하지만 북한의 경우는 NLL의 유효성을 인정하지 않고 있다. 이러한 입장 차이는 서해에서 남북한의 교전이 끊이지 않는, NLL 분쟁의 원인이 되었다.[14]

(2) 비무장지대의 중무장화

▎비무장지대 관련 조항

조목	항목	각 조항의 주요 내용 요약
2조	13항 (ㄱ)	정전협정이 효력을 발생한 후 72시간 내에 일체의 군사력, 보급 및 장비를 비무장지대로부터 철거한다. 이후 비무장지대 내 존재한다고 알려져 있는 폭발물, 지뢰원, 철조망 및 기타 군사정전위원회 또는 공동감시소조 인원의 통행안전에 위협이 미치는 위험물들은 이러한 위험물을 설치한 군대의 사령관이 반드시 군사정전위원회에 보고한다. 또한 72시간의 기간이 지난 후 45일 내에 군사정전위원회의 지시와 감독에 따라 이러한 위험물들을 제거한다.
	13항 (ㄷ)	한국 국경 외로부터의 군사인원 증강을 정지한다.
	13항 (ㄹ)	한국 국경 외로부터 증원하는 작전비행기, 장갑 차량, 무기 및 탄약의 반입을 정지한다. 파손된 경우 1대 1로 교환한다.
	13항 (ㅅ)~(ㅈ)	군사정전위원회와 그의 공동감시소조 및 중립국감시위원회와 그의 중립국 감시소조가 하기와 같이 지정한 그들의 직책과 임무를 집행할 때에 충분한 보호 및 일체의 가능한 방조와 협력을 한다.

1950년대 중반 미국은 6·25전쟁으로 인해 발생한 재정 적자 문제를 해결해야 하는 상황이었다. 미국은 많은 비용이 소모되었던 대한원조의 규모

14) 서해 5도 북방한계선에 대한 문제는 리영희, 「"북방한계선"은 합법적 군사분계선인가?」, 『통일시론』 3, 1999; 김보영, 「한국전쟁 휴전회담시 해상분계선 협상과 서해 북방한계선」, 『사학연구』 106, 2012 참조.

를 줄이고, 주한미군과 한국군을 감축하고자 했다. 병력의 감축에 대한 대안은 주한미군과 한국군의 군 장비를 현대화하는 것이었다.

유엔군은 1957년 6월 공산군이 2조 13항을 위반하며 외부로부터 무기를 증강하고 있다고 주장하면서 13항 (ㄹ)의 중지를 선언했다. 하지만, 이 선언은 남한의 국경에 현대화된 무기를 반입하기 위한 미국의 사전 계획의 결과였다고 볼 수 있다. 미국은 1956년 중립국감시위원회의 감시소조 활동을 정지시켜 놓은 상황이었다. 중립국감시위원회는 유엔군과 공산군에서 제시한 중립국이 각각 참여 하고 있었기 때문에, 만일 감시소조 활동이 계속된다면, 미국의 남한 국경에 대한 군비 증강 계획이 공산 측에 전달될 수 있었다. 일단 감시소조 활동을 제약하는 데 성공한 미국은 곧 이어 공산군의 협정 불이행을 명분으로 삼아 13항 (ㄹ)의 새로운 무기 반입 금지 조항을 중지시켰다.

미국은 1958년 1월 남한에 280밀리의 원자포와 핵을 장착한 어네스트존(honest john) 미사일을 배치했으며, 일 년 후에는 핵탄두를 장착한 마타도(matador) 순항미사일 비행대를 한국에 영구 주둔시켰다. 또한 1960년이후부터는 핵무기를 한국의 방위전략에 사용한다는 기본계획을 세웠다. 비무장 지대는 점차 중무장화되었으며, 남북은 정전 이후 진정한 평화를 찾지 못한 채 핵 그림자에 뒤덮였다. 군사분계선을 사이에 둔 남북은 현재까지도 군사적으로 대치하고 있으며, 소모적인 군비경쟁을 벌이고 있다.[15)]

---

15) 군사분계선에서 벌어진 군사대치 상황에 대해서는 홍석률, 「1976년 판문점 도끼 살해사건과 한반도 위기」, 『정신문화연구』 101, 2006 참조; 전쟁 이후 미국이 비무장 지대에 병력을 확충하는 경위는 브루스커밍스, 「핵 그림자에 덮인 한국의 정전체제 : 전쟁도 평화도 아닌 60년」, 『창작과 비평』 41-4, 2013 참조.

2) 쟁점 2 : 정전협정 관리 기구의 설치 및 운영의 문제

(1) 군사정전위원회

▎군사정전위원회 관련 조항

조목	항목	각 조항의 주요 내용 요약
2조	19항	군사정전위원회를 설립한다.
	20항	군사정전위원회는 10명의 고급 장교로 구성하되 그중의 5명은 국제연합군 총사령관이 이를 임명하며 그중의 5명은 조선인민군 최고사령관과 중국인민지원군 사령원이 공동으로 이를 임명한다.
	24항	군사정전위원회의 전반적 임무는 본 정전협정의 실시를 감독하며 본 정전협정의 어떠한 위반사건이던지 협의하여 처리하는 것이다.
	25항(ㄱ)	본부를 판문점(북위 37도57분29초, 동경 126도40분00초) 부근에 설치한다.
	25항(ㅅ)	중립국감시위원회로부터 받은 본 정전협정 위반사건에 관한 일체 조사 보고 및 일체 기타 보고와 회의기록은 즉시로 적대쌍방 사령관들에게 이를 전달한다.

군사정전위원회는 적대적인 전쟁을 치렀던 공산군과 유엔군이 '정전'하는 것에 합의를 한 이후, 평화롭게 '정전체제'를 유지하기 위해 설치된 조직이었다. 이 위원회는 정전협정에 명시된 바에 따라 공산군대표 5명과 유엔군 대표 5명으로 구성되었다. 양측은 정전협정 위반사항이 발생했을 때 본 위원회를 소집하고, 중립국감시위원회에게 위반사항에 대해 조사하도록 지시할 수 있는 권한을 가지고 있었다.

현재 군사정전위원회는 소집되지 않고 있다. 1994년 북한이 군사정전위원회의 대표를 철수 시켰기 때문이다. 문제는 1991년 한국군의 황원탁(黃源卓) 소장이 처음으로 대표에 위임되면서 발생했다. 원칙적으로 위원회 양측의 대표는 유엔군 총사령관과 조선인민군 최고 사령관, 중국인민군 최고사령관이 임명한 사람으로 위촉되어야 했다. 이 원칙은 정전 이후 40년간 변하지 않았고, 유엔군 대표는 항상 미 장성이 맡고 있었다. 그러나 1991년부터 대표로 한국 장성이 임명되자, 공산 측이 이의를 제기했다. 공산군 측은 한국군의 작전 통제권이 유엔군 사령관에 있고, 한국군 책임자가 정전협정에 직접 서명을 하지 않았기 때문에 정전협정 위반 문제를 비롯한 안보문제를 주한미군 사령관이 겸임하고 있는 유엔군 사령관과 직접 해결한다는 입장이었다. 그러나 미군 장성이 다시 대표로 임명되지 않자, 결국 북한은 1994년 군사정전위원회 대표를 공식적으로 철수하고, '북한군 판문점 대표부'를 새로 설치하였다. 이후에는 장성급 회담이 군사정전위원회의 역할을 대신하고 있다.[16)]

(2) 중립국감시위원회

▎중립국감시위원회 관련 조항

조목	목	각 조항의 주요 내용 요약
2조	36항	중립국감시위원회를 설립한다.
	37항	4명의 고급 장교로 구성. 2명은 국제연합군 사령관이 지명한 중립국 즉 스웨덴 및 스위스가 임명하며, 나머지 2명은 조선인민군 사령관과 중국인민지원군 사령관이 공동으로 지명한 중립국 폴란드 및 체코슬로바키아가 임명한다.
	40항	(ㄱ) 중립국감시위원회는 중립국감시소조를 둔다. (ㄴ) 각 소조는 최대한 4명의 장교로 구성하되, 영관으로 하는 것이 적당하다. 그중의 반수는 국제연합군 사령관이 지명한 중립국에서 내고, 반수는 조선인민군 최고사령관과 중국인민지원군 사령원이 공동으로 지명한 중립국에서 낸다. 각조의 직책 집행을 편리하게 하기 위해 최소 2명으로 이루어진 분조를 구성할 수 있데 쌍방에서 각기 1명씩을 낸다. 운전수, 서기, 통역, 통신원과 같은 부속 인원 및 각조의 임무집행에 필요한 비품은 쌍방사령관이 비무장 지대 내 및 자기 측 군사 통제지역 내에서 수요에 따라 이를 공급한다.
	41항	중립국감시위원회의 임무 : 비무장 지대에서 정전협정 이행실태를 감독, 감시, 조사, 시찰 하고 그 결과를 군사정전위원회에 보고 한다.
	43항	중립국시찰소조는 하기한 각 출입항에 주재한다. - 국제연합군의 군사 통제지역 : 인천, 대구, 부산, 강릉, 군산 - 조선인민군과 중국인민지원군의 군사통제 지역 : 신의주, 청진, 흥남, 만포, 신의주 이 중립국시찰소조들은 첨부한 지도에 표시한 지역 내와 교통 선에서 통행상 충분한 편리를 받는다.

16) 박태균은 「작동하지 않는 정전협정 그리고 천안함」에서 정전협정의 불완전한 이행으로 인해 발생한 문제가 현재까지도 지속되고 있음을 밝히고 있다.

중립국감시위원회는 비무장지대, 한강하구 등지에서 정전협정의 준수여부를 감독, 조사하고, 군사정전위원회에 보고하는 역할을 담당하고 있었다. 위원국으로는 유엔군이 지목한 중립국인 스위스, 스웨덴이 그리고 공산군이 지목한 폴란드와 체코슬로바키아가 선정되었다. 중립국 장교들로 구성된 위원회는 전쟁을 방지하기 위한 정전협정 조항의 실행 여부를 공동으로 시찰하는 업무를 담당하고 있었다.

하지만 미국은 정전이 조인된 직후부터 중립국감시위원회의 활동에 회의적이었다. 공산군이 지목한 폴란드와 체코슬로바키아가 소련의 위성국들이므로, 향후 미군의 활동을 제약할 것이라고 예측했기 때문이다. 협정에 따르면, 중립국감시위원회는 군사분계선을 중심으로 설정된 비무장지대나 한강 하구뿐만 아니라, 양측의 군사 통제를 받는 주요 출입 항구까지 소조(小組)를 둘 수 있었다. 예컨대 43항에 명시된 바에 따르면, 체코와 폴란드 위원들이 인천, 대구, 부산, 강릉, 군산의 항구까지 출입할 수 있었다.

유엔군 사령관은 1954년 6월 중립국감시위원회가 유엔군의 활동을 방해하고 있으며, 최종적으로 중립국감시위원회가 철수되어야 한다는 견해를 밝혔다. 또한 그 방안으로는 미국이 스위스와 스웨덴이 자진철수 하도록 유도하는 것이 바람직하다고 제안했다. 공산 측에서 선정한 중립국이 철수하면, 위원회가 자연스럽게 해체될 수 있었기 때문이었다.

미 행정부 역시 이 견해를 받아들였고, 1955년에는 중립국감시위원회의 활동을 중지시키기 위한 명분을 만들기 위해 공산군 측 위원단이 협정을 위반한다는 사실을 의도적으로 유포하기로 결정했다. 스위스와 스웨덴은 미국의 예상과는 달리 철수에 반대하는 의사를 밝히며, 중립국감시위원의 규모를 줄이는 방안을 제안했지만, 유엔군은 이 안을 받아들이지 않았다.

유엔군은 1956년 5월 31일 제70차 군사정전위원회에서 중립국감시위원회 활동의 실패를 선언했다. 곧 이어 6월 9일 남한 각지에서 활동하던 감시 소조 대표가 철수하기 시작했고, 결국 전쟁 재발 방지를 위한 감시 소조 활동은 기능이 중지되었다. 북한은 1991년 5월 중립국감시위원회의 활동 중단을 공식적으로 선언하였으며, 1995년 2월에는 폴란드 대표단을 판문점에서 철수시켰다. 현재 중립국감시위원회에는 스위스와 스웨덴 대표만이 명목만으로 남아 있다.[17]

3) 쟁점 3 : 전쟁포로에 관한 조치

(1) 송환거부 포로 처리 문제

전쟁포로 송환과 관련된 조항

조목	항목	각 조항의 주요 내용 요약
3조	51항	정전협정 효력이 발생하는 당시의 쌍방에서 수용하고 있는 모든 전쟁포로의 석방과 송환은 본 휴정협정 조인 전에 쌍방이 합의한 아래 규정에 따라 집행한다.
	53항	부상포로는 우선적으로 송환한다.
	55항	판문점을 쌍방의 전쟁포로 인도, 인수 지점으로 정한다.
	56항(ㄱ)	전쟁포로 송환위원회를 설립한다. 영관급 장교 6명으로 구성하되, 3명은 국제연합군사령관이 임명하며, 3명은 조선인민군 최고 사령관과 중국인민지원군 사령원이 공동으로 이를 임명한다. 동 위원회는 군사정전위원회의 전반적인 감독과 지도하에 책임지고 전쟁포로 송환에 관계되는 구체적인 계획을 조절하며, 포로 송환에 관계되는 일체의 규정을 실시하는 것을 감독한다.
	57항(ㄱ)	본 정전 협정이 효력을 발생한 후 즉시 국제연합군 파견국 적십자사대표와 조선민주주의인민공화국 적십자대표, 중화인민공화국 적십자사대표를 일방으로 하는 공동적십자 소조를 설립한다. 공동 적십자소조는 전쟁포로 수용소에서 전쟁포로 인도, 인수 지점으로 가는 도중에 있는 전쟁포로에 봉사를 제공할 수 있다.

17) 자세한 내용은 박태균, 「1950년대 미국의 정전협정 일부조항 무효선언과 그 의미」, 『역사비평』 63, 2005을 참조할 것.

포로협정 1조	1항	모든 전쟁포로가 정전 후 피송환권 행사의 기회를 가질 수 있도록, 스웨덴, 폴란드, 체코슬로바키아 및 인도에서 1명씩의 위원을 임명하도록 하여 중립국 송환위원회를 설립한다. 동 위원회는 억류 측의 관리하에 있는 피송환권을 행사하지 않은 전쟁포로를 한국에서 수용한다.

포로교환은 정전협정에 명시된 내용에 따라 진행되었다. 송환을 희망했던 포로의 교환은 1953년 8월 5일부터 9월 6일까지 판문점에서 중립국 송환위원회의 감독하에 비교적 순조롭게 진행되었다. 하지만 송환을 거부한 포로 처리문제는 시간이 더 걸렸다. 포로협정의 제1조에 따르면, 이들은 중립국송환위원회의 관리하에서, 각 측 대표에게 송환에 대한 이점을 들어야 했다. 비록 송환을 거부했다고 하더라도, 각 대표와의 면담을 통해 마음을 바꾸게 될 수도 있었기 때문이다.

송환거부 포로들은 9월 23일과 24일 판문점 일대에 세워진 중립국송환위원회에 인도되었다. 협정에 따르면 이들은 90일 사이에 각 측 대표와의 개별 면담을 통해 송환 혹은 송환거부에 대한 해설을 들어야 했다. 실제로 90일의 시간이 마감된 12월 23일 22,604명의 공산군 송환거부포로 가운데 3,190명만이 면담을 마친 상황이었고, 이 중에서 137명은 송환을 하기로 마음을 바꾸었다.

하지만 90일은 이 과정을 마치기에는 부족한 시간이었다. 아직 해설을 듣지 못한 19,000여 명의 포로가 대기하고 있었다. 협정에 의거하면, 정치회담을 통해 이후 나머지 포로의 거취를 확인 할 때까지, 포로들을 두 개의 군사지휘부로 돌려보내야 했다. 그러나 유엔군 사령부는 공산군 측의 항의에도 불구하고, 임의로 포로를 석방했고, 중립국송환위원회는 1954년 2월 1일 해산했다. 이처럼 포로 교환은 협정이 집행 되는 과정에서도 유엔군과 공산군 사이의 진영 대결의 구도 속에서 지연되었다. 그 과정에서 피해를 입은 것은 어느 쪽에도 서지 못하고 심신이 지친 상태로 대기하고 있었던 포로들이었다.

(2) 실향사민 처리 문제

▎실향사민(失鄕私民) 관련 조항

조목	항목	각 조항의 주요 내용 요약
3조	59항(ㄱ)	본 정전협정이 효력을 발생하는 당시에 국제연합군 총사령관의 군사통제 지역에 있는 자로서 1950년 6월 24일에 본 정전협정에 확정된 군사분계선 이북에 거주한 전민간인에 대하여서는 그들이 귀향하기를 원한다면 국제연합군총사령관은 그들이 군사분계선 이북지역에 들어가는 것을 허용하며 협조하여야 한다. 본 정전협정이 효력을 발생하는 당시에 조선인민공화국최고사령관과 중국인민지원군사령원의 군사통제지역에 있는 자로서 1950년 6월 24일에 본 정전협정에 확정된 군사분계선 이남에 거주한 모든 민간인에 대해서는 그들이 귀향하기를 원한다면 조선인민군 최고사령관과 중국인민지원군사령원은 그들이 군사분계선 이남지역으로 들어가는 것을 허용해야 한다. 쌍방 사령관은 책임지고 본 목 내용을 그의 군사통제 지역에 선포하며, 적당한 민정당국을 시켜 귀향을 원하는 모든 민간인에게 필요한 지도와 협조를 한다.
	59조(ㄹ)	실향사민귀향협조위원회를 설립한다. 동 위원회는 군사정전위원회의 전반적 감독과 지도 밑에 책임지고 사민의 귀향을 협조하는 데 관계되는 쌍방의 구체적인 계획을 조절하며 또 사민귀향에 관계되는 정전협정 상의 규정을 쌍방이 집행하는지 감독한다.

정전회담의 포로협상 과정에서는 전쟁 중 발생한 민간인 납치 문제와 전쟁 이후 이남과 남과 북으로 떠났던 피난민에 대한 문제도 함께 논의되었다. 남한과 북한의 경우 이 문제에 대해 적극적으로 나서고 있었다. 남한에서는 회담이 시작하자마자 전시 피납자를 포로로 처리하여 귀환시켜 달라는 여론이 일고 있었다. 북한 역시 회담이 시작되기 이전부터 '포로 문제와 강제이주 주민 귀한 문제'를 회담 의제로 상정할 계획을 세우고 있었다.

그러나 미국과 중국의 입장은 달랐다. 포로회담 자체가 유엔군과 공산군 사이의 이데올로기적 경합을 하며 진행되고 있었듯, 민간인의 문제 역시 전략적으로 다루어져야 했다. 한국인들의 현실적인 요구사항들은 관철되기 어려웠다. 미국의 입장은 북한에 억류된 미국인과 외국인들만을 포로송환 문제와 연결시키기를 원했으며, 납북자나 북한에서 내려온 피난민의 문제는 연루되지 않기를 원했다. 중국은 북한과는 달리 피난민 문제를 포로문제와는 별도로 다룰 계획이었다. 회담장에서 공산 측은 포로문제만을 의제로 제안하는 것에 합의하였고, 피난민의 문제는 유엔군의 폭격에 의해 강제로 납치, 혹은 이주되었다는 방식으로만 이야기 될 수 있었다. 생존을 위해 고향을 떠나야 했던 민간인들의 희생은 정치 논리에 의해 가려졌다.

결론이 나지 않을 것 같았던 민간인 문제는, 정전협정의 제59조의 실향사민 조항을 넣는 것에 양측이 동의하면서 타협점을 찾았다. 실향사민의 문제는 이 조항에 의거해 군사정전위원회의 관리 감독을 받는 '실향사민귀환협조위원회'에서 다루기로 하였으며, 협정 체결 직후 속히 개시하는 것으로 되어 있었다. 또한 각방의 사령관은 '적당한 민정당국'의 활동을 통해 각 지역의 사민들에게 이 사실을 책임지고 알려야 했다.

하지만 결과적으로 실향사민의 귀환은 협정에 명시된 대로 이행되지 못했다. 무엇보다 실제 협정의 내용에서 실향의 원인이나 동기에 대한 어떠한 것도 구체적으로 다루지 않고 있어 문제를 해결하기 어려운 부분이 있었다. 또한 실향사민이 고향으로 돌아가는 것에 대한 결정권을 가지고 있었던 남북 정부도 이 문제를 해결하는 것에 관심을 보이지 않았다. 전쟁을 통해 불신만을 키운 각 정부는 돌려보내야 하는 민간인들은 고려하지 않은 채, 돌아올 실향사민에만 관심을 보일 뿐이었다. 이처럼 정전협정으로 고착화된 분단은 남북의 체제경쟁을 가열시켰다. 그 안에서는 상호 이해의 가능성은 희박했고, 결국 한반도에는 수많은 이산가족이 남게 되었다.[18)]

18) 실향사민 문제에 대한 자세한 논의는 김보영, 「휴전협정 제59조 '실향사민' 조항을 통해 본 전시 민간인 납치문제의 쟁점과 귀결」, 『역사와 현실』 87, 2013 참조.

4) 쟁점 4 : 한반도의 평화와 통일

▍한반도 문제의 평화적 해결 위한 조항

조목	항목	각 조항의 주요 내용
4조	60항	한국 문제의 평화적 해결을 보장하기 위하여 쌍방 군사사령관은 쌍방의 관계 각국 정부에 정전협정이 조인되고 효력을 발생한 후 3개월 내에 각기 대표를 파견하여 쌍방의 한 급 높은 정치회의를 소집하고 한국으로부터의 모든 외국군대의 철거 및 한국 문제의 평화적 해결 등 문제들을 협의할 것을 이에 건의한다.
5조	61항	본 정전협정에 대한 수정과 증보는 반드시 적대쌍방사령관들의 상호합의를 거쳐야 한다.

회담의 의제 가운데 군사분계선과 비무장지대 설정, 군사정전위원회와 중립국감시위원회 관련된 논의는 협정의 이행을 감시 감독하여, 전쟁의 재발을 막는 것에 초점이 맞추어져 있었다. 그렇지만, 4조 60항의 내용은 군사적으로 체결되었던 정전협정을 보완해서 한반도의 전쟁재발을 넘어서서 통일을 지향한다는 점에서 분명한 차이가 있었다. 남북한의 입장에서는 한반도의 영구적 평화가 가장 중요한 문제였다. 그렇지만, 정치회담과 관련된 조항은 공산군과 유엔군에게는 중요한 문제로 다루어지지 않았다. 어느 한쪽이 양보하지 않는 이상 실질적인 효력을 발휘하기 힘들었기 때문이다. 실제로 정치회담을 위한 예비회담이 1953년 10월 26일부터 판문점에서 개최되었지만, 본회담 참가국과 장소 문제 대해서 합의가 이루어지지 않아, 예비회담은 12월 12일 무기한 휴회되었다.

이후 한반도 문제는 제네바의 회담을 통해서 국제무대에 등장한다. 한반도 문제를 제네바 회담에서 논의하는 방안은 1954년 독일과 오스트리아의 문제를 논의하기 위해 베를린에서 모인 미국, 영국, 프랑스, 소련 외상회의에서 결정되었다. 문제는 여기에서부터 시작된다. 6·25전쟁은 한반도 안에서 일어난 전쟁이었지만, 사실상 미국과 중국이 정면 충돌했던 정치대결의 장이었고, 두 나라의 경쟁은 미국의 아시아 정책,

그리고 더 나아가서는 소련을 상대하고 있는 유럽의 외교 정책에도 영향을 끼치고 있었다. 제네바 회담의 가장 핵심적인 목표 역시 강대국들의 권력 균형을 맞추는 것이었다. 회담에 참여한 주체들은 각자 서로 물의를 빚지 않는 수준에서 논의를 진행시켰다.[19] 한반도 평화문제의 당사자인 남한과 북한의 의견차이도 상당히 컸다. 북한의 경우 정전협정을 평화협정으로 전환하는 것에 상당히 적극적이었던 반면, 남한의 경우는 회담에 소극적이었다. 오히려 남한은 한미상호방위조약을 체결한 미국과의 회담에서 새로운 평화를 구상하고자 했다.[20] 결국 제네바에서의 한반도 문제 논의는 50일간의 이어졌지만, 어떤 합의도 이루어내지 못했다.

4. 정전협정은 무엇을 남겼는가?

정전협정에는 전쟁이라는 용어가 사용되지 않았다. 대신 '충돌'이라는 용어가 사용되었다. 6·25전쟁을 한반도라는 작은 땅덩어리 안에서 일어난 내전으로 규정한 것이다. 하지만 당시 세계는 이 전쟁을 일개 군소 국가에서 벌어진 내전으로 인식하고 있지 않았다. 유럽대륙, 동남아시아, 남미, 아프리카 등 세계 곳곳의 16개 국가가 유엔군의 이름으로 전투에 직접 참여했고, 중국에서도 공산군을 대표하여 수십만의 젊은이들을 한국의 전쟁터로 몰아넣었다.

정전회담은 이러한 6·25전쟁의 성격을 고스란히 반영하면서 진행되었다. 정전회담에서 주요한 주체는 유엔군사령관으로 불리는 미국장성

19) 세계 냉전 질서 속에서 뜨거운 열전의 지대로 남게 되었던 한국의 문제는 김학재, 「동아시아 냉전의 세 가지 평화 모델」, 『역사비평』, 105, 2013를 참조.

20) 제네바 회담에 대한 남북의 입장 차이는 이신철, 「1952년 제네바 정치회담시기 남북의 통일론」, 『사림』 25, 2006 참조.

as well as the required material and equipment, for exercising the functions provided for in the Terms of Reference for Neutral Nations Repatriation Commission shall be specifically authorized by the Military Armistice Commission to have the complete freedom of movement to, from, and within the above-mentioned areas designated respectively by both sides for the custody of prisoners of war. 0068

4. The provisions of Sub-paragraph 3c of this agreement shall not be construed as derogating from the privileges enjoyed by those personnel mentioned above under Paragraph 11, Article I of the Armistice Agreement.

5. This Agreement shall be abrogated upon the completion of the mission provided for in the Terms of Reference for Neutral Nations Repatriation Commission.

Done at Panmunjom, Korea, at 1000 hours on the 27th day of JULY, 1953, in English, Korean, and Chinese, all texts being equally authentic.

김일성	彭德懷	Mark W. Clark
KIM IL SUNG Marshal, Democratic People's Republic of Korea Supreme Commander, Korean People's Army	PENG TEH-HUAI Commander, Chinese People's Volunteers	MARK W. CLARK General, United States Army Commander-in-Chief, United Nations Command

PRESENT

남일	W K Harrison
NAM IL General, Korean People's Army Senior Delegate, Delegation of the Korean People's Army and the Chinese People's Volunteers	WILLIAM K. HARRISON, JR. Lieutenant General, United States Army Senior Delegate, United Nations Command Delegation

(3)

86

1540

1953년 7월 27일 판문점에서 조인된 정전협정 원문의 마지막 장이다. 전쟁에 참여한 유엔군과 중공군, 북한군 사령관들의 서명이 남겨져 있다. 이 서면은 각 국의 군사 사령관들에 의한 협약이었다는 것을 상징적으로 보여주고 있다. 하지만, 실제 정전회담은 세계 냉전적인 질서 속에서 강대국들의 정치적, 이념적 대립 속에서 진행되었다. 남한의 경우 미군에 작전권을 이양함으로써, 전쟁의 직접 당사국임에도 불구하고, 회담에서의 주도권을 가질 수조차 없었고, 정전협정의 서명국에서도 배제되었다. 이것은 결국 현재 불안정한 정전체제와 한국의 애매한 지위를 형성하는 기원이 되었다. (출처 : 국가기록원, 관리번호 CA0005972)

이었고, 소련과의 합의 속에서 전쟁을 진행했던 중국군 사령관, 그리고 북한군 사령관이었다. 이들은 6·25전쟁의 중지를 합의한다는 명분 아래 회담을 시작했다. 그렇지만, 회담 기간 중 군사행위를 계속할 수 있다는 사안에 동의하고, 협정 조인 시까지의 군사접촉선을 분계선으로 설정한다고 규정하면서, 실제로는 더 지리멸렬한 전투를 조장하는 결과를 초래했다. 회담장은 미소의 정치적 대립의 장으로 변질되었고, 남북은 서로에 대한 적대감을 키웠다.

정전협정은 25개월이란 긴 시간을 소모한 끝에 체결되었다. 그렇지만, 정전협정을 이행하는 과정에서 잦은 마찰이 빚어졌고, 한국의 평화체제는 점차 요원해 졌다. 정전협정은 현재 형해화되었다. 군사정전위원회와 중립국감시위원회는 그 기능을 잃었고, 비무장지대는 점차 최신식 무기의 전시장이 되었다. 남북은 군사분계선을 중간에 두고 대치 중이며, 크고 작은 전투를 벌인다. 전쟁으로 인해 삶의 터전에서 밀려난

민간인들은 고향으로 돌아갈 수 없는 현실 받아들이도록 강요받아야 했다. 정전협정의 결과물로 유일하게 현재까지 남아 있는 군사분계선은 지리적 공간만이 아니라, 사람들의 삶에도 그어진 채 그대로 유지되고 있다.[21)]

21) 최근에는 탈냉전적인 동북아 다자간 안보협력을 통한 한반도 평화체제 구축에 대한 논의도 제기되고 있다. 장용석, 「한반도 평화체제와 평화협정」, 『통일문제연구』 22-1, 2010; 김연철, 「동아시아 질서와 한반도 평화체제 전망」, 『경제와 사회』 99, 2013 참조.

【참고문헌】

〈단행본〉

국방부 군사편찬연구소 역, 『중국군의 한국전쟁사』 3권, 2005.

국방부 군사편찬연구소, 『한국전쟁 휴전사』, 1989.

국방부 군사편찬연구소, 『한국전쟁』 하, 1997.

김태우, 『폭격 : 미공군의 공중폭격 기록으로 읽는 한국전쟁』, 창비, 2013.

김학재, 『판문점 체제의 기원 : 한국전쟁과 자유주의 평화기획』, 후마니타스, 2015.

류상영, 「휴전협정의 성립과정과 성격」, 『한국전쟁의 이해』, 역사비평사, 1990.

조성훈, 『정전협정』, 살림, 2014.

한국역사연구회, 『역사학의 시선으로 읽는 한국전쟁』, 휴머니스트, 2010.

沈志華, 『마오쩌뚱 스탈린과 조선전쟁』, 선인, 2010.

〈논문〉

김명섭, 「한국군은 6 · 25전쟁 정전협정의 당사자인가?」, 『국방연구』 36-3, 2013.

김보영, 「정전협정과 전쟁의 유산」, 『역사와 현실』 88, 2013.

김보영, 「한국전쟁 시기 이승만의 반공포로석방과 한미교섭」, 『이화사학연구』 38, 2009.

김보영, 「한국전쟁 휴전회담시 해상분계선 협상과 서해 북방한계선」, 『사학연구』 106, 2012.

김보영, 「휴전협정 제59조 '실향사민' 조항을 통해 본 전시 민간인 납치문제의 쟁점과 귀결」, 『역사와 현실』 87, 2013.

김보영, 『한국전쟁 휴전회담 연구』, 한양대학교 사학과 박사학위논문, 2008.

김연철, 「동아시아 질서와 한반도 평화체제 전망」, 『경제와 사회』 99, 2013.

김학재, 「동아시아 냉전의 세 가지 평화 모델」, 『역사비평』 105, 2013.

리영희, 「"북방한계선"은 합법적 군사분계선인가?」, 『통일시론』 3, 1999.

박광득, 「정전협정(1953)의 주요내용과 쟁점분석」, 『통일전략』 12-2, 2014.

박영실, 「정전회담을 둘러싼 북한, 중국 갈등과 소련의 역할」, 『현대북한연구』 14-3, 2011.

박태균, 「1950년대 미국의 정전협정 일부조항 무효선언과 그 의미」, 『역사비평』 63, 2005.

박태균, 「작동하지 않는 정전협정, 그리고 천안함」, 『역사와 현실』 76, 2010

박태균, 「정전협정인가 휴전협정인가」, 『역사비평』 73, 2005.

이상면, 「한국전쟁과 휴전 당사자 문제」, 『국제법학회논총』 108, 2007.

이신철, 「1952년 제네바 정치회담시기 남북의 통일론」, 『사림』 25, 2006.

장용석, 「한반도 평화체제와 평화협정」, 『통일문제연구』 22-1, 2010.

조성훈, 「한국전쟁 중 공산측의 유엔군 포로정책에 대한 연구」, 『한국근현대사연구』 6, 1997.

조성훈, 『미국자료를 통해 본 휴전협상의 지연요인 연구 : 포로문제를 중심으로」, 『정신문화연구원』 51, 2000.

Bruce Cumings, 「핵 그림자에 덮인 한국의 정전체제 : 전쟁도 평화도 아닌 60년」, 『창작과 비평』 41-4, 2013.

03_ 한미 군사 동맹의 제도화
: '한미상호방위조약'

이주봉

1. 한미상호방위조약 체결 과정

이승만 정부는 정부 수립 직후부터 지속적으로 미국을 중심으로 하는 안전보장체제의 구축을 원했다. 1949년 북대서양조약기구(NATO, North Atlantic Treaty Organization)가 결성되자 이승만은 필리핀의 키리노(Elpidio R. Quirino), 대만의 장제스(蔣介石)와 함께 미국 주도의 태평양동맹 결성을 주창했다. 특히 1949년 주한미군의 철수와 맞물려 안전보장의 필요성을 체감하고 미국에 ① 북대서양조약기구와 같은 동맹의 태평양조약 설치, ② 한국과 미국 간의 또는 기타 국가도 포함하는 상호방위협정, ③ 공산주의 침략에 대해 한국을 방위한다는 서약을 미국이 공개적으로 선언할 것 중 하나를 선택할 것을 요구했다.[1] 그러나 미국은 먼저 일본을 중심으로 하는 아시아의 경제적 지역통합을 계획하고, 단계적으로 집단안보체제를 결성하려는 구상을 지니고 있었다. 따라서 한국 등 아시아 국가들의 요구는 수용되지 않았다.

이승만 정부의 안전보장체제 구축에 대한 요구는 '6·25 한반도 통일전

1) 「한국방위서약요구」, 『동아일보』, 1949.5.18.

쟁' 도중에 다시 등장했다. 개전으로 미국은 일본 중심의 지역통합전략을 더욱 구체화했다. 미국은 일본의 재건을 위해 전쟁 배상의 대폭적인 축소와 함께 조기 대일강화를 추진해서 1951년 9월 8일 대일강화조약을 체결하고 동시에 '미국과 일본 간의 상호 협력 및 안전 보장 조약'(이하 미일상호안전보장조약, 1952.4.28 발효)을 맺었다. 이러한 미국의 대일정책에 대해 일본을 위협적인 존재로 여긴 아시아·태평양의 각 국가들은 태평양 지역에서 일어날 충돌에 대비해 미국이 대일강화조약과 함께 자신들과 집단안전보장조약을 체결할 것을 요구했다. 이에 미국은 필리핀과 '미비상호방위조약'(1952.8.27 발효)을, '오스트레일리아·뉴질랜드와 태평양안전보장조약'(이하 ANZUS : Australia, New Zealand, the United States of America Security Treaty, 1952.4.29 발효)을 체결했다.

미국과 아시아·태평양 각국이 안전보장조약을 체결하자 이승만 정부도 미일상호안전보장조약과 미비상호방위조약의 전례를 검토하고 남한의 실질적인 안전보장을 약속해줄 미국과의 방위조약 체결을 적극적으로 추진하고자 했다.[2] 특히 미국의 전쟁정책이 변화하자 이승만은 상호방위조약 체결을 본격적으로 요구하기 시작했다.

미국은 한반도의 전선이 고착화되자 군사적인 방법이 아닌 적절한 정전조항 아래 전쟁을 마무리 짓는 '정치적 해결'을 결정했다.[3] 하지만 이승만은 미국의 정전을 통한 종전정책이 오히려 한반도의 분단을 고착화시킬 것이고, 통일된 한반도 건설을 보장해주는 대안만이 한국정부가 받아들일 수 있다는 것을 미국에게 주장했다. 또한 자신의 의지가 관철되지 않으면 무력을 이용해서라도 한반도의 통일을 이루겠다고 말했다. 그러나 이승만의 요구는 미국의 정책에 아무런 영향을 미치지 못했고, 1951년 7월 15일 정전회담이 개성에서 시작되었다.

2) 「한·미 간의 상호방위조약」, J-0001, 외교부 외교사료관.

3) "Memorandum Containing the Sections Dealing with Korea from NSC 48/5", 1951.5.17., FRUS 1951 Vol.7, pp.439~440.

정전회담이 진행되고 있음에도 이승만은 북진 무력통일론을 지속적으로 주장했고, 다른 한편 정전회담에 협력하는 조건으로 한미 간의 상호방위조약 체결을 미국에게 요구했다. 이승만은 1952년 3월 초 트루먼(Harry S. Truman) 대통령이 정전협정에 한국의 협력을 촉구한 서신에 대한 답신과[4] 동년 12월 3일 서울에 도착한 아이젠하워(Dwight D. Eisenhower) 미국 대통령 당선자에게 보낸 비망록에서 상호방위조약 체결을 요구했다. 이승만의 이와 같은 요구는 1953년에도 지속되어 브릭스(Ellis O. Briggs) 주한미국대사와 마크 클라크(Mark W. Clark) 유엔군사령관에게 여러 차례에 걸쳐 미군이 한국으로부터 철수하기 전에 상호방위조약은 반드시 체결되어야만 한다는 입장을 피력했다.

그러나 미국은 남한과 입장이 달랐다. 아이젠하워는 당장 상호방위조약을 체결할 경우 ① 유엔군으로 참전하고 있는 국가들의 군사적 참여가 축소되고, ② 한반도의 일정지역에 대한 공산주의자들의 지배를 법적으로 인정하게 되며, ③ 정전반대와 한국군의 작전지휘권 회수 위협이라는 남한의 태도는 미국민과 의회의 지지를 받기 어렵게 만든다는 등의 현실적인 어려움이 있다고 밝히며 반대의사를 명확히 했다. 한편으로는 남한에 대한 공산주의자들의 재침입을 사전에 억제하고 남한의 안보를 보장하기 위한 방안으로 공산 측에 대한 대제재(對制裁)선언을 공표하고, 한국군을 1개 해병여단이 포함된 20개 사단 규모로 증강하는 군사적 지원을 제의했다.

이승만은 대제재선언과 같은 수사적 약속보다는 정전 후 남한에 대한 더욱 확실한 안전보장책을 마련할 것을 미국에 지속적으로 요구했다. 그리고 이를 이루기 위해 정전협정 반대와 북진 무력통일에 대한 자신의 주장을 계속했다. 그러자 미국은 이승만을 정전회담의 걸림돌로 인식했다. 이에 1953년 5월 29일 국무부－합참 공동회의에서는 미국이 이승만을 감금하고 한국에 군정을 선포하는 '에버레디 계획'(Ever-ready Plan)[5]을 논의했지만

---

4) "The President of the Republic of Korea (Rhee) to President Truman", 1952.3.21,, FRUS 1952-1954 Vol.15, p.115.

결론을 내리지 못했다. 다만 ① 남한정부와 상호방위조약 체결문제, ② 남한정부 전복 문제, ③ 남한에서의 미군 철수 등 3가지 안건을 정리해서 보고할 것을 결정했다. 아이젠하워는 이승만 제거라는 극단적인 방법 대신에 이승만이 정전회담에 확실히 협조하고 단독 군사행동을 하지 않는다는 것을 약속한다는 전제로, 모든 평화적 방법에 의한 한반도의 통일 지원, 종전 조인 후 한미 간 상호방위조약 체결, 경제원조 제공 등 그동안 이승만 정부가 요구한 정전동의 조건의 대부분을 수락했다.

이와 함께 1953년 6월 8일 유엔군 측과 공산 측이 '포로교환 잠정협정'을 조인함으로써 정전회담 기간 중 최대 쟁점이었던 포로문제가 타결되었고, 이로써 정전의 성립은 시간문제가 되는 듯했다. 그러나 이승만은 6월 18일 반공포로를 석방하며 미국의 정전회담 추진에 강하게 반발했다. 또한 6월 19일 한국정부는 정전수락을 조건으로 상호방위조약을 체결하자는 미국의 제안을 거절하는 서한을 공표했다.

이에 따라 이미 합의된 정전협정의 조인은 다시 연기되지 않을 수 없었다. 반공포로 석방 직후 미국 행정부에서는 또 다시 이승만 제거 논의가 있었으나, 결국 이들은 국무부 극동담당차관보 로버트슨(Walter S. Robertson)을 파견해서 이승만과 정전에 관한 한국의 양보와 방위조약 체결 및 그 내용에 대한 협상을 시작하기로 결정했다. 1953년 6월 26일부터 약 2주간에 걸쳐 이승만과 로버트슨 미 국무차관보 간의 회담이 이루어졌다. 이 회담에서는 한미 상호방위조약의 초안이 교환되었으며, 조약의 조문내용과 체결시기, 대한경제 · 군사원조, 제네바정치회담, 이승만 정부의 정전승인, 한국군의 작전통제권 등의 문제가 논의되었다.

이승만은 ① 한국군을 30개 사단으로 증강, ② 정전 전 방위조약 체결, ③ 정전 후 정치회담은 90일로 한정하고 회담이 성과 없이 끝나면 미국은

[5] 미국은 부산정치파동부터 1954년 한미합의의사록 공식 조인까지 여러 차례 이승만 제거계획을 논의했었다. 이에 대해서는 홍석률, 「한국전쟁 직후 미국의 이승만 제거계획」, 『역사비평』 26, 1994 참조.

다른 나라들과 협의 없이 자동적으로 전쟁을 다시 시작해야 한다고 요구했다. 이에 반해 미국은 ① 정전 이후 한미 간 방위조약을 체결, ② 한국 복구를 위한 장기간의 경제 원조를 제공, ③ 한국군의 전력을 육군 20개 사단으로 증편하며, 해군과 공군의 장비 지원, ④ 정전협정에 따라 공산 측과 진행할 정치회담에서 90일이 지나도록 별 진전이 없을 경우 한미 양국은 이 회담과는 별도로 한국 통일방안 협의 등을 정전조건으로 제시했다.[6] 그리고 한국군의 작전지휘권을 정전 이후에도 계속 유엔군사령부 밑에 남겨둘 것을 요구했다. 그러나 이승만은 미국의 요구에 좀처럼 타협할 기미를 보이지 않았다. 그러자 미국은 미군 철수, 한국에 대한 보급품과 장비 인도의 지연, 한국군 증강계획의 지연 등을 들어 이승만을 압박했다. 결국 7월 9일 이승만은 '유엔군이 한국의 이익에 배치되는 행동을 하지 않는 한 한국군을 그 휘하에 남겨둘 것'이고, '정전에 서명은 않겠지만 그것을 방해하지도 않을 것'이며, 정전 이후 상호방위조약을 체결하는 것에 동의하겠다는 입장을 밝혔다.[7] 이에 7월 11일 이승만과 로버트슨은 정전 후 상호방위조약을 체결하였으며, 이승만 정부가 정전협정을 수용한다는 내용의 공동성명서를 발표함으로써 회담은 종결되었다. 이후 변영태(卞榮泰) 외무장관과 덜레스(John F. Dulles) 미 국무장관이 1953년 8월 8일

1953년 8월 8일 서울에서 한미상호방위조약 가조인식 행사 후 대화하는 이승만 대통령과 덜레스 국무장관 (출처 : 국가기록원, 관리번호 CET0024505)

6) "The Assistant Secretary of State for Far Eastern Affairs (Robertson) to the Department of State", 1953. 6.27., FRUS 1952-1954 Vol.15, pp.1279~1280.

7) "The President of the Republic of Korea (Rhee) to the Assistant Secretary of State for Far Eastern Affairs (Robertson)", 1953.7.9, FRUS 1952-1954 Vol.15, pp.1357~1359.

서울에서 상호방위조약에 가조인했으며, 10월 1일 워싱턴에서 이 조약에 공식적으로 조인했다. 그리고 양국 국회는 각기 1954년 1월 15일(한국)과 26일(미국)에 상호방위조약을 비준했다. 그러나 한미상호방위조약의 효력이 시작된 것은 양국 간의 비준서 교환이 이루어진 1954년 11월 17일이었다.

2. 한미 상호방위조약 비준서 교환 지연과 한미 합의의사록 체결 과정

이승만과 덜레스는 8월 8일 공동성명을 통해 "한미상호방위조약이 발효되는 날까지 한국에 있는 양국 군대는 유엔군 사령부에 소속되며, 동 사령부는 정전조항에 의거하여 행동한다"라고 하여 한국군의 작전지휘권 문제를 명백하게 확인했다. 미국은 한미상호방위조약 발효시까지 한국군의 작전지휘권을 자신의 통제하에 묶어둠으로써 이승만의 단독행동을 제어할 실질적인 견제장치를 확보했다. 그럼에도 불구하고 이승만 정부는 계속 '시한부 휴전론'을 피력하며, 무력북진과 단독행동의 가능성을 공공연하게 표방했고, 이 문제는 계속 한미 간의 미해결 쟁점으로 남았다.

1953년 후반기에 들어서면서 아이젠하워 정부는 핵무기 체계에 중점을 두는 새로운 국가안보전략, 뉴룩(New Look)정책[8])을 채택했다. 냉전시기 미국외교의 과제는 공산진영의 팽창을 봉쇄함과 동시에 자본주의 진영 내부 국가들의 독자적 행동을 봉쇄하는 이중봉쇄였다. 아이젠하워 정부는 트루먼 정부의 이중봉쇄 전략을 계승했지만, 트루먼 정부와는 다른 수단을 추구했다. 아이젠하워 정부는 소련의 위협이 급박하고 군사적인 것 뿐만아니라 지속적이며 군비경쟁으로 인한 미국 경제력 쇠퇴의 위협을 포함하는 포괄적인 성격이라고 판단하고, 이에 대한 대처방안으로 뉴룩

8) 아이젠하워 정부의 뉴룩정책에 대해서는 권오신, 「아이젠하워 대외정책의 기조－뉴룩정책과 아이젠하워 독트린」, 『미국사연구』 21, 2005 참조.

정책을 선택했다.

그러나 뉴룩정책은 한미 간의 다양한 쟁점들을 형성했다. 뉴룩의 핵심은 재래식 병력의 감축에 있었는데, 이는 주한미군 감축과 연계되어 있었다. 또한 뉴룩정책에 따른 재정적자의 감축을 위해 미국은 일본이 지역 국가들과의 경제통합을 통해 조속히 경제를 재건하고 미국의 전반적 통제 아래서 지역 방위의 군사적 부담을 떠안기를 요구했다. 특히 한국의 일본경제권으로의 통합은 필수적이었다. 이에 반해 이승만은 일본 중심의 경제통합이나 일본의 재무장 모두 용납할 수 없었다.

또한 뉴룩정책에 따르면 이승만의 북진 무력통일론은 수용할 수 없는 방안이었다. 미국이 한반도에서 설정하고 있는 이중봉쇄는 북한의 남침을 막는 것과 동시에 남한의 북침을 막는 것이었다. 특히 이승만의 북진 무력통일은 중국의 참전은 물론 소련과의 핵전쟁 위협을 감수하는 것으로 뉴룩정책에서는 수용할 수 없었다. 따라서 미국으로서는 이승만의 독자행동을 봉쇄할 방안을 마련해야 했다. 1953년 10월 29일 국가안전보장회의(NSC, National Security Council)에서 이승만에 대한 경고 수단을 논의했다. 그 결과 리처드 닉슨(Richard M. Nixon) 부통령이 아이젠하워의 친서를 이승만에게 전달하고 북진을 포기한다는 서면 확약을 받아내기로 결정했다. 이에 닉슨은 11월 12일 한국을 방문해서 미국 국회에서 상호방위조약의 비준을 받으려면 일방적인 군사행동을 하지 않겠다는 이승만의 확약이 필요하다는 내용의 아이젠하워의 친서를 전달했다. 이에 이승만은 닉슨에게 어떠한 일방적인 행동을 취할 경우 사전에 아이젠하워에게 통고해주겠다고 약속하고, 11월 18일에는 비공식적으로 위의 내용을 담은 서한을 아이젠하워에게 보냈다.

그러나 한미관계는 1953년 12월 주한 미군 2개 사단의 조기 철수계획이 발표되자 다시 위기를 맞게 된다. 여기에 더해서 정치회담 개최를 위한 판문점 예비회담이 결렬되자 이승만은 종전의 자신의 주장을 되풀이하기 시작했다. 1954년 1월 양국 의회의 상호방위조약 비준 이후 이승만은 다시 북진과 반일, 그리고 주한미군의 감축은 물론 일본의 재무장에 따른 안보환경의 변화를 이유로 한국군의 대규모 증강을 요구했다.

이 과정에서 1954년 2월 18일 제네바 정치회담의 개최가 발표되자 공산주의자와의 협상은 불필요하며, 불가능하다는 입장하에 북진 무력 통일론을 주장하던 이승만 정부는 참여 여부에 대하여 확답을 하지 않았다. 나아가 이승만은 3·1절 기념사를 통해 강대국들이 한반도의 통일을 지원하지 않고 소모적인 정치회담만을 지속하려 한다고 비판했으며, 미국의 대한원조 정책 등을 포괄적으로 비난했다. 또한 이승만은 3월 11일 아이젠하워에게 공산군에 대한 공격의 재개 또는 한국군의 증강 중 양자택일을 요구하는 서한을 보냈다.

이에 대한 항의와 경고로 3월 16일 미 국무부는 워싱턴의 주미 한국대사관 한표욱(韓豹頊) 영사에게 비준서 교환의 연기를 일방적으로 통보했다. 이를 통해 미국은 한국군의 단독 행동을 제어할 수 있는 가장 중요한 현실적 수단인 작전지휘권을 유지할 수 있었다. 한편 아이젠하워는 이승만에게 보낸 편지를 통해 남한의 단독 북진발언에 대해 경고하였다. 이와 더불어 한미 당국자 간에 한국군의 증강과 관련한 계획이 검토 중에 있으며, 미국이 한국군 20개 사단의 현대화를 위해 준비하고 있음을 밝혔다. 즉 아이젠하워는 이 서한을 통해 이승만을 압박함과 동시에 설득하려고 했다. 그리고 4월 16일 이승만에게 부분적으로 한국군 증강을 수용하는 서한을 보냈다. 이승만은 이를 수락하고 제네바 정치회담 개최 일주일 전인 4월 19일, 회담 참여에 동의했다.

1954년 6월 제네바 정치회담이 아무런 성과 없이 종결되자 미국은 이승만에게 정식으로 방미 초청을 했다. 당시 한미 간에는 한반도 통일문제를 비롯하여, 한국군 증강 규모 문제, 전후 남한의 재건을 위한 경제문제, 한일관계 개선 등 산적한 현안을 갖고 있었다. 미국은 이승만을 미국으로 초청하여 이러한 제반 문제들을 명확히 종결짓고자 했다. 이승만은 이미 미국정부로부터 여러 차례 방미해 달라는 요청을 받고 있었지만 이를 계속 거절해 오고 있었다. 이승만은 방미의 조건으로 미국이 다시 전쟁을 시작하는 것에 합의하든지, 아니면 한국군 증강을 약속한 4월 16일의 아이젠하워 서한을 수행해달라고 요청했다. 그러나 미국은 이를 단호히 거절했다. 결국 이승만은 7월 10일 이를 포기하고 방미 초청을 받아들였고, 7월 26일부터 30일까지 미국에서 한미 정상회담이 개최되었다.

이승만은 7월 27일 개최된 제1차 한미 정상회담에서부터 북진 무력통일 주장을 강하게 주장했다. 이에 대해 아이젠하워와 덜레스는 미국은 분단국의 통일을 원하지만 아무도 미국을 통일을 위한 전쟁에 끌어들일 수 없을 것이라는 입장을 명확히 피력했다. 그럼에도 불구하고 이승만은 회담기간 내내 미국에서 정전협정 무효와 북진 무력 통일론을 주장했다. 반면 아이젠하워는 한반도 문제의 평화적 해결과 미국의 구상을 이승만에게 투영하고자 했다. 덜레스는 일본이 참여하는 태평양·아시아조약기구를 제시했고, 아이젠하워는 일본과의 국교정상화를 제안했다. 나아가 미국은 막후에서 진행된 실무자협의를 통해 한국군 증강 방안과 경제적·군사적 지원과 관련한 대강을 정리한 한미합의의사록의[9] 초안을[10] 이승만 정부에 제시하고 심의를 요구했다.

이승만은 미국의 이러한 요구를 단호히 거부했다. 결국 한미 정상회담은 한미합의의사록의 세부사항에 대한 합의를 양측 실무진에게 맡겨 놓은 채 막을 내렸다. 한미 정상회담을 통해 얻은 성과는 남한에 대한 군사적, 경제적 지원의 지속과 평화적 통일의 달성을 위한 공동의 노력을 계속할 것이라는 형식적인 공동성명서를 작성하는 것뿐이었다.

이승만은 남한으로 돌아와서도 북진 무력 통일 주장을 지속했다. 1954년

9) 한미합의의사록의 정식명칭은 "Agreed Minute Between the Governments of the United States and the Republic of Korea Based on the Conferences Held Between President Eisenhower and President Rhee and Their Advisers in Washington, July 27-30, 1954 and Subsequent Discussions in Washington Between Representatives of the Two Governments" 이다.

10) "United States Summary Minutes of the Fourth Meeting of United States Republic of Korea Talks", 1954.6.30., FRUS 1952-1954 Vol.15, pp.1859~1860.

8 · 15기념사를 통해서 유엔군이 한국군의 단독행동을 허락해줄 것을 주장했고, 국회도 이에 호응하여 '중립국 감시단 즉시 해체에 관한 결의안'을 만장일치로 채택했다. 또한 10월 22일에는 일방적으로 기존의 합의의사록을 파기한 후 한국 측이 새로 합의의사록의 초안을 작성하여 미국에 전달했다. 이 초안은 10~15개 사단의 한국군을 추가로 증강해 달라는 것으로, 제네바 정치회담 참가 당시 이승만의 주장을 전제하여 작전지휘권을 유엔군사령관 휘하에 두는 것에 동의, 전쟁기간에 체결된 한미 간의 모든 협정과 합의 각서의 취소 요청 등의 내용을 담고 있었다.[11)]

미국은 10월 28일 이승만에게 합의의사록에 서명하지 않으면 경제 · 군사원조를 중단하겠다는 압력을 가했다. 결국 이승만은 입장을 바꾸어 합의의사록의 미국 초안 중 4항 "정전협정을 위반하여"라는 구절과 "모든 평화적 수단에 의해 한국의 통일을 지원한다"는 5항 전체를 삭제하면 의사록을 조인하겠다고 통보했다.[12)] 결국 11월 17일 양국은 한미합의의사록에 정식 조인했다. 그리고 같은 날 워싱턴에서 상호방위조약의 비준서의 상호교환도 이루어졌다.

조인된 한미합의의사록은 본문과 경제문제의 시행세칙을 다룬 '부록 A', 구체적인 한국군 증강 규모를 확정한 '부록B'로 구성되었다. 본문은 한국의 의사와 정책을 규정하고 있으며, 그 1조에서 한국의 통일노력에 있어 미국과 협조할 것과 2조에서 유엔군이 남한의 방위를 책임지는 한에 있어 한국군에 대한 작전통제권을 유엔군사령부가 보유한다는 것을 규정하고 있다. 이는 남한의 독자적인 군사적 행동가능성을 원천적으로 봉쇄하는 것이었다. 합의의사록 부록 A는 경제원조와 관련한 내용을 규정했고, 부록 B에는 총 30개 사단의 한국군에 대한 유지와 지원을 중심내용으로 하고 있었다. 이 부록들에 의해 미국은 1955년도 회계연도에 남한에 4억2천만 달러의 군

11) "The Ambassador in Korea (Briggs) to the Department of State", 1954.10.22, FRUS 1952-1954 Vol.15, pp.1902~1905.

12) "The Ambassador in Korea (Briggs) to the Department of State", 1954.11.14, FRUS 1952-1954 Vol.15, pp.1917~1918.

사원조와 2억8천만 달러의 경제원조를 제공함과 동시에, 그 부록 B의 군사원조계획에 따라 남한은 육군 661,000명, 해군 15,000명, 해병대 27,500명, 공군 16,500명으로 구성되는 총 720,000명의 군대와 79척의 군함, 제트전투기, 훈련기, 수송기 등 약 100대 이상의 공군 전력을 유지할 수 있게 되었다.

3. 한미상호방위조약 원문분석

한미상호방위조약은 전문(前門)과 본문 6개조, 그리고 미국의 양해사항으로 이루어져 있는데, 아래에서는 미국이 타국과 맺은 양자/다자 방위조약들과 비교를 통해서 한미상호방위조약이 지니는 특징을 분석하고자 한다.[13]

전문에는 동 조약이 태평양지역의 평화와 안전을 유지하기 위해서 체결됨을 밝히고 있는데, 이는 ANZUS나 필리핀, 대만과의 방위조약에도 그대로 적용되고 있다. 그러나 '극동의 국제적 평화와 안전유지'라고 하여 지리적 범주를 분명히 하고 있는 미일상호안전보장조약, '북대서양지역의 안정과 복지의 조장'이라고 밝히고 있는 북대서양조약기구와 차이가 있다.

제1조에는 분쟁을 평화적으로 해결하고 유엔헌장의 목적과 의무를 존중할 것임을 명시하고 있다. 이는 북대서양조약기구, ANZUS, 일본, 필리핀, 대만 모두 유사하다.

제2조는 조약의 적용 기준인데, "외부로부터의 무력침공에 의하여 위협을 받고 있다고 어느 당사국이든지 인정할 때"라는 다소 모호한 규정으로 되어 있다. 일본, 필리핀, 대만, ANZUS에서는 자국/태평양지역에 대한 무력 공격 시 공통의 위협에 대처하고 그때 취한 조치를 유엔 안전보장이사

13) 미국이 북대서양조약기구, 일본, 대만, 필리핀, 호주 · 뉴질랜드와 맺은 조약은 국가안전보장회의 사무국 정책기획실, 『안보관계자료집』, 대한공론사, 1970에 게재된 원문을 참조로 했다.

회에 보고하도록 되어 있음에 반해 동 조약에는 이러한 절차가 포함되어 있지 않아 자의적으로 해석할 여지를 남겨 두었다.

제3조는 조약의 적용 범위와 절차에 대해 규정되어 있다. 이는 한미상호방위조약을 논의하는 단계부터 체결 이후까지 지속적으로 한미 간의 이견이 제시되었던 조항이다. 먼저 조약이 적용되는 남한의 영역에 대하여 "타당사국의 행정 지배하에 있는 영토"라는 표현을 통하여 휴전선 이남으로 한정하고, "타당사국의 행정지배하에 합법적으로 들어갔다고 인정하는 금후의 영토에 있어서"라는 표현을 통해 한반도를 잠정적인 조약의 적용범위로 포함하고 있다. 이는 아래 〈표 1〉과 같이 명시되어 있는 다른 조약들의 영역과는 일정한 차이를 보이고 있는데, 한미상호방위조약 체결 당시의 특수한 사정에서 기인한 것이다.

이승만 정부는 한미상호방위조약 체결 과정에서 미국에 제시한 초안에서 '대한민국의 영토는 한국의 전통적 영역 전체로서 특히 북방에서는 압록강과 두만강을 경계로 함을 확인한다'고 규정했다. 이는 남한에 의한 무력 북진 통일을 합법화하고 이에 대한 미국의 지원을 이끌어내기 위한 의도를 내포한 것이다. 그러나 무력 북진 통일에 동의하지 않는 미국은 한국 측의 안을 거부했고, 최종적으로 미국 측의 초안이 그대로 반영되었다.

▎각 방위조약에 규정된 영역 범위

한미상호방위조약	타 당사국의 행정관리하에 있는 영토, 타 당사국의 행정관리하에 합법적으로 들어갔다고 인정하는 영토에 있어서 타 당사국에 대한 무력공격
ANZUS	어느 체약국의 영토 또는 태평양에 있는 체약국의 도서, 군대, 공동 선박 및 항공기에 대한 무력공격
미일상호안전보장조약	일본국의 안전 또는 극동에 있어서 국제 평화와 안전에 대한 위협
미비상호방위조약(필리핀)	체약국의 본토와 태평양 지역에 있는 관할하의 도서 지역, 또는 그 군대, 공공 선박 혹은 항공기에 대한 무력 공격 포함
미대상호방위조약(대만)	영토와 영역은 대만과 팽호열도–미합중국에 있어서는 그 관할하에 있는 서태평양의 도서

또한 제3조에서는 조약의 적용 절차로 무력공격이 일어났을 때 각 국의 헌법적인 절차에 따라 행동할 것을 명시했다. 이승만 정부는 초안에서 북대서양조약기구와 같은 '자동개입'조항을 포함시키고 이를 관철시키려 했다. 왜냐하면 이 조항은 '헌법적인 절차'의 과정에서 허가되지 않는다면 개입하지 않는다는 것을 의미하기 때문이다. 이후 박정희 정부도 베트남 전쟁의 전투병 파병을 계기로 한미상호방위조약의 개입규정을 북대서양조약기구 수준으로 끌어올릴 것을 요구하기도 했지만 미국에 의해 수용되지는 않았다. 사실 자동개입은 북대서양조약기구의 예외적인 조항으로 일본, 필리핀, 대만, ANZUS에도 포함되어 있지 않다.

제4조는 미군의 한국 내 주둔을 위한 법적 근거이다. 처음 미국 초안에는 미군 주둔 조항이 존재하지 않았으나 이승만 정부가 요구하여 삽입되었다. 이는 이승만 정부가 원했던 북대서양조약기구의 수준처럼 '자동개입'의 항목의 삽입이 관철되지 않자 정전 후에도 미군의 남한 주둔을 강력히 주장하여 남한 안보를 미국이 일정부분 책임지고 만일에 사태에 남한에 주둔하는 미군이 즉각적으로 개입할 수 있게 하려는 의도로 해석할 수 있다.

또한 4조에서는 미군의 주둔만을 규정하고 있을 뿐 인원, 시설의 배치규모, 철수와 관련해서는 어떠한 언급도 하고 있지 않다. 따라서 미군의 규모나 수준, 부대이동, 작전 참여, 훈련실시 등에 대해서 한국과의 사전협의의 의무가 없으며, 주둔군의 목적도 명시되어 있지 않다. 그렇기 때문에 미국이 주한미군을 감축할 경우 한국과 협의할 어떠한 의무도 없으며, 실제 주한미군의 감축 역시 남한정부와의 사전협의가 아니라 미국 자국의 정책에 따라 일방적으로 결정되었다. 이는 미국 군대의 일본 배치, 장비의 주요한 변경, 일본 국내의 시설과 구역의 기지화는 일본 정부와 사전 협의한다고 명시되어 있는 미일상호안전보장조약과는 큰 차이점이다. 북대서양조약기구와 ANZUS는 미군주둔 조항이 없고, 필리핀의 경우 미비상호방위조약에 미군주둔 조항이 없지만, 별도로 '군사기지협정'을 체결해 놓고 있다. 그리고 미대상호방위조약에는 동 조약과 비슷한 내용의 미군 주둔조항이 포함되어 있다.

제5조는 '각자의 헌법상의 절차에 따라 비준'하고, 비준서가 워싱턴에서 교환되었을 때 효력이 발생한다고 되어 있다. 이는 다른 조약에서도 마찬가지로 적용되고 있다. 다만 교환 장소가 워싱턴이 아니라 마닐라, 타이베이, 도쿄라는 점이 특이하다.

제6조는 조약의 유효기간과 종료에 대해서 규정하고 있다. 한미상호방위조약은 조약의 효력을 무기한으로 명시하고 있다. 미일상호안전보장조약도 1952년 체결할 때는 유효기간이 없는 무한정한 것이었으나, 1960년 개정해면서 10년마다 갱신하는 것으로 변경되었다. 그리고 북대서양조약기구는 20년마다, 필리핀은 25년마다 갱신하는 것으로 변경되었다. ANZUS나 대만의 경우 한국처럼 조약갱신 기간을 무기한으로 하고 있다.

마지막으로 한국 측 문서에는 포함되어 있지 않은 미국의 양해사항이 있다. 이는 미 상원 외교분과위원회에서 통과된 결의안으로 1954년 11월 한미상호방위조약 비준서를 교환할 때 덜레스 장관이 결의안에 서명하면서 효력이 발생되었다. 그 핵심은 남한이 북한에 대해 무력공격을 감행할 경우 공동방위를 제한한다고 덧붙여서 이승만의 북진 무력 통일론에 대한 추가적인 제재를 한 것으로, 조약 체결 당시 미국의 의도를 잘 보여준다.

4. 조약의 향후 귀결과 영향

1954년 11월 17일 한미 간에 한미상호방위조약 비준서가 상호 교환되고, 한미합의의사록에 정식 조인하면서 비극적인 전쟁을 거치며 발생했던 양국의 현안에 대한 이해관계 차이가 일단 봉합되었다. 그리고 이를 통해 한미 군사 동맹은 제도화되었다.

미국은 한미상호방위조약으로 유엔군과는 별개로 미군을 남한에 주둔시킬 수 있는 법적 근거를 마련했고, 합의의사록을 통해서 한국군에 대한 계속적인 지휘권을 확보할 수 있었다. 이로써 미국은 이승만의 북진정책을 견제할 수 있는 제도적 장치를 마련했다. 한편 이승만 정부는 상호방위조약을 통해 자체의 군사력 능력이 부족한 상황에서 국가의 안보를 보장받았고, 이에 대한 구체적인 경제적 · 군사적 지원은 합의의사록을 통해 약속받았다.

이후 한미상호방위조약은 한미연합방위체제의 법적근간으로서 정부 간 또는 군사당국 간의 각종 안보 및 군사훈련 후속 협정들의 기초를 제공해왔다.[14] 특히 유엔군사령부 해체를 위한 북한의 공세가 거세졌을 때, 미국의 대한 방위공약을 이행하기 위한 제도적 장치로 상호방위조약이 활용되었다. 1975년 제30차 유엔총회에서 유엔군사령부 해체 결의안이 통과되자 한미 양국은 한미상호방위조약에 근거해서 1978년 11월 유엔군사령부의 작전통제권을 계승한 새로운 기구로서 한미연합사령부를 창설하여 작전통제권을 이양하도록 했다.

하지만 한미상호방위조약이 체결된 지 60여 년이라는 시간이 흐르며 이에 대한 개정 요구가 분출되기도 했다. 즉, 전 지구적 차원의 냉전체제 해소, 남북관계의 변화, 한미 간 국력의 비대칭성의 개선 등을 이유로 새로운 한미상호방위조약의 체결을 원하는 주장이 제기되고 있다.

14) 대표적인 것으로 한미행정협정이 있다. 통상 한미행정협정 또는 한미 주둔군 지위협정(SOFA)으로 불리는 이 협정의 공식 명칭은 '대한민국과 미합중국 간의 상호방위조약 제4조에 의한 시설과 구역 및 대한민국에서의 합중국 군대의 지위에 관한 협정'이다.

【참고문헌】

〈단행본〉

김일영 · 조성렬, 『주한미군: 역사 쟁점 전망』, 한울아카데미, 2003.

李種元, 『東アジア冷戦と韓美日關係』, 東京大學出版會, 1996.

조성렬, 「한미 상호방위조약과 한미동맹 50년의 평가」, 『한미동맹 50년 : 법적 쟁점과 미래의 전망』, 백산서당, 2004.

최철영, 「한미상호방위조약의 개정요구권」, 『한반도 안보관련 조약의 법적 재조명』, 백산서당, 2004.

〈논문〉

김일수, 「한 · 미 군사동맹의 초기 형성 과정에 관한연구」, 『미국학논집』 35, 2003.

노기영, 「이승만정권의 태평양동맹 추진과 지역안보구상」, 『지역과 역사』 11, 2002.

박태균, 「베트남 파병을 둘러싼 한미 협상 과정 – 미국 문서를 중심으로」, 『역사비평』 74, 2006.

백봉종, 「한 · 미방위조약과 미 · 일 안보조약 비교」, 『한국과 국제정치』 1, 1985.

이성훈, 「한미상호방위조약 체결을 위한 이승만 정부의 협상전략」, 『군사』 77, 2010.

이혜정, 「한미동맹 기원의 재조명」, 『한국정치외교사논총』 26-1, 2004.

장훈각, 「이승만 대통령과 한미동맹 : 동맹의 형성요인에 관한 연구」, 『사회과학논집』 42-1, 2011.

차상철, 「아이젠하워, 이승만, 그리고 1950년대의 한미관계」, 『미국사연구』 13, 2001.

최영순, 「미극동정책 내에서의 한미상호방위조약(1953-1968)」, 『안보연구』 9, 1979.

홍석률, 「이승만 정권의 북진통일론과 냉전외교정책」, 『한국사연구』 85, 1994.

04_ 냉전분단 질서의 재확인
: '제네바 정치회담'

이주봉

1. 제네바 정치회담 개최 결정 과정

1953년 7월 27일 주한 유엔군사령관 클라크(Mark W. Clark)를 일방으로 하고 조선인민군 최고사령관 김일성과 중국인민지원군 펑더화이(彭德懷)를 다른 일방으로 하는 정전협정이 서명되며 한반도에서 전개되었던 비극의 군사적 대결은 일단락되었다. 그런데 정전협정은 '군사적 문제'만을 다루었을 뿐 한반도에 주둔한 외국군 철수와 평화체제 구축 등 '정치적 문제'는 취급하지 않았다. 다만 정전협정 제60항에서[1] 한반도의 정치적 문제를 해결하기 위한 정치회담 개최에 대해 규정했다. 이에 따라 미국, 중국, 북한간의 정치회담 개최를 위한 준비협상이 1953년 8월 7일에 판문점에서 시작되었고, 동시에 제7차 유엔총회에서도 논의되었다.

그러나 정치회담 개최는 그리 쉬운 일이 아니었다. 유엔에서 자본주의와 공산주의 양 진영은 회담 참가국 선정을 놓고 서로 충돌했다. 미국은 회담

1) "한국문제의 평화적 해결을 보장하기 위하여 쌍방 군사사령관은 쌍방의 관계 각국 정부에 정전협정이 조인되고 효력을 발생한 후 3개월 내에 각기 대표를 파견하여 쌍방의 한 급(級) 높은 정치회의를 소집하고 한국으로부터의 모든 외국군대의 철거 및 한국문제의 평화적 해결 등 문제들을 협의할 것을 이에 건의한다."(「휴전협정전문(9)」, 『동아일보』, 1953.8.6)

참가국을 전쟁에 직접적으로 참여한 국가들로 제한한 반면 소련은 참전국과 자신을 포함한 중립국가들(인도, 미얀마, 폴란드, 체코, 멕시코 등)로 회담 참가국을 구성하자는 입장이었다. 미국은 초기에는 소련의 참여에 대해서 부정적이었다. 그러나 소련의 참여 없이는 실질적인 회담으로 진행하기 어렵다는 영국과 영연방국가들의 반발에 직면하자 미국은 소련의 참가를 인정할 수밖에 없었다. 결국 1953년 8월 28일 유엔총회에서는 정전협정 60항에 따른 정치회담의 개최를 환영하는 결의안을 통과시켰다. 동 결의안에는 첫째, 남한과 더불어 유엔군으로 참전한 국가들의 정치회담 참여를 권고하고, 미국은 다른 참전국과 협의한 후 1953년 10월 28일 이전에 회담이 개최되도록 북한·중국과 협의할 것, 둘째, 공산진영이 원한다면 소련의 참가를 권고할 것, 셋째, 유엔사무총장은 제7차 유엔총회에서 제출된 한반도 문제에 관한 제의를 중국과 북한에게 전달하라는 내용이 담겨 있다.[2)]

이에 따라 정치회담 개최를 위한 예비회담이 1953년 10월 26일부터 판문점에서 미국, 중국, 북한 대표들이 참석한 가운데 시작되었다. 그러나 예비회담은 의제에 관한 갈등으로 인해 실질적인 토의는 진전되지 못했다. 중국과 북한은 회담의 내용을 우선시했고 미국은 시기와 장소를 선정하는 데 우선 사항을 두었다. 또한 양측은 참가국 문제를 놓고도 충돌했는데, 특히 소련의 참가 여부를 놓고 첨예한 대립을 보였다. 미국은 참가국 범위를 유엔군 참전국과 남한 그리고 중립국송환위원회 소속 5개 국가로 계획했다. 그리고 소련이 공산진영의 대표성을 갖고 참가할 것을 기대했다. 대중국봉쇄정책을 추진하고 있던 미국으로서는 중국이 대표성을 가지고 국제무대에 등장하는 것을 원하지 않았기 때문이다.

반면에 중국과 북한은 5개 국가(소련, 인도, 파키스탄, 미얀마, 인도네시아)가 중립국 자격으로 참가하여 토론에 참여하지만 회담에서의 협의 결정

2) 국회도서관입법조사국편, 『한국외교관계자료집〈입법참고자료 제193호〉』, 1976, 51~52쪽. 결의안 원문은 유엔홈페이지(http://www.un.org/en/ga/search/view_doc.asp?symbol=A/RES/711(VII)) 참고.

은 정전협정 서명국들의 만장일치로 결정해야 한다고 입장이었다. 이는 한반도 문제와 관련한 공산 측 대표는 자신들이라는 중국의 인식이 반영된 것이었다. 결국 예비회담은 12월 31일 아무런 성과 없이 결렬되었다.

한반도 문제 해결을 위한 정치회담의 개최 문제는 1954년 1월에서 2월 사이에 독일 베를린에서 열린 미국, 영국, 프랑스, 소련 외무장관 회담에서 합의가 도출되었다. 베를린 회담은 사실 유럽 냉전의 핵심인 독일문제를 해결하기 위한 장이었다. 스탈린 사후 소련 지도부는 국제적 긴장을 완화하기 위해 평화공세를 시작했고, 이때 핵심 의제가 바로 독일과의 평화조약 협상 재개였다. 미국은 여기에 완강히 저항했지만, 영국에서부터 미국과 소련의 지도부가 정상회담을 갖고 냉전 종식 논의를 시작하자는 여론이 형성되면서 베를린 회담은 개최되었다.

베를린 회담에서 4개국 외무장관 사이에는 이견이 있었다. 소련은 중국을 제네바 정치회담에 참석시켜 5대 강국 회담으로 만든 뒤, 동아시아의 가능한 한 많은 문제를 다루려는 입장이었다. 영국도 중국을 참석시키자는 소련의 제안에 호의적이었다. 프랑스 역시 중국과의 협상을 통해 호치민(胡志明)에 대한 중국의 지원을 줄일 것을 기대하며 중국의 참여를 반겼다. 하지만 미국은 중국을 5대 강국으로 인정할 수 없다며 반대했다. 미국은 특히 한반도 문제를 제외하고 인도차이나 문제에 중국이 관여하는 것에 강하게 반대했으며, 회의 주체 자체도 좁히자고 주장했다.

결국 초청국가와 초청 받는 국가의 구별을 모호하게 처리하는 방식을 통해 참가국 문제가 해결되었다. 즉, 한반도 문제의 경우 4강대국(미, 소, 영, 프)이 초청을 하는 형식으로 하되, 미국이 유엔군 측의 초청자가 되고, 소련이 중국과 북한을 초청하는 것으로 결정되었다. 중국의 회담 참여 자격을 인정하지 않으려는 미국의 입장과 중국을 국제외교 무대에 등장시키려는 소련의 주장이 타협한 결과였다. 1954년 2월 18일 미국, 영국, 프랑스, 소련 외무장관들은 한반도와 인도차이나 평화를 회복하기 위한 국제적 회의를 제네바에서 4월 26일부터 열기로 합의했다.[3)]

2. 한반도 문제에 대한 회담 참가국들의 입장

제네바 정치회담에 대한 각 국의 회담 전략은 각 자의 대내외 정책과 긴밀한 연관을 지니고 있었다. 먼저 소련은 스탈린(Иосиф В. Сталин) 사망과 흐루시초프(Никúта Сергéевич Хрущёв) 체제의 등장으로 대외정책의 변화가 불가피했다. 소련은 다시 한반도와 같은 대규모 전쟁이 일어날 경우, 국내 정치적으로 스탈린체제의 유산을 정리하고, 국내 경제발전에 집중하기 어렵다고 판단했다. 그래서 소련은 인도차이나의 평화정책을 희망했고, 중국과 미국의 긴장완화의 계기를 마련하고자 했다.

중국이 제네바 정치회담에 사활적으로 참여한 이유는 국내와 국제적 요소로 나눌 수 있다. 중국은 우선적으로 '6 · 25 한반도 통일전쟁' 기간 동안 연기되거나 축소된 국내 경제복구에 집중해야 했는데, 이를 위해서는 대외환경의 안정이 요구되었다. 그래서 중국은 제네바 정치회담을 통해 고립에서 벗어나 국제적 회담에 등장하고자 했다. 이에 따라 중국의 전략적 목표는 '미국, 영국, 프랑스의 인도차이나 문제에 대한 차이를 이용하고, 잠정적이라도 최종합의를 추구하는 것'이었다. 중국은 미국의 대중국 고립정책을 무력화할 필요성이 있었고, 동시에 강대국 간 회담을 통한 국제문제 해결의 선례를 남기고 싶어 했다. 그래서 가능하면 합의에 도달하는 것을 회담 목표로 삼았다. 그렇기 때문에 중국의 정치회담 전략은 성과를 기대하기 어려운 한반도 문제가 아니라, 사활적 이해관계를 가진 인도차이나 문제에 집중한다는 것이었다. 즉, 중국의 입장에서 한반도 문제와 인도차이나 문제의 비중은 달랐다. 중국은 미국이 개입하여 인도차이나에서 새로운 전쟁이 일어나는 것을 막아야 할 필요가 있었다. 그래서 최소한 한반도 문제의 논의 과정에서 서방과의 근본적 입장차이가 부각되는 것을 원하지 않았는데, 이는 회담 자체가 무산되어 인도차이나 문제를 논의할 기회를 잃는 것

---

3) 외무부 정무국, 「1954년 2월 18일 백림회의에서 발표된 4개국 콤뮤니케」, 『한국통일문제 약사와 문헌(1943년-1960년)』, 1961, 124쪽.

을 우려했기 때문이다.

이런 측면에서 제네바 정치회담에 임하는 북한과 일정한 차이를 보였다. 북한은 제네바 회담 전략을 한반도 문제에 국한했지만, 중국은 인도차이나를 포함하는 포괄적 회담 전략을 세울 수밖에 없었다. 또한 중국은 한반도 문제 토론 과정에서 합의를 중시했지만 북한은 정치선전의 장으로 충분히 활용했다.

프랑스는 인도차이나 문제에 깊이 관련되어 있었기에 한반도 문제에 신경을 쓸 겨를이 없었다. 영연방국가들, 특히 영국은 강력한 양극체제로 구축 되어가고 있는 세계정세를 대체할 방식을 찾으려 했다. 결과적으로 보면 회담을 통해서 미국의 지도적 위치를 재확인하는 것이었지만, 미국의 공산권 국가들에 대한 강력한 자세에도 불구하고 영국은 이전부터 항상 기대하고 있었던 중국과의 관계개선을 추진하는 데 절호의 기회를 갖게 되었다. 또한 영국은 통일 한반도를 목표로 하는 '이상안'을 그저 '세계여론용'으로 둔 채로 '차선책', 즉 한반도의 계속적인 분단을 기반으로 평화를 정착시킨다는 방안을 정치회담의 주목표로 삼아야 한다는 대책을 구상하고 있었다.

미국은 제네바 정치회담 당시 공산주의의 팽창 억제를 중요한 전략목표로 유지했다. 아이젠하워(Dwight D. Eisenhower) 정부가 새로운 냉전 전략으로 추진한 뉴룩(New Lock)정책은 재정적자를 축소하고, 균형예산을 추구했다. 따라서 미국은 재정지출을 줄이기 위해서 대외개입을 자제할 수밖에 없었다. 인도차이나에서 프랑스의 쇠퇴가 예상되는 시점에 미국이 개입을 꺼려했던 이유도 이에 기인한 것이었다. 이런 점에서 뉴룩정책은 공산주의의 팽창을 허용해서는 안 된다는 원칙과 공산주의를 봉쇄하는 과정에서 자본주의 경제가 파산되어서는 안 된다는 현실의 결합이었다. 냉전에 대한 현실주의적 이해와 동북아에서 대중봉쇄정책을 추진하던 아이젠하워 정부는 제네바 정치회담에 대한 기대감은 없었다.

공산주의자들과의 협상을 거부하며 무력 북진통일을 주장하던 이승만 정부는 제네바 정치회담의 개최를 강력히 반대했다. 변영태(卞榮泰) 외무부장관은 "무력으로 해결 안 된 것을 정치회의로 해결하겠다는 언어도단"이라며 제네바 정치회담을 거부했다. 더 나아가 그는 "한국은 명일이나 3개월 후나 혹은 여하한 날에도 북진할 의사를 가지고 있다"고 발언했다. 남한의 각종 언론들은 베를린 회담의 폐막으로 제네바 정치회담이 열리게 되었음을 알리면서도,[4] 제네바 정치회담의 참가국에 중국 및 공산 측이 포함된 것에 대해서 불만을 가지며 회담의 성과에 많은 기대를 하지 않고 있었다.[5]

그러나 남한이 제네바 정치회담에 참가하지 않을 경우 회담 자체의 정당성이 위협 받을 수 있는 상황에서 미국은 남한을 회담에 참가시키는 것에 적극적일 수밖에 없었다. 회담 개최 8일 전까지도 회담을 거부하던 남한은 결국 미국과의 협의 과정에서 군 증강에 대한 미국의 원조 약속과 회담 운영에 관한 몇 가지 언질을 받고 참여하기로 했다. 이승만은 제네바 정치회담을 받아들이는 발표문에서도 "만약 회담이 실패할 경우 미국은 공산주의자들과의 협상은 무익하며 위험한 것이라는 점을 깨닫고 한국과 함께 공산주의자들을 한반도에서 내몰 것"을 희망한다고 말하며 회담에 대해 부정적 인식을 끝까지 지니고 있었다.

3. 제네바 정치회담 전개 과정[6]

제네바 정치회담의 한반도 문제 토론에는 남아프리카공화국을 제외한

4) 「백림회담폐막 공동 콤뮤니케」, 『경향신문』,, 1954.2.20.

5) 「성과 전연 기대난」, 『경향신문』, 1954.2.16; 「회담전술에 속지말라」, 『경향신문』, 1954.2.19; 「수부회의 중공포함 개최합의」, 『동아일보』, 1954.2.20; 「수부회의의 문제점」, 『동아일보』, 1954.2.21.

6) 제네바 정치회담에서 참가국들의 주요 발언은 U.S.Department of State, 『The Korean Problems at the Geneva Conference, April 26-June 15, 1954.』, Department of State publication 5609, October 1954, pp.34~193에서 확인할 수 있다. 그리고 한글 번역본은 외무부 정무국, 『한국통일문제 약사와 문헌(1943년-1960년)』, 1961에 들어 있다.

15개 참전국과 남한, 소련, 북한, 중국 등 19개국이 참석했는데, 15번의 전체회의와 1번의 비밀회의가 개최되었다. 회담의 주요 의제는 한반도 통일을 위한 선거의 범위 및 국제 감독, 외국군 철수, 유엔의 권위 문제 등이었다.

1954년 4월 27일 제네바 정치회담의 첫 발언에 나선 변영태 외무부장관은 유엔 감시하에 북한에서만의 자유선거를 주장했다. 남한은 이미 유엔 감시하에 공정한 자유선거를 실시했으며, 따라서 당시 선거를 하지 않은 북한에 한하여 선거를 실시해 남한국회에 공석으로 남겨 놓은 100석을 채움으로써 평화통일을 달성해야 한다는 논리였다. 그러면서 중국군과 유엔군 동시 철수에 대한 반대 입장을 명확히 했다.[7)]

이어 북한의 남일(南日) 외상은 남한 제안을 거부하고 ① 북한의 최고인민회의와 남한의 국회 대표, 남북의 사회단체 대표로 '전조선위원회' 구성, ② 전조선위원회는 정치 · 성별 · 종교 · 민족에 관계없이 누구나 균등한 참정권을 지니는 전조선 총선거법 초안을 마련, ③ 전조선위원회에서 남북간 경제 · 문화교류 준비, ④ 6개월 이내 모든 외국군 철수, ⑤ 극동의 평화유지에 관심을 갖는 모든 국가는 한반도의 평화적 발전과 통일 보장 등을 내용으로 하는 제안을 했다.[8)]

미국은 4월 28일 덜레스(John F. Dulles) 국무장관의 연설을 통해서 남한의 입장을 지지했다. 덜레스는 한반도 문제 해결을 위한 방안은 유엔감시하의 선거가 시행되지 않은 지역에 선거를 하는 것이라고 주장했다. 그는 북한 제안이 남한에 대한 군사공격의 서곡으로 1950년 6월에 제의한 바 있는 '평화통일안'과 본질적으로 동일한 것이라고 말하며, 북한의 제안대로 하면 자유선거에 의해 선출되고, 남한인의 4분의 3을 대표하는 대한민국정부가 북한의 소수 인민을 지배하고 있는 공산정권과 대등한 입장에서 병합을 강요당하게 된다고 그 부당성을 지적했다. 또한 외국군 철수 문제에

7) 외무부 정무국, 「1954년 4월 27일자 대한민국대표(변영태) 발언」, 앞의 책, 125~129쪽.
8) 외무부 정무국, 「1954년 4월 27일 북한괴뢰대표 남일제안」, 앞의 책, 129~130쪽.

있어서는 유엔군의 역할은 유엔 결의안에 따른 통일정부의 수립에 있다고 정의하고 자유선거 실시 이후의 철수를 주장했다. 그러면서 실제적인 측면에서 한반도에 새로운 문제가 발생했을 때, 유엔군은 먼 거리를 가야하지만 중국군은 빨리 돌아올 수 있다는 점을 고려할 때, 유엔군은 남한의 통일이 보장된 이후에 철수해야 함을 강조했다.[9)]

그러나 북한에서만 선거를 해야 한다는 남한의 주장에 대한 반대 의견은 참전국 내부에서도 나왔다. 덜레스 미국 국무장관은 4월 29일 열린 참전국 회의에서 총선의 지역적 범위보다 유엔 감독하의 총선을 이룬다는 것이 최우선 과제라는 점을 강조하며 참전국의 입장을 통일하기 위해 9개국의 운영위원회의[10)] 구성을 제안했다.[11)] 영국과 영연방국가들도 참전국의 기본 입장을 결정해야 한다고 주장하며 미국의 제안에 동의했다. 그러나 4월 29일 4차 회담에서 호주 외무장관 리처드 케세이(Richard G. Casey)는 유엔한국통일부흥위원단(United Nations Commission for the Unification and Rehabilitation of Korea, 이하 유엔한국통일부흥위원단)의 감시하 전 한반도 총선거를 주장했다.[12)] 영국 등의 유럽 국가들은 중국과의 대립각을 세우려는 미국과 남한의 전략에 적극 동조하지 않았다. 특히 협상 자체를 결렬시키려는 듯 보이는 남한의 일방적인 입장을 부정적으로 여겼다.

참전국 내부의 분위기가 갑자기 전 한반도 총선거로 분위기가 반전되자 이승만은 매우 격분했다. 사실 남한대표단은 미국이 "A"안을[13)] 지지한다는

9) 외무부 정무국, 「1954년 4월 28일자 미합중국대표 「존 · 포스터 덜레스」씨의 성명서」, 앞의 책, 130~137쪽.

10) 남한, 미국, 영국, 오스트레일리아, 콜롬비아, 프랑스, 필리핀, 태국, 터키.

11) "Second Meeting of the Heads of the 16 Allied Delegations, Geneva, April 29, 11a.m. : The United States Delegation to the Department of State", 1954.4.28., FRUS 1952-1954 Vol.16, pp.155~157.

12) "Fourth Plenary Session on Korea, Geneva, April 29, 3:05p.m. : The United States Delegation to the Department of State", 1954.4.29., FRUS 1952-1954 Vol.16, p.157.

13) 미국은 제네바 정치회담에 임하면서 다음과 같은 3가지 통일방안을 준비했었다. A안 : ① 유엔 감시하 북한만의 선거, ② 유엔한국통일부흥위원단에 의해 선거, 외국군 철수 등 관찰, 감시, ③ 한미상호방위조약의 전 한반도 적용. B안 : ① 남북한 인구비례에 의한 국회 구성, ② 유엔한국통일부흥위원단에 의해 관찰, 감시, ③ 한미상호방위

전제하여 전체회담에 참여를 수락했었다. 덜레스는 참전국 회의를 소집하여 유엔 감시하의 선거와 외국군대의 철수 등을 골자로 한 참전국 측의 기본입장을 임시로 제안했고, 안토니 이든(Anthony Eden) 영국 외상도 마지못해 동의했다.

하지만 남일과 저우언라이(周恩来)는 덜레스가 제안한 기본입장을 거부하면서 공산진영의 종래 입장을 고수했다. 그러면서 유엔에 관한 언급을 하지 않던 초기와 달리 유엔의 권위를 부정하는 입장을 발표했다. 5월 3일 남일은 첫째, 유엔 자체가 전쟁의 당사자이며, 둘째, 유엔 결의는 중국과 소련의 참여 없이 결정된 것이기 때문에 효력이 없으며, 셋째, 한반도의 선거에 대한 유엔의 감시는 외세의 간섭이고, 넷째, 제네바 정치회담에 유엔이 관계할 하등의 이유가 없다는 이유로 유엔 감시를 수락할 수 없다는 입장을 피력했다.[14] 이로써 한반도 문제에서 유엔의 역할은 참전국과 공산측 사이에 새로운 이슈로 부상했다.

양측의 의견 차이가 커지자 미국은 참전국 측의 최종적인 기본입장을 수립하는 데 총력을 기울이게 되었다. 미국은 이미 예상했던 바대로 공산진영과의 합의가 불가능하다는 전제에서 공산진영이 수용할 수 없으면서도 참전국들의 동의를 받을 수 있는 새로운 기본입장을 수립하여 회담의 결렬 시에 명분을 얻고 공산진영을 궁지에 몰기 위한 방안을 수립했다. 새로운 방안에는 전 한반도 총선거와 통일정부 수립 이후 외국군의 철수 등 공산진영의 요구가 일부 수용되어 있었다. 그러나 인구 비례에 의한 총선거, 선거 관리와 외국군 철수에 있어 유엔의 역할 고수 등이 포함되어

조약을 통일한국에 적용. C안 : 입법회의와 신정부 수립을 위한 전한국 선거 실시, ② 새 감시위원회 구성, ③ 새 감시위원회 감시하에 외국군대의 단계적 철수 (남북한 동등한 위치 인정). 미국은 먼저 남한으로 하여금 A안을 제기하도록 하고, 공산 측 주장과 완전히 대립되어 타결될 가능성이 없을 경우 B안을 적당한 시기에 내놓는다는 전력을 가지고 있었다. 그리고 C안은 사실상 실제로 제기될 가능성이 거의 없는 것이었다.("Memorandum by the Technical Secretary, United States Delegation at the Geneva Conference (Van Hollen)", 1954.4.24, FRUS 1952-1954 Vol.16, pp.135~139)

14) 외무부 정무국, 「1954년 5월 3일 북한괴뢰대표 남일의 발언」, 앞의 책, 138~140쪽.

있어 그리 새로운 것은 아니었다.[15] 그러나 변영태는 미국이 기본입장을 수립한다는 전략에는 원칙적으로 동의했지만 그 수립 과정에서 남한의 의견이 무시되자 미국의 새로운 방안을 강력히 반대했다. 이런 남한의 완강한 태도에 직면한 미국은 특사를 파견하여 이승만과 의견 절충을 모색했다. 그러나 이승만은 중국군은 선거 이전에 철수해야 하고, 남북한 동시선거는 개헌에 의해 국민투표를 실시해서 대다수 국민이 그것을 원하는 것이 명백해진 경우에만 가능하다는 입장을 견지했다. 그리고 5월 11일 변영태는 유엔 감시하의 북한 총선거만이 유일한 한반도 문제 해결방안이라고 거듭 주장했다.

그러나 참전국들은 남한과 다른 입장을 계속 견지했다. 필리핀 칼로스 가르시아(Carlos P. Garcia) 대표는 남북한 대표로 구성되는 '헌법제정회의'를 만들어 통일방안을 연구하자는 제안을 하고, 영국의 이든 외상은 변영태에게 전 한반도 선거를 설득하기도 했으며, 통일정부를 수립하기 위한 선거 감시 기구는 전쟁에 참가한 국가들로만 한정될 필요가 없다는 발언을 하기도 했다. 또한 오스트레일리아, 뉴질랜드 등 영연방 국가들은 선거전에 중공군이 철수해야 한다는 남한 입장을 외면한 채 양군 동시 철수 원칙에 기울고 있었다.

이와 같은 참전국들의 압력에 남한 대표단도 새로운 방안을 모색하기 시작했다. 결국 남한은 5월 15일 북한만의 단독선거 주장에서 후퇴하여 유엔 감시하에 남북한이 토착 인구비례에 따라 자유 총선거를 실시한다는 것을 골자로 하는 14개 항목의 통일 방안을 미국에 제시했다.[16] 이 방안은 미국과의 협의를 통해 약간 수정된 후 5월 22일 전체회의에서 발표되었는데, 이후 박정희 정부까지 한국정부의 공식적인 통일방안이었다.

---

15) "The United States Delegation to the Embassy in Korea", 1954.5.2., FRUS 1952-1954 Vol.16, pp.179~181.

16) "The United States Delegation to the Embassy in Korea", 1954.5.17., FRUS 1952-1954 Vol.16, pp.278~279.

1. 통일 독립된 민주한국을 수립하기 위하여 이에 관한 「유엔」의 종전의 결의에 의거한 「유엔」 감시하 자유선거를 실시한다.
2. 현재까지 자유선거가 불가능했던 북한에서 자유선거를 실시하고 남한에서는 대한민국의 헌법상 절차에 의거하여 자유선거를 실시한다.
3. 본 제안을 채택한 때부터 6개월 이내에 선거를 실시한다.
4. 선거의 전, 중, 후를 통하여 선거감시에 관계하는 「유엔」 직원은 사태를 관찰하고 전선거지역에 자유분위기를 도웁기 위하여 이동과 언론 등의 완전한 자유를 향유한다. 지방행정 당국은 그들에게 모든 가능한 편의를 제공한다.
5. 선거 전, 중, 후를 통하여 입후보자, 그들의 선거운동보조자 및 그들의 가족은 이동 언론 등의 완전한 자유와 민주주의국가에서 인정되고 보호되고 있는 기타 인권을 향유한다.
6. 선거는 비밀투표와 보통 성년자 투표를 원칙으로 하여 실시한다.
7. 전한국 입법부에 있어서의 대표권은 한국 전체의 인구에 비례하도록 한다.
8. 선거구역에 있어서 정확한 인구비례에 의한 의원수 배정을 위해서 「유엔」 감시하에 국세조사를 실시한다.
9. 전한국 입법부는 선거직후 서울에서 개회한다.
10. 특히 다음의 제 문제는 전한국 입법부에 위임한다. 즉,
    가) 통일한국의 대통령의 재선여부
    나) 현행 대한민국 헌법의 개정
    다) 군대의 해산
11. 현행 대한민국헌법은 전한국 입법부가 개정할 때까지는 계속 효력을 보유한다.
12. 중공군은 선거일의 1개월 전에 그들의 철수를 완료한다.
13. 한국으로부터 「유엔」군 철수는 선거 전에 개시할 수 있으나 한국 전역에 대한 완전 통치권이 통일된 한국정부에 의하여 달성되고 또한 유엔에 의하여 확인될 때까지 완료되어서는 안 된다.
14. 통일된 독립, 민주주의한국의 영토 보전과 독립은 「유엔」에 의하여 보장되어야 한다.[17)]

17) 외무부 정무국, 「1954년 5월 22일 대한민국대표 변영태씨의 제안」, 앞의 책, 145쪽.

그러나 공산 측은 남한의 제안을 거부했다. 중국대표 저우언라이는 5월 22일 북한의 제안에 대한 추가조항으로서 유엔이 아니라 '중립국감시위원단'을 설치하자고 제안했다.[18)]

5월 말 이후 참전국들과 공산국들의 입장은 평행선을 달렸다. 더불어 5월 7일 디엔 비엔 푸(Dien Bien Phu) 전투에서 프랑스가 패배하며 인도차이나 문제가 중대한 전환기를 맞이하자 제네바 정치회담 참가국들은 한반도 문제 토론에 대한 관심에서 점점 멀어져갔다. 결국 미국은 제네바 정치회담을 중단시키기로 결정했다. 정치회담의 조기 결렬을 남한과 합의한 미국은 자신의 결정에 따르도록 다른 참전국들을 설득했고, 미국의 강경한 태도와 참전국 내에서의 단합과 이익을 계산 영국도 결국 미국의 전략에 동의할 수밖에 없었다. 그래서 6월 10일 회담 조기 결렬에 대한 참전국들의 합의가 최종 이루어졌다.

공산 측은 회의 종결 움직임에 대해 양측 간에 일치하는 원칙적인 것에 대해 공동결의안을 채택하자고 제안했다. 저우언라이는 6월 5일 중국의 유엔가입을 주장하는 한편, 한반도에서의 유엔의 역할은 불법적인 것이었음을 강조하고 유엔은 교전국의 일방이기 때문에 한반도 문제에 있어서 유엔이 공정한 역할을 수행하기는 불가능하다는 주장을 폈다. 그리고 '중립국감시위원단' 구성에 관해서는 전쟁에 참여하지 않은 국가 중 본 회의의 동의를 얻어서 구성한다는 방안을 제시했다.[19)] 같은 날 소련 대표 몰로토프(Вячеслав Михайлович Молотов)는 전한반도 의회 선거 실시, 선거 준비를 위한 전한반도 기구의 설치, 외국군 철수, 국제기구 감독하의 선거 실시, 한반도의 평화적 발전을 위한 관련 국가들의 조건 설정 등에 관해 양측이 공동결의안을 채택할 수 있다고 주장했다[20)]. 이에 대해 참전국은 이러한 공동결의안은 상대방의 신뢰감에 의존해야 하며, 원칙

18) 외무부 정무국, 「1954년 5월 22일 중공대표 주은래의 제안」, 앞의 책, 143쪽.
19) 외무부 정무국, 「1954년 6월 5일 중공대표 주은래의 발언」, 앞의 책, 149~150쪽.
20) 외무부 정무국, 「1954년 6월 5일 쏘련대표 「V · M · 모로토프」의 제안」, 앞의 책, 150~151쪽.

적인 것만을 합의한 선언은 한반도 문제 해결에 아무런 도움이 되지 않는다고 주장했다. 대신 참전국은 제네바 정치회담에서 나타난 입장을 유엔에 보고하도록 제안했다.

북한 남일은 미국을 중심으로 한 회의 종결 움직임에 대해 양측 간에 일치하는 원칙적인 제안 조항들을 분석하고 종합하여 6월 15일 최종적으로 다음과 같은 방안을 발표했다.[21)]

> 「제네바」회담 참가국은 통일독립, 민주조선의 창설을 기초로 하는 조선문제의 평화적 해결을 위한 합의를 추구하는 견지에서 노력을 계속한다는 의견의 일치를 보았다.
>
> 조선에 있어서의 평화적인 제안을 보장하기 위하여
>
> 1. 관계 각국정부는 가능한 한 빨리 비례원칙에 입각한 감시하에 조선에서 전외국군대를 철수시키기 위한 방법을 강구토록 해당국가에 권고한다. 철퇴시기는 「제네바」회담 참가국의 합의에 의한다.
> 2. 북조선과 남조선은 1년 이내에 각각 병력을 10만 이하로 감군한다.
> 3. 전쟁상태의 점차적 해소와 쌍방협력의 평화적 태세에의 전환문제를 논의하고 또 조선민주주의인민공화국과 대한민국 정권에 적합한 협정을 체결토록 제의하기 위한 남북조선대표위원단을 구성할 것.
> 4. 조선민주주의인민공화국과 타국가 간에 체결된 조약은 군사적 의무가 포함되어 있는 한 그것을 조선의 평화적 통일과 양립되지 않음을 인정할 것.
> 5. 남북조선의 교류 회복조건을 만들기 위하여 경제 및 문화적 관계(교역, 청산거래, 운수, 경계선관계, 주민활동의 자유, 우편물 교환의 자유, 문화 및 과학적 관계)의 확립에 합법적 방법을 강구하고 이행하기 위한 전조선위원회를 구성할 것.
> 6. 「제네바」회담 참가국은 조선의 평화적 발전을 보장하고 또한 통일독립, 민주국가로서의 조선의 평화적 통일과업을 촉진시키는 제안을 창조하는 필요성을 인정할 것.

21) 국회도서관입법조사국, 「북한 남일의 「제네바」 회담에서의 수정안」, 『한국외교관계자료집 〈입법참고자료 제193호〉』, 1976, 354~355쪽.

북한의 제안을 요약하면 남북한에서의 외국군 동시철군, 남북군대의 10만 명 이하로의 감축, 평화협정 체결을 위한 위원회 구성, 외국과의 방위조약 폐기, 전조선위원회 구성, 제네바회담 참가국의 협조 등이다. 다소 파격적인 내용으로 구성된 북한의 수정안은 이미 회담의 마무리를 준비하는 미국과 이에 협조적으로 노선을 선회한 참전국들의 무시로 제대로 된 토론이 이루어 지지 못했다. 소련대표는 이에 전적으로 찬성하면서 남북한의 병력 축소와 기한부 외국군 철수를 제안하는 한편, 한반도 문제의 최종적인 해결을 볼 때 까지 한반도의 평화를 위협하는 어떠한 행위도 용납하진 않는다는 공동선언 채택을 제안했으나 미국의 반대로 이루어지지 못했다.

참전국은 남일의 제안에 대한 적극적인 토론 과정 없이 태국 대표를 통해 한반도 문제에 대한 유엔의 역할 인정, 유엔 감시하 인구비례에 따른 전 한반도 선거 등 기존의 입장을 반복하는 '16개국 공동선언문'을 발표하고 회담의 중지를 요청했다. 결국 회담 중지에 대한 양측의 논란이 전개되었으나 50여 일간 전개되었던 제네바 정치회담은 아무런 결론 없이 종결되고 말았다.

한반도 문제를 논의하는 제네바 정치회담은 1954년 6월 15일 종결되었지만, 인도차이나 문제를 논의하는 강대국 간의 협상은 계속되었다. 그리고 7월 21일 인도차이나의 즉각 휴전, 베트남의 북위 17도선을 중심으로 분할, 라오스 · 캄보디아의 중립화에 합의했다. 이로써 제2차 세계대전 이후 처음으로 발생되었던 대규모 전쟁이었던 '6 · 25 한반도 통일전쟁'과 인도차이나 전쟁은 국제적으로 종결 처리되었다. 그러나 제네바 정치회담의 종결이 동아시아의 분단문제 해결과 평화 확보에 연결된 것은 아니었고, 오히려 새로운 열전으로 나아가는 일시적인 정전에 불과했다. 결국 1960년대 중반 이후 동아시아 국가들은 베트남 전쟁에 휩싸일 수밖에 없었다.

4. 제네바 정치회담의 향후 귀결

사실 전쟁을 통한 한반도의 통일이 불가능한 현실에서 정치회담을 통해 그 문제를 해결한다는 것은 어쩌면 처음부터 실패가 예견되었을 수도 있다. 특히 회담에 참여한 각국들이 한반도 문제의 현상유지를 원하는 입장을 견지하고 있었다는 것은 이를 잘 보여준다.

그렇지만 제네바 정치회담은 당사자인 남북은 물론 주요 강대국들이 참여해서 한반도의 통일문제를 논의한 처음이자 마지막 회담이었으며, 남한이 주권국으로 참여한 첫 번째 국제회의였다. 국제정치사에서도 의미 있는 회담이었다. 제네바 정치회담은 세계적 강대국이었던 영국의 은퇴무대였으며, 동시에 신생국가이면서 국가로 인정받지 못하고 있던 중국이 국제외교무대에 처음으로 등장했던 회담이기도 하다. 또한 제네바 정치회담을 기점으로 냉전은 미국, 소련, 프랑스, 영국, 중국이라는 5대 강국 간의 '사실상의 긴 평화'와, 그 외 지역에서의 '열전'이라는 '두 개의 냉전'으로 확연하게 나뉘게 되었다. 냉전은 두 개의 초강대국 간의 전쟁 가능성 소멸, 4대 강국 간의 대화 시작 국면을 넘어, 중국을 포함한 5강국의 '반식민지' 영향력 경쟁으로 넘어가고 있었던 것이다.

제네바 정치회담 이후 한반도 문제는 다시 유엔으로 이관되었다. 16개국 공동선언문을 바탕으로 작성된 보고서가 1954년 11월 11일 유엔사무총장에게 제출되었고, 한반도 문제에 관한 결의안이[22] 12월 11일 제9차 유엔총회에서 통과되었다. 이후 유엔에서는 유엔의 역할과 활동을 토대로 하는 한반도 문제 해결을 주장하는 미국(남한)과 유엔 등 외부의 간섭 배제하고 남북협상에 의한 문제 해결과 외국군 철수 등을 주장하는 소련(북한)의 각

---

22) 결의안의 내용은 ① 제네바회담에 관한 보고승인, ② 유엔의 목적은 평화적인 방법으로 인한 대의정치(代議政治)하의 통일되고 독립된 민주한국의 수립과 동(同) 지역에 있어서의 국제평화와 안전의 완전회복에 있음을 재확인, ③ 사무총장에게 한반도 문제를 제10차 총회 임시의제에 포함하도록 요청하는 것 등이었다(정일형, 『유엔과 한국문제』, 신명문화사, 1961, 102~105쪽).

축전이 전개되었다. 그러나 유엔 회원국들의 한반도 문제에 대한 기피현상, 데탕트 등 한반도 주변 정세의 변화 등의 요인으로 1973년 제28차 유엔총회에 남북한이 처음으로 동시 참석하고, 1975년 제30차 유엔총회에서 미국(남한)과 소련(북한)이 주도한 한반도 문제 결의안이 동시에 통과되면서 유엔에서의 한반도 문제는 새로운 전환점을 맞이하게 되었다.

【참고문헌】

〈논문〉

권오중, 「제네바 한국평화회담(1954)의 진행, 결과 그리고 의미: 한반도 6자회담의 원형?」, 『통일정책연구』 14-2, 2005.

김보영, 「제네바 정치회담과 남북한 통일정책의 비교연구」, 『국사관논총』 75, 1997.

김연철, 「1954년 제네바 회담과 동북아 냉전질서」, 『아세아연구』 54-1, 2011.

김학재, 「동아시아 냉전의 세 가지 평화 모델－판문점, 제네바, 반둥의 평화 기획」, 『역사비평』 105, 2013.

라종일, 「제네바 정치회담 : 회담의 정치」, 『고황정치학보』 1, 1997.

이신철, 「1954년 제네바 정치회담시기 남 · 북의 통일론」, 『사림』 25, 2006.

이주봉, 「국제 사회의 한반도 문제 인식과 5 · 16군사정부의 유엔정책」, 『역사와 현실』 82, 2011.

홍용표, 「1954년 제네바회의와 한국전쟁의 정치적 종결 모색」, 『한국정치외교사논총』 28-1, 2006.

황인수, 「한국전 이후 쟁점과 제네바 협정」, 『시민정치학회보』 3, 2000.

원문

01_ 1부 「한반도 해방과 분단정부의 수립」 관련 원문

02_ 2부 「냉전진영의 형성과 한반도의 분단 확대」 관련 원문

03_ 3부 「동아시아의 열전과 냉전, 한반도의 전쟁」 관련 원문

04_ 4부 「전후처리 문제와 냉전분단의 고착화」 관련 원문

01_ 1부 「한반도 해방과 분단정부의 수립」 관련 원문

1. 모스크바 3상회의 결정안 (1945.12.28)

1) 미국[1)]

(1) With a view to the re-establishment of Korea as an independent state, the creation of conditions for developing the country on democratic principles and the earliest possible liquidation of the disastrous results of the protracted Japanese domination in Korea, there shall be set up a provisional Korean democratic government which shall take all the necessary steps for developing the industry, transport and agriculture of Korea and the national culture of the Korean people.

(2) In order to assist the formation of a provisional Korean government and with a view to the preliminary elaboration of the appropriate measures, there shall be established a Joint Commission consisting of representatives of the United States command in southern Korea and the Soviet command in northern Korea. In preparing their proposals the Commission shall consult with the Korean

1) "Moscow Conference of Foreign Ministers", 1945.12.16~26, FRUS 1945, Vol.7, pp.820~821.

democratic parties and social organizations. The recommendations worked out by the Commission shall be presented for the consideration of the Governments of the Union of Soviet Socialist Republics, China, the United Kingdom and the United States prior to final decision by the two Governments represented on the Joint Commission.

(3) It shall be the task of the Joint Commission, with the participation of the provisional Korean democratic government and of the Korean democratic organizations to work out measures also for helping and assisting (trusteeship) the political, economic and social progress of the Korean people, the development of democratic self-government and the establishment of the national independence of Korea.

The proposals of the Joint Commission shall be submitted, following consultation with the provisional Korea government for the joint consideration of the Governments of the United States, Union of Soviet Socialist Republics, United Kingdom and China for the working out of an agreement concerning a four-power trusteeship of Korea for a period of up to five years.

(4) For the consideration of urgent problems affecting both southern and northern Korea and for the elaboration of measures establishing permanent coordination in administrative-economic matters between the United States Command in southern Korea and the Soviet command in northern Korea, a conference of the representatives of the United States and Soviet commands in Korea shall be convened within a period of two weeks.

2) 소련[2)]

(1) В целях восстановления Кореи как независимого государства, создания условий для развития страны на демократических

2) 『Правда』 1945.12.28.

началах и скорейшей ликвидации пагубных последствий длительного японского господства в Корее создается Временное корейское демократическое правительство, которое будет принимать все необходимые меры для развития промышленности, транспорта и сельского хозяйства Кореи и национальной культуры корейского народа.

(2) Для оказания содействия образованию Временного Корейского правительства и для предварительной разработки соответствующих мероприятий создать совместную комиссию из представителей командования американских войск в Южной Корее и командования советских войск в Северной Корее. Комиссия должна при выработке своих предложений консультироваться с корейскими демократическими партиями и общественными организациями. Рекомендации, выработанные комиссией, до принятия окончательного решения двумя правительствами, представленными в совместной комиссии, должны быть внесены на рассмотрение правительств Соединенных Штатов, Советского Союза, Соединенного Королевства и Китая.

(3) Совместной комиссии поручается с участием Временного корейского демократического правительства и с привлечением корейских демократических организаций разработать также меры помощи и содействия(опека) политическому, экономическому и социальному прогрессу корейского народа, развитию демократического самоуправления и установлению государственной независимости Кореи. Предложения совместной комиссии после консультации с Временным корейским правительством передаются на совместное рассмотрение правительствам Соединенных Штатов Америки, Союза Советских Социалистических Республик, Соединенного Королевства и Китая для выработки соглашения об опеке четырех держав в отношении Кореи на срок до 5 лет.

(4) Для рассмотрения срочных вопросов, имеющих отношение как к

Южной, так и к Северной Корее, и для выработки мероприятий по установлению в административно-хозяйственной области постоянной координации между американским командованием в Южной Корее и советским командованием в Северной Корее созвать в двухнедельный срок совещание из представителей американского и советского командования в Корее.

3) 남한[3)]

(1) 朝鮮을 獨立國家로 再建하여 民主主義原則下에 發展시키는 同時에 日本의 苛酷한 政治의 殘滓를 急速히 淸掃하기 爲하여 朝鮮民主主義 臨時政府를 樹立하여 이로써 朝鮮의 産業, 交通, 農業의 發展과 民族의 文化向上을 圖謀케 할 것이다.

(2) 朝鮮에 臨時政府樹立을 實現하며 이에 對한 方針을 講究하기 爲하야 南朝鮮의 美國軍司令部代表와 北朝鮮의 蘇聯軍司令部代表로써 共同委員會를 設置한다. 이에 對한 提案을 準備하기 爲하야 共同委員會는 朝鮮民主主義 政黨과 社會團體와 協議할 것이다. 同 委員會의 決定은 美蘇 兩國政府의 最後決定에 압서 蘇聯 中國 美國 及 英國에 提出하야 檢討를 바들 것이다.

(3) 共同委員會는 朝鮮民主主義 臨時政府 其他 各 民主主義團體와 協力하야 朝鮮을 政治的 經濟的 及 社會的으로 發展시키며 民主主義的 自治政府를 樹立하야 獨立國家로 育成시키는데 그 使命이 잇다. 共同委員會의 提案은 朝鮮臨時政府와 妥協한 後 美國 蘇聯 英國 中國 政府에 提出하여 最長 五個年間의 四個國 朝鮮信託統治에 關한 協定을 할 것이다.

(4) 美蘇兩國 朝鮮駐屯司令官代表는 압흐로 二週日以內에 會合하여서 南北朝鮮에 共通된 緊急問題와 行政經濟方圖의 永久的 調整方針을 講究할 것이다.

3) 「民主主義自治政府로 獨立國家를 育成」, 『동아일보』, 1945.12.30.

4) 북한[4]

(1) 朝鮮을 獨立國으로 復興식이고 朝鮮이 民主主義原則 우에서 發展하게하며 長期間에 亘한 日本統治의 惡毒한 結果를 迅速히 淸算할 諸條件을 創造할 目的으로 朝鮮民主主義臨時政府가 創建되는데 臨時政府는 朝鮮의 産業 運輸 農村經濟와 및 朝鮮人民의 民族文化의 發展을 爲하야 모든 必要한 方策을 講究[5]할 것이다.

(2) 朝鮮臨時政府組織에 協力하며 이에 適應한 諸方策을 豫備作成하기 爲하야 南朝鮮米軍司令部代表들과 北朝鮮蘇聯軍司令部代表들로서 混成委員會[6]를 組織한다. 委員會는 自己의 提案을 作成할 때에 朝鮮民主主義諸政黨과 諸社會團体와 반듯이 協議할 것이다. 委員會가 作成한 勸告文[7]은 混成委員會에 代表로되여있는 兩國政府의 最終的決定이있기 前에 소, 米, 英, 中 諸國政府의 審議를 받아야 된다.

(3) 混成委員會는 朝鮮民主主義臨時政府를 參加식이고 朝鮮民主主義諸團体를 引入하여 朝鮮人民의 政治的 經濟的 社會的 進步와 民主主義的 自治發展과 또는 朝鮮國家獨立의 確立을 援助 協力(後見)하는 諸方策도 作成할 것이다. 混成委員會의 提案은 朝鮮臨時政府와 協議 後 五年以內를 期限으로 하는 조鮮에 대한 四個國後見의 協定을 作成하기 爲하야 소, 미, 英, 中, 諸國政府의 共동審議를 받아야 한다.

(4) 南北朝鮮과 關聯된 緊急한 諸問題를 審議하기 爲하야 또는 南朝鮮米軍司令部와 北朝鮮소聯軍司令部 間의 行政-經濟 部문에 있어서의 日常的 調정을 確立하는 諸方策을 作成하기 爲하야 二週日以內에 朝鮮에 駐둔하는 소 米 軍司令部代表로써 會議를 召集할 것이다.

---

4) 「蘇 美 英 三國外相 모스크바 會議의 結果發表 (三) 朝鮮에 對하야」, 『正路』 1946.1.3.

5) 사후 북한에서 간행한 『쏘米共同委員會에 關한 諸般資料集』에는 講求라고 표기되어 있다.

6) 『쏘米共同委員會에 關한 諸般資料集』과 『동아일보』에는 共同委員會라고 표기되어 있다.

7) 『쏘米共同委員會에 關한 諸般資料集』에는 建議文이라고 표기되어 있다.

2. 한반도 독립문제 (결의안112(II)) (1947.11.14)[8)]

A

Inasmuch as the Korean question which is before the General Assembly is primarily a matter for the Korean people itself and concerns its freedom and independence, and

Recognizing that this question cannot be correctly and fairly resolved without the participation of representatives of the indigenous population,

The General Assembly

1. Resolves that elected representatives of the Korean people be invited to take part in the consideration of the question;
2. Further resolves that in order to facilitate and expedite such participation and to observe that the Korean representatives are in fact duly elected by the Korean People and not mere appointees by military authorities in Korea, there be forthwith established a United Nations Temporary Commission on Korea, to be present in Korea, with right to travel, observe and consult throughout Korea.

B

The General Assembly,

Recognizing the urgent and rightful claims to independence of the people of Korea;

Believing that the national independence of Korea should be re-established and all occupying forces then withdrawn at the earliest practicable date;

Recalling its previous conclusion that the freedom and independence of the Korean people cannot be correctly or fairly resolved without the participation of representatives of the Korean people, and its decision to establish a United Nations

8) *Official Records of the Second Session of the General Assembly RESOLUTIONS 16 September-29 November 1947,* Lake Success, New York, pp.16~18.

Commission on Korea(hereinafter called the "Commission") for the purpose of facilitating and expediting such participation by elected representatives of the Korean people,

1. Decides that the Commission shall consist of representatives of Australia, Canada, China, El Salvador, France, India, Philippines, Syria, Ukrainian Soviet Socialist Republic;
2. Recommends that the elections be held not later that 31 March 1948 on the basis of adult suffrage and by secret ballot to choose representatives with whom the Commission may consult regarding the prompt attainment of the freedom and independence of the Korean people and which representatives, constituting a National Assembly, may establish a National Government of Korea. The number of representatives from each voting area or zone should be proportionate to the population, and the elections should be under the observation of Commission;
3. Further recommends that as soon as possible after elections, the National Assembly should convene and form a National Government and notify the Commission of its formation;
4. Further recommends that immediately upon the establishment of a National Government, that Government should, in consultation with the Commission: (a) constitute its own national security forces and dissolve all military or semi-military formations not included therin; (b) take over the functions of Government from the military commands and civilian authorities of north and South Korea, and (c) arrange with the occupying Powers for the complete withdrawal from Korea of their armed forces as early as practicable and if possible within ninety days;
5. Resolves that the Commission shall facilitate and expedite the fulfilment of the foregoing programme for the attainment of the national independence of Korea and withdrawal of occupying forces, taking into account its observations and consultations, to the General Assembly and may consult with the Interim

Committee(if one be established) with respect to the application of this resolution in the light of developments;

6. Calls upon the Member States concerned to afford every assistance and facility to the Commission in the fulfilment of its responsibilities;
7. Calls upon all Members of the United Nations to refrain from interfering in the affairs of the Korean people during the interim period preparatory to the establishment of Korean independence, except in pursuance of the decisions of the General Assembly; and there after, to refrain completely from any and acts derogatory to the independence and sovereignty of Korea.

3. 유엔총회 결의안 112(II)의 적용에 대한 중간위원회의 조언(538-A) (1948.2.26)[9]

The Interim Committee

Bearing in mind the views expressed by the Chairman of the United Nations Temporary Commission on Korea;

Deeming it necessary that the programme set forth in the General Assembly resolutions of 14 November 1947 be carried out and as a necessary step therin that the United Nations Temporary Commission on Korea proceed with the observance of elections in all Korea, and if that is impossible, in as much of Korea as is accessible to it; and

Considering it important the elections be held to choose representatives of the Korean people with whom the United Nations Temporary Commission on Korea may consult regarding the prompt attainment of freedom and independence of the Korean people, which representatives, constituting a National Assembly, may establish a National Government of Korea;

Resolves

That in its view it is incumbent upon the United Nations Temporary Commission on Korea, under the terms of the General Assembly resolution of 14 November 1947, and in the light of development in the situation with respect to Korea since that date, to implement the programme as outlined in resolution II, in such parts of Korea as are accessible to the commission.

addition

1. The elections to be observed by the United Nations Temporary Commission on Korea should be held in a free atmosphere wherein the democratic rights of freedom of speech, Press and assembly would be recognized and respected. In

9) *Reports of the Interim Committee of the General Assembly(5 January-5 August 1948)*, General Assembly Official Records: Third Session Supplement No.10, p.21.

this connexion, the Interim Committee took note of the assurance given by the representative of the United States that authorities of the United States in Korea would co-operate to the fullest extent to that end.

2. The National Assembly to which representatives were to be elected would be a stage in the formation of a Korean Government, the form of which is to be determined by the Korean people themselves. In reaching this conclusion, the Interim Committee noted that the representatives constituting the National Assembly would be entirely free to consult with the United Nations Temporary Commission on Korea and to carry on such negotiations as they wished with any other Korean groups which might not have participated in the elections, regarding the form of government to be established and the participation of those groups therin. The Interim Committee entertained the hope that, in these consultations and negotiations, the Korean representatives in the National Assembly would be able to secure through their efforts the full co-operation in the government of all Koreans. The Interim Committee was confident that all peaceful methods of persuasion would thus be used to the greatest possible extent for the attainment of Korean unity.

3. The Interim Committee recognized that the United Nations Temporary Commission on Korea itself had the authority and discretion to discharge its duties in Korea wherever and to the extent that circumstances permitted.

4. 대한민국의 수립과 점령세력의 철수 (결의안195(III)) (1948.12.12)[10]

The General Assembly,

Having regard to its resolution 112(II) of 14 November 1947 concerning the problem of the independence of Korea,

Having considered the report of the United Nations Temporary Commission on Korea(hereinafter referred to as the 'Temporary Commission'), and the report of the Interim Committee of the General Assembly regarding its consultation with the Temporary Commission,

Mindful of the fact that, due to difficulties referred to in the report of the Temporary Commission, the objectives set forth in the resolution of 14 November 1947 have not been fully accomplished, and in particular that unification of Korea has not yet been achieved,

1. Approves the conclusions of the reports of the Temporary Commission;
2. Declares that there has been established a lawful government(the Government of the Republic of Korea) having effective control and jurisdiction over that part of Korea where the Temporary Commission was able to observe and consult and in which the great majority of the people of all Korea reside; that this Government is based on elections which were a valid expression of the free will of the electorate of that part of Korea and which were observed by the Temporary Commission; and that this is the only such Government in Korea;
3. Recommends that the occupying Powers should withdraw their occupation forces from Korea as early as practicable;
4. Resolves that, as a means to the full accomplishment of the objectives set forth in the resolution of 14 November 1947, a Commission on Korea consisting of Australia, China, El Salvador, France, India, the Philippines and Syria, shall be established to continue the work of the Temporary Commission and carry out

10) *YEARBOOK of the UNITED NATIONS 1948-1949,* Department of Public Information United Nations, Lake Success, New York, p.290.

the work of the Temporary Commission and carry out the provisions of the present resolution, having in mind the status of the Government of Korea as herein defined, and in particular to:

(a) Lend its good offices to bring about the unification of Korea and the integration of all Korean security forces in accordance with the principles laid down by the General Assembly in the resolution 14 November 1947;

(b) Seek to facilitate the removal of barriers to economic, social and other friendly intercourse caused by the division of Korea;

(c) Be available for observation and consultation in the further development of representative government based on the freely-expressed will of the people;

(d) Observe the actual withdrawal of the occupying forces and verify the fact of withdrawal when such has occurred; and for this purpose, if it so desires, request the assistance of military experts of the two occupying Powers;

5. Decides that the Commission:

(a) Shall, within thirty days of the adoption of the present resolution, proceed to Korea, where it shall maintain its seat;

(b) Shall be regarded as having superseded the Temporary Commission established by the resolution of 14 November 1947;

(c) Is authorized to travel, consult and observe throughout Korea;

(d) Shall determine its own procedures;

(e) May consult with the Interim Committee with respect to the discharge of its duties in the light of developments, and within the terms of the present resolution;

(f) Shall render a report to the next regular session of the General Assembly and to any prior special session which might be called to consider the subject-matter of the present resolution, and shall render such interim reports as it may deem appropriate to the Secretary-General for distribution to Members;

6. Request that the Secretary-General shall provide the Commission with adequate

staff and facilities, including technical advisers as required; and authorizes the Secretary-General to pay the expense and per diem of a representative and an alternate from each of the States members of the Commission;

7. Calls upon the Member States concerned, the Government of the Republic of Korea, and all Koreans to afford every assistance and facility to the Commission in the fulfillment of its responsibilities;

8. Calls upon Members States to refrain from any acts derogatory to the results achieved and to be achieved by the United Nations in bringing about the complete independence and unity of Korea;

9. Recommends that Member States and other nations, in establishing their relations with the Government of the Republic of Korea, take into consideration the facts set out in paragraph 2 of the present resolution.

5. 남북조선제정당사회단체 공동성명서 (1948.4.30)[11]

南朝鮮 單獨選擧를 反對하는 朝鮮政黨 社會團體代表者 聯席會議를 뒤이어 平壤市에서 四月 三十日에 南北朝鮮諸政黨 社會團體指導者들의 協議가 進行되었다.

이 協議會에서는 全朝鮮政黨 社會團體代表者 聯席會議의 南朝鮮單獨選擧를 破탄시키는 問題와 함께 採擇된 兩國軍隊 撤退問題와 그 撤退實施後 當面하는 諸問題에 對하여 討議하였다.

이 協議會에서는 上程된 諸問題를 充分히 討議한 結果 指導者사이에 다음과 같은 諸問題에 對하야 協議가 成立되었다.

一. 쏘聯이 提議한 바와같이 우리 疆土로부터 外國軍隊를 卽時同時에 撤去하는 것은 우리 祖國에 造成된 現下情勢에서 朝鮮問題를 解決하는 가징 正當하고 唯一한 方法이다. 米國은 正當한 提議를 受諾하야 自己軍隊를 南朝鮮으로부터 撤退시킴으로써 朝鮮獨立을 實際로 許與하여야 할 것이다. 民主朝鮮의 統一을 願하는 一切愛國人士들은 반다시 兩軍撤退案을 支持하여야 할 것이다.

日帝가 우리祖國疆土에서 驅逐된以後 우리 朝鮮人民들은 自力으로 外國의 干涉이없이 우리問題를 能히 解決할수 있도록 長成되었으며 우리祖國에는 이를 解決할 수 있는 準備된 幹部들이 多數히 있다.

二. 南北諸政黨 社會團體指導者들은 우리疆土에서 外國軍隊가 撤去한 以後에 內戰이 發生될 수 없다는 것을 確認하며 또한 그들은 統一에 對한 朝鮮人民의 志望에 背馳되는 어떠한 無秩序의 發生도 容許하지 않을 것이다. 民主[12]統一을 達成하려는 人民들의 不屈不요한 志望과 南北朝鮮의 諸政黨 社會團體들間에 成就된 約束은 우리祖國의 完全한 秩序를 樹立하는 튼튼한 擔保이다.

三. 外國軍隊가 撤去한 以後에 下記 諸政黨들의 共同名義로 全朝鮮政治會議를 召集하야 朝鮮人民의 各界各層을 代表하는 民主主義臨時政府가 卽時 樹立될 것이며 國家의 一切政黨과 政治 經濟 文化生活의 一切責任을 가지게 될 것이다.

---

11) 『南北朝鮮諸政黨 社會團體 代表者 聯席會議 重要資料集』, 新興出版社, 1948, 75~76쪽.

12) 民主는 民族의 오기로 보인다. 사후 북한에서 간행한 『력사적인 4월남북련석회의』에는 民族으로 되어 있다.

이 政府는 그 첫課業으로서 一般的 直接的 平等的 秘密投票에 依하야 統一的 朝鮮立法機關選擧를 實施할 것이며 選擧된 立法機關은 朝鮮憲法을 制定하며 統一的 民主政府를 樹立할 것이다.

四. 千萬餘名 以上을 網羅한 南北朝鮮諸政黨 社會團體들이 南朝鮮單獨選擧를 反對하느니만큼 有權者數의 絕對多數가 反對하는 南朝鮮單獨選擧는 설사 實施된다 하여도 絕對로 우리民族의 意思를 表現하지 못할 것이며 다만 欺瞞에 不過한 選擧로 될 뿐이다.

現下 南朝鮮單獨選擧가 極히 苛酷한 彈壓과 테로의 環境下에서 準備되고 있는 것은 偶然한 事實이 아니다. 上記事實에 依據하여 本聲明書에 署名한 政黨社會團體들은 南朝鮮單獨選擧의 結果를 決코 承認하지 않을 것이며 또 이러한 選擧로 樹立하려는 單獨政府를 決코 認定하지 않을 것이며 支持하지 않을 것이다.

一九四八年 四月 三十日

北朝鮮勞動黨 北朝鮮民主黨 北朝鮮天道敎靑友黨 北朝鮮職業總同盟 北朝鮮農民同盟 北朝鮮民主靑年同盟 北朝鮮民主女性同盟 北朝鮮文學藝術總同盟 北朝鮮工業技術聯盟 北朝鮮農林水產技術總聯盟 北朝鮮基督敎徒聯盟 北朝鮮佛敎聯合會 北朝鮮保健聯盟 北朝鮮赤十字社 北朝鮮愛國鬪士後援會 南朝鮮勞動黨 韓國獨立黨 朝鮮人民共和黨 民族自主聯盟 勤勞人民黨 新進黨 社會民主黨 南朝鮮靑友黨 勤勞大衆黨 民主韓獨黨 朝鮮農民黨 民主獨立黨 民衆同盟 朝鮮勞動組合全國評議會 全國農民總聯盟 朝鮮民主愛國靑年同盟 南朝鮮民主女性同盟 南朝鮮文化團體總聯盟 基督敎民主同盟 全國儒敎聯盟 自主女盟 朝鮮民族大同會 健民會 朝鮮產業再建協會 歸還同胞協會 三均主義靑年同盟 南朝鮮記者會 學兵拒否者同盟

6. 1947년 9월 26일 공동위원회의 석상에서의 소련대표단의 성명[13)]

쏘美共同委員會에서 쏘聯代表團은 朝鮮에 關한 모쓰크바 3國外相決定을 正確히 實行할 것을 聲明하고 主張한것이 한두번이 아니었다

朝鮮人民은 偉大한 聯合國들의 援助로써 自己의 民主主義的政府와 獨立을 얻어야할 것이다

國權을 回復시키는데 있어서 朝鮮人民에게 援助를하려는 同盟國의 意向이 表明되어있는 根本的 文獻은 朝鮮에 關한 모쓰크바 3 外相決定인 것이다 이決定中에 自由獨立國家로서의 朝鮮復興에 關한 聯合國들의 綱領이 記入되어있는것이다

周知하는 바와같이 朝鮮人民 民主主義政黨及社會團體의 大多數는 이決定에 對하여 贊同의 態度를 取하였다 어떤 政黨及 그反動的 指導者들은 모쓰크바決定에 反對하여 나섰으며 나서고있는것도 亦是 周知하는바이다

이反動的指導者들과 그擁護者들의 잘못으로 아직까지 民主主義朝鮮臨時政府가 樹立되지못하였다

朝鮮에 駐屯하는 쏘聯司令部代表者이며 1年半동안 朝鮮人民의 모든 政治的事件 傾向 及意向을 觀察하고있는 쏘聯代表團은 朝鮮人民이 日本帝國主義羈絆으로부터 解放된첫날부터 政治生活에 對하여 巨大한 關心을 表明하며 自己國家를 自主的으로 運營하는 經驗을 얻기 시작하였다는 것을 指摘할수있다.

朝鮮人民은 쏘聯軍이 朝鮮에 進駐하던 1945年 8月에 벌서 全朝鮮의 人民主權機關 各地方人民委員會와 中央委員會 人民共和國을 창설하였다

이 모든主權機關에 朝鮮人民의 各層代表들이 參加하였다 소聯代表團은 人民委員會가 朝鮮에서의 人民政權機關으로서 2年間에 巨大한 事業을 實施하였으며 또 人民의 支持와 贊同을 받은 諸民主改革을 實施하였다는 것을 또한 指摘할수있다

---

13) 朝鮮中央通信社, 1950,『朝鮮中央年鑑』, 朝鮮中央通信社, 1950, 35~37쪽. 이 성명서는 경향신문에도 게재되었는데 소련대표단 성명서 일부가 전략되어 실려 있다(「同時撤兵을 提言」,『경향신문』, 1947년 9월 27일자). 소련에서는 이즈베스치야(Изве́стия) 1947년 9월 27일자에 수록되었고 이 원문은 국토통일원의『蘇聯과 北韓과의 關係(1945-1980)』(1988)에 번역되어 실려 있다.『경향신문』과『조선중앙연감』,『蘇聯과 北韓과의 關係(1945-1980)』의 성명서의 의미상 차이는 없다.

그렇지만 또 指摘하여야될것은 이事業行程에 있어서 커다란 難關들이 있었다는것이다

이難關은 指導幹部들이 國家問題解決에 있어서 必要한 經驗이없는데있는 것이다

勿論 사람이란 큰經驗을 가지고 出生하는것이아니라 實地事業에서 經驗을 얻는다는것을 우리는 알고있다

그렇기때문에 朝鮮의 民族的 國家的 幹部들이 成長하려면 모쓰크바 3相決定에 豫見된 後見期間인 5個年이면 넉넉하다 그러나 南朝鮮에는 全히 判異한 情勢가 버러지고있다

人民委員會는 米軍司令部로부터 人民政權機關으로 是認되지않았다 南朝鮮에서는 人民委員會들은 政治 및 經濟生活運營에 容納되지 않았음으로 朝鮮人民가운데서의 國家指導幹部의 成長까지도 阻害되었으며 또한 아무런 民主改革도 실시되지 않았다

朝鮮에 關한 모쓰크바決定을 支持하는 民主主義諸政黨 및 社會團體 그의 指導者들 會員 그리고 그團體들을 同情하는者들까지도 嚴酷한 迫害를 받고있다

南朝鮮의 어떤政黨들의 反動的指導者들은 民主改革과 朝鮮이 民主主義路線으로 發展하는데 反意를가지고 모쓰크바 3相決定을 反對하였으며 또 反對하고 있는것이다

그네들은 自己의 反對行動을 모쓰크바決定中에는 朝鮮人民으로서 容納할수없는듯한 信託이 豫見되어있다는것으로서 說明하고있다

朝鮮反動出版物과 그리고 어떤 米國新聞들까지도 信託은 쏘聯의 要求에 依하여 設定되었으며 소聯은 朝鮮을 占領하여 그곳에 쏘베트制度를 設置하려고하는것같이 朝鮮人民들에게 說服하려고 試圖하였다

소聯代表團은 소聯이 朝鮮을 占領하고 쏘베트制度를 設置하려고 한다는 反動陣營으로부터 나온 風說을 그것이 捏造的이고 쏘聯에 敵對되는것으로보아 反駁할 必要가 있다고 생각하는바이다

周知하는바와같이 모스크바3相會議에서 朝鮮에 關한 問題는 米側代表團의 發表에 依하여 討議하였으며 米國提案中에 朝鮮의 信託制度가 設定될때까지는 朝鮮을 管理하여야할 統一的行政을 2個의 司令官을 首班으로하여 設置하자는 것이

提議되었다 米國提案은 聯合國과 朝鮮人民의 各義로 行動하여야할 4個國(米國 英國 中國 쏘聯)의 代表로서 行政機關을 組織할 것을 豫見하였다

이行政機關은 朝鮮政府가 樹立될때까지 朝鮮을 效果的으로 管理하는데 必要한 執行 立法 及 司法主權을 實現하여야될것이었다

그리고 이行政機關은 自己의 全權과 機能을 高級行政機關을 通하여 實施하여야할것이다

이와같은 朝鮮에 對한 統治를 5個年間 實施하려고 豫見하였다 이期間은 다시 5個年間 延長될수 있었으니 이것은 實質的으로 10年間 朝鮮을 委任統治할것을 意味하는것이었다

그리고 米國提案에는 朝鮮政府의 樹立은 豫見되지 않았었다 勿論 쏘聯은 이와같은 米國代表團의 提案에 同義할수없었던 것이다 그理由는 첫째로 朝鮮은 聯合國에 對하여 戰爭한 國家가 아니었으며 뚤째로 5個年이란 期間은 朝鮮의 國權을 恢復하며 國家를 自主的으로 運營하기 爲한 國家的機關을 設置하며 幹部를 養成하는데 아조 充分한것인 까닭이다

쏘聯代表團은 3相會議의 討議에 自己提案을 提出하였다 쏘聯側提案은 朝鮮人民의 宿望과 利益을 參酌하였고 또한 民主主義 朝鮮臨時政府樹立을 豫見하였는바 그政府의 參加下에서 朝鮮人民의 政治 經濟 및 社會發展 及 民主主義的 自治發展과 朝鮮國家獨立에 援助(後見)할 對策들을 講究하여야될것이다

쏘聯代表團의 提案은 若干의 修正을 加하고 3相會議에서 接收되었던것이다 萬一 米國提案을 3相會議에서 接收된 決定과 比較하여 본다면 모쓰크바決定은 朝鮮에 關하여 一層 進步的決定이며 또한 朝鮮人民의 利益을 參酌한다는것을 各個朝鮮人이 明確히 알수있을것이다

朝鮮反動分子들은 朝鮮人民이 要求하는 朝鮮의 民主主義的發展과 民主改革을 願치않기 때문에 이決定을 反對하는것이다

우리는 搖言과 誹謗으로서 朝鮮人民을 欺滿하지못할것이며 놀라게하지못할것을 確信한다

朝鮮에는 人民과 密接히 連繫되었고 그들의 志向과 宿望을 잘알며 또한 橫暴專制 無權利 貧窮 植民地的隷屬이 有利한가 그렇지않으면 自由民主主義的權利 自由民主朝鮮獨立國家가 有利한가하는것을 理解할수있는 能力을 가진 諸政黨과

指導者들이있다

朝鮮人民은 海洋을 건너온 財物에 買收되지않을것이며 그自國內에 圓滿한 富源을 가지고 있는 主人으로서 짧은 期間內에 亞細亞先 諸國의 隊列에 들어올수 있는 것이다 後見을 願치않는 朝鮮人이있는限 後見이 必要치않다고 認定하는 米國代表團의 行動을 또한 쏘聯代表團은 알수없는 것이다

쏘聯代表團이 後見을 主張하는것은 오로지 그後見이 3個國外相이 署名하였고 正確히 實行하여야할 모쓰크바決定에 豫見되어있기때문이다 米國代表團이 反託鬪爭의 標語下에 出動하는 小數朝鮮反動派의 活動을 同情하면서 米國政府自体로써 接受한 朝鮮에 關한 모스크바決定實行을 願치않는 理由를 쏘聯代表團은 알수 없다

쏘聯代表團은 모쓰크바決定을 正確히 實行하는 基礎위에서 全朝鮮統一民主政府樹立을 促進시키기위하여 全力을 다하였다 米國代表團이 立脚한 立場은 지금까지 그政府樹立에 妨害되었다

朝鮮地域內에 쏘米兩軍隊가 駐屯하고 있는限 後見이 없어도 關係치않다는것은 朝鮮人民을 欺滿하는것에 不過하다고 쏘聯代表團은 認定하는 바이다

朝鮮은 人民의 支持를 받는 自己의 民主政府를 가지게되는때 朝鮮地域으로부터 쏘米兩國軍隊가 撤去하는때라야만 自主獨立國家가 될수있는것이다

쏘聯은 恒常 弱小人民을 尊重視하였으며 또는 尊重視하고있으며 그들의 獨立과 自主權을 爲하여 鬪爭하였으며 鬪爭하고 있다 때문에 쏘聯代表團은 朝鮮에서 쏘米兩國軍을 撤去하는 條件에서만 同盟國의 援助와 參加없이 朝鮮人自体로써 政府를 樹立할 可能性을 朝鮮人民들에게 줄수있다고 認定한다

萬若 米國代表團이 1948年初에 모든 外國軍隊를 撤去할데對한 提議에 贊同한다면 쏘聯軍隊는 米國軍隊와 同時에 朝鮮에서 撤去할 準備를 갖추고있다는 것을 쏘聯代表團은 聲明하는바이다

쏘聯代表團에게는 다른提議는없다 쏘聯代表團은 共委事業行程에서 朝鮮이 獨立民主 國家로 再建할 方途에 對하여 自己의 見解를 充分히 陳述하였다

쏘聯代表團은 米國代表團으로부터 對答과 提議가 있기를 기다리는 바이다.

7. 대한민국정부와 북미합중국정부 간의 협정(미군사고문단 설치협정)(1950.1.26)[14]

序　文

美國政府에對한大韓民國政府의要請에依하여美國大統領은下에規定한條項下에駐韓美國軍事顧問團 (以下 團이라 略稱함) 設置를認可한다

第 一 條

團의目的은陸軍, 海岸警備隊及國立警察을包括한軍警의組織統轄及訓練에있어서大韓民國政府를 顧問及援助하며前記軍警이美國의軍事援助를有効하게利用하도록保障하므로서大韓民國의軍警을韓國經濟力範圍內에서發展시키는데있다

該團은兩國政府가合意하는美國政府軍人及一般人員으로서構成한다

該團의國防部人員數는兩政府의합의가없는限將校及兵士都合五百名軍警을超過하지못한다軍警의將校及兵員의選擇은大韓民國政府가此를行한다

第 二 條

本協定은下記한境遇에는何時라도終了한다

(1) 一方의政府에서相對方政府에게事前六個月에書面으로終了通告를할때

(2) 一方의政府에서本團의撤回가同政府의公益上必要하겠다는認定下에相對方政府에게此撤回를 通告할 때 但此時에는本條(1)項規定을遵守함을不要한다 但撤回로써本協定을終了할時에는同團이 職務를終了하고實際的으로韓國을出發함에必要한時間 (三個月을 超過함을 不得함) 內에는韓國政府는本協定下에서發生하는韓國政府의責任을免치못한다

---

14) 『관보』 352호, 1950. 5. 13일자에 실린 원문이다. 원문에는 띄어쓰기가 되어 있지 않고, 문장이 끝날 때마다 마침표로 문장을 종결하지 않은 채 띄어쓰기로 구분을 하였음. 『대한민국조약집』에 실린 원문 내용과 단어 선택에서 차이가 있는 부분은 있으나 내용의 차이는 없다고 볼 수 있다.

第 三 條

該團의職務는軍事及其他此에關聯한事項에對하여本協定第一條에表示한目的을達成하는데必要한顧問과援助를大韓民國政府에게供與하는데있다該團은兩國政府가合意하는韓國軍警隊에對하여顧問과援助를供與한다

第 四 條

該團員과同家族은駐韓美國大使館及該當階級의同館員에게附與한諸特權과免責을亨有하는目的을爲하여同大使館의一部로認定된다

第 五 條

該團員은大韓民國政府에對하여責任을負하게되는任務를引受할수없으며또한引受케할수없다

第 六 條

該團全員은實務에從事하여美國政府로부터一定한俸給과手當을定期的으로受取하는同時에이에附加하여昂騰한生活費補償하기爲한特別手當을受取한다

이特別手當은韓國政府가圓貨로支拂한다 特別手當은韓國政府와美國政府間에合意하는基準에依하여決定될것인바이를定期的으로改正하며該團各人員이그任務를띠고韓國에居住하는全期間에亘하여支給한다

第 七 條

大韓民國政府는該團의公用으로또는該團員又는同家族의私用으로輸入되는物資, 備品, 供給品其他一般物品에限하여關稅를免除한다

이러한物資, 備品, 供給品及其他稅關稅, 輸入稅又는韓國에서美國으로再搬出時의輸出稅等을賦課하지않는다

第 八 條

(1) 大韓民國政府는同團團員及家族의住宅及公務를爲한建物, 事務所의修理維

持에必要한圓貨及本協定第八條二項과第九條에規定한韓國人職員에對한報酬及國內交通費를支拂함에必要한圓貨其他同團團員及團員家族의維持에必要한現地（供給品 備品 食料品 除外）의購入과勞務를雇用함에充分한圓貨를指定된駐韓美國大使館代表에게隨時로供給한다

(2) 大韓民國政府는該團員이韓國國內에서公務旅行하므로所用하는費用을圓貨로支拂한다

(3) 大韓民國政府는該團또는美國政府에게經費를負荷시키지않고該團員과同家族에게適當한住宅과該團이公務遂行에使用할適當한建物及事務所를提供한다 이러한住宅，建物及事務所維持에必要한公益施設과美國政府에게經費를負荷시키지않고供給하여該團이使用하도록한다

上記한모든住宅과事務所는可能한限美國軍事處에서同樣의住宅又는事務에對하여規定한標準에符合하도록한다

大韓民國政府는大韓民國國防部長官의事前同意가없이는建物의新築費用에對하여支拂할責任을 지지않는다

第 九 條

團에必要한現地職員의報酬는大韓民國政府代表者와駐韓美國大使館代表者가隨時決定하며그들韓人通譯，書記，勞務者等의賃金及傭人을除外한其他職員의賃金과團及團員이必要로하는韓國國內旅行費，備品費，用度費는大韓民國政府가此를負擔한다

團이그業務를遂行함에必要한公用郵便料金無料送達의特典，印紙를大韓民國政府는無料로提供한다

第 十 條

大韓民國政府는美國醫務員及同醫務施設이無한곳에서는該團員과同家族에對하여適當한醫療提供을한다

大韓民國政府는要請이있을때에는該團員又는同家族中危重한患者를國內에서美國醫療施設이有한 地方으로 移送한다

第 十 一 條

大韓民國政府及該團間의政策에關한모든事務連絡은駐韓美國大使館을通하여이를行한다 該團은同團長承認하는純全히軍事的인事項에關하여大韓民國政府職員과直接交涉할수있다

第 十 二 條

韓國政府及美國政府의軍事機密, 情報交換及發表는그情報를提供하는政府에서制定한軍事防諜細目의 規定에依하여同情報를守護한다는相互間諒解下에實行할것인바同情報를接受한政府는그提供政府의特定한承諾이없는限第三國政府或은受取權限이없는者에게此를再發表할수없다

第 十 三 條

本協定은國際聯合憲章第百二條規定에依하여國際聯合事務局에提出登錄케한다

第 十 四 條

本協定은雙方代表가署名할時에는一九四九年七月一日에遡及하여效力을發生하며大韓民國國會의認准을要한다

本協定文은一九五○年一月二十六日韓國서울에서韓國文及英文으로二通을作成한다 韓國本文及英本文은同一한效力을有하나相異가有할時에는英本文에依한다

右를立證키爲하여兩國政府正式代表者가本協定에調印한다

美國代表

大韓民國代表

〈AGREEMENT BETWEEN THE GOVERNMENT OF THE UNITED STATES AND THE GOVERNMENT OF THE REPUBLIC OF KOREA〉[15]

Signed at Seoul January 26, 1950

Entered into force July 1, 1947

In conformity with request of the Government of the Republic of Korea to the Government of the United States, the President of the United States has authorized the establishment of the United States Military Advisory Group to the Republic of Korea (hereinafter referred to as the Group), under the terms and conditions specified below:

ARTICLE I

The purpose of the Group will be to develop the security forces of the Republic of Korea within the limitations of the Korean economy by advising and assisting the Government of the Republic of Korea in the organization, administration and training of such forces, including the Army, Coast Guard and the Civil Police Forces, and by insuring the effective utilization of any United States military assistance by those forces. The Group will consist of such number of military and civilian personnel of the Government of the United States as may be agreed upon by the two Governments. The number of Department of Defense personnel in the Group, however, shall not exceed, without the mutual agreement of the two Governments, five hundred (500) officers and men. It is understood that the selection of men and officers for the Korean Security Forces will be decided by the Government of the Republic of Korea.

ARTICLE II

This Agreement may be terminated at any time:

15) 한국 외무부정무국, 『대한민국조약집』 제1권, 외무부정무국, 1956, 49~56쪽.

(1) By either Government, provided that six months' written notice is given to the other Government;

(2) By recall of the Group when either Government deems such recall to be in its public interest and shall have so notified the other Government without necessity of compliance with provision (1) of this Article. However, termination of this Agreement by recall does not relieve the Government of the Republic of Korea from its obligations arising under this Agreement during such time, not exceeding three months, reasonably necessary to permit the Group to terminate its functions and physically depart from Korea.

ARTICLE Ⅲ

The functions of the Group shall be to provide such advice and assistance to the Government of the Republic of Korea on military and related matters as may be necessary to accomplish the purposes set forth in Article Ⅰ of this Agreement. The Group shall extend advice and assistance to such components of the Korean Security Forces as may be agreed upon by the two Governments.

ARTICLE Ⅳ

The Group and its dependents will be considered as a part of the Embassy of the United States in the Republic of Korea for the purposes of enjoying the privileges and immunities accorded to the Embassy and its personnel of comparable rank.

ARTICLE Ⅴ

No member of the Group shall assume or cause to be assumed duties as a result of which he will be responsible to the Government of the Republic of Korea.

ARTICLE Ⅵ

All members of the Group shall be on active duty and shall be paid regularly authorized pay and allowances by the Government of the United States, plus a special allowance to compensate for increased cost of living. Such compensation for this special allowance shall be paid by the Government of the Republic of Korea in Korean currency. The special allowance shall be based upon a scale agreed upon by the Governments of the United States and the Republic of Korea, shall be revised periodically and shall be applicable for the entire period each member of the Group resided in Korea on with the Group.

ARTICLE Ⅶ

The Government of the Republic of Korea will grant exemption from customs duties on materials, equipment, supplies and goods imported for the official use of the Group or the personal use of the members thereof or their families only. Such materials, equipment, supplies and goods will not be subject to any Korean excise, consumption or other tax, duty or impost, including export taxes in the event of reshipment to the United States from Korea.

ARTICLE Ⅷ

(a) The Government of the Republic of Korea shall furnish from time to time to one designated representative of the American Embassy in Korea sufficient Korean currency to purchase local supplies (excluding foodstuffs), equipment and services necessary to maintain the Group, its personnel and their families including, but not restricted to, currency necessary to repair and maintain living quarters for the Group and their families and buildings and office space for the official business of the Group and such costs of indigenous services and costs of transportation as are provided in Articles Ⅷ (b) and Ⅸ of the Agreement.

(b) The Government of the Republic of Korea will pay in Korean currency expenses incurred by members of the Group for travel in the Republic of Korea on official business of the Group.

(c) The Government of the Republic of Korea will provide without charge to the Group or to the Government of the United States suitable living quarters for

Personnel of the Group and their families and suitable buildings and office space for use in the conduct of the official business of the Group. Public utilities and fuel necessary to maintain the living quarters, buildings and office space, will also be furnished without charge to the Government of the United States for the use of the Group. All living and office quarters will conform, in so far as possible, to the standards prescribed by the United States Military Services for similar quarters. It shall be understood that the Government of the Republic of Korea will not be responsible for the payment of the cost of construction of new buildings unless the concurrence of the Minister of National Defense of the Republic of Korea is obtained prior to the incurring of such expenses.

ARTICLE Ⅸ

Costs of indigenous services required by the Group, including compensation of locally employed interpreters, clerks, laborers and other personnel, whose rate of compensation shall be determined from time to time between a representative of the Government of the Republic of Korea and a representative of the American Embassy in Korea, except personal servants, and including costs of transportation within Korea of supplies and equipment required by the Group and its members will be borne by the Government of the Republic of Korea. Official services, including free franking privileges and tax stamps required by the Group for the accomplishment of its mission will be provided without cost by the Government of the Republic of Korea.

ARTICLE Ⅹ

The Government of the Republic of Korea will provide suitable medical attention to members of the Group and their families in places where United States medical personnel and facilities are not available. The Government of the Republic of Korea will, upon request, evacuate seriously ill members of the Group or their families to places in Korea where United States medical facilities may be available.

ARTICLE XI

All communications between the Government of the Republic of Korea and The Group relating to policy will be directed through the United States Ambassador to Korea. The Group may deal directly with officials of the Government of the Republic of Korea on matters of a purely military nature as may be authorized by the Chief of the Group.

ARTICLE XII

Disclosures and exchanges of classified military information to or between the Government of the United States and the Government of the Republic of Korea will only be made subject to the mutual understanding that the information will be safeguarded in accordance with the requirements of the military security classification established thereon by the originating Government, and that no redisclosure by the recipient Government of such information to a third Government or to unauthorized personnel will be made without specific approval of the originating Government.

ARTICLE XIII

This Agreement shall be registered with the Secretariat of the United Nations in compliance with the provisions of Article 102 of the Charter of the United Nations.

ARTICLE XIV

This Agreement shall enter into force upon signature and shall be considered as having become effective as of July 1, 1941; it being understood this Agreement will be submitted for ratification to the Korean National Assembly.

Done in duplicate, in the English and Korean languages, at Seoul, Korea, on this 26th day of January, 1950. The English and Korean texts shall have equal force, but in the case of divergence, the English text shall prevail.

IN WITNESS WHEREOF the respective representatives, duly authorized for the purpose, have signed the present Agreement.

FOR THE GOVERNMENT OF THE UNITED STATES:

By John J. Muccio

FOR THE GOVERNMENT OF THE REPUBLIC OF KOREA:

By S. M. Shin

By D. Y. Kim

02_ 2부「냉전진영의 형성과 한반도의 분단 확대」관련 원문

1. 대한민국정부 및 미국정부 간의 재정 및 재산에 관한 최초협정 (1948.9.11)[1)]

〈INITIAL FINANCIAL AND PROPERTY SETTLEMENT BETWEEN THE GOVERNMENT OF THE UNITED STATES OF AMERICA AND THE GOVERNMENT OF THE REPUBLIC OF KOREA〉

PREAMBLE

The Government of the United States of America and the Government of the Republic of Korea in view of the note August 9, 1948, from the president of the Republic of Korea to the Commanding General, United States Army Forces in Korea, the note of August 11, 1948, from the Commanding General united States Army Forces to the President of the Government of the Republic of Korea, and in view of the desirability of concluding an initial financial and property settlement between the Government of the united States of America and the Government of the Republic

1) Gen.Voulter, CG USAFIK, to Muccio(조인된 '재정이양협정' 국·영문 첨부), Box68, Entry11070, Records of United States Army Force in Korea, Lt. Gen. John R. Hodge Official File, RG338, pp.91~93.

of Korea, the undersigned, being duly authorized by their respective Governments for that purpose, agree as follows:

ARTICLE Ⅰ

The Government of the United States of America hereby transfers to the Government of the Republic of Korea all right, title, and interest held by the United States of America to all property classified as national property in the land and building ledgers, and map books of the district tax offices and the land buildings, and registers of the courts, together with all improvements on and additions to such property, all cash and bank deposits of the United States of Army Military Government in Korea and of the South Korean Interim Government, all equipment, supplies, and other property held by the departments, offices and agencies of the United States Army Military Government in Korea and South Korean Interim Government., including all relief and rehabilitation supplies heretofore furnished to the Korean economy by the Government of the United States of America. Military property of the Government of the United States of America furnished to the Korean Constabulary, Police, or Coast Guard will be transferred to the Government of the Republic of Korea from time to time as authority for such transfer is given by the Government of the United States of America to its representative in Korea. Such transfers of military property shall be accomplished through the Office of the Foreign Liquidation Commissioner of the United States Department of States Department of State and in accordance with separate agreement to be entered into between the said Foreign Liquidation Commissioner and the Government of the Republic of Korea. The Government of the Republic of Korea agrees that property retained for use by of troop withdrawl shall be made available for the use of the Government of the United States of America during the period of troop withdrawl. The Government of the Republic of Korea agrees that properties specified in Exhibit A shall be made available for the temporary use of the Government of the United States under free leasholds, and further agrees that it will bear all costs in Korean currency for the repair and maintenance of such properties. The Government of the Republic of Korea hereby assumes and relieves the Government of the United States of America of all liability for the South Korean Interim Government over draft account at the Bank of Chosun, commitments under loans guaranteed by the United States Army Military Government in Korea, its agensies and instrumentalities, and by the South Korean Interim Government, and all other obligations incurred by the United States Army Military Government in Korea and by the South Korean Interim Government, including present and future claims of every kind description.

This section shall be effective until an agreement comes into effect between the Government of the United States of America and the Government of the Republic of Korea on aid to the Government of the Republic of Korea. To the extent that relief and rehabilitation supplies still on hand of hereafter received are transferred to the Government of the Republic of Korea shall assume responsibility for the receipt, allocation, distribution and accounting for American-financed supplies. Net won proceeds and accounts receivable derived from the sales of relief and rehabilitation supplies by the United States of Army Government in Korea or by the South Korean Interim Government, shall be turned over to the Government of the Republic of Korea. The Government of the Republic of Korea agrees to deposit these proceeds of all sales account in its name in the Bank of Chosun. The Government of the Republic of Korea further agrees to deposit in this special account the proceeds of all sales of relief and rehabilitation supplies which have been or may be transferred by the Government of the United States of America to the Government of the Republic of Korea. Disbursement from this special account will be made only for such purposes as are agreed upon between the senior representative of the Government of the United States of America and the Government of the Republic of Korea.

Net proceeds in Korean declared surplus to the Office of the Foreign Liquidation Commissioner of the United States Department of State and heretofore furnished to the Korean economy are hereby transferred to the Government of the Republic of Korea.

ARTICLE II

The Government of the United States of America agrees to effect settlement for all imports from Japan for the Korean economy delivered between September 9, 1945, and the effective date of this agreement, less the value of Korean exports shipped to Japan during such period.

ARTICLE III

The Government of the United States of America hereby transfers from its custody for the Government of the Republic of Korea any property in Korea which may have been owned or controlled, directly of indirectly, in whole or in part, on or since August 9, 1945, by Germany; or by any German nationals, corporations, societies, associations, or any other German organization. The Government of the Republic of Korea agrees to take all necessary measures to facilitate such transfers of German assets in Korea as may be determined by the United States of America in consultation with Republic of France and the United Kingdom of Great Britain and Northern Ireland.

ARTICLE IV

The Government of the United States of America hereby transfers to the Government of the Republic of Korea the Korean Foreign Exchange Bank shares presently owned and held by the United States Army Military Government in Korea, together with all the assets and liabilities of said Bank. The Government of the United States of America hereby transfers to the Government of the Republic of Korea the net residual balances of foreign exchange now standing to the credit of the South Korean Interim Government in said Bank, subject to allocation and use only after consultation with and concurrence of the senior representative in Korea of the Government of the United States of America. Pending further agreement between the Government of the United States of America and the Government of the Republic of Korea, existing foreign exchange controls shall be retained by Government of the

Republic of Korea.

ARTICLE V

The Government of the Republic of Korea recognizes and ratifies such disposition of former Japanese public and private property vested under Ordinance Number 33 of the United States Army Military Government in Korea. Except for the reservations in respect to the acquisition and use of property by the Government of the United States of America and use of property by the Government of the United States of America contained in Articles I and IX of this agreement, the remaining vested property, together with all accounts receivable and sales contracts, shall be transferred to the Government of the Republic of Korea in the following way:

(a) All Cash, bank deposits or other liquid assets are hereby transferred as of the effective date of this agreement;

(b) All other vested property that is to be transferred, together with all available inventories, maps, deeds, or other evidences of ownership, will be turned over progressively to the Government of the Republic of Korea, supported by balance sheets, operating statements, and other financial records relating to vested property, as rapidly as an orderly transfer can be effected. The Government of the Republic of Korea agrees to establish a separate governmental agency to receive and administer for the benefit of the Korean people the property, heretofore vested under Ordinance No.33, which is or will be transferred to the Government of the Republic of Korea under the provisions of this Article.

The Government of the Republic of Korea will respect, preserve and protect the rights and interests, direct of indirect, of national of countries at war with Japan, in former Japanese property in Korea acquired by the Government of the Republic of Korea in accordance with this Article provided such rights and interests were legally acquired by bona fide transfer prior to the effective date of Ordinance No.33.

The Government of the Republic of Korea hereby relieves the United States of America of all liability, including all current and future claims arising out of the vesting, administration and disposal of the property referred to in this Article.

ARTICLE Ⅵ

Property in Korea of United Nations nationals, which was seized, confiscated or sequestered by the Imperial Japanese Government under its wartime regulations, together with property in Korea of other persons which was treated by the Imperial Japanese Government as enemy property, and which is transferred to the Government of the Republic of Korea under the provisions of Article V, will be protected and preserved bt the Republic of Korea pending its return to its rightfull owners, provided such owners request the return of the property within a reasonable period. The Government of the republic of Korea undertakes to return all such identifiable property, if not otherwise provided for by mutual agreement between the owner and the Government of the Republic of korea. Continuing the policy initiated by the United States Army Military Government in Korea, the Government of the Republic of Korea undertakes to compensate the owners for damage or loss to such property during as compensation is paid by the Government of the Republic of Korea for loss or damage to Korean property seized, confiscated or sequestered for war purposes by the Imperial Japanese Government, its agencies, instrumentalities, or its nationals. The Government of the Republic of Korea hereby relieves the Government of the United Sates of America from liability for any claim arising out of the administration of property referred to in this Article prior the effective date of this Agreement.

ARTLCLE Ⅶ

The Government of the United States of America and the Government of the Republic of Korea agree to collaborate in arranging a satisfactory settlement of any unpaid debt owing to the Soviet authorities in Korea for power furnished for the Korean economy from September 9, 1945, to the effective date of this Agreement. The Government of the United States of America further agrees to liquidate this debt, whenever a fair value of the unpaid debt has been agreed upon by the representatives of the Soviet and United States authorities.

ARTICLE VIII

The Government of the United Sates of America and the Government of the Republic of Korea agree to collaborate in arranging a satisfactory settlement of any unpaid debt owing to the Soviet authorities in Korea for power furnished for the Korean economy from September 9, 1945, to the effective date of this Agreement. The Government of the United Sates of America further agrees to liquidate this debt, whenever a fair value of the unpaid debt has been agreed upon by the representatives of the Soviet and United States authorities.

ARTICLE IX

The Government of the United States of America, through the United States Army Military Government in Korea, has reimbursed Korea at a fair dollar value for all goods, services and facilities provided for and to the United States Army Forces in Korea from the Korean economy for the period from September 9, 1945, through June 30, 1948, inclusive; and for all claims of every kind and description against the Government of the United States of America, its officials, employees, or agencies and instrumentalities, raised or which may be raised by the Government of the Republic of Korea, its nationals, or other individuals and organizations, as a result of the occupation of Korea by the United States Army Forces in Korea during such period.

The Government of the Republic of Korea agrees that this payment constitutes full and complete settlement for all goods and services used by or provided to the United States Army Forced in Korea during the aforementioned period, and for all claims of every kind and description against the Government of the United States America, its officials, employees, or agencies and instrumentalities, raised or which may be raised by the Government of the Republic of Korea, its instrumentalities, its nationals or other individuals and organizations, from all claims of every kind and description arising as a result of the occupation of Korea by the United States Army Forces in Korea during the period prior to July 1, 1948. The Government of the Republic of Korea hereby recognizes and ratifies the agreement under which the abovementioned payment to Korea was effected.

The Government of the Republic of Korea also assume and relieves the Government of the United States of America of all liability for funds used from the overdraft account at the Bank of Chosun entitled "United States Army Military Government in Korea Funding Account". The Government of the Republic of Korea agrees that the Commanding General, United States Army Forces in Korea shall continue to draw won from the overdraft account at the Bank of Chosun presently entitled "United States Army Military Government in Korea Funding Account No.2" and the Government of the United States of America hereby agrees to pay to the Government of the Republic of Korea in dollars or other United States assets, the fair dollar value of all and services procured in the Korean economy with won drawn from such account.

ARTICLE X

a. In consideration for certain property heretofore furnished to the Korean economy by the Government of the United States of America through the Office of the Foreign Liquidation Commissioner of the United States Department of State and the United States Army Military Government in Korea, including the net proceeds in Korean currency arising from the sale of such property, the Government of the Republic of Korea agrees to pay to the Government of the United States of America in the manner provided in the terms of this Article, the fair value of said property, not to exceed the equivalent of $25,000,000 as shown on the records of said Foreign Liquidation Commissioner, overing the transfer of such property to the United States Army Military Government in Korea. Interest shall accure at the rate of 2-3/8 per centum per annum from July 1, 1948, on the unpaid balance of the total value of said property, and shall be due and payable in Korean currency on July 1, of each year, the first payment to be made on July 1, 1949.

b. At such times and in such amounts as shall be specified by the Government of the United States of America, the Government of the Republic of Korea shall pay in Korean currency all or part of the balance then due under the indebtedness set forth in this Article, including interest due and unpaid, if any, less any credits made for property as provided in paragraph d of this Article, and the Government of the United States of America shall credit the balance due under such indebtedness with the United States dollar equivalent of such currency. Any currency so received by the Government of the United States of America shall be used in accordance with the provisions set forth in paragraph c of this Article.

c. The Government of the United States of America and the Government of the Republic of Korea agree that the Korean currency to be received by the Government of the United States of America as provided in paragraph b of this Article, as well as the Korean currency to be received by the Government of the United States of America as interest provided in paragraph a of this Article, shall be expended in Korea and may be used for the payment of any or all expenditures in Korea of the Government of the United States of America, including expenditures for:

  (1) Such educational programs as may be mutually agreed upon by the two Governments, and

  (2) The acquisition of property may be mutually agreed upon by the two tangible or intangible, including improvements to any property in which the Government of the United States of America has an interest. Such property shall include initially the property listed in the Supplement to this Agreement.

d. At the request of the Government of the United States of America, the Government of the Republic of Korea shall deliver title to such property as may, by mutual agreement, be acquired by the Government of the United States of America in accordance with the terms of this Article. Upon the delivery of title to such property by the Government of the Republic of Korea t the Government of the United States of America, the Government of the Republic of Korea under this Article with the agreed-upon fair-dollar value of such property.

〈美國政府 及 大韓民國政府間의 財政 及 財産에 關한 最初協定〉

序　　文

美國政府及大韓民國政府는 大韓民國大統領이 在韓美國陸軍司令官에게 發送한 一九四八年 八月 九日의 通牒 及 在韓美國陸軍司令官이 大韓民國大統領에게 發送한 一九四八年 八月 十一日의 通牒에 鑑하야, 또는, 大韓民國政府 及 美國政府間에, 財政 及 財産에 關한 最初協定의 締結을 要함에 鑑하야, 下記 署名人은, 該 目的으로 各自 政府가 賦與한 權限에 依하야 左와 如히 協定함.

第壹條

美國政府는 左記財産에 對하야 美國이 保有하였든 一切의 權利, 名義 及 利益을 玆에 大韓民國政府에 移讓함. 右에 左旗財産이라 함은 地方稅務署 不動産台張及 圖面 또는 法院不動産登記簿에 國有財産으로 記載된바 在朝鮮美軍政廳 及 南朝鮮過渡政府의 一切 財産, 咳財産에 加한 一切의 改良, 一切의 現金 及 銀行預金, 及 現在까지 美國政府가 韓國經濟에 提供한 一切의 救助物資 及 再建物資를 包含하야, 南朝鮮 過渡政府 各部處 及 代行機關이 保有한 一切의 設備, 物資 及 其他 財産을 指稱함. 美國政府가 朝鮮國防警備隊, 警察 又는 海洋 警備隊에 移讓됨. 如斯한 軍用財産의 移讓은 美國國務省海外物資淸算委員會의 事務局을 通하여 此를 行하며 이 移讓은 美國國務省海外物資淸算委員會 及 大韓民國政府間에 締結된 別個의 協定에 依하야 이를 行함. 大韓民國政府는 在韓美國陸軍이 撤退其間中에 使用할 目的으로 保留하거나 又는 管理하는 財産은 該 撤退其間中 美國政府로 하여금 此를 使用하게하며 美國政府에 負擔없이 此를 保存할 것을 協約함. 大韓民國政府는 附錄 甲에 特技한 財産을 美國政府로하여금, 臨時로 無償借用하게 할 것을 協約하며, 同時에, 大韓民國政府는, 該 財産의 修繕 及 保存에 要하는 一切費用을 韓國通貨로 負擔할 것을 協約함. 大韓民國政府는, 南朝鮮過渡政府가 朝鮮銀行에서 引出한 當座貸越金에 對한 一切責任, 在朝鮮美軍政廳, 그 代行機關 及 南朝鮮過渡政府가 保證한 貸付下의 債務, 또는 在朝鮮美軍政廳 及 南朝鮮過渡政府가 負擔한 其他 一切의 債務를, 現在 及 未來의 一切 訴請件에 對한 責任까지 包含하야, 亥에 美國政府로부터 引受하며, 美國政府로 하여금 그 責任을 免케함.

本項은 美國政府 及 大韓民國政府 間에, 大韓民國政府의 援助에 關한 協定이 有效하게 될 때까지 此를 施行함. 現在 在庫中인 援助再建物資 又는 今後 接受할 援助再建物資를 美國政府가 大韓民國政府에 移讓하는 範圍 內에서 如斯한 移讓은 漸次로 秩序있게 此를 行하며, 大韓民國政府는 美國供給物資의 接受, 割當, 配給 及 會計에 對한 責任을 引受함. 在朝鮮美軍政廳, 又는, 南朝鮮過渡政府가 拂下한 救助再建物資의 圓貨純賣上金 及 受取計定은 此를 大韓民國政府에 移讓함. 大韓民國政府는 如斯한 賣上金을 朝鮮銀行의 特別當座에 大韓民國政府名義로 預金하기로 協約함. 大韓民國政府는 美國政府가 大韓民國政府에 移讓한 救助再建物資 又는 今後에 移讓할 救助再建物資의 一切拂下에 依한 賣上金을 本 特別當座에 預金하기로 協約함. 該當座에서의 支出은 大韓民國政府 及 在韓美國最高代表間에 同意한 目的을 위한 境遇에 限함.

美國務省海外物資淸算委員會에서, 過剩財産으로 인정하야, 現在까지 韓國經濟에 提栱한 財産의 拂下에 依한 韓國圓貨 純賣上金 及 援助計定은 該에 此를 大韓民國政府에 移讓함.

第 二 條

美國政府는 一九四五年 九月九日부터 本 協定 有效期日까지의 期間에, 韓國民間 經濟를 爲하야 日本으로부터 輸入한 一切의 物資와 該期間 中, 日本에 輸出한 韓國物資와의 差額에 關하야 淸算을 完了할 것을 協約함.

第 三 條

美國政府는 一九四五年 八月 九日 以後 獨逸 又는 獨逸人, 獨逸會社, 組合, 協會 又는 其他 獨逸團體가 直接 又는 間接으로, 全体的 又는 部分的으로, 所有 又는 管理하였든 在韓國財産을 該에, 美國政府 管下로부터 大韓民國政府 管下로 移管함. 大韓民國政府는 美國이 佛蘭西共和國 及 英國과 協議하야 決定하는대로, 在韓國 獨逸財産의 移管을 促進하기에 必要한 一切 手段를 取할 것을 協約함.

第 四 條

美國政府는 在朝鮮 美軍政廳이 現在 所有保管 하고 있는, 朝鮮換金銀行株式

을, 該 銀行의 全資産 及 債務와 함께, 玆에 大韓民國政府에 移讓함. 美國政府는 現在 該 銀行에 南朝鮮過渡政府의 債權이 되어있는 外國換金의 純差引殘高를 玆에 大韓民國政府에 移讓함.

但, 該 金額은 在韓美國政府 最高代表와 協議하야, 同意한 後에야, 此를 割當 又는, 使用함을 得함.

現行 外國換金管理는, 大韓民國政府 及 美國政府間에 다시 協定이 있을 때까지 此를 大韓民國政府가 擔當함.

第 五 條

大韓民國政府는, 在朝鮮美軍政廳 法令 第三十三號에 依하여 歸屬된 前 日本人 公有 又는 私有財産에 對하여 在朝鮮美軍政廳이, 이미 行한 處分을 承認하고 批准함. 本 協定 第一條 及 第九條에 依하야, 美國政府가 取得 又는 使用할 財産에 關한 保留件을 除外하고는, 現在까지 拂下치 않은 歸屬財産, 歸屬財産의 賃貸借 及 拂下에 依한 純收入金의 消費되지않은 金額은, 一切의 受取計定 及 賣買契約과 함께 此를 左와 如히 大韓民國政府에 移讓함.

(가) 一切의 現金, 銀行預金 又는 其他流動財産은, 玆에, 本 協定有效期日附로 此를 移讓함.

(나) 其他一切의 移讓할 歸屬財産, 一切의 入手可能한 財産目錄, 圖面, 證書 又는 其他所有證은 貸借對照表, 運營明細書, 及 其他歸屬財産에 關한 財政記錄에 依하여 確證되는데로, 秩序있는 移讓이 可能한 限, 可及的 速히, 此를 大韓民國政府에 漸次로 移讓함. 大韓民國政府는 韓國國民의 福利를 爲하야 左記 財産을 接受 及 管理할 別個의 政府機關을 設置하기로 協約함.

右에 左記財産이라 함은, 法令 第三十三號에 依하여 現在까지 歸屬되어, 本條 規定下에 大韓民國政府에 移讓되는 財産 又는 今後에 移讓될 財産을 指稱함.

大韓民國政府는 日本과 對戰한 國家의 國民이, 本條에 依하여 大韓民國政府에 移讓된 韓國 內 前 日本人 財産上에 有하는 直接 又는 間接 權利 及 利益을 尊重, 保全 及 保護하되, 但 如斯한 權利 及 利益은 法令 第三十三號 有效期日 前에 善意移轉에 依하여 合法的으로 取得된 것임을 要함.

大韓民國政府는, 本條에 言及한 財産의 歸屬, 管理 及 處分에 關하여 發生한, 一切의 現在 及 未來의 請求權에 對한 責任을 包含하야, 此에 因한 一切의 責任을 玆에 美國으로부터 引受하며, 美國은 그 責任을 免함.

第 六 條

戰時規定 下에 日本政府가 押收, 沒收, 又는 ?差押한 在韓聯合國 國民財産 及 日本政府가 敵産으로 取扱한 其他人의 在韓國 財産으로서, 第五條 規定下에 大韓民國政府에 移讓되는 財産은, 正當한 所有者가 適當한 期間 內에 返還을 請求하는 境遇 該所有者에게 返還할 時까지 大韓民國政府가 此를 保全 及 保存함. 大韓民國政府는 所有者 及 大韓民國政府間의 相互協定에 依하야, 別途 처리를 定치 않은 限 所有者를 證明할 수 있는 一切의 財産을 返還하기로 公約함.

大韓民國政府는 在朝鮮美軍政廳이 樹立한 政策을 繼承하야, 左記 財産이 該所有者의 管理下에 있지 아니한 期間 中에, 該 財産에 發生한 損害 又는 喪失에 對한 負擔을 所有者에게 支拂할 것을 공약하되, 그 範圍는 日本帝國政府, 그 代行機關 又는 그 國民이 戰爭目的으로, 押收, 沒收 又는 ?差押한 漢人財産에 發生한 損害 又는 喪失에 對하여 大韓民國政府가 支佛하는 負擔과 同程度임을 要함. 大韓民國政府는 本 協定 有效期日前, 本條에 言及한 財産의 管理에 依하여 發生한 一切 請求權에 對한 責任을 美國政府로부터 玆에 引受하여, 美國政府는 그 責任을 免함.

第 七 條

美國政府 及 大韓民國政府는, 一九四五年 九月九日부터 本協定 有效期日까지에 韓國經濟를 爲하여 提供된 電力에 對하야, 在韓國 蘇聯當局에게 支拂할 美弗債務의 滿足한 淸算을 調整함에 있어서 協力할 것을 協約함.

美國政府는 언제나 美弗債務의 公正한 代價에 關하야 蘇聯 及 美國當局의 代表者間에 合議가 成立되면 玆 債務를 淸算하기로 協約함.

第 八 條

美國政府는, 一九四五年 九月九日부터 一九四八年 六月三十日까지의 期間中

韓國經濟로부터 在朝鮮美國陸軍에 提供한 一切의 物資, 奉仕 及 設備에 對하야 公正한 美貨代價를 在朝鮮美軍政廳을 通하야 韓國에 割當하였고, 該期間中 在朝鮮美國陸軍이 韓國에 駐屯한 結果로, 大韓民國政府, 그 國民, 又는 其他 個人 及 團体가 美國政府, 그 職員 又는 代行機關을 相對로 提起한 又는 今後에 提起할 各種各類의 請求權에 對하야, 公正한 美貨代價를, 在朝鮮美軍政廳을 通하야, 韓國에 辨償하였음.

大韓民國政府는 前記 期間中, 在朝鮮美國陸軍이 使用하거나, 又는 提供받은 一切의 物資 及 奉仕에 對하야, 또는, 一九四五年 九月九日부터 一九四八年 六月三十日까지의 期間中, 美國陸軍이 韓國에 駐屯한 結果로 大韓民國政府, 그 代行機關, 그 國民, 又는 其他 個人 及團体가, 美國政府, 그 職員, 又는 代行機關을 相對로 提起한, 又는 今後에 提起할 各種各類의 訴請件에 對하야, 前記支佛이 完全且充足한 것으로 協約함. 大韓民國政府는 一九四八年七月一日前의 期間中, 在朝鮮美國陸軍이 韓國에 駐屯한 結果로 發生하는 各種各類의 訴請件에 對한 責任을 , 美國政府, 그 職員, 代行機關, 國民 又는 其他個人 及 團体로부터 引受하야, 後者로 하여금 그 責任을 免케할 것을 協約함.

大韓民國政府는, 韓國에 對한 前記支佛이 遂行된 것을 提起한 協定에 承認且批准함.

大韓民國政府는『在朝鮮美軍政廳用資金』이라 稱하는 朝鮮銀行貸越當座에서 使用한 資金에 對하야 一切債務를 美國政府로부터 引受하야, 美國政府로 하여금 그 責任을 免케함. 大韓民國政府는, 在韓美國陸軍司令官이 現在『在朝鮮美軍政廳運用資金其二』라 稱하는 朝鮮銀行貸越當座에서 國債를 繼續引出할 것을 協約하며, 同時에 美國政府는 韓國經濟로부터 取得한 一切의 物資給奉士, 또는 該當座에서 引出한, 國債에 對하야 公正한 美貨代價를 美貨又는 其他美國財物로써 支佛하기로, 玆에 協約함.

第 九 條

(가) 大韓民國政府는, 美國政府가 美國國務省海外物資淸算委員會 及 在朝鮮美軍政廳을 通하야 現在까지 韓國經濟에 提供한 財産 及 該財産의 拂下에 依한 圓貨純賣上金을 받았으므로, 此에 對하야 該財産의 公正한 代價를, 本條에 規定한

方法에 依하야, 美國政府에 支佛하기로 協約하되, 該金額은 二千五百萬佛의 該當額을 超過치 아니함. 但 此金額은 在朝鮮美軍政廳에 該 財產을 移轉한 海外物資清算委員會의 記錄에 表示된 바와 如함. 該 財產의 公正한 代價總額의 未佛差額에 對하야는, 一九四八年 七月一日부터 年2-3/8分의 利率로써 利潤을 計上하고 每年 七月一日에 此를 韓國通貨로 支佛할 것이며, 第一次支佛期日은 一九四九年七月一日로 定함.

(나) 美國(외교부 판에는 軍)政府가 指定한 期日에, 그 指定한 金額으로써, 大韓民國政府는 本條에 規定한 債務 中에서 當時 滿期된 差額의 全部 又는 一部와 滿期된 未拂利潤을, 韓國通貨로 支佛하되, 本條 (라)項 規定에 依한 財產의 代價를 減하며, 美國政府는 該債務中에 受取할 差額을 該通貨의 美貨該當額으로써 貸方에 記入함. 美國政府가 左와 같이 受取한 通貨 一切는 本條 (다)項 規定에 依하야 이를 사용함.

(다) 大韓民國政府 及 美國政府는 左와 如히 協約함. 本條 (나)項에 依하여 美國政府가 受取할 美國通貨 及 本條 (가)項에 規定한 利潤으로 美國政府가 受取할 美國通貨는 韓國內에서 此를 使用할 것이며, 美國政府의 韓國內 費用 一切의 支佛에 此를 使用함을 得함.

但, 그 費用은 左에 對한 費用을 包含함.

(壹) 兩政府가 相互協定할 教育計劃.

(貳) 動產 又는 不動產, 有体 又는 無体임을 莫論하고, 美國政府가 關心을 가진, 在韓國財產 及 그 添附物의 取得.

該財產은 最初에, 本協定의 補充에 列擧한 財產을 包含함.

(라) 大韓民國政府는, 本條條件下에 美國政府가 相互協定으로써 取得할 수 있는 財產의 所有權을 美國政府의 要求에 應하야, 讓渡함.

如斯한 財產의 所有權을 大韓民國政府가 美國政府에 讓渡한 時에는, 美國政府는 該財產에 對하야 協定한 公正弗貨價格을 本條에 依한 大韓民國政府의 債權으로 계산함.

(마) 兩政府間의 特別協定에 依한 別途規定이 없는 限, 美國政府가 大韓民國政府에게 本條(나)項 及 (라)項에 規定한대로, 韓國通貨에 依한 支佛 又는 在韓國財産의 所有權 讓渡를 要求하는 境遇에, 以上 兩者의 總額은 七月一日에 始作하는 單一會計年度에 있어서 五百萬弗의 該當額 及 本條 (가)項에 規定한 滿期未佛利潤을 超過하지 못함.

(바) 本協定條件下에 大韓民國政府가 引受한 弗貨債務에 該當하는 圓額은 大韓民國政府 及 美國政府間의 相互協定에 依하여 此를 計算하되 그 計算은 每支佛直前에 此를 行함.

境遇如何를 不問하고, 圓貨該當額은 每支佛行爲 當時에 第三者가 合法的으로 利用할 수 있는 換率에 對比하야, 美國政府에 不利하도록 計算치 못함.

第 拾 條

大韓民國政府는 本協定條件下에 美國政府가 提供한 機具, 物資, 及 其他 財産의 再輸出 또는 轉換을 許容치 않기로 該에 協約함. 但, 美國政府의 正當한 代表가 如斯한 再輸出 又는 轉換을 承認한 境遇에는 이 限에 不在함.

第 拾 壹 條

大韓民國政府는 在朝鮮美軍政廳 또는 南朝鮮過渡政府의 一切의 現行法律, 法令 及 規則을 全的으로 繼續 施行할 것을 協約함.

但, 大韓民國政府가 此를 廢止 又는 改正하는 時는 此 限에 不在함.

第 拾 貳 條

相互間에 滿足할 수 있는 親善條約 及 通商條約의 交涉이 있을때까지 韓國에서 現在 合法的으로 存在하는 聯合國 國民 及 會社의 權利 及 特典은 此를 尊重하고 確認할 것을 協約함.

第 拾 參 條

本 協定條件下에 大韓民國政府에 移讓되는 會計, 財産 及 運營設備의 行政的

管理는 本 協定 有效期日부터 三十日 以內에 又는 大韓民國政府가 如斯한 運營 及 責任을 引受할 準備가 되는대로, 可及的 速히, 此를, 大韓民國政府當局에 漸次로 秩序있게 移讓함. 但, 歸屬財産 及 救助再建物資의 行政的 管理는, 本協定 有效期日부터 九十일 以內에, 又는, 大韓民國政府가 如斯한 運營 及 債務를 引受할 準備가 되는대로 可及的 速히 此를 移讓함.

第 拾 四 條

在韓美國陸軍이 韓國에서 撤退할 時까지 大韓民國政府 及 美國政府는 在韓美國陸軍에 依한 特定運輸, 通信, 其他 設備 及 奉仕의 利用에 關하야 在韓美國陸軍 及 在朝鮮美軍政廳 各部門에 이미 締結된 一切의 協定에 羈束되며, 此를 尊重할 것을 協約함.

本 協定은 大韓民國國會에서 本協定에 同意하였다는 것을 美國政府에 正式으로 通牒함과 同時에 發效함.

一九四八年 九月十一日 韓國 서울에서 英文 及 韓國文으로 本書貳通을 作成함.

英語 本文 及 韓國語 本文은 同樣의 效力이 有하나, 相異가 있는 境遇에는 英語本文에 依함.

美國代表 John J. Muccio

大韓民國代表 장택상

〈財政 及 財産에 關한 最初協定의 補充〉

北美合衆國(以下『美國』이라 略稱함) 政府 及 大韓民國(以下『韓國』이라 略稱함) 政府間의 本協定은 本 日附『財政 及 財産에 關한 最初協定』第九條의 補充이며, 韓國에 提供한 過剩財産의 代償이 되는 不動産讓渡를 規定함.

記

韓國 及 美國間의『財政 及 財産에 關한 最初協定』第九條에 依하면 韓國은, 美國의 要求에 應하야 美國이 關心을 가지는 在韓國財産의 所有權을 讓渡할 것이며, 左에 言及한 協定의 同條 (라)項에 依하면, 韓國은 美國이 願하는 財産을 兩政府間에 協定된 價格으로 讓渡할 것을 協約하였으며, 美國은, 左에 言及한 協定의 條件下에 讓受키 願하는 財産을 이미 選擇하였으므로 玆에 左와 如히 協定함.

(一)韓國은, 本協定有效期日부터 六十日前後에 左記財産을 左記價格으로 美國에 讓渡함. 價格은 協定된 評定官 三人이 此를 決定하여 弗貨로 明示함. 評定官은 韓國이 指名한 一人, 美國이 指名한 一人, 及 그 兩評定官이 最初에 選定한 委員長으로 構成됨. 財産은 左記財産을 包含하나 此에 局限되지 아니함.

(가) 美軍家族住居 第拾號 及 其他 貞洞一의 三九 一三六二坪

(나) 露西亞人 家室 第一號 貞洞一의 三九 七二0坪

(다) 現在美國領事館 西便空地 貞洞一의 九 一四一四坪

(라) 現在美國司令官 南便空地 서울俱樂部財産에 이르기까지 現在 美國領事館 곁으로 通한 道路의 一部, 貞洞八의一, 八의三, 八의五, 八의六, 八의七, 八의八, 八의九, 八의 十, 及 그 八의 十七, 五三五, 四0坪

(마) 美軍家族住居 第十號 及 露西亞人家室 第一號貞洞四에 있는 三角地形垈地 及 그 垈地上에 있는 創軍一棟 及 其他建物, 西大門區 貞洞 一의 三九一, 六七五坪

(바) 前軍政廳 第二地區全部 及 其垈地上에 있는 約四十三棟의 家屋 及 其他建物. 此는, 此地域에 있는 殖産銀行所有財産 全体를 包含함.

松峴洞 四九의一 全部 司諫洞 九六, 九七의二, 九八, 九九, 一0二, 一0三의一, 一0四의 一, 及 一0四의 二, 及 其垈地上의 其他建物. 約九, 九一五坪

(사) 半島호텔 及 其 東便에 連接한 駐車場, 鐘路區乙支路一八0의二, 一, 九四四坪.

左 證據로서, 下記 署名人은 各自政府가 賦與한 權限에 依하야 一九四八年九月十一日 韓國 서울에서 英文 及 韓國文으로도 本協定에 書名함.

英語 本文 及 韓國語文은 同樣의 效力이 有하나, 相異가 있는 境遇에는 英語本文에 依함.

美國代表 John J, Muccio

大韓民國代表 이범석, 장택상

附錄 甲

大韓民國政府가 美國政府로 하여금 臨時로 無償借用케할 財産은 左記財産을 包含하나 이에 局限되지 않음.

(가) 軍用地帶 第一 第二 及 第七號 內에 있는 特定家屋 五一棟 及 垈地

(나) 各處에 散在한 美人家族住居 第九號, 第一0九號, 第一四三號. 第二一八號, 第二二一號 及 美軍宿舍第五號, 第十號 及 第十一號.

(다) 半島호텔 越便에 있는 三井빌딩 及 垈地.

(라) 美公報館 及 垈地(前 首都廳 빌딩)

(마) 第二十四軍團 特務隊地區

(바) 南大門近處에 있는 第二一六補給隊用 콩크리트製 倉庫

(사) 美軍 第七師團地區(西氷庫)에 있는 五六棟의 家屋 及 垈地

(아) 中央廳地區內에 있는 五七棟의 家屋

(자) 美軍宿舍第三二號(國際호텔) 及 美軍宿舍第二四號(首都호텔)

(차) 美軍宿舍第二三號(內資아파-트)의 三棟 建物

(카) 美軍宿舍第三八號(플라자호텔)

(타) 永登浦 美人家族住居地帶 第一地區의 使用家屋 八棟 及 十五棟의 아파-트.

2. 외교관계 수립에 대한 북한과 소련의 서신 교환 (1948.10)[2)]

1) 북한 → 소련

소비에트 사회주의공화국 연맹 내각수상
이오씨프 · 위싸리오노위츠 · 스딸린 각하

경애하는 수상각하에게 조선민주주의인민공화국 정부의 이름으로써 본 서한을 보내어 우리정부의 다음과 같은 희망을 표시하는 영광을 가지는 바입니다.

조선이 일본제국주의의 다년간의 식민지적 억압으로부터 해방된 이래 3년을 경과하는 동안에 조선인민의 생활에는 우리 조국의 역사적 운명에 대하여 거대한 의의를 가진 심대한 전변(轉變)들이 일어났습니다. 유일한 전국적 입법기관 조선최고인민회의의 거족적 선거가 전 조선을 통하여 실시되었습니다.

이 선거의 결과로서 조선민주주의인민공화국 정부가 조직되었는바 이는 남북 조선주민의 각계각층의 대표자들로써 구성되었으며 전 조선인민의 열렬한 찬동과 한결같은 지지를 받고 있습니다. 조선민주주의인민공화국 정부는 자기 임무의 수행에 착수하였으며 조선인민의 행복을 위하여 자기 활동을 개시하였습니다.

전 조선인민의 일치한 지향을 표시하여 나는 우리 정부의 이름으로써 각하와 각하를 통하여 소비에트 사회주의공화국연맹 정부에 대하여 조선민주주의인민공화국 정부와 외교관계를 설정하며 대사를 교환할 것을 요청합니다.

외교관계 설정과 함께 우리 양국 인민의 공통한 행복을 위하여 양 국가 간의 긴밀한 경제적 관계도 역시 설정할 것을 나는 소비에트 사회주의공화국연맹 정부에 요청하는 바입니다.

조선민주주의인민공화국과 소비에트 사회주의공화국과의 사이의 외교관계 설정은 우리 양국인민 간의 우호관계를 촉진할 것이며 극동에 있어서의 평화와 안

2) 朝鮮中央通信社, 『朝鮮中央年鑑 1950』, 1950, 68~69쪽. 국사편찬위원회 편, 『한국전쟁, 문서와 자료, 1950~53년』, 2006, 18쪽; 안드레이 란코프 엮음, 전현수 옮김, 『소련공산당과 북한문제: 소련공산당 정치국 결정서(1945~1952)』, 경북대학교출판부, 2014, 70쪽.

전을 위하여 이바지한 것이라고 나는 깊이 믿어 마지않습니다. 각하에게 충심으로 경의를 표하면서.

조선민주주의인민공화국 내각수상 김일성
1948년 10월 8일

2) 소련→북한

조선민주주의인민공화국 내각수상 김일성 각하

각하께서 조선민주주의인민공화국 정부가 자기의 임무들을 수행하기에 착수하였다는 것을 통지하시고 소비에트 사회주의공화국연맹과 외교관계를 설정하며 대사를 교환하며 또한 양국 간에 해당한 경제관계를 설정할 것을 제의하신 10월 8일부 귀한(貴翰)을 받았다는 것을 확인합니다.

통일적 독립국가 건설에 대한 조선인민의 권리를 시종여일(始終如一)하게 옹호하는 소비에트 정부는 조선 정부의 수립을 환영하며 조선의 민족적 부흥 및 민주주의적 발전을 위한 귀(貴) 정부의 사업에 성공이 있기를 바랍니다.

소비에트 정부는 소비에트 사회주의공화국연맹과 조선민주주의인민공화국과의 사이에 외교관계를 설정하며 대사를 교환하고 이와 아울러 해당한 경제관계를 설정하겠다는 것을 표명합니다.

소비에트 사회주의공화국연맹 내각 수상 이.브. 쓰딸린
1948년 10월 12일

3. 소련과 조선민주주의인민공화국 간의 경제적 및 문화적 협조에 관한 협정 (1949.3.17)[3)]

소련 최고소비에트상임위원회와 조선민주주의인민공화국 최고인민회의 상임위원회는 소련과 조선민주주의인민공화국 간의 경제적 및 문화적 관계를 더한층 발전강화시킬 것을 지향하면서, 양국 간의 이 연결의 강화발전은 양국 인민의 절실한 이익에 부합되며 또한 양국의 경제적 및 문화적 발전에 있어서 가장 좋은 방조로 되리라는 것을 확신한다.

이러한 목적으로 본 협정을 체결할 것을 결정하고 각기 전권대표로서 소련 최고소비에트 상임위원회는 소련 외상 비신스키(Андре́й Януа́рьевич Выши́нский)를, 조선민주주의인민공화국 최고인민회의 상임위원회는 김일성 수상을 임명하였다.

상기 양국전권대표는 소정한 형식과 충분한 순서에 의하여 받은 자기의 전권위임장을 교환한 후 다음과 같은 조항에 관하여 합의를 보았다.

제 1 조

양(兩) 체약국(締約國)은 협정 동등 및 호상이익의 기초 위에서 양국 간의 통상관계를 백방으로 발전, 강화시킬 것이다. 양 체약국 정부는 1년간 또는 보다 장구한 기간에 호상제공하는 상품의 양과 종류를 규정하며 또한 양국의 인민경제발전의 수요에 있어서 양국 간의 끊임없고 또 증가되는 상품교류를 보장하여 주는 기타 제 조건을 규정하는 협정을 때때로 체결할 것이다.

제 2 조

양 체약국은 양국 간의 통상 및 항행에 관한 제 문제에 있어서 또한 양 체약국 중 어느 한 국가의 영토 내에서 해당 체약국의 자연인 및 법인들에 활동에 있어서 호상 최혜제도를 허여할 것이다.

3) 朝鮮中央通信社,『朝鮮中央年鑑 1950』, 1950, 70쪽. 러시아어 협정문은『프라브다(правда)』 1949/3/21.

제 3 조

양 체약국은 문화·과학 및 예술분야에서 양국 간에 설정된 관계를 백방으로 발전강화시킬 것이다.

이에 적응하여 양 체약국 정부는 해당 협정을 체결할 목적을 가진 협의를 시작할 것인바 이에 있어서 양 정부는 이 관계를 더 한층 강화시키려는 지향에 입각할 것이다.

제 4 조

양 체약국은 전문가의 파견, 기술적 원조, 전람회의 조직, 종자 및 식물표본의 교환 또한 기타의 방법에 의하여 산업과 농업생산 분야에서 양국 간에 경험 교환을 촉진시킬 것이다.

제 5 조

본 협정은 10년 기간으로 체결된다. 협정은 가급적으로 빠른 시일 내에 비준될 것이며 평양시에서 비준서가 교환되는 날부터 효력을 발생할 것이다.

만약 양 체약국 중 어느 1개 국가도 상기 10년 기간이 완료되기 12개월 전에 협정을 취소하려는 자기의 요망을 서면상으로 통고하지 않는 한 협정은 양체약국 중 어느 1개국이 협정폐기를 통고하는 날로부터 계산하여, 1개년 동안까지 효력을 가진 대로 남아 있을 것이다.

이상의 증명으로서 양 체약국의 전권대표는 본 협정을 체결하고 날인하였다.

1949년 3월 17일 모스크바에서 러시아어 및 조선어로 각 2부 작성되었으며, 양 원문은 동일한 효력을 가진다.

조선인민민주주의인민공화국	소비에트사회주의공화국연맹
최고인민회의상임위원회	최고소비에트 상임위원회
전권대표 김일성	전권대표 아 야 비신스키

4. 대한민국과 점령하 일본 간의 통상협정 (1950.6.2)[4]

第一條 本協定의 兩當事國의 一方인 大韓民國(以下 韓國이라 稱함) 代表는 他方의 當事國인 占領下日本을 代身하여 行動하는 聯合國最高司令官(以下 日本이라 稱함) 代表와 兩國間의 貿易을 擴張하고 또 實行할 수 있는 最高의 水準을 維持시킬 意圖로써 採擇되면은 有益할 方法을 討議하여 다음과 같은 基礎에서 貿易을 行하기로 同意함.

一. 壹年을 期間으로 하는 物品의 購入 及 賣却에 關한 모든 去來와 役務의 提供에 關한 貿易 計劃을 採擇함

二. 別途指定하는 바를 除外하고는 모든 貿易은 本協定과 同時에 締結되는 韓國과 日本間의 通商에 關한 財政協定의 條件 及 規程에 依하여 行함

三. 貿易은 政府系統 및 民間系統의 兩者를 通하여 行함

四. 通商計劃 範圍 內에서 韓國은 日本에 對한 輸出入과 日本은 韓國에 對한 輸出入을 最小限 貿易計劃에 表示된 金額까지 許可함을 同意함. 兩當事國은 貿易計劃의 評價金額에 依하여 外國換 又는 外國換 信用을 割當 又는 承認함. 採擇된 貿易計劃은 制限的인 것이 아니고 何時든지 相互合意에 依하여 擴張 又는 修正할 수 있음

五. 貿易計劃은 決코 制限的인 것이 아니고 本 協定期間中 韓國과 日本間에 去來하여지리라고 期待되는 貿易量과 가장 豫想되는 貿易性格을 本協定 兩當事國이 入手할 수 있는 最善의 情報에 비추어 表示한 것임.

   貿易計劃은 實地로 貿易의 그 計劃 內에 表示된 比率을 達成하거나 또는 性格을 表하여야 한다는 兩當事國의 拘束的인 約束으로써 作成된 것은 않임.

   도리어 貿易計劃은 本協定의 兩當事國間의 貿易을 實行할 수 있는 最高의 水準까지 發展코저하는 雙方의 希望의 結果로써 나타나리라고 보는 販賣

[4] 한국무역협회, 『무역연감』 1951-1952합본호, 1952, 291~293쪽. 국가법령정보센터(www.law.go.kr)에는 '대한민국과 점령하 일본 간의 무역협정'으로 게재되어있으나, 당시에 쓰였던 용어대로 '통상협정'으로 사용하였음.

와 購入의 量에 對하여 善意로써 行하여진 妥當한 算定을 表示하는 것임 以上의 考慮를 條件으로 하여 兩當事國은 貿易計劃에 表示된 商品 及 役務의 販賣 及 購入을 모든 方法으로써 容易하게 함

六. 如何한 段階에 있어서나 本協定의 當事國의 一方이 貿易計劃에 豫見된 販賣 及 購入의 量 及 性格이 現存法規의 變更과 같은 理由로 因하여 實現되지 않으리라고 믿을 時는 關係 兩當事國은 當事國 一方이 重要視하는 利益을 保護함에 必要하다고 認定되는 貿易計劃의 變更을 達成하기 爲하여 協議할 것임

七. 本協定의 運營에 關하여 兩當事國은 正確하고 最新의 情報를 入手할 수 있도록 하고 一般的으로 貿易計劃의 實行을 確保하기 爲하여 兩當事國의 合意로써 特殊한 機構를 設置함

八. 各當事國은 輸出入統制 爲替管理 및 他方의 管轄地域에 있어서 隨時로 行하여지는 國際貿易에 關한 其他統制의 遵守를 確保하기 爲하여 實行할 수 있는 모든 措置를 行함

九. 貿易計劃에 規定된 商品貿易은 西紀 一九四九年 十月 十三日 제네바에서 調印된 關稅 及 貿易에 關한 一般協定의 修正된 原則에 依하여 此를 運營함

十. 韓國, 日本 및 第三國과의 貿易을 促進하기 爲하여 本協定의 當事國은 情勢에 따라 多角的 貿易을 發展시키는 可能性에 關하여 協議할 것임

第二條 本協定은 兩當事國의 合意에 依하여 修正할 수 있고 書面에 依한 九十日 事前 通告로써 大韓民國政府 聯合國最高司令官 又는 同司令官의 後繼者의 要請에 依하여 廢止할 수 있음

本協定은 兩當事國이 別送의 意思를 成文으로 表示하지 않는 限 聯合國 又는 聯合國의 어느 一國과 日本間의 講和條約 惑은 大韓民國과 日本間의 友好通商條約의 公布와 同時에 終結될 것이다.

本協定의 如何한 改正廢止 又는 效力終結도 如斯한 改正廢止 又는 終結의 效力發生日에 앞서 本協定에 依하여 發生하거나 招來된 如何한 權利 또는 義務도 害하지 않음

第三條 本協定의 兩當事國은 韓國과 日本間의 貿易狀況을 一方의 要請에 依하여 隨時 一般的으로 再檢討함

第四條 本協定은 兩署名國의 署名할時 檀紀 四二八三年 四月 一日로부터 效力을 發生함

檀紀 四二八三年 六月 二日

署名 (檀紀 四二八三年 六月 二日) 大 韓 民 國 代 表 商工部長官 金勳

(檀紀 四二八三年 六月 六日) 占領下日本을 代身하여 行動하는 聯合國最高司令部代表

(司令官輔佐官 A. T. Rehe Major, AGD Asst. Adj Cen)[5]

5) 협정문 하단부의 괄호내용은 『경제연감(1955년판)』, 1956, 546~547쪽에 있는 원문에서 인용.

5. 대한민국과 점령하 일본 간의 통상에 관한 재정협정 (1950.6.2)[6]

第一條 本協定書의 目的은 大韓民國(以下 韓國이라 稱함)과 占領下日本(以下 日本이라 稱함)間의 通商에 關한 財政協定을 制定함에 있음.

第二條 美合衆國貨幣로 表示되는 一計定을 日本東京所在 日本銀行에 維持하고 此를 韓日相互淸算計定(以下 計定이라 稱함)이라 呼稱함. 本協定에 規定된 目的을 爲하야 日本銀行은 日本에 代身하야 行動하는 聯合國最高司令官의 代行者로서 指定되고 大韓民國政府가 그 代行者로서 指定할 銀行의 去來銀行으로서 業務를 함.

第三條 別途規定이 없는限 韓日間의 貿易에 關한 모든 商去來와 役務提供은 本計定에 記錄됨. 韓國의 日本에 對한 모든 輸出品의 價格은 本計定의 貸方에 記錄되고 日本으로부터 韓國에의 모든 輸入品의 價格은 本計定의 借方에 記錄된다. 但 本計定에 記錄된 金額에 對하여는 無利子로 함.

第四條 日本銀行은 每月 月末 現在의 計定報告를 聯合國最高司令官 總司令部가 指定하는 機關에 送付하고 寫本을 日本東京所在의 韓國代表에 傳達함.

第五條 本條 第二項 및 第三項에 規定한 境遇를 除外하고 借方과 貸方은 相互淸算하고 支拂은 本計定의 純殘額에 關해서만 行함. 支拂은 美合衆國通貨인 美貨 또는 支拂日에 兩當事國間에 相互合意되는 其他通貨로서 하되 다음과 같은 條項에 依하야 行함.

一. 本條 第二項 第三項 및 第四項의 條項의 制約下에 純殘額 貳百萬弗을 超過하는 金額은 超過와 同時에 負債가 되고 債權國要請에 依하야 支拂되어야 함.

6) 한국무역협회, 『무역연감(1951-1952합본호)』, 1952, 293~296쪽. 『경제연감』 1955년판에서는 재정협정의 명칭을 "大韓民國과 占領下日本間의 通商關한 金融協定"이라 하고있다. '재정협정'과 '금융협정' 두 가지 명칭이 모두 사용되었으나 '재정협정'이 당시 통상적으로 사용되었기 때문에 본 글에서는 '재정협정'이라 통일함.

二. 前項規定에 依하야 日本에 支拂될 純殘額 貳百萬弗을 超過하는 金額은 前項規定에 不拘하고 日本銀行에 接受된 信用保證書에 表示된 日本의 韓國으로부터의 初期輸入金額總額이 貳百五拾萬弗에 到達하기까지는 支拂되지 않음.

三. 前項規定에 不拘하고 何時든지 信用保證書에 表示된 韓國의 購入總額과 日本의 購入總額의 差額이 五百萬弗을 超過할 時는 韓國은 債權國要請에 依하여 前期差額 五百萬弗을 超過하는 金額은 「計定」에 現金으로서 拂入함을 要함.

四. 第一項의 規定은 「計定」 運營에 一般的으로 適用되는 것이나 本協定運營初期에 있어서는 「計定」 運營은 第二項 및 第三項의 制約을 받는 것으로 봄.

第二項에 規定된 바와 如히 日本銀行에 接受된 信用保證書의 金額總計가 貳百五拾萬弗에 到達하면 第二項 및 第三項의 條項은 無效가 되고 第一項의 條項만이 超過金額支拂時에 適用된다.

五. 「本計定」의 純殘額의 最終淸算支拂은 늦어도 本協定의 取消日 又는 終結日의 翌月부터 四個月 月末日까지 行하여야 함. 本協定取消日 又는 終結日로부터 九十日前에 完結치 못하거나 完結안되거나 또는 代金推尋書類의 提示를 못하는 商去來는 兩當事國이 別途合意하는 境遇를 除外하고는 再交涉을 要함.

第六條 本協定 當事國以外의 第三國과의 貿易으로 因해서 當事國에 生하는 債權은 兩當事國과 當該 第三國間의 相互合意에 依해서 第三國이 本協定에 當事國과 如히 認定하야 計定에 記錄됨.

第七條 本協定은 兩當事國間의 合意에 의하야 修正할 수 있고 書面에 依한 九十日 事前通告로서 大韓民國政府 聯合國最高司令官 又는 同司令官의 後繼者의 要請에 依하야 廢止할 수 있음.

本協定은 兩當事國이 別途의 意思를 成文으로 表示하지 않는限 聯合國 又는 聯合國의 어느 一國과 日本間의 講和條約 或은 大韓民國과 日本間의 友好通商條

約의 公布와 同時에 終結될 것이다. 本協定의 如何한 改正, 廢止 又는 效力終結도 如何한 改正, 廢止 又는 效力終結의 效力發生日에 앞서 本協定에 依하야 發生하거나 招來된 如何한 權利 또는 義務도 害하지 않을 것임.

第八條 大韓民國政府代表 及 聯合國最高司令官 又는 그 後繼者의 代表에게 本協定의 履行에 關한 事務節次를 協議決定할 權限을 附與함.

第九條 本協定은 兩署名國이 署名한時 檀紀 四二八三年 四月 一日로부터 效力을 發生함.

檀紀 四二八三年 六月 二日

大韓民國代表 商工部長官 金勳 (재무부장관 최형조)

(1950年 6月 6日) 占領下 日本을 代表하여 行動하는 聯合國最高司令部代表

(사령관보좌관 A. J. Rehe)[7]

---

7) 협정문 하단부의 괄호 내용은 『경제연감(1955년판)』, 1956, 547~548쪽과 '국가법령정보센터'(www.law.go.kr)에서 인용. '국가법령정보센터'만 조약 서명자가 재무부장관 '최형조'로 되어있음.

6. 대한민국 및 미합중국 간의 원조협정 (1948.12.10)[8]

〈AGREEMENT ON AID BETWEEN THE UNITED STATES OF AMERICA AND THE REPUBLIC OF KOREA〉[9]

PREAMBLE

The Government of the Republic of Korea having requested the Government of the United States of America for financial, material and technical assistance to avert economic crisis, promote national recovery, and insure domestic tranquility in the Republic of Korea, and

The Congress of the United States of America, in the Act approved June 28, 1948, (Public Law 793, 80th Congress) having authorized the President of the United States of America to furnish assistance to the people of the Republic of Korea, and

The Government of the United States of America and the Government of the Republic of Korea, believing that the furnishing of such assistances on terms consonant with the independence and security of the Government of the Republic of Korea, will help to achieve the basic objectives of the charter of the United Nations and the United Nations General Assembly Resolutions in November 14, 1947, and will further strengthen the ties of friendship between the American and Korean peoples:

The undersigned, being duly authorized by their respective Governments for that purpose have agreed as follows:

ARTICLE Ⅰ

The Government of the United States of America will furnish the Government of the Republic of Korea such assistance as the President of the United States of America may authorize to be provided in accordance with the Act of Congress approved June 28, 1948, (Public Law 793, 80th Congress), and any Acts amendatory

8) 「한미경제원조협정전문(1)」, 1948년 12월 12일, 『경향신문』; 「한미경제원조협정전문(1)」, 1948년 12월 14일, 『경향신문』.
9) 외무부, 『대한민국 조약집』 제1권, 1958.

or Supplementary thereto.

ARTICLE II

The Government of the Republic of Korea, in addition to making the most advantageous use of all available Korean resources. Will make similarly effective use of the aid furnished to the Government of the Republic of Korea by the Government of the united States of America. In order further to strengthen and stabilize the economy of Korea as soon as possible, the Government of the Republic of Korea hereby undertakes to effectuate, among others the following measures:

(a) The balancing of the budget through the increase of governmental revenues by all practicable means.

(b) The maintenance of such controls over the issuance of currency and the use of private and government credit as are essential to the attainment of economic stability.

(c) The regulation of all Foreign Exchange transactions and the establishment of foreign trade controls, including an export and import licensinf system, in order to issue that all foreign exchange resources make a maximum contribution to the welfare of the Korean people and recovery of the Korean economy.

(d) The establishment of a rate of exchange for the Korean currency as soon as economic conditions in Korea warrant such action.

(e) The exertion of all possible efforts to attain maximum production, collection and equitable distribution of locally-produced supplies, including the continuance of a program of collection and distribution of indigenously0produced cereal grain s designed to;

(1) Assure a minimum adequate stable ration at controlled prices for all non-selfsuppliers, and where necessary to distribute to indigent and subject to such restrictions as are prescribed in the Constitution and the Laws of the Republic of Korea.

(2) Obtain foreign exchange

(f) The facilitation of private foreign investment in Korea together with the admittance of private foreign traders to transact business in Korea subject to such restrictions as are prescribed in the Constitution and the Laws or the Republic of Korea.

(g) The development of Korean export industries as rapidly as practicable.

(h) The management or disposition of government-owned productive facilities and properties in such a manner as will insure in the general welfare the furtherance of maximum production.

ARTICLE Ⅲ

1. The Government of the United States f America will appoint an official (hereinafter referred to as the United States Aid Representative) to discharge the responsibilities in Korea of the Government of the united States of America under the terms of this Agreement. Within the terms of this Agreement, the United States Aid Representative and his staff will assist the Government of the Republic of Korea to make the most of the Republic of Korea by the Government of the United States of America, thereby to advance reconstruction and promote economic recovery in Korea as soon as possible.
2. The Government of the Republic of Korea to extent diplomatic privilieges and immunities to the United States Aid Representative and members of his mission.
3. The Government of the Republic of Korea will furnish all practicable assistance to the United States Aid Representative in order to enable him to discharge his responsibilities. The Government of the Republic of Korea will permit the free movement of employees of the Government of the United States of America engaged in carrying out the provisions of this Agreement to, in or from Korea; facilitate the employment of Korean nationals and residents; authorize the acquisition of facilities and services at reasonable prices; and in other ways assist the United States Aid Representative in the performance of his necessary duties. The Government of the Republic Korea, in consultation with the United

States Aid Representative, will effectuate such mutually acceptable arrangements as are necessary for the utilization of the petroleum storage and distribution facilities, and other facilities, and other facilities which are required to carry out the objectives of this Agreement.

4. The Government of the Republic of Korea will permit the United States Aid Representative and his staff to travel and to observe freely the utilization of assistance furnished to Korea by the Government of the United States of America, and will recognize his right to make such recommendations in respect thereto as he deems necessary for the effective discharge of his responsibilities under this Agreement. The Government of the Republic of Korea will maintain such accounts and records pertaining to the Aid Program, and will furnish the united Sates Aid Representative such reports and information as he may request.

5. In the event the United States Aid Representative ascertains the existence of abuse or violations of this Agreement, he will so inform the Government of the Republic of Korea. The Government of the Republic of Korea will promptly to exist and in form the United States Aid Representative, appropriate corrective action is not taken by the Government of the Republic of Korea, he may take such steps as may be appropriate and proper and may recommend to the Government of the United States of America the termination of further assistance.

6. The Government of the Republic of Korea will establish an operating agency to develop and administer a program to requirements, procurement, allocation, distribution, pricing and accounting, for supplies obtained under this Agreement. In the development and execution Aid Representative.

ARTICLE Ⅳ

1. The Government of the Republic of Korea will develop an overall economic recovery plan designed to stabilize the Korean economy. An integral part of this economic recovery plan will be an import-export program to be agreed upon

by the United States Aid Representative and the Government of the Republic of Korea. In consonance with this agreed upon import-export program, the Government of the Republic of Korea will transmit to the United States Aid Representative fully justified import requirements, together with estimates of export availabilities this information to be transmitted at such time and in such from as may be desired by the United States Aid Representative.

2. The Government of the Republic of Korea will insure that the periodic allocation of foreign exchange by categories of use will be made in consultation with and with the concurrence of the United States Aid Representative, and that expenditures of foreign exchange will be made in accordance with such allocation.

3. Where it is deemed necessary, the Government of the Republic of Korea will employ foreign consultation and technicians to assure the effective utilization of domestic resources and equipment and materials brought into Korea under the import-export program. The Government of the Republic of Korea will in each case inform the United States Aid Representative of its intention to employ such individuals.

ARTICLE Ⅴ

1. The Government of the Republic of Korea will take all appropriate steps regarding the distribution within Korea of goods provided by the Government of the United States of America pursuant to this Agreement, and of similar goods imported through the use of other funds or produced locally, to insure a fair and equitable distribution of these supplies at reasonable prices consistent with local economic conditions within the Republic of Korea, and to insure that all such goods are used for the purpose envisaged by this Agreement.

2. The Government of the United States of America shall from time to time notify the Government of the Republic of Korea of the indicated dollar cost of commodities, services, and technical information(including any cost of

processing, storing, transporting, repairing or other services incident thereto) made available to Korea on a grant basis pursuant to this Agreement. The Government of the Republic of Korea upon notification of such indicated dollar costs, shall there upon deposit in a special account in its name at the Bank of Chosun a commensurate amount in won, computed at a won-dollar ratio which shall be agreed to States Aid Representative. The Government of the Republic of Korea will use any balance in the special account, to pay the United States Aid Representative such funds as he may require from time to meet the win expenses incurred in the discharge of his responsibilities within Korea, under this Agreement. The remaining sums in the special account may be used only for such other purposes as may be agreed upon from time to time between the Government of the Republic of Korea and the United States Aid Representative.

3. The Government of the Republic of Korea will not permit the re-export of goods provided by the Government of the United States of America pursuant to this Agreement of the export or re-export of commodities of the same character produced locally or otherwise procured, without the concurrence of the United States Aid Representative.

4. The Government of the Republic of Korea will insure that all commodities made available under this Agreement or the containers of such commodities shall to the extent practicable, be marked, stamped, branded, or labeled in a conspicuous or containers will permit, in such a manner as to indicate to the people of Korea that such commodities have been furnished or made available by the United States of America.

ARTICLE Ⅵ

1. The Government of the Republic of Korea will undertake to use its best endeavors to cooperate with other countries in facilitating and stimulating an increasing interchange of goods and services with other countries and in reducing public and private barriers to trade with other countries.

2. Pending the entry into force of a Treaty of Amity and Commerce between the Government of the United States of America shall accord, immediately and unconditionally, to the merchandise trade of the Republic of Korea treatment no less favorable than that accorded to the merchandise trade of any third country. Similarly, treatment no less favorable than the accorded to the unconditionally, within the Republic of Korea, to the merchandise trade of the United States of America.
3. Departures from the application of the most-favored-nation treatment provided for in paragraph 2 of this Article shall be permitted to the extent that on Tariffs and Trade, dated October 30, 1947; concluded at the Second Session of the Preparatory Committee of the United Nations Conference on Trade and Employment, as now or hereafter amended. The provisions of this paragraph shall not be construed to require compliance with the procedures specified in the shall not be constructed to require compliance with the procedures specified in the General Agreement with regard to the application of such exception.
4. The provisions of paragraph 2 and 3 of this Article shall apply, with respect to the United States of America, to all territory under its sovereignty or authority.
5. The Government of the Republic of Korea shall reciprocal most-favored-nation treatment to the merchandise trade of any area in the free territory of Trieste, Japan or Western Germany in the occupation or control of which the Government of the United States participated, for such time and to such extent as such area accords most-favored-nation treatment to the merchandise trade of the Republic of Korea.
6. The provisions of paragraph 2 and 3 of this Article shall not derogate from such other obligations concerning the matters contained in this Agreement as may at any time be in effect between the Government of the United States of America and the Government of the Republic of Korea.

7. The Government of the Republic of Korea will take the measures which it deems appropriate to prevent, on the part of private or public commercial enterprises, business practices or business arrangement afflicting international enterprises, business practices or business arrangement afflicting international trade which have the effect of interfering with the purposes and policies of this Agreement.
8. The Provisions of this Article and of Article VII shall apply during such period as the Government of the United States of America extends aid to the Government of the Republic of Korea under the terms of this Agreement unless superseded by a Treaty of Amity and Commerce.

ARTICLE Ⅶ

The Government of the Republic of Korea shall, with respect to commercial industrial, shipping and other business activities accord to the Nationals of the United States of America treatment no less favorable than now or hereafter accorded by the Republic of Korea to Nationals of any third country. As used in this paragraph, the word "Nationals" shall be understood to include natural and juridical persons.

ARTICLE Ⅷ

The Government of the Republic of Korea will facilitate the transfer to the United States of America, for stockpiling or other purposes, of materials originating in the Republic of Korea which are required by the United States of America as a result of deficiencies or potential deficiencies in its own resources, upon such reasonable terms of sale, exchange, barter or otherwise, and in such quantities, and for such period of time, as may be agreed to between the Government of United States of America and the Republic of Korea will take such specific measures within the intent of this Agreement as may be necessary to carry out the provisions of this paragraph, including the promotion of the increased production of such materials within the Republic of Korea, and the removal of any hindrances to the transfer of such materials to the United States of America. The Government of the Republic of America, enter into negotiations for detailed arrangements necessary to carry out the provisions of this paragraph.

ARTICLE Ⅸ

1. The Government of the Republic of Korea and the Government of the United Sates of America will cooperate in assuring the peoples of the United States of America and of Korea full information concerning the goods and technical assistance furnished to the Government of the Republic of Korea by the Government of the united States of America.
2. The Government of the Republic of Korea will permit representatives of the press and radio of the United States of America to travel and to observe freely and to report fully regarding the receipt and utilization of American aid.
3. The Government of the Republic of Korea will permit representatives of the Government of the United States of America, including such committees of the Congress as may be authorized by their respective houses to observe, advise, and report on the distribution among the people of commodities made available under this Agreement.
4. The Government of the Republic of Korea cooperate with the United States Aid Representative in providing fully continuous publicity in Korea o n the purpose, source, character, scope, amounts and progress of the economic and technical aid provided to the Government of the Republic of Korea by the Government of the United States of America under the provisions of this Aid Agreement.

ARTICLE Ⅹ

1. Any or all assistance authorized to be provided pursuant to this Agreement will ne terminated…

   (a) If requested b y the Government of the Republic of Korea.

   (b) If the United Nations finds that action taken or assistance furnished by the

United Nations makes the continuance of assistance by the Government of the United States of America pursuant to this Agreement unnecessary or undesirable.

(c) If the President of this United of America determines that the Government of the Republic of Korea is not adhering to the terms of this Agreement; or whenever he finds, by reason of changed conditions, aid under this Agreement is no longer consistent with the national interests of the United States of America.

ARTICLE XI

This Agreement shall become effective with the formal notification to the Government of the United States of America that the Korean National Assembly has consented to this Agreement. It shall remain in force until three months after the day on whish either Government shall have given to the other notice of intention to terminate. This Agreement may be amended at any time by agreement between the two Governments.

ARTICLE XII

This Agreement shall be registered with the United Nations.

Done in duplicate, in the English and Korean languages at Seoul, Korea, this 10th day of December 1948. The English and Korean texts shall have equal force, but in the case of divergence, the English text shall prevail.

FOR THE GOVERNMENT OF THE UNITED STATES OF AMERICA:

John J. Muccio

FOR THE GOVERNMENT OF THE REPUBLIC OF KOREA:

Lee,Bumsuk

D.Y.Kim

前　　文

大韓民國政府는 大韓民國의 經濟的 危機를 防止하며 國力復興을 促進하고 國內安定을 確保하기 위하여 美合衆國政府에 財政的 物質的 及 技術的 援助를 要請하였으므로 美合衆國 國會는 一九四八年 六月 二十八日에 通過된 法律(第八十議會法律 七三九號)에 의하여 美合衆國大統領이 大韓民國 國民에게 援助를 提供할 權限을 同大統領에게 附與하였으며 美合衆國政府 及 大韓民國政府는 大韓民國政府의 獨立과 安全保障에 合致되는 條件에 의한 그 援助의 提供이 國際聯合憲章의 根本目的과 一九四七년 十一월 十四日의 國際聯合總會義決議의 根本目的을 達成함에 有效하고 美國國民 及 韓國國民間의 親善的紐帶를 一層强化할 것을 確信함으로 下記署名人은 各自政府가 그 目的으로 賦與한 權限에 의하여 下記와 如히 協定한다.

第 一 條

美合衆國政府는 一九四八年 六月 二十八日에 認准된 法律(第八十議會法律 七三九號) 및 該法律의 改正 又는 補充에 의하여 美合衆國大統領이 許與할 範圍內의 援助를 大韓民國政府에 提供하기로 한다.

第 二 條

大韓民國政府는 韓國의 모든 資源을 最有效 方法으로 利用할 뿐만 아니라 美合衆國政府가 大韓民國政府에 提供하는 援助도 같은 有效한 方法으로 利用하기로 한다. 韓國經濟를 可及的 速히 强化하며 安定시키기 爲하여 大韓民國政府는 就中下記方策을 有效히 實行하기로 한다.

(가) 實際的인 모든 方法으로 政府의 支出을 節約하여 政府의 收入을 增加하여 豫算의 均衡을 圖한다.

(나) 經濟的 安定을 達成하기에 必要한 通貨發行의 統制 及 公私信用의 統制를 實施한다.

(다) 모든 外國換資源으로 하여금 韓國民의 福利 及 韓國經濟의 復興에 最大限度로 貢獻케함을 保障하기 爲하여 一切의 外國換去來의 管理 及 收入輸出許可制를 包含한 一切의 外國貿易統制制度를 實施한다.

(라) 韓國內의 經濟的 條件이 許容 되는대로 可及的 速히 韓國通貨換錢率을 制定한다.

(마) 下記 目的을 爲하여 國內生産糧穀의 收集 及 配給制의 繼續을 包含한 國內生産物資의 最大限度生産 收集 及 適正한 配給에 盡力한다.

① 全非農家를 爲하여 公定價格으로 適當한 最小限度의 主食糧 配給을 保障하며 必要한 境遇에는 細窮民에게 食糧의 公正한 量을 配給할 것.

② 外國換을 獲得할 것.

(바) 大韓民國의 憲法 及 法律에 規定된 諸 制限 內에서 韓國에 對한 外國人의 私的投資 及 私的外國貿易商이 韓國에 入國하여 營業에 從事함을 容易케 한다.

(사) 實際的으로 可能한 限 急速히 韓國의 輸出産業을 發展시킨다.

(아) 一般의 福利를 爲하여 最大限度의 生産을 保全할 수 있도록 政府所有의 生産施設 及 財産을 運營 又는 處理한다.

第 三 條

一, 美合衆國政府는 本 協定條件下에 美合衆國政府의 韓國에 對한 責任을 履行 할 代表一人(以下 美國援助代表라고 略稱함)을 任命한다. 本 協定條件內에서 美國 援助代表 及 其職員은 大韓民國政府가 韓國自體의 資源 及 美合衆國으로부터 大韓民國政府에 提供된 援助를 가장 期効하게 利用하여 可及的 速히 韓國 內의 經濟再建 及 發展을 促進하도록 大韓民國政府를 援助한다.

二, 大韓民國政府는 美國 援助代表 及 其 使節團 職員에게 外交使節의 特典을 附與할 것을 協約한다.

三, 大韓民國政府는 美國 援助代表가 그의 責任을 履行할 수 있게 하기 爲하여 모든 實際的 方法으로 同 代表를 援助한다. 大韓民國政府는 本 協定規定의 實施에 從事하는 美合衆國政府職員이 自由로 韓國에 出入하며 韓國 內에서 旅行함을 許하며 韓國國民 及 住民의 雇用의 便宜를 주며, 相當한 報酬로 便宜와 勞務를 얻는 權限을 許與하며, 또 其他方法으로 美國援助代表의 任務遂行上 必要한 協助를 提供한다.

大韓民國政府는 美國 援助代表와 協議하여 本 協定의 目的을 完遂함에 要하는 石油貯藏庫 同配給施設 及 其他施設의 利用에 必要한 措置를 相互間에 容認 되는대로 實施하기로한다.

四, 大韓民國政府는 美國政府로부터 韓國에 提控한 援助의 活用에 關하여 美國 援助代表 及 그 職員이 自由로히 旅行하며 視察함을 許하고 本 協定下의 責任을 有效하게 遂行함에 必要하다고 認定하는대로 이에 關하여 建議할 權利를 認定한다. 大韓民國政府는 美國 援助代表가 要求하는 援助에 關한 會計와 記錄을 保存하며 同代表에게 그의 要求하는 資料를 提栱함.

五, 美國援助代表가 本 協定의 濫用 又는 違反이 存在함을 確認하는 境遇에는 大韓民國政府에 此를 通知한다. 大韓民國政府는 그러한 事實을 發見하는 대로 迅速히 그러한 濫用 又는 違反을 矯正함에 必要한 措置를 取하고 此 措置에 關하여 美國援助代表에게 通知한다. 萬若 美國 援助代表의 意見으로 適當한 矯正措置를 大韓民國政府가 取하지 않는다고 認定되면 同代表는 適當한 措置를 取하거나 또는 其 以上의 援助를 終止하도록 美合衆國政府에 建議할 수 있음.

六, 大韓民國政府는 本 協定 下에 取得하는 物資의 請求獲得配定 配給價格查定及會計에 關한 計劃을 進行하고 處理하기 爲하여 一運營機關을 둔다. 그 計劃의 進行及實行에 있어서 그 運營機關은 美援助代表와 協議한다.

第 四 條

一, 大韓民國政府는 韓國經濟를 安定시키기 爲한 全體的 經濟復興計劃을 시킨다. 此 經濟復興計劃의 必須部分은 美國 援助代表와 大韓民國政府間에 合議될 收入輸出計劃이다. 合議된 此 輸出入計劃에 依하여 大韓民國政府는 充分히 正當하다고 認定되는 收入要求와 輸出可能品의 豫想高를 美國 援助代表에게 전달한다. 此 資料는 美國援助代表가 願하는 期間과 樣式에 依하여 傳達한다.

二, 大韓民國政府는 美國 援助代表와의 協議 及 同意 下에 外國換의 定期的 配定을 使用類別에 따라 行하며 그 外國換의 支出은 此 配定에 依하여 行할 것을 保障한다.

三, 大韓民國政府는 必要하다고 認定되는 때에 國內資源의 有效한 移用 及 收入輸出計劃에 依하여 韓國에 收入된 設備 及 物資의 有效한 利用을 保障하기 爲하여 外國人 相談役 及 技術者를 採用한다. 大韓民國政府는 그러한 個人을 採用할 時마다 그 採用의 意思를 美國援助代表에게 通知한다.

第 五 條

一, 大韓民國政府는 本 協定에 依하여 美國政府에서 提供한 物資 及 其他資金의 使用에 依하여 收入된 同種의 物資 又는 同種의 國內 生産物資의 韓國內 配給에 關하여 大韓民國에서 其 經濟事情에 符合되는 適正價格으로 此種物資의 公平한 配給을 保障하며 此 種의 모든 物資는 本 協定에 明示된 目的을 爲하여 使用될 것을 保障하도록 모든 適當한 方策을 取한다.

二, 美合衆國政府는 隨時로 本 協定에 依하여 贈與로써 韓國에 提供한 物資 勞務 及 技術的 提供의 弗資表示價格(製作, 貯藏, 運搬, 修繕, 又는 其他關係事務의 費用包含)을 大韓民國政府에 通牒한다. 大韓民國政府는 此 弗資表示價格의 通牒을 接受하면 朝鮮銀行에 大韓民國政府 名義로 特別計定을 設置하여 그 計定에 當時 大韓民國政府 及 美國 援助代表間에 協定된 圓弗換錢率에 依하여 換算된 前記價格에 對한 圓貨相當額을 預金한다. 大韓民國政府는 美國援助代表가 韓國 內에서 本 協定 下의 責任을 遂行하기 爲하여 要하는 圓貨費用에 充當하려고 隨時로 要請하는 資金을 支拂하기 爲하여 其 特別計定의 殘額을 使用한다. 以上의 目的에 使用하고 남은 特別計定의 殘額은 大韓民國政府 及 美國援助代表간에 隨時協定 될 他目的에 限하여 此를 使用한다.

三, 大韓民國政府는 美國援助代表의 同意 없이는 本 協定에 依하여 美國政府가 提供한 物品의 再輸出을 許可치 않으며 同種의 國內生産品 又는 其他方法에 依하여 獲得한 同種物品의 輸出 又는 再輸出을 許치 아니한다.

四, 大韓民國政府는 本 協定 下에서 接受하는 一切의 物品 又는 그러한 物品의 容器에 實際 可能한 限 잘 보이는 곳에 그러한 物品 又는 容器의 性質이 許하는 限에서 明瞭하게 消抹되지 않도록 恒久的으로 標를 하거나 印을 찍거나 烙印을 하거나 貼札을 하여 그러한 物品을 美合衆國이 提供 又는 斡

旋하였다는 것을 韓國國民에게 表示하도록 한다.

第 六 條

一, 大韓民國政府는 他國과의 物資交易 及 勞務交換의 增進을 圖謀且 奬勵하여 他國들과의 貿易에 대한 公私間의 障害를 輕減함에 있어서 他國들과 協力하기로 한다.

二, 美合衆國政府 及 大韓民國政府 間에 友好 及 通商條約이 效力을 發生할 때까지 美合衆國政府는 卽時 無條件으로 如何한 第三國의 商品交易에 賦與하는 待遇보다 못하지 않은 待遇를 大韓民國의 商品交易에 賦與한다. 同樣으로 大韓民國에서도 如何한 第三國의 商品交易에 附與하는 待遇보다 못하지 않은 待遇를 卽時 無條件으로 美合衆國의 商品 交易에 附與한다.

三, 本 條 第一項에 規定된 最惠國民對偶의 適用에서의 離脫은 一九四七年 十月 三十日附 貿易 及 雇傭에 關한 國際聯合의 準備委員會의 第二次 會議에서 締結된 關稅 及 貿易에 關한 一般協定에서 認定된 例外 及 現在 及 將來의 同 協定改正에 依하여 認定될 例外와 符合되는 範圍 內에서 此를 許容한다. 本 項의 規定은 前記 例外의 適用에 關하여 同 一般協定에 特記한 手續의 適用을 要求하는 것으로 解釋할 수 없다.

四, 本 條 第二項 及 第三項의 規定은 美合衆國의 主權 又는 權限 下에 있는 全 領土에 此를 適用한다.

五, 大韓民國政府는 美合衆國政府가 占領 又는 其 通治에 參與하고 있는 트리에스트 自由領 日本 또는 西部獨逸의 如何한 地域의 商品交易에 對하여도 大韓民國의 商品交易에 前記 地域이 最惠國民對偶를 附與하는 其間 中 及 附與하는 程度로 相互的인 最惠國民對偶를 賦與한다.

六, 本 條 第一項 及 第二項의 規定은 美合衆國政府 及 大韓民國政府間에 何時에든지 發效될 수 있을 本 協定에 包含된 事項에 附隨되는 他 義務를 輕勘하는 것이 아니다.

七, 大韓民國政府는 公私間 商業에 있어서 國際貿易에 影響을 주는 商業上의 活動 또는 商業上의 協定으로서 本 協定의 目的과 政策에 障害를 미치는 것을 防止함에 適當하다고 認定되는 方策을 取한다.

八, 本 條 及 第七條의 規定은 友好通商條約에 依하여 廢止되지 않는 限 本 協定條件 下에 美合衆國政府가 大韓民國政府를 援助하는 期間 中 此를 適用한다.

第 七 條

大韓民國政府는 商業 産業 海運 及 其他營業行爲에 關하여 現在 어떤 第三國國民에게 賦與하는 또는 將來 賦與 할 對偶보다 못하지 않은 對偶를 美合衆國國民에게 賦與한다. 本 項에 '國民'이라 함은 自然人 及 法人을 包含하는 것으로 解釋한다.

第 八 條

大韓民國政府는 國內使用 及 商業輸出用으로 大韓民國이 必要로 하는 適當한 量의 韓國産業原料를 考慮한 後에 美合衆國이 그 自國內資源의 不足 또는 不足의 可能性을 考慮한 結果로 要求하는 同韓國産原料를 美合衆國 豫備貯藏의 目的 또는 其他目的으로 美合衆國政府 及 大韓民國政府間에 協定될 數量과 期間에 依하여 賣買交易 物物交換 及 其他의 適當한 條件으로 美合衆國에 移送의 便宜를 圖謀한다. 大韓民國政府는 本 項 規定을 實踐하기 爲하여 本 協定의 趣意의 範圍內에서 必要한 特定方法을 取함. 此 方法은 大韓民國 內에서 如斯한 原料의 增産을 圖謀하는 同時에 如斯한 原料를 美國으로 移送하는데 障害가 되는 모든 原因을 除去함을 包含한다. 大韓民國政府는 美合衆國政府가 要求하는 때에는 本 項規定 實踐에 要求한 細目協定을 위한 交涉을 開始할 것이다.

第 九 條

一, 大韓民國政府 及 美合衆國政府는 美合衆國政府가 大韓民國政府에 提供하는 物資 及 技術的 援助에 關하여 美合衆國 國民 及 韓國 國民에게 充分히 報道하기에 協力한다.

二, 大韓民國政府는 美合衆國의 新聞 及 라듸오 代表가 美國援助의 接受 及 活用에 關하여 韓國 內에 旅行하여 自由로히 視察하며 充分히 報道함을 許諾한다.

三, 大韓民國政府는 美合衆國國會 各院이 任命하는 委員會 及 其他 美合衆國政府代表가 本 協定 下에 接受한 物品을 國民에게 配給함에 關하여 視察 建議 及 報道를 行함을 許諾한다.

四, 大韓民國政府는 本 援助協定에 依하여 美合衆國政府가 大韓民國政府에 提控하는 經濟 及 技術的 援助의 目的 根源 性格 範圍 數量 及 進展에 關하여 韓國 內에 充分한 宣傳을 繼續함에 있어서 美國援助代表와 協力한다.

第 十 條

一, 本 協定에 依하여 提供할 수 있게 된 援助의 全部 又는 一部는 下記와 如한 때에 此를 廢止한다.

(가) 大韓民國政府가 要請할 때

(나) 國際聯合이 取하는 行爲 又는 國際聯合이 提供하는 援助에 依하여 本 協定 下에 美合衆國政府가 提供하는 援助를 繼續할 必要가 없거나 繼續치 않는 것이 좋다고 國際聯合이 認定하는 때.

(다) 大韓民國政府가 本 協定의 條件을 遵守치 않는다고 美合衆國大統領이 認定하는 때. 事情이 變하므로 本 協定 下의 援助가 不必要하거나 又는 不適當하다고 美合衆國大統領이 認定하는 때. 事情이 變하므로 本 協定下의 援助가 美合衆國의 國家的 利害關係와 符合되지 않다고 美合衆國大統領이 認定하는 때.

第 十 一 條

本 協定은 韓國國會가 本 協定에 同意하였다는 것을 美合衆國政府에 公式으로 通知함과 同時에 效力을 發生한다. 本 協定은 一方의 政府가 他方의 政府에 廢止할 意思를 通告한 후 三個月까지 此를 施行한다. 本 協定은 兩國政府間의 協定에 依하여 어느 때나 此를 改正할 수 있다.

第 十 二 條

本 協定은 國際聯合에 此를 登錄한다.

一九四八年 十二月十日 韓國 서울에서 英語와 韓國語로 本書二通을 作成한다.

英語本文 及 韓國語本文은 同等의 效力이 有하나 相異가 있을時는 英語本文에 依한다.

美合衆國政府代表 John J. Muccio
大韓民國政府代表 李 範 奭
金 度 演

03_ 3부 「동아시아의 열전과 냉전, 한반도의 전쟁」 관련 원문

1. 유엔 안전보장이사회 1950년 6월 25일 결의 S/1501

The Security Council,

Recalling the finding of the General Assembly in its resolution of 21 October 1949 that the Government of the Republic of Korea is a lawfully established government "having effective control and jurisdiction over that part of Korea where the United Nations Temporary Commission on Korea was able to observe and consult and in which the great majority of the people of Korea reside; and that this Government is based on elections which were a valid expression of the free will of the electorate of that part of Korea and which were observed by th Temporary Commission; and that this is the only such Government in Korea"

Mindful of the concern expressed by the General Assembly in its resolution of 12 December 1948 and 21 October 1949 of the consequences which might follow unless Member States refrained from acts derogatory to the results sought to be achieved by the United Nations in bringing about the complete independence and unity of Korea; and the concern expressed that the situation described by the United Nations Commission on Korea in its report menaces the safety and well being of the Republic of Korea and of the people of Korea and might lead to open military conflict there;

Noting with grave concern the armed attack upon the Republic of Korea by forces from North Korea,

Determines that this action constitutes a breach of the peace,

Ⅰ Calls for the immediate cessation of hostilities; and calls upon the authorities of North Korea to withdraw forthwith their armed forces to the thirty-eighth parallel;

Ⅱ Requests the United Nations Commission on Korea

(a) To communicate its fully considered recommendations on the situation with the least possible delay,

(b) To observe the withdrawal of the North Korean forces to the thirty-eighth parallel, and

(c) To keep the Security Council informed on the execution of this resolution;

Ⅲ Calls upon all Members to render every assistance to the United Nations in the execution of this resolution and to refrain from giving assistance to the North Korean authorities.

2. 미국 트루먼 대통령 공식성명 (1950.6.27)

Statement Issued by the President

[WASHINGTON,] June 27, 1950.

In Korea the Government forces, which were armed to prevent border raids and to preserve internal security, were attacked by invading forces from North Korea. The Security Council of the United Nations called upon the invading troops to cease hostilities and to withdraw to the 38th parallel. This they have not done, but on the contrary have pressed the attack. The Security Council called upon all members of the United Nations to render every assistance to the United Nations in the execution of this resolution. In these circumstances I have ordered United States air and sea forces to give the Korean Government troops cover and support.

The attack upon Korea makes it plain beyond all doubt that Communism has passed beyond the use of subversion to conquer independent nations and will now use armed invasion and war. It has defied the orders of the Security Council of the United Nations issued to preserve international peace and security. In these circumstances the occupation of Formosa by Communist forces would be a direct threat to the security of the Pacific area and to United States forces performing their lawful and necessary functions in that area.

Accordingly I have ordered the Seventh Fleet to prevent any attack on Formosa. As a corollary of this action I am calling upon the Chinese Government on Formosa to cease all air and sea operations against the mainland. The Seventh Fleet will see that this is done. The determination of the future status of Formosa must await the restoration of security in the Pacific, a peace settlement with Japan, or consideration by the United Nations.

I have also directed that United States Forces in the Philippines be strengthened and that military assistance to the Philippine Government be accelerated.

I have similarly directed acceleration in the furnishing of military assistance to the forces of France and the Associated States in Indo China and the dispatch of a military mission to provide close working relations with those forces.

I know that all members of the United Nations will consider carefully the consequences of this latest aggression in Korea in defiance of the Charter of the United Nations. A return to the rule of force in international affairs would have far reaching effects. The United States will continue to uphold the rule of law.

I have instructed Ambassador Austin, as the representative of the United States to the Security Council, to report these steps to the Council.

3. 유엔 사무총장에게 보낸 중화인민공화국 주은래 외교부장의 성명 (1950.7.6)[1]

안전보장 리사회 성원국들에게 전달할 목적으로 중화인민공화국 중앙인민정부의 이름으로 나는 다음과 같이 선언한다.

미국정부의 도발 및 조종하에 6월 27일 안보리사회에 의하여 채택된 결의문 즉 남조선당국을 원조할 것을 유 · 엔 성원국가들에 요청하고 있는 결의문은 미국의 무력침략을 변호하는 것이며 또한 조선의 국내문제에 대한 간섭 그리고 세계평화에 대한 유린으로 되는 것이다.

이 결의문은 더욱이 안보리사회의 두 성원국 즉 중화 인민공화국과 쏘련의 참가없이 채택된 것인 만큼 명백히 비법적인 것이다.

유 · 엔헌장은 유 · 엔이 본질적으로 어떤 나라의 국내 관리권내에 있는 문제들에 간섭할 권한을 위촉받지 못할것이라고 규정하고 있다.

그런데 6월 27일부 안보리사회의 결의문은 분명히 유엔 헌장의 이 중요원칙을 유린하고 있다.

그러므로 조선문제에 관한 안보리사회의 결의문은 어떠한 법적 효력도 없을 뿐만 아니라 유 · 엔헌장을 크게 침해하고 있는 것이다.

조선문제에 관하여 유 · 엔 사무총장 토무그레 · 리 씨가 취한 행동은 바로 이 침해를 조장하는 데 봉사하고 있다.

한편 중화 인민공화국이 대만을 해방시키지 못하도록 무력적 방해를 시작할데 관하여 6월 27일 미국 대통령 트루맨이 진술한 성명과 또한 이와 더불어 대만주변의 중국령해를 침해한 미국 해군의 행동은 어떤 유 · 엔 성원국가든지 어떤 다른 나라의 령토보전이나 정치적 독립을 반대하여 무력을 리용하지 못하도록 금지하고 있는 유 · 엔의 원칙을 전적으로 유린하는 로골적인 침략행위로 된다.

대만은 중국의 분리할수 없는 령토의 일부이다.

이는 전 세계가 인정하는 하나의 력사적 사실일뿐더러 이는 또한 카이로선언 및 일본 항복 이래의 정세에 의하여 확인된 것이다.

유 · 엔 안보리사회와 유 · 엔 사무총장은 미국정부의 이러한 로골적인 침략행

---

1) 조선중앙통신사, 『조선중앙년감(1951-1952)』, 1952, 186~187쪽.

위에 대하여 침묵을 지킴으로써 세계평화를 유지하는 데 관한 자기의 직능들과 의무들을 포기하였으며 그러함으로써 미국정부의 정책의 온순한 도구로 되고 말았다. 그리하여 중화인민공화국 중앙인민정부의 이름으로 나는 다음과 같이 선언한다. 미국정부가 취하는 어떠한 군사적 방해조치에도 불구하고 중국인민은 반드시 대만을 해방할 것을 굳게 결심하였다.

중화인민공화국 중앙인민정부
외교부장 주은래

4. 통합군사령부설치에 관한 결의 (안전보장이사회 결의 84호) (1950.7.7)[2)]

〈The Resolution on the Settlement of the Unified Command〉

The Security Council,

Having determined that the armed attack upon the Republic of Korea by forces from North Korea constitutes a breach of the peace,

Having recommended tat the Members of the United Nations furnish such assistance to the Republic of Korea as may be necessary to repel the armed attach and to restore the international peace and security in the area,

1. Welcomes the prompt and vigorous support which governments and peoples of the United Nations have given to its Resolutions of the 25 and 27 June 1950 to assist the Republic of Korea in the defending itself against armed attach and thus to restore international peace and security in the area;

2. Notes that the Members of the United Nations have transmitted to the United Nations offers of assistance fro the Republic of Korea;

3. Recommends that all Members providing military forces and other assistance pursuant to the aforesaid Security Council resolutions make such forces and other assistance available to a unified command under the United States;

4. Request the United States to designate the commander of such forces;

2) 유엔 결의안의 영문 원문은 유엔 홈페이지 Official Document System of the United Nations에서 참조.

5. Authorizes the unified command at its discretion to use the United Nations flag in the course of operations against North Korean forces concurrently with the flags of the various nations participating;

6. Request that United States to provide the Security Council with the reports as appropriate in the course of action taken under the unified command.

5. 재한 미국군대의 관할권에 관한 대한민국과 미합중국 간의 협정(대전협정)[3] (1950.7.12)

〈영문〉

Agreement relating to Jurisdiction over Criminal Offences committed by the United States Forces in Korea between the Republic of Korea and the United States of America

Note by the American Embassy to the Korean Ministry of Foreign Affairs

American Embassy,

Taejon, Korea

July 12, 1950

The American Embassy presents its compliments to the Ministry of Foreign Affairs of the Republic of Korea and has the honor to state that in the absence of a formal agreement defining and setting forth the respective rights, duties and jurisdictional limitations of the military forces of the United States (excepting the United States Military advisory Group to Korea, which is covered by the agreement signed in Seoul on January 26, 1950) and the Government of the Republic of Korea, it is proposed that exclusive jurisdiction over members of the United States Military Establishment in Korea will be exercised by courtmartial of the United States of America.

It is further proposed that arrests of Korean nationals will be made by the United States forces only in the event Korean nationals are detected in the commission of offenses against the United States forces or its members. In the event that arrests of Korean nationals are made under the circumstances set forth above, such persons will

3) 원문은 국가기록원에 소장(분류번호 741.14 조624군 1950, 등록번호 8977)되어 있으며, 국가법령정보센터 홈페이지에서도 확인할 수 있다.

be delivered to the civil authorities of the Republic of Korea as speedily as practicable.

The Ministry of Foreign Affairs and the Government of the Republic of Korea will understand that in view of prevailing conditions, such as the infiltrations of north Koreans into the territory of the Republic, United States forces cannot be submitted, or instructed to be submitted, to the custody of any but United States forces. Unless required, owing to the non-existence of local courts, courts of the United States forces will not try nationals of the Republic of Korea.

The American Embassy would be grateful if the Ministry of Foreign Affairs would confirm, in behalf of the Government of the Republic of Korea, the above-stated requirements regarding the status of the military forces of the United States within Korea.

Note by the Korean Ministry of Foreign Affairs to the American Embassy

Taejon, July 12, 1950

The Ministry of Foreign Affairs of the Republic of Korea presents its compliments to the American Embassy and acknowledges the receipt of the Embassy's note of July 12, 1950, at Taejon.

The Ministry has the honor to inform the American Embassy that the Government of the Republic of Korea is glad to accept the propositions as set forth in the Embassy's note of July 12, 1950, that:

(1) The United States court-martial may exercise exclusive jurisdiction over the members of the United States Military Establishment in Korea;

(2) In the event that arrests of Korean nationals by the United States forces are made necessary when the former are known to have committed offenses against the United States forces or its members, such person will be delivered to the civil authorities of the Republic of Korea as speedily as practicable; and

(3) The Ministry of Foreign Affairs understands that in view of the prevailing conditions of warfare, the United States forces cannot be submitted to any but United States forces: and that courts of the United States forces will not try nationals of the Republic of Korea unless requested owing to the non-existence of local courts.

〈국문〉

주한 미국대사관으로부터 대한민국 외무부로 송부된 서한

1950년7월12일

주한미국 대사관

한국 대전

미국대사관은 대한민국 외무부에 대하여 경의를 올리는 바이며 또한 미국군대(단 1950년1월26일 서울에서 서명된 협정에 의하여 규정되고 있는 주한 미국군사 고문단은 제외함) 및 대한민국 정부의 각기의 권리 의무 및 관할권상의 한계를 정의 내지 규정하는 정식 협정이 흠결하므로 주한 미국군대의 구성원에 대한 배타적 재판권은 미국군법회의에 의하여 행사되도록 제의하는 영광을 가집니다.

또한 미군의 한국인에 대한 구속은 한국인의 미국군대 또는 그의 구성원에 대한 가해행위가 발각된 경우에 한하여 행하여질 것을 제의하는 바입니다.

상술한 바와 같은 사정하에서 한국인이 구속되었을 경우에는 여사한 자는 가급적으로 속히 대한민국의 '민간'관헌에게 인도될 것입니다.

외무부와 대한민국 정부는 대한민국 영토내에 북한인이 침투하는 등의 절박한 사태에 임하여 미국군대 이외의 여하한 기관의 관할에도 복종하거나 또는 복종할 것을 지시할 수 없다는 바를 양해하실 것입니다.

지방재판소의 부존으로 인하여 요청이 있지 않는 한 미국군대의 재판소는 대한민국 국민을 재판하지 않을 것입니다.

미국대사관으로서는 외무부에서 대한민국정부를 대신하여 재한 미국군대의 지위에 관한 전기 요구조건을 확인하여 주신다면 감사하겠읍니다.

대한민국 외무부로부터 미국대사관에게 송부한 서한

대한민국 외무부

대전 1950년7월12일

대한민국 외무부는 미국대사관에 대하여 경의를 올리고 또한 대전에서의 동대사관의 1950년7월12일자 서한을 접수하였음을 통보하는 바입니다.

당부는 1950년7월12일자 귀 대사관의 서한중에서 업급된 다음과 같은 제의를 이의없이 수락하는 바를 통보하는 영광을 가지는 바입니다.

즉

(1) 미군 군법회의는 재한 미국군대의 구성원에 대하여 배타적인 재판권을 행사할 수 가 있다.

(2) 한국인이 미국군대 또는 구성원에 대하여 가해행위를 범하였다는 것이 알려졌을 때 미국군대에 의한 한국인의 구속이 필요하게 되었을 경우 여사한 자는 가급적으로 속히 대한민국 민간관헌에게 인도된다.

그리고

(3) 외무부는 전쟁이라는 절박한 사태에 임하여 미국군대는 미국군대이외의 여하한 기관에도 복종할 수 없으며 또한 미국군대의 재판소는 지방재판소의 부존재로 인한 요청이 있지 않는 한 한국인을 재판하지 않을 것이라는 지를 양해한다.

대한민국 외무부

於 대전

6. 작전권 이양에 대해 이승만이 맥아더에게 보내는 서신 (1950.7.14)

(이승만 한국전쟁 자료총서 43, 340쪽) 참조

FROM : Taegu

TO : Secretary of State

NO : 41, July 14

SENT TOKYO UNNUMBERED, REPEATED INFORMATION DEPARTMENT 41 EMBOFF TAEJON 1.

President requests transmission following message to Gen. MacArthur.

Quote.

Dear Gen. MacArthur.

In view of the joint military effort of the United Nations on behalf of the Republic of Korea, in which all military force, land, sea and air, of all the United Nations fighting in or near Korea have been placed under your operational command, and, in which you have been designated Supreme Commander United Nations Forces, I am happy to assign to you command authority over all land, sea and air forces of the Republic of Korea during the period of the continuation of the present state of hostilities, such command to be exercised either by you personally or by such military commander or commanders to whom you may delegate the exercise of this authority of this authority within Korea or in adjacent seas.

The Korean Army will be proud to serve under your command, and the Korean people and government will be equally proud and encouraged to have overall direction of our combines combat effort in the hands of so famous and distinguished a soldier, who also in his person possesses the delegated military of the United Nations who have joined together to resist the infamous Communist assault on the independence and integrity of our beloved land.

With continued highest and warmest feelings of persons.

regard,

Sincerely yours, (signed) Syngman Rhee.

UNQUOTE.

RSP : ERB MUCCIO

7. 이승만이 한국군 참모총장에게 보내는 작전권 이양에 대한 명령서 (1950.7.14)

(이승만관계서한자료집 2) 참조

MEMORANDUM July 14, 1950

To: Chief of Staff, Korean Army. Through: Minister of Defense

Subject: Assignment of Command Authority over all Korea Forces to General of the Army MacArthur.

1. General of the Army Douglas MacArthur has been designated Supreme Commander of all United Nation Forces fighting in or near korea, on behalf of all United Nations supporting the Republic of korea against communist aggression. At the present time these Forces include land, sea and air force from the United State, the united Kingdom, Australia the Netherlands and Canada, and others have been offered. 2. The establishment of the principle of unity of command is essential to the winning of this war against the communists, and hence to the liberation of our country. 3. I have assigned to General MacArthur command authority over all land, sea and air Force of the Republic of Korea during the period of the continuation of the present hostilities, to exercise this command either personally or through such military commander or commanders in Korea to whom he may delegate the exercise of this authority within or over korea or in adjacent seas. 4. You are directed to take appropriate action to arrange to receive, transmit and execute such orders as may be received directly from General MacArthur's designated commander or commanders in Korea.

5. The Supreme Commander will maintain the organic and organizational integrity of the units of the Korean military force, and of the Korean Army itself. 6. As previously directed, the activities of police, Youth Corps and other semi-military organizations are to be coordinated through you. 7. It is a great privilege for the Republic of Korea and the Korean Army, Navy and Air Force to serve alongside all

the combat forces of the United Nations Under the command of so able and distinguished a soldier who also is such a long time friend of Korea.

/s/ SYNGMAN RHEE

8. 작전권 이양에 대한 맥아더의 답신 (1950.7.21)

〈駐韓 美國大使를 통하여 이대통령에게 보낸 「맥아더」 元帥의 回翰〉

국회도서관입법조사국, 『韓國外交關係資料集－〈立法參考資料 第』 193號〉』, 국회도서관, 1976 참조

7월 15일자 공한에 의하여 이대통령이 취하신 措置에 대하여 본관의 謝意와 衷으로부터의 贊意를 그에게 表하여 주심을 바라나이다. 韓國內에서 作戰中인 國際聯合軍의 統率力은 반드시 增强될 것입니다. 勇敢無雙한 大韓民國軍을 本官指揮下에 두게 된 것을 榮光으로 생각하나이다. 李大統領의 本官에 대한 個人的讚辭에 대한 謝意와 그에 대하여 本官이 또한 가지고 있는 尊敬의 뜻도 아울러 傳達하여 주시기 바라나이다. 우리들의 將來가 苦難하고 遼遠할지도 모르겠으나 終局的인 結果는 반드시 勝利할 것이므로 실망하지 마시도록 전언해 주시기 바라나이다.

1950년 7월 18일

「맥아더」

9. 조선로동당 중앙위원회가 소련 내각회의 의장에게 보낸 서한, 전선 상황에 대한 보고 및 소련이나 국제의용부대가 직접 조선 인민에게 군사적 원조를 제공해주는 데 대한 요청 (1950.9.29)[4]

존경하는 I. V. 스탈린 동지에게

조선해방의 은인이시며 전 세계 근로인민의 수령이신 당신께서는 자기조국의 독립과 해방을 위하여 싸우는 우리 조선인민을 항상 고무 격려하여 주시고, 우리에게 배려를 베풀어 주시며, 각 방면으로 원조를 주시는 데 대하여 조선로동당을 대표하여 우리는 충심으로 감사를 드리는 바입니다.

미국 침략자들을 반대하는 우리 인민의 해방전쟁의 금일 정황에 대하여 당신에게 간단히 말씀드리려고 합니다. 미 침략군이 인천에 상륙하기 전에는 우리의 형편은 좋지 않았다고 볼 수 없습니다. 적들은 패전의 패전을 거듭하여 남조선의 최남부의 협소한 지역에 몰리어 들어가게 되어 최후 결전에서 우리가 승리할 가능성이 많았고 미군의 위신은 여지없이 추락되었던 것입니다.

이에 미군은 자기의 위신을 만회하며 조선을 가지의 군사기지화하려는 본래 목적을 기어이 달성하기 위한 대책으로 태평양 방면의 미국 육해공군의 거의 전부를 동원하여 9월 16일 대병력을 인천에 상륙시켜 서울시를 침입하여 시가전을 진행하고 있습니다. 전황은 참으로 엄중하게 되었습니다. 우리 인민군 부대들은 상륙 침입한 미군 진공에 대항하여 용감히 싸우고 있습니다.

그러나 전선에는 참으로 우리에게 불리한 조건이 있다는 것을 말씀드립니다. 적들은 약 1천대의 각종 항공기를 매일 주야를 구분하지 않고 출동하여 전선과 후방 할 것 없이 마음대로 폭격을 불순히 감행하고 있습니다. 그러나 우리 편에서는 대항할 항공기가 없으므로 적들은 참으로 공군의 위력을 충분히 발휘하고

[4] 러시아연방대통령문서보관소 문서군 3, 목록 65, 문서철 828, 5~8쪽, 원본, 「조선로동당 중앙위원회가 소련 내각회의 의장에게 보낸 서한, 전선 상황에 대한 보고 및 소련이나 국제의용부대가 직접 조선 인민에게 군사적 원조를 제공해주는 데 대한 요청, 1950년 9월 29일」, 『문서와 자료』, 152~154쪽. 이 원문은 『중국군의 한국전쟁사①』의 220쪽, 「史蒂可夫致葛羅米柯電(스티코프가 그로미코에게 보낸 전문)」(1950년 9월 30일)이라는 제목으로 실려 있지만 일부 생략된 부분이 있다.

있는 것입니다. 각 전선에서는 백여대 편성의 항공부대의 엄호하에서 적의 기계화 부대들은 활동하며 또한 특히 저공비행으로 우리 부대들을 다수 살상합니다. 후방에서 적의 항공기들은 교통, 운수, 통신기관들과 기타 시설들을 마음대로 파괴하며 적군들의 기동력이 최대한도로 발휘되는 반면에, 우리 인민군 부대들의 기동력은 약화 마비되고 있습니다. 이것은 각 전선에서 우리가 체험한 바입니다.

적들은 우리 군부대들의 교통, 운수, 연락망을 차단하고 진격하여 인천방면에서 상륙한 부대들과 남부전선에서 진공하던 부대들이 연결함으로써 서울을 점령할 수 있는 현실적 가능성을 가지게 되고 남반부에 있는 우리 인민군 부대들은 북반부로부터 차단되고 남부전선에 있는 부대들도 여러 토막으로 차단되었습니다. 그리하여 우리 군부대들은 무기, 탄약과 식량 등 공급을 받지 못하고 있을 뿐만 아니라 몇 개 부대들은 상호 분산되어 있으며 그중 일부는 적에게 포위되어 있는 형편에 처하여 있습니다. 서울시가 완전 점령된다면 적은 38도선을 넘어 북조선을 침범할 것입니다. 따라서 우리가 금일과 같은 불리한 조건이 지속된다면 적의 침입은 결국 성공할 것이라고 우리는 봅니다.

우리의 운수공급 문제를 해결하고 기동력을 보장하려면 무엇보다도 이에 상응하는 공군력을 가져야 합니다. 그러나 우리에게는 이미 준비된 비행기들이 없습니다.

친애하는 이요시프 비싸리요노비치 시여!

우리는 여하한 난관에 봉착하더라도 그것을 극복하면서 조선을 미제국주의자들의 식민지와 군사기지가 되도록 하지는 않을 것입니다. 우리의 독립, 민주화, 인민의 행복을 위해서는 최우의 피 한방울까지도 아끼지 않고 싸울 것을 우리는 굳게 결심하고 있습니다.

우리는 전력을 다하여 새 사단들을 많이 조직, 훈련하며 남반부에 있는 십여만의 인민군부대들을 작전상 유리한 일정 지역으로 수합 집결하며 또한 전 인민을 총무장하여서까지 장기전을 계속할 모든 대책들을 강구 실시합니다.

그러나 적들이 금일 우리가 처해 있는 엄중하고 위험한 형편을 이용하여 우리에게 시간 여유를 주지 않고 계속 진공하여 38도 이북을 침공한다면 우리 자체의 힘으로써는 이 위기를 극복할 가능성이 없습니다. 그러므로 우리는 당신의 특별한 원조를 요구하지 않을 수 없게 됩니다. 즉 적군이 38도선 이북을 침공할 때에는 소련군대의 직접적인 출동이 절대적으로 필요하게 됩니다. 만일 그것이 여하한 이유로서 불가능하게 될 때에는 우리의 투쟁을 원조하기 위하여 중국과 기타 민주주의 국가들의 국제의용군을 조직하여 출동하도록 원조하여 주시기 바랍니다.

이상과 같은 우리의 의견을 당신에게 감히 제의하오니 이에 대한 당신의 지시가 있기를 바라는 바입니다.

조선로동당 중앙위원회 김일성, 박헌영

1950년 9월 29일

10. 김일성과 박헌영이 모택동에게 보낸 전문의 전문 (1950.10.1)[5)]

존경하는 모택동 동지 앞

자기의 조국의 독립과 해방을 위하여 사우고 있는 우리 조선인민에게 당신께서는 배려를 베풀어주시어서 각 방면으로 원조를 하여 주시는 데 대하여 조선로동당을 대표하여 우리는 충심으로부터 감사를 드립니다, 미국 침략자들을 반대하는 우리 인민의 해방전쟁의 금일전황에 대하여 간단히 당신에게 말씀을 드리려 합니다.

미국침략군이 인천에 상륙하기 전에는 우리의 형편이 좋지않엇다고 볼 수 없섯습니다. 적들은 패전에 패전을 거듭하여 남조선의 최남부 협소한 지역에 몰리어드러가게 되어 최후 결전에서 우리가 승리할 가능성이 많아엿고 미국의 군사적 위신은 여지없이 추락되엇든 것입니다. 이에 미국은 자기의 위신을 만회하여 조선을 자기의 식민지와 군사기지로 만드려든 본래의 목적을 기여히 달성하기 위한 대책으로 태평양방면의 미국의 육해공군의 거이 전부를 동원하여 9월 16일 마침내 대병력을 인천에 상륙싷긴 후 서울시를 점령하엿습니다.

전황은 참으로 엄중합니다. 우리 인민군은 상륙침입한 미군진격을 대항하여 용감히 싸우고 있습니다. 그러나 전선에는 우리에게 참으로 불리한 조건이 있다는 것을 말슴드리려 합니다.

적은 약 천대의 각종 항공기로 매일 주야를 구분하지 않고 전선과 후방 할 것 없시 마음대로 폭격을 부절히 감행하고있습니다. 그러나 우리의 편으로부터는 그를 대항할 항공기가 없는 조건하에서 적들은 참으로 공군의 위력을 충분히 발휘하고 있습니다. 각 전선에서는 백여대 편선의 항공부대의 엄호하에서 적의 기계화부대들이 활동하며 도한 특히 우리 부대들을 저공비행으로 다수 살상합니다.

5) 박명림, 『한국 1950－전쟁과 평화』, 나남출판, 2002, 450~452쪽. 박명림이 제시한 원문은 이종석이 중국 단동 소재 항미원조전쟁기념박물관에서 입수한 편지이다. 이 서한은 중국역사소설가 葉雨蒙의 1989년, 1990년 출간 소설에 실렸고 중국 군사과학원 군사역사학부의 『중국군의 한국전쟁사①』에도 게재되었다. 박명림의 『한국 1950－전쟁과 평화』에 실린 서한은 이종석 입수편지를 원문 그대로 옮긴 것이나 중국 측의 자료는 한국어를 중국어로 번역한 것이다.

후방에서 적의 항공기들은 교통, 운수, 통신기관들과 기타시설들을 마음대로 파괴하여 적들의 기동력이 최대한도로 발휘되는 반면에 우리 인민군 부대들의 기동력은 약화마비되고 있습니다. 이것은 각전선에서 우리가 체험한 바입니다. 적들은 우리 군부대들의 교통, 운수, 연락망을 차단하고 진격을 계속하여 인천방면으로 상륙한 부대들과 남부전선에서 진격하든 부대들이 연결됨으로 서울을 점령할 수 있게 되엇습니다.

그런 결과 남반부에 있는 우리 인민군 부대들은 북반부로부터 차단되고 남반부전선에 있는 부대들도 여러 토막으로 차단되엇습니다. 그리하여 우리 군부대들은 무기와 탄약 등 공급을 받지못하고 있을 뿐만 안이라 몇 개 부대들은 서로 분산되어있으며 그중 일부는 적에게 포위되어있는 형편에 처하여 있게 되엇습니다. 서울시가 완전히 점영된다면 적은 38도선을 넘어 북조선을 침공할 것입니다. 그러기 때문에 우리가 금일과 갓튼 불리한 조건을 계속하야 가지고 있게되면 적의 침입은 결국 성공할 것이라고 우리는 봅니다.

우리의 운수, 공급문제를 해결하고 기동력을 보장하자면 무엇보담도 해당한 항공력을 가져야하겟습니다. 그러나 우리에게는 임이 준비된 비행사들이 없습니다.

친애하는 모 동지시여,

우리는 여하한 난관에 봉착하더라도 그것을 극복하면서 조선을 미제국주의자들의 식민지와 군사기지로 내좋지 않을 것입니다. 우리의 독립, 민주와 인민의 행복을 위하여서는 최후의 피 한 방울까지도 앆이여 새 사단들을 많이 조직훈련하여 남반부에 있는 십여만의 인민군 부대들을 작전상 유리한 일정한 지역에루 수습집결하며 또한 전인민을 총무장하여서까지 장기전을 계속할 모든 대책들을 강구실시합니다.

그라나 적들이 금일 우리가 처하여있는 엄중하고 위급한 형편을 리용하여 우리에게 시간여유를 주지않고 계속 진공하여 38도선을 침공하게 되는 때에는 우리의 자체의 힘으로써는 이 위기를 극복할 가능성이 없습니다. 그러므로 우리는 당신의 특별한 원조를 요구하지 않을 수 없게 됩니다. 즉 적군이 38도선 이북을 침공하게 될 대에는 약속한 바와갓치 중국인민군의 직접 출동이 절대로 필요하게 됩니다.

이상과 갓튼 우리의 의견을 당신에게 제이하게 되노니 이에 대한 당신의 회답을 우리는 기다립니다.

조선로동당 중앙위원회 김일성, 박헌영
1950년 10월 1일 평양시

11. 1952년 4월 소련이 북한에 제공한 밀가루 5만 톤과 스탈린-김일성의 서신 교환 (1952.4)[6]

김일성 동지

조선 인민에게 식량이 요구된다는 것을 나는 알게 되었습니다. 우리에게는 시비리에 밀가루 五만톤이 준비되여 있습니다. 우리는 이 밀가루를 조선 인민에게 선물로 보낼 수 있습니다. 당신의 회답을 전보로 알리여 주십시오. 당신의 의견에 따라 우리는 밀가루를 즉시 보낼 수 있습니다. 축하를 드리면서

이 · 쓰딸린

1952년 4월 14일

이 · 웨 · 쓰딸린동지

친애하는 이오씨프 위싸리오노위츠! 조선민주주의인민공화국 정부는 조선 인민의 절박한 요구에 대한 당신의 심심한 배려에 무한히 감격되였습니다. 우리에게 五만톤의 밀가루를 보내 주시겠다는 당신의 제의는 미제의 침략에 곤난을 받고 있으면서도 자기의 자유와 독립을 끝까지 수호할 결의를 가지고 있는 조선 인민에게 대한 위대한 쏘련 인민의 또 하나의 사심 없는 형제적 원조의 표현입니다. 우리는 당신의 제의를 무한한 감사로써 받는 바입니다. 감격에 넘치는 조선 인민은 인류의 행복을 위하여 친애하는 수령이시며 스승이신 당신의 만수무강을 축원하는 바입니다.

김일성

1952년 4월 16일

6) 『인민』 1952년 5호, 3~5쪽.

12. 유엔 안전보장이사회 결의 S/1657 (1950.7.31)

Resolution of 31 July 1950 (S/1657)

The Security Council,

Recognizing the hardships and privations to which the people of Korea are being subjected as a result of the continued prosecution by the North Korean forces of their unlawful attack, and

Appreciating the spontaneous offers of assistance to the Korea people which have been made by governments, specialized agencies, and non-governmental organizations,

Requests the Unified Command to exercise responsibility for determining the requirements for the relief and support of the civilian population of Korea, and for establishing in the field the procedures for providing such relief and support;

Requests the Secretary-General to transmit all offers of assistance for relief and support to the Unified Command;

Requests The Unified Command to provide the Security Council with reports, as appropriate, on its relief activities;

Requests the Secretary-General, the Economic and Social Council in accordance with Article 65 fo the Charter, other appropriate United Nations principal and subsidiary organs, the specialized agencies in accordance with the terms of their respective agreements with the United Nations, and appropriate non-governmental organizations to provide such assistance as the Unified Command may request for the relief and supportof the civilian population of Korea, and as appropriate in connection with the responsibilities being carried out by the Unified Command on behalf of the Security Council.

13. 유엔총회 결의 410(V) : 한국의 구호와 부흥 (1950.12.1)

A

The General Assembly,

Having regard to its resolution of 7 October 1950 on the problem of the independence of Korea,

Having received and considered a report of the Economic and Social Council submitted in accordance with that resolution,

Mindful that the aggression by North Korean forces and their warfare against the United Nations seeking to restore peach in the area has resulted in great devastation and destruction which the Korean people cannot themselves repair,

Recognizing that as a result of such aggression the people of Korea are desperately in need of relief supplies and materials and help in reconstructing their alleviation,

Deeply moved by the creation of a United Nations programme of relief and rehabilitation for Korea is necessary both to the maintenance of lasting peace in the area and to the establishment of the economic foundations for the building of a unified and independent nation,

Considering that, under the said resolution of 7 October 1950, the United Nations Commission for the Unification and Rehabilitation of Korea is the principal representative of the United Nations in Korea and hence must share in the responsibility for the work undertaken by the United Nations in furtherance of the objects and purposes mentioned in the said resolution,

Considering that it is nevertheless desirable to set up a special authority with broad powers to plan and supervise rehabilitation and relief and to assume such functions and responsibilities related to planning and supervision, to technical and administrative matters, and to questions affecting organization and implementation as are to be exercised under the plans for relief and rehabilitation approved by the General Assembly, such authorith to carry out its responsibilities in close co-operation with the Commission,

A. ESTABLISHMENT OF THE UNITED NATIONS KOREAN RECONSTRUCTION AGENCY FOR THE RELIEF AND REHABILITATION OF KOREA

1. Establishes the United Nations Korean Reconstruction Agency(UNKRA) under the direction of a United Nations Agent General, who shall be assisted by one or more deputies. The Agent General shall be responsible to the General Assembly for the conduct (in accordance with the policies established by the General Assembly and having regard to such general policy recommendations as the United Nations Commission for the Unification and Rehabilitation of Korea may make) of the programme of relief and rehabilitation in Korea, as that programme may be determined from time to time by the General Assembly;
2. Authorizes the United Nations Commission for the Unification and Rehabilitation of Korea:
   (a) To recommend to the Agent General such policies concerning the United Nations Korean Reconstruction Agency's programme and activities as the Commission may consider necessary for the effective discharge of the Commission's responsibilities in relation to the establishment of a unified, independent and democratic government in Korea;
   (b) To determine, after consultation with the Agent General, the geographical areas within which the Agency shall operate at any time;
   (c) To designate authorities in Korea with which the Agent General may establish relationships; and to advise the Agent General on the nature of such relationships;
   (d) To take such steps as may be needed to support the Agent General in fulfilling his task in accordance with the policies established by the General Assembly for relief and rehabilitation;
   (e) To consider the reports of the Agent General to the General Assembly and to transmit any comments thereon to the Economic and Social Council and

the General Assembly;

(f) To call for information on those aspects of the work of the Agent General which the Commission may consider necessary for the proper performance of its work;

3. Authorities the Commission to consult from time to time with the Agent General in regard to the provisional programme adopted by the General Assembly on the recommendation of the Economic and Social Council and especially with regard to the adequacy of that programme to meet the needs of Korea as deined in the statement of general policy, and make recommendations thereon to the Economic and Social Council;

4. Directs the Agent General:

(a) To co-ordinate his programme with measures taken by the United Nations Commission for the Unification and Rehabilitation of Korea to carry out the recommendations of the General Assembly relating to the establishment of a unified, independent and democratic government in Korea, and to support the Commission in fulfilling this task;

(b) To commence the operation of the programme in Korea at such time as may be agreed upon by the United Nations Unified Command, the United Nations Commission for the Unification and Rehabilitation of Korea and the Agent General;

(c) To consult with and generally be guided by the advice of the United Nations Commission for the Unification and Rehabilitation of Korea on the matters set forth under paragraph 2 (a) and be governed by its advice on the matters covered in paragraph 2 (b) and 2 (c);

5. Further directs the Agent General, in the carrying out of his functions;

(a) To ascertain, after consultation with the designated authorities in Korea, the requirements for supplies and services for relief and rehabilitation made necessary by the consequences of armed conflict in Korea;

(b) To provide for the procurement and shipment of supplies and services and for their effective distribution and utilization within Korea;

(c) To consult with and assist the appropriate authorities in Korea with respect to measures necessary for the rehabilitation of Korean economy and the effective distribution and utilization within Korea of supplies and services furnished;

(d) To submit reports to the General Assembly through the Secretary-General, transmitting copies simultaneously to the United Nations Commission for the Unification and Rehabilitation of Korea, and to the Economic and Social Council;

(e) To be guided in matters of administration, to the extent consistent with the special requirements of the programme, by the rules and regulations established for the operation of the Secretariat of the United Nations;

Specifically he shall:

(1) Select and appoint his staff in accordance with general arrangements made in agreements made in agreement with Secretary-General, including such of the staff rules and regulations of the United Nations as the Agent General and the Secretary-General shall agree are applicable;

(2) Utilize, wherever appropriate, and within budgetary limitations, the existing facilities of the United Nations;

(3) Establish, in consultation with the Secretary-General and the Advisory Committee on Administrative and Budgetary Questions, and in agreement with the Advisory Committee established under paragraph 6 below, financial regulations for the United Nations Korean Reconstruction Agency;

(4) Arrange, in consultation with the Advisory Committee on Administrative and Budgetary Questions, for the rendering and audit of the accounts of the Agency under procedures similar to those applicable to the rendering and audit of the accounts of the United Nations;

6. Establishes and Advisory Committee consisting of representative of five Member States to advise the Agent General with regard to major financial, procurement, distribution and other economic problems pertaining to his planning and operations. The Committee shall meet on the call of the Agent General but not less than four times a year. The meetings of the United Nations except in special circumstances, when the Committee, after consultation with the Agent General, may meet elsewhere if it deems that this would be essential to the proper performance of it work. The Committee shall determine its own methods of work and rules of procedure;
7. Requests the Secretary-General, after consulting the United Nations Commission for the Unification and Rehabilitation of Korea and the Advisory Committee, to appoint the United Nations Agent General for Korean Reconstruction, and authorizes the Agent General to appoint one or more Deputy Agent General in consultation with the Secretary-General;
8. Authorities the Secretary-General to establish a special account to which should be credited all contributions in cash, kind or services, the resources credited to the account to be used exclusively for the programme of relief and rehabilitation and administrative expenses connected therewith; and directs the Secretary-General to make cash withdrawals from the account upon request of the Agent General. The Agent General is authorized to use contributions in kind or services at his discretion;
9. Recommends that the Agent General in carrying out his functions;
   (a) Make use at his discretion of facilities, services and personnel that may be available to him through existing national and international agencies and organizations both governmental and non-governmental;
   (b) Consult with the Secretary-General and the heads of the specialized agencies before appointing his principal subordinate personnel in their respective fields of competence;
   (c) Make use of the advice and technical assistance of the United Nations and

the specialized agencies and, where appropriate, request them to undertake specific projects and special tasks either at their own expense or with funds made available by the Agend General;

(d) Maintain close contact with the Secretary-General for the purpose of ensuring fullest co-ordination of efforts of the organs of the United Nations and the specialized agencies in support of the programme;

10. Authorities the Agent General to enter into agreements with such authorities in Korea as the United Nations Commission for the Unification and Rehabilitation of Korea may designate, containing terms and conditions governing measures affecting the distribution and utilization in Korea of the supplies and services furnished, in accordance with the statement of general policy on Korean relief and rehabilitation contained in section B of the present resolution;

11. Requests the Secretary-General to make available to the maximum extent possible, and subject to appropriate financial arrangements, such facilities, advice and services as the Agent General may requests;

12. Requests the specialized agencies and non-governmental organizations to make available to the maximum extent possible, and subject to appropriate financial arrangements, such facilities, advice and services as the Agent General may requests;

13. Requests the Economic and Social Council to review the reports of the Agent General and any comments which the United Nations Commission for the Unification and Rehabilitation of Korea may submit thereon, and such other data as may be available on the progress of relief and rehabilitation in Korea and to make appropriate reports and recommendations thereon to the General Assembly;

14. Calls upon all governments, specialized agencies and non-governmental organizations, pending the beginning of operations by the United Nations Korean Reconstruction Agency, to continue to furnish through the

Secretary-General such assistance for the Korean people as may be requested by the Unified Command;

15. Invites countries not Members of the United Nations to participate in financing the programme of relief and rehabilitation in Korea;

B. STATEMENT OF GENERAL POLICY ON RELIEF AND REHABILITATION IN KOREA

16. Approves the following statement of general policy:

1. The United Nations programmes of relief and rehabilitation in Korea is necessary to the restoration of peace and the establishment of a unified, independent and democratic government in Korea.
2. To this end, it is the objective of the United Nations to provide, subject to the resources placed at its disposal for this purpose, relief and rehabilitation supplies, transport and services, to assist the Korean people to relieve the sufferings and to repair the devastation caused by aggression, and to lay the necessary economic foundations for the political unification and independence of the country.
3. The United Nations programme of relief and rehabilitation for Korea shall be carried out in practice in such a way as to contribute to the rapid restoration of the country's economy in conformity with the national interests of the Korean people, having in view the strengthening of the economic and political independence of Korea and having in view that, in accordance with the general principles of the United Nations, such assistance mush not serve as a means for foreign economic and political interference in the internal affairs of Korea and must not be accompanied by any conditions of a political nature.
4. The United Nations programme is to be a supplement to the general recovery effort that will be undertaken by the Korean people on their own initiative and

responsibility, through the most effective utilization of their own resources as well as of the aid which is rendered under the programme.

5. Whilst the programme should be consistent with the pattern of long-term economic development in Korea, it is itself necessarily limited to relief and rehabilitation, and contributions and supplies furnished under this programme shall be used exclusively for that purpose.
6. First priority shall be given to the provision of the basic necessities of food, clothing and shelter for the population of Korea and measures to prevent epidemics. Second highest priority shall be given to project which will yield early results in the indigenous production of basic necessities; this will include the reconstruction of transport and power facilities. As the programme develops, emphasis should be shifted to the provision of other materials, supplies and equipment for the reconstruction or replacement for war-damaged facilities necessary to the economic life of the country.
7. The necessary measures shall be taken to ensure that distribution shall be conducted that all classes of the population shall receive their equitable shares of essential commodities without discrimination as to race, creed or political belief.
8. Subject to adequate control, the distribution of supplies shall be carried out, as appropriate, through public and co-operative organizations, through non-profit-making voluntary organizations such as the Red Cross, and through normal channels of private trade. At the same time, measures shall be taken to ensure that the cost of distribution and the profit from the sale of supplies are kept to the minimum. Measures shall be taken to ensure that the special needs of refugees and other distressed groups of the population are met through appropriate public welfare programmes, and accordingly the sale of relief supplies will take place only in justifiable cases and under conditions agreed upon with the United Nations Commission for the Unification and Rehabilitation of Korea

14. 유엔한국재건단-통합사령부 협정 (1951.7.11)[7]

Mr. J. Donald Kingsley

Agent General

United Nations Korean Reconstuction Agency

Sir:

Reference is made to my letter of March 29, 1951 and to your reply of April 16, 1951 regarding an understanding to govern relations in the present phase between the United Nations instrumentalities in Korea, the United Nations Command, and the United Nations Korean Reconstruction Agency.

As a result of your letter of April 16 and further consideration of the problem of the Unified Command, it is now proposed that relations between the United Nations Command and the United Nations Korean Reconstruction Agency be established in accordance with the following provisions:

1. The responsibility of the United Nations Command for the operation of the United Nations Command programs of relief and short-term economic aid will continue until such time as the military operations will permit the transfer of this responsibility to UNKRA. The time for this transfer will be determined in accordance with the General Assembly resolution of December 1, 1950, namely, by agreement of the Unified Command, the United Nations Commission for the Unification and Rehabilitation of Korea and the Agent General. It it not possible to estimate at this time when this transfer will take place but with a view to making the transfer as smooth as possible, it is desired to introduce UNKRA

---

7) Gene M. Lyons, Military Policy and Economic Aid: The Korean Case, 1950-1953, Columbus: Ohio University Press, 1961, pp.239~241.

into the entire operation as it progresses.

2. Two phases are envisaged:

(1) The period starting upon your acceptance of these proposals during which the responsibilities of the United Nations Command and UNKRA will be defined below.

This period will terminate when military operations permit and as agreed by the Unified Command, the United Nations Commission for the Unification and Rehabilitation of Korea and the Agent General.

(2) The period starting at the termination of phase (1) when UNKRA has assumed responsibility and is possibly being assisted by the United Nations Command, principally in the field of procurement and transportation.

3. During phase (1) the United Nations Command will have sole responsibility for all relief and short-term economic aid essential to the military operations. UNKRA will have responsibility for long-range planning and high level technical assistance to the Korean Government and for any program of economic aid additional to the United Nations Command program which the military situation may permit UNKRA to implement.

4. In phase (2) UNKRA will have responsibility for all United Nations relief and rehabilitation activities, being assisted possibly by the United Nations Command in the field of procurement and transportations.

5. During phase (1) UNKRA personnel operating in Korea would consist of two groups as follows:

a. The first group consisting of a small group of governmental economic and industrial technical advisors and personnel engaged in long-range planning who will operate as a group under the direction of the Agent General and be responsible to him.

b. The second group will consist of personnel engaged in programming, short-range planning, determining requirements, and actually supplying for the needs of relief and short-range rehabilitation and reconstruction. Personnel in this group may be integrated in staffs or units of the United Nations Command. The duties of the personnel in this group will be as prescribed by the United Nations Command.

6. The responsibilities of the UNKRA personnel in the first group would be as follows:

a. Technical advice and assistance to the Korean Government.
b. Planning for long-range rehabilitation and reconstruction of Korea.
c. Implementation, to the extent permitted by the military situation, of any program of economic aid additional to the United Nations Command Program.
d. Assisting the operating group by recommendations and in certain cases when called upon, by advice as to specific problems. Close coordination with the second group will be an essential part of the responsibilities of the first group.
e. Such plans or recommendations as may be made will be coordinated with the United Nations Command for determinations as to whether or not they affect the mission of the United Nations Command. Any plans or recommendations which, in the opinion of the United Nations Command, affect its mission will be implemented only with the concurrence of the Uniteds Nations Command. Approved plans requiring implementation by the United Nations Command will be carried out by its operating agencies in accordance with current procedures.

7. The United Nations Command will be responsible for the logistic support of

both groups.

These arrangements are considered workable only if the procedures set forth above for ensuring close coordination and avoiding any action by UNKRA which would conflict with the military necessities are carefully observed. The final authority and control of the Commander-in-Chief, United Nations Command, on the ground during hostilities are not intended to be affected by these arrangements.

If these proposals are acceptable, will you please advise us as soon as possible so that the understanding may be officially communicated to the Commander-in-Chief of the United Nations Command and put into operation promptly.

Very truly yours,
For the Secretary of State:
John D. Hickerson
Assistant Secretary of State of The United States of America

04_ 4부 「전후처리 문제와 냉전분단의 고착화」 관련 원문

1. 대한민국과 국제연합 통합사령부 간의 경제조정에 관한 협정(MEYER 협정) (1952.5.24)

1952년 5월 24일 부산에서 서명
1952년 5월 24일 효력발생

공산군의 침범으로 인하여 대한민국은 국제연합으로부터의 원조를 필요로 하게 되었으므로

국제연합은 1950년 6월 27일자로 안전보장이사회의 결의에 의하여 국제연합회원국가가 대한민국 영역내에서 군사침략을 격퇴하며 국제 평화와 안전을 회복함에 소요한 원조를 대한민국에 공여할 것을 건의하였으며

국제연합은 1950년 7월 7일자 안전보장이사회의 결의에 의하여 대한민국에 군사병력과 기타 원조를 공여하는 회원국가가 여사한 병력과 원조를 미합중국관리하의 통합사령부에 제공할 것을 건의한 바 있고

국제연합은 1950년 7월 31일자 안전보장이사회의 결의에 의하여 통합사령부에게 한국국민의 구호와 원조에 관한 필요를 결정하여 여사한 구호와 원조를 공여함에 관한 현지 절차를 수립할 책임을 이행할 것을 요청한 바 있으므로 한국 영역내에서 침략에 대항하여 공동행동을 수행함이 필요하게 되었고

1950년 7월 7일자 국제연합 안전보장이사회의 결의에 의거하여 통합사령부는 한국에 있어서 국제연합군총사령부의 책임을 이행하기 위하여 국제연합군 총사령관을 지명하였으며

통합사령부는 대한민국에게 旣히 상당한 원조를 공여하였고 또한 현재도 공여하고 있는 바

대한민국의 주권을 침해함이 없이 국제연합군총사령부의 군사병력의 유효한 지원을 보장하고 한국국민의 고난을 구제하며 대한민국의 건전한 경제를 수립 유지하기 위하여 통합사령부와 대한민국 간의 경제문제를 규정함이 요망되므로,

대한민국과 1950년 7월 7일자 및 1950년 7월 31일자 국제연합 안전보장이사회 결의에 따라 권한을 행사하는 미합중국(이하 통합사령부라 칭함)은 하기와 如히 협정한다.

제1조 위원회

1. 합동경제위원회(이하 위원회라 칭함)를 설치한다.
2. 위원회는 대한민국대표 1인과 국제연합군총사령관대표 1인으로써 구성한다. 대표를 임명하기 전에 쌍방은 그 대표임명에 타방(他方)이 합의할 수 있음을 확인하여야 한다. 위원회는 그 기능을 행사함에 소요되는 하부기구를 설치하며 그 자체의 운영절차를 결정한다. 위원회는 대한민국내의 적의(適宜)한 장소에서 정기적으로 회합한다.
3. 위원회의 주요기능은 대한민국과 통합사령부 간의 효과적인 경제조정을 촉진함에 있다. 위원회는 경제문제에 관한 쌍방의 주요 협의체이며 본 협정실시에 관련하여 쌍방에 적의하게 수시로 건의를 한다. 여사한 건의는 쌍방대표의 상호합의에 의하여서만 행한다. 위원회는 조정 및 자문기관이며 운영기관은 아니다.
4. 위원회와 쌍방은 아래의 일반원칙을 준수하여야 한다.
   가. 위원회는 그 건의가 국제연합군총사령부의 한국에서의 군사행동에 최대한의 지원을 공여하고 한국국민의 고난을 구제하며 건전한 한국경제를 발전시킴을 목적으로 하는 견실한 전반적 계획의 일부가 되도록 하

기 위하여 대한민국에 대한 통합사령부의 원조계획의 경제면 전반과 이와 관련되는 대한민국의 경제와 계획의 모든 사항을 검토한다.

나. 이용가능한 자원의 한계 내에서 가능한 한, 또 재정 및 금융안정의 달성에 합치되는 한 대한민국의 경제적 자립능력 증진을 쌍방의 목적으로 한다.

다. 쌍방은 공산군침범에 대한 군사행동의 유효적 수행을 우선적으로 고려한다. 따라서 국제연합군총사령관의 사령특권을 인정하며 국제연합군총사령관은 여사한 작전의 유효적 수행을 위하여 필요하다고 인정하는 모든 권한과 군사작전의 수행 중 또는 민간 원조계획의 실시 중에 야기되는 긴급사태에 대처하기 위하여 본 협정에 의하여 공여되는 물자와 용역을 회수하거나 분배할 권한을 계속 보유한다. 한편 대한민국 정부의 특권이 인정되며 대한민국 정부는 주권독립국가의 모든 권한을 계속 보유한다.

5. 위원회는 아래 사항을 보장하는 데 필요한 건의를 한다.

가. 위원회의 경비 및 본 협정에 의한 원조계획을 수행하기 위하여 통합사령부 또는 대한민국에 의하여 설치된 전(全)운영기관의 경비(즉 원화경비 및 원조물자금(assistance funds)에서 지불되는 경비)를 정당히 소요되는 최소액으로 한정하도록 하는 것.

나. 원조목적을 위하여, 제공되는 인원 자금 설비 물자 및 용역을 타목적으로 전용하지 않도록 하는 것.

제2조 통합사령부

통합사령부는 다음과 같은 책임을 진다.

1. 통합사령부가 이용가능한 자료범위 내에서 위원회의 건의를 지원한다.
2. 국제연합군총사령관에게 그의 대표를 위원회에 지명할 것과 위원회가 건의하는 바에 따라 인원 및 기타 필요한 행정적 원조를 국제연합군총사령부가 공여하도록 요청한다.
3. 위원회에 대하여 통합사령부의 민간원조계획의 전반 및 其계획상황에 관하

여 수시로 정보를 제공한다.

4. 회원국가 및 諸단체로부터 통합사령부에 제공된 자료의 범위 내에서 한국 국민의 식량 의료 주택등 기본적 필수자재를 공여하며 전염병 질병 및 불안 방지를 위한 조치를 강구하며 필수품의 국내생산에 조기적 효과를 초래할 사업을 실시함에 있어서 대한민국을 원조한다. 전기조치 및 사업 등은 민간인의 구호와 생활유지에 소요한 시설의 재건 내지 보수를 포함한다.
5. 대한민국정부의 관계기관과의 협의하에 대한민국을 원조하기 위한 시설 물자 및 용역에 대한 필요를 확인한다.
6. 통합사령부로부터 공여되는 시설 물자 및 기타 원조의 구매 및 적송조치를 강구하며 此원조의 분배 및 이용을 감독하며 전기 국제연합의 제결의에 의거하여 여사한 원조를 관리한다.
7. 한국인 직원의 채용과 시설물자 및 용역의 구매 배정 분배 및 판매를 포함하는 대한민국을 원조하기 위한 기획을 작성 실시함에 있어서는 가능한 한 광범위로 대한민국정부의 관계기관과 협의하고 그 용역을 이용한다.
8. 군사작전의 수행을 촉진하고 고난을 구제하고 한국경제의 안정에 기여하는 방법으로써 대한민국에 대한 통합사령부의 원조계획을 수행한다.
9. 대한민국의 정식 대표에게 통합사령부의 민간원조계획에 관련된 적의의 서류를 제시한다.

제3조 대한민국

대한민국은 다음과 같은 책임을 진다.

1. 위원회의 건의를 지원한다.
2. 위원회의 대한민국 대표를 지명하며 위원회가 건의하는 바에 따라 대한민국은 인원 및 기타 필요한 행정적 원조를 위원회에 공여한다.
3. 한국경제 및 위원회의 기능에 관련되는 대한민국정부의 활동 및 계획에 관하여 수시정보를 위원회에 공여한다.
4. 대한민국정부는 종래 실시하여온 조치를 계속하는 한편 통화팽창 사재기(hoarding) 유해한 투기적 행동을 억제하기 위한 새로운 조치를 취하며, 세

입의 최대한 징수를 포함하는 건전하고 종합적이며 적절한 예산 재정 및 금융 제정책을 실시하며, 공사(公私)여신신장에 대하여 적절한 통제를 유지하며, 필수적이며 가능한 물가배급 및 배정의 통제를 실시하며, 임금 및 물가안정을 촉진하며, 모든 외국환 자원을 유효하게 사용하며, 효과적인 계획배분 및 판매에 의하여 구호 및 기타 수입된 긴요물자로써 통화팽창 억제효과를 최대한도에 이르게 하며, 가동생산시설의 최대한의 유효적 활용을 기하며 수출용생산을 최대한으로 한다.

5. 본 협정에 의하여 공여되는 원조에 관하여는
   가. 국제연합군총사령부의 운영기관과 협의하여 본 협정에 의하여 공여되는 설비 물자 및 용역의 필요량 배정 분배 판매 사용 및 경리에 관한 계획을 추진수행하는 운영기관을 설치하며, 이 한국 측 기관의 예산안을 위원회에 제출하며, 이 예산안을 국가예산에 포함시키며, 본조 제7항 '라'호 ② 에 의하여 위원회가 별도로 건의를 하지 않는 한 이 경비를 대한민국의 일반회계세입에서 지출하되 최소한도로 유지할 것을 보장한다. 여사한 운영경비는 한국경제가 허용하는 한 대한민국의 일반회계세입에서 지출될 것을 의도로 한다.
   나. 국제연합군 총사령관이 전기의 국제연합 제결의에 의거하여 그의 책임을 이행하는 데 필요할 때에는 본 협정에 의하여 공여되는 원조에 대하여 통제를 실시할 것을 허용한다.
   다. 구호목적에 부합되는 범위 내에서 최고도로 판매를 성취하며 위원회의 건의하는 바에 따라서 시설물자 및 용역의 무상분배 유상판매여부를 결정한다.
   라. 본 협정에 의하여 공여되는 시설 및 물자를 취급하는 대한민국기관으로 하여금 국제연합군총사령관 또는 위원회가 이 설비 및 물자의 수입 배분 판매 및 활용을 명시하기 위하여 필요하다고 인정하는 기록 및 보고를 작성 보관하도록 한다.
   마. 국제연합군총사령부가 공여하는 물자 및 용역에 대하여는 위원회가 건의하는바에 의하여 수입세 수입공과금 또는 국내세 국내공과금을 부과한다.

바. 국제연합군총사령관의 정식대표가 본 협정에 의하여 공여되는 설비 물자 용역의 배분 용도(모든 보관 배분 시설 및 모든 관계기록을 포함하여)를 자유로이 검사함을 허용하며 원조한다.

사. ① 대한민국 국민에게 자금 설비 및 물자의 출처와 공여목적을 숙지시키는 데 만전을 기하며, ② 국제연합군총사령관의 결정에 따라 통합사령부가 대한민국의 민간경제에 공여하는 모든 설비 및 물자(그 용기(容器)를 포함함)에 가능한 한 그 설비 및 물자의 성질상 지장이 없으며 또 이러한 물자의 출처와 목적을 대한민국 국민에게 명시할 수 있는 방법으로 잘 보이는 곳에 명료하고 말소되지 아니하고 영구적인 표식 각인 소인 또는 첩표(貼票)를 한다.

6. 본 협정에 의하여 공여되는 원조로서 한국국민의 구호를 위하여 무상으로 배급되는 것에 관하여서는 적절한 후생계획에 의하여 피난민 기타 세궁민의 각별한 곤경을 차별 없이 완화하도록 만전을 기한다.

7. 본 협정에 의하여 공여되는 판매용 원조에 관하여는

가. 설비 및 물자를 위원회가 건의하는 가격으로 판매하되 가능한 한 최대의 판매대금을 징수할 수 있는 가격으로 한다.

나. 위원회가 별도로 건의하지 아니하는 한 본 협정에 의하여 공여되는 설비와 물자는 현금으로 판매한다. 위원회가 이 설비 및 물자를 중간 대행기관 또는 최종 사용자에게 외상으로 판매할 것을 건의할 때에는 이 외상의 금액과 기간은 위원회가 건의한 바에 의한다.

다. 한국은행에 특별계정을 설치하여 보유하되 이에 현재 한국은행에 있는 국제연합군 원조물자 예치금계정의 잔고를 대체하고 ① 본 협정에 의하여 공여된 설비와 물자 또는 ② 전에 예치된 원화금으로서 국내에서 판매된 모든 설비와 물자의 총 원화판매대금을 예치한다.

라. 전기 '다'항에 의하여 설치된 특별계정은 가능한 한 유해한 통화팽창을 안정시키는 방책 및 상살(相殺)수단으로 활용한다. 이 목적을 위한 본 계정으로부터의 인출은 다음의 우선순위에 따라서만 위원회의 건의에 의하여 할 수 있다.

① 한국국민의 구호와 원조를 위하여 통합사령부의 책임을 완수하는 데 관

련되는 적합한 원화경비를 지출하는 것. 단, 此원화경비에는 선의의 군사비 또는 국제연합군총사령부의 직원들에게 판매하기 위한 국제연합군총사령부에 대한 원화대여금을 포함하지 아니한다.

② 위원회의 건의하는 바에 의하여 전기 (5) '가'항에 규정된 대한민국정부 운영기관에 적합한 운영경비를 지출한다.

③ 상기목적을 위하여 인출된 후 또한 운영적립금이 준비된 후에 남아있는 특별계정의 잔고는 위원회의 건의에 따라 정기적으로 한국은행 또는 대한민국 법령에 의하여 설립된 기타 금융기관에 대한 대한민국 정부의 당해시의 채무를 지불하는 데 충당한다.

8. 통합사령부가 공여하는 설비, 물자 또는 국내에서 생산되거나 타 방법으로 구득한 이와 동일 또는 유사한 성질의 물품은 위원회의 건의가 없는 한 대한민국에서 수출함을 방지한다.

9. 외국환 및 외국차관자원을 진중히 활용하며 이 자원은 우선 (속히 판매될 긴요물자를 신속히 수입함으로써) 한국경제의 안정과 이에 따른 한국경제의 부활과 재건에 필요한 한도로 활용한다. 이 외국환 및 외국차관자원의 활용은 다음과 같이 통제되고 조정된다.

가. 이후(玆後) 무역외 수출을 포함한 국내수출에 의하여 취득되는 대한민국의 仝외국환(公私를 포함)은 다음의 '나'항의 경우를 제한 외에 대한민국정부가 단독으로 통제한다.

나. (공사를 막론하고 또 취득원을 불문하고) 현재 대한민국이 보유하는 외국환 및 본협정의 발효일 이후에 대한민국이 국제연합군총사령부로부터 원화대여금에 대한 모든 청산으로 취득할 외국환은 위원회의 건의에 의하여서만 사용할 수 있다.

다. 전기 '가' 및 '나'항의 모든 외국환은 통합사령부의 원조계획에 포함된 수입품과 상기 외국환의 이용과를 종합하기 위하여 위원회에 의하여 조정된다.

10. 통합사령부의 원조계획을 한국경제의 필요에 적응시키며 또 이 계획에 의한 수입품과 외국환으로써 구입되는 수입품과를 조정하기 위하여 물자의 수출입에 관한 정기적 계획을 작성함에 있어 위원회의 건의를 존중하며 이

계획을 수출입허가발행의 기초로 삼는다.

11. 대한민국정부의 외국환 자원을 한국경제를 안정시키는 데 가장 유효하게 사용하기 위하여

 가. 외국환의 매각 또는 이 외국환으로 도입되는 수입품의 판매로써 취득되는 원화판매대금을 가급적 증대시킨다.

 나. 위원회가 별도로 건의하지 아니하는 한 이 판매대금은 우선 대한민국정부의 한국은행에 대한 차입금지불에 충당한다.

 다. 원화판매대금의 잔고는 全통화량에 대한 효과를 정당히 고려하여 보유하거나 사용한다.

12. 가능한 한 최대의 범위 내에서 대한민국 국군에 군수품을 공여하며 또한 국제연합군 총사령부에게 이러한 지원의 세부에 관한 정보를 수시 제공함으로써 예산기획의 조정을 할 수 있도록 한다.

13. 한국국민을 제외한 통합사령부의 개인 또는 기관에 대하여 前記 국제연합의 諸결의에 의하여 공여되었거나 또는 이후 쌍방 또는 쌍방의 관계기관에 의하여 공식 또는 비공식으로 협약될 특권 면제 편익을 부여한다.

14. 통합사령부가 공여하는 또는 동 사령부에 유래하는 자금 설비 물자 및 용역은 위원회의 건의가 있는 경우를 제한 외에는 여하한 개인사업체 기관 법인 조직체 또는 정부에 의하여 차압 압수 몰수 또는 기타 법적수속의 대상이 되지 아니할 것을 보장한다.

제4조 이관

1. 쌍방은 국제연합군총사령부의 책임의 전부 또는 일부를 수시로 국제연합의 타기관이 인수할 것을 인정한다. 이러한 이관에 앞서 쌍방은 이관에 따라서 필요한 본협정의 수정에 관하여 상호협의한다.

2. 1950년 12월 1일자 국제연합총회결의로써 설치된 국제연합 한국재건단은 통합사령부가 국제연합 한국재건단장과 협의하여 그 당시의 군작전이 허용하지 않는다고 결정하거나 또는 조기적인 책임의 이관이 합의되지 않은 경우를 제한 외에는 통합사령부가 정하는 바에 의하여 한국에서 전투상태가 종결한 후 180일 내에 모든 국제연합의 구호 및 부흥사업에 관한 책임을

인수할 것을 현재 쌍방의 양해사항으로 한다.

제5조 현존협정

본 협정은 쌍방간에 현존하는 협정의 전부 또는 일부를 폐지하지 아니한다.

제6조 등록 발효일 종결

1. 본 협정은 국제연합헌장 제102조의 조항에 정하는 바에 의하여 국제연합 사무총장에게 등록한다.
2. 본 협정은 이에 서명함으로써 지체없이 시행된다.
   본 협정은 쌍방의 합의에 의하여 종결되지 아니하는 한 통합사령부가 존재하고 그 책임을 保持하는 한 유효하다.

1952년 5월 24일 한국 부산에서 영어 한국어로 본서2통을 작성한다. 영어본문 및 한국어본문은 동등한 효력을 가지나 상위(相違)가 있을 때에는 영어본문에 의한다.

이상 협정한 인증으로서 본 목적을 위하여 정식으로 임명된 각 대표가 본 협정에 서명한다.

대한민국 대표 재무부장관 백 두진
미합중국 대표 공사 겸 미합중국대통령특사 Clarence E. Meyer

2. 대한민국과 국제연합군총사령부 간의 경제조정에 관한 협정통첩 전문 (1952.5.24)

각하

1. 본관은 본 일자로 한국 부산에서 체결한 대한민국과 미합중국 간의 경제조정에 관한 협정과 서력 1950년 7월 28일자 한국 대구에서 체결한 대한민국과 미합중국 간의 국제연합가맹국군대 총사령관과 지휘하의 군사비 지출에 관한 협정(1950년 7월 28일자 재정협정) 및 1948년 12월 10일자 한국 서울에서 서명한 대한민국과 미합중국 간의 원조협정에 관하여 언급함을 영광으로 생각하는 바입니다.
2. 상기한바 서력 1948년 12월 10일자의 원조협정 중 외국환배정 및 지출에 있어서 미국원조대표와 협의하며 그 동의를 얻는 데 관한 규정은 상기한 경제조정에 관한 협정과 상치된다는 것이 미합중국정부의 해석임으로 미합중국정부는 전자협정 중 여사히 상치되는 규정은 폐지된 것으로 간주하는 데 동의합니다.
3. 미합중국정부는 대한민국정부가 이하 제4항 및 제5항에 기재한바 제안을 수락할 것을 조건으로 다음 사항을 이행할 용의가 있음을 통고하는 영광을 가집니다.
   ㄱ. 상기한바 서력 1950년 7월 28일자 재정협정에 의거하여 대여받은 모든 한국통화로서 국제연합군총사령부가 서력 1952년 5월 1일 이전에 미합중국 군대인원에게 매도한 것 중 아직 그 결제를 하지 아니한 分을 그 매도당시의 환율에 의하여 대한민국정부에 급속히 또 완전히 청산할 것.
   ㄴ. 서력 1950년 7월 28일자 재정협정에 의거한 대여금 중에서 미합중국이 서력 1951년 12월 31일 이후 동 1952년 6월 1일 이전에 선의의 군사비지출에 사용한 모든 한국통화를 매 미불당 6천 환의 환율로 대한민국정부에 급속히 또 완전히 청산할 것.
   ㄷ. 귀 정부가 경제조정에 관한 협정의 규정에 의하여 경제적 및 재정적 안

정의 성취를 위하여 적절한 노력을 계속하는 것을 조건으로 하여

(1) 서력 1952년 5월 31일 이후 미국군이 서력 1950년 7월 28일자 재정협정에 의거하여 대여받아 선의의 군사 목적으로 사용하는 한국통화에 대한 청산의 중간지불로서 매월 일금 4백만 불을 대한민국정부에 지불할 것. 단, 차금액은 원화 대여금의 방출량 또는 기타요인의 현저한 변동에 따라 수정함.

(2) 서력 1952년 4월 31일 이후 국제연합군 총사령부가 매월 미국 군대인원에게 매도한 한국 통화액에 상당하는 금액을 매도당시의 환율로 매도월로부터 60일 이내에 매월 대한민국정부에 지불할 것.

(3) 서력 1953년 3월 31일 이후 실시가능한 한 급속히 서력 1950년 7월 28일자 재정협정에 의거하여 미합중국이 서력 1952년 5월 31일부터 동 1953년 4월 1일까지에 대여받아 선의의 군사적 용도로 사용한 모든 한국통화의 완전한 청산을 대한민국정부에 대하여 행할 것. 또한 서력 1953년 3월 31일 이후 매 12개월마다 미국이 대여받아 선의의 군사비 지출에 사용한 한국통화에 대한 완전한 청산은 익년 3월 31일 이후에 행한다. 본절에 의하여 행하는 완전한 청산을 행함에 있어서 미국은 당초 설정한 환율이 적용된 기간 이후의 제반 관계요인의 변동을 작량하여 매 10개월간 분 또는 매개 12개월간 분의 청산에 사용할 현실적인 환율을 정한다. 미합중국과 대한민국은 여사한 환율의 변경을 공고하기 전에 가급적 조속히 적당한 협의를 개시한다.

4. 상기 제3항에 규정한바 선의의 군사적 목적으로 사용한 경비의 청산에 있어서 미합중국 군대의 선의의 군사비 금액은 청산상 국제연합 총사령부 군대인원에게 매도한 것을 제외하고 기타의 모든 목적으로 미합중국이 해 청산기간 내에 사용한 1950년 7월 28일자 재정협정에 의하여 대여받은 한국통화 총액의 90%로 한다. 또한 한미양국은 여기 말한 한국통화 총액의 나머지 10%가 전적으로 대한민국에 비익되는 각종사업의 한국인 비용을 조달하기 위하여 지출하는 원화인 것으로 인정하는 동시에 그것은 대한민국이 한국에 있어서의 공동노력에 대한 분담금으로서 적절히 사용된 것으로 간주할 것을 제의합니다.

5. 한국경제의 안정을 촉진하기 위하여 다음과 같이 제의합니다.

ㄱ. 대한민국정부는 서력 1950년 7월 28일자 재정협정에 의하여 이전 또는 이후에 대여하는 모든 한국통화를 한국은행에 대한 대한민국정부의 차입금으로서 부담할 것.

ㄴ. 대한민국정부가 이에 의하여 지불받는 외국환 또는 기타 대외채권은 경제조정에 관한 협정 제3조 제9항의 규정에 의하여 사용할 것.

ㄷ. 여사한 외국환 또는 대외채권의 매도 및 여사한 외국환에 의한 수입품의 매도에서 生하는 수입금은 그 時에 대한민국정부의 한국은행에 대하여 지고 있고 입금의 반제용으로 사용할 것.

ㄹ. 서력 1948년 9월 11일자 대한민국정부와 미합중국정부 간의 재정 및 재산청산에 관한 최초협정 제1조에 의하여 설치된 특별계정은 대한민국정부의 한국은행에 대한 현재차입금의 반제용으로 사용할 것.

ㅁ. 서력 1948년 12월 10일자 원조에 관한 협정에 의하여 설치되고 또는 동 협정 혹은 동 협정에 의하여 제공한 물자를 판매한 결과로 生한 대충자금, 원조물자계정과 관계자금 및 계정과 또한 동 협정에 의하여 제공되는 물자의 금후 판매수입금은 대한민국정부의 한국은행에 대한 원조물자 차입금의 반제용으로 위선 사용하고 그 나머지는 대한민국정부의 한국은행에 대한 기타 현존 차입금의 반제용에 사용할 것.

6. 상술한 제반 청산은 1952년1월1일 이전에 1950년 7월 28일자 재정협정의 규정에 의하여 또는 동 협정에 의한 통화 및 여신의 사용에 의하여 생한 기타의 채권의 청산에 있어서 그와 같은 청산이 아직 행하여지지 아니한 부분의 채권에 대하여 그것을 침해하지 아니하는 것이라고 미합중국정부는 해석합니다.

Accept, Excellency, the assurance of my highest consideration.

Minister and special Representative of th President of the United States of America

The Honorable, PAEK Tu Chin Minister of Finance Republic of Korea

1952년 5월 24일

각하

본관은 서력 1950년 7월 28일자 대구에서 체결한 대한민국과 미합중국 간의 국제연합 가맹국군대총사령관 지휘하의 군사비 지출에 관한 협정(1950년 7월 28일자 재정협정)의 규정에 의하여 대여받은 한국통화에 관하여 미합중국정부가 일정한 조건하에 그리고 특정한 제의에 대한 한국정부의 수고를 조건으로 그 통화의 완전청산 및 임시적 및 중간적 청산을 행할 용의가 있음을 본관에게 통고한 서력 1954년 5월 24일자 귀하의 통첩에 대하여 언급함을 영광으로 아는 바입니다.

본관은 이에 귀하의 통첩 속에 포함된 각종 제의와 해석에 본 정부가 동의하는 동시에 서력 1948년 12월 10일자 원조에 관한 협정 중 본일자 경제조정에 관한 협정과 상치된다고 지적된 부분의 규정은 폐지되었다고 인정하는 것에 본 정부가 동의함을 귀하에게 통고함을 영광으로 아는 바입니다. 본관은 본 통첩교환이 본 일자로 시행되는 양 정부 간의 협정의 일부를 구성하는 것이라고 해석하는 바입니다.

Accept, Excellency, the assurance of my highest consideration.

Minister of Finance, Republic of Korea

The Honorable Carence E. Meyer

Minister and special Representative of the President of the United States of America

3. 국제련합군 총사령관을 일방으로 하고 조선인민군 최고사령관 및 중국인민지원군 사령원을 다른 일방으로 하는 한국 군사정전에 관한 협정(정전협정) (1953.7.27)[1]

서 언

국제련합군 총사령관을 일방으로 하고 조선인민군 최고사령관 및 중국인민지원군 사령원을 다른 일방으로 하는 하기의 서명자들은 쌍방에 막대한 고통과 류혈을 초래한 한국 충돌을 정지시키기 위하여서와 최후적인 평화적 해결이 달성될 때까지 한국에서의 적대행위와 일체 무장행동의 완전한 정지를 보장하는 정전을 확립할 목적으로 하기 조항에 기재된 정전 조건과 규정을 접수하며 또 그 제약과 통제를 받는 데 각자 공동 호상 동의한다. 이 조건과 규정들의 의도는 순전히 군사적 성질에 속하는 것이며 이는 오직 한국에서의 교전 쌍방에만 적용한다.

제1조. 군사분계선과 비무장지대

1. 한 개의 군사분계선을 확정하고 쌍방이 이 선으로부터 각기 이(2)키로메터씩 후퇴함으로써 적대군대 간에 한 개의 비무장지대를 설정한다. 한 개의 비무장지대를 설정하여 이를 완충지대로 함으로써 적대행위의 재발을 초래할 수 있는 사건의 발생을 방지한다.

1) 현재 정전협정 원문은 1953년 영문으로 작성된 문서(사본)를 정부기록보존소에서 보존하고 있고, 체결 당시 부록으로 제작된 지도는 전쟁기념관과 대한민국 역사박물관에서 소장하고 있다. 현재 확인할 수 있는 오래 된 정전협정 전문 기록은 1953년『동아일보』의 기사에서 발견된다. 이 기사는 정전 직후인 1953년 7월 30일부터 8월 7일까지 유엔군 측 대표단으로부터 입수한 한국어 정문을 그대로 보도한 것이다. 또한 현재 외교부 평화체제과에서는 국문본 정전협정 전문을 pdf 파일로 제공하고 있다. 본 글의 정전협정 전문은『동아일보』에 수록된 정전협정 전문과 외교부에서 제공하고 있는 국문본 정전협정 전문을 참고하여 수록하였다.

2. 군사분계선의 위치는 첨부한 지도에 표시한바와 같다.(첨부한 지도 제1도를 보라)

3. 비무장지대는 첨부한 지도에 표시한 북경계선 및 남경계선으로써 이를 확정한다.(첨부한 지도 제1도를 보라)

4. 군사분계선을 하기와 같이 설립한 군사정전위원회의 지시에 따라 이를 명백히 표식한다. 적대쌍방 사령관들은 비무장지대와 각자의 지역 간의 경계선에 따라 적당한 표식물을 세운다. 군사정전위원회는 군사분계선과 비무장지대의 량 경계선에 따라 설치한 일체 표식물의 건립을 감독한다.

5. 한강 하구의 수역으로서 그 한쪽 강안이 일방의 통제하에 있고 그 다른 한쪽 강안이 다른 일방의 통제하에 있는 곳은 쌍방의 민용선박의 항행에 이를 개방한다. 첨부한 지도(첨부한 지도 제2도를 보라)에 표시한 부분의 한강 하구의 항행 규칙은 군사정전위원회가 이를 규정한다. 각방 민용 선박이 항행함에 있어서 자기 측의 군사통제하에 있는 륙지에 배를 대는 것은 제한받지 않는다.

6. 쌍방은 모두 비무장지대 내에서 또는 비무장지대로부터 또는 비무장지대에 향하여 어떠한 적대행위도 감행하지 못한다.

7. 군사정전위원회의 특정한 허가 없이는 어떠한 군인이나 사민이나 군사분계선을 통과함을 허가하지 않는다.

8. 비무장지대 내의 어떠한 군인이나 사민이나 그가 들어갈려고 요구하는 지역의 사령관의 특정한 허가없이는 어느 일방의 군사통제하에 있는 지역에도 들어감을 허가하지 않는다.

9. 민사행정 및 구제사업의 집행에 관계되는 인원과 군사정전위원회의 특정한

허가를 얻고 들어가는 인원을 제외하고는 어떠한 군인이나 사민이나 비무장지대에 들어감을 허가하지 않는다.

10. 비무장지대 내의 군사분계선 이남의 부분에 있어서의 민사행정 및 구제사업은 국제련합군 총사령관이 책임진다. 비무장지대 내의 군사분계선 이북의 부분에 있어서의 민사행정 및 구제사업은 조선인민군 최고사령관과 중국인민지원군 사령원이 공동으로 책임진다. 민사행정 및 구제사업을 집행하기 위하여 비무장지대에 들어갈 것을 허가받는 군인 또는 사민의 인원수는 각방 사령관이 각각 이를 결정한다. 단 어느 일방이 허가한 인원의 총수는 언제나 천(1,000) 명을 초과하지 못한다. 민사행정 경찰의 인원 수 및 그가 휴대하는 무기는 군사정전위원회가 이를 규정한다. 기타 인원은 군사정전위원회의 특정한 허가 없이는 무기를 휴대하지 못한다.

11. 본 조의 어떠한 규정이던지 모두 군사정전위원회 그의 보조인원 그의 공동감시소조의 및 그의 보조인원, 그리고 하기와 같이 설립한 중립국감독위원회 그의 보조인원 그의 중립국시찰소조 및 소조의 보조인원과 군사정전위원회로부터 비무장지대로 들어갈 것을 특히 허가받은 기타의 모든 인원, 물자 및 장비의 비무장지대 출입과 비무장지대 내에서의 이동의 완전한 자유를 방해하는 것으로 해석하여서는 안 된다. 비무장지대 내의 두 지점이 비무장지대 내에 전부 들어 있는 도로로써 련결되지 않는 경우에 이 두 지점간의 반드시 경과하여야 할 통로를 왕래하기 위하여 어느 일방의 군사통제하에 있는 지역을 통과하는 이동의 편리를 허여한다.

제2조. 정화 및 정전의 구체적 조치

가. 총칙

12. 적대쌍방 사령관들은 륙해 공군의 모든 부대와 인원을 포함한 그들의 통제하에 있는 모든 무장력량이 한국에 있어서의 일체 적대행위를 완전

히 정지할 것을 명령하고 또 이를 보장한다. 본 항의 적대 행위의 완전 정지는 본 정전협정이 조인된 지 십이(12)시간 후부터 효력을 발생한다.(본 정전협정의 기타 각항의 규정이 효력을 발생하는 날자와 시간에 대하여서는 본 정전협정 제63항을 보라)

13. 군사정전의 확고성을 보장함으로써 쌍방의 한급 높은 정치회의를 진행하여 평화적 해결을 달성하는 것을 리롭게하기 위하여 적대쌍방 사령관들은

ㄱ) 본 정전협정 중에 따로 규정한 것은 제외하고 본 정전협정이 효력을 발생한후 칠십이(72)시간내에 그들의 일체 군사력량, 보급 및 장비를 비무장지대로부터 철거한다. 군사력량을 비무장지대로부터 철거한후 비무장지대내에 존재한다고 알려져 있는 모든 폭파물, 지뢰원, 철조망 및 기타 군사정전위원회 또는 그의 공동감시소조인원의 통행안전에 위험이 미치는 위험물들은 이러한 위험물이 없다고 알려져 있는 모든 통로와 함께 이러한 위험물을 설치한 군대의 사령관이 반드시 군사정전위원회에 이를 보고한다. 그 다음에 더 많은 통로를 청소하여 안정하게 만들어 결국에 가서는 칠십이(72)시간의 기간이 끝난후 사십오(45)일내에 모든 이러한 위험물은 반드시 군사정전위원회의 지시에 따라 또 그 감독하에 비무장지대로부터 이를 제거한다. 칠십이(72)시간의 기간이 끝난후 군사정전위원회이 감독하에서 사십오(45)일의 기간내에 제거작업을 완수할 권한을 가진 비무장지대와 군사정전위원회가 특히 요청하였으며 또 적대쌍방 사령관들이 동의한 경찰의 성질을 가진 부대 및 본 정전협정 제10항과 제11항에서 허가한 인원이외에는 쌍방의 어떠한 인원이든지 비무장지대에 들어가는 것을 허가하지 않는다.

ㄴ) 본 정전협정이 효력을 발생한 후 십(10)일 이내에 상대방의 한국에 있어서의 후방과 연해섬들 및 해면으로부터 그들의 모든 군사력량, 보급물자 및 장비를 철거한다. 만일 철거를 연기할 쌍방이 동의한 리유없이 또 철거를 연기할 유효한 리유없이 기한이 넘어도 이러한 군사력량을 철거하지 않을 때에는 상대방은 치안을 유지하기 위하여 그가 필요하다고 인정하는 어떠

한 행동이라도 취할 권리를 가진다. 상기한 "연해섬"이라는 용어는 본 정전 협정이 효력을 발생할때에 비록 일방이 점령하고 있더라도 1950년 6월 24일에 상대방이 통제하고 있던 섬들을 말하는 것이다. 단 황해도와 경기도의 도계선 북쪽과 서쪽에 있는 모든 섬 중에서 백령도(북위 37도58분, 동경 124도40분), 대청도(북위 37도50분, 동경124도42분), 소청도(북위37도46분, 동경124도46분), 연평도(북위 37도38분, 동경125도40분) 및 우도(북위37도 36분, 동경125도58분)의 도서군들을 국제련합군 총사령관의 군사통제하에 남겨 두는 것을 제외한 기타 모든 섬들은 조선인민군 최고사령관과 중국인민지원군 사령원의 군사통제하에 둔다. 한국서 해안에 있어서 상기 경계선 이남에 있는 모든 섬들은 국제 련합군 총사령관의 군사통제하에 남겨 둔다.(첨부한 지도 제3도를 보라)

ㄷ) 한국 경외로부터 증원하는 군사인원을 들어오는 것을 정지한다.단 아래에 규정한 범위내의 부대와 인원의 륜환 림시 임무를 담당한 인원의 한국에의 도착 및 한국경외에서 단기 휴가를 하였거나 혹은 림시임무를 담당하였던 인원의 한국에의 귀환은 이를 허가한다."륜환"의 정의는 부대 혹은 인원이 한국에서 복무를 개시하는 다른 부대 혹은 인원과 교체하는 것을 말하는 것이다. 륜환인원은 오직 본 정전협정 제43항에 렬거한 출입항을 경유하여서만 한국에 드러오며 또 한국으로부터 내어갈 수 있다. 륜환은 일(1) 대 일(1)인의 교환 기초위에서 진행한다.단, 어느 일방이던지 어느 일(1)력월 내에 륜환 정책하에서 한국 경외로부터 삼만 오천(35,000)명 이상의 군사인원을 들어오지는 못한다. 만일 일방의 군사인원을 들어오는 것이 해당측이 본 정전협정 효력 발생일로부터 한국으로 들어온 군사인원의 총수로 하여금 같은 날짜자로부터 한국을 떠난 해당측의 군사인원의 루계 총수를 초과하게 할 때는 해당측의 어떠한 군사인원도 한국에 드러올 수 없다. 군사인원의 한국에의 도착 및 한국으로부터의 리거에 관하여 매일 군사정전위원회와 중립국감독위원회에 보고한다. 이 보고는 입경과 출경의 지점 및 매개 지점에서 입경하는 인원과 출경하는 인원의 수자를 포함한다. 중립국감독위원회는 그의 중립국시찰소조를 통하여 본 정전협정 제43항에 렬거한 출입항에서 상기의 허가된 부대 및 인원의 륜

환을 감독하며 시찰한다.

ㄹ) 한국 경외로부터 증원하는 작전비행기, 장갑차량, 무기 및 탄약을 드려오는 것을 정지한다. 단 정전기간에 파괴, 파손, 손모 또는 소모된 작전비행기, 장갑차량, 무기 및 탄약은 같은 성능과 같은 류형의 물건을 일(1) 대 일(1)로 교환하는 기초우에서 교체할 수 있다. 이러한 작전비행기, 장갑차량, 무기 및 탄약은 오직 본 정전협정 제43항에 렬거한 출입항을 경유하여서만 한국으로 드려올 수 있다. 교체의 목적으로 작전비행기, 장갑차량, 무기 및 탄약을 한국으로 반입할 필요를 확증하기 위하여 이러한 물건의 매차 반입에 관하여 군사정전위원회와 중립국감독위원회에 보고한다. 이 보고 중에서 교체되는 물건의 처리정형을 설명한다. 교체되어 한국으로부터 내어가는 물건은 오직 본 정전협정 제43항에 렬거한 출입항을 경유하여서만 내어갈 수 있다. 중립국감독위원회는 그의 중립국시찰소조를 통하여 본 정전협정 제43항에 렬거한 출입하에서 상기의 허가된 작전비행기, 장갑차량, 무기 및 탄약의 교체를 감독하여 시찰한다.

ㅁ) 본 정전협정 중의 어떠한 규정이던지 위반하는 각자의 지휘하에 있는 인원을 적당히 처벌할 것을 보장한다.

ㅂ) 매장지점이 기록에 있고 분묘가 확실히 존재하고 있다는 것이 판명된 경우에는 본 정전협정이 효력을 발생한 후 일정한 기한내에 그의 군사 통제하에 있는 한국지역에 상대방의 분묘등록 인원이 들어오는 것을 허가하여 이러한 분묘 소재지에가서 해당측의 이미 죽은 전쟁포로를 포함한 죽은 군사인원의 시체를 발굴하고 또 반출하여 가도록한다. 상기 사업을 진행하는 구체적 방법과 기한은 군사정전위원회가 이를 결정한다. 적대쌍방 사령관들은 상대방의 죽은 군사인원의 매장 지점에 관계되는 얻을 수 있는 일체 재료를 상대방에 제공한다.

ㅅ) 군사정전위원회와 그의 공동감시소조 및 중립국감독위원회와 그의 중립국시찰소조가 하기와 같이 지정한 그들의 직책과 임무를 집행할 때에 충분한 보호 및 일체의 가능한 방조와 협력을 한다. 중립국감독위원회 및 그의 중립국시찰소조가 쌍방이 합의한 주요 교통선을 경유하여(첨부한 지도 제4도를 보라) 중립국감독위원회 본부와 본 정전협정 제43항에

렬거한 출입항간을 왕래할 때와 또 중립국감독위원회 본부와 본 정전협정 위반사건이 발생하였다고 보고된 지점간을 왕래할 때에 충분한 통행상의 편리를 준다. 불필요한 지연을 방지하기 위하여 주요 교통선이 막히던지 통행할 수 없는 경우에는 다른 통로와 수송기재를 사용할 것을 허가한다.

ㅇ) 군사정전위원회 및 중립국감독위원회와 그 각자에 속하는 소조에 요구되는 통신 및 운수상 편리를 포함한 보급상의 원조를 제공한다.

ㅈ) 군사정전위원회 본부 부근 비무장지대내의 자기측 지역에 각각 한 개의 적당한 비행장을 건설, 관리 및 유지한다. 그 용도는 군사정전위원회가 결정한다.

ㅊ) 중립국감독위원회와 하기와 같이 설립한 중립국송환의원회의 전체 위원 및 기타 인원이 모두 자기의 직책을 적당히 집행함에 필요한 자유와 편리를 가지도록 보장한다. 이에는 인가된 외교인원이 국제 관례에 따라 통상적으로 향유하는 바와 동등한 특권, 대우 및 면제권을 포함한다.

14. 본 정전협정을 쌍방의 군사통제하에 있는 적대 중의 일체 지상 군사력량에 적용되며 이러한 지상 군사력량은 비무장지대와 상대방의 군사통제하에 있는 한국 지역을 존중한다.

15. 본 정전협정은 적대 중의 일체 해상 군사력량에 적용되며 이러한 해상 군사력량은 비무장지대와 상대방의 군사통제하에 있는 한국 륙지에 린접한 해면을 존중하며 항구에 대하여 어떠한 종류의 봉쇄도 하지 못한다.

16. 본 정전협정은 적대 중의 일체 공중 군사력량에 적용되며 이러한 공중 군사력량은 비무장지대와 상대방의 군사통제하에 있는 한국 지역 및 이 량 지역에 린접한 해면의 상공을 존중한다.

17. 본 정전협정의 조항과 규정을 준수하며 집행하는 책임은 본 정전협정에 조인한 자와 그의 후임 사령관에게 속한다. 적대 쌍방 사령관들은 각각

그들의 지휘하에 있는 군대 내에서 일체의 필요한 조치와 방법을 취함으로써 그 모든 소속 부대 및 인원이 본 정전협정의 전체 규정을 철저히 준수하는 것을 보장한다. 적대 쌍방 사령관들은 호상 적극 협력하여 군사정전위원회 및 중립국감독위원회와 적극 협력함으로써 본 정전협정 전체 규정의 문구와 정신을 준수하도록 한다.

18. 군사정전위원회와 중립국감독위원회 및 그 각자에 속하는 소조의 사업 비용은 적대 쌍방이 균등하게 부담한다.

나. 군사정전위원회

1. 구성

19. 군사정전위원회를 설립한다.

20. 군사정전위원회는 십(10)명의 고급 장교로 구성하되 그중의 오(5)명은 국제련합군 총사령관이 이를 임명하며 그중의 오(5)명은 조선인민군 최고사령관과 중국인민지원군 사령원이 공동으로 이를 임명한다. 위원 십(10)명 중에서 각방의 삼(3)명은 장급에 속하여야 하며 각방의 나머지 이(2)명은 소장, 준장, 대령 혹은 그와 동급인 자로 할 수 있다.

21. 군사정전위원회의 위원은 그 필요에 따라 참모 보조인원을 사용할 수 있다.

22. 군사정전위원회는 필요한 행정인원을 배치하여 비서처를 설치하되 그 임무는 동 위원회의 기록, 서기, 통역 및 동 위원회가 지정하는 기타의 직책의 집행을 협조하는 것이다. 쌍방은 각기 비서처에 비서장 일(1)명 보조 비서장 일(1)명 및 비서처에 필요한 서기 및 전문 기술인원을 임명한다. 기록은 영문, 한국문 및 중국문으로 작성하되 세가지 글은 동등한 효력을 가진다.

23. ㄱ) 군사정전위원회는 처음에는 십(10)개의 공동감시소조를 두어 그 협조를 받는다. 소조의 수는 군사정전위원회의 쌍방 수석위원의 합의를 거쳐 감소할 수 있다.

ㄴ) 매개의 공동감시소조는 사(4)명 내지 륙(6)명의 령급 장교로 구성하되 그중의 반수는 국제련합군 총사령관이 이를 임명하여 그중의 반수는 조선인민군 최고사령관과 중국인민지원군 사령원이 공동으로 이를 임명한다. 공동감시소조의 사업상 필요한 운전수, 서기 통역등의 서기, 통역 등의 부속인원은 쌍방이 이를 제공한다.

2. 직책과 권한

24. 군사정전위원회의 전반적 임무는 본 정전협정의 실시를 감독하며 본 정전협정의 어떠한 위반사건이던지 협의하여 처리하는 것이다.

25. 군사정전위원회는

ㄱ) 본부를 판문점(북위 37도57분29초, 동경 126도40분00초)부근에 설치한다. 군사정전위원회는 동 위원회의 쌍방 수석위원의 합의를 거쳐 그 본부를 비무장 지대 내의 다른 한 지점에 이설할 수 있다.

ㄴ) 공동기구로서 사업을 진행하며 의장을 두지 않는다.

ㄷ) 그가 수시로 필요하다고 인정하는 절차 규정을 채택한다.

ㄹ) 본 정전협정 중 비무장지대와 한강 하구에 관한 각 규정의 집행을 감독한다.

ㅁ) 공동감시소조의 사업을 지도한다.

ㅂ) 본 정전협정의 어떠한 위반사건이든지 협의하여 처리한다.

ㅅ) 중립국감독위원회로부터 받은 본 정전협정 위반사건에 관한 일체 조사보고 및 일체 기타 보고와 회의기록은 즉시로 적대쌍방 사령관들에게 이를 전달한다.

ㅇ) 하기한바와 같이 설립한 전쟁포로송환위원회와 실향사민 귀향협조위원회의 사업을 전반적으로 감독하며 지도한다.

ㅈ) 적대쌍방 사령관 간에 통신을 전달하는 중개 역할을 담당한다. 단 상기의 규정은 쌍방 사령관들이 사용하고자하는 어떠한 다른 방법을 사용하여 호상 통신을 전달하는 것을 배제하는 것으로 해석할 수 없다.

ㅊ) 그의 공작인원과 그의 공동감시소조의 증명 문건 및 휘장 또 그 임무 집행시에 사용하는 일체의 차량, 비행기 및 선박의 식별 표식을 발급한다.

26. 공동감시소조의 임무는 군사정전위원회가 본 정전협정 중의 비무장지대 및 한강 하구에 관한 각 규정의 집행을 감독함을 협조하는 것이다.

27. 군사정전위원회 또는 그중의 어느 일방의 수석위원은 공동감시소조를 파견하여 비무장지대나 한강 하구에서 발생하였다고 보고된 본 정전협정 위반사건을 조사할 권한을 가진다.
단 동 위원회 중의 어느 일방의 수석위원이던지 언제나 군사정전위원회가 아직 파견하지 않은 공동감시소조의 반수 이상을 파견할 수 없다.

28. 군사정전위원회 또는 동 위원회의 어느 일방의 수석위원은 중립국감독위원회에 요청하여 본 정전협정 위반사건이 발생하였다고 보고된 비무장지대 이외의 지점에 가서 특별한 감시와 시찰을 행할 권한을 가진다.

29. 군사정전위원회가 본 정전협정 위반사건이 발생하였다고 확정한 때에는 즉시로 그 위반사건을 적대쌍방 사령관들에게 보고한다.

30. 군사정전위원회가 본 정전협정의 어떠한 위반사건이 만족하게 시정되었다고 확정한 때에는 이를 적대 쌍방 사령관들에게 보고한다.

3. 총칙

31. 군사정전위원회는 매일 회의를 연다.쌍방의 수석위원은 합의하여 칠(7)일을 넘지않은 휴회를 할 수 있다. 단 어느 일방의 수석 위원이던지 이십사(24)시간 전의 통고로써 이 휴회를 끝낼 수 있다.

32. 군사정전위원회의 일체 회의기록의 부분은 매번 회의 후 될 수 있는대로 속히 적대 쌍방 사령관들에게 송부한다.

33. 공동감시소조는 군사정전위원회에 동 위원회가 요구하는 정기 보고를 제출하며 또 이 소조들이 필요하다고 인정하거나 또는 동 위원회가 요구하는 특별보고를 제출한다.

34. 군사정전위원회는 본 정전협정에 규정한 보고 및 회의 기록의 문건철 두벌을 보관한다. 동 위원회는 그 사업 진행에 필요한 기타의 보고 기록 등의 문건철 두 벌을 보관할 권한을 가진다. 동 위원회의 최후 해산시에는 상기 문건철을 쌍방에 각 한벌씩 나누어준다.

35. 군사정전위원회는 적대 쌍방 사령관들에게 본 정전협정의 수정 또는 증보에 대한 건의를 제출 할 수 있다. 이러한 개정 건의는 일반적으로 더 유효한 정전을 보장할 것을 목적으로 하는 것이어야 한다.

다. 중립국 감독위원회

1. 구성

36. 중립국감독위원회를 설립한다.

37. 중립국감독위원회는 사(4)명의 고급장교로 구성하되 그중의 이(2)명은 국

제련합군 총사령관이 지명한 중립국 즉 서전 및 서서가 이를 임명하며 그 중의 이(2)명은 조선인민군 최고사령관과 중국인민지원군 사령원이 공동으로 지명한 중립국 즉 파란 및 체코슬로바키아가 이를 임명한다. 본 정전협정에서 쓴 "중립국"이라는 용어의 정의는 그 전투부대가 한국에서의 적대행위에 참가하지 않은 국가를 말하는 것이다. 동 위원회에 임명되는 위원은 임명하는 국가의 무장부대로부터 파견될 수 있다. 매개 위원은 후보위원 일(1)명을 지정하여 그 정 위원이 어떤 리유로 출석할 수 없게되는 회의에 출석하게 된다. 이러한 후보위원은 그 정 위원과 동일한 국적에 속한다. 일방이 지명한 중립국위원의 출석자수와 다른 일방이 지명한 중립국위원의 출석자 수가 같을때에는 중립국감독위원회는 곧 행동을 취할 수 있다.

38. 중립국감독위원회의 위원은 그 필요에 따라 각기 해당 중립국가가 제공한 참모 보조인원을 사용할 수 있다. 이러한 참모 보조인원은 본 위원회의 후보인원으로 임명될 수 있다.

39. 중립국감독위원회에 필요한 행정인원을 제공하도록 중립국에 요청하여 비서처를 설치하되 그 임무는 동 위원회에 필요한 기록, 서기, 통역 및 동 위원회가 지정하는 기타의 직책의 집행을 협조하는 것이다.

40. ㄱ) 중립국감독위원회는 처음에는 이십(20)개의 중립국 시찰소조를 두어 그 협조를 받는다. 소조의 수는 군사정전위원회의 쌍방 수석위원의 합의를 거쳐 감소할 수 있다. 중립국시찰소조는 오직 중립국감독위원회에 대하여서만 책임을 지며 그에 보고하며 또 그 지도를 받는다.

ㄴ) 매개 중립국시찰소조는 최소 사(4)명의 장교로 구성하되 이 장교는 령급으로하는 것이 적당하며 그중의 반수는 국제련합군 총사령관이 지명한 중립국에서 내고 그중의 반수는 조선인민군 최고사령관과

중국인민지원군 사령원이 공동으로 지명한 중립국에서 낸다. 중립국시찰소조에 임명되는 조원은 임명하는 국가의 무장부대에서 이를 낼 수 있다. 각 소조의 직책집행을 편리하게 하기 위하여 정황의 요구에 따라 최소 이(2)명의 조원으로 구성하는 분조를 설치할 수 있다. 그 두 조원 중의 일(1)명은 국제련합군 총사령관이 지명한 중립국에서 내며 일(1)명은 조선 인민군 최고사령관과 중국인민지원군 사령원이 공동으로 지명한 중립국에서 낸다. 운전수, 서기, 통역, 통신원과 같은 부속인원 및 각 소조의 임무 집행에 필요한 비품은 각방 사령관이 비무장지대내 및 자기측 군사통제 지역내에서 수요에 따라 이를 공급한다. 중립국감독위원회는 동 위원회 자체와 중립국시찰소조들에 그가 요망하는 상기의 인원 및 비품을 제공할 수 있다.단 이러한 인원은 중립국감독위원회를 구성한 그 중립국의 인원이어야한다.

2. 직책과 권한

41. 중립국감독위원회의 임무는 본 정전협정 제13항 ㄷ목, 제13항 ㄹ목 및 제28항에 규정한 감독, 감시, 시찰 및 조사의 직책을 집행하며 이러한 감독, 감시, 시찰 및 조사의 결과를 군사정전위원회에 보고하는 것이다.

42. 중립국감독위원회는

ㄱ) 본부를 군사정전위원회 본부의 부근에 설치한다.
ㄴ) 그가 수시로 필요하다고 인정하는 절차 규정을 채택한다.
ㄷ) 그 위원 및 그 중립국시찰소조를 통하여 본 정전협정 제43항에 렬거한 출입항에서 본 정전협정 제13항 ㄷ목, 제13항 ㄹ목에 규정한 감독과 시찰을 진행하며 또 본 정전협정 위반사건이 발생하였다고 보고된 지점에서 본 정전협정 제28항에 규정한 특별 감시와 시찰을 진행한다. 작전비행기, 장갑차량, 무기 및 탄약에 대한 중립국시찰소조의 시찰은 소조

로하여금 증원하는 작전비행기, 장갑차량, 무기 및 탄약을 한국으로 드려옴이 없도록 확실히 보장할 수 있게한다.단 이 규정은 어떠한 작전비행기, 장갑차량, 무기 또는 탄약의 어떠한 비밀 설계 또는 특점을 시찰 또는 검사할 권한을 주는것으로 해석할 수 없다.

ㄹ) 중립국시찰소조의 사업을 지도하며 감독한다.

ㅁ) 국제련합군 총사령관의 군사통제 지역 내에 있는 본 정전협정 제43항에 렬거한 출입항에 오(5)개의 중립국시찰소조를 주재시키며 조선인민군 최고사령관과 중국인민지원군 사령원의 군사통제 지역 내에 있는 본 정전협정 제43항에 렬거한 출입항에 오(5)개의 중립국시찰소조를 주재시킨다. 처음에는 따로 십(10)개의 중립국이동시찰소조를 후비로 설치하되 중립국감독위원회 본부 부근에 주재시킨다. 그 수는 군사정전위원회의 쌍방 수석위원의 합의를 거쳐 감소 할 수 있다. 중립국이동시찰소조 중 군사정전위원회의 어느 일방 수석위원의 요청에 응하여 파견하는 소조는 언제나 그 반수를 초과할 수 없다.

ㅂ) 보고된 본 정전협정 위반사건을 전목 규정의 범위내에서 지체없이 조사한다. 이에는 군사정전위원회 또는 동 위원회 중의 어느 일방 수석위원이 요청하는 보고된 본 정전협정 위반사건에 대한 조사를 포함한다.

ㅅ) 그의 공작인원과 그의 중립국시찰소조의 증명문건 및 휘장 또 그 임무 집행 시에 사용하는 일체 차량, 비행기 및 선박의 식별 표식을 발급한다.

43. 중립국시찰소조는 하기한 각 출입항에 주재한다.

국제련합군의 군사통제 지역,	조선인민군과 중국인민지원군의 군사통제 지역
인 천 (북위 37도 28분, 동경 126도 38분)	신 의 주 (북위 40도 06분, 동경 124도 24분)
대 구 (북위 35도 52분, 동경 128도 36분)	청 진 (북위 41도 46분, 동경 129도 49분)

부 산
(북위 35도 06분, 동경 129도 02분)

흥 남
(북위 39도 50분, 동경 127도 37분)

강 릉
(북위 37도 45분, 동경 128도 54분)

만 포
(북위 41도 09분, 동경 126도 18분)

군 산
(북위 35도 59분, 동경 126도 43분)

신 안 주
(북위 39도 36분, 동경 125도 36분)

이 중립국시찰소조들은 첨부한 지도에 표시한 지역 내와 교통선에서 통행상 충분한 편리를 받는다.(첨부한 지도 제5도를 보라)

3. 총칙

44. 중립국감독위원회는 매일 회의를 연다. 중립국감독위원회위원은 합의하여 칠(7)일을 넘지 않는 휴회를 할 수 있다. 단 어느 위원이던지 이십사(24)시간 전의 통고로써 이 휴회를 끝낼 수 있다.

45. 중립국감독위원회의 일체 회의기록의 부본은 매번 회의 후 될 수 있는대로 속히 군사정전위원회에 송부한다. 기록은 영문, 한국문 및 중국문으로 작성한다.

46. 중립국시찰소조는 그의 감독, 감시, 시찰 및 조사의 결과에 관하여 중립국감독위원회가 요구하는 정기보고를 동 위원회에 제출하며 또 이 소조들이 필요하다고 인정하거나 동 위원회가 요구하는 특별보고를 제출한다. 보고는 소조 총체가 이를 제출한다. 단 그 소조의 개별적 조원 일(1)명 또는 수명이 이를 제출할 수도 있다. 개별적 조원 일(1)명 또는 수명이 제출한 보고는 다만 참고적 보고로 간주한다.

47. 중립국감독위원회는 중립국시찰소조가 제출한 보고의 부분을 그가 접수한 보고에 사용된 글로써 지체 없이 군사정전위원회에 송부한다. 이러한 보고

는 번역 또는 심의 결정 수속때문에 지체시킬 수 없다. 중립국감독위원회는 실제 가능한한 속히 이러한 보고를 심의 결정하며 그의 판정서를 우선 군사정전위원회에 송부한다. 중립국감독위원회의 해당 심의 결정을 접수하기 전에는 군사정전위원회는 이런 어떠한 보고에 대하여서도 최후적 행동을 취하지 못한다. 군사정전위원회의 어느 일방 수석위원의 요청이 있을 때에는 중립국감독위원회의 위원과 그 소조의 조원은 곧 군사정전위원회에 참석하여 제출된 어떠한 보고에 대하여서든지 설명한다.

48. 중립국감독위원회는 본 정전협정이 규정하는 보고 및 회의기록의 문건철 두 벌을 보관한다. 동 위원회는 그 사업진행에 필요한 기타의 보고 기록등의 문건철 두 벌을 보관할 권한을 가진다. 동 위원회의 최후 해산 시에는 상기 문건철을 쌍방에 각 한 벌씩 나누어준다.

49. 중립국감독위원회는 군사정전위원회에 본 정전협정의 수정 또는 증보에 대한 건의를 제출할 수 있다. 이러한 개정 건의는 일반적으로 더 유효한 정전을 보장할 것을 목적으로 하는 것이어야 한다.

50. 중립국감독위원회 또는 동 위원회의 매개 위원은 군사정전위원회의 임의의 위원과 통신 련락을 취할 권한을 가진다.

제3조. 전쟁포로에 관한 조치

51. 본 정전협정이 효력이 발생하는 당시에 각방이 수용하고 있는 전체 전쟁포로의 석방과 송환은 본 정전협정 조인 전에 쌍방이 합의한 하기 규정에 따라 집행한다.

ㄱ) 본 정전협정이 효력을 발생한 후 륙십(60)일 이내에 각방은 그 수용하에 있는 송환을 견지하는 전체 전쟁포로를 포로 된 당시에 그들이 속한 일방에 집단적으로 나누어 직접 송환 인도하며 어떠한 저애도 가하지

못한다. 송환은 본 조의 각항 관계 규정에 의하여 완수한다. 이러한 인원의 송환 수속을 촉진시키기 위하여 각방은 정전협정 조인전에 직접 송환될 인원의 국적별로 분류한 총수를 교환한다. 상대방에 인도되는 전쟁포로의 각 집단은 국적별로 작성한 명부를 휴대하되 이에는 성명, 계급(계급이 있으면) 및 수용번호 또는 군번호를 포함한다.

ㄴ) 각방은 직접 송환하지 않은 나머지 전쟁포로를 그 군사통제와 수용하로부터 석방하여 모두 중립국송환위원회에 넘겨 본 정전협정 부록 "중립국송환위원회 직권의 범위"의 각조의 규정에 의하여 처리케한다.

ㄷ) 세가지 글을 병용함으로 인하여 발생할 수 있는 오해를 피하기 위하여 본 정전협정의 용어로서 일방이 전쟁포로를 상대방에 인도하는 행동을 그 전쟁포로의 국적과 거주지의 여하를 불문하고 영문중에서는 "REPATRIATION" 한국문중에서는 "송환" 중국문중에서는 " 遺返 "이라고 규정한다.

52. 각방은 본 정전협정의 효력 발생에 의하여 석방되며 송환되는 어떠한 전쟁포로든지 한국 충돌중의 전쟁행동에 사용하지 않을것을 보장한다.

53. 송환을 견지하는 전체 병상전쟁포로는 우선적으로 송환한다. 가능한 범위내에서 포함된 의무인원을 병상전쟁포로와 동시에 송환하여 도중에서 의료와 간호를 제공하도록 한다.

54. 본 정전협정 제51항 ㄱ목에 규정한 전체 전쟁포로의 송환은 본 정전협정이 효력을 발생한 후 륙십(60) 일의 기한 내에 완료한다. 이 기한 내에 각방은 책임지고 그가 수용하고 있는 상기 전쟁포로의 송환을 실제 가능한한 속히 완료한다.

55. 판문점을 쌍방의 전쟁포로 인도 인수 지점으로 정한다. 필요할 때에는 전쟁포로송환위원회는 기타의 전쟁포로 인도 인수지점(들)을 비무장지대 내에 증설할 수 있다.

56. ㄱ) 전쟁포로송환위원회를 설립한다. 동 위원회는 령급 장교 륙(6)명으로 구성하되 그중 삼(3)명은 국제련합군 총사령관이 이를 임명하며 그중 삼(3)명은 조선인민군 최고사령관과 중국인민지원군 사령원이 공동으로 이를 임명한다. 동 위원회는 군사정전위원회의 전반적 감독과 지도하에서 책임지고 쌍방의 전쟁포로 송환에 관계되는 구체적 계획을 조절하며 쌍방이 본 정전협정 중의 전쟁포로 송환에 관계되는 일체 규정을 실시하는 것을 감독한다. 동 위원회의 임무는 전쟁포로들이 쌍방 전쟁포로 수용소로부터 전쟁포로 인도 인수 지점(들)에 도달하는 시간을 조절하며 필요할 때에는 병상전쟁포로의 수송 및 복리에 요구되는 특별한 조치를 취하며 본 정전협정 제57항에서 설립된 공동적십자소조의 전쟁포로 송환 협조사업을 조절하며 본 정전협정 제53항과 제54항에 규정한 전쟁포로 실제 송환 조치의 실시를 감독하며 필요할 때에는 추가적 전쟁포로 인도 인수 지점(들)을 선정하며 전쟁포로의 인도 인수 지점(들)의 안전 조치를 취하며 전쟁포로 송환에 필요한 기타 관계 임무를 집행하는 것이다.

ㄴ) 전쟁포로송환위원회는 그 임무에 관계되는 어떠한 사항에 대하여 합의에 도달하지 못할 때에는 이러한 사항을 즉시로 군사정전위원회에 제기하여 결정하도록 한다. 전쟁포로송환위원회는 군사정전위원회 본부 부근에 그 본부를 설치한다.

ㄷ) 전쟁포로송환위원회가 전쟁포로 송환 계획을 완수한 때에는 군사정전위원회가 즉시로 이를 해산시킨다.

57. ㄱ) 본 정전협정이 효력을 발생한 후 즉시로 국제련합군에 군대를 제공하고 있는 각국의 적십자사 대표를 일방으로 하고 조선민주주의인민공화국 적십자사 대표와 중화인민공화국 적십자사 대표를 다른 일방으로하여 조직되는 공동적십자소조를 설립한다. 공동적십자소조는 전쟁포로의 복리에 요망되는 인도주의적 복무로써 쌍방이 본 정전협정 제51항 ㄱ목에 규정한 송환을 견지하는 전체 전쟁포로의 송환에 관계되는 규정을 집행하는 것을 협조한다. 이 임무를 완수하기 위하여 공동적십자

소조는 전쟁포로 인도 인수 지점(들)에서 쌍방의 전쟁포로 인도 인수 사업을 협조하며 쌍방의 전쟁포로 수용소를 방문하여 위문하며 전쟁포로의 위문과 전쟁포로의 복리를 위한 선물을 가지고가서 분배한다. 공동적십자소조는 전쟁포로 수용소에서 전쟁포로 인도 인수 지점(들)으로 가는 도중에 있는 전쟁포로에게 복무를 제공할 수 있다.

ㄴ) 공동적십자소조는 다음과 같은 규정에 의하여 조직한다.

(1) 한 소조는 각방의 본국 적십자사로부터 각기 대표 십(10)명씩을 내어 쌍방 합하여 이십(20)명으로 구성하며 전쟁포로 인도 인수 지점(들)에서 쌍방의 전쟁포로의 인도 인수를 협조한다. 동 소조의 의장은 쌍방 적십자사 대표가 매일 륜번으로 담당한다. 동 소조의 사업과 복무는 전쟁포로송환위원회가 이를 조절한다.

(2) 한 소조는 각방의 본국 적십자사로부터 각기 대표 삼십(30)명씩을 내어 쌍방 합하여 륙십(60)명으로 구성하며 조선인민군 및 중국인민지원군 관리하의 전쟁포로 수용소를 방문하며 또 전쟁포로 수용소에서 전쟁포로 인도 인수 지점(들)으로 가는 도중에 있는 전쟁포로에게 복무를 제공할 수 있다. 조선민주주의인민공화국 적십자사 또는 중화인민공화국 적십자사의 대표가 동 소조의 의장을 담당한다.

(3) 한 소조는 각방의 본국 적십자사로부터 각기 대표 삼십(30)명씩을 내어 쌍방 합하여 륙십(60)명으로 구성하며 국제련합군 관리하의 전쟁포로 수용소를 방문하며 또 전쟁포로 수용소에서 전쟁포로 인도 인수 지점(들)으로 가는 도중에 있는 전쟁포로에게 복무를 제공할 수 있다. 국제련합군에 군대를 제공하고 있는 한 나라의 적십자사 대표가 동 소조의 의장을 담당한다.

(4) 각 공동적십자소조의 임무 집행의 편의를 위하여 정황이 필요로 할 때에는 최소 이(2)명의 소조원으로 구성하는 분조를 설립할 수 있다. 분조 내에서 각방은 동등한 수의 대표를 가진다.

(5) 각방 사령관은 그의 군사통제 지역 내에서 사업하는 공동적십자소조에 운전수, 서기 및 통역과 같은 부속인원 및 각 소조가 그 임무 집행상 필요로 하는 장비를 공급한다.

(6) 어떠한 공동적십자소조든지 동 소조의 쌍방 대표가 동의하는 때에는 그 인원수를 증감할 수 있다. 단 이는 전쟁포로 송환위원회의 인가를 거쳐야 한다.

ㄷ) 각방 사령관은 공동적십자소조가 그의 임무를 집행하는 데 충분한 협조를 주며 또 그의 군사통제 지역 내에서 책임지고 공동적십자소조 인원들의 안전을 보장한다. 각방 사령관은 그의 군사통제 지역 내에서 사업하는 이러한 소조에 요구되는 보급, 행정 및 통신상의 편의를 준다.

ㄹ) 공동적십자소조는 본 정전협정 제51항 ㄱ목에 규정한 송환을 견지하는 전체 전쟁포로의 송환 계획이 완수되었을때에는 즉시로 해산한다.

58. ㄱ) 각방 사령관은 가능한 범위 내에서 속히 그러나 본 정전협정이 효력을 발생한 후 십(10)일 이내에 상대방 사령관에게 다음과 같은 전쟁포로에 관한 재료를 제공한다.

(1) 제일 마지막 번에 교환한 자료의 마감한 날짜 이후에 도망한 전쟁포로에 관한 완전한 자료.

(2) 실제로 실행할 수 있는 범위 내에서 수용기간 중에 사망한 전쟁포로의 성명, 국적, 계급별 및 기타의 식별자료 또한 사망날자, 사망원인 및 매장 지점에 관한 재료.

ㄴ) 만일 위에 규정한 보충 재료의 마감한 날자 이후에 도망하였거나 또는 사망한 어떠한 전쟁포로가 있으면 수용한 일방은 본 조 제58항 ㄱ목의 규정에 의하여 관계 자료를 전쟁포로 송환위원회를 거쳐 상대방에 제공한다. 이러한 자료는 전쟁포로 인도 인수 계획을 완수할 때까지 십(10)일에 일차씩 제공한다.

ㄷ) 전쟁포로 인도 인수 계획을 완수한 후에 본래 수용하고 있던 일방에 다시 돌아온 도망하였던 어떠한 전쟁포로도 이를 군사정전위원회에 넘기어 처리한다.

59. ㄱ) 본 정전협정이 효력을 발생하는 당시에 국제련합군 총사령관의 군사통제 지역에 있는 자로서 1950년 6월 24일에 본 정전협정에 확정된

군사분계선 이북에 거주한 전체 사민에 대하여서는 그들이 귀향하기를 원한다면 국제련합군 총사령관은 그들이 군사분계선 이북 지역에 돌아가는 것을 허용하며 협조한다. 본 정전협정이 효력을 발생하는 당시에 조선인민군 최고사령관과 중국인민지원군 사령원의 군사통제 지역에 있는 자로서 1950년 6월 24일에 본 정전협정에 확정된 군사분계선 이남에 거주한 전체 사민에 대하여서는 그들이 귀향하기를 원한다면 조선인민군 최고사령관과 중국인민지원군 사령원은 그들이 군사분계선 이남지역에 돌아가는 것을 허용하며 협조한다. 각방 사령관은 책임지고 본 목 규정의 내용을 그의 군사통제 지역에 광범히 선포하며 또 적당한 민정 당국을 시켜 귀향하기를 원하는 이러한 전체 사민에게 필요한 지도와 협조를 주도록한다.

ㄴ) 본 정전협정이 효력을 발생하는 당시에 조선인민군 최고사령관과 중국인민지원군 사령원의 군사통제 지역에 있는 전체 외국적의 사민중 국제련합군 총사령관의 군사통제 지역으로 가기를 원하는 자에게는 그가 국제련합군 총사령관의 군사통제 지역으로 가는 것을 허용하며 협조한다. 본 정전협정이 효력을 발생하는 당시에 국제련합군 총사령관의 군사통제 지역에 있는 전체 외국적의 사민중 조선인민군 최고사령관과 중국인민지원군 사령원의 군사통제 지역으로 가기를 원하는 자에게는 그가 조선인민군 최고사령관과 중국인민지원군 사령원의 군사통제 지역으로 가는 것을 허용하며 협조한다. 각방 사령관은 책임지고 본 목 규정의 내용을 그의 군사통제 지역에 광범히 선포하며 또 적당한 민정 당국을 시켜 상대방 사령관의 군사통제 지역으로 가기를 원하는 이러한 전체 외국적의 사민에게 필요한 지도와 협조를 주도록 한다.

ㄷ) 쌍방이 본 조 제59항 ㄱ목에 규정한 사민의 귀향과 본 조 제59항 ㄴ목에 규정한 사민의 이동을 협조하는 조치는 본 정전협정이 효력을 발생한 후 될수 있는 한 속히 개시한다.

ㄹ) (1) 실향사민귀향협조위원회를 설립한다.

동 위원회는 령급 장교 사(4)명으로 구성하되 그중 이(2)명은 국제련합군 총사령관이 이를 임명하며 그중 이(2)명은 조선인민군 최고사령관과 중국인민지원군 사령원이 공동으로 이를 임명한다. 동 위원회는 군사정전위원회의 전반적 감독과 지도 밑에 책임지고 상기 사민의 귀향을 협조하는 데 관계되는 쌍방의 구체적 계획을 조절하며 또 상기 사민의 귀향에 관계되는 본 정전협정 중의 일체 규정을 쌍방이 집행하는 것을 감독한다. 동 위원회의 임무는 운수 조치를 포함한 필요한 조치를 취함으로써 상기 사민의 이동을 촉진 및 조절하며 상기 사민이 군사분계선을 통과하는 월경지점(들)을 선정하며 월경 지점(들)의 안전조치를 취하며 또 상기 사민 귀향을 완료하기 위하여 필요환 기타 임무를 집행하는 것이다.

(2) 실향사민귀향협조위원회는 그의 임무에 관계되는 어떠한 사항이던지 합의에 도달할 수 없는 때에는 이를 곧 군사정전위원회에 제출하여 결정하게한다. 실향사민귀향협조위원회는 그의 본부를 군사정전위원회의 본부 부근에 설치한다.

(3) 실향사민귀향협조위원회가 그의 임무를 완수한 때에는 군사정전위원회가 즉시로 이를 해산시킨다.

제4조. 쌍방 관계정부들에의 건의

60. 한국 문제의 평화적 해결을 보장하기 위하여 쌍방 군사사령관은 쌍방의 관계 각국 정부에 정전협정이 조인되고 효력을 발생한 후 삼(3)개월 내에 각기 대표를 파견하여 쌍방의 한급 높은 정치회의를 소집하고 한국으로부터의 모든 외국군대의 철거 및 한국 문제의 평화적 해결 등 문제들을 협의할 것을 이에 건의한다.

제5조. 부 칙

61. 본 정전협정에 대한 수정과 증보는 반드시 적대쌍방 사령관들의 호상 합의를 거쳐야한다.

62. 본 정전협정의 각 조항은 쌍방이 공동으로 접수하는 수정 및 증보 또는 쌍방의 정치적 수준에서의 평화적 해결을 위한 적당한 협정 중의 규정에 의하여 명확히 교체될 때 까지는 계속 효력을 가진다.

63. 제12항을 제외한 본 정전협정의 일체 규정은 1953년 7월 27일 2200시부터 효력을 발생한다.

1953년 7월 27일 1000시에 한국 판문점에서 영문, 한국문 및 중국문으로써 작성한다. 이 세가지 글의 각 협정 문본은 동등한 효력을 가진다.

조선인민군 최고사령관	중국인민지원군	국제련합군 총사령관
조선민주주의인민공화국원수	사령원	미국 륙군 대장
김 일 성	팽 덕 회	마크 더불유. 클라크

참 석 자

조선인민군 및	국제련합군 대표단
중국인민지원군 대표단	수석 대표
수석 대표	미국 륙군 중장
조선인민군 대장	
남 일	윌리암 케이. 해리슨

4. 대한민국과 미합중국 간의 상호방위조약 (1953.10.1)[2)]

1953. 10. 1. 워싱턴에서 서명

1954. 11. 17. 발효

본 조약의 당사국은 모든 국민과 모든 정부와 평화적으로 생활하고자 하는 희망을 재인식하며 또한 태평양지역에 있어서의 평화기구를 공고히 할 것을 희망하고 당사국 중 어느 일방이 태평양지역에 있어서 고립하여 있다는 환각을 어떠한 잠재적 침략자도 가지지 않도록 외부로부터의 무력공격에 대하여 그들 자신을 방위하고자 하는 공통의 결의를 공공연히 또한 정식으로 선언할 것을 희망하고 또한 태평양 지역에 있어서 더욱 포괄적이고 효과적인 지역적 안전보장 조직이 발생될 때까지 평화와 안전을 유지하고자 집단적 방위를 위한 노력을 공고히 할 것을 희망하여 다음과 같이 합의한다.

제1조

당사국은 관련될지도 모르는 어떠한 국제적 분쟁이라도 국제적 평화와 안전과 정의를 위태롭게 하지 않는 방법으로 평화적 수단에 의하여 해결하고 또한 국제관계에 있어서 국제연합의 목적이나 당사국이 국제연합에 대하여 부담한 의무에 배치되는 방법으로 무력에 의한 위협이나 무력의 행사를 삼가할 것을 약속한다.

제2조

당사국 중 어느 일방의 정치적 독립 또는 안정이 외부로부터의 무력침공에 의하여 위협을 받고 있다고 어느 당사국이든지 인정할 때에는 언제든지 당사국은 서로 협의한다. 당사국은 단독적으로나 공동으로나 자조와 상호원조에 의하여 무력공격을 방지하기 위한 적절한 수단을 지속하여 강화시킬 것이며, 본 조약을 실행하고 그 목적을 추진할 적절한 조치를 협의와 합의하에 취할 것이다.

2) 「한 · 미 간의 상호방위조약」, MF, J-0001.

제3조

각 당사국은 타 당사국의 행정관리하에 있는 영토 또한 금후 각 당사국이 타 당사국의 행정관리하에 합법적으로 들어갔다고 인정하는 영토에 있어서 타 당사국에 대한 태평양지역에 있어서의 무력공격을 자국의 평화와 안전을 위태롭게 하는 것이라고 인정하고 공통한 위험에 대처하기 위하여 각자의 헌법상의 수속에 따라 행동할 것을 선언한다.

제4조

상호합의에 의하여 결정된 바에 따라 미합중국의 육군, 해군과 공군을 대한민국의 영토내와 그 주변에 배치하는 권리를 대한민국은 이를 허여하고 미합중국은 이를 수락한다.

제5조

본 조약은 대한민국과 미합중국에 의하여 각자의 헌법상의 절차에 따라 비준되어야 하며, 그 비준서가 양국에 의하여 워싱턴에서 교환되었을 때에 효력을 발생한다.

제6조

본 조약은 무기한으로 유효하다. 어느 당사국이든지 타 당사국에 통고한 후 일년 후에 본 조약을 종지시킬 수 있다.

이상의 증거로서 하기 전권위원은 본 조약에 서명한다.

본 조약은 1953년 10월 1일 워싱턴에서 한국문과 영문으로 두벌로 작성됨.

대한민국을 위하여 변영태

미합중국을 위하여 존 포스터 델레스

[미국 상원은 다음의 양해를 조건으로 조약의 승인에 동의하고 조언했다.]

미국은 조약 당사자 중 누구도 위의 조약 제3조하에서 당사자들에 대한 외부의 적의 공격을 제외한 어떠한 경우에도 원조할 의무를 갖지 않으며, 현재의 조약에서 미국이 합법적으로 대한민국의 행정운영하에서 인지한 영토에 대한 군사적 공격의 경우를 제외하고는 한국에 대한 미국의 원조를 필요로 하는 것으로 해석되지도 않는다고 이해했다.

미국은 이 양해각서를 대한민국이 1954년 2월 1일에 인지했던 1954년 1월 28일의 문서를 통해 대한민국과 소통했다. 이 양해각서는 1954년 11월 17일의 대통령 성명서에 포함되었다.[3)]

Mutual Defense Treaty between the United States and the Republic of Korea[4)]

Signed at Washington: October 1, 1953

Entered into Force: November 17, 1954

The Parties to this Treaty,

Reaffirming their desire to live in peace with all peoples and all governments, and desiring to strengthen the fabric of peace in the Pacific area,

Desiring to declare publicly and formally their common determination to defend themselves against external armed attack so that no potential aggressor could be under the illusion that either of them stands alone in the Pacific area,

---

3) 한국정부에서 발행한 한미상호방위조약 원문에는 양해각서가 담겨져 있지 않다. 그래서 양해각서는 United States Department Of State Historical Office, 『American Foreign Policy 1950-1955, Basic Documents Volumes』 Ⅰ, Washington, U.S. Govt. Print. Off., 1957, p.898에 수록되어 있는 것을 책 필자 중 한 명인 금보운이 번역했다.

4) United States Department Of State Historical Office, 『American Foreign Policy 1950-1955, Basic Documents Volumes』 Ⅰ, Washington, U.S. Govt. Print. Off., 1957, pp.897~8988.

Desiring further to strengthen their efforts for collective defense for the preservation of peace and security pending the development of a more comprehensive and effective system of regional security in the Pacific area,

Have agreed as follows:

Article I

The Parties undertake to settle any international disputes in which they may be involved by peaceful means in such a manner that international peace and security and justice are not endangered and to refrain in their international relations from the threst or use of force in any manner inconsistent with the Purposes of the United Nations, or obligations assumed by any Party toward the United Nations.

Article II

The Parties will consult together whenever, in the opinion of either of them, the political independence or security of either of the Parties is threatened by external armed attack. Separately and jointly, by self help and mutual aid, the Parties will maintain and develop appropriate means to deter armed attack and will take suitable measures in consultation and agreement to implement this Treaty and to further its purposes.

Article III

Each Party recognizes that an armed attack in the Pacific area on either of the Parties in territories now under their respective administrative control, or hereafter recognized by one of the Parties as lawfully brought under the administrative control of the other, would be dangerous to its own peace and safety and declares that it would act to meet the common danger in accordance with its constitutional processes.

Article IV

The Republic of Korea grants, and the United States of America accepts, the right to dispose United States land, air and sea forces in and about the territory of the Republic of Korea as determined by mutual agreement.

Article Ⅴ

This Treaty shall be ratified by the United States of America and the Republic of Korea in accordance with their respective constitutional processes and will come into force when instruments of ratification thereof have been exchanged by them at Washington.

Article Ⅵ

This Treaty shall remain in force indefinitely. Either party may terminate it one year after notice has been given to the other Party.

IN WITNESS WHEREOF the undersigned Plenipotentiaries have signed this Treaty.

Done in duplicate at Washington, in the English and Korean languages, this first day of October, 1953.

For the Republic of Korea :	For the United States of America:
(signed) Y.T. Pyun	(signed) John Foster Dulles

UNDERSTANDING OF THE UNITED STATES

[The United States Senate gave its advice and consent to the ratification of the treaty subject to the following understanding:

It is the understanding of the United States that neither party is obligated, under Article Ⅲ of the above Treaty, to come to the aid of the other except in case of an external armed attack against such party; nor shall anything in the present Treaty be construed as requiring the United States to give assistance to Korea except in the event of an armed attack against territory which has been recognized by the United States as lawfully brought under the administrative control of the Republic of Korea.

[The United States communicated the text of the understanding to the Republic of Korea in a note of January 28, 1954, acknowledged by the Republic of Korea in a note of February 1, 1954. The text of the understanding was included in the President's proclamation of November 17, 1954.]

5. 1954년 7월 27일~30일 워싱턴에서 개최된 한미 양국 대통령 및 보좌관 간의 회담과 그 후에 한미 양국 대표자 간에 이루어진 협의에 입각하는 한미합의의사록과 이에 대한 수정[5)]

1954년 11월 17일 서울에서 서명

1955년 8월 12일 워싱턴에서 수정

대한민국과 미합중국의 공동이익은 긴밀한 협조를 계속 유지하는 데 있는바 이는 상호 유익함을 입증하였으며 자유세계가 공산침략에 대하여 투쟁하며 자유로운 생존을 계속하고자 하는 결의를 위하여 중요한 역할을 한 것이다.

따라서,

대한민국은 다음 사항을 이행할 의도를 가지고 있으며 또한 이를 그의 정책으로 삼는다.

1. 한국은 국제연합을 통한 가능한 노력을 포함하는 국토통일을 위한 노력에 있어서 미국과 협조한다.
2. 국제연합사령부가 대한민국의 방위를 위한 책임을 부담하는 동안 대한민국 국군을 국제연합사령부의 작전지휘권하에 둔다. 그러나 양국의 상호적 및 개별적 이익이 변경에 의하여 가장 잘 성취될 것이라고 협의 후 합의되는 경우에는 이를 변경할 수 있다.
3. 경제적 안정에 배치하지 않고 이용할 수 있는 자원 내에서 효과적인 군사계획의 유지를 가능케하는 부록 B에 규정된 바의 국군병력기준과 원칙을 수락한다.
4. 투자기업의 사유제도를 계속 장려한다.
5. 미국의 법률과 원조계획에 일반적으로 적용되는 관행에 부합하는 미국정부의 원조자금의 관리를 위한 절차에 협조한다.

5) 한글 원문은 외무부, 『합의의사록』, 1961.

6. 부록 A에 제시된 것을 포함하여 경제계획을 유효히 실시함에 필요한 조치를 취한다.

대한민국이 실현하겠다고 선언한 조건에 기하여 미합중국은 다음 사항을 이행할 의도를 가지고 있으며 또한 이를 그의 정책으로 삼는다.

1. 1955회계년도에 총액 7억불에 달하는 계획적인 경제원조 및 직접적 군사원조로써 대한민국이 정치적, 경제적 및 군사적으로 강화되도록 원조하는 미국의 계획을 계속한다. 이 금액은 1955회계년도의 한국에 대한 원조액으로 기왕에 미국이 상상하였던 액보다 1억불 이상을 초과하는 것이다. 이 총액 중 한국민간구호계획의 이월금과 국제연합 한국재건단에 대한 미국의 거출금을 포함하는 1955회계년도의 계획적인 경제원조금액은 약 2억 8천만불에 달한다(1955회계년도의 실제지출은 약 2억 5천만불로 예상된다).
2. 양국정부의 적당한 군사대표들에 의하여 작성될 절차에 따라 부록 B에 약술한 바와 같이 예비군제도를 포함한 증강된 대한민국의 군비를 지원한다.
3. 대한민국의 군비를 지원하기 위한 계획을 실시함에 있어서 대한민국의 적당한 군사대표들과 충분히 협의한다.
4. 대한민국에 대한 도발에 의하지 않는 침공이 있을 경우에는 미국의 헌법절차에 의거하여 침략자에 대하여 그 군사력을 사용한다.
5. 필요한 국회의 승인을 조건으로 하여 한국의 재건을 위한 경제계획을 계속 추진한다.

1954년11월17일 대한민국 서울에서
대한민국외무부장관
변 영 태
대한민국주재미합중국대사
에리스 · 오 · 브릭스

한미합의의사록부록 A

효과적인 경제계획을 위한 조치

대한민국은 경제계획을 효과적인 것으로 하기 위하여 다음 사항을 포함하는 필요한 조치를 취한다.

1. 환율에 관하여는, 대한민국정부의 공정환율과 대충자금환율을 180대1로 하고, 한국은행을 통하여 불화를 공매함으로써 조달되는 미국군의 환화 차출금에 충당하기 위하여 공정환율과 상이한 현실적인 환율로 교환되는 불화교환에 관하여 미국이 제의한 절차에 동의하며, 일반적으로 원조물자도 유사한 환율에 의한 가격으로 한국경제에 도입함으로써 그러한 재원의 사용으로부터 한국경제와 한국예산에 대한 최대한도의 공헌을 얻도록 한다. 미국에 의한 환화차출에 관한 현존협정들의 운영은 전기한 조치가 실제에 있어서 양국정부에게 다 같이 만족하게 실시되는 한 이를 정지한다.
2. 미국이 현물로 공여하지 않은 원조계획을 위한 물자는 어떠한 비공산주의 국가에서든지 소요의 품질의 물자를 최저가격으로 구입할 수 있는 곳에서 구매하는 데 동의한다(이는 세계적인 경제가격에 의한 가능한 최대한의 구매를 한국에서 행함을 목적으로 하는 것임).
3. 한국자신의 보유외화의 사용을 위한 계획에 관한 적절한 정보를 관계미국대표들에게 제공한다.
4. 한국예산을 균형화하고 계속하여 "인푸레"를 억제하기 위한 현실적인 노력을 행한다(양국정부의 목적하는 바는 한국예산을 "인푸레"를 억제할 수 있는 방식으로 발전시키는 데 있다).

한미합의의사록부록 B[6)]

회계연도 1955년의 대한민국 군대 수준(규모－역자)과 미국원조

1. 미국은 회계연도 1955년 동안 최대 다음과 같은 군인력을 지원할 것이다.

육군	661,000
해군	15,000
해병대	27,500
공군	16,500
총	720,000

만일 한국정부가 유엔군사령관과의 논의 후에 위의 4분야의 업무 중에서 소규모의 수적 이동을 원한다면, 미국은 720,000(총합)명을 초과하지 않는 한에서 이에 동의할 것이다. 총합 720,000명은 훈련소에서 훈련된 모든 사병들, 예비군에서 복무하고 있는 전임군인들을 포함한다.

2. 대한민국과 미국 간에 사용가능한 자원 안에서 군사와 경제 프로그램을 포함하여 개정된 예산계획 전반에 대한 공동 합의와 협이 이뤄질 때까지, 군인들의 월급이 현재 6,900환의 수준에서 1인당 20,000환을 넘지 않는 한 평균 연봉수준으로 인상될 것이다. 또한 식량공급은 현재의 수준 1인당 24,800환에서 1인당 38,000환을 넘지 않는 수준의 인상이 있을 것이다. 이는 1955년 1월 1일 혹은 그 이후에 시행될 것이다. 그러나 미국원조 혹은 다른 사안들이 한국의 재정적 · 경제적 상황에 대한 부작용 없이 그러한 인상을 할 수 있게 하기 위해서, 대한민국은 그러한 인상이 영향을 발휘하기 전에 유엔군사령관과 합의를 할 것이다. 식량공급은 회계연도 1955년 동안 미국의 직접배급원조에 의해 현재 수준으로 계속 보충될 것이다.(현재 '전투부대' 배급량과 비스켓 구성물(components for biscuits)). 대한민국에 의해 요

6) 부록 B에는 군사와 관련된 조항으로 한국 원문에는 포함되어 있지 않아 책 필자 중 한 명인 금보운이 번역했다.

구된 급여와 식량배급의 추가적인 증가에 대한 결정은 혹은 차후 논의에서 결정하게 될 것이다.

3. 대한민국은 전임 현역군인과 훈련되고 조직된 장정들을 포함하며, 1955년 말까지 10개의 사단을 조직할 목표를 이루기 위해 예비사단의 형성에 착수할 것이다. 육군 훈련(대상자－역자)은 실현가능한 한 빠른 시일에 한 달에 약 10,000명에서 20,000명으로 증가될 것이다. 이 수준에 가까운 훈련은 적어도 1년 동안 계속될 것이며, 2년 정도에는 모든 적절한 나이의 젊은 남자들이 군 복무 경험을 갖게 될 것이며, 훈련소를 거쳐 갈 것이다. 그때에 이르면 훈련은 1달에 10,000명으로 감소할 것이다. 이것은 해군, 해병대, 그리고 공군의 훈련과 채용을 포함하지 않는다. 훈련부담이 줄어들고, 훈련된 예비병력이 어느 정도 수준에 오름에 따라 총 현역 병력은 적절한 수준에 도달하게 될 것이다.

4. 미국은 예비사단이 합당한 훈련 수준을 제공하고, 이를 유지하기 위해 필요한 기기, 병참부대의 용품, 그리고 필요한 다른 보급품들을 제공할 것이다. 기기와 탄약에 대하여, 휴대용 소총과 훈련용 탄약을 공급할 필요가 있으며, 근본적으로 다른 모든 기기들은 기기와 조직의 목록을 개정하기 위한 조언들을 실행하여 얻어진 대한민국 현역의 물자 재분배에 따라 제공될 것이라는 점이 고려되었다. 이러한 조언들의 세부사항은 미 국방장관이 대한민국 국방부 장관에게 보내는 이 날짜의 편지에 대략적으로 서술되어 있다.
예비사단의 훈련을 위해 요구된 기기의 양은 대한민국 국방부장관과의 합의 후에 유엔군사령관에 의해 결정될 것이다.

5. 미국은 예비사단의 훈련과 조직이 대한민국의 국방부장관과의 합의 속에서 유엔군사령관에 의해 시행된다는 계획하에서 이를 원조할 것이다.

6. 정책과 인력과 자원의 효율성과 경제이윤에 따라 하나 이상의 공통된 기능들은 모든 군대에 적용되는 책임을 가진 통합된 조직하에서 운영될 것이다.

7. 대한민국 해군은 회계연도 1955년 동안 79척의 선박을 목표로 계속 증가시켜갈 것이다(현재 미국 해군참모총장의 권고에 따라). 이 같은 대한민국 해

군의 선박증가에 필요한 선박들은 미국자원을 대여하는 식으로 제공될 것이다. 이 대여는 5년 기한을 넘지 않으며, 만일 미국정부가 그 재량권에 따라 이 선박이 더 이상 미국과 한국 양국의 최대 이익을 얻는 데 사용되지 않는다고 결정한다면 5년 중 아무 때나 선박에 대한 반환을 요구할 권한을 갖는다. 위의 1단락에서 개괄한 병력 숫자 내에서, 대한민국 해군은 현재 여단에서 사단으로 재조직될 것이다.

8. 미국은 한국 공군 파일럿들이 전투기와 고등훈련기를 적절히 활용할 능력을 입증했을 때에 한국공군이 전투기와 고등훈련기를 사용가능하게 할 것이다. 이 능력의 판단은 유엔군사령관에 의해 내려질 것이다. 앞서 말한 바에 기초해서, 미국은 1955년 동안T-33타입의 훈련기 10대와 항공기 F-86F 30대, C-46 16대를 갖추게 하고, 전투기 한 대의 나머지(한 기기를 구성하기 위한 45개의 추가적인 F-86F의 부품과 마모에 대비한 10개 이상의 추가적인 F-86F의 부품)를 회계연도 1956년 말까지 갖출 계획이다.

9. 아직 건설 중에 있지 않은(시행되지 않은) 모든 새로운 군사적 건설 프로젝트는 추가검토를 위해 회계연도 1956년으로 이월되지 않을 것이다. 무기를 위한 최소한의 기기들과 탄약, 그리고 이러한 건설프로젝트, 특히 유엔군사령관에 의해 승인된 것들의 재정비는 회계연도 1955년 안에 구성되기 위해(시행되기 위해) 자금이 조달될 것이다.

10. 대한민국 군대 예산은 군사프로그램이 최대효율, 최소비용으로 이루어질 것을 보장하기 위하여 대한민국과 유엔군사령관이 공동으로 검토되고, 분석될 것이다. 대한민국은 위에서 구성된 원칙들에 상응하는 예산조정의 효과를 가져오고, 예산에서 초과하거나 긴축기준에 어긋나는 항목들을 제거하고, 미국이 군사원조 프로그램에 따라 대한민국에 제공할 항목들로 대체될 항목들을 제거하기 위하여 회계연도 1955년의 국방부의 현재 예산을 수정할 것이다. 미국에 의해 계획된 원조프로그램의 실행(완수)은 대한민국이 회계연도 1955년의 군사프로그램을 위해 약 350억 환을 사용할 수 있도록 고려하고 있다.(미국이 350억 환을 제공할 것이다 – 역자)

11. 대한민국은 대한민국 군대의 효과성과 그 속에서 경제적 효과를 증가시키기 위해 고안된 조언을 완수하기 위해 유엔군사령관에 협력할 것이다.

1954년 11월 17일자 합의의사록에 대한 수정

1954년 11월 17일에 서명된 대한민국정부와 미합중국정부 간의 합의의사록 부록 A의 제1항은 1955년 8월 15일자로 다음과 같이 수정된다.

대한민국정부 및 그 기관의 모든 외환거래를 위한 환율로써 1955년 8월 15일자로 대한민국에 의하여 제정될 미화 1불대 5백환의 공정환율은 한국으로 물자 및 역무를 도입하기 위하여 공여되는 미국의 원조에 대하여 다음 것을 제외하고 적용된다.

(가) 미국원산인 석탄은 1956년6월30일에 종료될 회계연도기간중 공정환율의 40%이상에 해당하는 환율로 가격을 정할 수 있다.

(나) 비료는 즉시 공정환율의 50%이상에 해당하는 환율로 가격을 정할 수 있으나 1956년 1월 1일 이후에는 공정환율로 인상하여야 한다.

(다) 이윤을 목적으로 하지 않는 사업을 위한 투자형의 물품

(라) 구호물자

이윤을 목적으로 하는 사업을 위한 투자형물품에 대하여는 합동경제위원회가 차등환율 또는 보조금의 형식을 통하여 감율을 건의하지 않는 한 공정환율로 가격을 정한다.

공정환율은 미국군에 의한 환화구입에 적용된다.

미합중국정부는 한국의 안정된 경제상태를 발전시키기 위한 대한민국정부의 노력에 대하여 이 목적을 위하여 이용할 수 있는 자원의 범위 내에서 협조한다. 이 점에 관하여 양국정부는 신속한 행동에 의하여 원조계획을 조속히 완성으로 이끌어야 한다는 목적에 대하여 특별한 관심을 경주한다.

1954년 11월 17일자의 합의의사록 부록 A에 대한 이 개정의 효력발생일자 이전에 존재하였던 미국에 의한 환화취득에 관한 협정들은 원합의의사록 부록 A의

제1항에서 원래 승인하였던 협정을 포함하여 전기한 조치가 실제에 있어서 양국 정부에게 다 같이 만족하게 실시되는 한 이를 정지한다.

1955년8월12일 미국 워싱턴에서
대한민국정부를 위하여:
양 유 찬
미합중국정부를 위하여:
월터 에스 로버트슨

Agreed Minute Between the Governments of the United States and the Republic of Korea Based on the Conferences Held Between President Eisenhower and President Rhee and Their Advisers in Washington, July 27-30, 1954 and Subsequent Discussions in Washington Between Representatives of the Two Governments.[7)]

It is in the mutual interest of the United States and the Republic of Korea to continue the close cooperation which has proved mutually beneficial and has played such an important part in the Free World's struggle against Communist aggression and its determination to remain free.

Accordingly,

It is the intention and policy of the Republic of Korea to:

1. Cooperate with the United States in its efforts to unify Korea, including possible efforts through the United Nations to secure this objective;
2. Retain Republic of Korea forces under the operational control of the United Nations command while that Command has responsibilities for the defense of

7) The Department of the Army to the Commander in Chief United Nations Command (Hull), September 15, 1954, FRUS 1952-1954, XV, Part1, Korea, pp.1876~1881.

the Republic of Korea, unless after consultation it is agreed that our mutual and individual interest would best be served by a change;

3. Accept the force levels and principles set forth in Appendix B which will permit the maintenance of an effective military program consistent with economic stability and within available resources;
4. Continue to encourage private ownership of investment projects;
5. Cooperate in procedures for administration of United States aid funds consistent with United States legislation and the practices applied generally in such programs;
6. Take the necessary measures to make the economic program effective, including those set forth in Appendix A.

Based upon the conditions which the Republic of Korea declares it will create, it is the intention and policy of the United States to:

1. Continue its program of helping to strengthen the Republic of Korea politically, economically and militarily, with programmed economic aid and direct military assistance furnished during Fiscal Year 1955 to aggregate up to $700 million. This amount would exceed by more than $100 million the amount of assistance previously contemplated by the United States for Korea in Fiscal year 1955. Of this total, programmed economic aid, including the CRIK carry over and the United States contribution to UNKRA, available for obligation in Fiscal Year 1955 would amount to approximately[8] $280 million (actual expenditures in Fiscal Year 1955 are estimated at approximately $250 million);
2. Support a strengthened Republic of Korea military establishment as outlined in Appendix B, including the development of a reserve system, in accordance with arrangements to be worked out by appropriate military representatives of the two Governments;
3. Consult fully with appropriate military representatives of the Republic of Korea

8) 외무부, 『합의의사록』, 1961에는 available for obligation in Fiscal Year 1955 would amount to approximately로 되어 있어 미국 원문과 차이가 나타난다.

in the implementation of the program for support of the Republic of Korea military establishment;

4. In the event of an unprovoked attack upon the Republic of Korea, to employ, in accordance with its constitutional processes, its military power against the aggressor;
5. Subject to the necessary Congressional authorizations, continue to press forward with the economic program for the rehabilitation of Korea.

Y.T. Pyun

Minister for Foreign Affairs of the Republic of Korea

Ellis O. Briggs

Ambassador of the United States of America to the Republic of Korea

Seoul, Korea

November 17, 1954

APPENDIX A

Measures for an Effective Economic Program

The Republic of Korea will undertake the necessary measures to make the economic program effective, including:

1. With respect to exchange rates, the official rate of the Republic of Korea Government and the counterpart rate being 180 to 1, agreement to procedures as proposed by the United States for the conversion of dollars at a different and realistic exchange rate to cover hwan drawings of United States Forces by sale of dollars through the Bank of Korea, and generally to price aid goods into the Korean economy at a similar rate, thereby providing for the maximum

contribution to the Korean economy and to the Korean budget from the use of these resources. The operation of existing agreements with respect to hwan drawings by the United States will be suspended so long as the foregoing arrangements work out in practice to the mutual satisfaction of both Governments;

2. Agreement that material for the aid program-not furnished from the United States in kind-will be procured wherever in non-Communist countries goods of the required quality can be obtained at the best price (it being the objective to perform the maximum possible procurement in Korea at competitive world prices);
3. Provision of adequate information to the appropriate United States representatives concerning Korean plans for the use of their own foreign exchange; and
4. A realistic effort to balance its budget and continue to resist inflation (it will be the objective of both Governments to develop the budget of the Republic of Korea in a manner that will resist inflation).

APPENDIX B

Republic of Korea Force Levels for Fiscal Year 1955 and United States Support Thereof.

1. The United States will assist in supporting the following maximum number of military personnel during Fiscal Year 1955:

Army	661,000
Navy	15,000
Marine Corps	27,500
Air Force	16,500
Total	720,000

If the Korean Government desires to make minor shifts in numbers as between the four services after discussion with CINCUNC, the United States will agree to such adjustments as long as the maximum of 720,000 is not exceeded. It is understood that the 720,000 total includes all men being trained in training camps and any full-time personnel serving with reserve units.

2. Pending joint consultation and agreement between the Republic of Korea and the United States on a revised over-all budgetary plan, including both military and economic programs, within resources made available, there may be an increase in military pay from the current average rate of 6,900 hwan per man to an average annual rate not to exceed 20,000 hwan per man and in food allowances from the current average rate of 24,800 hwan per man to an average annual rate not to exceed 38,000 hwan per man effective on or after January 1, 1955. In order, however, to ensure that U.S. assistance and/or other factors permit such increases without adverse effect on the Republic of Korea financial and economic position, the Republic of Korea will consult with CINCUNC before putting such increases into effect. The food allowances will continue during FY 1955 to be supplemented by U.S. direct ration assistance at approximately current levels (currently 'combat' rations and components for biscuits). Decisions regarding any additional increases in pay and food allowances desired by the Republic of Korea will be reserved for subsequent discussions.

3. The Republic of Korea will undertake the formation of reserve divisions, which will include trained and organized men with former active service, toward a goal of 10 such divisions to be organized by the end of calendar year 1955. Training for the Army will be accelerated as soon as practicable from approximately 10,000 men per month to 20,000 per month. It is assumed that training at somewhere near this level will continue for at least a year and perhaps as much as two years by which time all of the young men of suitable age will have been in the military services and put through the training camps.

At that time the training will drop down to approximately 10,000 per month, not including the training and recruitment for Navy, Marines and Air Force. As the training load diminishes and trained reserve strengths are attained, the total number of active military personnel will be adjusted accordingly.

4. The United States will supply reserve divisions with the necessary equipment, quartermaster items, and other supplies necessary for them to undergo and maintain a reasonable state of training. With respect to equipment and ammunition, it is contemplated that it will be necessary to issue small arms and training ammunition, and that essentially all other equipment will be provided by reallocation of material from the active Republic of Korea forces resulting from the implementation of recommendations to revise tables of organization and equipment. Details of these recommendations are outlined in a letter of this date from the United States Secretary of Defense to the Minister of National Defense of the Republic of Korea.

   The amount of equipment required for training reserve divisions will be determined by CINCUNC after consultation with the Minister of National Defense of the Republic of Korea.

5. The United States will assist in the training and organization of the reserve divisions under a plan to be worked out by CINCUNC in consultation with the Minister of National Defense of the Republic of Korea.

6. As a matter of policy and in the interest of efficiency and economy of manpower and resources, functions which are common to more than one service will be operated under a combined type of organization which will have the responsibility of serving all of the military forces.

7. The Korean Navy will continue to build up during Fiscal Year 1955 toward the goal of 79 vessels (as currently recommended by the United States Chief of Naval Operations). The ships required for this build up of the Republic of Korea Navy will be supplied by loan from United States sources under the condition that the loan of the vessels shall not be for a period exceeding 5

years and the United States Government retains the right to reclaim the vessels at any time during the 5-year period, when and if the United States Government in its own discretion should decide that such vessels are no longer being used to serve the best interests of both the Korean and the United States Governments. Within the number of personnel outlined in paragraph 1 above, the Republic of Korea Marines will be reorganized from the present brigade to a division.

8. The United States will make available jet fighter and jet trainer aircraft to the Korean Air Force in such quantities and at such times as the Korean Air Force pilots have demonstrated the capability to properly utilize this equipment. The determination of this capability will be made by CINCUNC. Based on the foregoing, the United States will plan to make available 10 T-33 jet type trainers and, subsequently as the need is demonstrated, 30 F-86F and 16 C-46 aircraft during 1955, and the remainder of one Jet Fighter Wing (45 additional F-86F's to complete unit equipment and up to 10 additional F-86F's for attrition) by the end of Fiscal Year 1956.

9. All new military construction projects not under construction will be deferred to Fiscal Year 1956 for further review. Minimum facilities for an arsenal and the reworking of ammunition and those construction projects specifically approved by CINCUNC will be funded for construction in Fiscal Year 1955.

10. The Republic of Korea military budget will be jointly reviewed and analyzed by the Republic of Korea and CINCUNC in order to assure that the military program will produce the most effective forces at minimum cost. The Republic of Korea will undertake to revise the present budget of the Ministry of National Defense for Fiscal Year 1955 in order to effect adjustments in the budget conforming to the principles set forth above, to eliminate from the budget such items as are found to have been budgeted in excess or in conflict with austerity standards, and to eliminate from the budget such items as will be replaced by the items the United States will supply the Republic of Korea

Armed Forces under programs of military assistance. The implementation of the aid program planned by the United States contemplates that approximately 35 billion hwan will be made available by the Republic of Korea for the military program in Fiscal Year 1955.

11. The Republic of Korea will cooperate with CINCUNC by implementing recommendations designed to increase the effectiveness of the Republic of Korea Armed Forces and effect economies therein.

AMENDMENT TO THE AGREED MINUTE OF NOVEMBER 17, 1954[9)]

Effective August 15, 1955, paragraph 1 of Appendix A of the Agreed Minute between the Governments of the United States of America and the Republic of Korea signed November 17, 1954 is amended as follows:

The official exchange rate of 500 hwan to 1 United States dollar which is to be established by the Republic of Korea on August 15, 1955 as the rate for all foreign exchange transactions of the Government of the Republic of Korea and its agencies, will be applicable to United States aid furnished for the importation of goods and services into Korea except the following:

(a) coal of United States origin which will be priced during the fiscal year ending June 30, 1956 at a rate not less than 40 percent of the official rate;

(b) fertilizer which will be priced immediately at a rate not less than 50 percent of the official rate, to be increased to the official rate not later than January 1, 1956;

(c) investment type commodities for revenue producing projects will be priced at the official rate unless the Combined Economic Board recommends a reduction either through differential exchange rates or subsidies.

9) 수정 영문은 외무부, 『합의의사록』, 1961.

The official rate will apply to purchases of hwan by the United States Forces in Korea.

The Government of the United States of America will cooperate with the Government of the Republic of Korea in its effort to develop a stabilized economic situation in Korea within the limits of resources made available for this purpose. In this regard both Governments will pay particular attention to the objectives of expeditious action leading to the speedy implementation of the aid program.

Arrangements existing prior to the effective date of this amendment to Appendix A of the Agreed Minute of November 17, 1954 with respect to acquisition of hwan by the United States including those arrangements authorized by the original paragraph 1 of Appendix A of the said Agreed Minute will be suspended as long as the foregoing arrangements work out in practice to the mutual satisfaction of both Governments.

For the Government of the Republic of Korea:
You Chan Yang
For the Government of the United States of America:
Walter S. Robertson

Washington, D.C.
August 12, 1955

6. 한반도 문제 토의 종결에 있어서 행한 한국문제에 관한 16개국 선언 (1954.6.15)[10)]

국제연합총회의

1953년 8월 28일자의 결의에 의거하여

또한 1954년 2월 8일자의 백림성명서에 의거하여 한국에 있어서의 국제연합사령부에 군대를 파견한 국가로서 우리들은 평화적 방법에 의하여 통일된 독립한국을 수립할 목적으로 소집된 제네바회담에 참가하였던 것이다.

우리들은 한국의 통일 독립과 자유를 위한 국제연합의 과거의 노력에 일치하는 그리고 우리들이 기본적이라고 믿는 다음의 두 개 원칙의 (틀)안에서 여러 가지 제안과 시사를 행하여 왔었다.

1. 국제연합은 그 헌장하에서 침략을 격퇴하기 위한 집단행동을 취하고 평화와 안전을 회복하고 또한 한국에 있어서의 평화적 해결을 모색하도록 알선을 행할 충분하고도 정당한 권한이 부여되어 있다.
2. 통일된 독립 민주 한국을 수립하기 위하여 한국국민의 인구의 직접비례에 따라 선출될 국회의원의 대표를 선출하기 위하여 국제연합의 감시하에 진정으로 자유로운 선거를 실시하여야 한다. 우리들은 이와 같은 기본적 원칙에 일치되는 한국의 통일을 이룩할 수 있는 합의의 기초를 모색하기 위하여 진지하고도 인내성 있는 노력을 행하여 왔다.

공산대표단들은 합의에 도달키 위한 우리의 모든 노력을 거절하여 왔다. 그런고로 우리들 사이에 놓인 기본적 문제는 명백하다.

첫째로 우리들은 국제연합의 권위를 수락하고 또한 주장한다. 공산주의자들은 한국에 있어서의 국제연합의 권위와 권한을 부인하고 또한 거부하여 왔으며 국제연합 자신을 침략자라고 낙인 찍어온 것이다. 만약 우리들의 입장을 수락한다면 그것은 곧 국제연합 자체와 집단안전보장의 원칙의 종말을 의미하는 것이 된다.

---

10) 한글원문은 외무부 정무국, 『한국통일문제 약사와 문헌(1943년-1960년)』, 1961, 154~156쪽. 영어원문은 U.S.Department of State, 『The Korean Problems at the Geneva Conference, April 26-June 15, 1954.』, Department of State publication 5609, October 1954, pp.191~193에서 인용.

둘째로 우리들은 진정한 의미의 자유선거를 희망한다. 공산주의자들은 진정한 자유선거를 불가능케 하는 절차를 주장하고 있다. 간단히 말하여 그들은 북한에 있어서의 공산주의통치를 유지하려는 의도에 입각하고 있다. 그들은 1947년 한국을 통일시키려던 국제연합의 노력을 좌절시키던 것과 똑같은 태도를 고수하여 왔던 것입니다.

그런고로 우리들은 마치 이 문제에 관하여 헛된 희망을 품든가 또는 세계의 인민들에게 의견의 일치가 있는 것 같은 그릇된 인상을 주는 것보다 오히려 의견의 불일치라는 사실을 사실대로 인정하는 것이 좋으리라고 믿는 바 이다.

이와 같은 사정하에서 우리들은 불여의(不如意)하나마 또한 유감스러운 일이기는 하지만 우리들이 불가결한 요소라고 생각하는 두 개의 기본원칙을 공산 측 대표단들이 거부하는 한 본 회의에서 한국문제에 관하여 더 이상 심의 검토하여도 아무런 소용이 없다는 결론을 내리지 않을 수 없다. 우리들은 한국에 있어서 이 국제연합의 목적을 계속하여 지지할 것을 재확인하는 바이다.

1953년 8월 28일자 국제연합 총회 결의에 따라 본 선언의 서명 국가는 본 회담의 진행사항에 관하여 국제연합에 통보할 것이다.

1954년 6월 15일 제네바에서

(이하 서명자는 영문원문과 동일)

Declaration by the Sixteen, June 15

Pursuant to the Resolution of 28 August 1953, of the United Nations General Assembly, and the Berlin communique of 18 February 1954, we, as nations who contributed military forces to the United Nations Command in Korea, have been participating in the Geneva Conference for the purpose of establishing a united and independent Korea by peaceful means.

We have made a number of proposals and suggestions in accord with the past efforts of the United Nations to bring about the unification, independence and freedom of Korea; and withing the framework of the following two principles which we believe to be fundamental:

1. The United Nations, under its Charter, is fully and rightfully empowered to take collective action to repel aggression, to restore peace and security, and to extend its good offices to seeking a peaceful settlement in Korea.
2. In order to establish a unified, independent and democratic Korea, genuinely free elections should be held under United Nations supervision, for representatives in the National Assembly, in which representation shall be in direct proportion to the indigenous population in Korea.

We have earnestly and patiently searched for a basis of agreement which would enable us to proceed with Korean unification in accordance with these fundamental principles.

The Communist delegations have rejected our every effort to obtain agreement.

The principal issues between us therefore are clear. Firstly, we accept and assert the authority of the United Nations. The communists repudiate and reject the authority and competence of the United Nations in Korea and have labelled the United Nations itself as the tool of aggression. Were we to accept this position of the Communists, it would mean the death of the principle of collective security and of the United Nations itself. Secondly, we desire genuinely free elections. The Communists insist upon procedures which would make genuinely free elections impossible. It is clear that the Communists will not accept impartial and effective supervision of free elections. Plainly, they have shown their intention to maintain Communist control over North Korea. They have persisted in the same attitudes which have frustrated United Nations efforts to unify Korea since 1947.

We believe, therefore, that it is better to face the fact of our disagreement than to raise false hoped and mislead the peoples of the world into believe-ing that there is agreement where there is none.

In the circumstances we have been compelled reluctantly and regretfully to conclude that, so long as the Communist delegations reject the two fundamental principled which we consider indispensable, further consideration and examination of the Korean question by the Conference would serve no useful purpose. We reaffirm our continued support for the objectives of the United Nations on Korea.

In accordance with the Resolution of the General Assembly of the United Nations of 28 August 1953, the member states parties to this declaration will inform the United Nations concerning the proceedings at this conference.

GENEVA

15 June 1954

For Australia: R.G. Casey

For Belgium: P.H. Spaak

For Canada: C.A. Ronning

For Colombia: Francisco Urrutia

For Ethiopia: Z.G. Heywot

For France: Jean Chauvel

For Greece: Jean Kindynis

For Luxembourg: J. Sturm

For The Netherlands: A. Bentinok

For New Zealand: A.D. Mcintosh

For The Philippines: Carlos P. Garcia

For The Republic of Korea: Y.T. Pyun

For Thailand: Wan Waithayakon

For Turkey: M.C Acikalin

For The United Kingdom: Anthony Eden

For The United States of America: Walter Bedell Smith

부록

〈외교 연표〉 1945년~1954년 주요 한반도/국제관계 연표

부록_ 1945년~1954년 주요 한반도/국제관계 연표

연도	날짜	내용
1942년	2월	조선 독립동맹 결성. 김두봉, 최창익 등을 중심으로 연안에서 결성
1943년	11월 22일	미 · 영 · 중 정상(루즈벨트, 처칠, 장제스) 간의 카이로 회담 : 전후 문제 논의(~11월 26일)
	11월 28일	미 · 영 · 소 정상(루즈벨트, 처칠, 스탈린) 간의 테헤란 회담 : 소련의 대일전 참가 등 대한 논의(~12월 1일)
	12월 1일	카이로 선언 : 연합국 정상 간의 한국의 독립 결정
1944년	4월	임시정부, 제5차 개헌. 주석에 김구, 부주석에 김규식이 임명
	8월 10일	건국동맹 결성.
1945년	2월 4일	미 · 영 · 소 간의 얄타회담 : 소련의 대일전 참전 논의, 미국과 소련이 한반도 신탁통치 문제를 거론함(~2월 11일)
	5월	독일 · 이탈리아 항복 선언
	5월	임시정부. 미국전략첩보국(OSS)의 지원 아래 한국 광복군 특별 훈련반 설치
	5월 28일	트루먼 대통령 특사 홉킨스(Harry.L.Hopkins)와 스탈린의 회담 : 미, 소, 영, 중 4개국에 의한 한반도 신탁 탁치 합의
	7월 19일	포츠담 회담 : 포츠담 선언(7월 26일)에서 조선 독립 재확인, 소련의 대일전 참가 합의(~8월 1일)
	8월 6일	미공군의 히로시마 원폭 투하
	8월 7일	김구. 서안에서 미국전략첩보국(OSS)의 도노반 장군과 군사협정 체결
	8월 8일	소련의 대일본 선전 포고
	8월 9일	미공군의 나가사키 원폭 투하
	8월 11일	미국 국무부, 전쟁부, 해군부 3부조정위원회(SWNCC) 38선 구상안 확정, 소련 즉각 수용
	8월 14일	일본의 무조건 항복 결정. 제2차 세계대전 종전

1945년 주요 연표

연도	남한		북한		세계	
	날짜	내용	날짜	내용	날짜	내용
1945년	8월 15일	해방			8월 15일	히로히토 일본 천황 항복 선언
	8월 15일	조선건국준비위원회 결성				
	9월 2일	연합군최고사령관 맥아더, 미소양군의 한반도 분할 점령 정책 발표 10월 12일			9월 2일	일본 항복문서 조인식
	9월 9일	미군정 실시 포고				
	9월 16일	한국민주당 창당				
	10월 25일	독립촉성중앙협의회 결성	10월 10일	소련 제25군 사령관 치스차코프, 반일(反日) 민주주의단체의 결성과 활동을 허가하는 성명 발표	10월 24일	유엔 성립
			10월 12일	조선공산당 북조선 분국 조직		
			10월 29일	소련 영화 수입 계약 체결		
	11월 23일	김구, 김규식 등 임시정부 요인 개인자격으로 입국	11월 19일	북조선 5도 행정국 조직	11월 20일	뉘른베르크 군사재판 시작
	12월 28일	모스크바 3상회의 결정안 발표 : 미소공동위원회 설치 합의. 조선에 대한 5개년 신탁통치 발표 11월 19일				

1946년 주요 연표

연도	남한		북한		세계	
	날짜	내용	날짜	내용	날짜	내용
1946년			1월 2일	조선공산당 북조선분국 등 5개 단체, 모스크바 3상회의 결정 지지성명	1월 10일	유엔 제1차 총회 개최(런던)
			2월 8일	북조선임시인민위원회 발족		
			3월 5일	토지개혁 법령 통과	3월 5일	영국의 처칠이 소련을 비난하는 '철의 장막' 연설
	3월 20일	제1차 미, 소 공동위원회 개최	3월 14일	남북한 간의 우편물 연락 개시		
	4월 18일	미, 소 공위서 5호 성명 발표				
	5월 6일	미, 소 공위 무기한 휴회				
	6월 3일	이승만, 남한단독정부수립 계획 발표(정읍발언)				
	7월 25일	좌우합작위원회 출범	7월 22일	북조선민주주의민족통일전선 결성		
			8월 28일	북조선로동당 창립		
			9월 20일	북조선임시인민위원회 산하에 무역위원회 조직		
	12월 12일	남조선과도입법의원 개원				

1947년 주요 연표

연도	남한		북한		세계	
	날짜	내용	날짜	내용	날짜	내용
1947년			1월 24일	북조선임시인민위원회, 외무국 신설 결정		
			2월 22일	북조선인민위원회 성립		
			3월 4일	도·시·군 인민위원회 대회, 미국정부에 미소공동위원회의 속개를 요청하는 서한 발송	3월 12일	미국 '트루먼독트린' 선언
			3월 25일	북조선인민위원회와 소련 외국무역성 간 조선석유주식회사, 조소해운주식회사 창립협정서 체결		
	5월 21일	제2차 미, 소 공위 개최				
					6월 5일	미국 '마셜 플랜' 제창
					8월 15일	인도 독립 선언
			9월 26일	미소공동위원회 소련 대표 슈티코프, 미소 양군의 철퇴 성명 발표		
	10월 21일	제2차 미, 소 공위 결렬				
	11월 14일	유엔총회에서 남북총선거를 통한 정부수립 결정 유엔조선임시위원단(UNTCOK) 결성	11월 12일	북한의 정당·사회단체, 한반도 문제의 유엔이관을 반대하는 담화문 발표		
	12월 20일	민족자주연맹 결성	12월 19일	소련, 미국이 제안한 유엔조선임시위원단 설치안 거부		

1948년 주요 연표

연도	남한		북한		세계	
	날짜	내용	날짜	내용	날짜	내용
1948년	2월 16일	김구 · 김규식 남북협상 제안 편지발송	2월 8일	조선인민군 창설		
	2월 26일	남한 단독선거 실시 결의				
			3월 25일	김일성 · 김두봉 남북협상 수락 발표	3월 26일	미국, 소련에 대한 수출제한
	4월 3일	제주 4 · 3사건			4월 7일	세계보건기구 발족
	4월 19일	남북연석회의 개막	4월 17일	남한 단독선거와 유엔소총회 결정에 반대하는 평양시 군중대회 거행	4월 19일	중국, 국민정부를 중국정부로 개칭, 초대 총통에 장제스(蔣介石) 피선
	5월 10일	남한 제헌국회 선거	5월 14일	북조선인민위원회, 남한으로의 송전을 중단 결정	5월 14일	이스라엘 공화국 성립
	5월 31일	제헌국회 개헌				
	6월 30일	미국정부와 미군정 간의 주한미군 주둔비 청산협정	6월 29일	제2차 남북연석회의 개막		
	7월 1일	주한미군과 운수부 간의 협정				
	7월 24일	이승만 대통령 취임, 이시영 부통령 선출				
	8월 11일	대한민국정부와 아메리카합중국정부 간의 대한민국정부에의 통치권 이양 및 미점령군의 철수에 관한 협정				
	8월 15일	대한민국 정부 수립. 하지중장 미군정 폐지 발표			8월 19일	자유중국, 중화민주연합정부 성립
	8월 24일	대한민국대통령과 주한미국사령관 간에 체결된 과도기에 시행될 잠정적 군사안전에 관한 행정협정 조인				
	9월 8일	행정권 인수 완료에 관한 한미 공동성명 발표	9월 9일	조선민주주의 인민공화국 수립		

연도	남한		북한		세계	
	날짜	내용	날짜	내용	날짜	내용
1948년	9월 11일	대한민국 정부 급 미국정부 간 재산 및 재정에 관한 최초협정 체결(군정 재산의 이양)	9월 18일	소련 최고소비에트 상임위원회, 북한의 소련군 철수 요청을 수락한다고 회답		
	9월 22일	반민족행위 특별법 공포			9월 21일	유엔총회. 미소 간 주한군철군안 심의
	10월 14일	유엔총회, 북한의 대표파견 요청을 거부	10월 12일	북한 소련 간 대사급 외교관계 수립	10월 5일	코민포름 결성
	10월 19일	여순사건	10월 15일	북한 몽골 간 외교관계 수립		
			10월 16일	북한 주재 소련 특명전권 대사로 슈티코프 부임		
			10월 16일	북한 폴란드 간 외교관계 수립		
			10월 21일	북한 체코슬로바키아 간 외교관계 수립		
			10월 26일	북한 루마니아 간 외교관계 수립		
			10월 29일	소련 주재 북한 특명전권 대사에 주영하 임명		
			10월 30일	북한 유고슬로비아 간 외교관계 수립		
			11월 11일	북한 헝가리 간 외교관계 수립		
			11월 29일	북한 불가리아 간 외교관계 수립		
	12월 1일	국가보안법 공포				
	12월 10일	대한민국 및 미합중국 간의 원조협정 체결(한미경제원조협정)	12월 10일	박헌영 외무상, 북한대표의 유엔총회 참석을 거부하는 유엔정치위원회 결정에 항의	12월 10일	파리에서 개최된 제3차 국제연합 총회 세계 인권 선언
	12월 12일	유엔의 남한정부 승인과 한국위원단 설치 결의	12월 31일	소련군 철수 완료		

1949년 주요 연표

연도	남한		북한		세계	
	날짜	내용	날짜	내용	날짜	내용
1949년	1월 1일	한국 경제원조를 경제협조처(ECA)로 이관			1월 1일	중국 북경에 인민정부 수립
	1월 4일	한, 미 석유협정 조인. 발효				
	1월 5일	미 경제협조처, 대한민국에 대한 부흥계획 실시 발표				
	1월 6일	정부, 대일본국 배상 요구 선언				
	1월 19일	UN가입신청서 제출, 남, 북 협상반대 성명 발표				
			2월 9일	박헌영 외무상, 유엔사무총장에 북한의 유엔 가입 요청	2월 16일	유엔 안전보장이사회, 북한의 유엔가입 신청을 부결
	3월 3일	비율빈(필리핀), 대한민국 정식 승인 양국정부 공사교환에 합의	3월 17일	조소경제문화협정 체결		
	3월 9일	유엔경제사회이사회, 한국의 극동경제위원회 가입 가결				
	3월 10일	제1차년도 한일통상협상 (~3월 22일)				
	4월 1일	대한민국 및 점령하 일본 간의 교역조정 및 대한민국 및 점령하 일본 간의 교역에 관한 재정조정 발효			4월 4일	북대서양조약기구 (NATO) 결성
	4월 2일	남북한 교역정지	4월 25일	조선평화옹호전국민족위원회세계평화이사회에 가입	4월 8일	소련, 한국의 유엔가입에 거부권을 행사
	5월 27일	대한민국과 미합중국 간의 재정 및 재산에 관한 중간협정 체결	5월 17일	북한 알바니아 간 외교관계 수립	5월 23일	파리 4개국 외상회의 개최 (6월 20일)
	5월 28일	미국무성, 군사고문단 이외의 주한미군철수계획 발표				

연도	남한		북한		세계	
	날짜	내용	날짜	내용	날짜	내용
1949년	6월 13일	대한민국과 미합중국 간의 전력 협정 체결	6월 25일	조국통일민주주의전선 결성		
	6월 29일	대한민국과 미합중국 간의 항공업무에 관한 잠정 협정 발효	6월 30일	조선로동당 결성		
			7월 18일	내각, 개인 대외무역 허가에 관한 규정 승인		
	8월 8일	이승만, 장개석 진해회담 공동 성명 발표				
	8월 23일	한국, 세계보건기구에 65번째로 가입				
	9월 8일	갱신 한미석유협정 조인, 발효				
	9월 19일	대한민국과 경제협조처 간의 협정 조인, 발효	9월 19일	민주청년동맹·농민동맹, 재일조선인 탄압과 관련하여 일본 요시다 정부에 보내는 항의문 발표	9월 21일	서독, 독일연방공화국 수립
	10월 5일	제1차년도 한일통상협상 중간회담(~10월 14일)	10월 6일	북한 중국 간 대사급 외교관계 수립	10월 1일	중화인민 공화국 성립. 주석모택동(毛澤東)
					10월 2일	소련 중화인민공화국 승인 미국 자유중국 정부 지지성명
			10월 11일	조소친선과 소비에트 문화 순간(旬間) 개막(~10월 20일)	10월 7일	동독, 독일인민공화국 수립
			11월 7일	북한 독일민주주의공화국 간 외교관계 수립		
			11월 12일	소련적십자 병원 15개소를 북한정부에 무상으로 양도하는 조인식이 평양에서 거행		
			12월 22일	중국 주재 북한 특명전권 대사에 리주연 임명		
			12월 25일	북한 소련 간 영사협정 체결. 북한 중국 간 통상우호협정, 조중체신협정 체결	12월 27일	인도네시아 연방공화국 성립 (대통령 수카르노)

1950년 주요 연표

연도	남한		북한		세계	
	날짜	내용	날짜	내용	날짜	내용
1950년	1월 14일	대한민국과 미합중국 간의 김포비행장 협정 조인			1월 6일	영국 중국 승인
	1월 17일	대한민국과 미합중국 간의 재정 및 재산에 관한 최종협정 체결			1월 12일	애치슨 미 국무장관 애치슨선언
	1월 26일	대한민국정부와 미합중국정부 간의 주한군사고문단 설치에 관한 협정 조인	1월 31일	북한 베트남(월남사회주의 공화국) 간 외교관계 수립	1월 14일	호치민, 베트남 사회주의 공화국 독립 선언
	1월 26일	대한민국정부와 미합중국정부 간의 상호 방위원조 협정 조인, 발효				
					2월 14일	중국 소련 간의 우호동맹 및 상호원조 조약 체결
	3월 16일	한, 미 선박기술협정 조인	3월 8일	조소경제문화협정에 의거하여 소련으로부터 트랙터 60대 입하	3월 3일	U.N. 대한민국에 군사감시단파견 결정
	3월 27일	제2차년도 한일통상협정 (~4월 10일)	3월 30일	김일성 · 박헌영 비밀리에 모스크바 방문하여 스탈린과 개전 합의		
	4월 1일	대한민국과 점령하 일본 간의 무역 협정 및 대한민국과 점령하 일본 간의 무역에 관한 재정 협정 발효				
	4월 14일	한, 일 잠정 해운협정 체결				
	4월 28일	교육교환계획에 대한 자금공급을 위한 대한민국정부와 미합중국정부 간의 협정 조인, 발효. '풀브라이트협정' 조인식 거행				
	5월 6일	주한미군 원화 채무를 대한민국 정부가 인수하기로 협약	5월 10일	조소항공주식회사, 평양-블라디보스토크와 평양-대련 간 여객 및 우편물 수송 항공로 개설)		

연도	남한		북한		세계	
	날짜	내용	날짜	내용	날짜	내용
1950년			5월 13일	김일성 · 박헌영 베이징을 방문하여 마오쩌둥과 개전 협의		
	6월 14일	대한민국, 교육과학문화기구(UNESCO)에 가입				
	6월 23일	한, 일 해운잠정협정 체결	6월 21일	몽고 상임위원회, 북한 주재 특명전권 대사 임명	6월 17일	아랍, 집단안전보장 조약 결성
	6월 25일	6 · 25전쟁 발발	6월 26일	최고인민회의 상임위원회, 군사위원회 조직에 관한 정령 채택		
	6월 27일	미군의 6 · 25전쟁 참전	6월 27일	6월 25일 북한의 공격을 '침략행위'로 규정한 유엔 결의에 대하여 북한정부 반박 성명 발표	6월 27일	유엔 안전보장이사회 한국에 대한 회원국 지원 결정
	7월 6일	재한미군에 대한 한은권 선불협정 체결('대한민국과 재한미군 간의 경비지출에 관한협정') 체결				
	7월 7일	유엔안정보장이사회 유엔군통합사령부 설치안 가결				
	7월 12일	재한미국군대의 관할권에 관한 한미협정을 위한 각서 교환(대전협정)	7월 14일	조국통일민주주의전선 조사위원회 조직		
	7월 14일	한국군의 작전지휘권, 유엔군사령관에 이양				
	7월 28일	대한민국과 미합중국정부 간에 체결된 국제연합가맹국 연합군 총사령관 휘하 부대에 의한 경비지출에 관한 협정 조인 발효(유엔군 경비지출에 관한 협정)			7월 31일	유엔 안전보장이사회, 한국인 배상구호계획에 관한 결의안 채택
			8월 7일	중국, 북한 주재 특명전권 대사로 예지량 임명		

연도	남한		북한		세계	
	날짜	내용	날짜	내용	날짜	내용
1950년			8월 18일	북한 중국 간 구상무역협정 체결	8월 14일	유엔경제사회이사회, 한국민간인 구호안 가결
					9월 1일	미, 영, 프 3국 외무장관회담에서 유엔의 지시 없이 유엔군이 38도선 북진하지 않는다는 데 합의
	9월 15일	유엔군 인천상륙	9월 18일	폴란드 주재 북한 특명전권 대사 최일 임명, 몽고 주재 북한 특명전권 대사 김용진 임명	9월 7일	유엔 안전보장이사회, 북한 원조 단절안 가결
			9월 30일	소련에 군사지원을 요청하는 서한 발송		
	10월 4일	대한민국과 점령하 일본 간의 잠정 해운 협정 조인	10월 1일	중국에 군사지원을 요청하는 서한 발송		
	10월 7일	유엔총회, 유엔군의 38선 돌파 승인안(북진안) 가결				
	10월 7일	유엔총회, 유엔한국부흥위원단(UNCURK) 설치 결의안 가결			10월 11일	중공군, 티벳 진격
	10월 21일	유엔경제사회이사회, 한국 재건 8대 기본원칙 가결	10월 25일	중국인민지원군 참전, 운산에서 최초로 교전	10월 12일	UN임시총회(소총회), 북한지역 행정권행사에 관한 결정안 채택
	11월 7일	UN 경제회의이사회, UNKRA설치안 채택			11월 4일	중국 각 정당 사회단체들의 공동명의로 미국의 '침략전쟁'을 규탄하는 선언 채택
	11월 8일	UN 안보리사회, 한국대표초청안 가결				
	11월 13일	서울-평양 전화 6년 만에 개통				
	11월 15일	서울-평양 열차운행				
	12월 1일	유엔총회, 유엔한국재건단(UNKRA)설치안 가결(한국에 대한 구호, 재건, 원조를 담당하는 특수 기구)	12월	조중연합사령부 조직	12월 6일	네루 인도 수상, 6·25전쟁 정전 교섭 제안

연도	남한		북한		세계	
	날짜	내용	날짜	내용	날짜	내용
1950년	12월 13일	유엔총회정치위원회, 13개국 한국정전안 가결	12월 7일	박헌영 외무상, 유엔총회 의장과 안전보장이사회 의장에게 미 공군의 무차별 폭격에 관한 항의문 발송		
	12월 14일	유엔총회, 한국 정전 3인 위원회 설치안 가결	12월 21일	자강도 강계시에서 조선노동당중앙위원회 제3차 전원회의 소집		

1951년 주요 연표

연도	남한		북한		세계	
	날짜	내용	날짜	내용	날짜	내용
1951년	1월 4일	미 8군사령부 대변인, 유엔군 서울 철수 발표			1월 11일	유엔 한국 정전 3인 위원회, 한국평화해결안 제출
	1월 18일	정부 대변인 중국의 유엔3인위원회 정전안 거부에 대한 담화 발표	1월 20일	미군과 남한군의 '전쟁범죄'에 대한 조국통일민주주의전선조사위원회 보도 제4호를 유엔 안전보장이사회의 정식 문건으로 발표	1월 13일	유엔 정치위원회, 한국정전안 가결
	1월 25일	유엔군의 본격적 대항공세			1월 27일	미국 네바다에서 원자폭탄 실험
					2월 1일	유엔총회, 한국문제 결의안 통과, 중공군을 '침략자'로 정의
	3월 22일	제3차년도 한일통상협상 (~3월 31일)				
			5월 5일	체코슬로바키아 주재 북한 특명전권 공사에 김응기 임명	5월 17일	트루먼 미 대통령, 미국의 방위계획 (NSC 48/5) 발표
			5월 8일	박헌영 외무상, 미군의 세균전에 항의하여 유엔총회 및 안전보장이사회에 성명서 발송		
			5월 15일	북한 주재 소련 특명전권 대사에 라주바예프 취임		
			5월 16일	미군의 '전쟁범죄' 조사차 국제민주여성동맹 조사단 방북	5월 31일	모스크바 주재 미국대사 조지 케넌과 유엔 소련대표 말리크 1차 회동
					6월 6일	모스크바 주재 미국대사 조지 케넌과 유엔 소련대표 말리크 2차 회동
					6월 10일	중국과 북한대표 소련 방문 스탈린과의 대담

연도	남한		북한		세계	
	날짜	세계	날짜	세계	날짜	세계
1951년					6월 23일	유엔 소련대표 말리크, 공산진영의 정전회담 의지를 라디오를 통해 공식적으로 밝힘
					6월 25일	트루먼 미 대통령, 말리크의 정전 제안이 평화적 해결을 의미한다면 수락 용의 표명
	7월 10일	정전회담 제1회 본회담 개최(개성)			7월 1일	공산군 측, 릿지웨이 유엔군총사령관의 정전 제안 수락 성명
	7월 26일	정전 협정회담, 5개 항목의 의사일정 합의, 군사분계선 설정 논의 시작				
	8월 23일	개성 폭격 등을 이유로 정전회담 중단	8월 20일	베트남(월남사회주의공화국) 인민대표단 방북		
			8월 26일	폴란드 및 헝가리에 200명의 전재고아 파견 결정		
			9월 3일	헝가리 인민대표단 방북	9월 1일	태평양안전보장조약 조인(ANZUS)
					9월 8일	미합중국과 일본의 안전보장조약, 조인
					9월 8일	샌프란시스코 대일평화조약 체결
	9월 19일	한국 보건사업에 관한 대한민국과 세계보건기구와의 협정	9월 15일	박헌영 외무상, 대일단독강화조약을 규탄하는 성명 발표	9월 9일	영국 외무부, 행방불명된 주한 영국 공사 홀트가 북한에 억류되었다고 발표
	9월 21일	한국 내에서 국제연합이 향유하는 특권과 면제에 관한 대한민국과 국제연합 간의 협정				
	10월 25일	정전회담 재개 (판문점)				

연도	남한		북한		세계	
	날짜	내용	날짜	내용	날짜	내용
1951년	11월 7일	대한민국과 점령하 일본 간의 무역을 위한 재정협정에 의하여 설정된 청산계정중의 제권리와 이해관계의 이양과 인수를 위한 대한민국 정부, 연합군 최고사령관 및 일본 정부 간의 협정			11월 3일	영국, 처칠 내각 성립
	11월 27일	정전회담 양측 대표, 군사분계선과 비무장지대에 설치에 에 대한 합의	11월 14일	북한 소련 간 차관 추가 제공에 관한 협정 체결		
	12월 1일	대한민국 체신부 및 홍콩 우정청 간 소포우편물 교환에 관한 약정				
	12월 21일	유엔사령부와 유엔한국재건단, 도쿄에서 한국 재건 문제에 대한 협정 체결	12월 25일	루마니아 주재 북한 특명전권대사에 고봉기 임명	12월 30일	마셜플랜 종료 (약 120억 달러 지출)

1952년 주요 연표

연도	남한		북한		세계	
	날짜	내용	날짜	내용	날짜	내용
1952년	1월 7일	대한민국과 미합중국 간의 1951년 미국 상호방위원조법이 요구하는 보장에 관한 협정	1월 12일	소련 주재 북한 특명전권 대사에 임해 임명		
	1월 27일	정전협정 문안 초안 작성 시작			1월 21일	일본 외무성, 한국의 평화선 선포를 비난하는 성명 발표
	2월 15일	제1차 한일회담 개최	2월 6일	중국 주재 북한 특명전권 대사에 권오직 임명	2월 5일	유엔총회, 한국부흥결의안 채택
			2월 10일	북한 중국 간 구상무역 갱신 협정	2월 5일	영국, 조지 6세 죽음. 엘리자베스 2세 즉위
			2월 22일	미군의 세균무기 사용에 관한 박헌영 외무상의 성명 발표	2월 24일	미국, 서유럽 6국 대공산국 수출금지 협정 조인
					2월 26일	영국, 원자폭탄 소유 공표
	3월 1일	대한민국 정부와 중화민국 정부 간의 항공로 개설에 관한 잠정협정	3월 4일	미군의 '전쟁범죄' 조사를 위한 국제민주법률가협회 조사단 방북		
			3월 10일	조국통일민주주의전선 중앙위원회, 미군의 세균전과 화학전에 관한 호소문 발표	3월 25일	프랑스 튀니지 민족운동 탄압
					3월 28일	일본, 외국인등록법 공포
	3월 31일	대한민국 정부와 미합중국 정부 간의 중석협정	3월 31일	국가비상방역위원회, 1952년 1월 28~3월 25일까지 미군의 세균전 감행 횟수를400여회로 발표	3월 30일	유엔총회, 한국의 정치문제 토의는 정전협정 조인 후로 연기결정
	4월 20일	미8군, 거제도 수용소의 공산군 포로 분산 수용계획 발표	4월 1일	북한 평화옹호위원회 대표 리기영, 오슬로 세계평화이사회 뷰로회의에서 미군의 세균전에 항의하는 성명 발표		
			4월 3일	북한 대표단, 모스크바 국제경제회의 참석	4월 3일	소련, 모스크바 국제경제회의 개최. 쿠바와의 단교
			4월 7일	루마니아 인민대표단 평양 도착		

연도	북한		남한		세계	
	날짜	내용	날짜	내용	날짜	내용
1952년			4월 14일	소련최고인민회의에서 밀가루 5만 톤 제공 결정	4월 29일	오스트레일리아·뉴질랜드와 태평양안전보장조약 발효
	5월 7일	정전협정. 유엔군과 공산군 포로 송환 문제를 제외한 다른 의제에 합의함	5월 6일	전재민 구호위원회 조직		
	5월 24일	대한민국과 통합사령부의 자격으로 행동하는 미합중국 간의 경제조정에 관한 협정(MEYER협정)				
	5월 26일	부산정치파동				
	5월 28일	일본 외무성, 주일 한국대표부 지위에 대한 입장 발표				
	6월 10일	유엔 한국통일부흥위원회, 계엄령 해제와 국회의원 석방 요구 성명서 발표	6월 2일	북한 폴란드 간 무역협정 체결		
	6월 21일	미 8군 사령부 공보처, 구호양곡 도입 상황 발표				
	6월 22일	정전회담 유엔군 수석대표 해리슨 장군, 포로 자유 송환 원칙에 관해 성명	6월 25일	북한 동독(독일민주주의공화국) 간 차관협정 체결		
	7월 4일	발췌개헌안 통과			7월 30일	일본 외무성, 6·25전쟁 기간 일본의 경제 특수 상황에 대해 발표
			8월 31일	국제과학조사단, 세균전 조사보고서에 대한 서명식을 북경에서 거행	8월 27일	미비 상호방위조약 발효
	9월 30일	클라크 유엔군사령관, 한국 수역의 해상방위구역 설치 발표			9월 22일	미 외교당국, 타이완 국민정부군의 한국 파견 반대 입장 천명
	10월 2일	미 8군 대변인, 소련군 북한 참전을 성명				
	10월 2일	유엔한국민사처, 유엔의 한국민간구제 및 경제원조계획 내용을 발표			10월 3일	영국 제1회 원자폭탄 실험

연도	남한		북한		세계	
	날짜	내용	날짜	내용	날짜	내용
1952년			10월 10일	조선무역촉진위원회 결성		
			10월 16일	김일성 수상, 정전회담 무기휴와 관련 유엔군사령관에게 서한 전달		
					11월 1일	미국 수소폭탄 실험
			11월 14일	북한 동독(독일민주주의공화국) 간 제2 원조협정 체결	11월 4일	미국공화당 아이젠하워 대통령 당선
			11월 18일	무역성 규정 승인에 관한 결정 채택	11월 10일	비신스키 소련 외무상, 유엔총회에서 포로 자유송환안을 비판
	12월 3일	유엔 정치위원회, 인도의 한국 포로교환 타협안 가결				
	12월 6일	유엔총회, 6·25전쟁 포로의 중립국 이송 가결	12월 7일	북한평양방송, 포로문제에 관한 인도 측 안은 수락할 수 없다고 발표		
	12월 11일	국제민간항공협약 발효				
	12월 13일	유엔군사령부, 거제도수용소에서 공산주의자의 선동으로 폭동을 기도하였으나 진압하였다고 발표				
	12월 14일	미8군사령관, 한국군 3개 사단 증강 발표	12월 21일	외무상 박헌영, 봉암도 포로수용소에서 공산포로 82명이 미군의 의해 살해되었음을 유엔총회 의장에게 통고		

1953년 주요 연표

연도	남한		북한		세계	
	날짜	내용	날짜	내용	날짜	내용
1953년			1월 4일	몽고정부 대표단 방북		
			3월 7일	노동당 중앙위원회 박정애 비서를 단장으로 한 대표단, 스탈린 장례식 참석 차 모스크바로 출발	3월 5일	스탈린 사망
	4월 11일	병상포로송환에 관한 협정 조인				
	4월 21일	아이젠하워 미 대통령, 한국군의 급속한 증강과 타이완의 중립화 해제 발표			4월 24일	유엔총회, 한국원조 및 재건에 관한 7개국 공동결의안 가결
	5월 8일	대한민국 정부와 미합중국 정부 간의 한국 서울에 소재하고 있는 반도호텔 및 삼정빌딩(미쓰이빌딩)의 이양에 관한 협정	5월 8일	체코슬로바키아 정부, 체코슬로바키아에 장기간 체류할 북한의 고아 700명, 전문 학생 200명, 대학생 200명을 초청		
	5월 26일	미 국무부, 송환 불원 공산군 포로에게 자유선택을 준 것은 인도주의 원칙에 입각한 것이라고 성명				
	6월 8일	정전협정. 포로송환에 대한 합의 종결	6월 8일	최고인민회의 상임위원회, 국가건설위원회 조직에 관한 정령 채택		
	6월 24일	농림부, 유엔한국재건단과 농기구 원자재 등 원조에 관한 계획 협정			6월 18일	이집트, 공화정 선언
	6월 26일	이승만-로버트슨 미국무부 차관보 한미회담(~7월 11일)				
	7월 1일	클라크 유엔군 사령관, 반공포로 석방은 전적으로 한국 측에 책임이 있다고 언명				
	7월 12일	미 상원 대한원조 7천만 달러 가결 발표				
	7월 15일	이승만 대통령, 로버트슨 미 대통령 특사의 한미상호방위조약 및 정전협정 합의 등에 대한 공동성명				

연도	남한		북한		세계	
	날짜	내용	날짜	내용	날짜	내용
1953년	7월 27일	정전협정 체결	7월 27일	평양방송, 정전회담 본 회의에서 남일 수석대표의 〈정전 실시 보장문제에 관한 성명〉 발표		
	7월 27일	아이젠하워 미 대통령, 2억 달러 한국 긴급경제원조계획 발표				
	7월 30일	유엔군사령부, 정전협정에 의하여 정식으로 결정된 군사경계선 발표				
			8월 2일	최고인민회의 상임위원회, 남일 외무상에 임명		
	8월 5일	송환을 희망한 포로의 교환(~9월 6일)	8월 5일	노동당 중앙위원회 제6차 전원회의 개최		
	8월 7일	유엔군-공산군, 각각 21시 50분~22시에 비무장지대로 부터 철수완료 발표				
	8월 7일	이승만대통령, 덜레스 미 국무부장관, 한미상호방위조약 체결 완전합의 및 미국의 한국원조문제에 합의				
	8월 8일	대한민국과 미합중국 간의 상호방위조약 조인(남한)	8월 8일	말렌코프 소련 수상, 북한 원조를 위한 10억 루블의 자금 지원 언명	8월 8일	소련, 수소폭탄 보유를 발표
	8월 27일	한미재단, 한국의 사회적 경제적 재건계획 원조를 위한 사절 파견 발표	8월 13일	조국통일민주주의전선 중앙위원회, 한미상호방위조약 체결을 규탄하는 성명 발표		
			9월 2일	루마니아 주재 북한 특명전권 대사에 정염, 헝가리 주재 북한 특명전권 공사에 안영 임명		
			9월 4일	북한 폴란드 간 경제 및 기술원조에 관한 조약		
			9월 7일	북한 헝가리 간 경제기술 무상원조협정 체결		

연도	남한		북한		세계	
	날짜	내용	날짜	내용	날짜	내용
1953년					9월 12일	소련, 공산당 제1서기에 후르시 쵸츠 선임
			9월 15일	북한 체코슬로바키아 간 경제기술무상원조 협정		
	9월 23일	송환거부 포로. 중립국송환위원회에 인도(~9월 24일)	9월 19일	북한 소련 간 원조 협정 체결		
	10월 1일	클라크 유엔군사령관, 한국수역 방어선(클라크라인) 철폐 발표				
	10월 1일	클라크 장군, 송환을 원하지 않는 포로는 보호한다고 성명				
	10월 1일	대한민국과 미합중국 간의 상호방위조약 조인(워싱턴)	10월 6일	북한 동독(독일민주주의공화국) 간 제3·4 원조 협정 체결		
			10월 23일	북한 루마니아 간 경제 및 기술협정 체결		
			11월 3일	북한 불가리아 간 경제 및 기술협정 체결		
			11월 5일	최고인민회의 상임위원회, 중국 주재 북한 특명전권 대사에 최일 임명	11월 7일	막사이사이 필리핀 대통령 당선
	11월 17일	한미 상호방위조약 발효	11월 23일	북한 중국 간 경제 및 문화합작에 관한 협정		
	12월 11일	대한민국 정부와 국제연합식량농업기구(FAO) 간의 기술원조 제공에 관한 기본협정	12월 10일	조소항공운수 주식회사 사업 재개에 관한 의정서 조인식 평양에서 거행		
	12월 14일	대한민국과 미합중국 간의 경제재건과 재정안정계획에 관한 합동경제위원회 협정(백우드 협약 체결)	12월 10일	조국통일민주주의전선 중앙위원회, 인민군 포로에 대한 미군의 '만행' 보도 발표	12월 18일	중앙아프리카연방, 연방정부 성립

1954년 주요 연표

연도	남한		북한		세계	
	날짜	내용	날짜	내용	날짜	내용
1954년			1월 25일	북한 중국 간의 직통 철도 운행에 관한 협정 체결	1월 7일	아이젠하워 미국대통령, 오키나와 군사기지 무한 보유 표명
			1월 28일	북한-체코슬로바키아, 대사교환을 위한 공동코뮤니케 발표		
	2월 1일	중립국송환위원회 해산	2월 13일	최고인민회의 상임위원회, 몽고 주재 특명전권 대사로 홍동철을 임명	2월 18일	베를린에서 미국, 소련, 영국, 프랑스 4개국 외상회담. 제네바 회담 개최 결정
			3월 6일	체코슬로바키아 주재 북한 특명전권 대사로 양영순을 임명	3월 1일	미국, 비키니섬에서 수소폭탄 실험
			3월 15일	북한 소련 간 1954년도 상호 상품제공에 관한 의정서 조인	3월 8일	일본, 미일상호방위조약 (MSA) 조인
			3월 30일	북한 중국 간 소포 우편물 교환에 관한 협정 조인		
			4월 27일	북한 대표 남일, 제네바 회의에서 민족 통일과 자유선거 실시에 관한 방안 제출	4월 26일	제네바 정치회담에서 한반도 문제 논의 (~6월 15일)
			4월 30일	중립국 감독위원회의 폴란드와 체코슬로바키아 위원, 1953년 7월 27일부터 1954년 4월 15일간 연합군 측의 정전협정 위반에 관한보고		
	5월 31일	한국경제원조계획에 관한, 대한민국과 국제연합 한국 재건단과의 협정				
					6월 30일	소련 최초의 원자력 발전소 조업 개시
			7월 6일	외무상 남일, 제네바회의 총화에 관한 성명 발표	7월 1일	일본, 방위청 자위대 정식 발족
	7월 26일	한미 정상회담 (~7월 30일)			7월 21일	제네바 협정 (인도차이나 문제 결정)

연도	남한		북한		세계	
	날짜	내용	날짜	내용	날짜	내용
1954년	8월 29일	대한민국 정부와 영국 정부 간의 잠정항공협정 발효	8월 20일	중국 주재 임시 북한 특명전권 대사에 서철 임명		
			9월 1일	소련의 원조에 의하여 건설되는 평양 육류 콤비나트 건설공사 착공		
	9월 28일	주한 영연방군에 대한 한화 대여금 청산을 위한 대한민국 정부와 대영연합국 정부 간의 협정 (조약 제1151호)	9월 14일	남일 외무상, 재일조선인 불법 수용 박해에 대한 항의성명 발표	9월 14일	미 극동공군사, 미 제51전투기부대 한국서 오키나와로 이동발표
			10월 3일	중국인민지원군 7개 사단 철수		
	11월 17일	한국에 대한 군사 및 경제원조에 관한 대한민국과 미합중국 간의 합의의사록 및 이에 대한 수정 (조약 제1152호)	11월 2일	최고인민회의 8차회의 호소문을 남한 국회의장 이기붕에게 발송		
	11월 29일	사사오입개헌			11월 29일	소련, 중국, 동유럽 각국 유럽안전보장회의 개최(~12월 2일)
			12월 1일	남한 체신장관에게 남북한 간 우편 연락 재개를 위한 서한 발송		
			12월 17일	북한 루마니아 간 비상업적 지불에 관한 의정서 조인		
			12월 21일	북한 체코슬로바키아 간 1954~1960년간 경제적 및 기술적 원조협정, 차관협정, 과학 및 기술 협조에 관한 협정, 비상업적 지불을 위한 차관의 상호 제공과 결제 절차에 관한 협정 조인		
			12월 28일	북한 소련 간 우편물, 소포의 교환에 관한 협정 및 전신 전화 연락에 관한 협정 조인		

연도	남한		북한		세계	
	날짜	내용	날짜	내용	날짜	내용
1954년			12월 30일	북한 동독(독일민주주의공화국) 간 비상업적 지불에 관한 의정서 조인		
			12월 31일	북한 중국 간 1955년도 물자와 현금으로 북한을 원조하는 의정서 조인. 북한 무역성과 중국 대외무역부 간의 1955년도 상품교환에 관한 의정서 북경에서 조인		

찾아보기

ㄱ

ㄴ

ㄷ

ㄹ

ㅁ

ㅂ

ㅅ

ㅇ

ㅈ

ㅊ

ㅋ

ㅌ

ㅍ

ㅎ

기타

필자 소개

• 허 은 (편자)

현재 고려대학교 한국사학과 부교수로 한국현대사를 담당하고 있다. 대표 논저는 『미국의 헤게모니와 한국민족주의』, 『한국민주화운동사』(공저), 『한반도 통일론의 재구상』(공저) 등이 있다.

• 이정은

고려대학교 한국사학과 박사과정을 수료했고, 한국경제사를 연구 중이다. 최근 연구로는 「4 · 19에 대한 대자본가의 대응과 축적방식의 변화」, 「5 · 16군사정부의 상업차관 도입과 운영 : 대자본가와의 관계를 중심으로」, 「전경련의 '합리적' 내자 조달방안 요구와 전개 : 1966~1972년 중심으로」 등이 있다.

• 예대열

고려대 한국사학과 박사과정을 수료하고 한국교통대 강사로 일하고 있다. 북한 계획경제 시스템의 구조와 성립과정에 관한 박사학위 논문을 준비하고 있다. 대표 연구로는 『민주화 탈냉전 시대, 평화와 통일의 사건사』(공저), 『Understanding North Korea』(공저) 등이 있다.

• 이주봉

고려대학교 한국사학과 박사과정을 수료하고 공주대학교 강사로 일하고 있다. 한국현대사를 전공했으며 1960~1970년대 남북 관계와 한반도 통일에 관심을 가지고 있다. 대표 논저로 「1960년대 정치세력의 통일논의 전개와 성격」, 「국제사회의 한반도 문제 인식과 5 · 16군사정부의 유엔정책」 등이 있다.

• 이주호

고려대학교 한국사학과 박사과정을 수료했다. 한국현대사를 전공했으며 최근 관심은 1940~50년대 북한의 산업재건과 대외 경제 교류이다. 대표 논저로 「1945~1948년 북한 소비조합 정책의 전개」가 있다.

• 정유진

고려대학교 한국사학과 박사과정을 수료하고 성신여자대학교 강사로 일하고 있다. 한국현대사를 공부하고 있으며, 박정희 정권기 문화정책에 관심이 있다. 대표 논저로 「박정희 정부기 문화재 정책과 민속신앙 : 국사당과 밤섬 부군당을 중심으로」가 있다.

• 김진혁

고려대학교 한국사학과 박사과정을 수료했다. 한국현대사를 전공했으며 1945~60년대 남북한 보건의료사, 냉전사, 재난사에 대해 관심을 갖고 있다. 대표 논저로 「북한의 위생방역제도 구축과 '인민'의식의 형성(1945~1950)」 등이 있다.

• 금보운

고려대학교 한국사학과 박사과정에 재학 중이다. 한국현대사를 전공하고 있으며, 동아시아 미군기지의 사회·경제적 영향에 대해 관심을 갖고 있다. 논저로는 「한국정부 수립시기 한미 간 행정권 이양과정과 성격」, 「미국의 해외청산위원회 차관 운용과 한미관계(1945~1960)」 등이 있다.

• 임광순

고려대학교 한국사학과 박사과정에 재학 중이다. 한국현대사에서 노동과 가족의 문제를 엮어 연구하고 있다. 석사학위 논문으로 「유신체제하 박정희 정권의 노동정책 전개와 성격 : 공장새마을운동의 양면성과 균열을 중심으로」를 제출했다.

• 서홍석

고려대학교 한국사학과 박사과정에 재학 중이다. 한국현대사를 공부하고 있으며, 북한의 인민군 양성과 제대군인의 사회진출에 관심을 갖고 있다. 석사학위 논문으로 「조선인민군 충원정책의 변화와 정체성 형성(1948~1950)」을 제출하였다.